Clean SAPUI5

SAP PRESS

SAP PRESS ist eine gemeinschaftliche Initiative von SAP SE und der Rheinwerk Verlag GmbH. Unser Ziel ist es, Ihnen als Anwendern qualifiziertes SAP-Wissen zur Verfügung zu stellen. SAP PRESS vereint das Know-how der SAP und die verlegerische Kompetenz von Rheinwerk. Die Bücher bieten Ihnen Expertenwissen zu technischen wie auch zu betriebswirtschaftlichen SAP-Themen.

Damit Sie nach weiteren Titeln Ihres Interessengebiets nicht lange suchen müssen, haben wir eine kleine Auswahl zusammengestellt.

Michael Englbrecht, Andreas Pflugrad
Das neue SAPUI5-Handbuch
751 Seiten, 2020, geb.
ISBN 978-3-8362-7523-1
www.sap-press.de/5067

Häuptle et al.
Clean ABAP: Lesbarer und wartbarer ABAP-Code
398 Seiten, 2022, geb.
ISBN 978-3-8362-8659-6
www.sap-press.de/5403

Baumbusch et al.
ABAP RESTful Application Programming Model:
Das umfassende Handbuch
558 Seiten, 2022, geb.
ISBN 978-3-8362-8685-5
www.sap-press.de/5412

Glavanovits et al.
Git und SAP: Versionsverwaltung und Transporte
340 Seiten, 2022, geb.
ISBN 978-3-8362-8850-7
www.sap-press.de/5412

Daniel Bertolozi, Arnaud Buchholz, Klaus Häuptle,
Rodrigo Jordão, Christian Lehmann, Narendran Vaithianathan

Clean SAPUI5

Lesbarer und wartbarer SAPUI5-Code

Rheinwerk
Publishing

Liebe Leserin, lieber Leser,

SAP-Landschaften sind komplex, und wir alle wissen, wie schnell sich Technologien und Anforderungen in der IT-Welt ändern. Genau da setzt SAP PRESS an: mit Büchern, die nicht nur Theorie vermitteln, sondern konkret im Alltag helfen.

In diesem Buch finden Sie direkt umsetzbare Ratschläge, praktische Beispiele und Lösungen für drängende Herausforderungen. Unsere Autor*innen sind Profis, die wissen, wo der Schuh drückt - und wie man Probleme effizient löst. Mit ihrer Erfahrung an Ihrer Seite können Sie Ihre SAP-Projekte gezielter angehen, fundiertere Entscheidungen treffen und die vielen Facetten von SAP besser meistern.

Ob Sie gerade erst beginnen oder schon lange im SAP-Umfeld tätig sind: Wir sind davon überzeugt, dass dieses Buch Ihnen hilfreiche Anleitungen und Tipps an die Hand gibt, um Ihre täglichen Aufgaben und Projekte erfolgreich zu meistern.

Wir freuen uns stets über Lob, aber auch über kritische Anmerkungen, die uns helfen, unsere Bücher zu verbessern. Zögern Sie also nicht, sich bei mir zu melden; Ihr Feedback ist jederzeit willkommen.

Wir wünschen Ihnen viele Aha-Momente und eine erfolgreiche Umsetzung mit diesem Buch!

Ihre Nicole Hohmann
Lektorat SAP PRESS

nicole.hohmann@rheinwerk-verlag.de
www.rheinwerk-verlag.de
Rheinwerk Verlag · Rheinwerkallee 4 · 53227 Bonn

Auf einen Blick

Wir hoffen, dass Sie Freude an diesem Buch haben und sich Ihre Erwartungen erfüllen. Ihre Anregungen und Kommentare sind uns jederzeit willkommen. Bitte bewerten Sie doch das Buch auf unserer Website unter **www.rheinwerk-verlag.de/feedback**.

An diesem Buch haben viele mitgewirkt, insbesondere:

Lektorat Nicole Hohmann
Korrektorat Petra Biedermann, Reken
Herstellung Stefanie Häb
Typografie und Layout Vera Brauner
Einbandgestaltung Noah Neuhaus
Coverbild Shutterstock: 1051967282 © LedyX
Satz Typographie & Computer, Krefeld
Druck Beltz Grafische Betriebe, Bad Langensalza

Dieses Buch wurde gesetzt aus der TheAntiquaB (9,35/13,7 pt) in FrameMaker.
Gedruckt wurde es mit mineralölfreien Farben auf chlorfrei gebleichtem, FSC®-zertifiziertem Offsetpapier (90 g/m²).
Hergestellt in Deutschland.

Bibliografische Information der Deutschen Nationalbibliothek:
Die Deutsche Nationalbibliothek verzeichnet diese Publikation in der Deutschen Nationalbibliografie; detaillierte bibliografische Daten sind im Internet über *http://dnb.dnb.de* abrufbar.

ISBN 978-3-367-10050-7

1. Auflage 2024

Informationen zu unserem Verlag und Kontaktmöglichkeiten finden Sie auf unserer Verlagswebsite **www.rheinwerk-verlag.de**. Dort können Sie sich auch umfassend über unser aktuelles Programm informieren und unsere Bücher und E-Books bestellen.

Inhalt

Einleitung

JavaScript ist eine sehr mächtige Sprache, aber diese Mächtigkeit bringt auch Probleme mit sich. Daher ist es für eine nachhaltige Entwicklung unerlässlich, eine Codebasis zu haben, die lesbar, wartbar und vor allem testbar ist. Das Buch »Clean Code: A Handbook of Agile Software Craftsmanship« von Robert C. Martin und mehrere andere Bücher enthalten viele Best Practices, die helfen, dieses Ziel in Java zu erreichen, aber viele der beschriebenen Konzepte sind unabhängig von der Programmiersprache. Sauberer Code ist ein Kernbestandteil der agilen Softwareentwicklung und stellt sicher, dass Sie langfristig agil bleiben und Ihre Projekte problemlos an sich ständig ändernde Anforderungen anpassen können.

Da die Zeit, die mit dem Lesen von Code verbracht wird, viel höher ist als die Zeit, die für das Schreiben desselben Codes benötigt wird, ist ein wichtiges Ziel, dass Ihr Code leicht zu lesen ist und klar vermittelt, was er zu erreichen versucht. Mit einem unermüdlichen Fokus auf Lesbarkeit wirkt sich sauberer Code letztlich auf die Wartbarkeit der Codebasis aus.

In diesem Buch beschreiben wir Regeln, Praktiken, Prinzipien, Muster, Richtlinien und Empfehlungen, die Ihren SAPUI5-/JavaScript-Code bereinigen – d. h. lesbar, verständlich, wartbar und testbar machen. In diesem Buch erläutern wir Codemuster und Idiome und behandeln übergeordnete Designüberlegungen. Wir werden auch Gewohnheiten, Prozesse und organisatorische Aspekte untersuchen, die beeinflussen, wie Sie als einzelne Entwicklerinnen und Entwickler und im Team Clean Code implementieren.

Hinweis

Viele Entwicklerinnen und Entwickler wechseln zwischen Sprachen und Frameworks. Dieses Buch verwendet dort, wo es sinnvoll ist, die gleiche Sprache und Terminologie wie das Buch »Clean ABAP: Lesbarer und wartbarer ABAP-Code« (SAP PRESS, 2022, *sap-press.de/5403*). Leserinnen und Leser von »Clean ABAP: Lesbarer und wartbarer ABAP-Code« profitieren daher von einem einfacheren Lernprozess, der sich auf bekannte Konzepte konzentriert und dann die Unterschiede untersucht. Wenn Sie mit diesem Buch beginnen, können Sie die gemeinsame Struktur der beiden Bücher nutzen, um sich mit »Clean ABAP« vertraut zu machen. Viele der Konzepte in »Clean ABAP« sollten Ihnen bekannt sein, sodass Sie sich auf die Anwendung dieser Prinzipien auf ABAP konzentrieren können. Beachten Sie jedoch, dass es große Unterschiede zwischen ABAP und JavaScript gibt und dass es keine konzeptionelle Überschneidung zwischen den beiden Büchern gibt.

Zielgruppe des Buchs

Dieses Buch ist eher technischer Natur und richtet sich hauptsächlich an SAPUI5-/JavaScript-Entwicklerinnen und -Entwickler. Wir haben viele Codebeispiele aufgenommen, um es Ihnen zu erleichtern, die Prinzipien und Praktiken zu übernehmen. Wir bieten ausreichend Erklärungen für Leserinnen und Leser, die noch auf dem Anfänger-Level sind, haben aber auch viele interessante Inhalte für Entwicklerinnen und -Entwickler auf Senior- bis Expert-Level aufgenommen. Abhängig von Ihrem Kenntnisstand können Sie von verschiedenen Themen profitieren oder sich auf bestimmte Schwerpunktbereiche konzentrieren. Die allgemeinen Ideen in diesem Buch richten sich jedoch an alle Entwicklerinnen und Entwickler, unabhängig von ihrer Erfahrung.

Wir empfehlen auch Softwarearchitektinnen und -architekten, dieses Buch zu lesen, um Clean SAPUI5 zu verstehen. Einige Themen in diesem Buch überschneiden sich mit der Softwarearchitektur (z. B. Modularisierung). Auch wenn Sie gar nicht programmieren, können Sie von den Konzepten in diesem Buch profitieren, einige dieser Praktiken lernen und anwenden. Insbesondere das letzte Kapitel ist nicht nur für Ingenieurinnen und Ingenieure relevant, sondern auch für Scrum Master und Manager, die sich mit der Team- und Organisationsentwicklung beschäftigen müssen.

In dieses Buch haben wir Themen aufgenommen, die Ihnen helfen sollen, jederzeit mit sauberem SAPUI5 in jeder Art von Projekt mit jeder Art von Team zu starten.

Aufbau des Buchs

Dieses Buch beginnt mit einer Einführung in Clean SAPUI5 und einer allgemeinen Diskussion der JavaScript-Sprache und des SAPUI5-Frameworks in Kapitel 1 und Kapitel 2. Anschließend gehen wir in Kapitel 3 und Kapitel 4 sowie in Kapitel 5 auf die übergreifenden Themen Klassen, Module und Funktionen ein und diskutieren Clean-SAPUI5-Praktiken für diese übergeordneten Konstrukte. Das zentrale Thema der Namensgebung behandeln wir in Kapitel 6. Anschließend stellen wir in Kapitel 7 bis Kapitel 11 weitere Details zu spezifischen Clean-SAPUI5-Themen vor, von Variablen und Literalen bis hin zu Fehlerbehandlung und Kommentaren. In Kapitel 12 erfahren Sie mehr über statische Codeprüfungen und Codemetriken. Modultests und Integrationstests werden in Kapitel 13 erörtert, gefolgt von TypeScript und Technologien in Zusammenhang mit SAPUI5 in Kapitel 14. Schließlich erfahren Sie in Kapitel 15, wie Sie Clean SAPUI5 auf individueller, Team- oder Organisationsebene erlernen und implementieren können.

Kapitel 1 und Kapitel 2 sind wichtig, da sie den Kontext für das gesamte Buch liefern. Kapitel 4 und Kapitel 5 werden am besten zusammen gelesen, da der Themenbereich Klassen und Module natürlich in das Thema Funktionen übergeht. Die anderen Kapitel sind in sich abgeschlossen und können in beliebiger Reihenfolge gelesen oder als Referenz verwendet werden. Achten Sie jedoch darauf, Abschnitt 1.2, »Erste Schritte mit Clean SAPUI5«, zu lesen, um zu erfahren, welche Themen zu welchem Zeitpunkt behandelt werden sollten. Kapitel 15 ist wichtig für alle, die bereit sind, Clean SAPUI5 auf allen Ebenen im Unternehmen zu lernen und zu implementieren.

Sehen wir uns kurz an, was in den einzelnen Kapiteln behandelt wird:

Kapitel 1, »Einführung«, stellt das Clean-SAPUI5-Konzept vor, beschreibt, warum es wichtig ist, Clean Code zu schreiben, und zeigt Ihnen, wie Sie damit beginnen können. Außerdem erfahren Sie mehr über andere Stilleitfäden und Lernressourcen, mit denen Sie Ihr Verständnis über dieses Buch hinaus erweitern können.

Kapitel 2, »JavaScript und SAPUI5«, stellt einige aktuelle Ergänzungen zu JavaScript vor und zeigt anhand konkreter Beispiele, wie diese neue Syntax Entwicklerinnen und Entwicklern dabei hilft, Clean-SAPUI5-Code zu schreiben.

In **Kapitel 3**, »Projektstruktur«, erfahren Sie, wie Sie ein Projekt für verschiedene Projektarten strukturieren.

Eine saubere und wartbare Architektur erfordert eine umfassende Trennung der Aspekte (*Separation of Concerns*) in Module und Klassen. In **Kapitel 4**, »Module und Klassen«, untersuchen wir zunächst, warum Controller-Module in SAPUI5-Anwendungen schnell wachsen. Anschließend schlagen wir Strategien für eine angemessene Entkopplung vor.

Kapitel 5, »Funktionen«, befasst sich mit JavaScript-Funktionen. Wir werden verschiedene Schlüsselkonzepte durchgehen, z. B. verschiedene Arten von Funktionen und Funktionsparametern und wie der Funktionskörper strukturiert wird. Außerdem besprechen wir Funktionsaufrufe, Promises und Closures.

Kapitel 6, »Namensgebung«, enthält Richtlinien und Empfehlungen zur Namensvergabe, einschließlich der Auswahl guter und konsistenter Namen, der Behandlung von Domänenbegriffen und der Verwendung von Präfixen und Suffixen.

In **Kapitel 7**, »Variablen und Literale«, erläutern wir, wie Sie Variablen und Literale deklarieren und verwenden, wie Scoping-Regeln funktionieren und wie Sie die Destrukturierung und die Spread-Syntax nutzen.

Kapitel 8, »Kontrollfluss«, erklärt den Kontrollfluss und gibt einige Clean-SAPUI5-Empfehlungen für die Verwendung verschiedener Arten von Kontrollflussanweisungen.

Kapitel 9, »Fehlerbehandlung«, erläutert die Fehlerbehandlung, warum sie notwendig ist und wie Fehler auf die Clean-SAPUI5-Art behandelt werden.

Viele Aspekte der Codeformatierung zielen darauf ab, dass Code, der von einem Team geschrieben wird, in seinem Design konsistent ist. In **Kapitel 10**, »Formatierung«, stellen wir diese Aspekte vor, wobei wir die Bedeutung von guter Codeformatierung und Richtlinien für den Codestil hervorheben. Außerdem beschreiben wir, wie Sie die Formatierung durch moderne Werkzeuge erzwingen und automatisieren können.

Kapitel 11, »Kommentare«, befasst sich mit der Frage, ob, warum und wie Kommentare effektiv in Ihrem Code verwendet werden sollten. Gut platzierte Kommentare sollten das Verständnis des Codes verbessern und ihn nicht behindern.

Statische Codeanalysewerkzeuge können Ihnen helfen, die Codequalität objektiv zu analysieren und zu bewerten. In **Kapitel 12**, »Statische Codeprüfungen und Codemetriken«, stellen wir ESLint vor und beschreiben, wie der Linter Ihnen helfen kann, saubereren Code zu erstellen.

Kapitel 13, »Testen«, behandelt Testprinzipien und zeigt Ihnen, wie Sie Modul-, Komponenten- und Integrationstests für Ihren JavaScript-Code entwerfen und ausführen.

SAPUI5 wurde im Dezember 2013 veröffentlicht und hat sich seitdem erheblich weiterentwickelt. Es wird eine weitere Evolution von SAPUI5 geben. **Kapitel 14**, »TypeScript und verwandte Technologien«, enthält die Motivation und weitere Informationen zu TypeScript, Webkomponenten und der Fundamental Library, einigen der wichtigsten und wirkungsvollsten Neuheiten im SAPUI5-Ökosystem.

In **Kapitel 15**, »Wie Sie Clean SAPUI5 umsetzen«, erläutern wir Herausforderungen und Ansätze für die Einführung in Clean-SAPUI5-Verfahren.

Um Sie auf wichtige Informationen hinzuweisen und Ihnen so die Arbeit mit diesem Buch zu erleichtern, verwenden wir im Text Kästen mit den folgenden Symbolen:

[+] Mit diesem Symbol sind *Tipps* und *Hinweise* aus der Berufspraxis markiert, die praktische Empfehlungen geben, die Ihnen die Arbeit erleichtern können.

[!] Dieses Symbol weist Sie auf *Besonderheiten* hin, die Sie beachten sollten. Es *warnt* Sie außerdem vor häufig gemachten Fehlern oder Problemen, die auftreten können.

[»] In Kästen, die mit diesem Symbol gekennzeichnet sind, finden Sie Informationen zu *weiterführenden Themen* oder wichtigen Inhalten, die Sie sich merken sollten.

Danksagung

Ich möchte mich bei Klaus Häuptle und allen anderen Mitautoren und Rezensenten dieses Buches für die Gelegenheit, die Zusammenarbeit und die lebhaften Diskussionen zu Clean SAPUI5 und Clean-Code-Themen im Allgemeinen bedanken. Dieses Buch wäre auch nicht möglich ohne die Unterstützung von SAP, mit ihrer Kultur, die das ständige Lernen fördert und die uns täglich zur Verbesserung auffordert. Schließlich wäre ich nicht dort, wo ich heute bin, ohne die monumentale Unterstützung der Menschen, die ich in meinem Leben am meisten liebe – meine Eltern, meine Söhne und meine wunderbare Frau Nara. Du inspirierst mich jeden Tag, eine bessere Version von mir zu sein!

— Rodrigo Jordão

Ein Buch zu schreiben, steht schon seit geraumer Zeit auf meiner To-do-Liste. Aber ich hätte nie gedacht, dass es so früh in meinem Leben dazu kommen würde. Ich bin Klaus Häuptle dankbar, dass er mich zusammen mit meinen wunderbaren Mitautoren zu diesem Projekt eingeladen hat. Ich habe viel gelernt, als ich meine Seiten dieses Buches geschrieben habe. Ein großes Dankeschön geht an meine Eltern, die mich ermutigt haben, das zu verfolgen, woran ich glaube, und ein besonderer Dank geht an meine geliebte Frau Vinodhini, die mich auf dieser Reise unglaublich unterstützt und immer wieder motiviert hat.

Für die Leserinnen und Leser dieses Buches ist dies nur der Anfang, um Dinge mit einer neuen Perspektive zu tun. Teilen Sie Wissen, verbreiten Sie die Liebe. Frieden.

— Narendran N V

Die Einladung, an diesem Buch mitzuwirken und Wissen mit der Community zu teilen, ist sicherlich ein Grund, sich heute dankbar zu fühlen. SAPUI5 ist seit Jahren in aktiver Entwicklung und hat es Entwicklerinnen und Entwicklern ermöglicht, Geschäftsanwendungen bereitzustellen, indem sie sich nur auf das konzentrieren, was wirklich zählt. Unsere Verantwortung als Entwicklerinnen und Entwickler besteht jedoch weiterhin darin, nach dem Besten zu streben – für Kolleginnen und Kollegen, die in Zukunft von unserem Code lernen und ihn lesen oder ändern werden, und für Kunden, die unsere Arbeit in ihrer täglichen Arbeit nutzen werden. Wissen ist etwas, das uns niemand nehmen kann, und egal wie umfangreich unsere Erfahrung ist, es gibt immer etwas Neues zu lernen oder zu verbessern. Ein großer Dank geht an Megan Fuerst, Klaus Häuptle und meine Mitautoren für ihre Unterstützung und dafür, dass sie dies möglich gemacht haben. Danke auch an meine Familie und meine Lieben, die immer für mich da sind, in all unseren Momenten der Freude und der Anstrengung.

— Daniel Bertolozi

Als ich zum ersten Mal kontaktiert und gefragt wurde, ob ich an einem Buch über Clean SAPUI5 mitarbeiten wolle, war ich erstaunt und dankbar, die talentierten Leute kennenzulernen, die ihr Wissen – oder sollte ich »ihre Weisheit« sagen – mit der SAPUI5-Community teilen wollten. Die SAPUI5-Teams haben große Anstrengungen unternommen, um ein umfassendes Framework bereitzustellen, mit dem sich Entwicklerinnen und Entwickler auf das Was konzentrieren können, anstatt auf das Wie. Obwohl es möglich ist, einen Nagel mit einem Schraubendreher in die Wand zu hauen, geht es in diesem Buch vor allem darum, mit den richtigen Richtlinien und

Ratschlägen die passenden Werkzeuge für die richtigen Aufgaben zu finden. Ich hoffe, dass Clean-Code-Liebhaber die Antworten auf ihre Fragen finden werden. Vielen Dank an meine Mitautoren für ihre Mitwirkung und Unterstützung, und ein großes Dankeschön an meine Frau Nausicaa und meinen Sohn Maxime, die mich während der Nachtschichten unterstützt haben.

— Arnaud Buchholz

Die Arbeit mit SAPUI5, der Testautomatisierung und der SAP Community ist schon seit einigen Jahren ein spannender Weg, und ich habe es sehr genossen, mein erworbenes Wissen in diesem Buch zusammenzustellen. Ich habe nie erwartet, dass ich durch das Schreiben eines Kapitels zu einem Buch beitragen würde, aber ich bin dankbar für die Gelegenheit, die mir gegeben wurde. Ein großer Dank an Megan Fuerst, Klaus Häuptle und meine Mitautoren für die Unterstützung während dieses Prozesses. Auch ein großes Dankeschön an meine Liebste, dafür, dass sie da war und mich diese ganze Zeit unterstützt hat.

— Christian Lehmann

Zunächst einmal muss ich meiner Partnerin, Verena, danken, die während dieses Prozesses als Freundin, Rezensentin und Partnerin unentbehrlich war. Zweitens ist das Schreiben von lesbarem, testbarem und wartbarem Code etwas, was einem professionellen Entwickler sehr am Herzen liegt. Danke an all die Entwicklerinnen und Entwickler, die sich um dieses Thema kümmern, in ihrer Codebasis anwenden, ihr Wissen mit anderen teilen und helfen, zukünftige professionelle Entwicklerinnen und Entwickler heranzuziehen. Ich möchte Florian Hoffmann besondere Dankbarkeit aussprechen, der die Gesamtarbeit an der Anwendung von Clean Code auf ABAP mit mir begonnen hat – ohne sein Engagement gäbe es *Clean ABAP* und *Clean SAPUI5* nicht. Außerdem wäre dieses Buch ohne die Unterstützung der großen Entwickler-Community, die das InnerSource-Clean-SAPUI5-Projekt unterstützt hat, nicht möglich gewesen. Die Diskussion um Clean SAPUI5 schuf ein gemeinsames Verständnis, auf dem das Buch aufbauen konnte. Darüber hinaus weiß ich die Unterstützung meiner Vorgesetzten Gregor Tielsch und Daniel Stephan von SAP Procurement sehr zu schätzen. Ein großes Dankeschön geht an meine Mitautoren Rodrigo Jordão, Christian Lehmann, Arnaud Buchholz, Daniel Bertolozi und Narendran N V, die so viel Zeit und Hingabe in das Buch investiert haben. Ich habe diese vertrauensvolle und inspirierende Zusammenarbeit immer gewürdigt. Ich möchte mich bei den Rezensenten Peter Muessig, Andreas Kunz und Damian Lion Maring bedanken. Ihr Feedback war äußerst wertvoll. Dank Megan Fuerst von SAP PRESS, die uns bei diesem Buchprojekt unterstützt und uns bei all unseren Fragen geholfen hat.

— Klaus Häuptle

Fazit

Wenn Sie dieses Buch lesen, erfahren Sie alles über wichtige Idiome, Muster, Praktiken und Prinzipien, die Ihnen dabei helfen, Ihren SAPUI5/JavaScript-Code wartbar, lesbar und testbar zu machen. Sie erfahren, warum es wichtig ist, sich um sauberen Code zu kümmern, was er im Kontext Ihrer SAPUI5- und JavaScript-Projekte bedeutet und wie Sie ihn anwenden. Da es sich bei der Anwendung von Clean Code um eine Teamaktivität handelt, beschreibt das letzte Kapitel mehrere Ansätze, diese Konzepte in Ihr Team einzuführen und eine kontinuierliche Verbesserung als Team zu fördern.

Kapitel 1
Einführung

Das Schreiben von Clean Code ist eine einfache Möglichkeit, die Qualität und Wartbarkeit Ihres Codes zu erhöhen. Sie können mit jeder Art von Code und Projekt überall und jederzeit damit beginnen. Der Preis? Praxis, Disziplin und Geduld.

In diesem Kapitel beginnen wir mit der Diskussion über »Clean SAPUI5«, indem wir die Bedeutung der Lesbarkeit von Code definieren und beschreiben. Anschließend zeigen wir Ihnen, wie Sie mit Clean SAPUI5 beginnen. Als Entwicklerinnen und Entwickler erben und interagieren Sie oft mit Legacy-Code, und wir beschreiben einige grundlegende Prinzipien für den Umgang mit Legacy-Code, z. B. die Boy Scout Rule (zu Deutsch etwa Pfadfinderregel). Danach erfahren Sie, wie Sie Code automatisch prüfen. Abschließend vergleichen wir Clean SAPUI5 mit anderen Coding-Leitfäden.

Hinweis

Sie erkennen das Zitat am Anfang dieses Kapitels eventuell, wenn Sie »Clean ABAP: Lesbarer und wartbarer ABAP-Code« (SAP PRESS, 2022) gelesen haben. Dies ist das Schwesterbuch zu diesem Buch, und zwar zum Schreiben von Clean Code in ABAP. Das Schreiben von sauberem Code ist eine Praxis und Disziplin, die Sie auf jede Art von Programmiersprache anwenden können. In diesem Buch werden wir eine ähnliche Terminologie und ähnliche Prinzipien anwenden, um das Lernen für die Leserinnen und Leser beider Bücher einfach und vorteilhaft zu gestalten. Dasselbe gilt für Kolleginnen und Kollegen, die aus der JavaScript-Welt kommen und ABAP lernen müssen. Aus diesem Grund haben wir einige Kapitel so ähnlich wie in »Clean ABAP« beibehalten, während wir die aussagekräftigen großen Unterschiede zwischen ABAP und JavaScript untersuchen. In der Welt sauberer Codekonzepte und -grundsätze sollen viele Aspekte, die wir behandeln werden, das Lesen von Code erleichtern, sprachunabhängig. Wenn Sie also bereits Grundsätze für sauberen Code in ABAP verwenden, können Sie dieses Buch zügig lesen und sich auf die Unterschiede konzentrieren.

1.1 Was ist Clean SAPUI5?

Clean SAPUI5 folgt den Prinzipien, die in Robert C. Martins Buch »Clean Code: A Handbook of Agile Software Craftsmanship« beschrieben werden, und wurde speziell auf die Programmiersprache JavaScript und die Verwendung des SAPUI5-Frameworks ausgerichtet. Wir werden auch einige verwandte Themen erläutern, die für Projekte im Zusammenhang mit der Benutzeroberfläche (engl. User Interface, UI) relevanter sind oder auf JavaScript zugeschnitten sind.

Während Martins Originalpublikation für alle Programmiersprachen gilt, behandelt er in seinen Beispielen meist Java. Daher kann es schwierig sein, diese Prinzipien und Beispiele auf Sprachen mit anderen Eigenschaften, wie etwa JavaScript, und in den Kontext von UI-Frameworks zu übertragen.

Ziel dieses Buches ist es, diese Lücke zu schließen, indem wir Ihnen Beispiele bereitstellen, die sowohl von SAPUI5-Anwendungsentwicklerinnen als auch von JavaScript-Entwicklern leicht genutzt werden können. In den folgenden Abschnitten betrachten wir die Geschichte hinter Clean SAPUI5 und erkunden einen der grundlegenden Werte von Clean SAPUI5: Lesbarkeit.

1.1.1 Was ist Lesbarkeit?

Programmiererinnen und Programmierer, die guten Code schreiben, gab es zwar schon immer, aber 2008 machte Robert C. Martin darauf aufmerksam, dass Code nicht nur korrekt und effizient, sondern auch lesbar sein sollte. Die Definition ist einfach: Code ist lesbar, wenn er leicht und schnell verständlich ist. Beispiel: Eine unsaubere Anweisung wie `t = 42.` ist für Leserinnen und Leser schwierig und zeitaufwendig zu verstehen. Der Leser bzw. die Leserin muss feststellen, dass »t« für »timeout« steht, dass die Zahl eine Dauer in Sekunden ist und dass »42« der Standard-Timeout für alle Vorgänge in diesem Kontext ist. Im Vergleich dazu offenbart die äquivalente saubere Anweisung `timeoutInSeconds = DEFAULT_TIMEOUT.` all diese Details auf den ersten Blick – der Code ist viel besser lesbar.

Warum sollten wir uns also um Lesbarkeit kümmern? Frühere Literatur über Software beschäftigte sich hauptsächlich mit Korrektheit und Ressourceneffizienz in Programmiersprachen. Das Buch »The Art of Computer Programming« von Donald E. Knuth lieferte z. B. detaillierte Einblicke in die Verarbeitungszeiten und den Speicherverbrauch von Algorithmen, um die Auswahl der optimalen Algorithmen für spezifische Zwecke zu erleichtern. Martin wies darauf hin, dass, wenn ausschließlich Ressourceneffizienz von Bedeutung ist, wir sämtlichen Code in Programmiersprachen der ersten Generation verfassen sollten, wie etwa Assembler. Diese Sprachen zeichnen sich von Natur aus durch die Möglichkeit maximaler Kontrolle über alle Ressourcen aus und bieten somit das größte Optimierungspotenzial. Der Grund, warum wir keine Sprache wie Assembler verwenden, liegt darin, dass diese Sprachen extrem schwer zu verstehen sind. Sie behandeln die kleinste Detailebene, die auf einem Computer vorhanden ist, z. B. Register, Summierer und Interrupts. In diesem Meer von Details das große Ganze zu sehen, ist besonders herausfordernd.

Als Menschen neigen wir dazu, in höheren Ebenen von Abstraktionen wie Funktionen, Objekten und Schnittstellen zu denken. Dies ist auch der Grund, warum wir Programmiersprachen der zweiten, dritten und vierten Generation erfunden haben. JavaScript gehört zur dritten Generation von Programmiersprachen. Wenn Verständlichkeit das ist, was diese Sprachen hinzufügen, warum ist der Code, den wir in diesen abstrakten Sprachen schreiben, wenn man Martins Argument folgt, dann so schwer zu verstehen?

Der Punkt, den wir hervorheben möchten, ist, dass Programmiersprachen es Ihnen ermöglichen, lesbaren Code zu schreiben, aber dass Lesbarkeit nicht allein auf irgendeine magische Weise hervortritt. Sie müssen aktiv lernen, wie man sauberen Code schreibt, genau wie traditionelle Autorinnen und Autoren lernen müssen, wie man gute Prosa schreibt.

Diese Diskussion führt uns zu dem, was wir durch die Lesbarkeit gewinnen. Wir lesen Code viel mehr, als wir ihn schreiben. Sie müssen Ihren eigenen Code in der Regel während des Debuggings oder bei der Erweiterung um neue Funktionen mehrmals erneut lesen. Sie lesen auch den Code anderer ständig, etwa in Bewertungen, in Support-Tickets und beim Herstellen einer Verbindung zu neuen Komponenten. Außerdem lesen andere Entwicklerinnen, Kollegen aus dem Support und Berater den Code, den Sie schreiben. Da viele Anwendungen lange produktiv sind, überlassen Sie außerdem zukünftigen Entwicklerinnen und Entwicklern, die sich mit dem geerbten Code auseinandersetzen müssen, ein Vermächtnis. Dadurch zahlt sich jede Minute, die wir in die Vereinfachung unseres Codes investieren, in der Regel mehrfach auf die Leserperspektive aus.

Die Vorteile von Lesbarkeit gehen weit über die Zeitersparnis hinaus. Lesbarer Code ist leichter zu verifizieren, und daher schleichen sich auch Bugs schwerer ein. Mit der Lesbarkeit können Reviewer ihre Zeit auf die wichtigsten Aspekte konzentrieren. Dadurch können Sie lesbaren Code nicht nur schneller debuggen, sondern Sie haben von Anfang an weniger Bugs.

1.1.2 Was ist die Geschichte von Clean SAPUI5?

Die Story hinter Clean SAPUI5 begann mit ABAP. Im Jahr 2010 begannen drei Scrum-Entwicklungsteams aus der Abteilung SAP Governance, Risk, and Compliance – darunter Florian Hoffmann –, die neue Lösung SAP Fraud Management in ABAP zu programmieren. Um den vierteljährlichen Releasezyklus im Scrum-Modus zu erfüllen, nahm das Team zunächst an einer Schulung teil, die von Klaus Häuptle durchgeführt wurde und größtenteils von Clean Code beeinflusst wurde.

Obwohl wir viele unserer Ziele in den folgenden Jahren erreicht haben, fanden wir heraus, dass Teams immer noch ganz unterschiedliche Vorstellungen davon hatten, wie guter ABAP-Code aussehen sollte. Code-Reviews verschlechterten sich manchmal zu subjektivem Streit über harmlose Details wie die Whitespace-Formatierung.

Im Februar 2018 begannen wir damit, unsere Best Practices für sauberen ABAP-Code zu sammeln, um voneinander zu lernen, eine objektive Grundlage für unsere Codeprüfungen zu schaffen und neue Entwicklerinnen und Entwickler einfacher zu integrieren. Wir starteten mit einer Wiki-Seite und verschoben sie dann in ein internes GitHub-Repository, als der Inhalt wuchs.

Im Laufe des Jahres 2018 gründete Klaus Häuptle ein Engineering-Ökosystem, eine lose Community mit zu der Zeit Hunderten von Softwareentwicklerinnen und -entwicklern, die agiles Software-Engineering-Know-how austauschen wollten. Im November 2018 gaben wir im Rahmen eines der regulären Treffen der Community eine Präsentation zu unserem Clean ABAP. Die Teilnahme war überwältigend, mit mehreren Hundert Teilnehmenden von SAP. Die Story wird mit vielen Sessions, einem Open-Source-Repository, Büchern in Englisch und Deutsch und maßgeschneiderten Werkzeugen zur Unterstützung der Einführung von sauberem ABAP fortgesetzt.

Einige Monate später starteten wir ein ähnliches internes GitHub-Projekt für sauberes SAPUI5, das bei der Engineering-Ökosystem-Community und bei vielen Mitwirkenden viel Anklang fand. Basierend auf diesem Repository, interaktiven Diskussionen und dem großartigen Feedback der Entwickler-Community wurden wir gebeten, ein Buch über saubere SAPUI5-Prinzipien zu schreiben. Auch hier wollten wir die Community einbinden und haben die Engineering-Ecosystem-Community eingebunden, um Co-Autoren zu finden. Das Interesse der Community hat uns geholfen, ein Team erfahrener SAPUI5-Entwickler und -Entwicklerinnen aufzubauen, um das Buch zu schreiben. Im Gegensatz zum Repository geht dieses Buch mehr ins Detail und erklärt mehr Kontext als das absichtlich kurze InnerSource-Repository. Wir hoffen immer noch, das InnerSource-Repository zu Open Source zu machen, aber es stehen noch mehr Arbeit und interne Klärung bevor.

1.2 Erste Schritte mit Clean SAPUI5

Generell empfehlen wir, Clean SAPUI5 schrittweise zu lernen und zu üben, bevor Sie zum nächsten Themenblock wechseln. Die Übernahme aller Praktiken auf einmal funktioniert in der Regel nur, wenn das Team bereits über ein gutes Verständnis von Clean Code verfügt. Wenn Sie oder Ihr Team also völlig neu im Thema sind, empfehlen wir Ihnen, mit Themen zu beginnen, die leicht zu erlernen und zu übernehmen sind. Aus unserer Sicht sind dies boolesche Themen (siehe Abschnitt 5.8, »Funktionsparameter«), Bedingungen (Kapitel 8, »Kontrollfluss«) und `if`-Anweisungen (siehe Abschnitt 8.1, »Bedingungen«). In den meisten Fällen sind diese Themen leicht einzuführen, und es ist wenig Diskussion unter den Entwicklerinnen und Entwicklern erforderlich. Die meisten werden die Vorteile dieser Empfehlungen schnell erkennen und leicht anwenden können. Die Einbindung dieser Prinzipien in die Programmierroutinen, Formatierungstools und Code-Review-Verfahren Ihres Teams kann Ihnen dabei helfen, einen Anfang zu finden und Ihre Codebasis mit wenig zusätzlichem Aufwand zu verbessern. Wir empfehlen außerdem, von Anfang an Formatierungsregeln und -werkzeuge (siehe Abschnitt 10.8, »Formatierungswerkzeuge«) einzurichten, damit diese Aspekte automatisch ausgeführt werden und Sie Ihre Zeit (und die Zeit Ihrer Kollegen und Kolleginnen) auf andere Aspekte konzentrieren können.

Die meisten Vorteile von Clean-SAPUI5-Verfahren ergeben sich aus Funktionen (siehe Kapitel 5, »Funktionen«), insbesondere aus dem Ratschlag, eine Sache zu tun und Funktionen klein zu halten. Diese Themen sind leicht zu verdauen, aber in der Praxis schwer anzuwenden. Sie werden Diskussionen zu Fragen wie »Wie kurz ist kurz genug?« und »Was ist eine Verantwortlichkeit?« sehen. Diese Debatten sind notwendig, und wir hoffen, dass unsere Orientierungshilfe Ihnen helfen wird, ohne zu viel Aufwand ein gemeinsames Verständnis zu erreichen.

Für eine gute Grundlage bei der Anwendung von sauberem Code in SAPUI5-Projekten empfehlen wir Ihnen dringend, verschiedene Regeln zu befolgen, z. B. beschreibende Namen zu verwenden, Funktionen klein zu halten, Bedingungen positiv zu gestalten und sich im Code auszudrücken – all das wird Ihnen in diesem Buch begegnen. Diese fünf Regeln allein erhöhen die Lesbarkeit Ihres Codes, d. h., diese Regeln ermöglichen es Ihnen und anderen Programmiererinnen und Programmierern, den Code viel schneller zu verstehen.

Von diesem Ausgangspunkt aus können Sie in die kontroverseren Bereiche von Clean SAPUI5 eintauchen, z. B. Namensgebung (Kapitel 6) und Kommentare (Kapitel 11). Diese Themen sind sinnvoll, aber schwerer zu vermitteln und können mehr als eine hitzige Diskussion über persönliche Stile auslösen. Wir empfehlen, mit diesen Themen erst dann fortzufahren, wenn Sie den Beweis für die positiven Auswirkungen von Clean SAPUI5 auf Ihren Code gesehen haben.

Wir empfehlen, Robert C. Martins Buch »Clean Code« zu lesen, um mehr über sauberen Code im Allgemeinen zu erfahren. Unser Buch ist in sich abgeschlossen und behandelt ausreichend alle relevanten Themen, aber Sie können noch viel erfahren, indem Sie »Clean Code« oder andere Bücher lesen, die eine Fülle von Weisheit enthalten. Einige besonders bemerkenswerte Bücher sind:

- »Refactoring: Wie Sie das Design bestehender Software verbessern« von Martin Fowler
- »Effektives Arbeiten mit Legacy Code. Refactoring und Testen bestehender Software« von Michael Feathers
- »Clean Architecture« von Robert C. Martin
- »Test-Driven Development: By Example« von Kent Beck

Weitere Informationen zu den Ansätzen, Werkzeugen, Funktionen und Taktiken, die zum Lernen und Anwenden von Clean SAPUI5 verfügbar sind, finden Sie in Kapitel 15, »Wie Sie Clean SAPUI5 umsetzen«. Zum Beispiel bietet die Initiative Clean Code Developer einen gamifizierten Ansatz, Clean-Code-Prinzipien in kleinen Chunks verdaulich zu machen.

1.3 Umgang mit Legacy-Code

Für agile Softwareentwicklerinnen und -entwickler ist Legacy-Code Code, der kein Sicherheitsnetz automatisierter Tests hat und daher nicht sicher refaktorisiert werden kann. Im Vergleich zur Anwendung von sauberem Code in Java können Konzepte für sauberen Code im Kontext der UI-Entwicklung etwas schwieriger anzuwenden sein. Selbst für neue Projekte haben UI-Projekte tendenziell eine geringere Anzahl automatisierter Tests, und viele Entwicklerinnen und Entwickler kümmern sich nicht so intensiv um UIs wie um Backend-Code. Außerdem verwandelt sich der Prototyping-Code häufig in die eigentliche Anwendung. Eine starke Kopplung zwischen UI-Code und UI-Framework kann die Anwendung einiger Konzepte erschweren. Gleichzeitig ist JavaScript zwar eine leistungsstarke Sprache, aber diese Leistung hat auch Nachteile. Die Pflege von Code und die Einrichtung einer richtigen Suite für automatisierte Tests werden wichtiger.

Glücklicherweise ist die Einführung von Clean SAPUI5 in einem Legacy-Projekt möglich und den Aufwand wert. Wir haben mit dem folgenden vierstufigen Plan gute Ergebnisse beobachtet:

1. **Holen Sie das Team ins Boot**
   Zuerst müssen Sie Ihr Team ins Boot holen. Erläutern Sie den neuen Stil, ermutigen Sie die Diskussion, und leiten Sie das Team an, sich auf ein gemeinsames Regelwerk zu einigen, das die Teammitglieder sowohl als realistisch als auch als anwendbar erachten. Dieses Regelwerk muss nicht umfassend sein und kann zu Beginn nur aus einer Handvoll Regeln bestehen. Sie können beispielsweise mit einer Teilmenge von booleschen Elementen, Bedingungen, `if`-Anweisungen und Funktionen beginnen, da sie sehr dankbar sind und selektiv nur auf neuen oder geänder-

ten Code angewendet werden können. Sie können diese Menge jederzeit während des Projekts vergrößern.

2. **Orientieren Sie sich an der Pfadfinderregel**
   Orientieren Sie sich in Ihrer täglichen Routine an der sogenannten Pfadfinderregel (engl. Boy Scout Rule): Hinterlassen Sie den Code immer etwas sauberer, als Sie ihn vorgefunden haben. Wenn Sie etwas ändern, nehmen Sie sich eine zusätzliche Minute, und verbessern Sie nebenbei etwas Kleines. Extrahieren Sie keine Refactoring-Aufgaben in Backlog-Items. Diese Elemente sind vor dem Team, insbesondere dem Product Owner, recht schwer zu rechtfertigen und werden immer wieder nach unten gereicht, bis sich niemand mehr daran erinnert, und werden dann entfernt, wodurch sie nie mehr umgesetzt werden. Genau wie Modultests sollte das Refactoring sofort als Teil des Codes durchgeführt werden und kann sogar Teil der Kriterien für die Vollständigkeit sein. Sie können diese Aktivitäten als Unteraufgaben von Backlog-Items sichtbar machen. Refactoring-Backlog-Items sollten für umfangreiche Änderungen reserviert sein, z. B. für einen Architektur-Workover, und müssen transparent sein, um Ihre technischen Schulden nachzuverfolgen. Im Umkehrschluss beschränken Sie sich auf ein oder zwei zusätzliche Miniänderungen. Lassen Sie sich nicht dazu verleiten, eine Spur von Brotkrumen zu folgen; diese Spur von Krümeln hat kein Ende, und Sie werden nur mehr und mehr zu bereits übergroßen Änderungssets hinzufügen.

   Vermeiden Sie es, seltsame Stilmischungen im selben Element zu produzieren. Wenn Ihre bereits recht große Funktion beispielsweise Vorab-Deklarationen verwendet, fangen Sie nicht in der Mitte damit an, plötzlich Inline-Deklarationen zu verwenden. Refaktorieren Sie entweder alle Deklarationen so, dass sie in einem Schritt inline sind, oder lassen Sie sie sein. Einige Refactoring-Schritte sollten erst angefangen werden, nachdem andere Schritte ausgeführt wurden, z. B. das Zerlegen großer Funktionen in kleinere Funktionen, die weniger Aufwand für die Nachbearbeitung darstellen.

   Stellen Sie sicher, dass Ihr Team sich auf einen gemeinsamen Stil einigt, um ein Refactoring in Schleifen zu vermeiden, wo zwei Entwickler die Änderungen des anderen aufgrund widersprüchlicher Vorstellungen, wie der Code aussehen soll, immer wieder rückgängig machen.

3. **Saubere Inseln bauen**
   Bauen Sie »saubere Inseln«. Wählen Sie von Zeit zu Zeit ein kleines Objekt aus, und versuchen Sie, es in allen Aspekten sauber zu machen, auf die Sie sich als Team geeinigt haben. Diese Inseln zeigen, wohin die Aktivität Sie führen wird. Sie benötigen vielleicht einen Punkt, auf den Sie zeigen und sagen können: »Hier haben wir es angewendet, und die Fehleranzahl für diese Komponente ist 70 % weniger als bei ähnlichen, unsauberen Komponenten.« Oder Sie könnten sagen: »Natürlich lohnt es sich – letztes Mal, als wir es getan haben, haben wir acht Fehler in diesem

Prozess beseitigt.« Andere Entwicklerinnen und Entwickler benötigen möglicherweise gute Praxisbeispiele, auf die sie sich bei der Erörterung von Regeln sicher beziehen können.

Sobald Sie eine saubere Insel haben, bauen Sie sie iterativ aus, indem Sie die verbundenen Komponenten mit der Pfadfinderegel sauberer machen.

4. **Über Code sprechen**
Sprechen Sie über Code – und das viel und regelmäßig. Ganz gleich, ob Sie alte Fagan-Code-Reviews einrichten, Prinzipien in Info-Sessions präsentieren, Diskussionsforen in einem Chat-Tool bilden oder Expertenarbeitsgruppen organisieren, um über Dinge nachzudenken – die Form spielt keine Rolle. Sie müssen über Ihre Erfahrungen und das gewonnene Wissen sprechen, damit Ihr Team sich für Clean SAPUI5 entscheiden und bestimmen kann, welche Aspekte mehr oder weniger hervorgehoben werden sollen.

1.4 Code automatisch prüfen

Verschiedene Linking- und Formatierungswerkzeuge können äußerst wertvoll sein und sollten Teil jedes Projekts sein. Nachdem Sie sich auf einen gemeinsamen Codestil geeinigt haben, können Sie die Tools so einrichten, dass bestimmte Aspekte (z. B. Formatierung) automatisch korrigiert werden, sodass Sie sich als Entwickler oder Entwicklerin und als Team nicht mehr um diese Aspekte kümmern müssen. Für andere Aspekte können Sie Werkzeuge einrichten, um Fehler oder Warnungen auszulösen, die vor dem Senden von Änderungen korrigiert werden müssen (z. B. hohe zyklomatische Komplexität). Beispiele für solche Tools sind ESLint für Linting und Prettier für die Formatierung. In Abschnitt 10.8, »Formatierungswerkzeuge«, und Abschnitt 12.1, »Linting«, gehen wir auf weitere Details ein.

Dennoch können viele andere Aspekte (z. B. die ordnungsgemäße Benennung oder das Single-Responsibility-Prinzip) nicht automatisch geprüft werden. Automatisierung schafft die Grundlage für mehr Zeit für die Entwicklung und Codeüberprüfung.

1.5 Wie hängt Clean SAPUI5 mit anderen Leitfäden zusammen?

Die Idee von Clean SAPUI5 besteht darin, eine ähnliche Terminologie, ähnliche Regeln, Prinzipien und Praktiken wie Clean ABAP zu verwenden, um ABAP-Entwicklerinnen und -Entwicklern das Lernen von JavaScript und die Bereinigung von SAPUI5 zu erleichtern. Clean SAPUI5 bietet auch SAPUI5-Entwicklerinnen und -Entwicklern, die ABAP lernen möchten, dieselben Vorteile. Auf der anderen Seite sind ABAP und

JavaScript sehr unterschiedlich, ABAP ist für das Backend und SAPUI5 für die Frontend-Entwicklung, sodass viele Bücher und Leitfäden wenig bis gar nichts gemeinsam haben werden, da sie nicht auf gemeinsamen Prinzipien und Regeln basieren.

Unser Buch folgt den Regeln und Prinzipien von Clean Code. »Clean Code« wurde für Java geschrieben. Mit »Clean SAPUI5« haben wir einige Regeln an JavaScript angepasst und weitere Inhalte hinzugefügt, die im Kontext der JavaScript-Entwicklung relevant sind. Dieses Buch enthält beispielsweise auch Anleitungen zu bestimmten JavaScript-Sprachfunktionen, z. B. die Verwendung der Arrow-Funktionen für Callbacks oder die Verwendung von REST-Parametern anstelle eines Arrays von Argumenten.

Einen kurzen Coding-Stil-Guide für SAPUI5 finden Sie auch unter *http://s-prs.de/v1005001*. »Clean SAPUI5« ist größtenteils mit den von SAPUI5 beschriebenen Regeln kompatibel. Während wir diese Zeilen schreiben, werden nach einigen Diskussionen einige Aspekte dieses Stil-Guides an eine saubere SAPUI5-Version angepasst (z. B. Überspringen der ungarischen Notation). Darüber hinaus enthält Clean SAPUI5 viele weitere Konzepte, Prinzipien und Vorgehensweisen.

Viele verschiedene Stile werden von verschiedenen Leitfäden zu JavaScript präsentiert. Obwohl in der Entwicklergemeinde Einigkeit über viele Punkte besteht, unterscheiden sich die Leitfäden auch in mehreren wichtigen Punkten. Dieser offensichtliche Widerspruch bedeutet nicht, dass ein Leitfaden falsch sein muss und Sie ihn ignorieren sollten. Diese Inkonsistenz deutet nur darauf hin, dass verschiedene Leitfäden unterschiedliche Aspekte betrachten und dass die meisten Dinge im Leben Kompromisse erfordern. Wir weisen Sie in diesem Buch auf die wichtigsten Widersprüche hin und versuchen, Sie durch Situationen zu führen, in denen Sie SAPUI5 bereinigen möchten und Situationen, in denen Sie das nicht tun sollten. Mit Clean SAPUI5 versuchen wir, eine Grundlage für ein gemeinsames Verständnis in der Entwicklergemeinschaft zu schaffen, das sich im Laufe der Zeit auf der Grundlage von Feedback aus der Community, Änderungen in SAPUI5 und Änderungen in JavaScript selbst weiterentwickeln wird.

Community Engagement

Möglichweise werden wir einen Open-Source-Clean-SAPUI5-Leitfaden veröffentlichen, wie wir es für Clean ABAP getan haben. Zum Zeitpunkt des Verfassens dieses Buchs konnten wir einige offene Themen für die Veröffentlichung des InnerSource-Leitfadens als Open Source nicht klären. Wenn Sie also ein Entwickler oder eine Entwicklerin bei SAP sind, wenden Sie sich über das InnerSource-Repository an uns. Sobald wir einen Open-Source-Leitfaden veröffentlichen können, werden wir ihn auf verschiedenen Kanälen zur Verfügung stellen.

1.6 Zusammenfassung

In dieser Einführung haben wir ein Verständnis dafür vermittelt, warum Clean SAPUI5 wichtig ist, was es ist und wo seine Ursprünge liegen. Wir haben einen Kontext dafür bereitgestellt, wie Clean-SAPUI5-Konzepte in die SAPUI5- und JavaScript-Sphären passen können. Nun sollten Sie eine erste Vorstellung davon haben, wie Sie mit Clean SAPUI5 sowohl in neuen Greenfield-Projekten als auch in alten Brownfield-Projekten beginnen können. In den folgenden Kapiteln werden wir verschiedene Empfehlungen ausführlich beschreiben. Wir beginnen in Kapitel 2, »JavaScript und SAPUI5«, mit einer Übersicht über neue JavaScript-Funktionen im Kontext der SAPUI5-Anwendungsentwicklung und schließen das Buch mit Kapitel 15, »Wie Sie Clean SAPUI5 umsetzen«, ab, in dem wir Ideen und Best Practices für die Einführung sauberer SAPUI5-Anwendungen in Ihrem Team erörtern werden.

Kapitel 2
JavaScript und SAPUI5

Dieses Kapitel behandelt die JavaScript-Syntax und wie sie verwendet werden kann, um die Lesbarkeit und Wartbarkeit von SAPUI5-Anwendungen zu verbessern.

Wie jede Sprache werden auch Programmiersprachen in erster Linie zur Kommunikation genutzt. In diesem Zusammenhang mag die Kommunikation wie eine Einbahnstraße erscheinen: Letztlich ist ein Programm wie ein Rezept, das vom Computer ausgeführt wird. Die Wahrheit ist jedoch, dass Quellcode von verschiedenen Personen zu verschiedenen Zeiten gelesen wird. Nach Robert C. Martin:

> *In der Tat ist das Verhältnis der Zeit, die zum Lesen im Vergleich zum Schreiben benötigt wird, weit über 10 zu 1. Wir lesen ständig alten Code als Teil der Arbeit, um neuen Code zu schreiben.... Daher macht einfacher lesbarer Code es leichter, Code zu schreiben.*

Haben Sie schon einmal ein Déjà vu erlebt, als sie auf alten Code zurückblickten, den Sie vor langer Zeit geschrieben hatten? Vielleicht brauchten Sie etwas Zeit, um sich an seinen ursprünglichen Zweck zu erinnern. Diese Schwierigkeit tritt auch jedes Mal auf, wenn jemand den Code einer anderen Person betrachtet. Daher ist eine wichtige Kompetenz für Entwicklerinnen und Entwickler die Fähigkeit, lesbaren Code zu schreiben, was bedeutet, dass Außenstehende den Zweck des Codes verstehen sollten.

Wie im Deutschen gibt es auch in JavaScript verschiedene Möglichkeiten, die gleichen Dinge auszudrücken. Sie funktionieren alle, aber einige sind einfacher zu verstehen und folglich ist es einfacher, mit ihnen zu arbeiten. Ein Beispiel hierfür ist der String-Vergleich, eine gängige Aufgabe, die Entwicklerinnen und Entwickler programmieren müssen. In JavaScript ist die String-Methode `indexOf` eine bequeme Methode, um das Vorkommen eines Werts zu prüfen. Der folgende Code prüft mit `indexOf`, ob ein String einen anderen String enthält:

```
console.log('Hello World'.indexOf('W') !== -1); // true
```

Dieses Pattern ist allen Entwicklerinnen und Entwicklern bekannt, aber da `indexOf` sehr generisch ist, müssen Leserinnen und Leser das Ergebnis der Methode möglicherweise prüfen, um die spezifische Verwendung zu verstehen. Gemäß seinen Spezifikationen gibt `indexOf` die Position des ersten Vorkommens zurück oder den Wert

-1, wenn kein Vorkommen gefunden wird. Die Prüfung, ob das Ergebnis von indexOf ungleich -1 ist, bedeutet also, dass ein Vorkommen gefunden wurde.

Die String-Methode includes wurde jedoch mit JavaScript ES6 eingeführt, und der vorherige Code mit indexOf kann wie folgt umgeschrieben werden:

```
console.log('Hello World'.includes('W')); // true
```

Funktional bringt dieses neue Application Programming Interface (API) keinen neuen technischen Vorteil. Aus Sicht der Leserinnen und Leser wird jedoch der Zweck der Bedingung klar – es müssen keine zusätzlichen Informationen außer dem Namen der Methode überprüft werden!

Auf die gleiche Weise wurden die Methoden startsWith und endsWith eingeführt, um die in Listing 2.1 gezeigte umständliche Syntax zu vermeiden.

```
// Starts with
console.log('Hello World'.indexOf('Hello') === 0); // true
console.log('Hello World'.startsWith('Hello')); // true

// Ends with
console.log('Hello World'.indexOf('World') === 'Hello World'.length -
 'World'.length); // true
console.log('Hello World'.endsWith('World')); // true
```

Listing 2.1 Syntax mit »startsWith« und »endsWith« im Vergleich zu »indexOf«

Ebenso stellen wir in diesem Kapitel einige aktuelle Ergänzungen zu JavaScript vor und veranschaulichen, wie Sie sie nutzten können, um Code zu schreiben, der leichter zu lesen und zu pflegen ist. Mit unserem Fokus auf SAPUI5 wird der Wert dieser Ergänzungen anhand kontextualisierter Beispiele hervorgehoben. Außerdem wird die Sprache TypeScript behandelt, die JavaScript erweitert und für die SAPUI5 eine Integration unterstützt.

2.1 Funktionen von JavaScript ES6+

JavaScript entwickelt sich ständig weiter. In den letzten sechs Jahren ist jedes Jahr eine neue Version des ECMAScript-Standards erschienen. Einen Überblick über die Entwicklung der ECMAScript-Versionen finden Sie unter *http://s-prs.de/v1005002*.

Änderungsvorschläge werden über das GitHub-Repository des Ecma International Technical Committee 39 eingereicht, einsehbar unter *https://github.com/tc39/proposals*.

In diesem Abschnitt konzentrieren wir uns auf Funktionen, die die Codequalität verbessern, indem sie die Komplexität verringert, und die Absicht der Entwicklerinnen und Entwickler offenbaren.

2.1.1 Browserunterstützung

Einige Browser implementieren die neuesten JavaScript-Funktionen, sobald sie entworfen wurden, und gelten dann als gute Kandidaten für die Standardisierung gemäß ECMAScript 2015 (auch als JavaScript-ES6-Spezifikation bezeichnet), die 2015 fertiggestellt wurde. Die meisten Browser unterstützen diese Spezifikation mittlerweile.

SAPUI5 hat erhebliche Investitionen in die Entwicklung einer Kompatibilitätsschicht für Microsoft-Browser getätigt. Dank Polyfill (Code, der eine Funktion nachahmt, wenn der Host sie nicht unterstützt) werden die wichtigsten Features vom Framework implementiert und vordefiniert bereitgestellt (z. B. Promises oder String/Array-Include-Helper).

Mit dem Evolutionsprogramm für SAPUI5 (*http://s-prs.de/v1005003*) werden grundlegende Verbesserungen im Kern der Bibliothek erstellt. Der Support für Microsoft Internet Explorer 11 endete nach SAPUI5 1.87 (*http://s-prs.de/v1005004*).

[«]

Vom Internet Explorer zu Edge

Microsoft Internet Explorer 11 implementiert die ECMAScript-2015-Spezifikation nur teilweise. Wie von Microsoft (*http://s-prs.de/v1005005*) angegeben, ist Version 11 das letzte Release für Microsoft Internet Explorer. Das Unternehmen veröffentlichte einen neuen Browser namens Microsoft Edge, der auf Chromium basiert. Aus JavaScript-Sicht implementiert die Engine JavaScript ES6 vollständig.

Im Zweifelsfall bietet die Website *Can I Use* (*https://caniuse.com*) ein Unterstützungsraster für eine bestimmte Funktion an, das alle verfügbaren Browser und deren Versionen auflistet. Abbildung 2.1 zeigt beispielsweise die Browser, die das Promise-Objekt unterstützen.

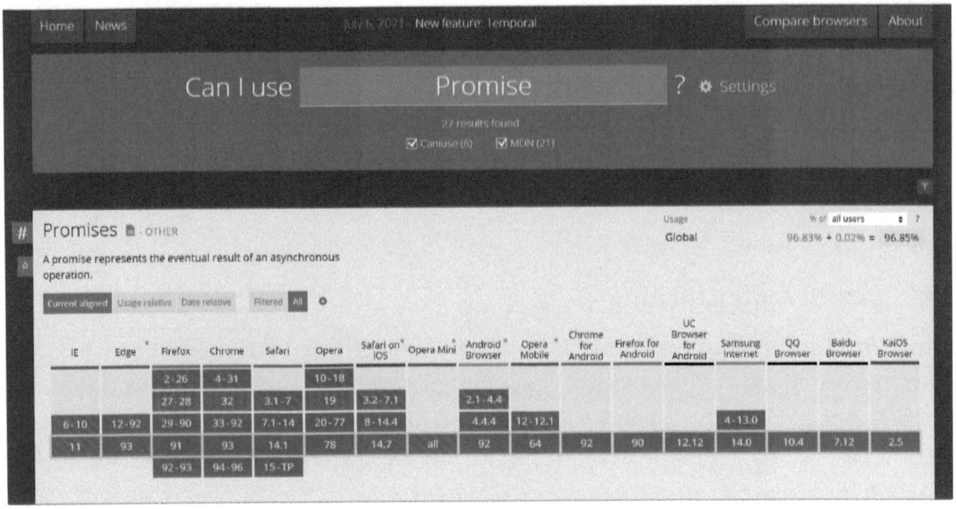

Abbildung 2.1 Unterstützungsraster für das Promise-Objekt

Außerdem enthält das Mozilla Developer Network (MDN), das unter *https://developer.mozilla.org* verfügbar ist, ein Kompatibilitätsraster für dokumentierte Funktionen. In Abbildung 2.2 sehen Sie dieses Raster für das Promise-Objekt.

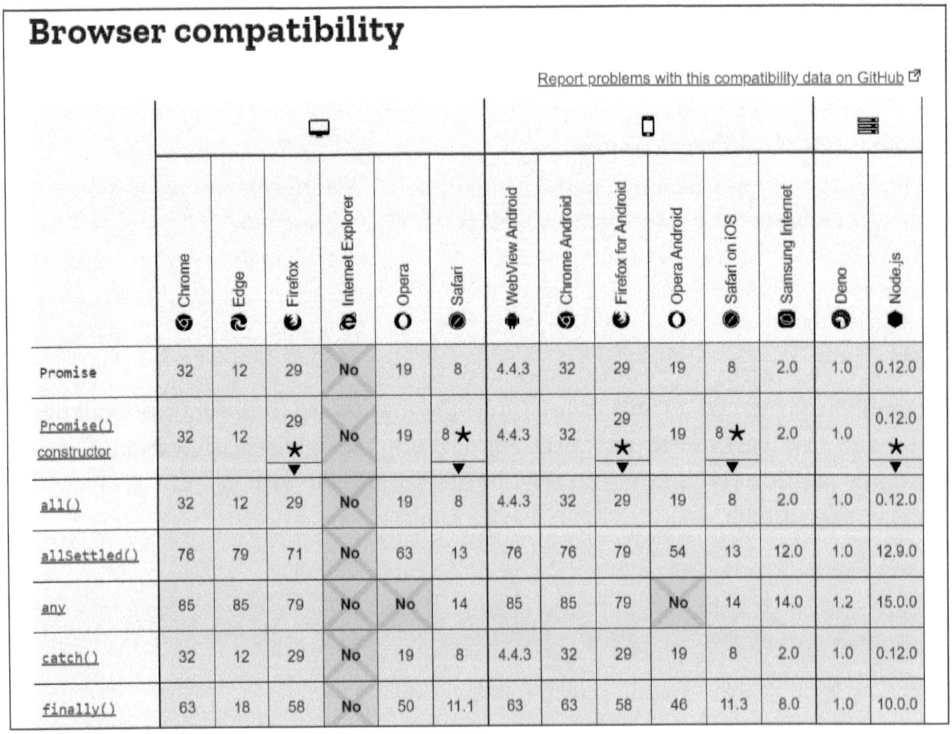

Browser compatibility

Report problems with this compatibility data on GitHub

	Chrome	Edge	Firefox	Internet Explorer	Opera	Safari	WebView Android	Chrome Android	Firefox for Android	Opera Android	Safari on iOS	Samsung Internet	Deno	Node.js
Promise	32	12	29	No	19	8	4.4.3	32	29	19	8	2.0	1.0	0.12.0
Promise() constructor	32	12	29 ★	No	19	8 ★	4.4.3	32	29 ★	19	8 ★	2.0	1.0	0.12.0 ★
all()	32	12	29	No	19	8	4.4.3	32	29	19	8	2.0	1.0	0.12.0
allSettled()	76	79	71	No	63	13	76	76	79	54	13	12.0	1.0	12.9.0
any	85	85	79	No	No	14	85	85	79	No	14	14.0	1.2	15.0.0
catch()	32	12	29	No	19	8	4.4.3	32	29	19	8	2.0	1.0	0.12.0
finally()	63	18	58	No	50	11.1	63	63	58	46	11.3	8.0	1.0	10.0.0

Abbildung 2.2 Kompatibilitätsraster für das Promise-Objekt

Schließlich bietet der ESLint Linter (*https://eslint.org/docs/latest/use/configure/language-options*) einige Sprachoptionen, die helfen, die Verwendung einer bestimmten Syntax zu erkennen, die in der Zielumgebung verboten sein können.

In diesem Kapitel konzentrieren wir uns auf die Entwicklung von Desktop-Anwendungen und gehen davon aus, dass einer der wichtigsten Browser verwendet wird (Chrome, Firefox, Edge, Safari usw.). Da SAPUI5 auch die Entwicklung mobiler Anwendungen unterstützt, empfehlen wir dringend, eines der Kompatibilitätsraster zu prüfen, bevor Sie dokumentierte Funktionen für einen Zielbrowser verwenden.

Ein letzter wichtiger Hinweis: Bevor Sie Funktionen nutzen, müssen Sie auch sicherstellen, dass Ihre Projektwerkzeuge (statische Prüfungen, Linter, Transpiler usw.) auch die neue Syntax unterstützen.

2.1.2 Schlüsselwort »const«

Das nützliche Schlüsselwort `const` wurde aus vielen guten Gründen eingeführt. Leider kann der Name falsche Erwartungen an dessen Verhalten wecken.

[«]

Details einer Sprache lernen

JavaScript verwendet einige Konzepte und Schlüsselwörter, die Ihnen eventuell aus anderen Programmiersprachen bekannt sind. Es kann jedoch sein, dass Sie falsche Annahmen über Verhaltensweisen treffen, wenn Sie sich zu sehr darauf verlassen, wie andere Sprachen ein Konzept implementiert haben.

Ein besonders gutes Beispiel für diese Subtilität ist der Operator `delete`. Der Operator gibt nicht etwa den einem Wert zugeordneten Speicher frei, sondern entfernt einfach eine Eigenschaft aus einem Objekt.

Weitere Informationen zu den verschiedenen Objekten, die wir in diesem Buch beschreiben, finden Sie unter *https://developer.mozilla.org/en-US/docs/Web/JavaScript/Reference*.

Das Schlüsselwort `const` erzeugt eine konstante Zuordnung zu einem Wert. Das heißt, die Variable selbst kann nicht erneut zugewiesen oder deklariert werden. Je nach Werttyp kann sich der Wert jedoch im Laufe der Zeit ändern.

[«]

JavaScript-Werttypen

Zum Zeitpunkt des Schreibens existieren acht Arten von Werttypen in JavaScript. Der Operator `typeof` gibt einen String zurück, der den Werttyp angibt. Folgende Werttypen stehen zur Verfügung:

- `'undefined'`: Dieser Wert bedeutet keinen Wert. Wenn Sie eine Variable ohne Zuweisung deklarieren, wird ihr Wert standardmäßig auf `undefined` gesetzt.

- 'boolean': Der Wert ist entweder true oder false.
- 'number': Der Wert umfasst ganze Zahlen (d. h. -1, 0, 1 usw.) und Gleitkommazahlen (d. h. 0.5).
- 'bigint': Big Integers wurden mit ECMAScript 2020 eingeführt und sind Ganzzahlen, die über die Grenzen des Typs 'number' hinausgehen.
- 'string': Einer der am häufigsten verwendeten (und verstandenen) primitiven Werte.
- 'symbol': Ein eindeutiger und unveränderlicher Wert (weitere Informationen finden Sie in Abschnitt 2.1.12, »Klassen«).
- 'object': Dieser Werttyp umfasst im Prinzip alle bisher nicht genannten Objekte, auch Standardobjekte (z. B. Array, Date, und Promise) und Literalwerte, die im Code angelegt werden können. Leider enthält dieser Werttyp auch den Wert null.
- 'function': Funktionen, einschließlich Arrow-Funktionen, sind auch leistungsstarke Objekte erster Klasse.

Wenn ein Objekt einer Variablen mit dem Schlüsselwort const zugewiesen wird, kann das Objekt mutiert werden, wie in Listing 2.2 gezeigt.

```
const array = [1, 2];
array.push(3);
console.log(array); // 1, 2, 3
```

Listing 2.2 Änderbare Arrayvariable auch bei Deklaration mit »const«

[+]

Objektmutation verhindern

Es gibt mehrere Möglichkeiten, ein Objekt in JavaScript *unveränderlich* (engl. immutable) zu machen.

Sie können z. B. Object.freeze() verwenden, das nativ von JavaScript bereitgestellt wird. Wenn der Code während der Ausführung versucht, die Objekteigenschaften zu ändern, wird eine Ausnahme ausgelöst. Diese API kann zu Debugging-Zwecken verwendet werden. Wenn eine Ausnahme ausgelöst wird, kann ein Entwickler oder eine Entwicklerin den Aufruf-Stack prüfen, um zu sehen, welche Zeile versucht hat, das Objekt zu ändern.

Ein einfacherer Ansatz besteht darin, Best Practices anzuwenden, die den Objektzustand garantieren. Beispielsweise gibt die Methode getObject der Klasse ODataModel eine Kopie der Entität zurück (siehe Dokumentation unter *http://s-prs.de/v1005006*).

Bei der Verwendung des Schlüsselworts const sollten Sie zwei wichtige Aspekte beachten:

- Eine mit `const` deklarierte Variable sollte nicht neu zugewiesen werden.
- Wie es bei jeder Variablen der Fall ist, ist der Name dieser Konstanten eine gute Möglichkeit, den Wert zu dokumentieren, der durch den Code wiederverwendet wird.

Um Konstanten von anderen Variablen zu unterscheiden, können Sie Großbuchstaben im Namen der Konstante verwenden. In jedem Fall löst die JavaScript-Engine eine Ausnahme aus, wenn der Code versucht, einen Konstantenwert neu zuzuweisen. Darüber hinaus erkennen die meisten statischen Linter ungültige Zuordnungen zu Konstantenvariablen. Ebenso wird eine Variable, die nie neu zugewiesen wird, als Kandidat für das Schlüsselwort `const` vorgeschlagen.

Ein typischer Grund für die Verwendung von Konstanten ist es, magische Zahlen zu vermeiden. Sie können z. B. die ESLint-Regel `no-magic-numbers` (*https://eslint.org/docs/rules/no-magic-numbers*) prüfen. Diese Regel macht Code lesbarer und erleichtert das Refactoring, indem dafür gesorgt wird, dass spezielle Zahlen als Konstanten deklariert werden, um ihre Bedeutung explizit zu machen.

Schauen wir uns ein Beispiel an, um zu veranschaulichen, wie Konstanten das Lesen von Code vereinfachen. Wie Sie in Listing 2.3 sehen, ist die angezeigte Validierung schwer lesbar.

```
/* global password */
if (password.length < 7) {
  throw new Error(0x80000F52);
}
if (!password.match(/[a-z0-9]/i)) {
  throw new Error(0x80000F53);
}
```

Listing 2.3 Ungültige Verwendung von magischen Werten

Der Code in Listing 2.4 ist hingegen deutlich lesbarer.

```
/* global password */
const PASSWORD_MIN_LENGTH = 7;
const PASSWORD_ALLOWED_CHARS = /[a-z0-9]/i;
const ERROR_PASSWORD_IS_TOO_SHORT = 0x80000F52;
const ERROR_PASSWORD_HAS_INVALID_CHARS = 0x80000F53;

/* ... */

if (password.length < PASSWORD_MIN_LENGTH) {
  throw new Error(ERROR_PASSWORD_IS_TOO_SHORT);
}
```

```
if (!password.match(PASSWORD_ALLOWED_CHARS)) {
  throw new Error(ERROR_PASSWORD_HAS_INVALID_CHARS);
}
```

Listing 2.4 Konstanten zur Dokumentation von magischen Werten verwenden

Listing 2.3 und Listing 2.4 sind zwar gleichwertig, es gibt jedoch zwei wesentliche Unterschiede:

- In Listing 2.4 wird der Zweck des regulären Ausdrucks klarer.
- Wenn die Validierungskriterien eine Modifikation erfordern, wird der Code angepasst, indem die Werte der Konstanten geändert werden (unabhängig davon, wie oft sie verwendet werden).

Daher sollten in komplexen Projekten alle magischen (oder wiederverwendbaren) Werte in einer Liste von Konstanten konsolidiert werden, die in den verschiedenen Quellen verwendet werden. Dadurch gewähren Sie die Namenskonsistenz und ermöglichen eine schnelle Konfiguration durch Anpassung der Werte, wie in Listing 2.5 dargestellt.

```
sap.ui.define([], function () {
  return {
    NULL_GUID: '00000000-0000-0000-0000-000000000000',
    executionStatus: {
      information: 'I',
      warning: 'W',
      error: 'E'
    }
  };
});
```

Listing 2.5 »myApp/constants«-Modul, das Anwendungskonstanten freilegt

Die Verwendung dieser Konstanten sehen Sie in Listing 2.6.

```
sap.ui.define([
  'myApp/constants',
  'sap/ui/core/library'
], function (constants, coreLibrary) {
  const executionStatus = constants.executionStatus;
  const valueState = coreLibrary.ValueState;

  return {
    formatStatusAsValueState: function (status) {
```

```
      if (status === executionStatus.error) {
        return valueState.Error;
      }
      return valueState.None;
    }
  };
});
```

Listing 2.6 Importierte Konstanten verwenden, um den Code lesbarer zu machen

2.1.3 Hoisting und Function-Scoping mit »var«

Das am Anfang von JavaScript eingeführte Schlüsselwort `var` ist recht flexibel. Eine Variable kann mit `var` an beliebiger Stelle in einer Funktion deklariert werden und wird immer zu Beginn der Funktion definiert (dieser Mechanismus wird als *Hoisting* bezeichnet). Wenn die Deklaration jedoch eine Zuordnung enthält, wird der Wert in der Zeile der Anweisung festgelegt, wie in Listing 2.7 gezeigt.

```
/* eslint-disable */
function main () {
  console.log(value); // no error, value is undefined
  var value = 1;
  console.log(value); // 1
}
```

Listing 2.7 Gehoistete Variable am Anfang der Funktion

Sie können eine Variable mit `var` mehrmals im selben lexikalischen Geltungsbereich deklarieren, und die zusätzlichen Deklarationen haben keine Auswirkungen (siehe Listing 2.8).

```
/* eslint-disable */
function main () {
  var value = 1;
  var value;
  console.log(value); // 1
}
```

Listing 2.8 Mehrfach deklarierte Variable

Diese Flexibilität wirkt sich auf die Codequalität aus, und die meisten Linter enthalten Regeln, um diese Probleme für Entwicklerinnen und Entwickler hervorzuheben.

[»]

Globale Variablen

Wir werden in diesem Kapitel nicht weiter über globale Variablen wie var sprechen, da sie im Allgemeinen als schlechte Praxis angesehen werden.

2.1.4 Block Scoping mit »let« und »const«

Im Gegensatz zum Schlüsselwort var verwenden die Schlüsselwörter const und let den umschließenden Block, insbesondere ein Paar geschweifte Klammern ({}), um ihren lexikalischen Geltungsbereich zu definieren. Diese Regel imitiert andere Programmiersprachen (z. B. C++ und Java), in denen eine Variable nur in ihrem *Deklarationsblock* existiert. Auch die Schlüsselwörter unterliegen nicht dem Hoisting: Die Variable existiert in der Zeile der Deklaration, wie in Listing 2.9 gezeigt.

```
/* eslint-disable */
function main () {
  console.log(value); // ReferenceError: value is not defined
  let value = 1;
}
```

Listing 2.9 Mit »let« eingeführte Variable, die nicht vor ihrer Deklaration genutzt werden kann

Welche der drei Möglichkeiten, Variablen zu deklarieren (var, const und let), sollten Sie bevorzugen? Wir empfehlen, diese Richtlinien zu befolgen:

- Verwenden Sie const, wenn Sie eine Variable anlegen, deren Zuordnung sich nicht ändert. Dieses Schlüsselwort zeigt den Leserinnen und Lesern an, dass Sie nicht ändern möchten, welcher Wert mit der Variablen verknüpft ist. Verlassen Sie sich auf einen Linter, der eine Meldung generiert, wenn eine mit let deklarierte Variable const verwenden kann.
- Verwenden Sie andernfalls let.
- Vermeiden Sie die Verwendung von var.

2.1.5 Arrow-Funktionen

Die Syntax der Arrow-Funktion ist eine schöne Ergänzung zu JavaScript. Arrow-Funktionen sind anonym und geben in ihrer kompakten Form die ausgewertete Anweisung zurück, wie Sie in Listing 2.10 sehen.

```
const fibonacci = [1, 2, 3, 5, 8];
console.log(fibonacci
  .reduce((sum, value) => sum + value)
); // 19
```

Listing 2.10 Arrow-Funktion zum Summieren eines Arrays

Das gleiche Beispiel ohne Verwendung der Arrow-Funktion sehen Sie in Listing 2.11.

```
const fibonacci = [1, 2, 3, 5, 8];
console.log(fibonacci
  .reduce(function (sum, value) {
    return sum + value;
  })
); // 19
```

Listing 2.11 Reguläre Funktion zum Summieren eines Arrays

Wenn die Arrow-Funktion eine Zuweisung ausführt (oder mehr als eine Anweisung erfordert), müssen Sie den Funktionskörper mit geschweiften Klammern umschließen. In diesem Fall ist das Schlüsselwort `return` erforderlich, um das Funktionsergebnis festzulegen, wie Listing 2.12 zeigt.

```
const mean = (array) => {
  if (!Array.isArray(array)) {
    throw new Error('Not an array');
  }
  if (array.some((item) => typeof item !== 'number')) {
    throw new Error('Not an array of numbers');
  }
  const sumOfItems = array.reduce((sum, value) => sum + value);
  return sumOfItems / array.length;
};
console.log(mean([1, 2, 3])); // 2
```

Listing 2.12 Erweiterte Arrow-Funktion

Abgesehen davon, dass sie kompakter sind, wurden Arrow-Funktionen eingeführt, um ein spezifisches Problem im Zusammenhang mit der funktionalen Entwicklung zu lösen. Tatsächlich sind Funktionen in JavaScript überall vorhanden (wie in Listing 2.12 gezeigt), und die Syntax `function` erfordert ständige Aufmerksamkeit auf den Wert von `this`. Im Gegensatz zu `function` haben Arrow-Funktionen kein eigenes Binding an `this`. Das Binding wird deshalb stattdessen vom übergeordneten Geltungsbereich geerbt.

[!]

Einschränkungen bei der Verwendung von Arrow-Funktionen

Arrow-Funktionen haben folgende Einschränkungen:

- Zusätzlich zu `this` haben sie auch kein eigenes Binding an `super`. (Dieses Schlüsselwort erläutern wir in Abschnitt 2.1.12, »Klassen«.) Daher sollten Arrow-Funktionen nicht verwendet werden, um Klassenmethoden – einschließlich Konstruktoren – anzulegen.
- Arrow-Funktionen funktionieren nicht mit den Methoden `call`, `apply` und `bind`.
- Das Objekt `arguments` wird auch vom übergeordneten Geltungsbereich geerbt. Beachten Sie, dass die Einführung von REST-Parametern in JavaScript ES6 die Verwendung dieses Objekts obsolet gemacht hat (weitere Informationen zu REST-Parametern finden Sie in Abschnitt 2.1.8, »Destrukturierungszuordnung«, und in Abschnitt 5.8.3, »REST-Parameter«).

Wie hilft diese Syntax nun Entwicklerinnen und Entwicklern dabei, saubereren Code zu erstellen?

Beim Umgang mit asynchronen JavaScript- und XML-Callbacks (AJAX), Promises oder Enumeratoren erleichtern Arrow-Funktionen das Schreiben von Handlern. Da `this` vom übergeordneten Geltungsbereich geerbt wird, müssen Sie die Handler-Funktion nicht mehr anbinden, so wie in Listing 2.13.

```
// Inside controller code
const viewStateModel = this.getView().getModel('viewState');
viewStateModel.setProperty('/busy', true);
this.getView().getModel().read('/MyEntities', {
  success: (data) => {
    this.processMyEntities(data); // this is still the controller
    viewStateModel.setProperty('/busy', false);
  },
  error: (error) => {
    console.error(error);
    this.notifyUserOfError(error); // this is still the controller
    viewStateModel.setProperty('/busy', false);
  }
});
```

Listing 2.13 Arrow-Funktionen mit OData-Modell-Read-Callbacks verwenden

In diesem Beispiel bezieht sich der Wert von `this` in den Handlern `success` und `error` auf den Controller.

[«]

OData-Modell Promise-Aware

Um das Beispiel deutlich zu machen, haben wir in Listing 2.13 die Verwendung von Callbacks gezeigt. Wir empfehlen jedoch, das `ODataModel` zu verpacken, um stattdessen Promises zu verwenden. Dieses Vorgehen demonstrieren wir in Abschnitt 2.1.9, »Promises, ›async‹ und ›await‹«. Callbacks erläutern wir in Kapitel 5, »Funktionen«, näher.

Listing 2.14 zeigt ein weiteres Beispiel. Wenn Sie warten müssen, bis die OData-Metadaten geladen wurden, bevor Sie Code ausführen, können Sie die Methode `metadataLoaded` verwenden, die ein Promise (*http://s-prs.de/v1005007*) und eine Verkettung zu einem Handler zurückgibt, der denselben Kontext behält.

```
// Inside controller code
this.getView().getModel().metadataLoaded()
  .then(() => this.requestSettings());
```

Listing 2.14 Verwenden einer Arrow-Funktion mit einem Promise

Funktionen werden in Kapitel 5, »Funktionen«, ausführlicher behandelt.

2.1.6 Template-Literale

Die Template-Literal-Syntax ist eine gute Möglichkeit, eine Zeichenfolge zu generieren, die Werte einbettet. Diese Syntax ist kompakter und flexibler als die herkömmliche String-Konkatenation mit dem Operator +. Listing 2.15 zeigt die Differenz zwischen den beiden Syntaxen.

```
const firstName = 'arnaud';
console.log('Hello ' + firstName); // Hello arnaud
console.log(`Hello ${firstName}`); // Hello arnaud
```

Listing 2.15 Vergleich der String-Generierung mit einer Variablen

Template-Literale beginnen mit einem einfachen Anführungszeichen und Werte werden mit `${value}` eingefügt, wobei `value` ein beliebiger gültiger JavaScript-Ausdruck (*Interpolation* genannt) sein kann. Jede Variable oder Funktion, die im aktuellen Geltungsbereich verfügbar ist, kann eingefügt werden, so wie in Listing 2.16.

```
const firstName = 'arnaud';
const capitalize = (s) => s.charAt(0).toUpperCase() + s.substring(1);
console.log(`Hello ${capitalize(firstName)}`); // Hello Arnaud
```

Listing 2.16 Template-Literal mit Funktionsaufruf

[»]

Performance der String-Konkatenation

Die Performance der String-Konkatenation in JavaScript unterliegt oft Spekulationen. Es gibt viele Möglichkeiten, einen String aus mehreren Teilen zu erstellen: Ein Entwickler verwendet vielleicht den Operator +, während eine andere Entwicklerin alles in einem Array speichert und `array.join` nutzt. Wieder andere bevorzugen Template-Literale. Die Performance hängt hauptsächlich von der Komplexität des zu erstellenden Strings (Anzahl der Zeichen) und der JavaScript-Engine ab.

Sofern die Software keine String-Konkatenation erfordert (z. B. zum Erstellen von Inhalten durch das Konkatenieren von Tausenden von Zeilen), ist die einfachste Option die beste, und Template-Literale sind die einfachste Syntax der drei Optionen.

Ein Template-Literal kann sich über mehrere Zeilen erstrecken, wie in Listing 2.17 gezeigt.

```
const firstName = 'arnaud';
const capitalize = (s) => s.charAt(0).toUpperCase() + s.substring(1);
console.log(`Hello ${capitalize(firstName)}
Today is ${new Date()}`); // Outputs on two lines
```

Listing 2.17 Template-Literal über mehrere Zeilen

Sie können immer die Syntax des Template-Literals verwenden, um einen beliebigen String zu erzeugen, aber jeder gute Linter wird eine Warnung generieren, wenn diese Syntax ohne Einfügen verwendet wird oder wenn sie sich nicht über mehrere Zeilen erstreckt.

[!]

Maskierungszeichen in einem String-Literal

Wie jeder String müssen einige Zeichen in einem Template-Literal mit einem Backslash maskiert werden. Wie bereits beschrieben, können neue Zeilen unverändert verwendet werden (`\n` wird nicht benötigt). Der String `${` muss jedoch entweder mit `\${` oder `$\{` maskiert werden. Ebenso muss ein einfacher Backtick mit einem Backslash maskiert werden.

Die Tag-Funktion ist ein weiteres hilfreiches Merkmal von String-Literalen. Die Möglichkeiten sind endlos, und viele JavaScript-Frameworks verwenden Tag-Funktionen. Zusammengefasst ist eine Tag-Funktion eine Funktion, die direkt vor einem String-Literal (ohne Klammern) steht. Beim Aufruf erhält die Funktion die Details des Template-Literals:

- Der erste Parameter ist ein Array, das alle statischen Teile der Vorlage enthält.
- Der zweite und die folgenden Parameter sind alle eingefügten Werte.

Die Tag-Funktion kann einen beliebigen Wert zurückgeben.

Wie in Listing 2.18 gezeigt, interpretiert eine Tag-Funktion das String-Literal als XML-Fragment und gibt das erzeugte Control zurück, indem es `sap.ui.core.Fragment` verwendet. In Abbildung 2.3 sehen Sie das Ergebnis des `xfrag`-Onlinebeispiels (*https://clean-ui5.github.io/samples/xfrag*).

Abbildung 2.3 Vorschau der Tag-Funktion im Onlinebeispiel

```
sap.ui.require([
  'sap/ui/core/Fragment'
], async function (Fragment) {
  function xfrag (xmlContent) {
    return Fragment.load({
      type: 'XML',
      definition: `
<core:FragmentDefinition
  xmlns:core="sap.ui.core"
>
  ${xmlContent}
</core:FragmentDefinition>`
    });
  }

  const button = await xfrag`
<m:Button xmlns:m="sap.m"
  id="helloButton"
  class="sapUiLargeMargin"
  text="Hello World"
/>`;
```

```
  button.attachPress(() => alert('Hello'));
  button.placeAt('content');
});
```

Listing 2.18 Tag-Funktion zum Laden von XML-Fragmenten

2.1.7 Spread-Syntax

Die Spread-Syntax (`...`) konvertiert ein Objekt in eine Werteliste. Je nach Kontext weist diese Syntax unterschiedliche Verhaltensweisen auf, die wir in den folgenden Abschnitten behandeln werden. Zu den möglichen Verhaltensweisen gehören:

- Sie füllt ein neues Literal-Array mit Werten aus einem iterierbaren Array.
- Sie hängt Objekteigenschaften an ein neues Literalobjekt.
- Beim Aufrufen einer Funktion übergibt sie eine Liste von Parametern.

Dieselbe Syntax kann auch zum Sammeln von Werten verwendet werden, wie bei der Destrukturierung von Zuweisungen, die wir in Abschnitt 2.1.8, »Destrukturierungszuordnung«, besprechen.

Arrays

Eines der wichtigsten iterierbaren Objekte in JavaScript ist das Array. Dieses native listenartige Objekt wird häufig verwendet, daher sind Sie vermutlich bereits mit Arraymanipulationen im SAPUI5-Code in Kontakt gekommen.

Die Spread-Syntax vereinfacht die Arraykonkatenation. Bisher mussten Sie `Array.concat` verwenden, wie im folgenden Code zu sehen ist:

```
const fibonacci = [1, 2, 3, 5, 8];
console.log([0].concat(fibonacci).concat(13)); // [0, 1, 2, 3, 5, 8, 13]
```

Wenn Sie dasselbe Beispiel mit der Spread-Syntax implementieren, ist der Code viel leichter lesbar:

```
const fibonacci = [1, 2, 3, 5, 8];
console.log([0, ...fibonacci, 13]); // [0, 1, 2, 3, 5, 8, 13]
```

Da ein Array ein Objekt ist, ist es jedes Mal, wenn seine Referenz übergeben wird, Änderungen ausgesetzt. Eine Möglichkeit, den Inhalt eines Arrays zu schützen, besteht darin, es zu klonen. Auch hierbei hilft die Spread-Syntax.

[«] 2

Flache Kopie und tiefe Kopie

Die folgenden Klonbeispiele kopieren nur Werte der ersten Ebene. Wenn ein Wert ein Objekt ist, wird in der Kopie dasselbe Objekt referenziert. Diese Kopie wird als *flache Kopie* bezeichnet und verhindert nicht die Änderung der enthaltenen Werte.

Wenn Sie auch die Objekte kopieren (und die Referenzen auflösen) möchten, müssen Sie eine *tiefe Kopie* implementieren, die die Arraywerte rekursiv klont.

Wie Listing 2.19 zeigt, ist die Verwendung von `[].concat` durchaus in Frage zu stellen. Da dieses Pattern ein leeres Array mit einem vorhandenen konkateniert, sieht es sinnlos aus. Dieses bekannte Pattern legt jedoch ein neues Array basierend auf einem vorhandenen an.

```
const fibonacci = [1, 2, 3, 5, 8];
const clone = [].concat(fibonacci);
console.log(clone); // [1, 2, 3, 5, 8]
```

Listing 2.19 Array klonen mit »Array.concat«

Mit dem Spread-Syntax-Ansatz, zu sehen in Listing 2.20, wird das neue Arrayliteral mit Werten gefüllt, die aus dem vorhandenen Array stammen, wodurch der Zweck deutlich wird.

```
const fibonacci = [1, 2, 3, 5, 8];
const clone = [...fibonacci];
console.log(clone); // [1, 2, 3, 5, 8]
```

Listing 2.20 Klonen eines Arrays mit der Spread-Syntax

Mit diesem Mechanismus können Sie auch mehrere Arrays kombinieren; ihre Positionen werden alle nacheinander hinzugefügt, wie in Listing 2.21 gezeigt.

```
const begin = [1, 2];
const end = [5, 8];
const clone = [...begin, 3, ...end];
console.log(clone); // [1, 2, 3, 5, 8]
```

Listing 2.21 Spread-Syntax mit mehr als einem Array

Beachten Sie jedoch, dass die Spread-Syntax die Positionen nicht rekursiv verteilt, wie in Listing 2.22. In diesem Beispiel erwarten Sie wahrscheinlich `[1, 2, 3, 5, 8]`, Sie erhalten aber stattdessen `[[1, 2], 3, [5, 8]]`.

```
const array = [[1, 2], 3, [5, 8]];
const clone = [...array];
console.log(clone); // [[1, 2], 3, [5, 8]]
```

Listing 2.22 Spread-Syntax für ein Array, das Arrays enthält

[!]

Abflachen eines Arrays

Wenn Sie ein Array abflachen müssen, prüfen Sie die Methode `Array.prototype.flat`, die 2019 mit JavaScript ES10 eingeführt wurde.

Die Spread-Syntax ist nicht auf Arrays beschränkt. Gemäß ihrer Definition kann sie mit jedem iterierbaren Objekt verwendet werden.

Wenn Sie mit der Webentwicklung im Allgemeinen vertraut sind, kennen Sie möglicherweise die Anzahl der Browser-APIs, die iterierbare Objekte zurückgeben. Die bekannten Window- und Document-Objekte sind nicht Teil der JavaScript-Sprachspezifikation: Stattdessen werden diese Objekte vom Browser (der die JavaScript-Engine hostet) exponiert und bieten eine Möglichkeit, mit der angezeigten Seite zu interagieren. Diese Objekte sind Teil der API-Spezifikation Document Object Model (DOM). Beispielsweise bietet das Document-Objekt die Methode `querySelectorAll` (*https://developer.mozilla.org/en-US/docs/Web/API/Document/querySelectorAll*) zum Sammeln vorhandener Elemente basierend auf einem CSS-Selektor. Das zurückgegebene Objekt ist eine `NodeList`-Instanz (*https://developer.mozilla.org/en-US/docs/Web/API/NodeList*) und kein Array. Das zurückgegebene Objekt ist jedoch iterierbar und kann mit dem Spread-Operator verwendet werden.

[»]

DOM-APIs

Auch wenn sie in einem Browser ausgeführt werden, empfehlen wir aus Sicherheits- und Kompatibilitätsgründen keine nativen Browser-APIs zu verwenden, wenn eine Funktion bereits von SAPUI5 bereitgestellt wird.

Vermeiden Sie beispielsweise die Verwendung von `window.open`, und nehmen Sie stattdessen die Methode `sap.m.URLHelper.redirect` (*http://s-prs.de/v1005008*), die ein Reverse Tabnapping verhindert (bei dem die Zielwebseite die Öffnungsseite manipulieren kann), indem Sie die entsprechenden Optionen beim Öffnen eines Fensters festlegen.

Ein einfacheres Beispiel für ein iterierbares Objekt, das kein Array ist, ist der Helper `arguments`, siehe Listing 2.23.

```
function toArray () {
  return [...arguments];
}

console.log(toArray(1, 2, 3, 4, 5)); // [1, 2, 3, 4, 5]
```

Listing 2.23 Iterierbares »arguments«-Objekt

Fast jedes Objekt kann iteriert werden, wenn es die erwartete Schnittstelle bereitstellt. Listing 2.24 zeigt ein Beispiel für eine Funktion, die einen Wertebereich bereitstellt, der iteriert werden kann.

```
function range (from, to) {
  let current = from;
  const iterable = {};
  // The returned object exposes a method allocating the iterator
  iterable[Symbol.iterator] = () => {
    return {
      // Called on each iteration
      next: () => {
        const currentValue = current;
        ++current;
        return {
          done: currentValue > to, // is iteration over ?
          value: currentValue
        };
      }
    };
  };
  return iterable;
}

console.log([...range(1, 5)]); // [1, 2, 3, 4, 5]
```

Listing 2.24 Das Objekt wird iterierbar, indem es eine »Symbol.iterator«-Methode exponiert, die einen Iterator zurückgibt.

Beachten Sie, dass auch Generatorfunktionen iteriert werden können, so wie in Listing 2.25.

```
function * range (from, to) {
  for (let current = from; current <= to; ++current) {
    yield current;
```

```
  }
}
console.log([...range(1, 5)]); // [1, 2, 3, 4, 5]
```

Listing 2.25 Iterierbare Generatorfunktion

[!]

Randfälle: »undefined« und »null«

Bei Verwendung mit dem Spread-Operator lösen `undefined` und `null` Ausnahmen aus, da diese Werte nicht iterierbar sind.

Objekte

Ebenso fügt die Spread-Syntax bei Verwendung innerhalb einer Literal Object Expression alle aufzählbaren eigenen Eigenschaften (engl. enumerable own Properties) eines vorhandenen Objekts hinzu. Dieser Ausdruck ist eine praktische Verknüpfung für die API `Object.assign` , die die Eigenschaften mehrerer Objekte in einem Zielobjekt zusammenführt.

[»]

Spread-Syntax auf Objekte

Diese Syntax wurde später in der Sprache (ECMAScript 2018) eingeführt. Prüfen Sie daher das Browserkompatibilitäts-Grid (*http://s-prs.de/v1005009*).

Unsere Aussage zu aufzählbaren eigenen Eigenschaften ist wichtig, da nicht alle Eigenschaften eines Objekts auf diese Weise qualifiziert werden:

- Eigenschaften, die durch die Prototypvererbung geerbt werden, sind keine eigenen Eigenschaften.
- Eigenschaften, die mit der statischen Methode `Object.defineProperty` definiert wurden, können so konfiguriert werden, dass sie nicht aufzählbar sind.

Listing 2.26 zeigt diese ignorierten Eigenschaften.

```
const inherited = { inherited: '$' };
const object = Object.create(inherited);
Object.defineProperty(object, 'hidden', {
  value: 'secret',
  enumerable: false
});
object.visible = 'Hello World !';
console.log(object.inherited); // $
```

```
console.log(object.hidden); // secret
console.log({ ...object }); // { visible: 'Hello World!' }
```

Listing 2.26 Nicht aufzählbare eigene Eigenschaften

In Bezug auf die Arrays kann die Spread-Syntax verwendet werden, um ein Objekt zu klonen (dabei entsteht eine flache Kopie). Dieses Vorgehen sehen Sie in Listing 2.27.

```
const object = { a: 1, b: 2, c: 3 };
const clone = { ...object };
console.log(clone); // { a: 1, b: 2, c: 3 }
```

Listing 2.27 Objekt mit Spread-Syntax klonen

Wenn Sie mehrere Objekte in einem Literal kombinieren, ist die Reihenfolge der Aufzählung von entscheidender Bedeutung: Wenn zwei Eigenschaften kollidieren, weil sie denselben Namen haben, gewinnt der zuletzt eingefügte Property Value, wie in Listing 2.28 gezeigt.

```
const obj1 = { a: 1, b: 2 };
const obj2 = { b: 3, c: 3 };
const concatenated = {
  ...obj1,
  ...obj2,
  c: 4
};
console.log(concatenated); // { a: 1, b: 3, c: 4 }
```

Listing 2.28 Spread-Operator zum Erstellen eines neuen Objekts aus mehreren anderen Objekten verwenden

Neben dem Klonen hilft der Spread-Operator Entwicklerinnen und Entwicklern auch dabei, besseren Code zu erstellen, indem er einfachere Möglichkeiten bietet, Objekte zu manipulieren. Es empfiehlt sich beispielsweise, die Anzahl der Parameter bei der Definition einer Funktion zu begrenzen. Wenn Sie eine Funktion mit zu vielen Parametern aufrufen, kann es schwierig sein, sich die Bedeutung jedes Werts zu merken (was das Risiko erhöht, einen zu vergessen oder zu überspringen).

Betrachten Sie den Code in Listing 2.29, und versuchen Sie, den Zweck der einzelnen Parameter zu erraten.

```
/* global showMessage */
showMessage('Message', 'INFORMATION', 'My application', undefined, () =
> { this.setBusy(false); }, 'messageBox', '80%');
```

Listing 2.29 Funktionsaufruf mit vielen Parametern

[»]

Funktionsparameter

Wir empfehlen, die Anzahl der Parameter auf drei zu beschränken. Sie sollten auch boolesche Parameter vermeiden, da diese beim Lesen eines Funktionsaufrufs nicht viel über dessen Bedeutung aussagen. Sie können beispielsweise die Bedeutung von `sap.m.URLHelper.redirect('https://www.sap.com', true)` erraten, ohne die Dokumentation zu prüfen (*http://s-prs.de/v1005008*)? Eine Methode mit dem Namen `openInNewWindow` ist hingegen expliziter.

Eine Möglichkeit, dieses Limit erweitern, während die Lesbarkeit gleichzeitig aufrechterhalten bleibt, ist, Objektparameter zu verwenden. Solche Parameter bieten auf verschiedene Arten Flexibilität für den Funktionsaufruf:

- durch Aktivieren optionaler Parameter
- durch Dokumentation der angegebenen Parameter, da dem Wert ein Name vorangestellt wird

Der Helper `sap.m.MessageBox.show` (*http://s-prs.de/v1005010*) ist ein gutes Beispiel, das zwei Parameter verwendet:

- `vMessage` (`string`): die anzuzeigende Meldung
- `mOptions` (`object`): weitere Optionen, einschließlich der folgenden:
  - `onClose`: Callback-Funktion, die aufgerufen werden soll, wenn der Benutzer den Dialog schließt
  - `title`: Titel, der im Alert-Dialog angezeigt werden soll

Der Code in Listing 2.29 kann mit dieser API neu geschrieben werden und wird somit zu dem Code, den Sie in Listing 2.30 sehen.

```
sap.ui.define([
  'sap/m/MessageBox'
], function (MessageBox) {
  /* ... */
  MessageBox.show('message', {
    icon: MessageBox.Icon.INFORMATION,
    title: 'My application',
    onClose: () => { this.setBusy(false); },
    id: 'messageBox',
    contentWidth: '80%'
  });
});
```

Listing 2.30 Ein »sap.m.MessageBox.show«-Call

Jetzt kann der Spread-Operator wirklich hilfreich sein. Die meisten SAPUI5-APIs bieten einen Objektparameter an. Das Verhalten des Spread-Operators ermöglicht es Entwicklerinnen und Entwicklern, allgemeine Standardeigenschaften, wie in Listing 2.31 gezeigt, festzulegen. Die benutzerdefinierte Funktion messageBox bietet eine Standardeigenschaft für das gekapselte Meldungsfenster. Diese Konfiguration kann mit dem Parameter options überschrieben werden.

```
sap.ui.define([
  'sap/m/MessageBox'
], function (MessageBox) {
  return function messageBox (label, options) {
    return new Promise((resolve) => {
      MessageBox.show(label, {
        title: 'My application',
        icon: MessageBox.Icon.INFORMATION,
        ...options,
        onClose: resolve
      });
    });
  };
});
```

Listing 2.31 Übersteuern der Standardoptionen mit dem »messageBox«-Helper (»myApp/utils/messageBox«) und der Spread-Syntax

[«]

»messageBox«-Beispiel

In diesem Beispiel ist Folgendes zu beachten:

- Die Standardwerte werden vor dem Spread-Operator eingefügt, sodass Sie diese Werte mit den im Parameter options angegebenen Elementen überschreiben können.
- Dieses Beispiel kapselt den Anruf in einem *Promise*, das erfüllt wird, sobald der Benutzer auf das Meldungsfenster klickt. Promises werden wir in Abschnitt 2.1.9, »Promises, ›async‹ und ›await‹«, noch genauer besprechen, aber zusammenfassend gesagt lässt das Promise dem Anrufer wissen, wann das Meldungsfenster geschlossen wird.
- Der Handler onClose wird nach options Spreading hinzugefügt und garantiert, dass der Aufrufer ihn nicht neu definieren kann.

Listing 2.32 zeigt einen einfachen Aufruf dieser Funktion.

```
sap.ui.define([
  'myApp/utils/messageBox'
], function (messageBox) {
  /* ... */

  messageBox('Hello World !');
});
```

Listing 2.32 Einfacher Aufruf der »messageBox«

Als Ergebnis wird das Standardmeldungsfenster angezeigt, wie in Abbildung 2.4 dargestellt.

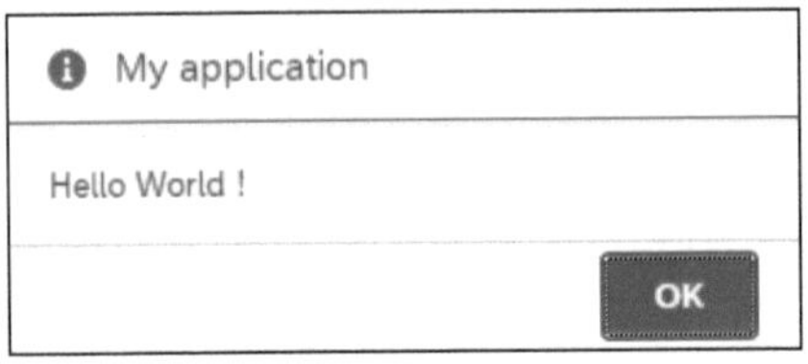

Abbildung 2.4 Ergebnis eines einfachen Aufrufs von »messageBox«

Sie können jedoch ein völlig anderes Meldungsfenster erstellen, indem Sie den Parameter `options` ausfüllen, so wie in Listing 2.33.

```
sap.ui.define([
  'sap/m/MessageBox',
  'myApp/utils/messageBox'
], function (MessageBox, messageBox) {
  /* ... */

  messageBox('Please answer', {
    icon: MessageBox.Icon.QUESTION,
    actions: [MessageBox.Action.YES, MessageBox.Action.NO],
    emphasizedAction: MessageBox.Action.YES
  });
});
```

Listing 2.33 Erweiterter Aufruf von »messageBox«

Daraufhin wird das Standardmeldungsfenster mit dem neuen Inhalt angezeigt, wie in Abbildung 2.5 dargestellt.

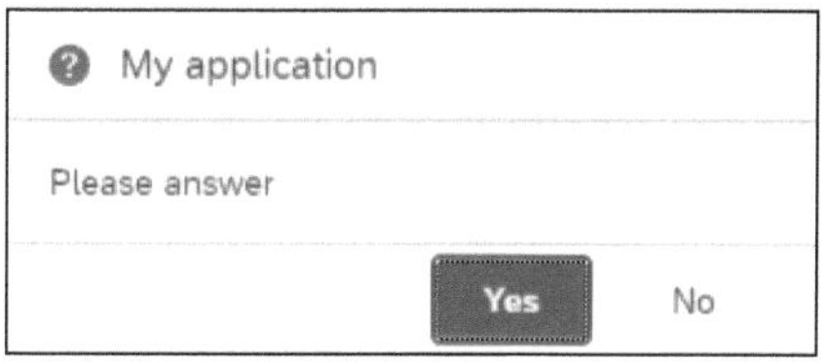

Abbildung 2.5 Ergebnis eines erweiterten Aufrufs der »messageBox«

Ein vollständiges Beispiel finden Sie im Onlinebeispiel `msgbox` unter *https://clean-ui5.github.io/samples/msgbox*.

Funktionsparameter

Die letzte Variante der Spread-Syntax bezieht sich auf den Funktionsaufruf. In einigen Fällen müssen Sie eine Liste von Parametern erstellen, bevor Sie eine Funktion aufrufen. Anschließend kann die Methode `Function.apply` verwendet werden, um die Funktion aufzurufen und jeden Wert des Arrays als separates Argument zu übergeben. Diese Funktionsmethode akzeptiert zwei Parameter:

- der während des Anrufs zu übertragende Wert von `this`, der sorgfältig ausgewählt werden muss
- das Array von Werten, die als Parameterliste verwendet werden sollen

Im folgenden Beispiel wird die Funktion `Math.max` mit einem Array von Zahlen aufgerufen, um den höchsten Wert zu ermitteln. Beachten Sie, dass das Objekt `Math` wiederholt werden muss, da `apply` erwartet, dass der erste Parameter der Kontext der aufgerufenen Funktion ist (Wert von `this`).

```
const fibonacci = [1, 2, 3, 5, 8];
console.log(Math.max.apply(Math, fibonacci)); // 8
```

Die folgende Spread-Syntax erreicht dasselbe Ziel auf kürzere und einfachere Weise:

```
const fibonacci = [1, 2, 3, 5, 8];
console.log(Math.max(...fibonacci)); // 8
```

Stack-Überlauf

Der Aufruf einer Funktion mit einer variablen Anzahl von Parametern ist in einigen Situationen hilfreich, aber Sie müssen beachten, dass die JavaScript-Engine Grenzen hat. Insbesondere werden diese Parameter wie in anderen Programmiersprachen auf einen internen Stack kopiert, bevor die Methode aufgerufen wird. Wenn das Array sehr groß ist, wird der Fehler `Uncaught RangeError: Maximum call stack size exceeded` ausgelöst, z. B. mit der folgenden Zeile:

```
Math.max(...newArray(1000000).fill(1, 0, 1000000));
```

Betrachten wir als Nächstes einen konkreten Anwendungsfall für die alten und neuen Syntaxen. Eine Situation, in der eine Parameterliste dynamisch aufgebaut wird, ist, wenn die Funktion selbst eine variable Werteliste erhält. Innerhalb der Funktion bietet das Objekt `arguments` Zugriff auf die Liste der Parameter, die für den Aufruf verwendet wurden.

[»]

Variable Liste der Parameter

Wie bereits erwähnt, ist die Einführung von REST-Parametern in JavaScript ES6 mit dem Objekt `arguments` obsolet. Diese neue Syntax behandeln wir jedoch in Abschnitt 2.1.8, »Destrukturierungszuordnung«. In der Zwischenzeit nutzen wir weiterhin das `arguments`-Objekt.

Der Übersetzungsmechanismus in SAPUI5 ermöglicht es, Platzhalter zur Laufzeit zu ersetzen. Das gängigste Beispiel ist der Listentitel, der die Anzahl der angezeigten Elemente enthält. Wenn der Titel in der Datei **i18n.properties** mit dem Schlüssel `List.Title=Entity Type ({0})` konfiguriert ist, können Sie die übersetzte Version erstellen, indem Sie wie in Listing 2.34 die Übersetzungs-API `ResourceBundle.getText` aufrufen (*http://s-prs.de/v1005011*).

```
sap.ui.define([
  'sap/ui/core/mvc/Controller'
], function (Controller) {
  /* ... */
  return Controller.extend('myApp.controller.List', {
    /* ... */
    onListLoaded: function (count) {
      const resourceBundle =
 this.getView().getModel('i18n').getResourceBundle();
      const listTitle = resourceBundle.getText('List.Title', [count]);
      this.getView().getModel('listSettings').setProperty('title', listTitle);
    }
  });
});
```

Listing 2.34 Übersetzung im Controller-Code verwenden

[»]

»getResourceBundle()«

Wenn Sie die Dokumentation für die `getResourceBundle()`-Methode (*http://s-prs.de/v1005012*) prüfen, sehen Sie, dass diese Methode so definiert ist, dass entweder das `ResourceBundle`-Objekt oder ein Promise, das das Objekt auflöst, zurückgegeben wird. Der Einfachheit halber gehen wir davon aus, dass wir das `ResourceBundle` synchron erhalten. In Abschnitt 2.1.9, »Promises, ›async‹ und ›await‹«, beschreiben wir, wie Sie mit beiden Situationen umgehen können, wenn Promises verwendet werden.

Listing 2.35 zeigt einen Helper, der die Verwendung der Übersetzung innerhalb des Controllers vereinfachen soll. Dieser Helper ist in einer `BaseController`-Klasse definiert, um allen Controllern in unserer Anwendung zugutezukommen.

```
sap.ui.define([
  'sap/ui/core/mvc/Controller'
], function (Controller) {
  /* ... */
  return Controller.extend('myApp.controller.BaseController', {
    /* ... */
    i18n: function (key) {
      const args = [].slice.call(arguments, 1); // Collect remaining arguments
      return this.getView().getModel('i18n').getResourceBundle().getText(key,
args);
    }
  });
});
```

Listing 2.35 »i18n«-Translation-Helper, der in einer Base-Controller-Klasse definiert ist (»myApp/controller/BaseController«)

[«]

»[].slice.call(arguments, N)«

Ist Ihnen die Syntax `[].slice.call(arguments, N)` aufgefallen? Dieses Pattern wird verwendet, um die Parameter zu sammeln, die nach dem Index `N` (der 0-basiert ist) bereitgestellt werden. In Abschnitt 2.1.8, »Destrukturierungszuordnung«, zeigen wir Ihnen die neue Syntax, die JavaScript ES6 eingeführt hat, um diesen Bedarf effektiver zu handhaben.

Mit dem Helper können Sie den Code aus Listing 2.34 wie in Listing 2.36 umschreiben.

```
sap.ui.define([
  'myApp/controller/BaseController'
], function (BaseController) {
  /* ... */
  return BaseController.extend('myApp.controller.List', {
    /* ... */
    onListLoaded: function (count) {
      const listTitle = this.i18n('List.Title', count);
      this.getView().getModel('listSettings').setProperty('title', listTitle);
```

```
    }
  });
});
```

Listing 2.36 Verwenden des »i18n«-Helpers zum Erstellen des Listentitels

Beachten Sie, dass wir den Wert `count` nicht in einem Array verpacken mussten. Diese Verpackung erfolgt innerhalb des Helpers selbst.

Bei der Übersetzung kann mehr als ein Platzhalter ersetzt werden. In der **i18n.properties**-Datei können Sie z. B. den Übersetzungsschlüssel `Error.Validation.ValueBetween=The value must be between {0} and {1}` definieren, der zwei Parameter benötigt. Sie können dann eine entsprechende Meldung erzeugen, indem Sie `i18n` mit dem Schlüssel und den beiden Platzhalterwerten aufrufen, wie im folgenden Code:

```
console.log(this.i18n('Error.Validation.ValueBetween', 1, 100));
// The value must be between 1 and 100
```

In diesem Beispiel wird diese Meldung verwendet, wenn der Wert eines Controls außerhalb des zulässigen Bereichs liegt. Der Code in Listing 2.37 testet, ob der eingegebene Wert innerhalb des zulässigen Bereichs liegt. Andernfalls löst eine Fehlermeldung die Methode `setError` aus. Diese Methode erhält den Control Identifier, den Meldungsschlüssel und gegebenenfalls weitere Parameter.

```
sap.ui.define([
  'myApp/controller/BaseController'
], function (BaseController) {
  /* ... */
  return BaseController.extend('myApp.controller.List', {
    /* ... */
    checkRangeValue: function (controlId, value, range) {
      if (value >= range.min || value <= range.max) {
        this.clearError(controlId);
      } else {
        this.setError(controlId, 'Error.Validation.ValueBetween', range.min,
range.max);
      }
    }
  });
});
```

Listing 2.37 Validierungscode

Dadurch wird die Übersetzung der Fehlermeldung an die Methode `setError` delegiert. Die Methode `setError` muss die Parameter über `i18n.apply` an die Methode `i18n` weiterleiten, wie in Listing 2.38 gezeigt.

```
sap.ui.define([
  'myApp/controller/BaseController',
  'sap/ui/core/library'
], function (BaseController, coreLibrary) {
  const valueState = coreLibrary.ValueState;
  /* ... */
  return BaseController.extend('myApp.controller.List', {
    /* ... */
    setError: function (controlId) {
      const i18nArgs = [].slice.call(arguments, 1); // collect i18n parameters
      const message = this.i18n.apply(this, i18nArgs);
      this.getView().getModel('controls').setProperty(`/${controlId}`, {
        valueState: valueState.Error,
        valueStateText: message
      });
    }
  });
});
```

Listing 2.38 Die Methode »setError« leitet einige Parameter an »i18n« weiter.

[«]

Modelle statt Controls

Wie in Listing 2.38 gezeigt, sehen Sie, dass das Control nicht direkt manipuliert wird. Stattdessen wird ein Zwischenmodell verwendet, um damit zu interagieren.

Auf der Seite der View-Definition sind die Eigenschaften `valueState` und `valueStateText` des Controls an dieses Modell gebunden, um die vom Controller vorgenommenen Änderungen widerzuspiegeln, wie im Onlinebeispiel `vstate` (*https://clean-ui5.github.io/samples/vstate*) dargestellt.

Die Reduzierung der direkten Berührungspunkte zwischen Controller und View entkoppelt den View stark und erhöht die Testbarkeit des Controllers.

Die Spread-Syntax kann verwendet werden, um den Aufruf zu vereinfachen, so wie in Listing 2.39.

```
sap.ui.define([
  'myApp/controller/BaseController',
  'sap/ui/core/library'
], function (BaseController, coreLibrary) {
```

```
  const valueState = coreLibrary.ValueState;
  /* ... */
  return BaseController.extend('myApp.controller.List', {
    /* ... */
    setError: function (controlId, ...i18nArgs) {
      const message = this.i18n(...i18nArgs);
      this.getView().getModel('controls').setProperty(`/${controlId}`, {
        valueState: valueState.Error,
        valueStateText: message
      });
    }
  });
});
```

Listing 2.39 Aufruf mithilfe der Spread-Syntax an »i18n« weiterleiten

2.1.8 Destrukturierungszuordnung

Die Destrukturierungszuordnung (engl. Destructuring Assignment) vereinfacht die Zuordnung einzelner Elemente aus einem Objekt oder einem Array direkt an Variablen oder Parameter, indem diese Aufgabe auf eine Anweisung reduziert wird. Diese Syntax – die als *REST-Syntax* bezeichnet wird – nutzt auch den Spread-Operator, um alle verbleibenden Werte zu sammeln.

Wie Sie in Listing 2.40 sehen, ermöglicht die Destrukturierungszuordnung das Abrufen der Positionen `first` und `second` des Arrays und sammelt die verbleibenden Elemente in einer Variablen namens `tail`. Beachten Sie, dass die Variablen mit `const` eingeführt werden, aber auch `let` verwendet werden könnte.

```
const fibonacci = [1, 2, 3, 5, 8];
const [first, second, ...tail] = fibonacci;
console.log(first); // 1
console.log(second); // 2
console.log(tail); // [3, 5, 8]
```

Listing 2.40 Destrukturierung eines Arrays zum Anlegen von Variablen

Derselbe Sammelprozess kann auch in der Parameterliste ausgeführt werden, wie in Listing 2.41.

```
function test ([first, second, ...tail]) {
  console.log(first); // 1
  console.log(second); // 2
```

```
  console.log(tail); // [3, 5, 8]
}
test([1, 2, 3, 5, 8]);
```

Listing 2.41 Das gleiche Beispiel für Destrukturierungsparameter

Für Objekte wird die Destrukturierung erreicht, indem der Name der Variablen mit dem Namen des Elements abgeglichen wird, aus dem Sie den Wert zuweisen möchten. In unserem Beispiel in Listing 2.42 werden die Konstanten `None` und `Error` aus der Aufzählung `coreLibrary.ValueState` extrahiert.

```
sap.ui.define([
  'myApp/controller/BaseController',
  'sap/ui/core/library'
], function (BaseController, coreLibrary) {
  const { None, Error } = coreLibrary.ValueState;
  /* None = sap.ui.core.ValueState.None */
  /* Error = sap.ui.core.ValueState.Error */
  /* ... */
  return BaseController.extend('myApp.controller.List', {
    /* ... */
    setError: function (controlId) {
      const i18nArgs = [].slice.call(arguments, 1); // skip first argument
      const message = this.i18n.apply(this, i18nArgs);
      this.getView().getModel('controls').setProperty(`/${controlId}`, {
        valueState: Error,
        valueStateText: message
      });
    },

    clearError: function (controlId) {
      this.getView().getModel('controls').setProperty(`/${controlId}`, {
        valueState: None,
        valueStateText: ''
      });
    }
  });
});
```

Listing 2.42 Verwendung der Destrukturierungszuordnung zum Abrufen von »ValueState«-Werten

Wenn Sie die Variable anders benennen möchten (etwa um sie an eine Namenskonvention anzupassen), können Sie den Namen nach der Elementspezifikation angeben, so wie in Listing 2.43. Diesmal werden den Konstanten valueStateNone und Error die Werte None und valueStateError zugewiesen.

```
sap.ui.define([
  'myApp/controller/BaseController',
  'sap/ui/core/library'
], function (BaseController, coreLibrary) {
  const {
    None: valueStateNone,
    Error: valueStateError
  } = coreLibrary.ValueState;
  /* valueStateNone = coreLibrary.ValueState.None */
  /* valueStateError = coreLibrary.ValueState.Error */
  /* ... */
  return BaseController.extend('myApp.controller.List', {
    /* ... */
    setError: function (controlId) {
      const i18nArgs = [].slice.call(arguments, 1); // skip first argument
      const message = this.i18n.apply(this, i18nArgs);
      this.getView().getModel('controls').setProperty(`/${controlId}`, {
        valueState: valueStateError,
        valueStateText: message
      });
    },

    clearError: function (controlId) {
      this.getView().getModel('controls').setProperty(`/${controlId}`, {
        valueState: valueStateNone,
        valueStateText: ''
      });
    }
  });
});
```

Listing 2.43 Destrukturierungszuordnungen mit neuen Namen verwenden

Innerhalb der Funktionssignatur können Destrukturierungszuordnungen hilfreich sein, um zu identifizieren, welche Eigenschaften eines Objekts verwendet werden. Wenn beispielsweise eine Formatierungsmethode eine Entität akzeptiert, sieht ihre Signatur wie der in Listing 2.44 angegebene Code aus.

```
sap.ui.define([], function () {
  return {
    formatEntitySummary: function (entity) {
```

```
      return `${entity.name} (${entity.id})`;
    }
  };
});
```

Listing 2.44 Formatierungsfunktion, die eine Entität empfängt, aber nur zwei Elemente verwendet

Bei langen Funktionen ist es oft mühsam, zu erkennen, welche Elemente eines Objekts manipuliert werden. Wenn es um das Testen geht, müssen Entwicklerinnen und Entwickler ein gültiges Entitätsobjekt mit allen darin enthaltenen möglichen Elementen (und möglichen Variationen) erstellen.

Ein weiterer impliziter Aspekt dieser Signatur ist die Tatsache, dass das Objekt per *Referenz* übergeben wird, d. h., die Funktion kann das empfangene Objekt ändern, indem sie Elemente hinzufügt, entfernt oder ändert.

Die Verwendung von Destrukturierungszuordnungen in der Funktionssignatur, so wie in Listing 2.45, zeigt deutlich, welche Elemente erwartet werden (in unserem Beispiel `name` und `id`), was das Testen der Funktion vereinfacht. Außerdem scheint die Funktion keine Referenz auf das übergebene Objekt zu erhalten, was bedeutet, dass die Entität nicht änderbar zu sein scheint. Aus aufzurufender Sicht wird die Funktion jedoch auf die gleiche Weise aufgerufen: Die Funktion erhält die Referenz, die über das Objekt `arguments` verfügbar ist. Aber aus Entwicklerperspektive kümmert sich die Funktion nur um die beiden Parameter. Beachten Sie, dass die angegebenen Elementwerte auch geändert werden können, wenn es sich dabei um Objekte handelt.

```
sap.ui.define([], function () {
  return {
    formatEntitySummary: function ({ name, id }) {
      return `${name} (${id})`;
    }
  };
});
```

Listing 2.45 Gleiche Funktion mit expliziten Parametern

Eine weitere Situation, in der diese Syntax hilfreich ist, ist, wenn Sie mit regulären Ausdrücken arbeiten. Wenn ein String abgeglichen wird, sieht das zurückgegebene Objekt wie ein Array aus. Besonders das erste Element wird als Teil des Strings erkannt. Wenn der reguläre Ausdruck auch Erfassungsgruppen enthält (gekennzeichnet durch Klammern), enthält das Match-Array zusätzliche Werte: einen für jede Erfassungsgruppe.

Im Beispiel in Listing 2.46 extrahiert der reguläre Ausdruck das Protokoll und den Host aus einer beliebigen URL.

```
function getProtocolAndHost (url) {
  const match = url.match(/^(https?):\/\/([^/]*)\//);
  if (match !== null) {
    const [, protocol, hostname] = match;
    return { protocol, hostname };
  }
  return {}; // Destructuring leads to undefined
}
const { hostname } = getProtocolAndHost('https://ui5.sap.com/#/topic');
console.log(hostname); // ui5.sap.com
```

Listing 2.46 Destrukturierungszuordnung mit Array und Objekten

[»]

Vereinfachte Literale

Wenn der reguläre Ausdruck mit der URL übereinstimmt, werden sowohl das Protokoll als auch der Hostname extrahiert. Sie werden als Literalobjekt mit `{ protocol, hostname }` zurückgegeben. Diese Konstruktion ist gleichbedeutend mit – aber kürzer als – der Alternative `{ protocol: protocol, hostname: hostname }`.

Da der Name der Variablen mit dem Namen des Elements übereinstimmt, ist es nicht erforderlich, den Wert zu wiederholen.

In Bezug auf Arrays können Sie bestimmte Elemente erfassen und die verbleibenden Elemente mithilfe der Syntax `...` in einer Variablen sammeln (siehe Listing 2.47).

```
const httpResponse = {
  status: 200,
  statusText: 'OK',
  responseText: 'Hello World !',
  headers: {
    'content-type': 'text/plain'
  }
};
const { status, responseText, ...properties } = httpResponse;
console.log(status); // 200
console.log(responseText); // Hello World !
console.log(properties); // { statusText: "OK", headers: {...} }
```

Listing 2.47 REST-Syntax bei der Destrukturierung eines Objekts verwenden

Schließlich kann die REST-Syntax auch als eigenständiger Sammelparameter in einer Funktionssignatur verwendet werden. Erinnern Sie sich an den Helper `i18n`, den wir zuvor in Listing 2.35 geschrieben haben? Er kann mit der REST-Syntax stark vereinfacht werden kann, wie in Listing 2.48 gezeigt.

```
sap.ui.define([
  'sap/ui/core/mvc/Controller'
], function (Controller) {
  /* ... */
  return Controller.extend('myApp.controller.BaseController', {
    /* ... */
    i18n: function (key, ...args) {
      return this.getView().getModel('i18n').getResourceBundle().getText(key,
args);
    }
  });
});
```

Listing 2.48 REST-Parameter zur Vereinfachung der »i18n«-Methode verwenden

Auf die gleiche Weise kann auch `setError` vereinfacht werden, wie in Listing 2.49 gezeigt.

```
sap.ui.define([
  'myApp/controller/BaseController',
  'sap/ui/core/library'
], function (BaseController, coreLibrary) {
  const {
    /* ... */
    Error: valueStateError
  } = coreLibrary.ValueState;
  /* ... */
  return BaseController.extend('myApp.controller.List', {
    /* ... */
    setError: function (controlId, ...i18nArgs) {
      const message = this.i18n(...i18nArgs);
      this.getView().getModel('controls').setProperty(`/${controlId}`, {
        valueState: valueStateError,
        valueStateText: message
      });
    }
  });
});
```

Listing 2.49 REST-Parameter zur Vereinfachung der »setError«-Methode verwenden

2.1.9 Promises, »async« und »await«

Promises wurden erstmals in JavaScript ES6 eingeführt; ihre Aufgabe ist es, die Herausforderungen asynchronen Codes effizient und elegant zu bewältigen.

Wenn Sie nicht damit beginnen, Web Workers (die in diesem Buch nicht beschrieben werden) zu erstellen, wird der gesamte JavaScript-Code einer Webanwendung in einem einzigen Thread ausgewertet. Bei der Ausführung kann die JavaScript-Engine nichts anderes verarbeiten. Wenn der Code beispielsweise in einer Endlosschleife landet, wird der Browser hängen bleiben und die Klick-Handler für Buttons werden beim Klicken nicht ausgelöst. Diese Situation wird *synchroner Code* genannt.

Glücklicherweise wurden einige APIs entwickelt, die die Verarbeitung der Aufgabe an eine andere Schicht delegieren können. Wenn beispielsweise ein HTTP-Request Daten aus dem Backend abruft, muss die JavaScript-Engine nicht aktiv warten, bis die Antwort zurückkommt. Die Anforderung selbst wird von der Netzwerkschicht verarbeitet, ohne mit der JavaScript-Engine zu interagieren. Stattdessen wird ein Callback bereitgestellt (oder es ist ein Benachrichtigungsmechanismus vorhanden), um den Code auszulösen, sobald die Aufgabe abgeschlossen ist. Dies wird als *asynchroner Code* bezeichnet.

In den folgenden Abschnitten erläutern wir die Herausforderungen, die sich aus diesem Muster ergeben, und stellen Ihnen die Callback-Hölle vor. Dann zeigen wir Ihnen, wie Promises funktionieren und wie sie das Problem der Callback-Hölle lösen.

Aufgrund der breiten Akzeptanz von Promises wurden 2017 die Keywords `async` und `await` in JavaScript eingeführt, um die Verwendung von Promises zu vereinfachen. Mit dieser neuen Syntax sieht der Code synchroner aus, auch wenn er im Hintergrund asynchron bleibt. Wir werden diese Schlüsselwörter als Nächstes untersuchen, insbesondere ihre Auswirkungen auf die Erstellung von asynchronen Funktionen.

Bei solch mächtigen Mechanismen könnte eines vergessen werden: die Fehlerbehandlung. Im Gegensatz zu Ausnahmen, die, wenn sie nicht abgefangen werden, den Ausführungsstapel hochklettern, bis sie das gesamte Programm brechen, müssen abgelehnte Promises (die in der Regel einen Fehler bedeuten) behandelt werden, oder sie schlagen unbemerkt fehl. Abschnitt 2.1.9, »Promises, ›async‹ und ›await‹«, bietet mehrere Strategien für den Umgang mit Fehlern im asynchronen Code.

Auch Schleifen anzulegen, die asynchronen Code enthalten, kann schwierig sein. Promises werden mit der Methode `Promise.all` ausgeliefert, die einige Situationen bereinigt. JavaScript ES9 (spezifiziert im Jahr 2018) hat auch eine neue Syntax definiert, die wir in diesem Abschnitt beschreiben werden.

Herausforderungen von asynchronem Code

Lassen Sie uns zunächst die Herausforderungen von asynchronem Code erläutern. Ein besonders gutes Beispiel für asynchronen Code finden Sie in Anwendungen, die OData zum Austausch von Informationen mit einem Backend nutzen. SAPUI5 stellt die Klasse `ODataModel` (*http://s-prs.de/v1005013*) bereit, um die Schemabehandlung sowie die APIs zum Anlegen, Lesen, Aktualisieren und Löschen (Create, Read, Update, Delete, kurz CRUD) zu kapseln.

[«]

OData-Modell V2 vs. V4

Im Gegensatz zu OData V2 exponiert das OData-V4-Modell Entwicklerinnen und Entwicklern keine CRUD-APIs. Stattdessen ist das Modell darauf ausgelegt, den Datenzugriff nur über Bindings zu ermöglichen.

Den erforderlichen Mindestcode für das Abrufen einer als `/Entity(1)` identifizierten Entität sehen Sie in Listing 2.50. Die Methode `read` (*http://s-prs.de/v1005014*) muss mit einem Objektparameter aufgerufen werden, der mindestens Folgendes enthält:

- `success`: eine Callback-Funktion, die die Leseentität im Erfolgsfall empfängt
- `error`: eine Callback-Funktion, die den Fehlergrund im Falle eines Fehlers empfängt

```
const odataModel = this.getView().getModel();
odataModel.read('/Entity(1)', {
  success: (entity) => {
    alert('Entity obtained');
    this.processEntity(entity);
  },
  error: (reason) => this.handleError(reason)
});
alert('After read');
```

Listing 2.50 Lesen einer Entität mit »ODataModel« V2

Aufgrund der asynchronen Art dieses Aufrufs wird die Anweisung `alert('After read');` vor der Anweisung `alert('Entity obtained');` ausgewertet.

Was passiert also, wenn wir Informationen von einer Entität benötigen, um eine andere Entität zu lesen? Wir müssen einen weiteren Lesevorgang auslösen, sobald der erste Lesevorgang erfolgreich ist, d. h. innerhalb des Erfolgs-Callbacks, wie in Listing 2.51.

```
const odataModel = this.getView().getModel();
odataModel.read('/Entity(1)', {
  success: (entity) => {
    odataModel.read(`/RelatedEntity(${entity.RelatedKey})`, {
      success: (related) => {
        this.processEntityAndRelated(entity, related);
      },
      error: (reason) => this.handleError(reason)
    });
  },
  error: (reason) => this.handleError(reason)
});
```

Listing 2.51 Callback-Hölle mit asynchronem OData-Lesevorgang

[»]

OData-Folgeanfragen

Wenn zwei Entitäten zusammenhängen, empfehlen wir dringend, eine Navigationseigenschaft anzulegen, um den Zugriff auf die zweite Entität von der ersten Entität aus in einem einzigen Aufruf zu ermöglichen. Im vorherigen Beispiel könnte beispielsweise eine Navigationseigenschaft mit dem Namen `related` eingeführt werden, die die Beziehung auf Backend-Seite wie folgt auflöst:

- Beide Entitäten werden mit dem Entitätspfad `/Entity(1)?$expand=relation` abgerufen.
- Nur auf die zweite Entität wird mit dem Entitätspfad `/Entity(1)/relation` zugegriffen.

Der Code in Listing 2.51 zeigt mehrere Probleme:

- Jedes Mal, wenn eine Aktion eine Folgeaktion einer asynchronen Aktion ist, muss der Code innerhalb des entsprechenden Callbacks platziert werden. Wenn diese Aktion selbst asynchron ist, fügt sie eine weitere Ebene von Callback und Einrückung hinzu, daher der Ausdruck »Callback-Hölle«.
- Da alles asynchron ist, ist die Reihenfolge, in der der Code ausgeführt wird, schwer nachzuvollziehen.
- Die Fehlerbehandlung wird auf folgende Weise verkompliziert:
  - Wenn der erste Lesevorgang fehlschlägt, schlägt der gesamte Vorgang sofort fehl.
  - Wenn der Fehler während des zweiten Vorgangs auftritt, ist zusätzlicher Code erforderlich, um das Erfolgsergebnis des ersten Vorgangs zu verarbeiten.

Eine grundlegende Darstellung dieser letzten Aussage finden Sie in Listing 2.52. Wenn der Beschäftigt-Status (engl. Busy State) der Anwendung vor dem Start des ersten Lesevorgangs gesetzt wird, muss dieser Status im Success-Handler und in den beiden Error-Handlern zurückgesetzt werden.

```
const viewState = this.getView().getModel('state');
viewState.setProperty('/busy', true); // set busy state
const odataModel = this.getView().getModel();
odataModel.read('/Entity(1)', {
  success: (entity) => {
    odataModel.read(`/RelatedEntity(${entity.RelatedKey})`, {
      success: (related) => {
        this.processEntityAndRelated(entity, related);
        viewState.setProperty('/busy', false);
      },
      error: (reason) => {
        this.handleError(reason);
        viewState.setProperty('/busy', false);
      }
    });
  },
  error: (reason) => {
    this.handleError(reason);
    viewState.setProperty('/busy', false);
  }
});
```

Listing 2.52 Der Beschäftigt-Status muss überall dort entfernt werden, wo der Lesevorgang abgeschlossen ist.

Wir können einen Teil der Komplexität leicht verbergen, indem wir dieses Pattern in eine wiederverwendbare Methode verschalen (engl. wrap). Diese neue Methode muss jedoch wie in Listing 2.53 weiterhin zwei Callbacks exponieren. Beachten Sie, dass der Erfolgs-Callback ein Objekt empfängt, das beide Entitäten exponiert.

```
sap.ui.define([
  'sap/ui/core/mvc/Controller'
], function (Controller) {
  /* ... */
  return Controller.extend('myApp.controller.BaseController', {
    /* ... */
    readEntityAndRelated: function (id, success, error) {
      const odataModel = this.getView().getModel();
      odataModel.read(`/Entity(${id})`, {
```

```
        success: (entity) => {
          odataModel.read(`/RelatedEntity(${entity.RelatedKey})`, {
            success: (related) => success({ entity, related }),
            error: (reason) => error(reason)
          });
        },
        error: (reason) => error(reason)
      });
    }
  });
});
```

Listing 2.53 Zwei Aufrufe in eine Helper-Methode des »BaseController«-Objekts kapseln

Einen einfachen Aufruf sehen Sie in Listing 2.54.

```
sap.ui.define([
  'myApp/controller/BaseController'
], function (BaseController) {
  /* ... */
  return BaseController.extend('myApp.controller.EntityDialog', {
    /* ... */
    getEntities: function (id) {
      this.readEntityAndRelated(id, ({ entity, related }) => {
        this.displayEntityAndRelated(entity, related);
      }, (reason) => this.handleError(reason));
    }
  });
});
```

Listing 2.54 Wrapper aufrufen

Wenn Sie jedoch zwei Aufrufe verketten müssen, beachten Sie, dass Sie wieder in einer Callback-Hölle landen (siehe Listing 2.55).

```
sap.ui.define([
  'myApp/controller/BaseController'
], function (BaseController) {
  /* ... */
  return BaseController.extend('myApp.controller.CompareEntitiesDialog', {
    /* ... */
    compare: function (leftId, rightId) {
      this.readEntityAndRelated(leftId, ({ entity, related }) => {
        this.displayLeftEntities(entity, related);
        this.readEntityAndRelated(rightId, ({ entity, related }) => {
```

```
        this.displayRightEntities(entity, related);
      }, (reason) => this.handleError(reason));
    }, (reason) => this.handleError(reason));
  }
 });
});
```

Listing 2.55 Verkettung zweier Aufrufe des Wrappers

Man könnte argumentieren, dass die beiden Lesevorgänge, wie in Listing 2.56 demonstriert, parallel ausgelöst werden könnten, da sie nicht zusammenhängen.

```
sap.ui.define([
  'myApp/controller/BaseController'
], function (BaseController) {
  /* ... */
  return BaseController.extend('myApp.controller.CompareEntitiesDialog', {
    /* ... */
    compare: function (leftId, rightId) {
      this.readEntityAndRelated(leftId, ({ entity, related }) => {
        this.displayLeftEntities(entity, related);
      }, (reason) => this.handleError(reason));
      this.readEntityAndRelated(rightId, ({ entity, related }) => {
        this.displayRightEntities(entity, related);
      }, (reason) => this.handleError(reason));
    }
  });
});
```

Listing 2.56 Zwei Aufrufe parallel auslösen

[+]

Parallele OData-Aufrufe

Um von dem SAPUI5-Mechanismus zu profitieren, der OData-Requests in einem einzigen Batch gruppiert (und somit die Nutzung des Netzwerks optimiert), sollten Sie die beiden Aufrufe parallel auslösen.

Wie wissen Sie nun, wann die beiden Entitätspaare verfügbar sind? Wie synchronisieren Sie die beiden Erfolgs-Callbacks, um die Ausführung des Codes zu verketten?

Ein Pattern besteht darin, die empfangenen Entitäten bei Erfolg zu speichern und dann den Rest des Codes auszulösen, wenn alles verfügbar ist, so wie in Listing 2.57. Die Elemente `leftEntity`, `leftRelated`, `rightEntity` und `rightRelated` speichern die abgerufenen Entitäten. Wenn alle Variablen gesetzt sind, wissen wir, dass die beiden Lesevorgänge erfolgreich sind und der Ablauf fortgesetzt werden kann.

```
sap.ui.define([
  'myApp/controller/BaseController'
], function (BaseController) {
  /* ... */
  return BaseController.extend('myApp.controller.CompareEntitiesDialog', {
    /* ... */
    compare: function (leftId, rightId) {
      this.getView().getModel('viewState').setProperty('/busy', true);
      this.leftEntity = null;
      this.leftRelated = null;
      this.rightEntity = null;
      this.rightRelated = null;
      this.readEntityAndRelated(leftId, ({ entity, related }) => {
        this.setLeftEntities(entity, related);
      }, (reason) => this.handleError(reason));
      this.readEntityAndRelated(rightId, ({ entity, related }) => {
        this.setRightEntities(entity, related);
      }, (reason) => this.handleError(reason));
    },

    setLeftEntities (entity, related) {
      this.leftEntity = entity;
      this.leftRelated = related;
      if (this.rightEntity !== null) {
        this.displayEntities();
      }
    },

    setRightEntities (entity, related) {
      this.rightEntity = entity;
      this.rightRelated = related;
      if (this.leftEntity !== null) {
        this.displayEntities();
      }
    },

    displayEntities () {
      this.displayLeftEntities(this.leftEntity, this.leftRelated);
      this.displayRightEntities(this.rightEntity, this.rightRelated);
      this.getView().getModel('viewState').setProperty('/busy', false);
```

```
    }
  });
});
```

Listing 2.57 Ermitteln, wann die beiden Lesevorgänge erfolgreich sind

Diese Beispiele veranschaulichen verschiedene Herausforderungen, denen Entwicklerinnen und Entwickler im Umgang mit asynchronem Code begegnen. Einige Entwicklerinnen und Entwickler würden möglicherweise vorgeben, dass die Lösung darin besteht, den asynchronen Code zu entfernen und alles synchron zu machen. Dieser Ansatz wird in Node.js vorgeschlagen, das synchrone Versionen jeder asynchronen API bietet. Die Methode `fs.readFile` liest z. B. den gesamten Inhalt einer Datei und gibt ihn über einen Callback zurück. Ihr synchroner Doppelgänger `fs.readFileSync` gibt nur den Inhalt zurück.

Warum sollten Sie also die asynchrone Version beibehalten? Unsere Antwort lautet: aus Performancegründen. Wie bereits erwähnt, ist es bei einigen APIs nicht notwendig, die JavaScript-Engine abzuschließen. Das bedeutet, dass die Engine während des Wartens auf die Antwort an anderen Aufgaben arbeiten kann. In Bezug auf `fs.readFile` stützt sich die Implementierung auf Low-Level-APIs, die JavaScript nicht verwenden. So kann Node.js – das auch einen einzelnen Thread verwendet – genutzt werden, um effiziente Webserver für die Bereitstellung statischer Dateien zu erstellen. Da die Implementierung stark asynchron ist, unterstützt Node.js große Last.

Am Ende können Sie, sobald Sie mit diesen Herausforderungen vertraut sind, einfach durch die Callbacks navigieren und robusten Code erstellen. Der daraus resultierende Quellcode kann jedoch schwer lesbar sein, und Sie haben möglicherweise das Gefühl, dass Sie das Rad ständig neu erfinden (insbesondere, wenn es um die Synchronisierung von Aufgaben geht).

Promises

Wie lösen *Promises* also die Herausforderungen von asynchronem Code? Beginnen wir mit der Einführung des Promise-Objekts als Darstellung des asynchronen Zustands der Operation `readEntityAndRelated`. Um dieses Objekt zu erhalten, rufen wir einfach eine Methode auf (die Implementierung von `readEntityAndRelated` beschreiben wir in Abschnitt »›async‹ und ›await‹«) und weisen sie mit folgendem Code einer Variablen mit dem Namen `waitForEntities` zu:

```
const waitForEntities = this.readEntityAndRelated('123');
console.log(waitForEntities); // Promise {<pending>}
```

[»]

Promises anlegen

Wir verschieben absichtlich eine Erklärung, wie Promise angelegt werden, da es in Bezug auf Promises besonders wichtig ist, zu verstehen, wie dieser Mechanismus die Verwaltung asynchronen Verhaltens vereinfacht.

Eine sofortige Beobachtung ist, dass Callbacks aus der `readEntityAndRelated`-Methode verschwunden sind. Promises delegieren den Benachrichtigungsmechanismus an das `waitForEntities`-Objekt statt an die Methode `readEntityAndRelated`. Dieser Paradigmenwechsel ist wichtig, da Sie durch die Standardisierung dieses Patterns Interaktionen mit jeder asynchronen Methode vereinheitlichen können.

Sobald wir `readEntityAndRelated` aufgerufen haben, kann der zurückgegebene Operationsstatus eines der folgenden Ergebnisse sein:

- `pending`: Der Initialzustand, d. h., die Leseoperation wird ausgelöst, aber die Antwort wurde noch nicht empfangen.
- `fulfilled`: Der Lesevorgang wurde erfolgreich abgeschlossen, und die Ergebnisse sind verfügbar.
- `rejected`: Der Lesevorgang ist fehlgeschlagen.

Wenn der Status entweder `fulfilled` oder `rejected` ist, ist der Betriebszustand »settled«, was auch bedeutet, dass sich dieser Status nicht mehr ändern kann.

Um die Ergebnisse zu erhalten oder auf sie zu warten, stellt das Objekt `waitForEntities` eine Methode namens `.then` bereit, die zwei Callbacks akzeptiert. Wenn der Betriebszustand settled ist, geschieht Folgendes:

- Wenn die Operation `fulfilled` ist, wird der erste Callback mit einem Parameter ausgelöst, der das Ergebnis überträgt.
- Wenn die Operation `rejected` ist, wird der zweite Callback mit einem Parameter ausgelöst, der die Fehlerursache dokumentiert. Dieser Parameter kann ein Fehlerobjekt oder ein anderes Objekt sein.

Beachten Sie, dass der zweite Callback optional ist; das Verhalten wird direkt danach erläutert. Daher wird der zum Abrufen der gelesenen Entitäten erforderliche Code in Listing 2.58 gezeigt.

```
sap.ui.define([
  'myApp/controller/BaseController'
], function (BaseController) {
  /* ... */
  return BaseController.extend('myApp.controller.EntityDialog', {
    /* ... */
    getEntities: function (id) {
```

```
      const waitForEntities = this.readEntityAndRelated(id);
      const waitForOperation = waitForEntities
        .then(({ entity, related }) => {
          this.displayEntityAndRelated(entity, related);
        }, (reason) => this.handleError(reason));
      console.log(waitForOperation); // Promise {<pending>}
    }
  });
});
```

Listing 2.58 Abrufen der Ergebnisse aus dem Statusobjekt

Beachten Sie, dass die Methode `.then` auch ein Objekt zurückgibt, das wir `waitForOperation` genannt haben. Dieses Objekt ist ein Promise, das seinen eigenen Lebenszyklus hat. Sein finaler Status hängt davon ab, was in den `waitForEntities.then`-Callbacks passiert ist und wie es aufgerufen wurde:

- Wenn der Fulfillment-Handler eine Ausnahme ausgibt, wird `waitForOperation` mit der Ausnahme abgelehnt, die den Grund dokumentiert.
- Wenn der Fulfillment-Handler einen beliebigen Wert zurückgibt (einschließlich `undefined`, aber kein Promise), wird `waitForOperation` mit diesem Wert erfüllt.
- Wenn der Fulfillment-Handler ein Promise zurückgibt, spiegelt der Status `waitForOperation` den Status des möglichen Promise wider.
- In Bezug auf den Rejection-Handler gelten, sofern vorhanden, alle oben genannten Aussagen auf die gleiche Weise. Insbesondere wenn der Rejection-Handler nicht fehlschlägt (indem er eine Ausnahme ausgibt oder ein Promise zurückgibt, das abgelehnt wird), wird `waitForOperation` erfüllt.
- Wenn kein Rejection-Handler angegeben ist und `waitForEntities` abgelehnt wird, spiegelt `waitForOperation` die Ablehnung von `waitForEntities` wider.

Der letzte Listenpunkt bedeutet, dass die Ablehnung kaskadiert wird und der Code in Listing 2.59 der Listing 2.58 entspricht (da in diesem Beispiel angenommen wird, dass `displayEntityAndRelated` nicht fehlschlagen kann).

```
sap.ui.define([
  'myApp/controller/BaseController'
], function (BaseController) {
  /* ... */
  return BaseController.extend('myApp.controller.EntityDialog', {
    /* ... */
    getEntities: function (id) {
      const waitForEntities = this.readEntityAndRelated(id);
      const waitForOperation = waitForEntities
```

```
        .then(({ entity, related }) => {
          this.displayEntityAndRelated(entity, related);
        });
      waitForOperation.then(undefined, (reason) => this.handleError(reason));
    }
  });
});
```

Listing 2.59 Fehlerbehandlung mit »waitForOperation« statt »waitForEntities«

Promise bieten den Shortcut `.catch` für die Syntax `.then(undefined, callback)`. Mit dieser Verknüpfung können Sie den Code in Listing 2.60 schreiben, der kürzer und expliziter ist.

```
sap.ui.define([
  'myApp/controller/BaseController'
], function (BaseController) {
  /* ... */
  return BaseController.extend('myApp.controller.EntityDialog', {
    /* ... */
    getEntities: function (id) {
      const waitForEntities = this.readEntityAndRelated(id);
      const waitForOperation = waitForEntities
        .then(({ entity, related }) => {
          this.displayEntityAndRelated(entity, related);
        });
      waitForOperation.catch((reason) => this.handleError(reason));
    }
  });
});
```

Listing 2.60 Fehlerbehandlung mit ».catch«

Wie bereits erwähnt, gibt der Fulfillment-Handler ein Promise zurück, das `waitForOperation`-Objekt spiegelt den möglichen Zustand dieses Promises wider. Diese Funktion ermöglicht die Verkettung von Promises. Wenn Sie den zweiten Satz von Entitäten lesen möchten, können Sie einfach das Leseergebnis im Fulfillment-Handler zurückgeben, wie in Listing 2.61 gezeigt.

```
sap.ui.define([
  'myApp/controller/BaseController'
], function (BaseController) {
  /* ... */
  return BaseController.extend('myApp.controller.CompareEntitiesDialog', {
```

```
    /* ... */
    compare: function (leftId, rightId) {
      this.readEntityAndRelated(leftId)
        .then(({ entity, related }) => {
          this.displayLeftEntities(entity, related);
          return this.readEntityAndRelated(rightId);
        })
        .then(({ entity, related }) => {
          this.displayRightEntities(entity, related);
        })
        .catch((reason) => this.handleError(reason));
    }
  });
});
```

Listing 2.61 Promise verketten

Im Vergleich zum in Listing 2.57 gezeigten Code stellen Sie unter Umständen zwei wichtige Änderungen in Listing 2.61 fest:

- Der Code ist leichter lesbar, da Sie die Reihenfolge der Vorgänge leichter folgen können.
- Die Fehlerbehandlung wird vereinfacht und zentralisiert.

Wenn beispielsweise in `readEntityAndRelated(leftId)` ein Fehler auftritt, da auf dem ersten `then` kein Rejection-Handler gesetzt ist, wird der Fehler direkt nach unten kaskadiert und in der letzten `catch`-Anweisung abgefangen (was auch bedeutet, dass der zweite `then`-Handler nicht ausgelöst wird).

Wir haben auch die Frage aufgeworfen, wie man mit dem parallelen Lesen dieser Entitäten umgeht. Die Methode `Promise.all` nimmt ein Array von Promises entgegen. Wenn alle Promises erfüllt sind, gibt es ein Promise im `fulfilled`-Status mit einer Reihe des Ergebnisses zurück, wobei jede Position als erfüllter Wert jedes Promises (in der richtigen Reihenfolge) zurückgegeben wird. Im Gegenteil, wenn ein Promises innerhalb des Arrays abgelehnt wird, wird das Ergebnis-Promise mit dem ersten Fehler abgelehnt. Beachten Sie, dass Sie in diesem Fall möglicherweise Informationen über einen eventuellen zweiten Fehler (oder eine Erfüllung) verlieren. Eine Beispielverwendung sehen Sie in Listing 2.62. In diesem Beispiel wartet das `Promise.all` auf die beiden `readEntityAndRelated`-Aufrufe. Das Promise wird mit einem Array aufgelöst, das die beiden Ergebnisse in der richtigen Reihenfolge enthält.

```
sap.ui.define([
  'myApp/controller/BaseController'
], function (BaseController) {
```

```
  /* ... */
  return BaseController.extend('myApp.controller.CompareEntitiesDialog', {
    /* ... */
    compare: function (leftId, rightId) {
      Promise.all([
        this.readEntityAndRelated(leftId),
        this.readEntityAndRelated(rightId)
      ])
        .then(([left, right]) => {
          this.displayLeftEntities(left.entity, left.related);
          this.displayRightEntities(right.entity, right.related);
        })
        .catch((reason) => this.handleError(reason));
    }
  });
});
```

Listing 2.62 Behandlung paralleler Aufrufe mit »Promise.all«

Bisher haben Sie gesehen, wie Promises die Verarbeitung asynchroner Operationen vereinfachen, indem Sie einen bequemen Mechanismus anbieten, der Sie über die Verfügbarkeit eines Ergebnisses (oder eines Fehlers) informiert. Die verschiedenen Zustände von Promises sind in Abbildung 2.6 dargestellt.

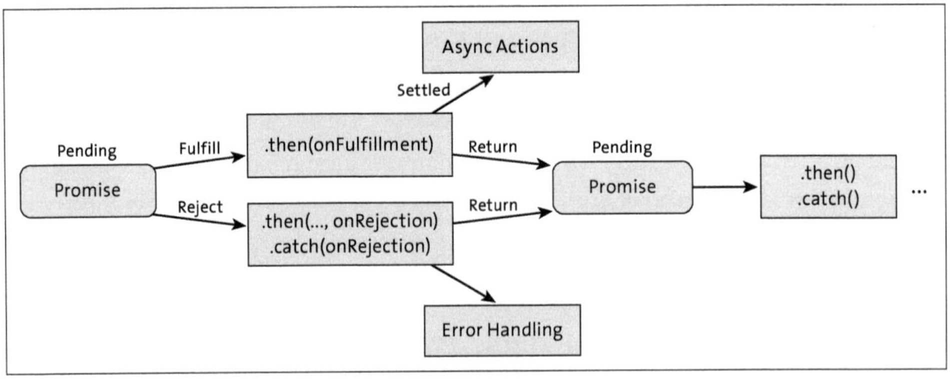

Abbildung 2.6 Zustände und der Flow der Promises

Doch jetzt die wichtige Frage: Wie erzeugt man Promises?

Ein Promise wird nach dem in Listing 2.63 gezeigten Pattern angelegt: Der `Promise`-Konstruktor nimmt eine Funktion (genannt *Executor-Funktion*) entgegen, deren Signatur zwei Funktionen als Parameter annehmen soll. Üblicherweise werden diese Parameter `resolve` und `reject` benannt. Der Konstruktor zeigt folgendes Verhalten:

- Die Executor-Funktion wird sofort aufgerufen.

- Der Aufruf der Funktion resolve mit einem Wert rechnet das Promise mit dem angegebenen Wert als erfüllt ab.
- Der Aufruf der Funktion reject mit einem Wert rechnet das Promise mit dem angegebenen Wert als abgelehnt ab.
- Jeder von der Funktion zurückgegebene Wert wird ignoriert.
- Wenn im Executor eine Ausnahme auftritt, wird das Promise mit der Ausnahme als Wert abgelehnt.

```
const promise = new Promise((resolve, reject) => {
  /* use resolve to settle the promise as fulfilled */
  /* use reject to settle the promise as rejected */
  /* if an exception occurs, the promise is rejected */
  resolve('OK');
});
console.log(promise); // Promise {<pending>}
promise.then((value) => {
  console.log(value); // OK
  console.log(promise); // Promise {<fulfilled>: 'OK'}
});
```

Listing 2.63 Promise anlegen

Für das Anlegen eines Settled Promise stehen auch zwei praktische Shortcuts zur Verfügung:

- Promise.resolve(value): Legt ein Settled Promise an, das mit value erfüllt wird.
- Promise.reject(reason): Legt ein Settled Promise an, das mit reason abgelehnt wird.

Nachdem Sie nun wissen, wie Sie Promises anlegen, schreiben wir die Funktion readEntityAndRelated neu, und zwar wie in Listing 2.64.

```
sap.ui.define([
  'sap/ui/core/mvc/Controller'
], function (Controller) {
  /* ... */
  return Controller.extend('myApp.controller.BaseController', {
    /* ... */
    readEntityAndRelated: function (id) {
      const odataModel = this.getView().getModel();
      return new Promise((resolve, reject) => {
        odataModel.read(`/Entity(${id})`, {
          success: (entity) => {
            odataModel.read(`/RelatedEntity(${entity.RelatedKey})`, {
```

```
            success: (related) => resolve({ entity, related }),
            error: (reason) => reject(reason)
          });
        },
        error: (reason) => reject(reason)
      });
    });
  }
 });
});
```

Listing 2.64 »readEntityAndRelated« für Rückgabe eines Promises anpassen

Nun können wir die `read`-Methode der `ODataModel`-Klasse mit einer neuen Funktion promisifizieren, wie in Listing 2.65 gezeigt. In diesem Fall definieren wir einen Helper, der eine `ODataModel`-Instanz und die Leseparameter akzeptiert und ein gelöstes Promise zurückgibt, wenn der Lesevorgang erfolgreich war (oder abgelehnt wird, wenn der Lesevorgang fehlgeschlagen ist).

```
sap.ui.define([], function () {
  return function readAsync (odataModel, path, parameters) {
    return new Promise((resolve, reject) => odataModel.read(path, {
      ...parameters,
      success: resolve,
      error: reject
    }));
  };
});
```

Listing 2.65 Wrapper für das »ODataModel«, das Read mit Promises implementiert

[»]

Instanzmethode überschreiben

SAPUI5 stellt keine Promise-Versionen von CRUD-Methoden im OData-Modell zur Verfügung. Entwicklerinnen und Entwickler könnten in die Versuchung geraten, den Prototyp der Klasse `ODataModel` zu erweitern, um von diesem Mechanismus zu profitieren. Der Prototyp von Standardobjekten sollte jedoch nicht erweitert werden. Das nennt man *Prototypverunreinigung* (engl. Prototype Pollution; *https://eslint.org/docs/rules/no-extend-native*). Der Hauptgrund, weshalb Prototypverschmutzung vermieden werden sollte, ist, dass einige andere Bibliotheken oder sogar Anwendungen unterschiedliche Annahmen bezüglich dieser Erweiterung haben können, entweder weil verschiedene Teams dieselbe Erweiterung unterschiedlich implementiert haben oder weil verschiedene Versionen derselben Erweiterung beteiligt sind.

Mit diesem neuen Helper wird die readEntityAndRelated-Methode einfacher, so wie in Listing 2.66.

```
sap.ui.define([
  'sap/ui/core/mvc/Controller',
  'myApp/util/odata/readAsync'
], function (Controller, readAsync) {
  /* ... */
  return Controller.extend('myApp.controller.BaseController', {
    /* ... */
    readEntityAndRelated: function (id) {
      const odataModel = this.getView().getModel();
      return readAsync(odataModel, `/Entity(${id})`)
        .then((entity) => readAsync(odataModel, `/
RelatedEntity(${entity.RelatedKey})`)
          .then((related) => {
            return {
              entity,
              related
            };
          })
        );
    }
  });
});
```

Listing 2.66 »readEntityAndRelated« mit dem »readAsync«-Helper neu geschrieben

Schauen wir uns nun noch einmal das Beispiel i18n an; dort haben wir zunächst ignoriert, dass die getResourceBundle-Methode ein Promise zurückgeben könnte. Nachdem Sie nun das Promise-Konzept besser verstehen, können wir die Methode so anpassen wie in Listing 2.67. Beachten Sie, dass diese Version die Signatur der Funktion ändert, da sie nun ein Promise zurückgibt.

```
sap.ui.define([
  'sap/ui/core/mvc/Controller'
], function (Controller) {
  /* ... */
  return Controller.extend('myApp.controller.BaseController', {
    /* ... */
    i18n: function (key, ...args) {
      const bundleOrPromise =
 this.getView().getModel('i18n').getResourceBundle();
      if (typeof bundleOrPromise.then === 'function') {
```

```
        return bundleOrPromise.then((bundle) => bundle.getText(key, args));
      }
      return Promise.resolve(bundleOrPromise.getText(key, args));
    }
  });
});
```

Listing 2.67 Behandlung von »i18n«, wenn »getResourceBundle« ein Promise zurückgibt

[+]

Erkennen eines Promises

Es gibt mehrere Möglichkeiten, zu ermitteln, ob ein Wert ein Promise ist:

- durch die Verwendung von `value instanceof Promise`
- durch Testen, ob der Wert eine `.then` Methode bereitstellt

Der letzte Ansatz kann zu falsch positiven Ergebnissen führen, wird jedoch als gute und kompatible Methode akzeptiert, zu prüfen, ob der Wert wie ein Promise aussieht. Der offizielle Begriff ist das *Thenable-Objekt*.

Daher muss die `setError`-Methode wie in Listing 2.68 angepasst werden.

```
sap.ui.define([
  'myApp/controller/BaseController',
  'sap/ui/core/library'
], function (BaseController, coreLibrary) {
  const {
    /* ... */
    Error: valueStateError
  } = coreLibrary.ValueState;
  /* ... */
  return BaseController.extend('myApp.controller.List', {
    /* ... */
    setError: function (controlId, ...i18nArgs) {
      this.i18n(...i18nArgs)
        .then((message) => {
          this.getView().getModel('controls').setProperty(`/${controlId}`, {
            valueState: valueStateError,
            valueStateText: message
          });
        });
    }
  });
});
```

Listing 2.68 Anpassen der »setError«-Methode zum Aufrufen eines asynchronen »i18n«

»async« und »await«

Im vorherigen Abschnitt haben wir veranschaulicht, wie das Entfernen der Callbacks aus der Funktionssignatur und das Delegieren des Benachrichtigungsmechanismus an das Promise-Objekt die Lesbarkeit des Codes verbessern und die Auswirkungen der Callback-Hölle einschränken. Dieser Ansatz ermöglicht auch Promise-Verkettung, da das Ergebnis der `.then`-Methode selbst ein Promise ist.

Die Promise-Kette stellt Entwicklerinnen und Entwickler jedoch auch vor neue Herausforderungen, da die Variablensichtbarkeit besondere Berücksichtigung erfordert, um Variablen dort zur Verfügung zu stellen, wo sie benötigt werden. Wenn beispielsweise zwei Promises verkettet sind und der zweite `.then`-Handler Variablen aus dem ersten Promise benötigt, haben Sie zwei Alternativen:

- Übertragen Sie Variablen aus dem ersten Geltungsbereich in den übergeordneten Geltungsbereich, sodass der zweite Geltungsbereich darauf zugreifen kann, wie Sie zuvor in Listing 2.69 gesehen haben.
- Verknüpfen Sie das zweite Promise direkt mit den asynchronen Aufruf zum Verschachteln des zweiten Geltungsbereichs in den ersten, wie in Listing 2.70 gezeigt.

```
/* global asynchronousCall, handleError, process */
// PARENT SCOPE
let backupOfFirstResult;
asynchronousCall()
  .then((firstResult) => {
    // FIRST SCOPE
    backupOfFirstResult = firstResult;
    return asynchronousCall();
  })
  .then((secondResult) => {
    // SECOND SCOPE
    return process(backupOfFirstResult, secondResult);
  })
  .catch((reason) => handleError(reason));
```

Listing 2.69 Geltungsbereiche in einer Promise-Kette

```
/* global asynchronousCall, handleError, process */
// PARENT SCOPE
asynchronousCall()
  .then((firstResult) => {
    // FIRST SCOPE
    return asynchronousCall()
      .then((secondResult) => {
        // SECOND SCOPE
```

```
        return process(firstResult, secondResult);
      });
  })
  .catch((reason) => handleError(reason));
```

Listing 2.70 Verschachtelung von Promises statt Verkettung

Die readEntityAndRelated-Funktion, die zuvor im Code aus Listing 2.66 implementiert wurde, ist ein gutes Beispiel für diese Herausforderung. Um auf die Variablen entity und related zugreifen zu können, muss der Umfang der zweiten .then-Methode im Umfang der ersten verschachtelt werden (wobei der Parameter entity empfangen wird). Am Ende sieht das Szenario aber noch wie die Callback-Hölle aus, die Promises eigentlich lösen sollten. Das Hauptproblem besteht darin, dass der .then-Mechanismus immer noch Callbacks enthält.

Die Schlüsselwörter async und await wurden 2017 in JavaScript ES8 zu diesem Zweck eingeführt: Sie machen asynchronen Code lesbarer, indem die Notwendigkeit von Callbacks entfällt.

Das Schlüsselwort async ist so konzipiert, dass es beim Deklarieren einer Funktion angewendet wird. Dieses Schlüsselwort arbeitet mit dem Schlüsselwort function oder mit einer Arrow-Funktion und ändert die Semantik der Funktion, um eine asynchrone Funktion anzulegen, d. h., es gibt immer ein Promise zurück.

Innerhalb solcher Funktionen wird das Schlüsselwort await verwendet, um auf die Erfüllung eines Promise zu warten, mit den folgenden Ergebnissen:

- Wenn das Promise erfüllt ist, ist das Ergebnis der await-Anweisung der Erfüllungswert.
- Wenn das Promise abgelehnt wird, löst das Schlüsselwort await eine Ausnahme aus (die Ausnahme ist der Grund für die Ablehnung).

Wenn in einer async-Funktion eine Ausnahme ausgelöst und nicht abgefangen wird, wird das Ergebnis-Promise abgelehnt.

Um die Verwendung dieser Schlüsselwörter zu veranschaulichen, deklarieren wir nun die Methode readEntityAndRelated als async-Funktion, wie in Listing 2.71.

```
sap.ui.define([
  'sap/ui/core/mvc/Controller',
  'myApp/util/odata/readAsync'
], function (Controller, readAsync) {
  /* ... */
  return Controller.extend('myApp.controller.BaseController', {
    /* ... */
    readEntityAndRelated: async function (id) {
```

```
      const odataModel = this.getView().getModel();
      const entity = await readAsync(odataModel, `/Entity(${id})`);
      const related = await readAsync(odataModel, `/
RelatedEntity(${entity.RelatedKey}')`);
      return {
        entity,
        related
      };
    }
  });
});
```

Listing 2.71 Implementierung von »readEntityAndRelated« mit der »async«- und »await«-Funktion vereinfachen

Wie Sie sehen, ist es viel einfacher, die Funktion zu lesen, da alles sequenziell aussieht. Beachten Sie jedoch, dass die Funktion asynchron bleibt.

Ein weiterer Vorteil des Schlüsselworts `await` besteht darin, dass es jeder Anweisung vorangestellt werden kann, unabhängig davon, ob diese Anweisung einen Thenable- oder einen Non-Promise-Wert zurückgibt. So ist das `await`-Schlüsselwort der perfekte Mechanismus, mit den Ergebnissen einer Funktion umzugehen, die möglicherweise ein Promise ist.

Um die Syntax `async/await` zu demonstrieren, schreiben wir unseren Helper `i18n` neu, und zwar wie in Listing 2.72. Die resultierende Funktion ist funktional gleich, aber syntaktisch kleiner.

```
sap.ui.define([
  'sap/ui/core/mvc/Controller'
], function (Controller) {
  /* ... */
  return Controller.extend('myApp.controller.BaseController', {
    /* ... */
    i18n: async function (key, ...args) {
      const resourceBundle =
 await this.getView().getModel('i18n').getResourceBundle();
      return resourceBundle.getText(key, args);
    }
  });
});
```

Listing 2.72 »i18n« in einer »async«-Funktion

Auf die gleiche Weise kann die Funktion `setError` neu geschrieben werden (siehe Listing 2.73).

```
sap.ui.define([
  'myApp/controller/BaseController',
  'sap/ui/core/library'
], function (BaseController, coreLibrary) {
  const {
    /* ... */
    Error: valueStateError
  } = coreLibrary.ValueState;
  /* ... */
  return BaseController.extend('myApp.controller.List', {
    /* ... */
    setError: async function (controlId, ...i18nArgs) {
      const message = await this.i18n(...i18nArgs);
      this.getView().getModel('controls').setProperty(`/${controlId}`, {
        valueState: valueStateError,
        valueStateText: message
      });
    }
  });
});
```

Listing 2.73 »setError«-Methode zum Aufrufen der neuen asynchronen »i18n« anpassen

Fehlerbehebung

Promise sind leistungsstarke Werkzeuge für den Umgang mit asynchronen Verhaltensweisen. Diese Leistung kommt jedoch mit einem Preis: Sie können leicht vergessen, Fehlersituation zu berücksichtigen. Daher müssen Sie immer zusätzliche Schritte unternehmen, um sicherzustellen, dass unerwartete Situationen korrekt behandelt werden.

Ein typisches Symptom eines schlechten Promise-Fehlermanagements – neben den Bugs – ist die Meldung `Uncaught (in promise)` <Reason>, die beim Ausführen einer Anwendung in der Browserkonsole angezeigt werden kann. Diese Meldung bedeutet, dass ein Promise abgelehnt wurde, aber kein Code zur Verarbeitung der Ablehnung ausgelöst wurde.

[»]

Error Swallowing

Wenn eine Ausnahme ausgelöst wird, wandert sie im Aufruf-Stack nach oben, bis einer der folgenden Fälle eintritt:

- Die Ausnahme wird innerhalb eines `try`/`catch`-Blocks abgefangen.
- Die Ausnahme erreicht das Ende des Aufruf-Stacks und schlägt in der gesamten Anwendung fehl.

Im Gegensatz zu Ausnahmen schlagen Promises standardmäßig fehl, ohne dass eine Meldung erscheint. Wenn sie abgelehnt werden, wird das Problem nicht durch einen Mechanismus eskaliert.

Beachten Sie außerdem, dass das Auslösen einer Ausnahme in einem Fulfillment- oder Rejection-Handler das zurückgegebene Promise einfach ablehnt.

Es ist in Ordnung, einen Fehler zu absorbieren, also nichts Besonderes dagegen zu tun, aber ein abgelehntes Promise muss beachtet werden. Um zukünftiges Debugging zu erleichtern, sollten Sie diese Situation zumindest mit dem Modul sap/base/Log protokollieren.

Ob Sie ein einzelnes Promise oder eine Promise-Kette haben, der richtige Weg, sicherzustellen, dass keine Fehlerlecks auftreten, besteht darin, mit einem catch-Handler zu enden. Beachten Sie jedoch, dass je nachdem, was Sie in dieser Funktion tun, auch ein abgelehntes Promise das Ergebnis sein kann. Beispielsweise generiert der Code in Listing 2.74 trotz des Handlers catch ein abgelehntes Promise.

```
Promise.reject(new Error('KO'))
  .catch(() => {
    throw new Error('This error leaks');
  });
// Uncaught (in promise) Error: This error leaks
```

Listing 2.74 Generieren eines nicht abgefangenen abgelehnten Promises mit dem »catch«-Handler

Daher müssen Entwicklerinnen und Entwickler den Code im catch-Handler sorgfältig erstellen, um sicherzustellen, dass in diesem letzten Schritt keine Ausnahme auftritt, da sonst der Zweck des Handlers zunichtegemacht wird. Insbesondere wenn der Code andere Funktionen aufruft, sollten überhaupt keine Ausnahmen ausgelöst werden. Letztendlich können Sie den Inhalt in einem try/catch-Block einbetten.

Glücklicherweise gibt es seit der Einführung der Schlüsselwörter async und await eine elegante Möglichkeit, die Fehlerbehandlung zu verbessern. Aufgrund ihrer besonderen Eigenschaften verschwimmen bei einer async-Funktion die Grenzen zwischen abgelehnten Promises und Ausnahmen. Achten Sie dabei jedoch auf die folgenden Besonderheiten:

- Das Schlüsselwort await wandelt ein abgelehntes Promise in eine Ausnahme um.
- Jede nicht abgefangene Ausnahme in einer async-Funktion führt dazu, dass die Funktion ein abgelehntes Promise zurückgibt.

Diese Konstruktion vereint das Beste aus beiden Mechanismen. Ein Problem kann jedoch auftreten, wenn die höchste aufrufende Funktion nicht asynchron ist und/oder das abgelehnte Promise nicht ordnungsgemäß behandelt.

Ein häufiger Fehler tritt auf, wenn Event-Handler als asynchrone Funktionen definiert sind, z. B. der onPreviewPress-Click-Handler, der in dem Code aus Listing 2.75 definiert ist.

```
sap.ui.define([
  'myApp/controller/BaseController'
], function (BaseController) {
  /* ... */
  return BaseController.extend('myApp.controller.ObjectDetails', {
    /* ... */
    onPreviewPress: async function (event) {
      const previewContent = await this.getPreviewContent();
      this.displayPreview(previewContent);
    }
  });
});
```

Listing 2.75 Asynchroner Press-Handler

In diesem Beispiel wird die asynchrone Funktion erstellt, um vom Schlüsselwort async zu profitieren und zu warten, bis die Vorschau verfügbar ist. Wenn der Aufruf von this.getPreviewContent() jedoch ein abgelehntes Promise zurückgibt, wird eine Ausnahme ausgelöst und als Ergebnis der Methode onPreviewPress in ein abgelehntes Promise umgewandelt.

SAPUI5 erwartet nicht, dass Event-Handler Promises zurückgeben. Daher führt jeder Fehler zu einem nicht abgefangenen abgelehnten Promise. Sie können dieses Problem mit einer generischen und wiederverwendbaren Lösung lösen, die folgende Aufgaben durchführt:

- Der asynchrone Event-Handlers wird in einer Funktion verschalt, die sicherstellt, dass kein abgelehntes Promise undicht wird.
- Da wir wissen, dass der Handler asynchron ist, kann eine gewisse Zeit erforderlich sein, um seine Operationen abzuschließen. Somit ist ein Beschäftigt-Status (engl. Busy State) auf dem ursprünglichen Control eine gute Idee.

Der Helper in Listing 2.76 kümmert sich um diese beiden Probleme, indem er den Event-Handler in einer async-Funktion verschalt, die seinen Beschäftigt-Status setzt und wieder zurücksetzt und mögliche Fehler behandelt.

```
sap.ui.define([
  'sap/base/Log'
], function (Log) {
  return function asyncEventHandler (callback) {
    return async function (event) {
      const source = event.getSource();
      const isAControl = source.isA('sap.ui.core.Control');
      if (isAControl) {
        source.setBusy(true);
      }
      try {
        await callback.call(this, event);
      } catch (e) {
        Log.error('An error occurred in an asynchronous event handler',
e.toString(), 'myApp.utils.asyncEventHandler', () => {
          return {
            ...event,
            callback
          };
        });
      } finally {
        if (isAControl) {
          source.setBusy(false);
        }
      }
    };
  };
});
```

Listing 2.76 Helper zum Verschalen des asynchronen Event-Handlers

Wie in Listing 2.77 gezeigt, können Sie den Event-Handler, den wir oben in Listing 2.74 vorgestellt haben, mit dem Helper verschalen, um sicherzustellen, dass keine abgelehnten Promises entweichen.

```
sap.ui.define([
  'myApp/controller/BaseController',
  'myApp/utils/asyncEventHandler'
], function (BaseController, asyncEventHandler) {
  /* ... */
  return BaseController.extend('myApp.controller.ObjectDetails', {
    /* ... */
    onPreviewPress: asyncEventHandler(async function (event) {
      const previewContent = await this.getPreviewContent();
```

```
      this.displayPreview(previewContent);
    })
  });
});
```

Listing 2.77 Wrapping des asynchronen Event-Handlers

[»]

Linter für asynchrone Funktionen

Um Fehler im Kontext asynchroner Funktionen besser behandeln zu können, stehen die folgenden beiden Linter-Regeln zur Verfügung, die die kombinierte Weisheit von Tausenden von Entwicklerinnen und Entwicklern versammelt haben (weitere Informationen zu Lintern finden Sie in Abschnitt 12.1, »Linting«):

- Die ESLint-Regel `no-return-await` (*http://s-prs.de/v1005015*) ist eine allgemeine Regel, die die Verwendung von `return await` verhindert, es sei denn, `return await` befindet sich in einem `try/catch`-Block.
- Die TypeScript-ESLint-Regel `return-await` (*http://s-prs.de/v1005016*) verbessert die erste Regel, indem die `finally`-Klausel des `try/catch`-Blocks berücksichtigt wird.

Je nach Situation kann eine Funktion, die ein Promise zurückgibt, immer ein »erfülltes« Promise (vom Status `fulfilled`) zurückgeben, da es nicht sinnvoll ist, von allen Aufrufern eine mögliche Ablehnung zu verlangen. Betrachten wir noch einmal die `i18n`-Hilfsmethode: Aus offensichtlichen Gründen wollen wir nicht, dass diese Funktion fehlschlägt. Da diese Funktion von fast überall aufgerufen werden kann, wäre die Verwaltung ihrer Ablehnung überall recht kompliziert. In diesem Fall besteht ein sichererer Ansatz darin, wie in Listing 2.78 den Fehler aus der Methode heraus zu behandeln und einen Standardwert zurückzugeben, wenn Probleme auftreten.

```
sap.ui.define([
  'sap/ui/core/mvc/Controller',
  'sap/base/Log',
  'sap/base/strings/formatMessage'
], function (Controller, Log, formatMessage) {
  /* ... */
  return Controller.extend('myApp.controller.BaseController', {
    /* ... */
    i18n: async function (key, ...args) {
      let resourceBundle;
      try {
        resourceBundle =
 await this.getView().getModel('i18n').getResourceBundle();
```

```
        return resourceBundle.getText(key, args);
      } catch (e) {
        Log.error('An exception occurred while calling i18n', e.toString(),
'myApp.controller.BaseController', () => {
          return {
            resourceBundle,
            key,
            args
          };
        });
        return key; // Best we can do
      }
    }
  });
});
```

Listing 2.78 Sicherung von »i18n«, um sicherzustellen, dass es nie fehlschlägt

Leider gibt es keine Möglichkeit, dieses Verhalten programmatisch explizit zu machen. Wenn eine Funktion ein Promise zurückgibt, kann dieses abgelehnt werden. Wir empfehlen dann, die Methode so zu benennen, dass sie ausdrückt, ob der Fehler behandelt wird, oder zumindest sich mit anderen Entwicklerteams über das Verhalten von Helper-Methoden zu einigen.

2.1.10 »for await of«-Anweisungen

Im vorherigen Abschnitt haben wir die wichtigsten Herausforderungen der asynchronen Programmierung untersucht und veranschaulicht, wie Promises Entwicklerinnen und Entwicklern dabei helfen können, wartbaren Code zu schreiben. In diesem Abschnitt sehen wir uns ein weiteres Problem an, das wir noch nicht behandelt haben, zu dem die neueste Version von JavaScript eine elegante Lösung vorschlägt. Es kann vorkommen, dass der Code über eine asynchrone Funktion iterieren muss. Um das Problem zu veranschaulichen, richten wir ein Szenario ein, in dem die Anwendung dem Benutzer mehrere Ja/Nein-Fragen hintereinander stellen muss.

Erinnern Sie sich an die Funktion `messageBox` aus Listing 2.31 oben. Die Funktion verschalt die SAPUI5-API-`MessageBox` in einem Promise. Der Zweck des Promises besteht darin, den Anrufer zu benachrichtigen, wenn das Meldungsfenster geschlossen wird. Auf diese Weise kann der Code seinen normalen Flow fortsetzen.

Ein kleiner Helper iteriert über die verschiedenen Bezeichner und nutzt die API `messageBox`. Da sie ein Promise zurückgibt, stützt sich die erste Implementierung auf die Methode `Promise.all`, um die Antworten auf die verschiedenen Fragen auszulösen und zu sammeln, wie in Listing 2.79 dargestellt.

```
sap.ui.define([
  'sap/m/MessageBox',
  'myApp/utils/messageBox'
], function (MessageBox, messageBox) {
  function yesNo (label) {
    return messageBox(label, {
      icon: MessageBox.Icon.QUESTION,
      actions: [MessageBox.Action.YES, MessageBox.Action.NO],
      emphasizedAction: MessageBox.Action.YES
    });
  }

  return function confirm (labels) {
    return Promise.all(labels.map((label) => yesNo(label)));
  };
});
```

Listing 2.79 Helper, der eine Reihe von Ja/Nein-Fragen an den Benutzer stellt (erste Implementierung)

Dieser Helper wird in ein separates Modul injiziert, in dem drei Fragen gestellt werden, wie in Listing 2.80 gezeigt.

```
sap.ui.define([
  'myApp/utils/confirm'
], async function (confirm) {
  /* ... */
  const answers = await confirm([
    'question 1',
    'question 2',
    'question 3'
  ]);
  console.log(answers);
});
```

Listing 2.80 Mit dem Helper drei Fragen stellen

Wenn dieser Code ausgeführt wird, sieht der Benutzer das Popup-Fenster aus Abbildung 2.7.

Nachdem Sie auf einen der beiden Buttons geklickt haben, wird die zweite Frage angezeigt, wie in Abbildung 2.8 dargestellt.

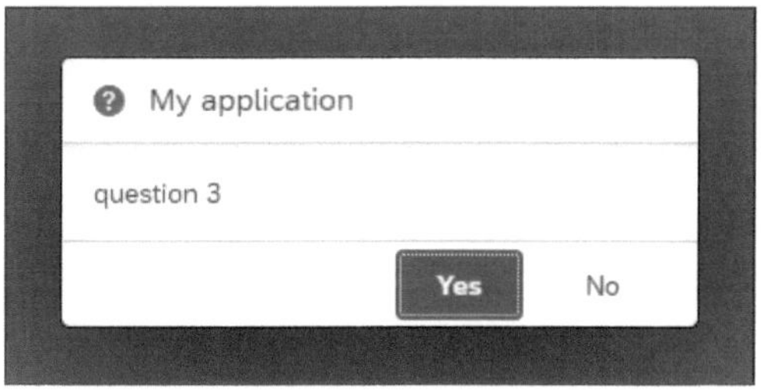

Abbildung 2.7 Ergebnis des Codes

Auf den ersten Blick denken Sie vielleicht, dass die Reihenfolge der Fragen nicht eingehalten wird, weil die dritte Frage zuerst angezeigt wird. Beim Prüfen des Inhalts des answers-Arrays werden die Fragen in der richtigen Reihenfolge zurückgegeben. (Die Antwort auf die dritte Frage wird zuerst angezeigt, da es sich um das letzte Element im Array handelt.)

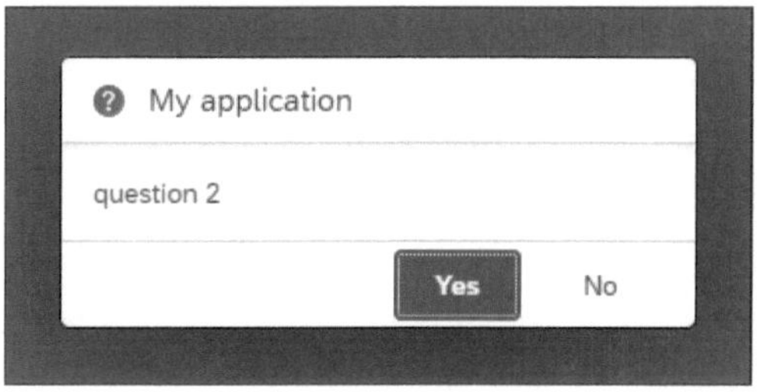

Abbildung 2.8 Anzeige der zweiten Frage nach Bestätigung der dritten Frage

Nachdem Sie Fehler bereinigt haben, scheint es, dass die drei Fragen gleichzeitig angezeigt werden, und zwar in der Reihenfolge, in der sie gestapelt sind. Diese Situation tritt auf, weil Promise.all angewendet wird, nachdem die drei verschiedenen Aufrufe an messageBox ausgelöst wurden. Daher benötigen wir eine Möglichkeit, die erste Frage anzuzeigen, auf einen Klick zu warten, dann die zweite Frage anzuzeigen usw.

Da es sich bei der Liste der Fragen um ein Array handelt, können wir versuchen, die forEach-Iteration zu verwenden, um jede Frage einzeln zu beantworten. Mit der Callback-Funktion async können Sie sicherstellen, dass Sie warten, bis die Frage beantwortet wurde, bevor Sie die Funktion verlassen. Die Implementierung ist in Listing 2.81 dargestellt.

```
sap.ui.define([
  'sap/m/MessageBox',
  'myApp/utils/messageBox'
], function (MessageBox, messageBox) {
  function yesNo (label) {
    return messageBox(label, {
```

```
      icon: MessageBox.Icon.QUESTION,
      actions: [MessageBox.Action.YES, MessageBox.Action.NO],
      emphasizedAction: MessageBox.Action.YES
    });
  }

  return async function confirm (labels) {
    const answers = [];
    labels.forEach(async (label) => {
      answers.push(await yesNo(label));
    });
    return answers;
  };
});
```

Listing 2.81 Versuch, mit einer »async«-Funktion durch die Fragenliste zu iterieren

Äußerlich leidet dieser Code unter demselben Problem: Frage 3 wird vor den anderen angezeigt. Schlimmer ist jedoch, dass die Liste der Antworten zurückgegeben wird, bevor die erste Antwort gegeben wird. Dieses Problem tritt auf, weil `forEach` nicht darauf ausgelegt ist, auf das von der Funktion `async` zurückgegebene Promise zu warten.

Hier ist die neue Anweisung `for await of` besonders nützlich. Diese Anweisung ermöglicht es, eine asynchrone Schleife auf der Grundlage eines iterierbaren Objekts zu erzeugen. Diese Anweisung ist nur in `async`-Funktionen verfügbar. Dadurch kann der Inhalt der Schleife sicher das Schlüsselwort `await` verwenden. Listing 2.82 demonstriert, wie die verschiedenen Fragen einfach nacheinander angezeigt werden können.

```
sap.ui.define([
  'sap/m/MessageBox',
  'myApp/utils/messageBox'
], function (MessageBox, messageBox) {
  function yesNo (label) {
    return messageBox(label, {
      icon: MessageBox.Icon.QUESTION,
      actions: [MessageBox.Action.YES, MessageBox.Action.NO],
      emphasizedAction: MessageBox.Action.YES
    });
  }

  return async function confirm (labels) {
    const answers = [];
    for await (const label of labels) {
      answers.push(await yesNo(label));
```

```
    }
    return answers;
  };
});
```

Listing 2.82 Der richtige Weg, um mit asynchronen Funktionen zu iterieren

2.1.11 Standardparameter

Mit JavaScript ES6 wurden Standardparameter (engl. Default Parameter) eingeführt. Dieser syntaktische Zucker verbessert die Deklaration von Funktionen, denn sie ermöglichen, Vorgabewerte für Parameter direkt in der Funktionssignatur anzugeben. Die Regel für die Auflösung von Standardparametern ist recht komplex, wir empfehlen Ihnen daher unbedingt, die MDN-Dokumentation (*https://developer.mozilla.org/en-US/docs/Web/JavaScript/Reference*) zu lesen.

Vor der Einführung von Standardparametern war das übliche Pattern, den Operator `||` zu verwenden, wie in Listing 2.83 gezeigt.

```
function greets (name) {
  name = name || 'anonymous';
  console.log('Hello ' + name + ' !');
}
greets('World'); // Hello World !
greets(); // Hello anonymous !
greets(''); // Hello anonymous !
greets(undefined); // Hello anonymous !
```

Listing 2.83 Pattern für die Behandlung von Standardwerten vor JavaScript ES6

Dieses Pattern ist jedoch innerhalb des Funktionskörpers etwas verborgen. Außerdem ist das Pattern begrenzt. Der `||`-Operator ist in erster Linie ein boolescher Operator: Bei Verwendung von `a || b` wird der Wert von `b` zurückgegeben, wenn `a` ein Falsy Value ist. Das heißt, `greets('');` zeigt weiterhin `Hello anonymous !` an.

[«]

Falsy Values

Die folgenden Werte werden als »falsy« ausgewertet, d. h., sie werden als `false` ausgewertet, wenn sie als boolescher Ausdruck (z. B. in einer Bedingung) verwendet werden:

- `false`
- `0` and `0n` (die `BigInt`-Version)
- `""` (und alle anderen leeren String-Variationen, die in einfache Anführungszeichen oder in Backticks eingeschlossen sind)

- null
- undefined
- NaN

Im Gegensatz dazu gilt alles, was nicht »falsy« ist, als »truthy« und wird wie true bewertet.

Standardparameter werden, sofern sie in der Funktionssignatur gesetzt sind, nur angewendet, wenn der Wert des Parameters undefined ist, wie in Listing 2.84 gezeigt.

```
function greets (name = 'anonymous') {
  console.log(`Hello ${name} !`);
}
greets('World'); // Hello World !
greets(); // Hello anonymous !
greets(''); // Hello  !
greets(undefined); // Hello anonymous !
```

Listing 2.84 JavaScript-ES6-Standardparameter

In Bezug auf SAPUI5 erscheint diese Funktion nicht besonders leistungsfähig zu sein. Ein Vorteil ist dennoch erwähnenswert: Standardparameter können auch verwendet werden, um erforderliche Parameter zu setzen. Da ein Standardparameter ein Funktionsaufruf sein kann, der nur aufgerufen wird, wenn der Parameter fehlt, können Sie wie in Listing 2.85 Standardparameter verwenden, um Fehler auszugeben.

```
function required () {
  throw new Error('Parameter is required');
}

function greets (name = required()) {
  console.log(`Hello ${name} !`);
}
greets('World'); // Hello World !
greets(); // throws an error
greets(''); // Hello  !
greets(undefined); // throws an error
```

Listing 2.85 Pattern zur Validierung erforderlicher Parameter

Leider wird diese Prüfung nur zur Laufzeit durchgeführt. Wenn Sie die erforderlichen Parameter wirklich verarbeiten möchten, sollten Sie sich TypeScript ansehen, das eine starke Typisierung und Funktionssignaturvalidierung bietet. TypeScript werden wir in Abschnitt 2.2 vorstellen.

2.1.12 Klassen

In diesem Abschnitt erläutern wir, wie Klassen in JavaScript benutzt werden, einschließlich ihrer Definition, und beschreiben die Verwendung statischer Methoden, privater Member-Variablen sowie von Gettern und Settern.

Klassenfunktionen vs. Klassenschlüsselwort

SAPUI5 wird mit einem eigenen Klassenmodell ausgeliefert, das entworfen wurde, bevor das Schlüsselwort `class` in JavaScript ES6 eingeführt wurde. In diesem Abschnitt werden wir kurz erläutern, wie Klassen vor dieser Normalisierung in JavaScript erstellt wurden, und dann darauf eingehen, warum Sie eine SAPUI5-Klasse nicht mit der neuen Syntax mit dem Schlüsselwort `class` erweitern sollten. Trotzdem kann das Schlüsselwort `class` in SAPUI5-Projekten verwendet werden, daher möchten wir Ihnen einen kurzen Überblick über seine Vorteile geben.

JavaScript ist eine flexible Sprache, die mit objektorientierten Konzepten ausgeliefert wird. Die JavaScript-Implementierung von Objekten basiert auf Funktionen und auf der Prototypvererbung.

Fast jede Funktion kann als Konstruktor verwendet werden; die meisten nativen Funktionen sind jedoch gegen diese Verwendung geschützt. Wenn Sie versuchen `new` bei einer nativen Funktion einzusetzen, die nicht für den Aufbau einer Klasse vorgesehen ist, führt dies zum Fehler `TypeError: the function is not a constructor`.

[«]

Native JavaScript-Funktionen

Alle von der JavaScript-Engine bereitgestellten Methoden gelten als *nativ*. Diese Methoden sind leicht zu erkennen, indem auf ihren Code zugegriffen wird, wie Sie in Listing 2.86 sehen.

```
console.log(''.includes.toString());
// function include() { [nativer Code] }

functionmyIncludes (string, search) {
  returnstring.indexOf(search)!==-1;
}

console.log(myIncludes.toString());//
 Funktion myIncludes (string, search) {
 //   return string.indexOf(search) !== -1;
 // }
```

Listing 2.86 Zugriff auf den Code einer beliebigen Funktion über »toString()«

Sie können wie in Listing 2.87 die Funktion A definieren und aufrufen, die sich unterschiedlich verhält, unabhängig davon, ob sie mit dem Schlüsselwort new aufgerufen wird oder nicht.

```
function A () {
  this._a = 'A';
}

const simpleCall = A();
console.log(simpleCall); // undefined
console.log(window._a); // 'A'

const a = new A();
console.log(a); // A {_a: 'A'}
```

Listing 2.87 Funktion wird als Konstruktor verwendet.

Die Beschreibung aller Auswirkungen dieses Codes würde den Rahmen dieses Kapitels sprengen. Zusammenfassend lässt sich jedoch sagen, dass die folgenden Vorgänge stattfinden:

- Wenn Sie A ohne das Schlüsselwort new aufrufen, wird der Wert von this zum globalen Objekt, d. h. zum Objekt window im Kontext eines Browsers.
- Beim Aufruf von A mit dem Schlüsselwort new weist JavaScript ein neues Objekt (eine Instanz von A) zu, übergibt es als Wert von this an die Funktion, und A wird zum Konstruktor. Außerdem behält die Instanz eine starke Verknüpfung mit der Funktion und erbt von allen Member-Variablen, die auf A.prototype gespeichert sind. Diese Besonderheit ermöglicht eine objektorientierte Programmierung, indem das A.prototype-Objekt um gemeinsame Eigenschaften und Methoden erweitert wird.

Listing 2.88 zeigt ein Beispiel für das Hinzufügen einer Methode zu allen Instanzen der Klasse A.

```
function A () {
  this._a = 'A';
}

A.prototype.a = function () {
  return this._a;
};

const a = new A();
console.log(a.a()); // A
```

Listing 2.88 Klassenmethoden vor der Einführung des »class«-Schlüsselworts deklarieren

Um Unterklassen richtig zu entwerfen, benötigen Sie ein gutes Verständnis der *Prototypvererbung*. Es gibt nämlich viele Möglichkeiten, dasselbe Ergebnis zu erzielen. Eine Möglichkeit besteht darin, den Prototyp der Unterklassenfunktion auf ein neues Objekt zu setzen, dessen Prototyp der Prototyp der Basisklasse ist, wie in Listing 2.89 gezeigt.

```
/* global A */
function B () {
  // Call the base class constructor
  A.call(this);
  this._b = 'B';
}

// Link B's prototype to A's prototype
B.prototype = Object.create(A.prototype);

B.prototype.b = function () {
  return this._b;
};

const b = new B();
console.log(b.a()); // A
console.log(b.b()); // B
```

Listing 2.89 Ein Pattern zum Ableiten einer Klasse vor der Einführung des »class«-Schlüsselworts

Dieses Pattern ist nicht einfach und kann fehleranfällig sein, wenn Sie viele Klassen in einem Projekt haben. Die meisten JavaScript-Frameworks kapseln diesen Schritt, um die Definition von Klassen zu vereinfachen.

SAPUI5 exponiert die Methode `extend` in der Basisklasse `sap.ui.base.Object` (*http://s-prs.de/v1005017*). Diese Methode ermöglicht das Anlegen neuer Klassen und verschalt die Komplexität des Erstellungsprozesses.

Mit der Einführung des Schlüsselworts `class` bietet JavaScript ES6 eine einfache und standardisierte Möglichkeit, Klassen und Unterklassen zu definieren. Klassen werden nicht mehr durch das Anlegen von Funktionen eingeführt, die Deklaration beginnt hingegen mit dem Schlüsselwort `class` gefolgt vom Klassennamen. Bei der Unterklassenbildung wird die Beziehung zur Elternklasse durch `extend` und den Namen der Basisklasse beschrieben. Innerhalb der Klassendefinition selbst können Methoden einfach deklariert werden, ohne dass das Schlüsselwort `function` verwendet werden muss. Die Konstruktorfunktion (falls erforderlich) ist eine Methode mit dem Namen `constructor`.

Diese Syntax erzwingt Prüfungen der Klassendefinition. Beispielsweise kann in einem Unterklassenkonstruktor vor dem Aufruf des Konstruktors der Elternklasse nicht auf den Wert von this zugegriffen werden. Außerdem kann das Schlüsselwort super als praktische Verknüpfung zum Aufrufen von Basismethoden dienen.

Listing 2.90 reproduziert die Deklaration der Klassen A und B mit der neuen Syntax.

```
class A {
  constructor () {
    this._a = 'A';
  }

  a () {
    return this._a;
  }
};

class B extends A {
  constructor () {
    super();
    this._b = 'B';
  }

  b () {
    return this._b;
  }
}

const a = new A();
console.log(a.a()); // A
const b = new B();
console.log(b.a()); // A
console.log(b.b()); // B
```

Listing 2.90 Deklarieren von Klassen seit der Einführung des »class«-Schlüsselworts

Leider kann das Schlüsselwort class nicht sicher verwendet werden, um SAPUI5-Klassen zu erweitern. SAPUI5 bietet die metadata-Struktur zur Verfolgung von klassenrelevanten Informationen. Mit dieser Struktur definieren Sie Eigenschaften, Aggregationen und Ereignisse. Basierend auf dieser Struktur werden die erforderlichen Zugriffe automatisch angelegt. Mit der Eigenschaftendeklaration busy in den Metadaten von sap.ui.core.Control generiert SAPUI5 beispielsweise automatisch die Methoden setBusy und getBusy.

Sie können eine Unterklasse einer SAPUI5-Klasse mit dem in Listing 2.89 gezeigten Pattern anlegen oder das Schlüsselwort `class` verwenden, aber die neu angelegte Klasse erbt Metadateninformationen von der Basisklasse, ohne eigene Metadaten zu haben, was erforderlich ist, um von den SAPUI5-Funktionen zu profitieren. Diese Inkonsistenz in den Metadaten kann zu seltsamen Verhaltensweisen und Bugs führen.

[+]

TypeScript Transpiling

Das SAPUI5-Ökosystem stellt ein Babel-Plugin (*https://www.npmjs.com/package/babel-plugin-transform-modules-ui5*) zur Verfügung, das die Vererbung der Unterklasse beim Schreiben von JavaScript oder TypeScript ermöglicht (siehe Abschnitt 2.2, »TypeScript«). Sie können nun Klassen entwickeln, die SAPUI5-Klassen erweitern, und der resultierende transpilierte Code wird in die `extend`-Syntax konvertiert.

Warum beschreiben wir also das Schlüsselwort `class`, wenn Sie dieses Schlüsselwort nicht in Verbindung mit SAPUI5-Klassen verwenden können? Manchmal enthält ein Projekt Klassen, die keine SAPUI5-Funktionen verwenden, z. B. Klassen, die wie folgt beschrieben werden können:

- Sie definieren keine Controls oder Controller.
- Keine ihrer Eigenschaften wird an ein Modell gebunden.

Normalerweise beginnen die meisten SAPUI5-Entwicklerinnen und -Entwickler mit der Basisklasse `sap.ui.base.Object` und erweitern sie. Sie können beispielsweise eine Klasse mit dem Namen `Node` definieren, die ein Elternelement und einige Kinderelemente haben kann. Wenn die übergeordnete oder die untergeordnete Liste geändert wird, werden einige interne Indizes aktualisiert. Diese Beispielklasse hat mehrere Besonderheiten, wie z. B.:

- Die Eigenschaft `parent` ist über eine Getter-Funktion und eine Setter-Funktion verfügbar. Wenn gesetzt, werden die Indizes mit der privaten Methode `_refreshIndexes` aktualisiert.
- Die Eigenschaft `children` ist schreibgeschützt und gibt eine Kopie der untergeordneten Liste zurück (um sicherzustellen, dass sie nicht extern geändert werden kann).
- Beide Eigenschaften sind auf private Member-Variablen angewiesen (`_member` und `_children`).
- Die statische Methode `fromJSON` kann verwendet werden, um aus einer JSON-Beschreibung (JavaScript Object Notation) einen Baum aufzubauen.

In Listing 2.91 sehen Sie einige Beispiele für SAPUI5-Code.

```
sap.ui.define([
  'sap/ui/base/Object'
], function (UI5Object) {
  const Node = UI5Object.extend('myApp.utils.Node', {
    constructor: function () {
      // 'private' members
      this._parent = null;
      this._children = [];
    },

    addChild: function (node) {
      this._children.push(node);
      this._refreshIndexes();
    },

    // 'private' method
    _refreshIndexes: function () {
      /* ... */
    }

    /* ... */
  });

  Object.defineProperties(Node.prototype, {
    // Getter and setter for a property named 'parent'
    parent: {
      get: function () {
        return this._parent;
      },
      set: function (value) {
        this._parent = value;
        this._refreshIndexes();
      }
    },
    // Getter only for a property named 'children'
    children: {
      get: function () {
        return [...this._children];
      }
    }
  });

  // Static method
```

```
  Node.fromJSON = function (json) {
    /* ... */
  };

  return Node;
});
```

Listing 2.91 Klassendefinition basierend auf SAPUI5

[«]

Informationen zum Parameter »UI5Object«

Wenn Sie das Modul `sap/ui/base/Object` importieren, tun Sie sich selbst einen Gefallen und nennen Sie den entsprechenden Parameter `UI5Object`. Auf diese Weise behalten Sie den Zugriff auf die JavaScript-Klasse `Object` und ihre wertvollen Helper (hier `Object.defineProperties`).

Wie in Listing 2.91 gezeigt, bringt die Vererbung der `Object`-Klasse in SAPUI5 keinen Wert in die Klasse `Node`. Mit dem Schlüsselwort `class` und seinen Funktionen kann dieselbe Klasse vereinfacht werden (siehe Listing 2.92).

```
sap.ui.define([], function () {
  return class Node {
    // Private members
    #parent;
    #children;

    constructor () {
      this.#parent = null;
      this.#children = [];
    }

    set parent (value) {
      this.#parent = value;
      this.#refreshIndexes();
    }

    get parent () {
      return this.#parent;
    }

    get children () {
      return [...this.#children];
    }
```

```
    addChild (node) {
      this.#children.push(node);
      this.#refreshIndexes();
    }

    // private method
    #refreshIndexes () {
      /* ... */
    }

    static fromJSON (json) {
      /* ... */
    }

    /* ... */
  };
});
```

Listing 2.92 Klassendefinition basierend auf nativem JavaScript ES6

Das von SAPUI5 vorgeschlagene Klassen-Framework, das von einer `metadata`-Struktur angetrieben wird, ist für die speziellen Anforderungen von SAPUI5 konzipiert und muss nicht in jeder Vorlage Ihres Projekts verwendet werden. Seit der Erstellung von SAPUI5 hat sich JavaScript weiterentwickelt, und sie bietet nun eine kompetente Syntax zum Erstellen von Klassen mit Mechanismen, die Konzepten der objektorientierten Programmierung ähneln (private Member-Variablen, statische Methoden und Accessors). In einigen Situationen ist es einfacher – oder sogar sinnvoller –, die Klassendefinitionen von JavaScript ES6 zu nutzen, um Klassen zu implementieren.

Statische Methoden

Statische Methoden sind nützlich, um Helper zu definieren, die sich auf eine Klasse beziehen, aber nicht mit einer Instanz dieser Klasse verknüpft sind. Einige SAPUI5-Objekte exponieren statische Methoden, z. B. `sap.gantt.misc.Format` (*http://s-prs.de/v1005018*).

Ein gängiges JavaScript-Pattern besteht darin, statische Methoden zu definieren, indem sie direkt zur Klassenfunktion hinzugefügt werden, wie im Beispiel in Listing 2.91. In diesem Beispiel ist die Methode `fromJSON` über `Node.fromJSON()` verfügbar. Der einzige Nachteil beim SAPUI5-Klassendefinitions-Pattern besteht darin, dass Sie es nicht direkt in der `extend`-Struktur angeben können. Sie müssen zuerst die Klasse aufbauen und ihr dann die statische Methode zuordnen.

Wenn das Schlüsselwort `static` in einer `class`-Definition verwendet wird, befinden sich die Klassenmethoden und die statischen Methoden an derselben Stelle.

Private Member-Variablen

Keine der Eigenschaften und Methoden von SAPUI5-Klassen ist wirklich privat. Jedes Element kann so aufgezählt und aufgerufen werden, als wäre es öffentlich, was für das Debugging sehr hilfreich ist, da Elemente in JavaScript standardmäßig aufzählbar und zugänglich sind. Auch wenn sie als nicht aufzählbar festgelegt sind, können Eigenschaften bearbeitet werden, wenn Sie deren Namen kennen.

Wenn Sie sich den Code aus Listing 2.91 erneut anschauen, können Sie das Element `_parent` auf einer Instanz der Klasse `Node` lesen oder schreiben und die Accessors umgehen (was zu Fehlern führen kann). Um diesen Mangel an Schutz auszugleichen, sollten SAPUI5-Entwicklerinnen und -Entwickler die folgenden Konventionen anwenden:

- Wenn der Name einer Eigenschaft oder Methode mit einem Unterstrich beginnt (wie in `_mProperties`), wird sie als privat betrachtet und darf nicht vom Anwendungscode aufgerufen werden.
- Wenn eine Methode oder Eigenschaft nicht dokumentiert ist, darf sie nicht verwendet werden.
- Einige Methoden sind als *protected* dokumentiert, d. h., auf sie kann nur in der Unterklasse zugegriffen werden.

[«]

Nicht dokumentierte Member-Variablen

Da die wichtigsten Teile von SAPUI5 Open Source sind, sind Sie möglicherweise versucht, sich den Code anzusehen, um zu verstehen, wie er funktioniert. Mit diesem Wissen können Sie die Bibliothek leicht anpassen und einige interne Methoden wiederverwenden.

Es wird jedoch nicht empfohlen, sich auf nicht dokumentierte Methoden oder Verhaltensweisen von SAPUI5 zu verlassen, da es keine Garantie gibt, dass eine neue Version der Bibliothek diese Elemente nicht beschädigt.

Mit der Einführung des Schlüsselworts `Symbol` in JavaScript ES6 können Sie eine Objekteigenschaft definieren, die nur mit einer `Symbol`-Instanz bearbeitet werden kann, wie in Listing 2.93 gezeigt. Das Symbol fungiert wie ein Schlüssel für den Zugriff auf die Eigenschaft. Außerdem ist eine solche Eigenschaft standardmäßig nicht aufzählbar. Die Verwendung von Symbolen, die nicht von einem Modul exponiert werden, ist ein guter Ansatz, privatähnliche Eigenschaften für Objekte anzulegen. Auf diese Weise können Sie eine neue Eigenschaft an ein Objekt anhängen, das nicht mit seinen vorhandenen Eigenschaften in Konflikt steht.

JavaScript stellt jedoch auch die Methode `Object.getOwnPropertySymbols` bereit, die die Symbole extrahiert, die als Eigenschaftsnamen für ein Objekt verwendet werden.

```
const myKey = Symbol('my key');
const object = { [myKey]: 'private value' };
console.log(object[myKey]); // private value

const sameKey = Symbol('my key');
console.log(myKey === sameKey); // false
// myKey !== sameKey, hence :
console.log(object[sameKey]); // undefined

console.log(Object.getOwnPropertySymbols(object)[0] === myKey); // true
```

Listing 2.93 Privatähnliche Eigenschaften über Symbole definieren

JavaScript hat außerdem kürzlich die Möglichkeit hinzugefügt, echte private Member-Variablen zu deklarieren, die nur im Kontext der aktuellen Klassendefinition verfügbar sind. Diese speziellen Elemente erkennen Sie daran, dass ihre Namen mit einem Hash-Symbol beginnen (wie in `#parent` in Listing 2.92 oben gezeigt). Außerhalb des Klassengeltungsbereichs verbietet JavaScript den Zugriff auf diese Elemente, indem folgender Fehler ausgegeben wird: `SyntaxError: Private field '#name' must be declared in an enclosing class`.

Die Migration von SAPUI5-Code in eine dieser beiden Syntaxen (`Symbol` und private Member-Variablen) wäre recht teuer und ist, soweit wir wissen, zum Zeitpunkt des Schreibens nicht geplant. Denken Sie jedoch daran, nicht dokumentierte Member-Variablen zu vermeiden.

Wenn Sie einen Helper oder eine Bibliothek erstellen und sicherstellen möchten, dass kein Verwender auf Implementierungsdetails zugreifen kann, ist dieser Mechanismus Ihre Lösung.

Getter und Setter

Ein Objekt wird nicht nur durch sein Verhalten (seine Methoden), sondern auch durch seinen *Zustand* (seine Eigenschaften) definiert. In ihrer Grundform ist eine Objekteigenschaft ein Element, das durch einfachen Zugriff gelesen oder geschrieben werden kann. Beispielsweise wird eine Arraygröße mit `array.length` abgerufen, aber das Array kann auch geleert werden, indem die Länge auf 0 gesetzt wird, wie in `array.length = 0`.

In den meisten Fällen reicht dieser Vorgang aus, um mit einem Objekt zu arbeiten. In einigen Szenarien müssen Entwicklerinnen und Entwickler jedoch mehr tun, als nur einen Eigenschaftswert zu lesen oder festzulegen.

In unserem Beispiel `Node` gibt die Eigenschaft `parent` die Referenz auf den Elternknoten an, der entweder `null` sein kann oder auf eine Instanz eines `Node`-Elements zeigen kann. In diesem Kontext gibt es jedoch eine interne Aktualisierung, die jedes Mal ausgelöst wird, wenn sich das übergeordnete Element ändert.

Um den Zugriff auf eine Eigenschaft zu virtualisieren, legen Sie die folgenden Funktionen an:

- eine Getter-Funktion, die beim Lesen der Eigenschaft ausgelöst wird
- eine Setter-Funktion, die beim Schreiben der Eigenschaft ausgelöst wird

Die Frameworks schlagen verschiedene Möglichkeiten vor, diese Funktionen zu normalisieren:

- In SAPUI5 werden Eigenschaften in einer `metadata`-Struktur definiert, und die Bibliothek generiert die Funktionen automatisch anhand einer Namenskonvention. Beispielsweise steht die Eigenschaft `busy` mit den Methoden `getBusy` und `setBusy` zur Verfügung.
- In jQuery werden die beiden Funktionen zu einer einzigen Funktion zusammengeführt, die je nach optionalem Parameter liest oder schreibt. Zum Beispiel liest `$(‹div’).height()`die Höhe des ersten `div`-Elements, aber `$(‹div’).height(‹32px’)` setzt die Höheneigenschaft für alle `div`-Elemente auf `32px`.

Seit JavaScript ES5 (2009) bietet JavaScript die Möglichkeit, dies über `Object.defineProperty` zu tun. Der Hauptunterschied liegt darin, dass diese Methoden hinter den Kulissen ausgelöst werden, und für den letzten Benutzer fühlt es sich immer noch wie eine normale Eigenschaft an. Beim `Node`-Beispiel wird jedes Mal, wenn die Eigenschaft `parent` zugeordnet wird, die Setter-Methode ausgelöst, die die Methode `_refreshIndexes` (oder ihr privates Gegenstück) aufruft.

Innerhalb einer JavaScript-ES6-Klassendefinition sind solche Getter- und Setter-Methoden einfacher zu implementieren, da sie mit den Präfixschlüsselwörtern `get` und `set` und dem Eigenschaftsnamen eingeführt werden.

Auch hier könnten Sie sich fragen, warum wir diese Syntax überhaupt diskutieren, da SAPUI5 ein komfortables Eigenschaftsdefinitions-Pattern bietet. Zuerst werden durch das Hinzufügen einer Eigenschaft zur `metadata`-Struktur mehr als die Accessor-Methoden definiert. Außerdem werden Bindings aktiviert und Standardparameter verwaltet. Die von uns beschriebene Syntax konzentriert sich nur auf die Definition von Gettern und Settern, mit Feinsteuerung auf die Definition von einer oder beiden.

Sehen wir uns außerdem einen interessanten Anwendungsfall für SAPUI5 an. Stellen wir uns eine Anwendung vor, die ein Dialogfenster anzeigen muss, in dem ein Benutzer die Felder **Name**, **Year** und **Organization** bearbeiten kann, wie in Abbildung 2.9 dargestellt.

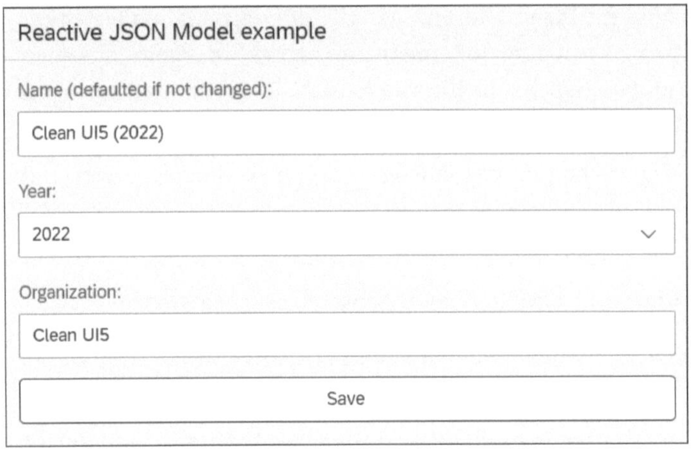

Abbildung 2.9 Formular mit Feldern zur Eingabe des Namens, des Jahrs und der Organisation

Unsere Anforderung legt fest, dass der Name standardmäßig aus der Verkettung der Organisation und des ausgewählten Jahres bestehen sollte. Daher sollte der Name immer dann aktualisiert werden, wenn sich das Jahr oder die Organisation ändert. Ein Benutzer sollte jedoch auch in der Lage sein, sich für einen Namen zu entscheiden, und sobald der Name feststeht, sollte er nicht mehr aktualisiert werden, selbst wenn das Jahr oder die Organisation geändert wird.

Die meisten Entwicklerinnen und Entwickler würden damit beginnen, das Formular zu erstellen, es an ein JSON-Modell anzubinden und dann so viele Change-Handler wie nötig zu den verschiedenen Controls hinzuzufügen, um die Anforderung zu implementieren. Mit Hinblick auf das Testen müssten Entwicklerinnen und Entwickler einen One-Page-Acceptance-Tests (OPA5-Test) hinzufügen , um die Implementierung zu validieren. Aber was wäre, wenn Sie diese Anforderungen ohne einen einzigen Change-Handler implementieren könnten?

Wenn ein Control an ein JSON-Modell mit dem Binding-Pfad `/firstLevel/secondLevel/property` angebunden ist, geht SAPUI5 davon aus, dass `/firstLevel/secondLevel` auf ein Objekt zeigt und dass der Wert des Controls entweder aus der Eigenschaft `property` gelesen oder in diese geschrieben wird. Auf diese Weise können Ihre Anforderungen direkt für das Objekt implementiert werden, das vom JSON-Modell verschalt wird. Aus Testsicht muss nur das Objekt getestet werden, um das Verhalten zu validieren.

Hierfür definieren wir zunächst eine `ViewState`-Klasse, wie in Listing 2.94 gezeigt, wobei die Getter- und Setter-Funktionen die folgenden Aufgaben ausführen:

- Die Getter-Funktion für die Eigenschaft name prüft, ob ein Name vom Benutzer gesetzt wurde (wie durch die private Variable #name dargestellt). Ist dies nicht der Fall, generiert die Funktion einen Standardnamen.
- Die Setter-Funktionen für die Eigenschaften year und org lösen eine Aktualisierung der Namensanzeige aus, indem die Methode refresh im JSON-Modell aufgerufen wird.

```
sap.ui.define([
  'sap/ui/model/json/JSONModel'
], function (JSONModel) {
  return class ViewState {
    #name
    #year
    #org
    #model

    get name () {
      if (this.#name) {
        return this.#name;
      }
      return `${this.#org} (${this.#year})`;
    }

    set name (value) { this.#name = value; }

    get year () { return this.#year; }

    set year (value) {
      this.#year = value;
      this.#model.refresh();
    }

    get org () { return this.#org; }

    set org (value) {
      this.#org = value;
      this.model.refresh();
    }

    get model () { return this.#model; }

    constructor (org, year) {
      this.#org = org;
```

```
      this.#year = year;
      this.#model = new JSONModel(this);
    }
  };
});
```

Listing 2.94 Definition der »ViewState«-Klasse

Um diese Definition zu validieren, sind die in Listing 2.95 aufgeführten Tests ausreichend. Weitere Informationen zum Testen finden Sie in Kapitel 13, »Testen«.

```
sap.ui.define([
  'myApp/util/ViewState'
], function (ViewState) {
  QUnit.module('View State');

  QUnit.test('Name should be defaulted', function (assert) {
    const viewState = new ViewState('Clean UI5', 2022);
    assert.strictEqual(viewState.name, 'Clean UI5 (2022)');
  });

  QUnit.test('Name should change with year', function (assert) {
    const viewState = new ViewState('Clean UI5', 2022);
    assert.strictEqual(viewState.name, 'Clean UI5 (2022)');
    viewState.year = 2023;
    assert.strictEqual(viewState.name, 'Clean UI5 (2023)');
  });

  QUnit.test('Name should not change when set', function (assert) {
    const viewState = new ViewState('Clean UI5', 2022);
    assert.strictEqual(viewState.name, 'Clean UI5 (2022)');
    viewState.name = 'My name';
    assert.strictEqual(viewState.name, 'My name');
    viewState.year = 2024;
    assert.strictEqual(viewState.name, 'My name');
  });
});
```

Listing 2.95 Tests zur Validierung des »ViewState«-Verhaltens

Anschließend müssen Sie nur die Form-Controls an das Modell binden, das von der Instanz `ViewState` exponiert wird, damit es funktioniert.

Ein vollständiges Beispiel finden Sie im Onlinebeispiel `rjsmdl` (*https://clean-ui5.github.io/samples/rjsmdl*).

2.1.13 Module

Bei der Entwicklung einer komplexen Anwendung besteht eine wichtige Aufgabe darin, Ihren Code in kleineren Teilen zu organisieren, um die Wartbarkeit zu gewährleisten. Leider neigen wir dazu, Code zu vorhandenen Quellen hinzuzufügen, da dies einfacher ist, als separaten Code anzulegen. Langfristig haben Sie dann am Ende häufig Projekte, in denen die Controller riesig sind. Die gesamte Anwendungslogik wird an einer Stelle implementiert. Schlimmer noch, manchmal wird diese Logik kopiert und eingefügt, was zu den folgenden Problemen führen kann:

- Der Code ist schwieriger zu lesen, da Sie durch große Quelldateien navigieren müssen.
- Die Logik wiederholt sich möglicherweise, da Sie keine Ahnung hatten, dass sie bereits programmiert war.
- Wenn die Logik dupliziert wird, wird die Wartung komplexer, da ein Fehler an mehreren Stellen vorhanden sein kann. Auf die gleiche Weise kann eine Anforderung an verschiedenen Stellen implementiert werden, und die Entwicklerinnen und Entwickler müssen sie alle finden, um sicherzustellen, dass sich Geschäftsregeln richtig weiterentwickeln.
- Je mehr Codezeilen man hat, desto mehr Tests sind erforderlich, um sie alle abzudecken.

Es gibt keine offizielle Metrik dafür, wie viele Zeilen Quellcode maximal haben sollte. Unserer Erfahrung nach beginnen die Dinge jedoch aus dem Ruder zu laufen, wenn mehr als 300 Zeilen Code vorhanden sind. Wenn Sie in einem Controller über 1.000 Codezeilen haben, entsteht möglicherweise ein echtes Chaos.

In JavaScript können Sie jede Quellcodedatei als Modul aufrufen. Auch die Anzahl der Module in einem Projekt und ihre Zwecke sind nicht begrenzt. Typische Beispiele für Module für SAPUI5 sind:

- Controller: Werden verwendet, um einen View an ein oder mehrere Modelle zu binden und Verhaltensweisen zu implementieren.
- Formatter: Sind im Allgemeinen eine Sammlung von Funktionen, mit denen Daten manipuliert und für einen Benutzer entsprechend dargestellt werden.
- Utilitys: Beschreiben alles, was bei der Implementierung der Anwendungslogik hilft.

Unabhängig vom verwendeten Framework wird ein Modul immer mindestens durch folgende Elemente definiert:

- **Eindeutiger Name**

  Dadurch wird das Modul referenziert. Einige Frameworks sind auf den Namen der Moduldatei angewiesen, andere verwenden Mappings.

- **Abhängigkeiten oder Importe**

  Diese anderen Module sind für die korrekte Ausführung des aktuellen Moduls erforderlich. Sie können entweder statisch (das gesamte Modul benötigt sie zum Ausführen) oder dynamisch (sie werden nur bei Bedarf angefordert) sein.
- **Exporte**

  Diese Deklarationen sind die Einstiegspunkte, die anderen Modulen zur Verfügung gestellt werden. Exporte können ein Wert, eine Funktion, eine Klasse oder eine Kombination aus allen dreien sein.

Als Nächstes werden wir das Modul-Mapping in SAPUI5 und die Import- und Exportfunktionen in JavaScript behandeln.

SAPUI5 Mapping

SAPUI5 wird mit der Modulverwaltung ausgeliefert, die die Spezifikationen für die asynchrone Moduldefinition (AMD) implementiert. Zwischen dem Modulnamen und der zugehörigen Datei besteht eine Zuordnung.

Ein SAPUI5-Modul kann viele Abhängigkeiten haben, aber es kann nur einen Wert exportieren. Beispielsweise wird die Klasse `sap.m.Button` vom Modul `sap/m/Button` definiert (und exportiert). Dieses Modul sowie jedes von SAPUI5 ausgelieferte Modul sind im Webordner **/resources** verfügbar. Beachten Sie, dass SAPUI5 die Quelldateien in Bibliotheken aggregiert, um die Ladezeiten zu reduzieren. Beispielsweise ist das Modul `sap/m/Button` Teil der `sap.m`-Bibliothek.

[+]

Abrufen der URL eines Moduls

Sie können den Helper `sap.ui.require.toUrl` (*http://s-prs.de/v1005019*) verwenden, um eine beliebige Quelldatei-URL des Moduls abzurufen.

Sie können auch benutzerdefinierte Mappings erstellen. Ein obligatorischer Schritt ist beispielsweise die Verknüpfung mindestens eines Mappings, das auf die Anwendungsquelldateien verweist. Das Attribut `data-sap-ui-resourceroots` des SAPUI5-Bootstrap-Tags verfolgt genau diesen Zweck, wie in Listing 2.96 gezeigt.

```
<script id="sap-ui-bootstrap" type="text/javascript"
  src="/resources/sap-ui-core.js"
  data-sap-ui-theme="sap_fiori_3"
  data-sap-ui-libs="sap.m"
  data-sap-ui-bindingSyntax="complex"
  data-sap-ui-async="true"
```

```
  data-sap-ui-resourceroots='{"myApp": "./"}'
  data-sap-ui-oninit="module:sap/ui/core/ComponentSupport"
>
```

Listing 2.96 SAPUI5-Bootstrap: Zuordnen des aktuellen Ordners zum »myApp«-Modul-Präfix

Zum Laden eines Moduls bietet SAPUI5 zwei APIs an:

- **sap.ui.required**
  Löst eine oder mehrere Modulabhängigkeiten auf. Da diese API seit den frühen Versionen von SAPUI5 existiert, werden mehrere Signaturen angeboten. Die empfohlene Signatur ist die asynchrone Version, die mehr als eine Modulspezifikation akzeptiert. Wenn mehr als ein Modul angegeben ist, kann keine Ladereihenfolge garantiert werden. Wenn die Abhängigkeiten verfügbar sind, wird eine *Factory-Funktion* ausgelöst, die alle exportierten Modulwerte in der Reihenfolge der Deklaration empfängt, wie Sie in Listing 2.97 sehen.
- **sap.ui.define**
  In seiner einfachen Form macht diese API fast dasselbe wie `sap.ui.require`, aber von der Factory-Funktion wird erwartet, dass sie einen Wert zurückgibt, der zum Export des Moduls wird.

```
sap.ui.require([
  'sap/m/Button',
  'sap/m/MessageToast'
], function (Button, MessageToast) {
  const button = new Button({
    text: 'Hello World',
    press: () => MessageToast.show('Hello World')
  });
  button.placeAt('content');
});
```

Listing 2.97 »sap.ui.required« mit einer Factory-Funktion

Import und Export

In JavaScript fehlt seit langem eine brauchbare Modulverwaltungsfunktion. Frameworks und Hosts haben versucht, Mechanismen zu normalisieren, von denen einige erfolgreich waren, z. B.:

- AMD (*http://s-prs.de/v1005020*)
- CommonJS (*http://s-prs.de/v1005021*), das von den ersten Versionen von Node.js verwendet wird

Das Schlüsselwort `import` mit seinem Gegenstück `export` wurde mit JavaScript ES6 eingeführt. Diese Schlüsselwörter standardisieren, wie ein Modul seine Abhängigkeiten importieren soll und was es exportiert. Das Schlüsselwort `import` hat zwei Varianten:

- Es kann statisch verwendet werden. Die Instruktion wird am Anfang des Moduls gehoistet.
- Es kann auch dynamisch verwendet werden, indem es wie eine Funktion aufgerufen wird: In diesem Fall handelt es sich um eine asynchrone Funktion.

Leider unterstützt SAPUI5 diese Schlüsselwörter aus den folgenden beiden Gründen nicht:

- Bei nativer Verwendung in einem Browser erwartet das Schlüsselwort `import` eine URL. Es umgeht den Mapping-Mechanismus vollständig, sodass es schwierig ist, Standard-SAPUI5-Module zu referenzieren.
- Um kompatibel zu sein, muss SAPUI5 das Schlüsselwort `export` verwenden, das es nicht unterstützt. Tatsächlich wurde das Framework vor der Standardisierung dieses Mechanismus entwickelt.

[+]

Babel-Plugin für SAPUI5-Projekte

Das Babel-Plugin `babel-plugin-transform-modules-ui5` (*http://s-prs.de/v1005022*) konvertiert die Schlüsselwörter `import` und `export` in die entsprechenden Äquivalente `sap.ui.define/sap.ui. require` und `return`.

Vielleicht fragen Sie sich, ob es möglich wäre, die beiden Syntaxen zu kombinieren, indem Sie SAPUI5-Module mit `sap.ui.require` abrufen und alle Anwendungsmodule mit `import` und `export` definieren. Dies ist jedoch aufgrund der folgenden Probleme nicht möglich:

- Es wird erwartet, dass die Anwendungs-Controller und Custom Controls mit `sap.ui.define` definiert werden.
- Das oberste Skript-Tag, einschließlich des Moduls, das `import` nutzt, muss mit `type="module"` deklariert werden. Auch diese Funktion unterstützt SAPUI5 nicht.

Letztlich kann auch das Mischen der beiden Syntaxen außerdem zu Verwirrung führen.

Sie können jedoch einen Wrapper auf `sap.ui.require` anlegen, der das Verhalten der dynamischen Importfunktion reproduziert, so wie in Listing 2.98.

```
/* eslint-disable no-unused-vars */
function ui5Import (...dependencies) {
  return new Promise((resolve, reject) => {
```

```
    sap.ui.require([...dependencies], (...exports) => resolve([
...exports]), reject);
  });
}

const [Button] = ui5Import(['sap/m/Button']);
```

Listing 2.98 Wrapping von »sap.ui.required« in einer »async«-Funktion, die den Import imitiert

[«]

Verzögern des Ladens von selten genutzten Abhängigkeiten mit »sap.ui.required«

Wir empfehlen, die Abhängigkeiten einer Anwendung in der Datei **manifest.json** (Abschnitt `sap.ui5/dependencies`) zu konfigurieren, um sie vorab zu laden (siehe offizielle Dokumentation unter *http://s-prs.de/v1005023*).

Wenn die Performance der Anwendung kritisch ist, können Sie das Laden einiger Bibliotheken mit `sap.ui.require` innerhalb des Anwendungscodes verzögern. Nehmen wir beispielsweise an, unsere Anwendung zeigt ein Gantt-Diagramm an, aber nicht auf dem ersten Bildschirm. Um das Laden der Anwendung zu beschleunigen, wird die Abhängigkeit zu `sap.gantt` in der Datei **manifest.json** mit dem Kennzeichen `lazy` auf `true` gesetzt. Wenn das Gantt-Diagramm angezeigt werden muss, wird ein Aufruf an `sap.ui.require(['sap/gantt/library'], () => { /* navigate to the view */ })` erstellt, um die Bibliothek zu laden. Auf diese Weise werden die zugehörigen Module nur bei Bedarf geladen. Bei der ersten Anzeige des Gantt-Diagramms tritt jedoch ein Performanceproblem auf.

2.2 TypeScript

Die erste öffentliche Version von TypeScript erschien im Oktober 2012. Ursprünglich von Microsoft entwickelt, wurde die Sprache schnell Open Source und profitiert nun von Community-Beiträgen. SAPUI5 unterstützt TypeScript- und ECMAScript-Module ab Version 1.90.

Zusammenfassend lässt sich sagen, dass TypeScript eine Obermenge von JavaScript ist. Durch einen Kompilierungsschritt namens Transpiling werden TypeScript-Quellen in JavaScript-Quellen konvertiert, die von jedem JavaScript-Host ausgeführt werden können.

TypeScript ist nicht die einzige Sprache mit diesem Entwicklungsmodell (mit einer Obermenge, die in JavaScript übersetzt). Diese Sprache ist jedoch die Sprache, die schnell an Popularität gewonnen hat, wie Sie unter *http://s-prs.de/v1005024* sehen können.

Das Hauptziel von TypeScript ist es, JavaScript eine starke Typisierung hinzuzufügen, daher der Name. Das heißt, jede Variablen- und Funktionsdeklaration muss auf einen bestimmten Typ aufgelöst werden. Jedoch sind folgende Faktoren zu berücksichtigen:

- Der Typprüfungsprozess wird während des Transpiling-Schritts durchgeführt, nicht während der Ausführung des resultierenden JavaScripts.
- Nicht alle Deklarationen müssen typisiert sein, da der Compiler in der Lage ist, den Typ basierend auf dem Kontext der Anweisung aufzulösen.

Beispielsweise deklariert der Code aus Listing 2.99 keinen Typ für die Variable `greetings`, aber der Compiler versteht, dass er mit `string` typisiert ist.

```
function getGreetings (): string {
  return 'Hello World';
}

const greetings = getGreetings();
// greetings is of type string
```

Listing 2.99 Typauflösung während eines TypeScript-Typ-Checks

Neben der Typprüfung können Sie mit dem Schritt Transpiling auch das generierte JavaScript an bestimmte Hosts basierend auf deren Funktionen anpassen. Wie zu Beginn dieses Kapitels erwähnt, sind die neuen Funktionen von JavaScript ES6 meist syntaktische Vereinfachungen. Mit anderen Worten, Funktionen waren bereits vorhanden, aber nicht bequem zu verwenden, oder zur Implementierung war viel Code erforderlich. SAPUI5 definiert beispielsweise eine *Polyfill* für Promises, wenn der Host sie nicht nativ unterstützt (z. B. Microsoft Internet Explorer). Darüber hinaus können `async`-Funktionen durch die Manipulation von Promises in synchrone Funktionen umgewandelt werden.

In Listing 2.100 sehen Sie zwei Versionen der Methode `i18n`, die für den Aufrufer äquivalent sind. TypeScript kann je nach Konfiguration des Transpilers eine der beiden Versionen generieren:

- Wenn die Ziel-Hosts Microsoft Internet Explorer enthalten, generiert die Methode etwas Äquivalentes zu `i18n4ie`.
- Wenn die Ziel-Hosts `async`, `await` und REST-Parameter unterstützen, wird die Version `i18n4chrome` bevorzugt.

```
/* eslint-disable no-unused-vars */
function i18n4ie (key) {
  const args = [].slice.call(arguments, 1);
  try {
    return Promise.resolve(this.getView().getModel('i18n').getResourceBundle()
)
      .then(function (resourceBundle) {
        return resourceBundle.getText(key, args);
      });
  } catch (e) {
    return Promise.reject(e);
  }
}

async function i18n4chrome (key, ...args) {
  const resourceBundle =
 await this.getView().getModel('i18n').getResourceBundle();
  return resourceBundle.getText(key, args);
}
```

Listing 2.100 Funktionale Äquivalenz zwischen »i18n4ie« und dem Async »i18n4chrome«

Schließlich ermöglicht TypeScript Entwicklerinnen und Entwicklern, Funktionen zu erkunden, die sonst nicht in JavaScript verfügbar sind, wie Schnittstellen und Decorators. Der Transpiler generiert zusätzlichen Code (und kann Bibliotheken enthalten), um diese Funktionen zu implementieren.

2.2.1 Transpiling und Source-Mapping

Es gibt verschiedene Tools, die in der Lage sind, TypeScript in JavaScript zu überführen, z. B.:

- tsc (*https://www.typescriptlang.org/*), ein dedizierter TypeScript-Compiler
- Babel (*https://babeljs.io/*), ein generischer Transpiler, der TypeScript über Plugins ermöglicht

Beide Tools generieren JavaScript-Quellen, die vom Host geladen und ausgewertet werden.

[+]

Babel-Plugin für SAPUI5-Vererbung

Seit April 2022 setzt SAPUI5 auf das Babel-Plugin `babel-plugin-transform-modules-ui5` (*https://www.npmjs.com/package/babel-plugin-transform-modules-ui5*), um die Transformation von TypeScript-Quellen in ein SAPUI5-kompatibles JavaScript zu verbessern. Insbesondere die Unterklassenbildung von Standardklassen erfordert in der Regel die Verwendung von `.extend`, kann aber dank dieses Plugins einfach als Klassenerweiterung definiert werden.

Auch wenn die generierten JavaScript-Dateien funktional ihren TypeScript-Quellen entsprechen, sind sie nicht unbedingt einfach zu lesen oder zu debuggen. Diese Transpiling-Tools können auch Source-Mappings erzeugen, die es dem Debugger ermöglichen, die aktuell ausgewertete Anweisung mit der richtigen Codezeile in der ursprünglichen TypeScript-Quelle zu verknüpfen. Mit dieser Funktion können Entwicklerinnen und Entwickler den TypeScript-Code anstelle des kryptischen JavaScript-Codes debuggen. Abbildung 2.10 zeigt beispielsweise eine Debugging-Sitzung für eine Anwendung, die gemäß den Anweisungen im Einführungsleitfaden unter *http://s-prs.de/v1005025* angelegt wurde.

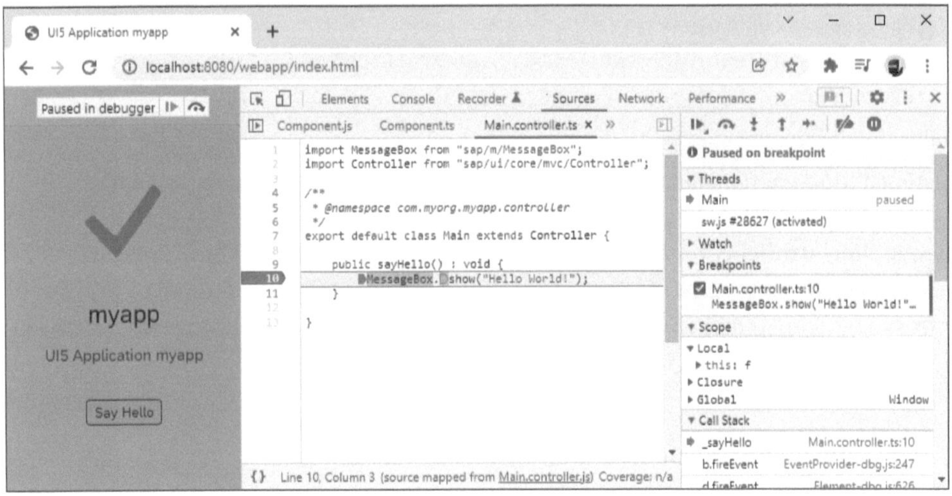

Abbildung 2.10 Beispiel debuggen

2.2.2 Starke Typisierung

Das anfängliche Ziel von TypeScript ist es, JavaScript mit *starker Typisierung* zu versehen. Daher werden Typen zu einem integralen Bestandteil der Definition von Variablen und Funktionen. Die Funktion `i18n` könnte beispielsweise wie folgt typisiert werden:

```
async function i18n (key: string, ...args: string[]): Promise<string>;
```

Der große Vorteil davon, Typinformationen zum Code hinzuzufügen, besteht darin, dass jeder, der diese API verwendet, nicht ignorieren kann, dass die Funktion ein Promise zurückgibt. Wenn also der geschriebene Clientcode einfach `const message:`

`string = this.i18n('key')` ist, gibt der Transpiler einen Fehler aus, der die Entwicklerinnen und Entwickler zwingt, den Code zu überprüfen und anzupassen, indem das fehlende `await` hinzugefügt wird. Diese Ausfallsicherung kann sehr praktisch sein, wenn ein Entwicklerteam an einem Projekt arbeitet und die Kompetenzen sehr unterschiedlich sind.

Wenn ein TypeScript-Modul geändert wird, geschieht Folgendes, um die Kohäsion in der Entwicklung sicherzustellen:

- Abhängigkeiten werden validiert, um sicherzustellen, dass die Verwendung mit den definierten Typen konsistent ist.
- Exporte der Module werden auch durch ihre Verwendung validiert.

Ein weiterer Vorteil ist, dass jede integrierte Entwicklungsumgebung (engl. Integrated Development Environment, kurz IDE), die TypeScript unterstützt, Typinformationen nutzen kann, um Autovervollständigung und andere Tools bereitzustellen, die Entwicklerinnen und Entwicklern beim Programmieren helfen. SAPUI5 stellt die Typdefinitionen für alle bereitgestellten APIs über das `@sapui5/ts-types-esm`-Node-Package-Manager-Modul (npm; *http://s-prs.de/v1005026*) bereit.

Nach der Installation und Konfiguration bietet Visual Studio Code Funktionen zur Autovervollständigung, die Sie während der Arbeit an einem SAPUI5-TypeScript-Projekt nutzen können (siehe Abbildung 2.11).

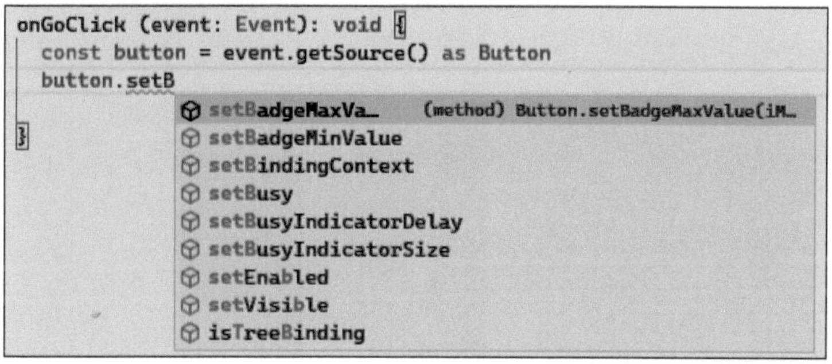

Abbildung 2.11 Autovervollständigung in Visual Studio Code

2.2.3 Features

Da sich TypeScript anfangs auf Typdefinitionen konzentriert, bietet es verschiedene Syntaxen und Helper zum Definieren benutzerdefinierter Typen. Ein umfassender Überblick über TypeScript würde ein eigenes Buch verdienen, aber zum Glück sind im Internet unzählige Ressourcen, einschließlich Dokumentation, Tutorials und Best Practices, verfügbar.

Da wir uns auf die Vorteile von TypeScript in Bezug auf SAPUI5 konzentrieren, stellen wir Ihnen in diesem Abschnitt einige Features vor.

Typen

Typen sind in fast jeder Codezeile einer SAPUI5-Anwendung vorhanden. Folgende Szenarien sind denkbar:

- Einige APIs, die vom Framework bereitgestellt werden, verwenden komplexe Objektparameter. (Wir empfehlen dringend, die SAPUI5-Dokumentation regelmäßig zu prüfen.)
- Die von einer Anwendung bearbeiteten OData-Entitäten werden vollständig von dem Server dokumentiert, der das Schema `$metadata` sendet. Jede Entität hat ihre eigenen angegebenen Struktur- und Feldtypen.

Zusätzlich zu den von JavaScript bereitgestellten nativen Werttypen kann (und muss) jedes Literalobjekt mit einem Typ normalisiert werden.

Schauen wir uns noch einmal die `messageBox`-API an, die Sie bereits aus dem Code in Listing 2.31 kennen. Nun verwenden wir einen Objektparameter, um die Anzahl der Argumente zu begrenzen. Damit jeder Aufruf dieser Methode validiert werden kann, ermöglicht TypeScript, die Funktionssignatur mit Typen zu definieren, wie in Listing 2.101 gezeigt.

```
import MessageBox from 'sap/m/MessageBox';

export type MessageBoxOptions = {
  title?: string,
  icon?: messageBox.Icon,
  id?: string
  /* ... */
};

export async function messageBox (label: string, options?
: MessageBoxOptions): Promise<void> {
  return new Promise((resolve) => {
    MessageBox.show(label, {
      title: 'My application',
      icon: MessageBox.Icon.INFORMATION,
      ...options,
      onClose: resolve
    });
  });
}
```

Listing 2.101 Verwendung einer Typdefinition zur Verbesserung der API-Definition

Auf diese Weise würden z. B. folgende Aufrufe beim Transpiling abgelehnt, da keiner von ihnen mit der Funktionssignatur übereinstimmt:

- `messageBox()`
- `messageBox(1)`
- `messageBox('Hello World', null)`
- `messageBox('Hello World', { onClose: () => { alert('closed'); }) })`

In Bezug auf OData-Entitäten stellt die Definition von Typen sicher, dass die entsprechenden Objekte im Anwendungscode korrekt bearbeitet und definiert werden. Diese starke Typisierung vermeidet klassische Probleme wie Tippfehler bei Eigenschaftsnamen und fehlende Eigenschaften beim Anlegen.

Der Typ muss jedoch gepflegt werden, um mit der Serverbeschreibung synchron zu sein. Denken Sie immer daran, dass die Typprüfung während des Transpiling-Schritts durchgeführt wird, nicht während der Ausführung. Idealerweise sollte der Typ aus dem Schema `$metadata` des Servers generiert werden, aber ein solcher Mechanismus ist noch nicht vorhanden.

Listing 2.102 zeigt eine Beispieldefinition, die die Typzusammensetzung wie folgt nutzt:

- Der Typ `Entity` definiert allgemeine Eigenschaften, die für jede Entität verfügbar sind, d. h. `__metadata structure`. Die `etag`-Eigenschaft ist als optional definiert (da nicht alle Entitäten diese Informationen benötigen).
- Der Typ `NewTodoItem` definiert die Mindestfelder, die zum Anlegen einer neuen Entität vom Typ `TodoItem` erforderlich sind. In diesem Fall ist `DueDate` optional.
- Der Typ `TodoItem` definiert zusätzliche Felder, die mit der Entität `TodoItem` verknüpft sind. Dieser Typ verfeinert `DueDate` und den Wert unter dem Typ von `__metadata`. `DueDate` und `CompletionDate` können entweder Datumswerte oder Null sein.
- Der endgültige Typ `TodoItemEntity` verbindet alle vorherigen Typen zu einem einzigen Typ.

```
type Entity = {
  __metadata: {
    id: string,
    uri: string,
    type: string,
    etag?: string
  }
};

type NewTodoItem = {
  Title: string,
```

```
  DueDate?: Date
}

type TodoItem = {
  DueDate: Date | null,
  Completed: boolean,
  CompletionDate: Date | null,
  __metadata: {
    type: 'TODO_SRV.TodoItem'
  }
};

type TodoItemEntity = Entity & NewTodoItem & TodoItem;

const entity: TodoItemEntity = {
  __metadata: {
    id: '/odata/TODO_SRV/TodoItemSet(guid\'32e03163-1317-43d2-aa7f-
795b5e504884\')',
    uri: '/odata/TODO_SRV/TodoItemSet(guid\'32e03163-1317-43d2-aa7f-
795b5e504884\')',
    type: 'TODO_SRV.TodoItem'
  },
  Title: 'Hello World',
  Completed: false,
  DueDate: null,
  CompletionDate: null
};
```

Listing 2.102 OData-Typdefinition, die zwei Typen kombiniert

In diesem Abschnitt wurden nur zwei Beispiele behandelt, um den Vorteil der Eingabe von allem in einer SAPUI5-Anwendung zu veranschaulichen. Das von TypeScript angebotene Typsystem ist recht umfangreich und ermöglicht kreative Lösungen.

Enums

Die Aufzählung, auch *Enumeration* genannt, war schon immer ein fehlendes Feature in JavaScript. SAPUI5 verwendet jedoch viele Aufzählungstypen: `MessageBox.Icon` ist ein gutes Beispiel. Sie können dieses Fehlen in JavaScript umgehen, indem Sie ein Objekt definieren, das Eigenschaften bereitstellt, die mit konstanten Werten verknüpft sind, wie in Listing 2.103 gezeigt.

```
/* global MessageBox */
MessageBox.Icon = {
  NONE: 'undefined',
  INFORMATION: 'INFORMATION',
  WARNING: 'WARNING',
  ERROR: 'ERROR',
  SUCCESS: 'SUCCESS',
  QUESTION: 'QUESTION'
};
```

Listing 2.103 »MessageBox.Icon«-Enumeration wie in SAPUI5 definiert

In der von SAPUI5 angebotenen Typdefinition kann `MessageBox.Icon` nun als `enum` definiert werden, so wie in Listing 2.104.

```
interface MessageBox {
  export enum Icon {
    NONE: 'undefined',
    INFORMATION: 'INFORMATION',
    WARNING: 'WARNING',
    ERROR: 'ERROR',
    SUCCESS: 'SUCCESS',
    QUESTION: 'QUESTION'
  };
};
```

Listing 2.104 Definition des »MessageBox.Icon«-Enums in der SAPUI5-Typdefinitionsdatei

Aus Sicht der Benutzung bleibt die Funktion unabhängig von der Sprache gleich. Um das Informationssymbol zu verwenden, wird der Wert aus `MessageBox.Icon.INFORMATION` abgerufen.

Schnittstelle

Die *Prinzipien objektorientierten Designs* sind Prinzipien, die u. a. von Robert C. Martin definiert wurden und das Ziel verfolgen, objektorientiertes Design zu erleichtern. Für diese Gruppe von Prinzipien wird häufig das Akronym SOLID verwendet (siehe Abschnitt 4.4.2, »Klassenmodule«). Das I in SOLID steht für das Interface-Segregation-Prinzip. Zusammengefasst besagt dieses Prinzip, dass die Definition kleiner Schnittstellen, von denen der Code abhängen soll, der Erstellung großer Schnittstellen mit Inhalten vorzuziehen ist, die der abhängige Code möglicherweise nicht benötigt. Die Nichtbeachtung dieser Regel führt zu Vernetzung und Abhängigkeiten und zu Spaghetticode.

Eine Schnittstelle definiert eine Abstraktion oder einen Vertrag von Services, die von konkreten Implementierungen berücksichtigt werden müssen. Eine Klasse kann eine oder mehrere Schnittstellen implementieren, die von anderen Klassen verwendet werden. Schnittstellen werden im Software-Engineering häufig verwendet, um die verschiedenen Komponenten einer Anwendung zu entkoppeln.

Auch wenn in JavaScript keine Syntax zum Ausdrücken von Schnittstellen vorhanden ist, können Sie eine Anwendung mit Schnittstellen entwerfen und programmieren. Angenommen, wir möchten das Command-Pattern in einer Anwendung verwenden. Jede Benutzeraktion kann durch ein Objekt dargestellt werden, das eine Methode execute ohne Parameter exponiert. Um diese Aktionen verfügbar zu machen, müssen Sie sie mit der Benutzeroberfläche verbinden.

Definieren wir die Methode connect, um ein Control und eine Aktion zu akzeptieren, und verknüpfen wir die beiden, wie in Listing 2.105 gezeigt.

```
sap.ui.define([
  'sap/ui/core/mvc/Controller'
], function (Controller) {
  /* ... */
  return Controller.extend('myApp.controller.BaseController', {
    /* ... */
    connect: function (action, control) {
      control.attachPress((event) => action.execute());
    }
  });
});
```

Listing 2.105 Eine Aktion mit einem Control verbinden

Mit dieser Methode können Sie jede Aktion mit einer sap.m.Button- oder sap.m.Link-Instanz verbinden. Wenn Sie jedoch versuchen, eine Aktion mit einem Combo-Box-Item (sap.ui.core. Item) zu verbinden, erhalten Sie bei der Ausführung der Anwendung einen Fehler, da die Methode attachPress in solchen Fällen nicht vorhanden ist. In gleicher Weise würde das Problem, wenn das Aktionsobjekt keine execute-Methode hat, nur dann erkannt, wenn der Benutzer das angeschlossene Control betätigt.

Bei Verwendung von TypeScript mit SAPUI5 verdeutlicht der Code in Listing 2.106 die Erwartungen bezüglich der einzelnen Parameter der Funktion connect.

```
import Controller from 'sap/ui/core/mvc/Controller'

interface IPressable {
  attachPress (onPress: (sap.ui.base.Event) => void, listener: object): void
}
```

```
interface IAction {
  execute (): void
}

/** @namespace myApp.controller */
export default class BaseController extends BaseController {
  /* ... */
  protected connect (action: IAction, control: IPressable): void {
    control.attachPress((event) => action.execute());
  }
}
```

Listing 2.106 Verwendung von Schnittstellen zur Definition der Erwartungen für die »connect«-Methode

Dieser Ansatz bietet folgende Vorteile:

- Bei der Umsetzung der Methode `connect` kann TypeScript prüfen, ob die Verwendung von `control` und `action` angemessen ist. Es werden nur die bekannten und erwarteten Methoden ausgelöst.
- Beim Schreiben von `connect` mit Controls wie `sap.m.Button` und `sap.m.Link` kann TypeScript in der SAPUI5-Typdefinition verifizieren, dass die Instanzen die Methode `attachPress` haben, um einen Callback zu akzeptieren.
- Wenn der Code jedoch versucht, `connect` mit einem `sap.ui.core.Item`-Control oder einer Aktion zu verwenden, die keine `execute`-Methode exponiert, wird während des Transpiling-Schritts ein Fehler generiert.

In der Regel enthalten Interfaces nur Methoden. Wie in Abschnitt 2.1.12, »Klassen«, erwähnt, können sogar JavaScript-Eigenschaften Verknüpfungen für Getter- und Setter-Accessors sein. Daher kann eine TypeScript-Schnittstelle sowohl Eigenschaften als auch Methoden enthalten. In neueren Versionen von TypeScript ist der Unterschied zwischen einem Typ und einer Schnittstelle immer fließender. Typen definieren ein Objekt jedoch in der Regel als Ganzes, während Schnittstellen nur eine Facette eines Objekts definieren.

Generics

Ein weiteres Feature von TypeScript sind *Generics*. Sie bieten die Möglichkeit, Komponenten (Typen, Funktionen usw.) zu definieren, die mit verschiedenen Typen und nicht nur mit einzelnen Typen arbeiten können. Die fehlenden Typinformationen werden entweder explizit oder während der Kompilierungszeit aufgelöst.

Beispielsweise wird die Methode `fetchJson` aus Listing 2.107 mit der Syntax <T> generisch gemacht, um den Typ der vom Server gelesenen JSON-Daten anzugeben.

```
async function fetchJson<T> (url: string): Promise<T> {
  return await fetch(url)
    .then(async response => await response.json())
}
```

Listing 2.107 Generische Funktion zur Angabe des Rückgabetyps

Dank dieses Generics kann die Variable `todoItem` aus Listing 2.108 direkt aus dem Aufruf heraus gesetzt werden (`T` wird durch `TodoItemEntity` ersetzt).

```
/* global TodoItemEntity, guid */
const todoItem: TodoItemEntity = fetchJson(`/odata/TODO_SRV/
TodoItemSet(guid'${guid}')`)
```

Listing 2.108 Verwenden des generischen Fetch zum Füllen einer typisierten Variablen

Ohne die Verwendung des Generics gäbe die Funktion `fetchJson` den Typ `object` zurück, der nicht mit `TodoItemEntity` kompatibel ist.

Decorators

Decorators sind noch nicht Teil von JavaScript (der Vorschlag wurde der ECMAScript-Spezifikation vorgelegt und hat Stufe 2 erreicht), aber sie sind als experimentelle Funktion in TypeScript verfügbar. Decorators, die Java-Annotationen ähneln, werden bereits in modernen TypeScript-Frameworks häufig eingesetzt.

Zusammenfassend lässt sich sagen, dass Decorators verwendet werden können, um Member-Variablen in einer Klasse zu qualifizieren , und da es sich um Funktionen handelt, können Decorators Code auslösen, der eine Klassendefinition manipulieren kann. Der Code in Listing 2.109 implementiert beispielsweise einen `sealed`-Decorator, der Änderungen an einer Klassendefinition mithilfe der API `Object.seal` verhindern kann.

```
// Decorator definition
function sealed (constructor: Function) {
  Object.seal(constructor);
  Object.seal(constructor.prototype);
}

// Decorator usage
@sealed
class SealedValue {
  constructor (public readonly value: string) {
  }
}
```

Listing 2.109 Decorator-Beispiel

Zum aktuellen Zeitpunkt werden Decorators vom Babel-Plugin für die Konvertierung von TypeScript-Klassen in SAPUI5-Klassen nicht unterstützt. Daher können Decorators derzeit nicht in SAPUI5-Projekten verwendet werden.

2.3 Zusammenfassung

SAPUI5 ist ein Framework, das zahlreiche integrierte Werkzeuge (Helper, UI-Controls usw.) und Entwicklungs-Pattern enthält, einschließlich der folgenden:

- ein wegweisendes Klassensystem, das mit der `sap.ui.base.Object`-Basisklasse beginnt
- ein benutzerdefiniertes Moduldefinitionssystem (`sap.ui.define`, `sap.ui.require`)
- Publish-Subscriber-Pattern, das in der Basisklasse `sap.ui.base.EventProvider` implementiert wird
- `metadata`-gesteuerte Eigenschaftsgenerierung in der `sap.ui.base.ManagedObject`-Basisklasse
- MVC-Design-Pattern für die Entwicklung von UIs

Letztendlich wird SAPUI5 jedoch mit JavaScript entwickelt und ist vollständig darauf angewiesen.

Diese Sprache hat sich seit der Erstellung von SAPUI5 sehr weiterentwickelt, und neue Funktionen in JavaScript ES6 wurden eingeführt, um Entwicklerinnen und Entwicklern zu helfen, saubereren Code zu schreiben. Die meisten dieser Verbesserungen bestehen aus syntaktischen Verbesserungen, sodass das resultierende Verhalten auch ohne deren Verwendung implementiert werden könnte. Egal, ob kleine Verbesserungen eingeführt wurden (d. h. das `const`-Schlüsselwort, Arrow-Funktionen, Spread-Syntax, das Schlüsselwort `class` usw.) oder Paradigmenwechsel (Sichtbarkeit von `let` und `const`, Promises usw.), alle Verbesserungen haben das gleiche Ziel: die Absicht der Entwicklerinnen und Entwickler besser auszudrücken. Wir haben diese Funktionen im Kontext von SAPUI5 vorgestellt und veranschaulicht, indem wir ihre Ursprünge und ihre Integration in die Anwendungsentwicklung erläutert haben.

Wir haben danach einen schnellen Überblick über die vielen Vorteile gegeben, die TypeScript bietet. TypeScript bringt JavaScript auf die nächste Ebene, weshalb die Sprache auch so beliebt ist. Die SAPUI5-Unterstützung für diese Sprache ist völlig sinnvoll, wie wir mit zusätzlichen Beispielen für TypeScript in Kapitel 14, »TypeScript und verwandte Technologien«, untersuchen werden.

Lassen Sie uns nun im nächsten Kapitel einige wichtige Konzepte im Zusammenhang mit SAPUI5-Projekten besprechen.

Kapitel 3
Projektstruktur

In diesem Kapitel erläutern wir, wie verschiedene Arten von SAPUI5-Projekten auf eine Clean-SAPUI5-Art strukturiert werden können. Außerdem führen wir Sie durch einige wichtige Artefakte in SAPUI5-Projekten.

Clean SAPUI5 kann auf zahlreiche Arten von SAPUI5-Projekten angewendet werden. In diesem Kapitel besprechen wir die Bausteine von SAPUI5 – Komponenten – und erkunden die wichtigen Artefakte, die an Projekten beteiligt sind. Anschließend besprechen wir wichtige Arten von Projekten, einschließlich Freestyle-Anwendungen, SAP-Fiori-Elements-Projekte und Bibliotheksprojekte. Abschließend betrachten wir, wie das Model-View-Controller-Pattern (MVC-Pattern) in SAPUI5-Projekten implementiert wird.

3.1 Komponenten in SAPUI5

Komponenten sind unabhängige und wiederverwendbare Teile einer Anwendung. In SAPUI5 gibt es die folgenden beiden Arten von Komponenten:

- **Oberflächenlose Komponenten**
  Diese Art von Komponenten erweitert die Klasse `sap.ui.core.Component`, die die Basisklasse ist und die Metadaten für die Komponente bereitstellt. Wie der Name vermuten lässt, verfügen diese Komponenten über keine Benutzeroberfläche (engl. User Interface, kurz UI) und werden verwendet, um eine Art Orchestrierung innerhalb der Anwendung durchzuführen. Ein Beispiel für eine oberflächenlose Komponente ist etwa eine Komponente, die nur mit einem Backend-System interagiert, um Daten abzurufen und eine Nachbearbeitungslogik anzuwenden.
- **UI-Komponenten**
  Diese Art von Komponente erweitert die Klasse `sap.ui.core.UIComponent`, die wiederum die Klasse `sap.ui.core.Component` erweitert und der Komponente Rendering-Funktionen hinzufügt. Diese Komponenten stellen einen Bereich auf dem Bildschirm oder ein benutzerdefiniertes UI-Element auf der Benutzeroberfläche dar, z. B. einen Button, zusammen mit den entsprechenden Einstellungen und Metadaten.

Anwendungen können mehrere Komponenten aus derselben Quelle oder aus verschiedenen Quellen verwenden. Komponenten können die Kapselung durch Design unterstützen, was das Verständnis und die Wartung von Komponenten erleichtert. Komponenten werden über die Component-Factory-Funktion `create` der Klasse `sap.ui.core.Component` geladen und angelegt, wie in Listing 3.1 gezeigt, wodurch die oberflächenlose Komponente `sap.cleanui5.demo.watermark` angelegt wird.

```
sap.ui.define([
  'sap/ui/core/Component'
], function (Component) {
  'use strict';

  return Component.create({
    name: 'sap.cleanui5.demo.watermark'
  });
});
```

Listing 3.1 Oberflächenlose Komponente, die mit der Component-Factory-Funktion angelegt wurde

Standardmäßig wird die Deskriptordatei (normalerweise **manifest.json** genannt) geladen, bevor die Komponenteninstanz angelegt wird. Dadurch können Sie die erforderlichen Abhängigkeiten, einschließlich der Bibliotheken, der abhängigen Komponenten und Modelle, vorab laden. Dadurch wird der erste Aufruf der Anwendung performanter, indem das Vorabladen von Ressourcen optimiert und parallelisiert wird. Wie Sie in Listing 3.2 sehen, wird die UI-Komponente `sap.cleanui5.demo.watermark` angelegt und lädt den Standarddeskriptor **manifest.json**, der sich im Ordner **/root** des Verzeichnisses befindet. Alternativ kann ein Pfad für die Deskriptordatei angegeben werden. Nach dem Laden des Deskriptors lädt die Component-Factory die im Deskriptor definierten Abhängigkeiten parallel zum Component-Preload.

```
sap.ui.define([
  'sap/ui/core/UIComponent'
], function (UIComponent) {
  'use strict';

  return UIComponent.extend('sap.cleanui5.demo.watermark', {
    metadata: {
      manifest: 'json'
    }
  });
});
```

Listing 3.2 UI-Komponente mit Standard-Deskriptordatei

Sehen wir uns nun an, wie die verschiedenen Dateien in einem Projekt platziert werden müssen. Komponenten sind in eindeutigen Namensräumen organisiert, und der Namensraum einer Komponente entspricht ihrem Komponentennamen. Typischerweise besteht eine Komponente aus einer Component-Controller-Datei (**Component.js**) und einer Deskriptordatei (**manifest.json**). Obwohl nur der Component Controller obligatorisch ist, empfehlen wir, die Deskriptordatei für eine optimale Performance beim initialen Laden der Anwendung zu verwenden. Sowohl die erforderlichen als auch die optionalen Ressourcen einer Komponente müssen im Namensraum der Komponente organisiert sein. Abbildung 3.1 zeigt eine Beispielprojektstruktur für eine UI-Komponente mit einem View und ihrem Controller.

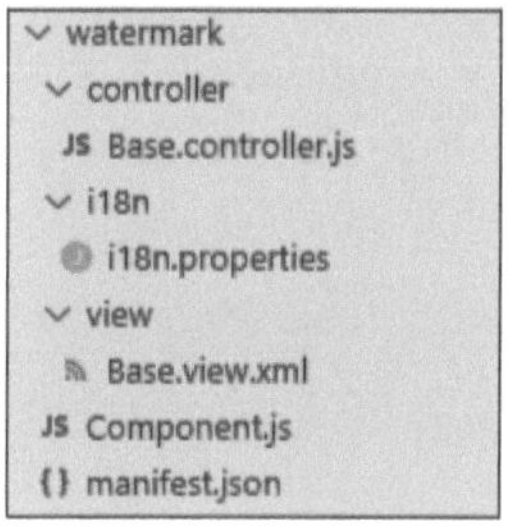

Abbildung 3.1 UI-Komponente mit View und Controller

Wir empfehlen Ihnen, Artefakte nach Semantik zu gruppieren, anstatt nach Typ. Wie in Abbildung 3.2 dargestellt, sind alle Ihre Controller, wenn die Artefakte beispielsweise nach Typ gruppiert sind, Teil des Ordners **/controller**.

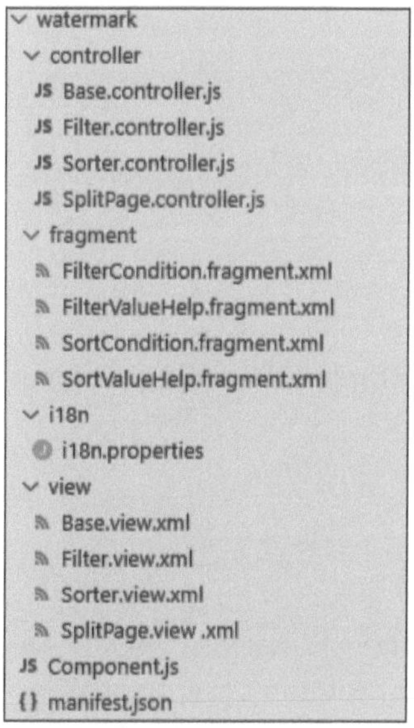

Abbildung 3.2 UI-Komponente mit Artefakten gruppiert nach Typ

Wenn Sie an der Einführung neuer Funktionen arbeiten oder die vorhandenen Funktionen ändern, arbeiten Sie wahrscheinlich eng mit einer Reihe von Artefakten zusammen. Verwandte Artefakte nah beieinander zu halten, anstatt sie nach Typ zu sortieren, erspart Ihnen den Aufwand, nach ihnen zu suchen und um das Projekt herumzunavigieren. Verwenden Sie Ordner nicht, um Objekte nach ihren Dateitypen (z. B. Bilder, JavaScript-Dateien, CSS-Dateien) oder nach ihren Rollen (z. B. Formatter, Views, Controller) zu gruppieren. Diese Dateien sind nicht miteinander verknüpft, und Sie werden sie nicht zusammen bearbeiten. Wir empfehlen, die View-Dateien **~.controller.js** und **~.view.xml** nebeneinander im selben Ordner zu speichern. Die beiden Objekte stehen in Beziehung zueinander, und Sie werden viel zwischen ihnen navigieren. Alle Views im Ordner **/view** und alle Controller im Ordner **/controller** zu speichern, führt nur zu Verwirrung und endloser Navigation. In Abbildung 3.3 sind die Artefakte so gruppiert, dass Sie einen View und seinen Controller leicht identifizieren können.

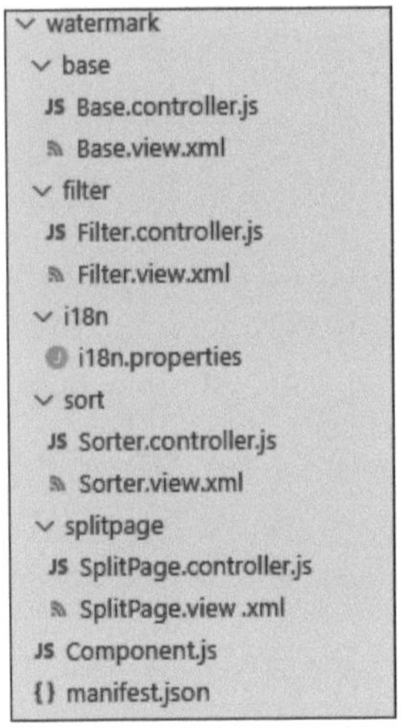

Abbildung 3.3 UI-Komponente mit Artefakten gruppiert nach Semantik

In den nächsten Abschnitten zeigen wir Ihnen, wie Sie Komponenten verschiedener Arten von SAPUI5-Anwendungen verwenden.

3.2 Wichtige Artefakte

Sehen wir uns nun einige wichtige Artefakte an, die beim Erstellen von SAPUI5-Anwendungen benötigt werden. In diesem Abschnitt werden wir den Component Controller, die Deskriptordatei (**manifest.json**), den Root-View und die Datei **index.html** erläutern.

3.2.1 Component Controller

Der Component Controller, allgemein **Component.js** genannt, stellt die Laufzeitmetadaten und die Methoden der Komponente bereit. Wir empfehlen Ihnen, die Syntax *Asynchronous Module Definition* (AMD) zu nutzen, um den Component Controller zu definieren. AMD ist eine Spezifikation, die eine API definiert, die wiederum die Module und deren Abhängigkeiten definiert und ermöglicht, diese asynchron zu laden. Wenn die Factory-Funktion des Component Controllers aufgerufen wird, geht die Funktion davon aus, dass die Abhängigkeiten leicht verfügbar sind, aber diese Annahme könnte katastrophal sein und zum Abbruch der Anwendung führen. Mithilfe der AMD-Syntax können Abhängigkeiten für den Component Controller eindeutig definiert werden, sodass sie asynchron geladen werden können. Die AMD-Syntax beschränkt sich nicht nur auf Component Controller, sondern kann für beliebige Controller verwendet werden. In Listing 3.3 definiert die globale SAPUI5-Funktion `sap.ui.define` einen Controller, und die Funktion akzeptiert zwei Parameter: Das erste Argument ist ein Array, das die Liste der Abhängigkeiten enthält, in unserem Beispiel die Klasse `sap.ui.core.UIComponent`, die vom Controller `sap.cleanui5.demo.watermark` benötigt wird. Sobald die Abhängigkeiten geladen sind, wird die Callback-Funktion, die das zweite Argument für die globale Funktion ist, zusammen mit Modulen als Parameter aufgerufen (in diesem Fall `UIComponent`). Die Parameter müssen nicht denselben Namen wie der Modulname haben, aber dies bietet ein klares Bild und einen einheitlichen Ansatz für Ihren Anwendungscode, da in SAPUI5-Anwendungen abhängige Bibliotheken und Module geladen werden müssen.

```
sap.ui.define([
  'sap/ui/core/UIComponent'
], function (UIComponent) {
  'use strict';

  return UIComponent.extend('sap.cleanui5.demo.watermark', {
    metadata: {
      manifest: 'json'
    }
  });
});
```

Listing 3.3 Component Controller in der AMD-Syntax definiert

Die Komponentenmetadaten sollten extern in der Deskriptordatei (**manifest.json**) definiert werden, da der Deskriptor für moderne Komponenten obligatorisch ist und auch eine optimierte Performance ermöglicht.

Komponenten können Schnittstellen implementieren. In dem Beispiel in Listing 3.4 ermöglicht das Marker Interface `sap.ui.core.IAsyncContentCreation` das asynchrone Anlegen einer Komponente.

```
sap.ui.define([
  'sap/ui/core/UIComponent'
], function (UIComponent) {
  'use strict';

  return UIComponent.extend('sap.cleanui5.demo.watermark', {
    metadata: {
      manifest: 'json',
      interfaces: [
        'sap.ui.core.IAsyncContentCreation'
      ]
    }
  });
});
```

Listing 3.4 Component Controller mit dem Marker Interface »sap.ui.core.IAsyncContent-Creation«

Die Implementierung dieser Schnittstellen hat folgende zusätzliche Auswirkungen:

- Die Routing-Konfiguration und der Root-View werden automatisch auf `async=true` gesetzt, wodurch sichergestellt wird, dass ihre Abhängigkeiten asynchron geladen werden.
- Geschachtelte Views, einschließlich der Fragmente, werden ebenfalls asynchron verarbeitet.
- Die Fehlerbehandlung beim Laden und Verarbeiten von Views ist strenger und schlägt fehl, wenn eine View-Definition Fehler enthält (z. B. ein falscher Pfad für die Abhängigkeiten). Daher werden die Controls in `sap.ui.core.Component.create` nur angelegt, wenn die Abhängigkeiten aufgelöst werden. Andernfalls schlägt die View-Erstellung fehl.

Durch die Erweiterung der Klasse `sap.ui.base.ManagedObject` stellt die Klasse `sap.ui.core.Component` spezifische Metadaten für Komponenten bereit. Die Getter und Setter dieser Eigenschaften werden automatisch generiert, können aber bei Bedarf überschrieben werden. Wie in Listing 3.5 gezeigt, wird das Objekt `properties` als Teil der Metadaten definiert, und der *Titel* und die `description` werden als Eigenschaften der Komponente `sap.cleanui5.demo.watermark` definiert. Sie können `defaultValue` verwenden, um einen Wert für die Eigenschaft zu definieren, wenn die Komponente angelegt wird. In diesem Beispiel hat die Eigenschaft `description` der Komponente den Standardwert `'No Description'`.

```
sap.ui.define([
  'sap/ui/core/UIComponent'
], function (UIComponent) {
  'use strict';

  return UIComponent.extend('sap.cleanui5.demo.watermark', {
    metadata: {
      manifest: 'json',
      properties: {
        title: {
          name: 'Title',
          type: 'string'
        },
        description: {
          name: 'Description',
          type: 'string',
          defaultValue: 'No Description'
        }
      }
    }
  });
});
```

Listing 3.5 Eigenschaften der in den Metadaten definierten Komponente

Ähnlich wie Eigenschaften können Sie auch Aggregationen, Ereignisse und Public-Methoden für die Komponente definieren. Eine *Aggregation* ist eine spezielle Beziehung zwischen UI-Elementtypen. *Ereignisse* benachrichtigen einen Verwender über Änderungen an einer Komponente; z. B. ist »press« ein Ereignis, das ausgelöst wird, wenn ein Button gedrückt wird. Public-Methoden sind Funktionen, die vom Verwender der Komponente auf der Komponente aufgerufen werden können.

In dem Beispiel in Listing 3.6 hat die Komponente die Aggregation `sorter`, die eine Kardinalität mit mehreren Einträgen hat. Das heißt, es können beliebig viele Komponenten hinzugefügt werden, die durch den Wert von `type` innerhalb der Aggregation definiert werden. Die Aggregation `filters` hat eine Kardinalität von 1, d. h., es kann nur eine solche Komponente als Aggregation zur Komponente `sap.cleanui5.demo.watermark` hinzugefügt werden. Die Komponente hat ein Ereignis `rendered`, das keine Parameter hat. Sie können jedoch Listener zu diesem Ereignis in der konsumierenden Anwendung hinzufügen. Die Komponente verfügt auch über eine Public-Methode `render`, die von konsumierenden Anwendungen aufgerufen werden kann.

```
sap.ui.define([
  'sap/ui/core/UIComponent'
], function (UIComponent) {
  'use strict';

  return UIComponent.extend('sap.cleanui5.demo.watermark', {
    metadata: {
      manifest: 'json',
      properties: {
        title: {
          name: 'Title',
          type: 'string'
        },
        description: {
          name: 'Description',
          type: 'string',
          defaultValue: 'No Description'
        }
      },
      aggregations: {
        sorter: {
          type: 'sap.cleanui5.demo.watermark.sort.Sorter',
          multiple: false
        },
        filters: {
          type: 'sap.cleanui5.demo.watermark.filter.Filter',
          multiple: true,
          singularName: 'filter'
        }
      },
      events: {
        rendered: {
          parameters: {}
        }
      },
      publicMethods: [
        'render'
      ]
    }
  });
});
```

Listing 3.6 Aggregationen, Ereignisse und Public-Methoden einer Komponente in ihren Metadaten definiert

Die Klasse `sap.ui.core.UIComponent` stellt zusätzliche Metadaten für die Konfiguration von Benutzeroberflächen und für die Navigation zwischen Views bereit. In SAPUI5 gibt es zwei Methoden für die initiale Instanziierung der Komponente: `init` und `createContent`.

Die Methode `init` wird automatisch aufgerufen, wenn die Instanz einer Komponente angelegt wird. Sie können die Methode `init` überschreiben, um das Modell zwischen dem Control und der Komponente zu verknüpfen.

Das SAP Fiori Launchpad fungiert als Anwendungscontainer und instanziiert die App, ohne dass eine lokale HTML-Datei für den Bootstrap vorhanden ist. Stattdessen wird die Deskriptordatei geparst, und die Komponente wird in die aktuelle HTML-Seite geladen. Dadurch können mehrere Apps im selben Kontext angezeigt werden. SAPUI5 unterstützt die hash-basierte Navigation, die das Verhalten des SAP Fiori Launchpad wie eine Single-Page-Anwendung unterstützt. Navigation und Routing werden über einen *Router* implementiert, um die Hash-Änderung und die Daten im Hash an einen oder mehrere Views der Anwendung weiterzuleiten. Die Routing-Instanz kann in der Methode `init` der Komponente initialisiert werden, wie in Listing 3.7 gezeigt. Stellen Sie jedoch sicher, dass die übergeordnete `init`-Methode aufgerufen wird, damit nichts gestört wird. Die Router-Instanz wird automatisch zerstört, wenn die Komponente zerstört wird.

```
sap.ui.define([
  'sap/ui/core/UIComponent'
], function (UIComponent) {
  'use strict';

  return UIComponent.extend('sap.cleanui5.demo.watermark', {

    // Some code in here

    init: function () {
      // call the init function of the parent first
      UIComponent.prototype.init.apply(this, arguments);

      // this automatically initializes the router
      this.getRouter().initialize();
    }
  });
});
```

Listing 3.7 Komponente mit »init«-Methode überschrieben

Die Komponente `sap.ui.core.UIComponent` legt das Root-Control so an, wie es in **manifest.json** als `sap.ui5/rootView` deklariert ist. Bei Bedarf, wie bei dynamischem View-Inhalt, kann jedoch die Methode `createContent` überschrieben werden, um das Root-Control programmatisch anzulegen. Listing 3.8 zeigt die Komponente `sap.cleanui5.demo.watermark` zum Überschreiben der Methode `createContent`, was dazu dient, ein Control `sap.m.Label` zurückzugeben, das der View hinzugefügt werden kann.

```
sap.ui.define([
  'sap/ui/core/UIComponent',
  'sap/m/Label'
], function (UIComponent, Label) {
  'use strict';

  return UIComponent.extend('sap.cleanui5.demo.watermark', {
    metadata: {
      manifest: 'json'
    },

    createContent: function () {
      return new Label({ text: 'Hello!' });
    }
  });
});
```

Listing 3.8 Komponente mit überschriebener »createContent«-Methode und sofort zurückgegebenem Control

In Listing 3.9 implementiert die Komponente `sap.cleanui5.demo.watermark` das Interface `sap.ui.core.IAsyncContentCreation`. Die Methode `createContent` gibt das Promise der `XMLView.create`-Factory zurück. Dieser Ansatz wird der Verwendung von Promises vorgezogen und stellt sicher, dass die Controls und ihre Abhängigkeiten aufgelöst werden, bevor die Komponente gerendert werden kann.

```
sap.ui.define([
  'sap/ui/core/UIComponent',
  'sap/ui/core/mvc/XMLView'
], function (UIComponent, XMLView) {
  'use strict';

  return UIComponent.extend('sap.cleanui5.demo.watermark', {
    metadata: {
      manifest: 'json',
      interfaces: [
        'sap.ui.core.IAsyncContentCreation'
```

```
      ]
    },

    createContent: function () {
      return XMLView.create({
        // Some code in here
      });
    }
  });
});
```

Listing 3.9 Komponente mit überschriebener »createContent«-Methode und asynchron zurückgegebenem Control

3.2.2 Deskriptor

Die Deskriptordatei, die im Allgemeinen **manifest.json** genannt wird, basiert auf dem Konzept Web Application Manifest (siehe *https://www.w3.org/TR/appmanifest/*), das vom W3C (siehe *https://www.w3.org/*) eingeführt wurde. Das Web Application Manifest gibt an, dass es sich bei einem Deskriptor um ein auf JavaScript Object Notation (JSON) basierendes Dateiformat handelt, das als zentraler Ort dient, um die mit einer Anwendung, einer Anwendungskomponente oder einer Bibliothek verknüpften Metadaten in einem maschinenlesbaren Format in einem leicht zugänglichen Format zu speichern. Ein Deskriptor enthält die Komponentenmetadaten und drückt die Komponentenabhängigkeiten und die Konfiguration aus. Wenn Sie einen Deskriptor verwenden, müssen Sie weniger Anwendungscode schreiben.

Zu den wichtigsten Attributen, die im Deskriptor definiert sind, gehören folgende Informationen:

- Modelle, z. B. die Konfiguration des OData-Services (Standardmodell oder unbenanntes Modell) und Sprachdateien (das i18n-Modell). In der Deskriptordatei definierte Modelle werden automatisch instanziiert, wenn die Komponente gestartet wird.
- in der Anwendung verwendete Bibliotheken und Komponenten, die während der Anwendungsinitialisierung geladen werden müssen
- der Root-View der Anwendung
- Routing-Konfiguration, die die Navigation zwischen Views definiert

Der Deskriptor für Bibliotheken enthält eine Teilmenge der Attribute, die im Deskriptor für Anwendungen und Komponenten definiert sind. Obwohl nur der Component Controller (**Component.js**) für eine Komponente obligatorisch ist, da die Konfiguration inline als Objekt zum Component Controller definiert werden kann, empfehlen wir, den Deskriptor als separate Datei (**manifest.json**) zu verwenden, um den Anwendungscode klar von den Konfigurationseinstellungen zu trennen. Auf diese Weise können Sie die Komponente noch flexibler gestalten, da der Deskriptor als separate Datei auch dafür sorgt, dass er von SAP-Fiori-Werkzeugen analysiert werden kann. Alle SAP-Fiori-Anwendungen sind als Komponenten realisiert und werden mit einer Deskriptordatei ausgeliefert, die im SAP Fiori Launchpad gehostet werden soll.

3.2.3 Root-View

Die Datei **App.view.xml** definiert den Root-View der Anwendung. Sie sollten nicht den gesamten Inhalt der Seite in dieser Datei sichern. Der Root-View sollte nur das grundlegende Layout der Anwendung oder des Containers für das Control enthalten. SAPUI5 unterstützt verschiedene View-Typen, die wir in Abschnitt 3.6, »Model-View-Controller-Assets«, beschreiben werden. Wir empfehlen jedoch die Verwendung von XML-Views, die sicherstellen, dass die Controller-Logik (z. B. **App.controller.js**) von der View-Definition entkoppelt ist, wodurch der Code lesbarer und wartbarer wird. Wir empfehlen außerdem, für jeden View, den Sie in Ihrer Anwendung verwenden möchten, eine eigene View-Datei anzulegen.

3.2.4 Die Datei »index.html«

Wenn Sie eine komponentenbasierte Anwendung als eigenständige Anwendung ausführen, d. h. ohne das SAP Fiori Launchpad zu verwenden, müssen Sie eine Datei **index.html** im Ordner **/webapp** Ihrer Anwendung anlegen und das Bootstrapping von SAPUI5 nutzen. Ein Beispiel für einen Bootstrapping-Code sehen Sie in Listing 3.10.

```
<script id="sap-ui-bootstrap"
  src="resources/sap-ui-core.js"
  data-sap-ui-theme="sap_fiori_3"
  data-sap-ui-resourceroots='{"sap.cleanui5.demo.sample": "./"}'
  data-sap-ui-compatVersion="edge"
  data-sap-ui-oninit="module:sap/ui/core/ComponentSupport"
  data-sap-ui-async="true"
  data-sap-ui-frameOptions="trusted">
```

Listing 3.10 Bootstrapping von SAPUI5

[»]

> **Bootstrapping SAPUI5**
>
> Bootstrapping ist der Prozess, bei dem SAPUI5 in einer Anwendung geladen und initialisiert wird.

3.3 Freestyle-Anwendungen

Anwendungen, die mit einem Freestyle-Ansatz entwickelt werden, werden mithilfe von SAPUI5-Controls von Grund auf neu angelegt. UI-Elemente auf dem Screen platzieren, Logik hinzufügen, um das Modell an die UI-Controls zu binden, das entsprechende Backend aktualisieren, wenn die Modelle über Controls geändert werden, Seitenübergänge einrichten und mehr – all dies muss vom Anwendungsentwickler bzw. von der Anwendungsentwicklerin adressiert werden. In der Regel sind diese Aktivitäten zeitaufwendig und fehleranfällig. Die Einhaltung von Produktstandards und Designrichtlinien ist eine mühsame, aber notwendige Aufgabe bei der Erstellung von Anwendungen in einem Freestyle-Ansatz, insbesondere bei komplexen UI-Anforderungen.

Die drei Hauptordner in Freestyle-Anwendungen sind der Ordner **/root**, der Ordner **/webapp** und der Ordner **/test**. Der Ordner **/webapp** befindet sich im Ordner **/root**, und der Ordner **/test** sollte sich im Ordner **/webapp** befinden, wie in Abbildung 3.4 dargestellt.

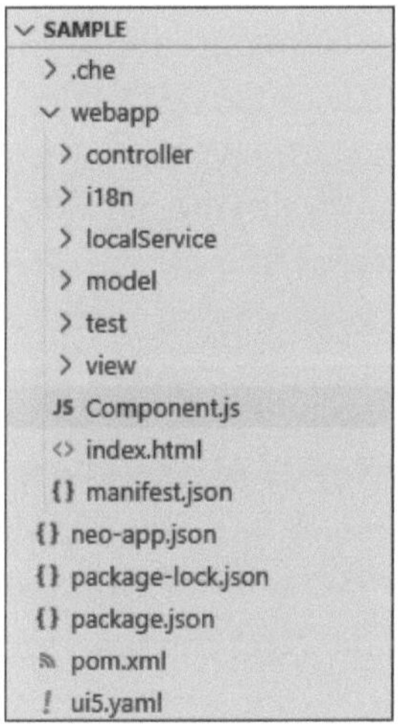

Abbildung 3.4 Ordnerstruktur einer Freestyle-SAPUI5-Anwendung

Schauen wir uns zunächst die einzelnen Ordner genauer an:

- /root
  Der Ordner **/root**, mit demselben Namen wie Ihre Anwendung, darf nur Dateien enthalten, die nicht Teil Ihres Anwendungscodes sind, wie die Build-Konfigurationsdateien (**pom.xml** für Maven oder **Gruntfile.js** für Grunt) und Dokumentationsdateien (**README.md**). Der Ordner **/root** enthält auch die SAPUI5-Tooling-Konfigurationsdateien des Projekts (siehe *https://sap.github.io/ui5-tooling/*), bei denen es sich in der Regel um YAML-Dateien (**ui5.yaml**) handelt.

- **/webapp**
  Der Ordner **/webapp** enthält alle für den Anwendungscode relevanten Dateien, einschließlich Dateien, die sich auf die Lokalisierung beziehen (**i18n.properties-Dateien**).
- **/test**
  Der Ordner **/test** enthält alle Dateien, die zum Ausführen automatisierter Tests für Ihre Anwendung sowie zum Starten Ihrer Anwendung im Sandbox-Modus erforderlich sind, sodass Sie manuelle Tests durchführen und die Anwendung mit einem Mock-Server ausführen können, um die Abhängigkeiten einer Anwendung vom Backend-OData-Service zu isolieren.

Vielleicht fragen Sie sich, warum Sie separate Ordner benötigen und warum nicht alles in einem Ordner abgelegt werden kann. Performance ist einer der wichtigsten Produktstandards für jede Anwendung, die Sie entwickeln. Kunden möchten nicht lange auf das Laden einer Anwendung warten, und daher ist eine solide Performance beim Laden der Anwendung entscheidend. Um dieses Ziel zu erreichen, darf die Anwendung, wenn sie gebündelt ist, keine unnötigen Dateien haben und muss die Dateien **component-preload.js** und **manifest.json** enthalten, die helfen, Abhängigkeiten asynchron zu laden. Wenn sich bei der Verwendung von Paketierungstools alle Dateien, die Sie bereitstellen möchten, im selben Ordner befinden, ist die Dateiverwaltung effizienter. Der Ordner **/webapp**, der sich im Ordner **/root** der Anwendung befindet, muss alle Dateien enthalten, die Sie auf Produktionsservern deployen möchten. Andere Dateien, die für die Ausführung der Anwendung nicht benötigt werden, können direkt im Ordner **/root**, aber außerhalb des Ordners **/webapp** abgelegt werden. Der Ordner **/test**, der sich ebenfalls im Ordner **/webapp** befindet, enthält die Ressourcen, die für die Ausführung automatisierter Tests während der Designzeit erforderlich sind, und enthält Testautomatisierungen. Obwohl der Inhalt des Ordners **/test** von der Anwendung nicht benötigt wird, müssen die Inhalte innerhalb des Ordners **/webapp** referenziert werden, weshalb der Ordner **/test** im Ordner **/webapp** abgelegt werden muss, um über relative Pfade auf diese Inhalte zugreifen zu können. Durch die Gruppierung von Artefakten im Ordner **/test** können Sie Werkzeuge erstellen, um sie von der Aufnahme in **component-preload.js** für das produktive Deployment auszuschließen.

Neben dem Ordner **/test** enthält der Ordner **/webapp** in einer SAPUI5-Anwendung drei weitere Ordner, die sich auf das MVC-Muster beziehen, das häufig in SAPUI5-Anwendungen verwendet wird (die wir in Abschnitt 3.6, »Model-View-Controller-Assets«, behandeln), sowie einen Lokalisierungsordner und einen lokalen Services-Ordner für die Emulation von OData-Services für manuelle und automatisierte Tests. Sehen wir uns diese Ordner genauer an:

- **/i18n**
  Enterprise-Anwendungen sollen mehrere Sprachen unterstützen; diese Funktion wird als *Internationalisierung* (i18n) bezeichnet. Dabei werden die Texte von der Anwendung in der vom Benutzer gewünschten Sprache gerendert. Auch SAPUI5 unterstützt diese Funktion, und die auf der Benutzeroberfläche gepflegten Texte, in der Regel statische Texte, werden der Datei **i18n.properties** hinzugefügt. Diese Datei wird von Übersetzerinnen und Übersetzern verwendet, um die Inhalte in unterschiedliche Sprachen zu übersetzen. Dabei folgt der Name der Datei der Namenskonvention `i18n_<LANGUAGE_KEY>.properties` mit einem Sprachenschlüssel zur Unterscheidung. Üblicherweise heißt der Ordner, der alle diese Dateien enthält, auch **/i18n**.
- **/localService**
  SAPUI5-Anwendungen basieren größtenteils auf OData-Services. Sie können sich beim Entwickeln einer Anwendung nicht immer auf einen Backend-Service verlassen. Sie können jedoch Emulatoren wie den OData-V2-Mock-Server verwenden, um nicht nur Anwendungen in der Vorschau anzuzeigen, sondern auch automatisierte Tests auszuführen. Solche Emulatoren benötigen das Metadatendokument der OData-Services, die Datei **metadata.xml**, das in der Anwendung verwendet wird. Der Speicherort dieses Dokuments muss im Deskriptor im Abschnitt `data sources` gepflegt werden. Der Mock-Server ist in der Datei **mockserver.js** definiert, die sich ebenfalls im Ordner **/localService** befindet. Der Mock-Server stellt der Anwendung Daten als JSON-Dateien zur Verfügung, die lokal im Ordner **/mockdata** gespeichert werden (der Ordnername ist nur eine Konvention). Es empfiehlt sich, jede Entität als separate JSON-Datei aufzubewahren. Ein Beispiel für den Ordner **/localService** ist in Abbildung 3.5 dargestellt.

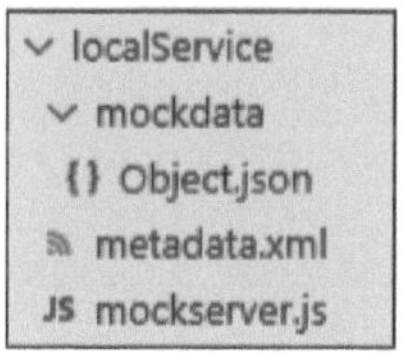

Abbildung 3.5 Lokaler Serviceordner in einer SAPUI5-Anwendung

3.4 SAP Fiori Elements

SAP Fiori ist eine Designsprache, die dafür sorgen soll, dass Unternehmensanwendungen besonders benutzerfreundlich sind. *SAP Fiori Elements* ist ein Framework zur Entwicklung von Benutzeroberflächen, das auf SAPUI5 aufbaut. Durch das Einhalten der Designprinzipien von SAP Fiori können Sie eine personalisierte, flexible und einfache Benutzererfahrung sicherstellen. SAP Fiori stellt einen Paradigmenwechsel dar, weg von den monolithischen Enterprise-Resource-Planning-Lösungen (ERP-Lösungen) hin zu einfachen Anwendungen, die auf die Anforderungen der Benutzer zugeschnitten sind. Das SAP Fiori Launchpad ist nach Benutzerrollen organisiert und fungiert als zentraler Einstiegspunkt für den Zugriff auf alle SAP-Fiori-Anwendungen über Kacheln. Im Launchpad sind Services für Navigation, Personalisierung, Single Sign-on und Suche enthalten. Das Launchpad und seine Kacheln sind flexibel und können an die Bedürfnisse der Benutzer angepasst werden.

SAP Fiori bietet die folgenden Layouts zum Erstellen von Anwendungsseiten:

- Vergleichsmuster
- dynamische Seite
- semantische Seite
- flexibles Spaltenlayout
- Letterboxing
- Mehrfachinstanz

Das Standardseitenlayout in SAP Fiori ist die dynamische Seite, die aus einem Kopf-, einem Inhalts- und einem Fußzeilen-Bereich besteht.

Floorplans sind ebenfalls dynamische Seiten, werden jedoch für bestimmte Anwendungsfälle eingesetzt und sind daher mit einer Kombination aus UI-Elementen in Kopfzeile, Inhaltsbereich und Fußzeile ausgestattet. SAP Fiori bietet Floorplans, die folgende Aufgaben ausführen:

- Übersicht über Informationen und Aufgaben bereitstellen (Übersichtsseite oder Overview Page)
- mehrere Objekte auflisten (List Report, Analytical List Report und Arbeitsvorrat)
- Objekte verwalten (Objektseite und Wizard)
- Navigation an einem Objekt ermöglichen (Einstiegsseite)

Um SAP-Fiori-Designkonzepte umzusetzen, wird die SAP-Fiori-Designsprache in verschiedenen UI-Technologien implementiert und für eine effiziente Übernahme in mehrere Frameworks wie SAP Fiori Elements optimiert.

SAPUI5-Anwendungen sind oft komplex und können endlose Zeilen Code enthalten. Auch die Skalierung erfordert häufig einen hohen Entwicklungsaufwand, z. B. bei der Pflege von Screens. SAP Fiori Elements bietet eine einfachere Möglichkeit, Anwendungen zu entwickeln. Diese Bibliothek enthält mehrere Floorplans für SAP Fiori, die in den meisten Geschäftsszenarien verwendet werden. Mit dem Framework können Entwicklerinnen und Entwickler SAP-Fiori-Anwendungen für Unternehmen erstellen, die auf einem OData-Service basieren und Annotationen verwenden, die darauf basieren, welche Views jedes Mal generiert werden, wenn die Anwendung gestartet wird. Dank Annotationen benötigen Sie möglicherweise fast keinen UI-Code. Die entstandende Anwendung verwendet vordefinierte View-Templates und Controller, die zentral bereitgestellt werden. Wenn die User Experience aktualisiert wird, übernehmen die Anwendungen automatisch die meisten Änderungen, ohne dass das Entwicklungsteam eingreifen muss, und stellen so die Geschäftskontinuität sicher.

[«]

Vorteile von SAP Fiori Elements

Der Aufwand beim Erstellen einer Anwendung mit SAP Fiori Elements kann zunächst höher sein als beim Anlegen einer Freestyle-SAP-Fiori-App. Wenn Sie jedoch mehrere Anwendungen auf diese Weise erstellt haben, werden Sie für diesen Aufwand reichlich belohnt, da Ihre Anwendungen von der Verwendung des Frameworks profitieren werden. Folgende Funktionen stehen zur Verfügung:

- Unterstützung mehrerer Geräte
- Navigation durch Deep Link
- Speichern und Wiederherstellen von Applikationszuständen
- Rücknavigation unter Berücksichtigung der Historie
- Busy Handling zur Vermeidung von versehentlichen Doppelklicks
- UI-Flexibilität
- Unterstützung von Produktstandards wie Barrierefreiheit, UI-Performance und Sicherheit
- Bearbeitungsmodussteuerung
- Handhabung von Entwurfsdokumenten (Entwurfssicherung)
- Nachrichtenbehandlung, einschließlich Nachrichtenlebenszyklen und Meldungsanzeige
- interne und externe Navigation
- Wertehilfeunterstützung

SAP-Fiori-Elements-basierte Anwendungen folgen derselben Art der Projektstrukturierung wie Freestyle-SAPUI5-Anwendungen, jedoch mit den folgenden Ergänzungen, wie in Abbildung 3.6 dargestellt:

- **/annotations**
  Dieser Ordner enthält lokal definierte Annotationen, die nur auf der UI (im XML-Format) verfügbar sind. In diesem Ordner definierte Annotationen können die im Backend für den OData-Service definierten Annotationen überschreiben.
- **/changes**
  Dieser Ordner enthält Dateien mit der Erweiterung **~.changes**, die vom visuellen Editor von SAP generiert werden, wenn Änderungen mit dem Tool für No-Code-Erweiterungen oder Modifikationen an SAP-Fiori-Elements-basierten Anwendungen vorgenommen werden.

- **/extension oder /ext**
  Der Ordner **/extension** enthält den Controller und die View-Erweiterung für die Templates. Dieser Ordner kann auch Fragmente für die Erweiterung von Floorplans enthalten.

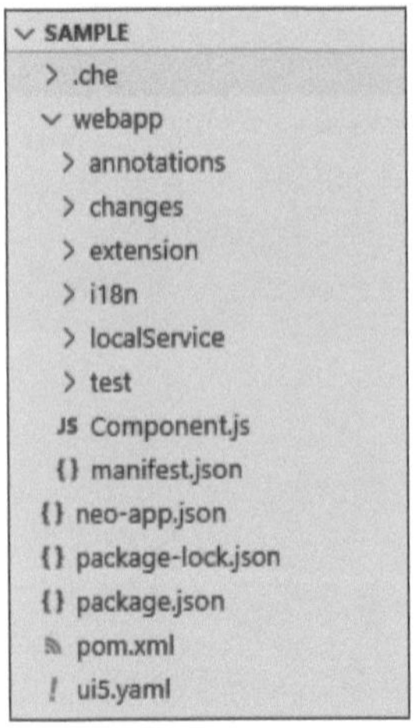

Abbildung 3.6 SAP-Fiori-Elements-basierte Anwendung

Sehen wir uns die verschiedenen verfügbaren Floorplans an und lernen als Nächstes einige wichtige Aspekte kennen, wie SAP-Fiori-Element-basierte Anwendungen generiert werden.

3.4.1 Floorplans

Der Floorplan *List Report* ist einer der am häufigsten verwendeten Floorplans. Er ist Nachfolger des klassischen Master-Detail-Floorplans und bietet erweiterte Funktionen wie das Sortieren und Filtern großer Datenmengen. Die Liste zeigt nur eine Übersicht der Positionen an. Dies ist der allgemeine Einstiegspunkt, um auf die Details der Positionen zuzugreifen. Dieser Floorplan bietet auch Aktionen, die Sie für diese Positionen ausführen können. Ein Beispiel ist in Abbildung 3.7 dargestellt.

Der andere Nachfolger des klassischen Master-Detail-Floorplans ist der Floorplan *Objektseite* (engl. Object Page), mit dem Details zu einer Position angezeigt werden können. Inhalte können in verschiedene Abschnitte gruppiert werden, und jeder Abschnitt kann mithilfe der im Floorplan verfügbaren Anker schnell aufgerufen werden, wie im Beispiel in Abbildung 3.8 dargestellt. Vorlagen können Standardaktionen wie das Umschalten vom Anzeige- in den Bearbeitungsmodus, das Löschen einer Position und andere benutzerdefinierte Aktionen, die oben links platziert sind, enthalten. Sie können diese Seite auch als Vorlage für das Anlegen einer Position verwenden.

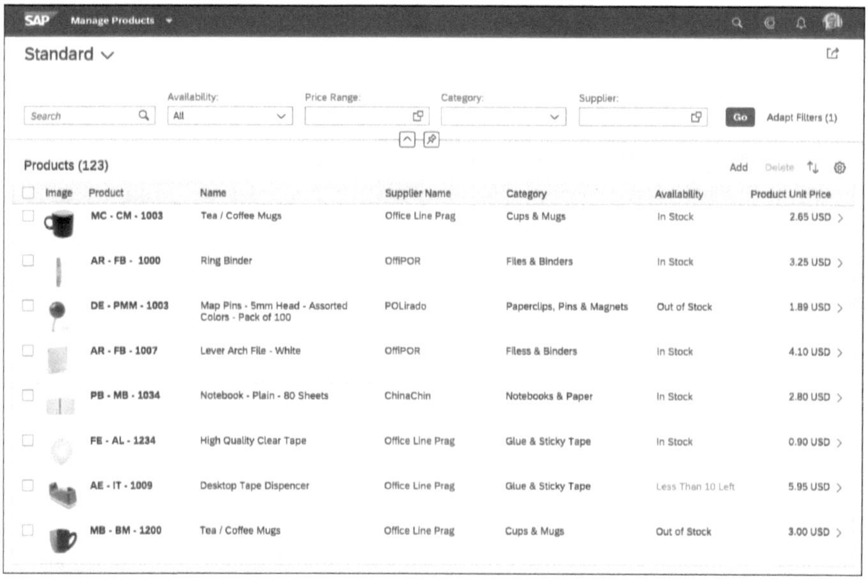

Abbildung 3.7 Anwendung mit dem List-Report-Floorplan

Beachten Sie, dass dieser Floorplan nur verwendet werden kann, um jeweils eine Instanz zu bearbeiten. Während der Entwicklung werden häufig der List Report und die Floorplans für Objektseiten zu einer Anwendung kombiniert, aber der Floorplan Objektseiten kann auch verwendet werden, um eigenständige Seiten mit einem anderen Einstiegspunkt als dem List Report zu entwickeln.

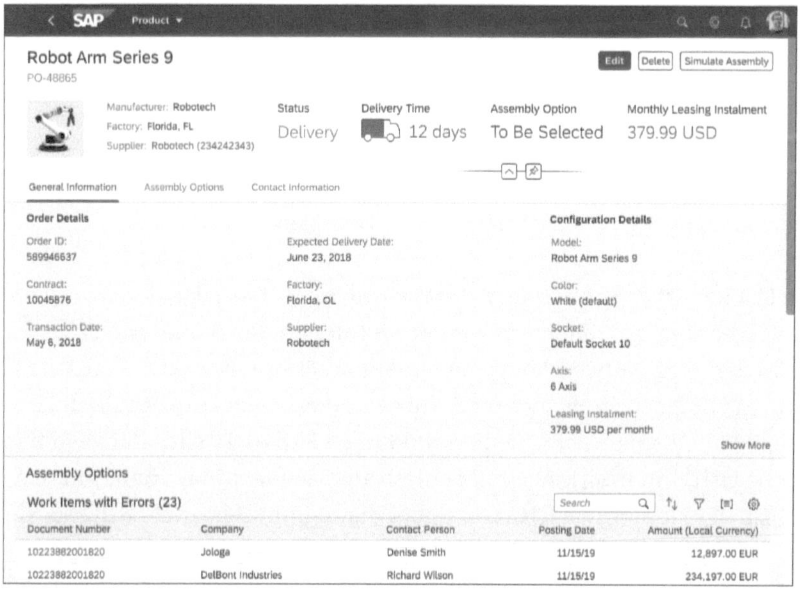

Abbildung 3.8 Anwendung mit dem Objektseite-Floorplan

Eine Liste von Elementen anzuzeigen und zu erwarten, dass der Benutzer die Elemente herausfiltert, die seine Aufmerksamkeit erfordern, ist nicht unbedingt der beste Weg, die Zeit von Geschäftsanwendern richtig einzusetzen. Stattdessen sollte ein eher datengesteuerter Ansatz gewählt werden, um dem Benutzer alle erforderlichen Informationen an einem Ort anzuzeigen und so sicherzustellen, dass der Benutzer schnell handeln kann. Dafür gibt es den Floorplan *Übersichtsseite* (engl. Overview Page, kurz OVP). Ein Beispiel für eine OVP, die einen Überblick über den Beschaffungsprozess gibt, sehen Sie in Abbildung 3.9. Mit diesem Floorplan können Sie verschiedene Arten von Daten in Form von Karten anzeigen. Der Floorplan ermöglicht auch das Sortieren, Filtern und andere Aktionen.

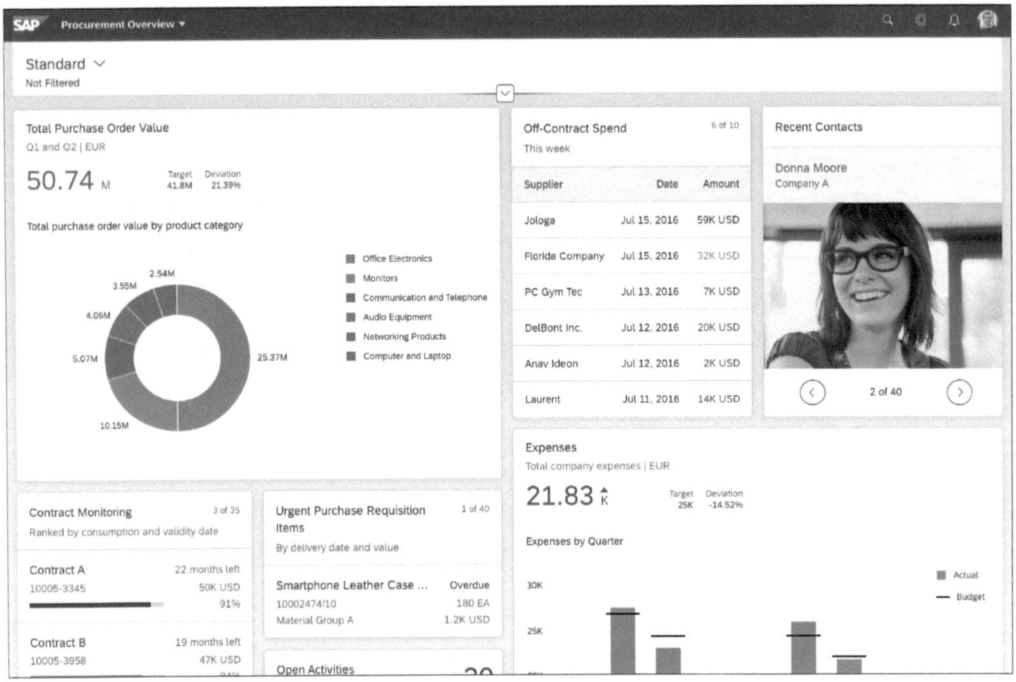

Abbildung 3.9 Anwendung mit einem Übersichtsseite-Floorplan

Ähnlich wie ein List Report zeigt auch der *Arbeitsvorrat* (engl. Worklist) dem Benutzer eine Liste von Elementen an, jedoch mit einer Teilmenge der Funktionen. Dieser Floorplan wird in der Regel verwendet, wenn ein Benutzer nur eine Liste von Aufgaben abschließen und nicht zu einer anderen Seite navigieren muss, um Details der Position anzuzeigen. Ein Beispiel sehen Sie in Abbildung 3.10 dargestellt. Hier zeigt der Floorplan nur eine Liste von Positionen mit Fehlern an. Darüber hinaus haben Sie Optionen zum Filtern der Elemente nach Status über die segmentierte Schaltfläche. Sie benötigen keine Objektseite, um Details zum Element anzuzeigen. Stattdessen leitet die semantische Navigation den Benutzer zur entsprechenden Objektseite weiter, die möglicherweise als Teil einer anderen Anwendung entwickelt wurde.

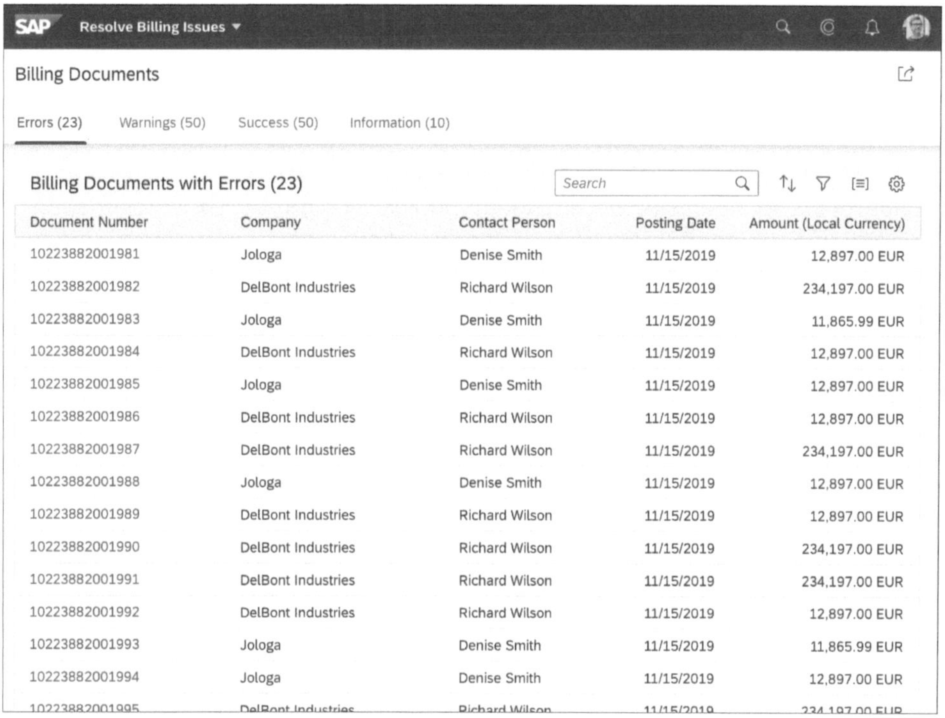

Abbildung 3.10 Anwendung mit einem Arbeitsvorrat-Floorplan

> **Floorplans in SAP Fiori Elements**
>
> Mit Ausnahme des Wizards und der Einstiegsseite sind alle Floorplans in SAP Fiori Elements verfügbar. Weitere Informationen zu unterstützten Floorplans finden Sie unter *http://s-prs.de/v1005027*.

3.4.2 Anwendungsgenerierung

Das SAP-Fiori-Elements-Framework generiert die Anwendung zur Laufzeit basierend auf den folgenden drei Schlüsselaspekten:

- Der *OData-Service*, der in der Deskriptordatei der Anwendung (**manifest.json**) definiert ist, ist die primäre Datenquelle für die Anwendung sowohl für Abfrage- als auch für Änderungsvorgänge. Die goldene Regel ist, sicherzustellen, dass eine SAP-Fiori-App höchstens ein OData-Service-Binding hat, um eine saubere Trennung zu gewährleisten. Diese Regel gilt jedoch nicht zwingend.
- *Annotationen* sind die Provider zusätzlicher Metadaten, um Bildschirmelemente und Benutzerinteraktionen zu beeinflussen. Im Backend definierte Annotationen werden Teil des OData-Services. Annotationen können auch lokal auf der Benut-

zeroberfläche definiert werden, was manchmal bevorzugt wird, da nicht alle Annotationen im Backend-System verfügbar sind. Wenn sie lokal auf der Benutzeroberfläche definiert sind, können Annotationen jedoch nicht wiederverwendet werden, wenn die Entitäten in anderen OData-Services wiederverwendet werden.

- Das *SAP-Fiori-Elements-Framework* verwendet zusammen mit dem ausgewählten Floorplan den OData-Service und die Annotationen, um den View zu generieren, und stellt auch den Standard-Controller für die Anwendungslaufzeit bereit.

Abbildung 3.11 zeigt, wie eine auf SAP Fiori Elements basierende Anwendung zur Laufzeit generiert wird. Beachten Sie auch, dass die Floorplans nur häufig verwendete Funktionen bieten. Bei Bedarf kann die Anwendung jedoch mit verschiedenen Techniken erweitert werden, die vom SAP-Fiori-Elements-Framework und den zugehörigen Designwerkzeugen angeboten werden.

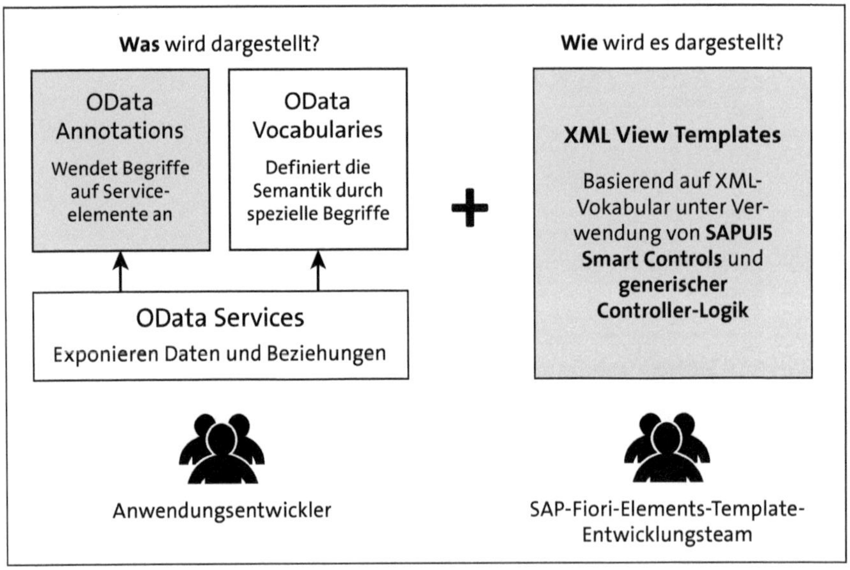

Abbildung 3.11 Funktionsweise von SAP Fiori Elements

Vokabulare sind Namensräume, die Begriffe enthalten, mit denen die Metadaten eines OData-Services erweitert werden können, der Clients erklärt, wie der Service und seine Daten zu interpretieren sind. Es gibt zwei Arten von Annotationen:

- *Metadatenannotationen* werden verwendet, wenn Sie einem Service, Entitätstyp, einer Eigenschaft, Funktion, Aktion oder einem Parameter zusätzliche Merkmale oder Fähigkeiten hinzufügen möchten. Ein Beispiel für dieses Szenario wäre `sap:label="Currency"`, eine allgemeine Annotation, die als Teil des Metadatendokuments eines OData-Services verfügbar ist und den Bezeichner eines bestimmten Metadatenelements definiert.

- *Instanzannotationen* werden verwendet, um zusätzliche Informationen hinzuzufügen, die mit einem Ergebnis, einer Entität oder einer Eigenschaft verknüpft sind. Diese Annotationen werden mit der Ergebnismenge der OData-Querys hinzugefügt. Ein Beispiel für dieses Szenario wäre `Update_mc: true`, das definiert, dass die Instanz dieser Entität aktualisiert werden kann (vorausgesetzt, die aktualisierbare Eigenschaft der Entität ist instanzspezifisch). Als Richtlinie müssen instanzunabhängige Annotationen als Teil der Metadaten angegeben werden, während Annotationen, die von der Instanz abhängen, für jede Instanz angegeben werden müssen.

[«]

Floorplans in SAP Fiori Elements

SAP Fiori Elements unterstützt nur einen einzelnen Service als den Service hinter den Daten für alle seine Controls.

3.5 Bibliotheksprojekte

Eine UI-Bibliothek ist eine Einheit von Controls, die deployt werden kann. Controls werden nie allein implementiert, sondern sind immer Teil einer Control-Bibliothek. Bibliotheken können auch für das Deployment wiederverwendbarer Komponenten verwendet werden, z. B. wiederverwendbare Komponenten des Application Logs.

Während wir dieses Buch schreiben, wird die Generierung eines Bibliotheksprojekts über eine Vorlage in SAP Business Application Studio nicht unterstützt. Einige unserer Beispiele wurden mit dem Wizard zum Anlegen eines Projekts aus Vorlagen (SAP-Fiori-Bibliotheken) in SAP Web IDE generiert.

In den folgenden Abschnitten stellen wir Ihnen einige wichtige Artefakte in SAPUI5-Bibliotheksprojekten vor und bieten einen Überblick über die Projektstruktur, die für Bibliotheksprojekte befolgt werden muss.

3.5.1 Die Datei »library.js«

Ähnlich wie Komponenten eine Component-Controller-Datei **Component.js** enthalten, haben auch SAPUI5-Bibliotheken eine Controller-Datei **library.js**, die den Code für Typen, Interfaces, Controls und Elemente enthält, die von der Bibliothek bereitgestellt werden, sowie eine bibliotheksspezifische Initialisierung. Diese Initialisierung initialisiert nicht die Controls innerhalb der Bibliothek. Die Funktion `sap.ui.getCore().initLibrary` legt eine Instanz der Bibliothek im angegebenen Namensraum an. Neben dem Namensraum können auch Abhängigkeiten für die Bibliothek definiert werden, die dann asynchron geladen wird. Wie in Listing 3.11 zu sehen, wird die Instanz der Bibliothek `sap.cleanui5.demo` zurückgegeben.

```
sap.ui.define([], function () {
  'use strict';

  // initialize the library with global name 'sap.cleanui5.demo'
  sap.ui.getCore().initLibrary({
    name: 'sap.cleanui5.demo'
  });

  return sap.cleanui5.demo;
});
```

Listing 3.11 Definieren der »sap.cleanui5.demo«-Bibliothek

[»]

Deskriptor für Bibliothek

Der Deskriptor der Bibliothek enthält eine Teilmenge der Attribute im Deskriptor der Anwendungen und Komponenten.

3.5.2 SAPUI5-Reuse-Komponenten

Komponenten sind unabhängige Steuerelemente, die in Anwendungen wiederverwendet werden können, um unnötigen Mehraufwand zu vermeiden. Um Komponenten wiederzuverwenden, müssen sie Teil einer Bibliothek sein, die in der Regel Controls und Komponenten enthält. Komponenten können jedoch auch als Teil von konsumierenden Anwendungen eingebunden werden, wenn die Komponente nicht für die Wiederverwendung in anderen Anwendungen vorgesehen ist. Dadurch können Sie die Anwendungslogik von der Kontrolllogik oder der Komponentenlogik trennen. Listing 3.12 zeigt die UI-Komponente `watermark`, die in der Bibliothek `sap.cleanui5.demo` definiert ist.

```
sap.ui.define([
  'sap/ui/core/UIComponent'
], function (UIComponent) {
  'use strict';

  return UIComponent.extend('sap.cleanui5.demo.watermark', {
    metadata: {
      manifest: 'json',
      library: 'sap.cleanui5.demo'
    }
  });
});
```

Listing 3.12 Komponente »watermark«, definiert in der Bibliothek »sap.cleanui5.demo«

Reuse-Komponenten können entweder als Teil einer SAP-Fiori-Element-basierten Anwendung oder einer Freestyle-SAPUI5-Anwendung eingebunden werden. Dieselbe Komponente kann jedoch nicht für beide Arten von Anwendungen verwendet werden, da die Reuse-Komponente in einer SAP-Fiori-Element-basierten Anwendung die Methoden `stStart` und `stRefresh` im Component Controller implementieren muss. Diese Lebenszyklusmethoden werden zur Laufzeit vom SAP-Fiori-Elements-Framework aufgerufen, wobei hervorzuheben ist, wie wichtig es ist, separate Komponenten zu haben, die sich auf eine gemeinsame Implementierung beziehen.

3.5.3 Ordnerstruktur

Die Ordnerstruktur einer Bibliothek unterscheidet sich grundlegend von der Ordnerstruktur von Anwendungen. Die drei Hauptordner in Bibliotheksprojekten sind der Ordner **/root**, der Ordner **/src** und der Ordner **/test**. Die Ordner **/src** und **/test** befinden sich im Ordner **/root**, wie in Abbildung 3.12 dargestellt.

Schauen wir uns jeden Ordner im Einzelnen genauer an:

- Der Ordner **/root**, der denselben Namen wie Ihre Bibliothek hat, sollte Dateien enthalten, die nicht Teil Ihres Bibliothekscodes sind, z. B. Build-Konfigurationsdateien wie **pom.xml** für Maven oder **Gruntfile.js**. Der Ordner **/root** enthält auch die SAPUI5-Tooling-Konfiguration des Projekts (siehe *https://sap.github.io/ui5-tooling/*), die sich in der Regel in einer YAML-Datei namens **ui5.yaml** befindet.
- Der Ordner **/src** enthält die verschiedenen auslieferbaren Inhalte einer Bibliothek, in der Regel Controls oder Reuse-Komponenten.
- Der Ordner **/test** enthält alle Dateien, die zum Ausführen automatisierter Tests für Ihre Controls oder Komponenten sowie zum Starten Ihrer Testanwendungen im Sandbox-Modus erforderlich sind, sodass Sie manuelle Tests der Controls oder Komponenten durchführen können.

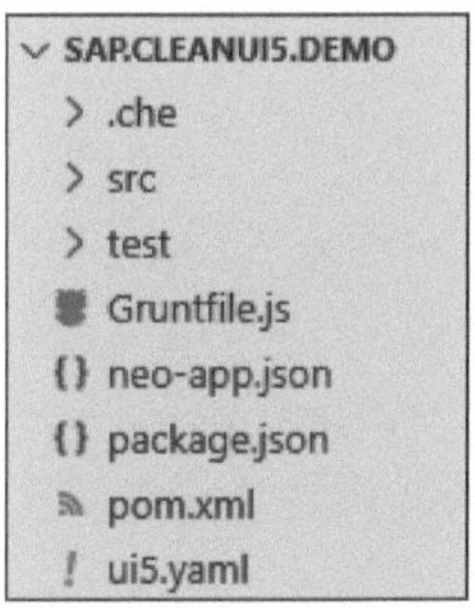

Abbildung 3.12 Einfaches Bibliotheksprojekt

Wie Abbildung 3.13 zeigt, enthält unsere Beispielprojektstruktur für die Bibliothek `sap.cleanui5.demo.watermark` mehrere Steuerelemente.

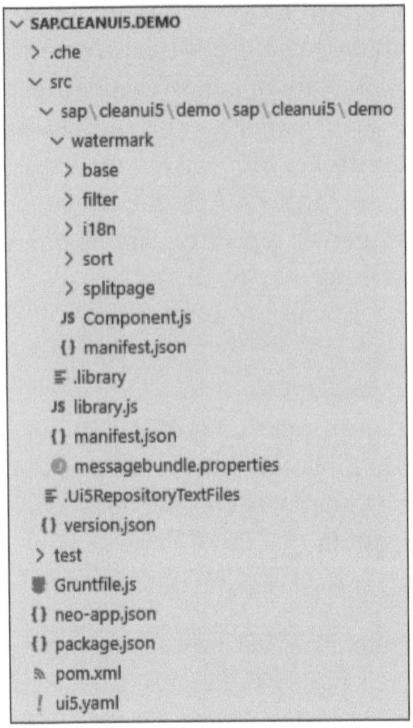

Abbildung 3.13 Bibliotheksprojekt mit der Komponente »watermark«

3.6 Model-View-Controller-Assets

Model View Controller ist ein Architekturdesignmuster, das für die Entwicklung von Benutzeroberflächen verwendet wird. SAPUI5 hat dieses Designmuster ebenfalls übernommen, um die Darstellung von Informationen von der Benutzerinteraktion zu trennen. Dieses architektonische Entwurfsmuster unterteilt eine Anwendung in drei logische Teile, die die Entwicklung und Änderung von Teilen unabhängig voneinander erleichtern:

- Das Modell enthält die relevanten Anwendungsdaten.
- Der View ist alles, was für die Benutzer sichtbar ist, basierend auf den Informationen aus dem Modell.
- Der Controller steuert den Datenfluss in das Modell und aktualisiert den View, wenn sich das Modell ändert.

Abbildung 3.14 zeigt, wie das MVC-Architekturdesign-Musterkonzept mit SAPUI5 verwendet wird.

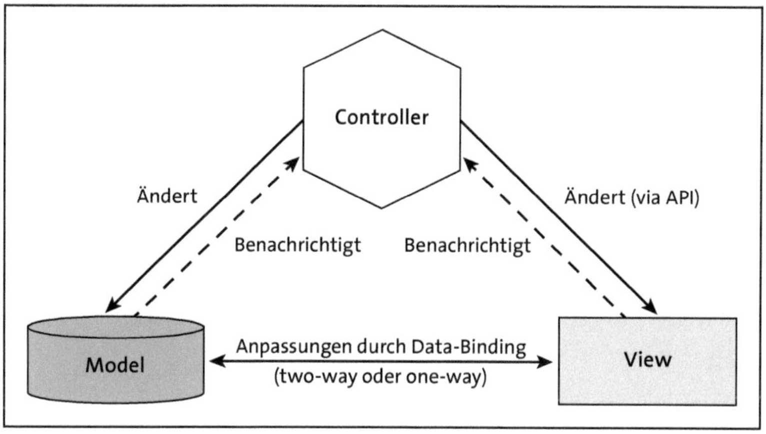

Abbildung 3.14 MVC Architektur Design Pattern in SAPUI5

SAPUI5 verwendet *Data-Binding*, eine gängige Technik, die zwei Datenquellen bindet und synchron hält, sodass eine Änderung in einer Quelle in der anderen widergespiegelt wird. Lassen Sie uns dieses Konzept weiter untersuchen. Das Modell enthält die Daten und stellt Methoden bereit, um sie zu ändern. Außerdem wird eine Methode zum Anlegen von Binding-Instanzen zu den Daten bereitgestellt. Die Binding-Instanz enthält nicht nur die Binding-Informationen, sondern auch Ereignisse, die ausgelöst werden, wenn die gebundenen Daten geändert werden. SAPUI5-Controls verwenden das Data-Binding, um das Modell, das die Daten enthält, an das Control zu binden. Wenn Daten geändert werden, werden die Controls automatisch aktualisiert, und umgekehrt. Wenn eine Control-Änderung eine Änderung der Daten auslöst, wird diese Änderung auch automatisch im Modell aktualisiert, was als *Two-Way-Binding* bezeichnet wird. Mithilfe von Data-Binding können Sie Modelle, Views und Controller in unabhängige Teile entkoppeln. Diese Trennung ermöglicht eine bessere Lesbarkeit, Wartbarkeit und Erweiterbarkeit. In SAPUI5 kann ein View nur einen Controller haben, aber Controller können auch ohne View existieren. Diese Controller heißen *Application Controller*. Es gibt auch Views ohne Controller, was jedoch ein statisches UI bedeuten würde. Views können ihre eigenen Modelle haben, sie von einem übergeordneten Modell erben oder überhaupt kein Modell haben.

Wie Sie bereits gesehen haben, enthalten Modelle die Daten der Anwendung, aber darüber hinaus stellen Modelle auch Methoden zum Abrufen und Aktualisieren der Daten bereit. SAPUI5 unterstützt die folgenden Modelltypen (jeweils mit eigenem Zweck):

- **OData-Modell**
  Das Modell `sap.ui.model.odata` wird verwendet, um Controls an Daten aus OData zu binden. Hierbei handelt es sich um ein REST-basiertes offenes Protokoll zum Abfragen und Ändern datenbasierter Services. Das Modell wird in den Versionen v2

und v4 des OData-Protokolls ausgeliefert. Dieses Modell wird häufig verwendet, um Daten aus Backend-Systemen an UI-Controls zu binden.

- **JSON-Modell**
  Das Modell `sap.ui.model.json.JSONModel` ist ein clientseitiges Modell, das verwendet wird, wenn Sie JSON-Objekte an die UI-Controls binden möchten. Dieses Modell wird häufig mit kleinen Datenmengen auf dem Client verwendet.
- **XML-Modell**
  Das Modell `sap.ui.model.xml.XMLModel` ist auch ein clientseitiges Modell, das auch für kleine Datenmengen gedacht ist, aber nicht häufig verwendet wird.
- **Ressourcenmodell**
  Anwendungen auf Unternehmensebene erfordern Texte, die auf der bevorzugten Sprache des angemeldeten Benutzers basieren, und das Modell `sap.ui.model.resource.ResourceModel` stellt diese Funktion für Texte bereit, die als Teil der UI-Anwendung in der Datei **i18n.properties** ausgeliefert werden. Da diese Texte statisch sind, unterstützt das Ressourcenmodell nur einmaliges Binding.

Anwendungen können nicht nur eine beliebige Anzahl von Modellen haben, sondern auch verschiedene Bereiche einer Anwendung können unterschiedliche Modelle mit Schachtelung haben. Clientseitige Modelle werden vollständig geladen, aber das Servicemodell, bei dem es sich um das OData-Modell handelt, lädt nur die Daten, die von der Benutzeroberfläche angefordert werden. Der View-Teil des MVC-Konzepts ist alles, was Benutzer sehen können, aber der View könnte auch einige ausgeblendete Elemente auf der Benutzeroberfläche enthalten. SAPUI5 unterstützt die folgenden vordefinierten View-Typen:

- **XML-Views**
  Der View `sap.ui.core.mvc.XMLView` ist im XML-Format definiert, und der Dateiname endet auf **~.view.xml**. Dieser View-Typ unterstützt eine Mischung aus XML und purem HTML.
- **JSON-Views**
  Der View `sap.ui.core.mvc.JSONView` ist im JSON-Format definiert, und der Dateiname endet auf **~.view.json**.
- **HTML-Views**
  Der View `sap.ui.core.mvc.HTMLView` wird durch deklaratives HTML definiert und unterstützt auch eingebettetes HTML. Der Dateiname endet auf **~.view.html**.
- **Typisierte Views**
  Typisierte Views werden programmatisch durch Erweiterung der Klasse `sap.ui.core.mvc.View` konstruiert. Typisierte Views werden für JSON- und HTML-Views nicht unterstützt.

Wir empfehlen die Verwendung von XML-Views, die eine klare Trennung der UI-Definition von der Anwendungslogik erzwingen, die im Controller implementiert werden muss. Diese Trennung macht Ihren Code lesbarer und somit pflegbarer.

Ein Controller steuert den Datenfluss in das Modell und aktualisiert den View, wenn sich das Modell ändert. Sie können einen einfachen Controller definieren, so wie in Listing 3.13. Der Dateiname muss auf **~.controller.js** enden.

```
sap.ui.define([
  'sap/ui/core/mvc/Controller'
], function (Controller) {
  'use strict';

  return Controller.extend('sap.cleanui5.demo.Sample', {
    // Controller Logic
  });
});
```

Listing 3.13 Definition eines einfachen Controllers

Ein SAPUI5-Controller hat die folgenden Lebenszyklus-Hook-Methoden:

- **onInit**
  Diese Methode wird nur einmal ausgelöst, wenn ein View instanziiert wird; sie kann verwendet werden, um einen View zu ändern, bevor er gerendert wird.
- **onExit**
  Diese Methode wird nur einmal ausgelöst, wenn der View zerstört wird.
- **onAfterRendering**
  Diese Methode wird aufgerufen, nachdem der View gerendert wurde.
- **onBeforeRendering**
  Diese Methode wird jedes Mal aufgerufen, wenn der View gerendert oder neu gerendert wird, auch bevor der Renderer aufgerufen und HTML im DOM-Baum platziert wird.

In Controllern ohne View (d. h. in Anwendungs-Controllern) werden Lebenszyklusmethoden nicht vom SAPUI5-Framework aufgerufen.

3.7 Zusammenfassung

In diesem Kapitel haben Sie verschiedene Projektarten für die Erstellung von SAPUI5-Anwendungen kennengelernt, und wir haben einige der beteiligten Artefakte beschrieben. Zusammenfassend lässt sich sagen, dass es mehrere Möglichkeiten gibt, eine Anwendung zu entwickeln, von Anwendungsvorlagen bis hin zum komplett neuen Aufbau. Doch welcher Ansatz ist für Ihre Situation richtig? In den meisten Fällen entscheidet Ihr Fachwissen und/oder der Bedarf an Flexibilität und Freiheit.

Ein einfacher Ausgangspunkt für die Anwendungsentwicklung sind die Anwendungsvorlagen, die von SAP-Fiori-Werkzeugen angeboten werden (siehe *http://s-prs.de/v1005028*). Stellen Sie sich Anwendungsvorlagen als eine Art Best Practice für die Anwendungsentwicklung vor. Sie enthalten aktuelle Empfehlungen und können als Ausgangspunkt für die Entwicklung von Apps gemäß den Designrichtlinien für SAP Fiori dienen. Sie können die enthaltenen generischen Anwendungsfunktionen und Tests bei Bedarf einfach um benutzerdefinierte Funktionen erweitern.

Im nächsten Kapitel werden wir mit Clean-Code-Best-Practices für Module und Klassen fortfahren.

Kapitel 4
Module und Klassen

Eine saubere und wartbare Architektur erfordert eine umfassende sogenannte »Separation of Concerns«. In diesem Kapitel zeigen wir Ihnen verschiedene SAPUI5-Konzepte, die diese Trennung bei Modulen und Klassen erreichen sollen.

Beim Beginn eines neuen Projekts ist die Organisation des Quellcodes für Entwicklerinnen und Entwickler eine große Herausforderung. Je nach Sprache und Framework gibt es Best Practices, um Projekte zu strukturieren, indem Quelldateien in Ordnern logisch gruppiert werden. Wenn Sie ein neues SAPUI5-Anwendungsprojekt anlegen, empfehlen wir, auch wenn es nicht vorgeschrieben ist, mindestens die folgenden Ordner anzulegen:

- Ein Basisordner, der alle Anwendungsquelldateien enthält. Wenn Sie JavaScript verwenden, heißt der Ordner in der Regel **/webapp**. Wenn Sie mit TypeScript arbeiten, sollten Sie einen Ordner mit dem Namen **/src** verwenden, der in den Ordner **/webapp** integriert wird. Der Ordner **/webapp** ist mit dem Root-Namensraum der Anwendung verknüpft (z. B. `myApp`).
- Ein **/controller**-Ordner, der alle Controller gruppiert. Dieser Ordner ist mit dem Anwendungsnamensraum `controller` verknüpft (z. B. `myApp.controller`).
- Ein **/view**-Ordner, in dem alle Views (in der Regel XML-Dateien) aufgelistet sind. Dieser Ordner ist mit dem Anwendungsnamensraum `view` verknüpft (z. B. `myApp.view`).
- Ein **/model**-Ordner mit Modulen, die die gängigsten Modelle definieren, z. B. das Exponieren von `sap.ui.Device`-Eigenschaften in JavaScript Object Notation (JSON).
- Ein **/test**-Ordner als Wurzel für alle testbezogenen Quelldateien, die Folgendes enthalten können:
  - ein **/unit**-Ordner für die Gruppierung von Modultests
  - ein **/integration**-Ordner zur Gruppierung von Komponententests, z. B. One-Page-Acceptance-Tests (OPA5).

Die SAPUI5-Ladestrategie basiert auf einer starken Beziehung zwischen Ordnern und Namensräumen. Wenn die Anwendung beispielsweise das Modul `myApp/model/settings` benötigt, sucht das Framework im Ordner **/webapp/model** nach einer Datei mit dem Namen **settings.js**. Diese Beziehungen helfen Entwicklerinnen und Entwicklern dabei, Code sowohl logisch als auch physisch zu organisieren.

[»]

SAPUI5-Bibliothek

Sie können Bibliotheken erstellen, um wiederverwendbaren Code zu isolieren, auf den mehrere Anwendungen zugreifen können. Diese Art von Projekt wird in diesem Kapitel jedoch nicht behandelt. Dennoch gibt es eine Anleitung, wie Bibliotheksdateien organisiert werden sollten.

Einen guten Ausgangspunkt für die Bibliotheksentwicklung finden Sie im SAP Help Portal unter *http://s-prs.de/1005029*.

In diesem Kapitel gehen wir auf eine häufige Schwierigkeit in SAPUI5-Anwendungen ein: Controller werden schnell zu groß, da sie die gesamte Logik enthalten. In diesem Kapitel geben wir Ihnen einige Ratschläge und Best Practices darüber mit, wie ein Projekt in kleinere Module strukturiert werden kann, um riesige und schwer wartbare Quelldateien zu vermeiden. Anschließend besprechen wir den Lebenszyklus und Zweck von Modulen und veranschaulichen verschiedene Strategien für die Implementierung einer ordnungsgemäßen Entkopplung (engl. Decoupling).

4.1 Controller-Inflation

Bei der Einführung in ein neues SAPUI5-Projekt beginnen erfahrene Entwicklerinnen und Entwickler damit, sich die Controller der Main Views anzuschauen. Die Länge und die Komplexität dieser Dateien spiegelt in der Regel die Gesamtqualität des Projekts wider.

Controller dienen als Bindemittel zwischen den Daten (gespeichert in einem oder mehreren Modellen) und den Views der Anwendung. Folglich ist ein Controller in der Regel ein Ort, an dem Chaos auftreten kann. Das Auffinden des Codes, der ein bestimmtes Verhalten implementiert, kann durchaus Kopfschmerzen bereiten.

Unter Controller-Inflation versteht man das unnötige Überlasten eines Controllers mit Aufgaben und Funktionen, die man besser auslagern sollte.

In diesem Abschnitt beginnen wir mit einem kurzen Überblick des Model-View-Controller-Musters (MVC) und fassen die zugehörigen SAPUI5-Technologien zusammen. Anschließend entwerfen wir eine komplexe Objektseite und zeigen die verschiedenen Möglichkeiten, wie SAPUI5 Entwicklerinnen und Entwicklern helfen kann, Code zu reduzieren und/oder ihren Code effizient zu organisieren.

4.1.1 Model-View-Controller-Muster

Das Entwurfsmuster MVC definiert drei verschiedene Komponenten mit jeweils separaten Rollen und ihren Beziehungen zueinander, wie zuvor in Kapitel 3, »Projektstruktur«, in Abbildung 3.14 gezeigt:

- Das *Model* speichert die Daten.
  - Der Controller oder der View kann auf Daten aus diesen Containern zugreifen.
  - Sowohl der Controller als auch der View können die Daten ändern, sei es durch direkte Manipulation (durch Controller) oder durch bidirektionale Bindings (für Views).
- Der *View* definiert die Benutzeroberfläche (engl. User Interface, UI).
  - Er ermöglicht Interaktionen mit der Anwendung.
  - Diese Aktionen werden in Ereignisse übersetzt, auf die Controller warten können.
- Der *Controller* implementiert die Logik.
  - Er manipuliert die Daten und den View (durch die Verbindung beider).
  - Er reagiert auf Benutzerinteraktionen oder andere Ereignisse.
  - Er löst Backend-Kommunikation, Navigation usw. aus.

Viele UI-Frameworks nutzen das MVC-Muster oder eine Variation davon. Im Kontext von SAPUI5 hat das Muster eine Reihe spezifischer Mechanismen.

Der Controller und die View-Klassen gehören zum Namensraum `sap.ui.core.mvc`. Es gibt nur eine Standard-Controller-Klasse, es sind jedoch mehrere Arten von Views verfügbar. In diesem Buch konzentrieren wir uns auf XML-Views, die am beliebtesten sind.

Die Basismodellklasse (`sap.ui.model.Model`) und das Basis-UI-Control (`sap.ui.core.Control`) erben von der Klasse `sap.ui.base.EventProvider`. Die Klasse `sap.ui.base.EventProvider` implementiert das *Beobachter-Muster* mit den folgenden Funktionen:

- Beobachter registrieren sich selbst bei der exponierten `attachEvent`-Methode (siehe auch *http://s-prs.de/v1005030*).
- Ein Subjekt benachrichtigt Beobachter, indem es Ereignisse mit der internen Methode `fireEvent` auslöst (siehe auch *http://s-prs.de/v1005031*).

Dieses Muster ermöglicht es Modellen, jede Änderung der gespeicherten Daten zu signalisieren (Ereignis `propertyChange`). Auf die gleiche Weise kann ein Controller die View-Interaktionen abonnieren, indem er die entsprechenden Event-Handler auf den Controls registriert, aus denen er besteht (z. B. das `change`-Ereignis von `sap.m.ComboBox`).

Sie können mehrere Modelle in einer SAPUI5-Anwendung anlegen. Die Modelle werden wie folgt übertragen:

- Jedes auf Komponentenklassenebene deklarierte Modell ist automatisch für alle Views verfügbar.
- Jedes vom View abhängige Element (Controls oder Dialoge) erbt von den View-Modellen.

Um die Daten in den Views anzuzeigen, ohne den Controller einzubeziehen (und damit eine Controller-Inflation zu vermeiden), bietet das Framework verschiedene Ausprägungen von Bindings an. Ein Property-Binding erkennen Sie daran, dass es im XML-View von Klammern umgeben ist, die einen Attributwert umgeben, wie in Listing 4.1 gezeigt.

```
<m:Button
  xmlns:m="sap.m"
  id="sampleButton"
  visible="{viewState>/buttonVisible}"
/>
```

Listing 4.1 Button-Eigenschaft »visible« an das »viewState«-Modell gebunden über den Path »/buttonVisible«

[»]

Gebundene Eigenschaften und nicht verfügbare Modelle

Wenn SAPUI5 den gebundenen Wert einer Eigenschaft nicht berechnen kann (z. B. wenn das Modell noch nicht verfügbar ist), ordnet es der Eigenschaft den Wert `undefined` zu. Folglich wird die Eigenschaft auf ihren dokumentierten Standardwert gesetzt. Die Eigenschaft `visible` ist beispielsweise standardmäßig auf `true` gesetzt.

Dasselbe Verhalten tritt auf, wenn Sie den Wert auf `null` setzen.

Ein *einfaches Binding* verknüpft eine Eigenschaft mit einem einzelnen Wert im Modell. Wie Sie in Listing 4.1 sehen, wird diese Assoziation mit `{modelName>propertyPath}` oder einfach mit `{propertyPath}` deklariert, um das Standardmodell zu verwenden. `propertyPath` sieht wie ein Unix-Pfad aus und kann entweder ein absoluter Pfad (beginnend mit /) oder ein relativer Pfad (wenn der Pfad relativ zum aktuellen Binding-Kontext ist) sein (siehe auch *http://s-prs.de/v1005032*). Der Pfad wird in eine bestimmte Eigenschaft innerhalb des Modells übersetzt.

Betrachten wir ein Beispiel. Das JSON-Modell `viewState` wird mit dem Literalobjekt aus Listing 4.2 gefüllt.

```
/* global JSONModel, view */
view.setModel(newJSONModel({
  buttonVisible: true,
  range: {
    min: 0,
    max: 100
  },
  values: [0, 10, 20]
}), 'viewState');
```

Listing 4.2 Im »viewState«-JSON-Modell gespeicherte Daten

Die Eigenschaftspfade werden wie folgt aufgelöst:

- `viewState>/buttonVisible`: `true`
- `viewState>/range/min`: `0`
- `viewState>/range/max`: `100`
- `viewState>/values/0`: `0`
- `viewState>/values/1`: `10`
- `viewState>/values/2`: `20`

Der Datenfluss hängt vom Binding-Typ und von der Modellkonfiguration ab.

Wenn das Modell so konfiguriert ist, dass *unidirektionale Bindings* (engl. One-Way Bindings) verwendet werden, können die Daten nur aus dem Modell gelesen werden, um den Eigenschaftswert festzulegen. Wenn sich das Modell ändert, wird die Eigenschaft automatisch angepasst. Durch das programmatische Setzen der Eigenschaft (wie bei Verwendung der `setVisible`-Methode der Schaltfläche) wird das Modell jedoch nicht geändert.

Wenn das Modell dagegen so konfiguriert ist, dass es *bidirektionale Bindings* (engl. Two-Way Bindings) verwendet, wird jede Änderung an der Eigenschaft im Modell widergespiegelt.

[«]

Standard-Binding-Modi

Je nach Modelltyp kann der Standard-Binding-Modus variieren. So ist `sap.ui.model.odata.v2.ODataModel` z. B. so konfiguriert, dass standardmäßig der unidirektionale Binding-Modus verwendet wird. Sie können diese Einstellung beim Anlegen des Modells ändern, entweder wenn es programmatisch zugeordnet ist, oder über **manifest.json** für Modelle, die von SAPUI5 verwaltet werden. Der Standard-Binding-Modus kann jederzeit über `setDefaultBindingMode` festgelegt werden. Vor dieser Änderung definierte Datenflüsse werden jedoch nicht aktualisiert.

Manchmal ist es notwendig, die Daten im Modell anzupassen, damit sie richtig angezeigt werden können. Beispielsweise müssen Datumsangaben und Zahlen an die lokalen Gegebenheiten des Benutzers angepasst werden. In diesem Fall wenden wir einen Formatter im Binding an, wie in Listing 4.3 gezeigt. Nun stellt der `numberWith2Decimals`-Formatter sicher, dass immer zwei Dezimalstellen angezeigt werden.

```
<m:Input
  xmlns:m="sap.m"
  id="minDisplay"
  type="Number"
  editable="false"
  value="{
    path: 'viewState>/range/min',
    formatter: '.formatter.numberWith2Decimals'
  }"
/>
```

Listing 4.3 Verwendung einer Formatierungsfunktion

Unabhängig vom Modellmodus verwandeln solche Definitionen die Bindings in unidirektionale Beziehungen. Tatsächlich kann SAPUI5 das Formatter-Verhalten nicht zurücksetzen und den Modellwert ableiten, der mit dem zugeordneten Eigenschaftswert übereinstimmen würde.

[»]

Formatter-Funktionen

Formatter-Funktionen können von einem oder mehreren Werten abhängen. Sie können das Element `parts` verwenden, um die Werte anzugeben, die verwendet werden. Um z. B. `min` und `max` an eine `format Range`-Methode zu übergeben, nutzen Sie: `{parts: [{ path: 'viewState>/min' }, { path: 'viewState>/max' }], formatter: '.formatter.formatRange'}`.

SAPUI5 bietet auch eine Sammlung vordefinierter Formatter (angegeben mit dem Schlüsselwort `type`) für bekannte Datentypen (z. B. `sap.ui.model.type.Currency`).

Beachten Sie, dass Modellwerte möglicherweise nicht verfügbar sind, wenn der Formatter aufgerufen wird. Daher *muss* der Formatter den Fall behandeln, dass einige seiner Parameter `undefined` sind.

Das Framework schlägt auch *Expression-Binding* vor. Dabei handelt es sich um unidirektionale Bindings, und der resultierende Wert wird durch die Auswertung eines Ausdrucks berechnet.

[!]

Überlegungen zu Binding

Beachten Sie folgende Überlegungen:

- Expression-Binding muss aktiviert sein, wie in der SAPUI5-Dokumentation (siehe *http://s-prs.de/v1005033*) beschrieben.
- Das einmalige Binding wird nur einmal in der Lebensdauer des Bindings ausgewertet, wobei zukünftige Änderungen des Modells ignoriert werden. Der Hauptvorteil solcher Bindings besteht darin, dass SAPUI5 die Modelländerungen nicht berücksichtigt und daher weniger Ressourcen verbraucht.

Diese Erklärungen mögen vertraut klingen, aber die Realität ist, dass diese Besonderheiten oft falsch oder zu wenig genutzt werden. Wie Sie bereits in Listing 4.1 gesehen haben, kann z. B. die `visible`-Eigenschaft des Buttons entweder durch Aufruf von `setVisible` oder durch Ändern der Eigenschaft `/buttonVisible` im Modell `viewState` festgelegt werden. Das eine oder andere Vorgehen kann jedoch zu inkonsistenten Zuständen führen:

- Bei einem bidirektionalen Binding führt die Verwendung von `setVisible` dazu, dass auch das `viewState`-Modell aktualisiert wird, was möglicherweise nicht erwartet wird.
- Wenn bei einem unidirektionalen Binding das Modell `viewState` aktualisiert oder geändert wird, ändert sich die sichtbare Eigenschaft des Buttons, auch wenn die Eigenschaft mit `setVisible` zugeordnet wurde.

Daher ist es eine wichtige Aufgabe für Entwicklerinnen und Entwickler, zu entscheiden, wie View-Controls geändert werden, entweder direkt oder über Bindings.

4.1.2 Objekt-View

Um zu veranschaulichen, wie Sie die Größe des Controller einschränken können, möchten wir ein Beispiel anführen. Unter der Annahme, dass die Anwendung in der Entwicklung einem gemeinsamen Geschäftsdokumentmuster folgt, besteht unsere Beispielanwendung aus mindestens zwei verschiedenen Seiten:

- Eine *Listenseite* (engl. List Page), auf der ein Benutzer ein Dokument auswählen kann, an dem er arbeiten soll. Die Liste kann bestimmte Funktionen wie Filtern, Gruppieren oder Buttons enthalten, um mit einem oder mehreren Belegen gleichzeitig zu interagieren, z. B. um ausgewählte Belege zu archivieren.
- Eine *Objektseite* (engl. Object Page), die beim Anlegen eines neuen Dokuments oder beim Bearbeiten eines vorhandenen Dokuments verwendet wird. Diese Seite zeigt die Details des Geschäftsbelegs an und bietet Werkzeuge, um mit dem Beleg zu interagieren. Abhängig von der Menge der anzuzeigenden Informationen und

der Komplexität der Interaktionen kann diese Seite unübersichtlich sein. Um den visuellen Stress für die Benutzer zu reduzieren, bietet SAPUI5 mehrere Layouts wie `sap.uxap.ObjectPageLayout` oder `sap.f.FlexibleColumnLayout`.

Zu Demonstrationszwecken verwenden wir eine Kundenauftragsapplikation. Die Objektseite wird angezeigt und ermöglicht die Interaktion mit u. a. den folgenden Elementen:

- der Kunde, inklusive Finanzinformationen wie vergangene Aufträge
- Bestelldetails, inklusive Positionen und Lieferpläne
- Produktinformationen wie Bestellmenge, Preis und Bestandsverfügbarkeit
- Lieferadressdetails und Routenplanung

Wie in Abbildung 4.1 dargestellt, kann das `ObjectPageLayout` verwendet werden, um Informationen zu gruppieren und einen schnellen Zugriff zu ermöglichen.

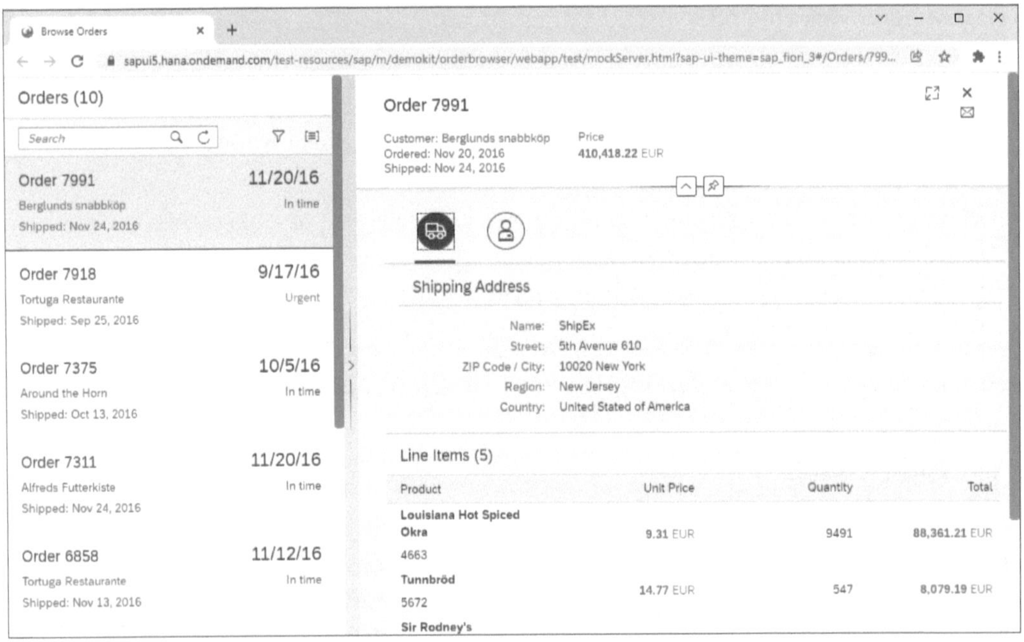

Abbildung 4.1 Demoanwendung »Browse Orders« von SAPUI5

Bei solchen Anwendungen ist die Liste der Funktionen nahezu endlos und wird sich im Laufe der Zeit erweitern. Dadurch wächst der Controller, der alle möglichen Interaktionen und Geschäftsanforderungen verwaltet, exponentiell.

Ein typisches Problem komplexer Objekt-Views ist, dass Entwicklerinnen und Entwickler dazu neigen, die gesamte Logik an einem zentralen Ort zu konzentrieren:

dem Controller. Es stehen jedoch verschiedene Methoden und Muster zur Verfügung, dieses gängige Problem zu vermeiden, was wir in den folgenden Abschnitten besprechen werden.

Binding

Die Manipulation der UI-Elemente ist einer der wichtigsten Gründe, einem Controller Verhaltensweisen hinzuzufügen. Diese Manipulation kann folgende Funktionen umfassen:

- Werte anzeigen
- Steuerelemente deaktivieren oder ausblenden
- Bezeichner ändern
- Erscheinungsbild der Seite basierend auf Informationen aus dem aktuellen Dokument anpassen

Wie in Abschnitt 4.1.1, »Model-View-Controller-Muster«, beschrieben, gibt es zwei grundlegende Ansätze, eine Control-Eigenschaft zu ändern.

- Rufen Sie das Control-Handle (über `byid`) ab, und rufen Sie die entsprechende `set-property`-Methode auf, z. B. `setvalue` oder `settext`.
- Binden Sie die Control-Eigenschaft an ein Modell in der View-Definition, und aktualisieren Sie dieses Modell.

Die aus dem Backend abgerufenen Daten sollten so weit wie möglich nur über Bindings in die View-Controls gelangen.

[+]

Verwendung von Bindings maximieren

Als faule Entwicklerinnen und Entwickler sagen wir oft, dass nicht geschriebener Code keine Tests erfordert. Bindings sind ein gutes Beispiel für vom Framework bereitgestelltes Verhalten, das von SAPUI5-Entwicklerinnen und Entwicklern umfassend getestet wird.

Zahlen, Datumsangaben und andere Details (deren Rendering kann durch die aktuelle Benutzerkultur oder Zeitzone beeinflusst werden) können mit den richtigen Formattern oder Datentypen angeordnet werden. Wenn die anzuzeigenden Daten eine Anpassung erfordern (z. B. Formatierung einer Adresse aus den vielen Feldern, aus denen sie besteht), empfehlen wir außerdem, den Code in einem separaten Modul zu isolieren und als Formatter aufzurufen.

Für komplexere Fälle wie wiederholte Daten (Einzelposten) oder Strukturdaten (hierarchische Knoten oder Gantt-Diagramme), die nicht ohne Transformation gebunden werden können, verwenden Sie Zwischenmodelle, die durch dedizierte Module gefüllt werden. Entfernen Sie diese Logik so weit wie möglich aus dem Controller; die daraus resultierende Isolation erleichtert auch Modultests.

Bindings gehen jedoch über die Datenanzeige hinaus, sie können auch komplexe Verhaltensweisen implementieren.

In unserem Beispielszenario werden eingehende Kundenaufträge geprüft, bevor sie verarbeitet werden. Wenn der anfordernde Kunde ein VIP ist und der bestellte Betrag größer als ein Schwellenbetrag ist, werden spezielle Anweisungen auf dem Bildschirm angezeigt. Außerdem ist der Button zum Abschließen der Prüfung deaktiviert. Die einzige Möglichkeit, den Kundenauftrag abzuschließen, besteht darin, dass Vertriebsmitarbeitende auf einen speziellen Button klicken, um anzugeben, dass sie die speziellen Anweisungen bestätigen. Wenn Sie diesen Button wählen, wird eine weitere Meldung angezeigt, und der Auftrag kann abgeschlossen werden, wie in Abbildung 4.2 dargestellt.

Aus Datensicht wird der Auftragsbetrag im Feld `amount` der Entität `SalesOrder` gespeichert. Diese Entität besitzt eine Navigationseigenschaft (mit dem Namen `customer`), die Zugriff auf die Entität `Customer` gewährt. Ein boolesches Feld `vip` gibt an, ob der Kunde ein VIP ist. Der Schwellenwert sowie der Inhalt spezieller Anweisungen werden in einer separaten Entität konfiguriert, die beim Start der Anwendung abgerufen wird. In Bezug auf die Bestätigung hat `SalesOrder` eine Navigationseigenschaft (namens `specialInstruction`), die in eine Entität (`SIAcknowledgement`) aufgelöst werden kann, die das Datum der Bestätigung (`acknowledgedAt`) und die Benutzer-ID enthält, die sie abgeschlossen hat (`acknowledgedBy`). Wenn keine Bestätigung angegeben wurde, ruft die Navigationseigenschaft nichts ab (`null`).

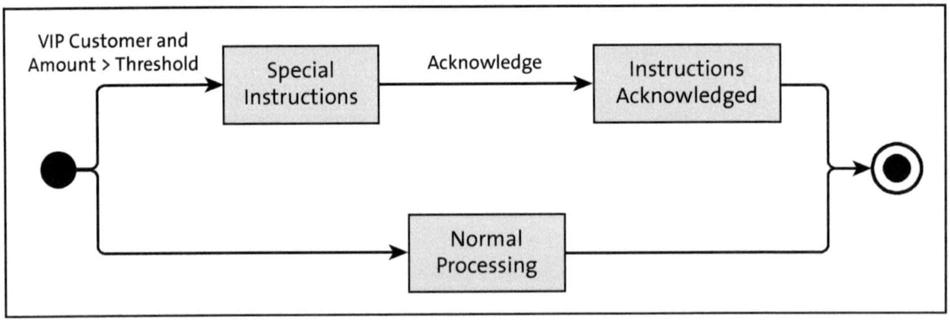

Abbildung 4.2 Sonderanweisungszustand (Special Instruction State)

Das zugehörige UI enthält die folgenden Controls:

- Ein `sap.m.Button` (mit der ID `finalizeReview`) mit dem Titel **finalize review**, mit dem der Vertriebsmitarbeiter die Bearbeitung des Auftrags abschließen kann. Wenn spezielle Anweisungen erforderlich sind, aber nicht bestätigt wurden, ist der Button nicht anklickbar (deaktiviert).

- Ein sap.m.MessageStrip (mit der ID siContent), der die speziellen Anweisungen zeigt. Nach der Bestätigung werden diese Anweisungen ausgeblendet.
- Ein sap.m.Button (mit der ID ackSI) mit dem Titel **Acknowledge special instructions**, der nur sichtbar ist, wenn spezielle Anweisungen erforderlich sind, aber noch nicht bestätigt wurden. Wenn Sie diesen Button wählen, wird ein Call an das Backend ausgelöst (um die Bestätigung zu speichern) und die aktuelle SalesOrder-Entität neu geladen.
- Ein sap.m.MessageStrip (mit der ID siAckInfo), der anzeigt, wer die speziellen Anweisungen bestätigt hat. Diese Meldungszeile wird nur angezeigt, wenn spezielle Anweisungen bestätigt wurden. Beachten Sie, dass der Schwellenwert und der Kundenstatus im Laufe der Zeit variieren können; vergangene Bestätigungen müssen angezeigt werden, wenn sie vorhanden sind.

Wenn die Entität SalesOrder mit all ihren Abhängigkeiten geladen wird (mithilfe des Parameters $expand=customer,specialInstruction) und die Funktion onSalesOrderLoaded ausgelöst wird, sobald der Ladevorgang erfolgreich ist, implementiert der Code in Listing 4.4 das erwartete Verhalten.

```
sap.ui.define([
  'sap/ui/core/mvc/Controller'
], function (Controller) {
  return Controller.extend('myApp.controller.SalesOrderPage', {
    /* ... */
    onSalesOrderLoaded: function (salesOrder) {
      const { threshold } = this.getSpecialInstructions();
      const finalizeReview = this.byId('finalizeReview');
      const specialInstructions = this.byId('siContent');
      const acknowledgeSI = this.byId('ackSI');
      const specialInstructionsAcknowledged = salesOrder.specialInstruction !=
= null;
      const specialInstructionsAckInfo = this.byId('siAckInfo');
      specialInstructionsAckInfo.setVisible(specialInstructionsAcknowledged);
      if (salesOrder.amount > threshold && salesOrder.customer.vip) {
        if (specialInstructionsAcknowledged) {
          specialInstructions.setVisible(false);
          finalizeReview.setEnabled(true);
          acknowledgeSI.setVisible(false);
        } else {
          specialInstructions.setVisible(true);
          finalizeReview.setEnabled(false);
          acknowledgeSI.setVisible(true);
        }
      } else {
```

```
        specialInstructions.setVisible(false);
        finalizeReview.setEnabled(true);
        acknowledgeSI.setVisible(false);
      }
    }
  });
});
```

Listing 4.4 Controller-Code zum Verwalten des Szenarios mit speziellen Anweisungen

Aus Testsicht erfordert dieser Code entweder einen Integrationstest, um sowohl die Controller-Logik als auch die Auswirkung auf den View zu validieren (unter Verwendung eines OPA5-Tests), oder einen Modultest, um zu prüfen, wie die verschiedenen Controls beim Auslösen der Methode `onSalesOrderLoaded` manipuliert werden.

Da SAPUI5 den Aufruf des Basiskonstruktors beim Erstellen eines neuen Objekts nicht erzwingt, kann der Controller vom View isoliert werden, indem er eine Unterklasse erhält und einige seiner Methoden mockt. Wie in Listing 4.5 gezeigt, werden die Control-Instanzen durch eine einfache Klasse ersetzt, die die Methoden `setVisible` und `setEnabled` exponiert und den Zustand in einfachen Eigenschaften speichert. Die Methode `getSpecialInstructions` wird gemockt, um einen festen Schwellenwert zurückzugeben. Schließlich wird die Controller-Methode `onSalesOrderLoaded` mit unterschiedlichen Einstellungen ausgelöst, und die Auswirkungen auf die Controls werden bewertet.

```
sap.ui.require([
  'myApp/controller/SalesOrderPage'
], function (SalesOrderPageController) {
  class MockControl {
    constructor () {
      this.visible = true;
      this.enabled = true;
    }

    setVisible (value) {
      this.visible = value;
    }

    setEnabled (value) {
      this.enabled = value;
    }
  };

  const TestController = SalesOrderPageController.extend({
    constructor: function () {
```

```
      // DO NOT CALL PARENT CONSTRUCTOR
      this.finalizeReview = new MockControl();
      this.specialInstructions = new MockControl();
      this.acknowledgeSI = new MockControl();
      this.specialInstructionsAckInfo = new MockControl();

      const controls = {
        finalizeReview: this.finalizeReview,
        siContent: this.specialInstructions,
        ackSI: this.acknowledgeSI,
        siAckInfo: this.specialInstructionsAckInfo
      };

      this.byId = (id) => controls[id];
    },

    getSpecialInstructions: function () {
      return {
        threshold: 100
      };
    }
  });

  QUnit.module('Special instructions handling', {
    beforeEach: function (assert) {
      this.controller = new TestController();
    }
  });

  function checkUIState (assert, controller, {
    specialInstructionsIsVisible,
    finalizeReviewIsEnabled,
    acknowledgeSIIsVisible,
    specialInstructionsAckInfoIsVisible
  }) {
    assert.strictEqual(controller.specialInstructions.visible,
specialInstructionsIsVisible, 'Special instructions message strip');
    assert.strictEqual(controller.finalizeReview.enabled,
finalizeReviewIsEnabled, 'Finalize review button');
    assert.strictEqual(controller.acknowledgeSI.visible,
acknowledgeSIIsVisible, 'Acknowledge button');
    assert.strictEqual(controller.specialInstructionsAckInfo.visible,
specialInstructionsAckInfoIsVisible, 'Acknowledged info message strip');
  }
```

```
  QUnit.test('Not a VIP customer', function (assert) {
    this.controller.onSalesOrderLoaded({
      amount: 101,
      customer: {
        vip: false
      },
      specialInstruction: null
    });
    checkUIState(assert, this.controller, {
      specialInstructionsIsVisible: false,
      finalizeReviewIsEnabled: true,
      acknowledgeSIIsVisible: false,
      specialInstructionsAckInfoIsVisible: false
    });
  });

  /* ... */
});
```

Listing 4.5 Modultest des im Controller implementierten Spezialanweisungsszenarios

Die vollständige Codequelle des Modultests finden Sie im Onlinebeispiel `utctrl` (siehe *https://clean-ui5.github.io/samples/utctrl*). Weitere Informationen zum Testen finden Sie in Kapitel 13, »Testen«.

Genau dasselbe Verhalten kann jedoch auch ohne eine einzige Zeile Controller-Code implementiert werden, unter der Annahme, dass die folgenden Aussagen zutreffen:

- Die Schwellenwertinformationen sind über ein Modell mit dem Namen `si` verfügbar.
- Der aktuelle Kundenauftrag ist über das Standardmodell und den Standard-Binding-Kontext des Views verfügbar.

Die View-Definition in Listing 4.6 berücksichtigt diese Anforderungen. Die Zustände der Controls (`enabled`, `visible`) werden jedoch über Expression-Bindings direkt in den View implementiert.

```
<mvc:view
  xmlns:mvc="sap.ui.core.mvc"
  xmlns:m="sap.m"
>
  <m:Button id="finalizeReview"
    enabled="{=
      !(
         ${amount} > ${si>/threshold}
         &amp;&amp; ${customer/vip}
```

```
        )
        || !!${specialInstruction}
      }"
    />
    <m:MessageStrip id="siContent"
      visible="{=
        ${amount} > ${si>/threshold}
        &amp;&amp; ${customer/vip}
        &amp;&amp; !${specialInstruction}
      }"
    />
    <m:Button id="ackSI"
      visible="{=
        ${amount} > ${si>/threshold}
        &amp;&amp; ${customer/vip}
        &amp;&amp; !${specialInstruction}
      }"
    />
    <m:MessageStrip id="siAckInfo"
      visible="{= !!${specialInstruction} }"
    />
</mvc:view>
```

Listing 4.6 View-Definition zum Verwalten des Spezialanweisungsszenarios

XML-Entitäten verwenden

In einer XML-Datei dürfen weder Textknoten noch Attributwerte die folgenden Zeichen enthalten:

- <: Das Kleiner-als-Zeichen gibt den Beginn eines neuen Tags an. Dieses Zeichen muss maskiert werden mit `<`. Analog dazu kann das Größer-als-Zeichen > mit `>` maskiert werden (dies ist jedoch nicht erforderlich).
- &: Das Et-Zeichen leitet eine XML-Entität ein. Dieses Zeichen muss mit `&` maskiert werden.

Verwendung von »!«

Der JavaScript-Operator `!` konvertiert einen beliebigen Wert in einen booleschen Wert. Mit diesem Operator wird ein Falsy Value in `true` und ein Truthy Value in `false` verwandelt. Durch die Verdopplung des Operators werden Falsy Values in `false` und Truthy Values in `true` umgewandelt. Weitere Informationen zu Truthy und Falsy Values finden Sie in Abschnitt 2.1.11, »Standardparameter«.

Aus Testsicht würden unmotivierte Entwicklerinnen und Entwickler vielleicht behaupten, dass kein Code geschrieben wird und daher kein Test erforderlich ist. Da die Bindings jedoch ein Verhalten implementieren, empfehlen wir dennoch, das Verhalten zu prüfen. In diesem Fall könnte wiederum ein OPA5-Test genutzt werden, aber der einfachste Weg ist ein Modultest, der den View lädt, die Modelle ändert und die Kontrollzustände bewertet, wie in Listing 4.7 dargestellt.

```
sap.ui.require([
  'sap/ui/core/mvc/XMLView',
  'sap/ui/model/json/JSONModel'
], function (XMLView, JSONModel) {
  QUnit.module('Special instructions handling', {
    beforeEach: function (assert) {
      const done = assert.async();
      XMLView.create({
        viewName: 'myApp.view.SalesOrderPage'
      }).then((view) => {
        this.view = view;
        this.defaultModel = new JSONModel({
          amount: 0,
          customer: {
            vip: false
          },
          specialInstruction: null
        });
        view.setModel(this.defaultModel);
        view.bindElement('/');
        this.siModel = new JSONModel({
          threshold: 100
        });
        view.setModel(this.siModel, 'si');
        done();
      });
    }
  });

  function setModelsState (amount, vip, specialInstruction = null) {
    this.defaultModel.setProperty('/amount', amount);
    this.defaultModel.setProperty('/customer/vip', vip);
    this.defaultModel.setProperty('/specialInstruction', specialInstruction);
  }

  function checkUIState (assert, view, {
```

```
    specialInstructionsIsVisible,
    finalizeReviewIsEnabled,
    acknowledgeSIIsVisible,
    specialInstructionsAckInfoIsVisible
  }) {
    assert.strictEqual(view.byId('siContent').getVisible(),
specialInstructionsIsVisible, 'Special instructions message strip');
    assert.strictEqual(view.byId('finalizeReview').getEnabled(),
finalizeReviewIsEnabled, 'Finalize review button');
    assert.strictEqual(view.byId('ackSI').getVisible(),
acknowledgeSIIsVisible, 'Acknowledge button');
    assert.strictEqual(view.byId('siAckInfo').getVisible(),
specialInstructionsAckInfoIsVisible, 'Acknowledged info message strip');
  }

  QUnit.test('Not a VIP customer', function (assert) {
    setModelsState.call(this, 101, false);
    checkUIState(assert, this.view, {
      specialInstructionsIsVisible: false,
      finalizeReviewIsEnabled: true,
      acknowledgeSIIsVisible: false,
      specialInstructionsAckInfoIsVisible: false
    });
  });

  /* ... */
});
```

Listing 4.7 Modultest des im View implementierten Szenarios mit speziellen Anweisungen

Die vollständige Codequelle des Modultests finden Sie im Onlinebeispiel `utview` (siehe *https://clean-ui5.github.io/samples/utview*).

Aber diese Lösung ist keine saubere Lösung, und ein Problem bleibt bestehen. In den Bindings wird eine komplexe Bedingung mehrmals wiederholt und einmal negiert: `${amount} > ${si>/threshold} && ${customer/vip}`. Das Kopieren/Einfügen dieser Bedingung an verschiedenen Stellen kann zu Problemen führen, wenn eine Wartung erforderlich ist.

Die geeignete Lösung ist also eine Mischung aus dem Controller-Ansatz und dem Binding-Ansatz mit folgenden Merkmalen:

- Der Controller synthetisiert ein neues Kennzeichen namens `siRequired`, das auf dem Modell `viewState` gespeichert ist, wie in Listing 4.8 gezeigt.

- Der View stützt sich auf dieses neue Kennzeichen, um die verschiedenen Control-Zustände wie in Listing 4.9 zu verwenden. Der durch `finalizeReview` aktivierte Status wird z. B. auf die Bedingung `!${viewState>/siRequired} || !!${specialInstruction}` reduziert, was einfacher ist als das erste `!(${amount} > ${si>/threshold} && ${customer/vip}) || !!${specialInstruction}`.

```
sap.ui.define([
  'sap/ui/core/mvc/Controller'
], function (Controller) {
  return Controller.extend('myApp.controller.SalesOrderPage', {
    /* ... */
    onSalesOrderLoaded: function (salesOrder) {
      const { threshold } = this.getSpecialInstructions();
      const viewState = this.getView().getModel('viewState');
      viewState.setProperty('/siRequired', salesOrder.amount > threshold &&
 salesOrder.customer.vip);
    }
  });
});
```

Listing 4.8 Vereinfachter Controller-Code

```
<mvc:view
  xmlns:mvc="sap.ui.core.mvc"
  xmlns:m="sap.m"
>
  <m:Button id="finalizeReview"
    enabled="{=
      !${viewState>/siRequired}
      || !!${specialInstruction}
    }"
  />
  <m:MessageStrip id="siContent"
    visible="{=
      ${viewState>/siRequired}
      &amp;&amp; !${specialInstruction}
    }"
  />
  <m:Button id="ackSI"
    visible="{=
      ${viewState>/siRequired}
      &amp;&amp; !${specialInstruction}
    }"
  />
```

```
  <m:MessageStrip id="siAckInfo"
    visible="{= !!${specialInstruction} }"
  />
</mvc:view>
```

Listing 4.9 Vereinfachte View-Bindings

Auf diese Weise sind die Bindings leichter zu lesen und zu pflegen. Auch der Controller-Code wird auf das erforderliche Minimum reduziert und ist somit leichter zu lesen.

Eine Vorschau finden Sie im Onlinebeispiel `siprev` (siehe *https://clean-ui5.github.io/samples/siprev*), das das in Abbildung 4.3 gezeigte Interface implementiert.

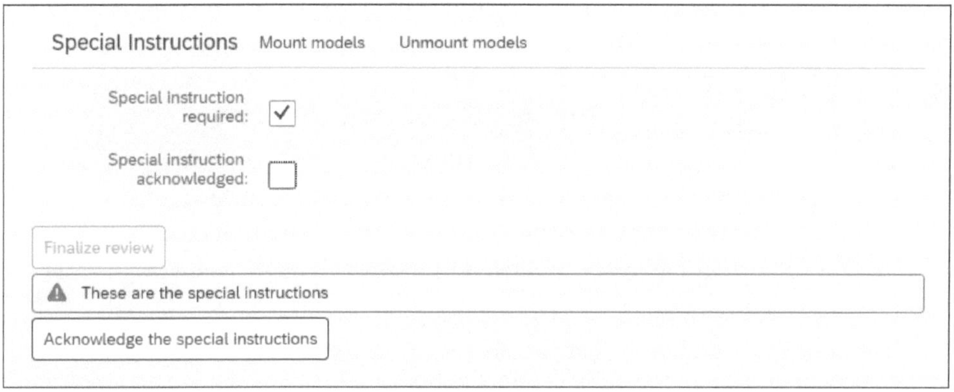

Abbildung 4.3 Vorschau der simulierten Implementierung

An dieser Stelle haben Sie gesehen, wie leistungsstark Bindings sein können. Sie können einen erheblichen Teil des Codes innerhalb eines Controllers ersetzen. Sie können auch durch Laden der View-Definition (oder der Fragmentdefinition) und Injizieren der Modelle getestet werden. Es müssen jedoch zwei wesentliche Aspekte beachtet werden:

- Sobald eine Eigenschaft an ein Modell gebunden ist, sollte die Änderung der Eigenschaft nur durch Aktualisieren des Modells erfolgen, nicht durch das Control.
- Wenn gebundene Ausdrücke zu komplex werden oder wenn zu viele Ausdrücke dieselben Berechnungen verwenden, sollten Sie den Controller nutzen, um Zwischenwerte zu berechnen, was die Wartbarkeit der Ausdrücke erhöht.

Einer SAPUI5-Anwendung kann eine unbegrenzte Anzahl von Modellen hinzugefügt werden. Aufgrund der Vererbung können sie auf jeder beliebigen Ebene definiert werden, beginnend von der Komponente bis hin zu jedem View. Auf diese Weise können Sie die Daten der Anwendung in mehrere Modelle aufteilen, um eine umfassende und detaillierte Datenorganisation zu schaffen.

Partitionierung

Unter der Annahme, dass alle Interface-Änderungen mithilfe von Bindings implementiert werden, muss der Controller weiterhin Situationen wie Datenvalidierung, Backend-Interaktionen und andere Arten von Szenarien verarbeiten. Alle diese Aufgaben auszuführen, kann schnell dazu führen, dass die Größe des Controllers ansteigt. Um dieses Wachstum zu mildern, gibt es verschiedene Strategien, den Code zu isolieren und kleinere Controller zu schaffen. Die Grundidee hinter diesen Mustern ist: »Teile und herrsche.«

Sie können die Größe eines Controllers reduzieren, indem Sie den View in kleinere Komponenten mit eigenem Verhalten aufteilen (partitionieren). Diese Komponenten müssen klare Schnittstellen haben und alles exponieren, was dem Haupt-Controller helfen würde, sie zu manipulieren, ohne die Implementierungsdetails zu kennen (oder darauf zuzugreifen).

Custom-Control-Entwicklung ist eine gute Möglichkeit, kleine Oberflächenelemente mit eigenem Verhalten zu erstellen. Dieser Ansatz zwingt Entwicklerinnen und Entwickler, die Control-Schnittstelle zu normalisieren (etwa durch die Angabe der verfügbaren Eigenschaften, Aggregationen und Ereignisse). Custom Controls fördern auch die Wiederholbarkeit, da dieselbe Komponente mehrmals in einer Anwendung verwendet werden kann (oder sogar anwendungsübergreifend, wenn sie in einer Bibliothek implementiert ist).

[+]

Control-Entwicklung

Eine gute Einführung in die Entwicklung von Controls finden Sie in der offiziellen SAPUI5-Dokumentation (siehe *http://s-prs.de/v1005034*).

Custom Controls erfordern jedoch das Schreiben von Renderern, die am Ende zu HTML-Code führen. Das Schreiben einer Funktion, die HTML erzeugt, ist kontraproduktiv, wenn die angelegte Komponente mit Standard-SAPUI5-Controls implementiert werden kann.

Um dieses Problem zu beheben, schlägt das Framework ausgearbeitete Muster vor für die Integration vorhandener oder Unterklassen von SAPUI5-Controls in benutzerdefinierte Controls, was als *Composite Control Development* bezeichnet wird. Dadurch müssen sich Entwicklerinnen und Entwickler nicht auf winzige Details konzentrieren: Die vorhandenen Controls können sich um einige Verhaltensweisen wie HTML-Generierung, Ereignisbehandlung oder Aggregationen kümmern.

[+]

Standard Composite Controls

Ein Beispiel für eine solche Entwicklung finden Sie in der offiziellen SAPUI5-Dokumentation unter *http://s-prs.de/v1005035*.

Wenn wir von der Control-Ebene zurücktreten, kann der Component-Ansatz mit Fragmenten und Controllern verallgemeinert werden. Dieser Ansatz unterteilt die Benutzeroberfläche in kleinere Chunks.

Wenn ein Fragment (siehe *http://s-prs.de/v1005036*) in einen View eingefügt wird, wie in Listing 4.10 gezeigt, lädt SAPUI5 die Definition und ersetzt die Fragmentdeklaration durch deren Inhalt. Standardmäßig wird jeder im Fragment deklarierte Ereignisbehandler automatisch dem View-Controller zugeordnet.


```
<mvc:View
  controllerName="myApp.controller.Main"
  xmlns:mvc="sap.ui.core.mvc"
  xmlns="sap.m"
  xmlns:core="sap.ui.core"
>
  <App>
    <pages>
      <Page id="page" title="{i18n>app.title}" >
        <core:Fragment
          fragmentName="myApp.fragments.Main"
          type="XML"
        />
      </Page>
    </pages>
  </App>
</mvc:View>
```

Listing 4.10 Fragment »fragment/Main.fragment.xml«, das den View-Inhalt implementiert

Diese Funktion hilft Ihnen zwar nicht, den Controller-Code sauberer zu organisieren, aber Sie können den View nun in verschiedene Fragmente aufteilen.

Beim programmatischen Laden (siehe *http://s-prs.de/v1005037*) kann ein Fragment mit einem Custom-Controller verknüpft werden (über den Parameter `controller`). Anschließend kann das Root-Control des Fragments in den View eingefügt werden, so wie in Listing 4.11.

```
sap.ui.define([
  'sap/ui/core/mvc/Controller',
  'sap/ui/core/Fragment',
  'myApp/controller/Part1.controller'
], function (Controller, Fragment, Part1) {
  return Controller.extend('myApp.controller.SalesOrderPage', {
    onInit: function () {
      Fragment.load({
```

```
        id: 'part1',
        name: 'myApp.fragments.Part1',
        controller: new Part1()
      })
        .then((root) => {
          this.byId('page').addContent(root);
        });
    }

    /* ... */
  });
});
```

Listing 4.11 Laden und Einfügen eines Fragments mit einem Custom-Controller in einen View

Für eine optimale Isolation müssen Sie unter Berücksichtigung des Haupt-Controller-Codes darauf verzichten, auf die Controls des Fragments zuzugreifen und auf ähnliche Weise Fragment-Controller-Methode aufzurufen. Dadurch würde verworrener Code generiert, mit dem sich niemand befassen möchte. Durch eine klare Trennung zwischen der Komponente und dem View wird sichergestellt, dass bei jeder Änderung des Inhalts des Fragments oder seines Controllers der umfassende View und der Controller nicht beeinflusst werden.

Um mit einer solchen Komponente zu interagieren, müssen Sie Standardfunktionen von SAPUI5 verwenden, z. B. die folgenden:

- **Eigenschaften und Aggregationen**
  Geben an, welche Informationen (über bidirektionales Binding) in die Komponente hinein- oder aus ihr herausgehen können.
- **Ereignisse**
  Ermöglichen es der Komponente, den Controller über signifikante Ereignisse zu benachrichtigen.
- **Methoden**
  Exponieren das Verhalten des Controls, das nicht mit Eigenschaften erfüllt werden kann.

Daher muss ein Fragment behandelt werden wie ein SAPUI5-Control, das auch Eigenschaften, Ereignisse und Methoden hat.

Bevor sie veraltet war, bot die Klasse `XMLComposite` (siehe *http://s-prs.de/v1005038*) einen ähnlichen Ansatz, bei dem ein Control mit Eigenschaften und Ereignissen gestaltet und das Interface mit einem XML-Fragment implementiert werden konnte.

Sie können einen ähnlichen Mechanismus entwickeln, der das Fragment in einer Control-Definition kapselt. Beispielsweise erbt die in Listing 4.12 gezeigte Klasse von `FragmentControl` und definiert Eigenschaften, Ereignisse und eine API.


```
sap.ui.define([
  'samples/util/FragmentControl'
], function (FragmentControl) {
  return FragmentControl.extend('samples/applications/fgctl/control/
MyControl', {
    metadata: {
      properties: {
        label: { type: 'string', defaultValue: null },
        value: { type: 'string', defaultValue: '0' }
      },
      events: {
        change: {}
      }
    },

    /* @private */
    _onChange: function (event) {
      if (event.getParameter('value') === '') {
        this.setValue('0');
      }
      this.fireChange();
    },

    /* Increment the control value */
    inc: function () {
      this.setValue(parseInt(this.getValue() || '0', 10) + 1);
    },

    /* Decrement the control value */
    dec: function () {
      this.setValue(parseInt(this.getValue() || '0', 10) - 1);
    }
  });
});
```

Listing 4.12 Control-Controller-Fragment

Das Fragment in Listing 4.13 definiert das Aussehen und das Verhalten des resultierenden Controls. Der Speicherort basiert auf dem Namen der Kontrollklasse. Die Klasse `samples.applications.fgctl.control.MyControl` ist z. B. mit der Definition `samples/applications/fgctl/control/MyControl.fragment.xml` verknüpft. Die Basisklasse bindet die Eigenschaften über ein Modell namens `$this`, das die Control-Eigenschaften widerspiegelt, an die Implementierungsdetails.

```
<core:FragmentDefinition
  xmlns:core="sap.ui.core"
  xmlns="sap.m"
  xmlns:f="sap.ui.layout.form"
>
  <VBox>
    <f:SimpleForm
      layout="ResponsiveGridLayout"
    >
      <f:content>
        <Label text="{$this>/label}" />
        <Input value="{$this>/value}" type="Number" change="_
onChange" showClearIcon="true" />
      </f:content>
    </f:SimpleForm>
  </VBox>
</core:FragmentDefinition>
```

Listing 4.13 Fragment einer Control-Interface-Definition

Mit einem reaktiven Modell, das auf Gettern und Settern basiert, wie in Abschnitt 2.1.12, »Klassen«, beschrieben, überbrückt das `$this`-Modell die inneren Zustände der Controls mit äußeren Bindings. Weitere Details zu dieser Implementierung würden den Rahmen dieses Kapitels sprengen, ein funktionierendes Beispiel dieses Musters ist aber im Onlinebeispiel `fgtcl` (siehe *https://s-prs.de/v1005071*) verfügbar.

Dieses Control umschließt ein Zahlenfeld, das auf Inkrement- und Dekrement-Aktionen reagiert und seine Änderungen an den Außen-View signalisiert, wie in Abbildung 4.4 dargestellt.

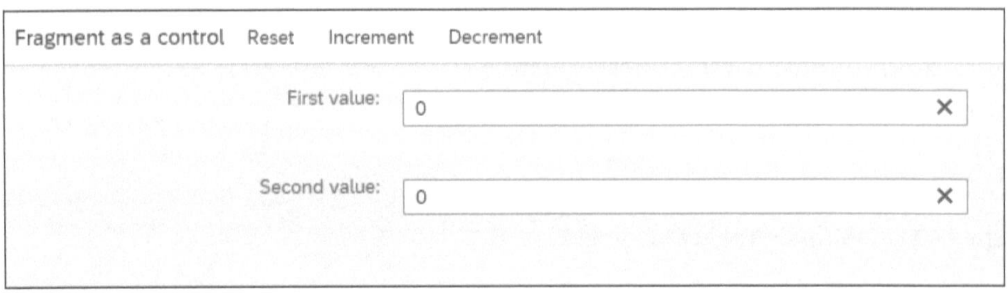

Abbildung 4.4 Fragment als Control

[!]

Die Fragment-Control-Utility-Klasse

Diese Utility-Klasse wurde zu Demonstrationszwecken gebaut und wird unverändert bereitgestellt. Weder die Autoren noch SAP befürworten oder unterstützen die Verwendung dieser Hilfsklasse.

Komposition

Ein weiterer Trick, der dabei helfen kann, die Größe eines Controllers zu reduzieren, ist die Komposition. Dieser Ansatz kann besonders beim Refactoring von Legacy-Anwendungen hilfreich sein, die bereits unter großen Controllern leiden.

Um die Gründe hinter dieser Technik zu verstehen, schauen wir uns genauer an, wie Controller-Klassen definiert werden. Nachdem Sie die Basis-Controller-Klasse importiert haben, können Sie sie um ein *Literalobjekt* erweitern, das die Liste der Eigenschaften und Methoden enthält, mit denen die Unterklasse angelegt werden soll, siehe Listing 4.14.

```
sap.ui.define([
  'samples/util/BaseController'
], function (BaseController) {
  return BaseController.extend('myApp.controller.ObjectController', {
    onInit: function (...args) {
      BaseController.onInit.call(this, ...args);
      /* Initialization */
    }

    /* properties and methods */
  });
});
```

Listing 4.14 Anlegen eines SAPUI5-Controllers mit einem Literalobjekt

Dieses Literalobjekt kann entweder ein einzelnes Objekt sein oder aus verschiedenen Quellen stammen.

Nach dem Anlegen der Klasse ist ihr Prototyp verfügbar und änderbar. Daher ist der Code aus Listing 4.15 Code äquivalent zu dem Code in Listing 4.14: Eigenschaften und Methoden können der Klasse nach dem Aufruf von `BaseController.extend` hinzugefügt werden.

```
sap.ui.define([
  'samples/util/BaseController'
], function (BaseController) {
```

```
  const ObjectController =
BaseController.extend('myApp.controller.ObjectController', {});

  ObjectController.prototype.onInit = function (...args) {
    BaseController.onInit.call(this, ...args);
    /* Initialization */
  };

  /* properties and methods */

  return ObjectController;
});
```

Listing 4.15 SAPUI5-Controller mit Prototypmodifikation anlegen

Wenn SAPUI5 einen Controller mit einem View verknüpft und die verschiedenen Event-Handler verbindet, wird überprüft, ob die Instanz des Controllers die erwarteten Methoden besitzt. Ob die Methode innerhalb des extend-Aufrufs deklariert oder dem Controller-Prototyp einfach hinzugefügt wurde, spielt keine Rolle.

Ein unmittelbarer Vorteil ist die Anwendung des Mixin-Konzepts. *Mixins* sind eine Reihe von Eigenschaften und Methoden, die für die Wiederverwendung in Klassen ohne Vererbung konzipiert wurden. Diese Art der Erstellung von Klassen ist besonders nützlich, wenn Sie mit Legacy-Code umgehen, der durch schlechte Praktiken (z. B. umfangreiche Verwendung von Copy & Paste) entstanden ist. Entwicklerinnen und Entwickler müssen die gemeinsamen Teile identifizieren und die Verhaltensweisen in dedizierte Mixins oder kleinere Chunks aufteilen, um die Lesbarkeit und Wartbarkeit der Codebasis zu verbessern.

Beispielsweise kann die Methode i18n so wie in Listing 4.16 in eine Funktion ausgelagert werden.

```
sap.ui.define([
  'sap/base/Log'
], function (Log) {
  return async function i18n (key, ...args) {
    let resourceBundle;
    try {
      resourceBundle = await this.getModel('i18n').getResourceBundle();
      return resourceBundle.getText(key, args);
    } catch (e) {
      Log.error('An exception occurred while calling i18n', e.toString(),
this.getMetadata().getName(), () => {
        return {
```

```
          resourceBundle,
          key,
          args
        };
      });
      return key; // Best we can do
    }
  };
});
```

Listing 4.16 Ausgelagerte i18n-Methode

Zugriff auf das i18n-Modell

In dieser Version der Methode muss das Modell `i18n` über `this.getModel('i18n')` verfügbar sein. Innerhalb eines Controllers ist die Methode `getModel` jedoch nicht vorhanden und sollte durch `this.getView().getModel` ersetzt werden. Die Basisklasse wird jedoch modifiziert, indem die Methode `getModel` mit einem Klassenmodifikator hinzugefügt wird (siehe Listing 4.17).

Anschließend werden diese Methode und die erforderliche Modifikation für den Zugriff auf das Modell dem Controller als Mixin hinzugefügt, wie in Listing 4.17 gezeigt.

```
sap.ui.define([
  'sap/ui/core/mvc/Controller',
  'samples/util/i18n',
  'samples/util/classModifiers/models',
  'samples/util/classModifiers/readOnlyProperties'
], function (Controller, i18n, models, eventBus, readOnlyProperties) {
  const BaseController = Controller.extend('samples.util.BaseController', {
    i18n
  });

  // Adds this.view as a readonly shortcut to this.getView()
  readOnlyProperties(BaseController, {
    view: function () {
      return this.getView();
    }
  });

  // Declare getModel by delegating the call to this.view.getModel
  models(BaseController, function () { return this.view; });
```

```
  return BaseController;
});
```

Listing 4.17 Verwenden des i18n-Mixins im Basis-Controller

Dieser leistungsstarke Mechanismus kann Modifikationen an Klassen replizieren, die keine gemeinsame Basisklasse haben und somit Konsistenz in Ihrer Codebasis gewährleisten und die Wiederverwendbarkeit fördern.

Merging

Durch die Erweiterung kann der Inhalt eines Controllers selbst in verschiedene Teile – oder Objekte – aufgeteilt werden, die schließlich bei der Deklaration der Klasse zu einem einzigen Objekt zusammengeführt (engl. Merging) werden. Diese Zusammenführung von Teilen kann entweder mit der nativen API `Object.assign` oder der JavaScript-ES6-Spread-Syntax erreicht werden.

Diese Strategie bietet mehrere Vorteile, z. B.:

- Die Größe des Controllers wird automatisch verringert, da er nur die Klasse basierend auf dem zusammengeführten Ergebnis deklariert.
- Es verhindert nicht, dass geerbte Methoden oder Methoden anderer Teile aufgerufen werden.
- Jeder Teil ist so konzipiert, dass er kleiner ist und sich auf einen bestimmten Aspekt der Benutzeroberfläche konzentriert. Am Ende sind die Teile leichter zu verstehen und zu warten.
- Jedes Teil hat eine begrenzte Anzahl von Abhängigkeiten, wodurch die potenziellen Auswirkungen reduziert werden, wenn eine Abhängigkeit geändert wird.

Es gibt jedoch einige Nachteile, wie etwa die folgenden:

- Da jeder einzelne Teil in einer separaten Datei gespeichert wird, müssen Sie sicherstellen, dass der Inhalt nicht mit einem anderen Teil in Konflikt steht oder doppelten Code enthält. Beispielsweise müssen die Namen der Methoden eindeutig sein, um Überschneidungen beim Zusammenführen zu vermeiden.
- Einige Methoden eines Teils können von Methoden abhängen, die in einem anderen Teil implementiert sind. Diese Abhängigkeit kann beim Lesen oder Debuggen des Codes verwirren. Es erhöht auch das Risiko, dass der Code zwischen den verschiedenen Teilen durcheinandergebracht wird. Die Autorinnen und Autoren der verschiedenen Teile müssen Disziplin haben und einen gemeinsamen Teil schaffen, der häufig wiederverwendete Methoden umgruppiert.

- Während der Initialisierungs- und Shutdown-Phasen eines Controllers benötigen einige Teile möglicherweise eine eigene Logik. Die Verwendung von nur einer `onInit`- oder `onExit`-Methode kann verwirrend sein, da die Logik auf mehrere Dateien verteilt ist.
- Leider kann das individuelle Testen jedes Teils aufgrund von Abhängigkeiten (mit anderen Teilen und mit der Basisklasse) komplex sein. Wenn dies nicht möglich ist, empfehlen wir, zumindest den aggregierten Controller zu testen.

Um einige dieser Nachteile zu beheben, kann ein Helper automatisch Kollisionen erkennen und die Initialisierungs- und Abschaltphasen jedes einzelnen Teils verwalten. Jeder Teil deklariert seine eigenen Methoden `onInit` und `onExit`, und der Helper aggregiert sie während der Zusammenstellung des endgültigen Controller-Inhalts.

In Listing 4.18 und Listing 4.19 sehen Sie als Beispiel zwei Teile eines Controllers.

```
sap.ui.define([
  /* ... Part 1 dependencies ... */
], function () {
  return {
    onInit: function () {
      /* ... specific to part 1 ... */
    },

    onExit: function () {
      /* ... specific to part 1 ... */
    }

    /* ... specific to part 1 ... */
  };
});
```

Listing 4.18 Controller, Teil 1

```
sap.ui.define([
  /* ... Part 2 dependencies ... */
], function () {
  return {
    onInit: function () {
      /* ... specific to part 2 ... */
    },

    onExit: function () {
      /* ... specific to part 2 ... */
    }
```

```
    /* ... specific to part 2 ... */
  };
});
```

Listing 4.19 Controller, Teil 2

Der Helper aus Listing 4.20 führt nicht nur alle angegebenen Teile zusammen, sondern stellt auch die Methoden `onInit` und `onExit` basierend auf dem in jedem Teil gefundenen Code zusammen.

```
sap.ui.define([], function () {
  function wrap (methods, definition, member) {
    const filteredMethods = methods.filter(Boolean);
    if (filteredMethods.length) {
      definition[member] = function (...args) {
        filteredMethods.forEach((method) => method.apply(this, args));
      };
    }
  }

  return function controllerCompose (...parts) {
    const definition = {};
    const onInits = [];
    const onExits = [];
    parts.forEach(({ onInit, onExit, ...members }) => {
      onInits.push(onInit);
      onExits.push(onExit);
      Object.keys(members).forEach((name) => {
        if (Object.prototype.hasOwnProperty.call(definition, name)) {
          throw new Error(`Conflict detected on property ${name}`);
        }
      });
      Object.assign(definition, members);
    });
    wrap(onInits, definition, 'onInit');
    wrap(onExits, definition, 'onExit');
    return definition;
  };
});
```

Listing 4.20 Controller-Composer zum Aggregieren von Teilen und Generieren der »onInit«- und »onExit«-Methoden

Schließlich wird der Controller-Code erstellt, indem alles zusammengeführt wird, wie in Listing 4.21 gezeigt.

```
sap.ui.define([
  'samples/util/BaseController',
  'samples/util/controllerCompose',
  './Main/common',
  './Main/part1',
  './Main/part2'
], function (BaseController, controllerCompose, common, part1, part2) {
  return BaseController.extend('samples.applications.ctlcmp.controller.Main',
    controllerCompose(common, part1, part2)
  );
});
```

Listing 4.21 Controller durch Zusammenführung mehrerer Teile

Den vollständigen Quellcode für dieses Beispiel finden Sie im Onlinebeispiel `ctlcmp` (siehe *https://clean-ui5.github.io/samples/ctlcmp*).

[«]

> **Hinweis zu TypeScript**
>
> Der Mechanismus zum Zusammenführen mehrerer Objekte zum Erstellen einer SAPUI5-Klasse ist nicht verfügbar, wenn TypeScript und das Schlüsselwort `class` verwendet werden.

Von der Control-Entwicklung bis zur Klassenkomposition bieten das SAPUI5-Framework und JavaScript viele Werkzeuge, mit denen Entwicklerinnen und Entwickler die Größe von Controllern steuern können. Nun gibt es keinen gültigen Grund für die Ansammlung von Code in einem Controller, bis er unüberschaubar wird.

4.1.3 Dialoge

In kleinerem Maßstab schlägt SAPUI5 die Control-Klasse `sap.m.Dialog` (siehe *https://ui5.sap.com/#/api/sap.m.Dialog*) vor, um Popup-Dialoge in Anwendungen zu erstellen und anzuzeigen. Da sie modal sind, konzentrieren sich Dialoge auf kleinere Teile der Benutzeroberfläche. Sie müssen geschlossen werden, bevor ein Benutzer wieder mit dem aktuellen View arbeiten kann.

Für Dialoge gibt es eine Reihe von Designempfehlungen, insbesondere:

- Eine Anwendung sollte immer nur einen Dialog anzeigen: Das Übereinanderstapeln von Dialogen ist schlecht für die User Experience (UX).

- Dialoge sollten nicht unübersichtlich sein: Sie müssen klein und einfach zu bedienen sein.

Auch die einfachsten Dialoge erfordern jedoch noch etwas Logik. Aufgrund dieser Einfachheit neigen Entwicklerinnen und Entwickler dazu, diese Logik direkt in dem Controller zu implementieren, der den Dialog öffnet. In der Tat ist ein Dialog ein Control wie jedes andere und kann wie in Listing 4.22 direkt im View-Link deklariert werden.

```
<mvc:view
  xmlns:mvc="sap.ui.core.mvc"
  xmlns="sap.m"
  xmlns:semantic="sap.m.semantic"
  controllerName="myApp.controller.InfoPage"
>
  <semantic:DetailPage>
    <semantic:content>
      <Panel id="info">
        <!-- info panel -->
      </Panel>
      <Panel id="history">
        <!-- history panel -->
      </Panel>
      <Dialog id="popup">
        <content>
          <!-- dialog content -->
        </content>
        <beginButton>
          <Button text="{i18n>dialog.btn.OK}" press="onDialogOK" />
        </beginButton>
        <endButton>
          <Button text="{i18n>dialog.btn.Cancel}" press="onDialogCancel" />
        </endButton>
      </Dialog>
    </semantic:content>
  </semantic:DetailPage>
</mvc:view>
```

Listing 4.22 Dialog direkt in einem View deklariert

Es gibt mehrere Vorteile bei der Deklaration des Dialogs in einem View. Dazu gehören folgende:

- Der Dialog ist erst sichtbar, wenn er explizit als Popup-Fenster geöffnet wird und hat somit keinen Einfluss auf den View-Aspekt.
- Der Dialog wird abhängig vom View. Infolgedessen erbt der Dialog alle Modelle, die seinem übergeordneten Element gehören. Insbesondere erhält der Dialog den `i18n`, was Übersetzungen ermöglicht. Wichtiger ist, dass beim Zerstören des Views der Dialog ebenfalls zerstört wird.
- Der View-Controller wird zur Implementierung von Event-Handlern verwendet, d. h., die Methoden `onDialogOK` und `onDialogCancel` müssen wie in Listing 4.22 im Controller `myApp.controller.InfoPage` vorhanden sein.

Aber ist es wirklich sinnvoll, die Methoden `onDialogOK` und `onDialogCancel` im View-Controller zu haben? Möchten wir generell den View-Controller mit der Implementierungslogik jedes Dialogs verschmutzen, den er verwendet? Wenn Sie den vorherigen Abschnitt gelesen haben, kennen Sie die Antwort bereits.

Das Kapseln der Dialogimplementierung in einer eigenen Klasse entkoppelt den Dialog vom Controller und ermöglicht dessen Wiederverwendbarkeit. Diese Kapselung reduziert auch die Größe des Controllers, der nun nicht mehr mit dem Dialogverhalten umgehen muss. Auch in diesem Fall ist der Fragmentmechanismus geeignet, um den Dialoginhalt zu deklarieren und mit einem dedizierten Controller zu verknüpfen. Auf diese Weise ist die Dialogimplementierung vollständig isoliert, und der Controller muss sie nicht besitzen. Um jedoch sicherzustellen, dass der Dialog nicht alle Modelle empfängt, muss er als abhängig von einem View festgelegt werden.

Dieser Prozess kann in einer Basisklasse gekapselt werden, die als Controller fungieren würde, das Fragment lädt und den resultierenden Dialog mit dem View verknüpft. Das Onlinebeispiel `dlghlp` (siehe *https://clean-ui5.github.io/samples/dlghlp*) veranschaulicht dieses Muster, das in der Basisklasse `samples/util/DialogController` implementiert ist.

Die Utility-Klasse bietet folgende Eigenschaften:

- **view**
  der View, von dem der Dialog abhängig sein soll
- **contentWidth**
  die erwartete Breite des Dialoginhalts (optional)
- **contentHeight**
  die erwartete Höhe des Dialoginhalts (optional)

Die Utility-Klasse simuliert ein Controller-Interface über folgende Methoden:

- **onInit**
  eine Methode, die beim ersten Öffnen des Dialogs aufgerufen wird

- **onExit**
  eine Methode, die aufgerufen wird, wenn der Dialog zerstört wird
- **byId**
  eine Methode zum Auswählen eines beliebigen Steuerelements, das im Dialog definiert ist

Einige zusätzliche Methoden werden jedoch übersteuert:

- **onBeforeOpen**
  eine Methode, die aufgerufen wird, bevor das Dialogfeld geöffnet wird; die richtige Stelle zum Initialisieren des Dialoginhalts
- **onAfterClose**
  eine Methode, die vor dem Öffnen des Dialogs aufgerufen wird; die richtige Stelle für eine Bereinigung

Durch Symmetrie können auch die Methoden `onAfterOpen` und `onBeforeClose` übersteuert werden.

Das Fragment, das den Dialog definiert, wird automatisch aus dem Klassennamen abgeleitet. Beispielsweise ruft die Klasse `samples.applications.dlghlp.dialog.ExampleDialog` die Dialogdefinition aus dem Fragment `samples/applications/dlghlp/dialog/ExampleDialog.fragment.xml` ab.

Der Dialog wird mit der Methode `open` geöffnet. Beim ersten Aufruf lädt die Methode das Fragment, verbindet den Controller und den View und bindet alle Dialogereignisse ein. Um die Synchronisation zu vereinfachen, gibt die Methode `open` ein Promise zurück, das aufgelöst wird, wenn der Dialog geschlossen wird.

[»]

Schließen eines Dialogs

Die falsche Behandlung des Dialogabschlusses ist ein häufiger Fehler in SAPUI5-Projekten. Normalerweise ist der Dialog mit Buttons zum Schließen wie **OK** oder **CANCEL** ausgestattet. Entwicklerinnen und Entwickler erwarten keine andere Reaktion und bauen den Code um die zugehörigen Event-Handler auf. Der Dialog kann jedoch auch in den folgenden Situationen geschlossen werden:

- beim Drücken der [Esc]-Taste
- wenn eine Routing-Navigation erfolgt (siehe Eigenschaft `closeOnNavigation` unter *http://s-prs.de/v1005039*, eingeführt in SAPUI5-Version 1.72)

Die sicherste Möglichkeit, das Schließen eines Dialogs zu erkennen, ist die Behandlung des Ereignisses `onclose`. Die Utility-Klasse ist auf dieses Ereignis angewiesen.

Die Utility-Klasse bietet auch die `setResult`-Methode an, die einen Wert an den Initiator des Dialogs überträgt, der den aufgelösten Wert des von der Methode `open` zurückgegebenen Promises festlegt. Diese Klasse bietet dem öffnenden Controller die Möglichkeit, auf Dialoginformationen zuzugreifen, ohne die darin enthaltenen Controls abfragen zu müssen.

Der im Beispiel implementierte Dialog `ExampleDialog` nutzt die Utility-Klasse und ist in zwei separate Teile aufgeteilt. Der erste Teil ist eine controller-ähnliche Klasse, wie Sie in Listing 4.23 sehen.


```
sap.ui.define([
  'samples/util/DialogController',
  'sap/m/MessageToast'
], function (DialogController, MessageToast) {
  return DialogController.extend('samples.applications.dlghlp.dialog.ExampleDi
alog', {
    onInit: async function () {
      this.byId('switch').setTooltip(await this.i18n('dialog.switch.label'));
      this.defaultModel = {};
    },

    onExit: async function () {
      MessageToast.show(await this.i18n('dialog.destroyed'));
    },

    onBeforeOpen: function () {
      this.defaultModel.setData({
        state: false
      });
    },

    onOK: function () {
      this.setResult(this.defaultModel.getData());
      this.close();
    },

    onCancel: function () {
      this.setResult(null);
      this.close();
    }
  });
});
```

Listing 4.23 »ExampleDialog«-Controller

Der zweite Teil, siehe Listing 4.24, ist das Fragment, das den Dialog selbst definiert.

```
<core:FragmentDefinition
  xmlns:core="sap.ui.core"
  xmlns="sap.m"
>
  <Dialog
    title="{i18n>dialog.title}"
  >
    <content>
      <Panel>
        <VBox>
          <Label text="{i18n>dialog.switch.label}" />
          <Switch id="switch"
            state="{/state}"
            customTextOn="{i18n>dialog.switch.on}"
            customTextOff="{i18n>dialog.switch.off}"
          />
        </VBox>
      </Panel>
    </content>
    <beginButton>
      <Button text="{i18n>dialog.btn.OK}" press="onOK" />
    </beginButton>
    <endButton>
      <Button text="{i18n>dialog.btn.Cancel}" press="onCancel" />
    </endButton>
  </Dialog>
</core:FragmentDefinition>
```

Listing 4.24 »ExampleDialog«-Fragment

Um den Dialog anzuzeigen, importiert der Anwendungs-Controller die entsprechende Klasse, legt eine Instanz in der Methode `onInit` an und löst bei Bedarf `open` aus, wie in Listing 4.25 gezeigt.

```
sap.ui.define([
  'samples/util/BaseController',
  'samples/util/asyncEventHandler',
  'samples/applications/dlghlp/dialog/ExampleDialog',
  'sap/m/MessageToast'
// eslint-disable-next-line max-params
], function (BaseController, asyncEventHandler, ExampleDialog, MessageToast) {
  return BaseController.extend('samples.applications.dlghlp.controller.Main',
{
    onInit: function () {
```

```
      this._dialog = new ExampleDialog({
        view: this.getView()
      });
    },

    onShow: asyncEventHandler(async function () {
      const result = await this._dialog.open();
      MessageToast.show(`Dialog result is ${JSON.stringify(result)}`);
    })
  });
});
```

Listing 4.25 Verwendung der Klasse »ExampleDialog«

Dieser kleine Helper veranschaulicht, wie Sie eine Dialogimplementierung in einer separaten Klasse isolieren und den Controller-Inhalt beibehalten.

[!]

»DialogController«-Utility-Klasse

Dieser Helper wurde zu Demonstrationszwecken gebaut und wird unverändert bereitgestellt. Weder SAP noch die Autoren dieses Buches befürworten oder unterstützen die Verwendung dieses Helpers.

4.2 Modullebenszyklus

Eine SAPUI5-Anwendung besteht aus verschiedenen Dateitypen, z. B.:

- **Statische Dateien**
  Einige Dateien stellen die Schnittstelle zusammen (z. B. XML-Views, Fragmente und Bilder), andere stellen eine Konfiguration bereit (**manifest.json**, **i18n.properties** usw.).
- **JavaScript-Dateien (oder Module)**
  Diese Dateien werden während der Ausführung der Anwendung geladen und ausgewertet. Diese *Module* können unterschiedliche Zwecke haben und als Controller, Formatter, Helper oder Klassendefinitionen dienen.

Es ist ein tiefgreifendes Verständnis dafür erforderlich, wie Module geladen (und möglicherweise entladen) werden, damit sichergestellt werden kann, dass die Anwendung keine Ressourcen verliert und nicht unter den Nebeneffekten früherer Ausführungen leidet.

In diesem Abschnitt erläutern wir den Lebenszyklus von Modulen, indem wir definieren, wie sie verwaltet werden, während die Anwendung ausgeführt wird, und Themen hervorheben, die Aufmerksamkeit erfordern.

4.2.1 Ausführungskontext

Eine SAPUI5-Anwendung ist so konzipiert, dass sie entweder als eigenständige Anwendung (als sogenannte *Standalone-Anwendung*) oder als ausführbare Komponente in ein Launchpad integriert wird.

Im ersten Fall startet die Anwendung beim Öffnen ihrer URL. Beispielsweise ist die SAPUI5-Warenkorb-Anwendung, die in Abbildung 4.5 dargestellt ist, eine eigenständige Anwendung (siehe *http://s-prs.de/v1005040*).

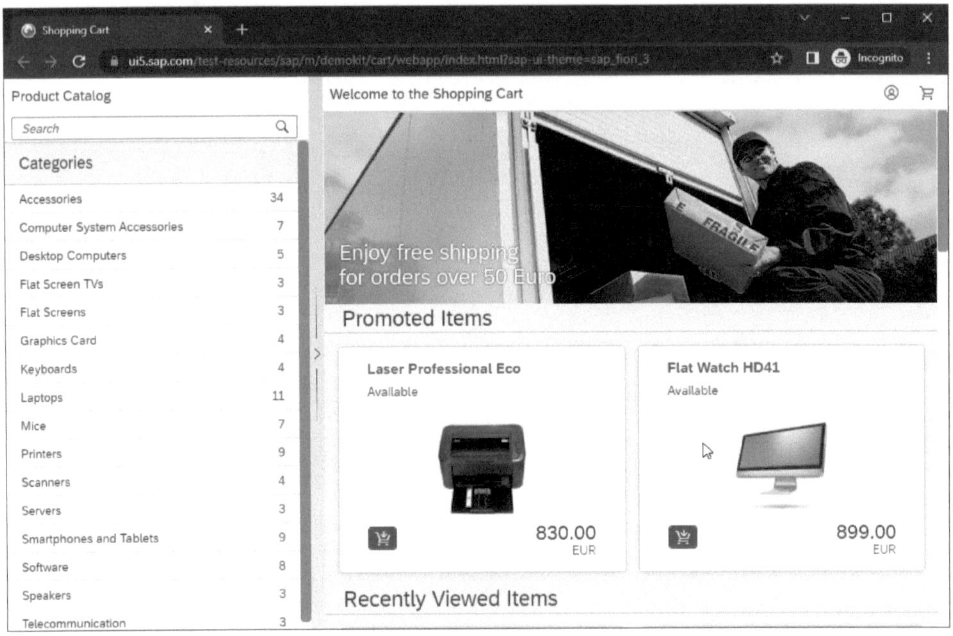

Abbildung 4.5 Eigenständige SAPUI5-Anwendung

Eine Möglichkeit, eine Anwendung zu entladen, besteht darin, durch Ändern der Browser-URL von der Anwendung wegzunavigieren. In diesem Fall verwirft der Browser den Speicher, der der Anwendung zugeordnet ist, und die nächste Seite wird in einem leeren Kontext geladen. Wenn der Benutzer im Browserverlauf zurückklickt, wird die Anwendung als neue Seite neu geladen.

Wenn die Anwendung Teil einer größeren Anwendung ist, wie das Launchpad in Abbildung 4.6, ist ihr Lebenszyklus etwas komplexer. In der Regel erfordert die Kachel nicht, dass die Anwendungsmodule geladen werden. Das heißt, die Anwendung wird erst geladen, wenn der Benutzer auf ihre Kachel klickt.

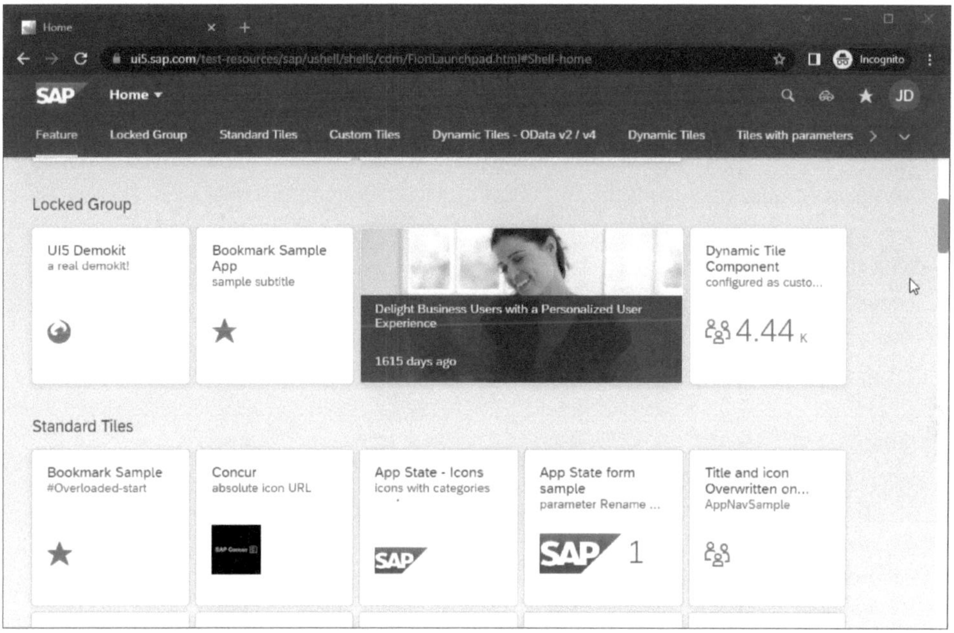

Abbildung 4.6 SAPUI5-Launchpad

Beim ersten Start einer Anwendung werden das Komponentenmodul (*Component.js*) und alle seine Abhängigkeiten geladen und ausgewertet. Nach Abschluss der Anwendung klickt der Benutzer auf den Button für die Startseite oder navigiert zurück zum Launchpad. Anschließend werden die Anwendungskomponente und alle ihre abhängigen Controls vernichtet. Alle Module bleiben jedoch im Speicher.

Wenn der Benutzer erneut auf die Anwendungskachel klickt, wird die Komponente erneut instanziiert, aber die Module sind bereits im Browserspeicher zwischengespeichert. Dieser wichtige Unterschied wirkt sich auf das Design von Modulen aus.

4.2.2 Laden und Caching

Ein SAPUI5-Modul beginnt entweder mit `sap.ui.require` oder mit `sap.ui.define`. Beim Aufruf mit einem Array von Abhängigkeiten und einer Funktion (genannt *Factory-Funktion*) verhalten sich beide Methoden identisch. Beide laden die Liste der Abhängigkeiten asynchron, und wenn alles verfügbar ist, wird die Factory-Funktion aufgerufen. Die `sap.ui.require`-Methode ignoriert den von der Factory-Funktion zurückgegebenen Wert, während die `sap.ui.define`-Methode das aktuelle Modul mit ihm verknüpft. Dieser Wert ist der *Export* des Moduls, das wiederverwendet wird, wenn dieses Modul als Abhängigkeit injiziert wird.

Sehen wir uns das Modulbeispiel in Listing 4.26 an, um zu verstehen, wie SAPUI5 lädt und das Modul auswertet.

```
sap.ui.define([
  'sap/ui/core/UIComponent',
  'samples/util/classModifiers/eventBus',
  'samples/util/classModifiers/models'
], function factory (UIComponent, eventBus, models) {
  let numberOfTimesOpened = 0;

  const Component =
 UIComponent.extend('samples.applications.gstate.Component', {
    metadata: {
      manifest: 'json'
    },

    init: function (...args) {
      UIComponent.prototype.init.apply(this, args);
      ++numberOfTimesOpened;
      this.defaultModel = {
        numberOfTimesOpened
      };
      this.eventBus.subscribe('gstate', 'reset', this.onReset, this);
    },

    exit: function () {
      this.eventBus.unsubscribe('gstate', 'reset', this.onReset);
    },

    onReset: function () {
      numberOfTimesOpened = 0;
      this.defaultModel = {
        numberOfTimesOpened
      };
    }
  });

  eventBus(Component);
  models(Component);

  return Component;
});
```

Listing 4.26 SAPUI5-Modul

Zunächst löst `sap.ui.define` das Array der Abhängigkeiten auf. Unter der Annahme, dass die Anwendung zum ersten Mal geladen wird, beginnt SAPUI5 mit der Übersetzung jedes Abhängigkeitsnamens in URLs der zu ladenden Ressourcen. `samples/util/classModifiers/eventBus` wird z. B. in `./util/classModifiers/eventBus.js` konvertiert, während die Resource Roots `samples` mit `./` verknüpfen, wie in Listing 4.27 gezeigt.

```
<script id="sap-ui-bootstrap"
  src="https://ui5.sap.com/resources/sap-ui-core.js"
  data-sap-ui-resourceroots='{
    "samples": "./"
  }',
  data-sap-ui-async="true">
</script>
```

Listing 4.27 Resource-Roots-Definition

[«]

Die Methode »sap.ui.require.toUrl«

Die Methode `sap.ui.require.toUrl` (siehe *http://s-prs.de/v1005019*) übersetzt einen Modulnamen in eine URL.

Sobald die Ressourcenlokation bekannt ist, wird die Abhängigkeit geladen und ausgewertet. Wenn das geladene Modul auch mit `sap.ui.define` oder `sap.ui.require` beginnt, werden seine Abhängigkeiten rekursiv verarbeitet.

[«]

Debugging der Ladereihenfolge

Wenn die Anwendung nicht mit den SAPUI5-Command-Line-Tools (CLI-Tools) verkleinert ist, können Sie nachverfolgen, wie Ressourcen geladen werden, indem Sie die Registerkarte **Netzwerk** des Browser-Debuggers prüfen. Wenn die Anwendung jedoch verkleinert ist, d. h., die Anwendung beginnt mit dem Laden der Datei **component-preload.js**, werden die Ressourcen nicht mehr geladen. Sie sind alle bereits in **component-preload.js** enthalten. Dennoch werden Ressourcen bei Bedarf rekursiv ausgewertet.

Das Modul `sap/ui/core/UIComponent` ist im SAPUI5-Bootstrap enthalten und wird mit der Ressource `sap-ui-core.js` geladen. Für jede Abhängigkeit, die `sap.ui.define` verwendet, wird das Ergebnis der Factory-Funktion mit dem Modulnamen verknüpft. Wenn alle Abhängigkeiten aufgelöst sind, ruft `sap.ui.define` die Factory-Funktion in unserem Beispiel auf. Die abhängigen Modulwerte werden als Parameter in der gleichen Reihenfolge wie in der Abhängigkeitsliste übergeben.

Innerhalb der Factory-Funktion ist jede deklarierte Funktion an ihren übergeordneten Kontext gebunden. In unserem Beispiel wird die Variable `numberOfTimesOpened` deklariert, und die Funktion `onInit` ist ein Closure, das sich diese Variable merkt.

Schließlich wird die Klasse `Component` am Ende der Factory-Funktion zurückgegeben und mit dem Modulnamen verknüpft, der der Datei `samples/applications/gstate/Component` entspricht.

Da diese Klasse die Komponentenklasse der Anwendung ist, instanziiert SAPUI5 sie bei jedem Start der Anwendung. Bei der Initialisierung der Anwendung stößt das Framework die Methode `onInit` an. In unserem Beispiel erhöht diese Methode die Variable `numberOfTimesOpened`.

Wenn die Anwendung später vernichtet wird, führt SAPUI5 die Methode `onExit` aus. Das Modul wird jedoch nicht entladen (worauf wir im nächsten Abschnitt weiter eingehen werden), sodass die Variable `numberOfTimesOpened` ihren Wert behält. Folglich wird die Variable bei jedem Neustart der Anwendung wieder erhöht. Dieses Verhalten wird im Onlinebeispiel `gstate` veranschaulicht (siehe *https://clean-ui5.github.io/samples/gstate*).

4.2.3 Lebenszyklus einer Single-Page-Anwendung

Im vorherigen Abschnitt haben wir einen wichtigen Aspekt in Bezug auf den Umgang von SAPUI5 mit Single-Page-Anwendungen hervorgehoben: Es gibt keinen Mechanismus zum Entladen eines Moduls. Sein *Zustand*, d. h. die im Kontext der Factory-Funktion definierten Variablen und Funktionen, bleiben im Speicher und werden bei Bedarf wiederverwendet.

Das Framework normalisiert den Anwendungslebenszyklus, und mehrere Einstiegspunkte informieren die Entwicklerinnen und Entwickler, wenn Folgendes eintritt:

- Eine Anwendung wird gestartet: Die `onInit` Methode der Komponentenklasse wird aufgerufen.
- Ein angelegter View: Die `onInit`-Methode des zugehörigen Controllers wird aufgerufen.
- Ein View wird zerstört: Die `onExit`-Methode des zugehörigen Controllers wird aufgerufen.
- Eine Anwendung wird zerstört: Die `onExit`-Methode der Komponentenklasse wird aufgerufen.

[»]

Navigation zwischen Anwendungen

Eine Anwendung kann die Navigation zu einer anderen Anwendung innerhalb des Launchpads ermöglichen. Beispielsweise kann der Name des Kunden in der Kundenauftragsanwendung als anklickbarer Link angezeigt werden, über den die Anwendung für die Kundendetails geöffnet wird. Wenn diese Navigation erfolgt, kümmert sich das Launchpad darum, die erste Anwendung zu zerstören, bevor die nächste initialisiert wird.

Neben diesen standardisierten Mechanismen ist jedoch nichts auf Modulebene definiert, das darauf hinweist, wann ein Modul nutzlos wird, weil die Anwendung zerstört wird. Daher sind die Modulentwicklerinnen und Modulentwickler für die Verwaltung des Modulstatus verantwortlich und müssen bei Bedarf Initialisierungs- und Destrukturierungs-Helper implementieren und exponieren.

Nehmen wir beispielhaft an, ein Modul ist definiert, das eine Liste von Einstellungen verarbeitet, die vom Backend zurückgegeben werden. Die Oberfläche ist recht einfach, wie Sie in Listing 4.28 sehen.

```
/* eslint-disable prefer-const */
sap.ui.define([
  /* ... dependencies ... */
], function (/* ... dependencies ... */) {
  let cache = null;

  return {
    /**
     * Retrieve server setting
     * @param {string} name - name of the setting
     * @return {Promise<object|string|number>} Resolved with setting value
     */
    getSetting: function (name) {
      if (cache === null) {
        /* ... implementation details ... */
      }
      return cache[name];
    }
  };
});
```

Listing 4.28 Grundstruktur eines Moduls zur Behandlung von Einstellungen

Da alle Views der Anwendung auf die geladenen Einstellungen zugreifen, implementiert ein Entwickler oder eine Entwicklerin einen Cache, um diese Einstellungen nur einmal herunterzuladen und zu speichern. Innerhalb der Factory-Funktion des Moduls merkt sich die Variable cache die zwischengespeicherten Werte. Wenn diese Einstellungen nicht zu oft geändert werden, beschließt das Team, sie beizubehalten, auch wenn die Anwendung entladen und neu gestartet wird.

Angenommen, das Team möchte dasselbe Modul in einer anderen Anwendung nutzen und bestimmt, dass es in eine Bibliothek aufgenommen werden muss. Nun verwenden zwei Anwendungen dasselbe Modul mit einer leicht modifizierten Signatur, wie Listing 4.29 zeigt.

```
/* eslint-disable prefer-const */
sap.ui.define([
  /* ... dependencies ... */
], function (/* ... dependencies ... */) {
  let cache = null;

  return {
    /**
     * Retrieve server setting
     * @param {string} service - name of the backend service to query
     * @param {string} name - name of the setting
     * @return {Promise<object|string|number>} Resolved with setting value
     */
    getSetting: function (service, name) {
      if (cache === null) {
        /* ... implementation details ... */
      }
      return cache[name];
    }
  };
});
```

Listing 4.29 Modifizierte Schnittstelle eines Moduls zur Behandlung von Einstellungen

Leider hat die zweite Anwendung nicht die gleiche Anforderung, und die Einstellungen müssen jedes Mal neu geladen werden. Außerdem ist der Code so entwickelt, dass die Indizierung der Einstellungen über den Servicenamen einen hohen Overhead erzeugt.

Um dieses Problem zu beheben, kann das Modul geändert werden, um zwei neue Methoden bereitzustellen:

- **init**
  Die Methode wird beim Start der Anwendung aufgerufen und löst das Laden der Einstellungen aus dem Backend aus.
- **exit**
  Diese Methode wird vor der Zerstörung der Anwendung aufgerufen. Sie leert den Cache, um sicherzustellen, dass der zugehörige Speicher freigegeben wird, damit die nächste Ausführung neu beginnen kann.

Die neue Oberfläche sehen Sie in Listing 4.30.

```
sap.ui.define([
  /* ... dependencies ... */
], function (/* ... dependencies ... */) {
  let cache;

  return {
    /**
     * Initialize the module
     * @param {string} service - name of the backend service to query
     * @return {Promise<void>} Resolved when settings are loaded
     */
    init: function (service) {
      /* ... implementation details ... */
    },

    /**
     * Retrieve server setting
     * @param {string} name - name of the setting
     * @return {Promise<object|string|number>} Resolved with setting value
     */
    getSetting: function (name) {
      /* ... implementation details ... */
      return cache[name];
    },

    /* Destroy the module, release associated memory */
    exit: function () {
      /* ... implementation details ... */
      cache = null;
    }
  };
});
```

Listing 4.30 Modul-Handling-Einstellungen bereit zum Initialisieren und Zerstören

In diesem Beispiel ist der Aufruf der Methoden `init` und `exit` in den entsprechenden Methoden `onInit` und `onExit` der Anwendungskomponente sinnvoll. Auf diese Weise können Sie sicherstellen, dass das Modul vor und nach dem Öffnen der Anwendung zurückgesetzt wird.

Beachten Sie, dass geladene Module nach dem Vernichten einer Anwendung nicht entladen werden. Wenn ein Modul einen Zustand hat, sind zusätzliche Mechanismen erforderlich, die wir als Nächstes beschreiben werden.

4.3 Wiederverwendbarkeit und Testbarkeit

In den vorangegangenen Abschnitten sind wir darauf eingegangen, warum es wichtig ist, die Größe der Controller-Module zu begrenzen. Betrachtet man die vorgeschlagenen Lösungen, besteht ein großer Trend darin, kleinere Module zu schaffen, um größere zu bauen. Paradoxerweise wird ein Projekt durch die Vereinfachung größerer Module komplexer, da es mehr Dateien enthält. Wir haben auch den Lebenszyklus von Modulen untersucht und beschrieben, welche Zustände gelöscht werden müssen, um unerwartete Nebenwirkungen zu vermeiden.

Daher sind einige Richtlinien erforderlich, um das Design dieser Module zu verbessern. In diesem Abschnitt erhalten Sie einige Tipps und Tricks für die Entwicklung sauberer Module, die in eine umfassende Architektur passen:

- Ein Modul muss einen klaren und expliziten Zweck haben. Unabhängig davon, ob das Modul eine Klasse oder eine Liste von Funktionen exportiert, sollte seine Schnittstelle diesen Zweck widerspiegeln und selbsterklärend sein.
- Wenn das Modul Eigentümer oder Verwalter eines Zustands ist, müssen Lebenszyklushelfer bereitgestellt werden.
- Um die ordnungsgemäße Verwendung des Moduls zu gewährleisten, muss es dokumentiert werden.
- Außerdem muss das Modul getestet werden.

Ziel ist es, sicherzustellen, dass jedes Modul leicht zu verstehen und somit auch leicht zu warten ist. In größerem Maßstab garantieren diese Empfehlungen auch, dass die Anwendungsarchitektur aus übergreifenden Teilen besteht, die sich reibungslos miteinander integrieren lassen.

4.3.1 Schnittstelle definieren

Ein Modul definiert entweder eine Klasse (ein *Klassenmodul*) oder exponiert eine Liste von Konstanten und/oder Methoden (ein *Servicemodul*).

In den SOLID-Prinzipien (auf die wir in Abschnitt 4.4.2, »Klassenmodule«, ausführlich eingehen werden) steht das S für das *Single-Responsibility-Prinzip*. Es sollte nicht mehr als einen Grund gegeben, warum sich eine Klasse ändert; die Klasse hat nur eine Zuständigkeit. Sie können dieses Prinzip auf Module anwenden, und daher müssen Sie vor der Erstellung eines neuen Moduls die Frage stellen: »Warum brauche ich es?«

Die Antwort muss kurz und präzise sein. Wenn Sie in Zukunft auf das Modul zurückblicken, da ein Leser bzw. eine Leserin möglicherweise keine Zeit hat, die Implementierung zu lesen, sollte der Zweck eines Moduls leicht verständlich sein, indem er sich einfach den Namensraum, den Namen und den Export des Moduls ansieht.

Beispielsweise stellt das Modul `/myApp/constants` eine Liste von Konstanten bereit, die in der gesamten Anwendung verwendet werden. Ebenso enthält das Onlinebeispielprojekt (siehe *https://github.com/Clean-UI5/samples*) die in Abbildung 4.7 dargestellten Hilfsmittel. Ihre Namen sind selbsterklärend.

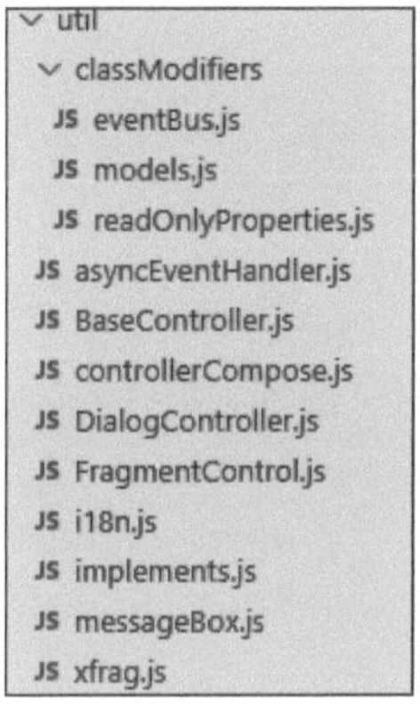

Abbildung 4.7 Liste der im Onlinebeispielprojekt enthaltenen Utility-Module

Sie können den Zweck einer Klasse oder eines Services auf verschiedene Arten deutlich machen:

- **Durch die Verwendung des richtigen Modulnamens**
  Vermeiden Sie generische Namen (`util`, `tools`, `Manager` usw.), und verwenden Sie stattdessen Namen, die die exponierten Klassen (`Node`, `BaseController`) oder das Ziel des Moduls (`formatters`, `models`, `messageBox` usw.) widerspiegeln. Wenn es sich bei dem Modul um ein Klassenmodul handelt, empfiehlt es sich, einen Großbuchstaben zu verwenden.
- **Durch die Verwendung des richtigen Namensraums**
  Es gibt keine Begrenzungen für die Länge eines Namensraums oder die Anzahl der in einem SAPUI5-Projekt enthaltenen Dateien. Sie können bei der Definition von Namensräumen auch ins Detail gehen. Wenn beispielsweise mehrere Servicemodule für die Verarbeitung von Kalenderinformationen benötigt werden, könnte `myApp/util/calendar/` ein gemeinsamer Wurzelnamensraum sein.
- **Durch das Schreiben von konsistenten Sets von Methodennamen**
  Denken Sie daran, dass SAPUI5 einen Modulwert mit einem benannten Parameter innerhalb des Importmoduls assoziiert. Wenn ein Caching-Modul importiert wird, könnte der Parametername `cache` lauten. Folglich können die exponierten Metho-

den einfach `getItem`, `setItem`, `removeItem` und `clear` genannt werden. Im Code würden Aufrufe auf das Cache-Modul wie `cache.getItem('test')` oder `cache.setItem('test', value)` aussehen, die selbsterklärend sind.

Im Allgemeinen ist das Exponieren zu vieler Inhalte aus einem Modul nie eine gute Idee. Es gibt zwar keine Metriken für die maximale Anzahl, aber wie bei einer Klasse ist ein Modul, das viel enthält, in der Regel kein gutes Zeichen.

Andererseits gibt es Situationen, in denen Methoden funktional gruppiert werden können und sollen. Ein gutes Beispiel ist ein Formatter-Modul, das eine Liste reiner Funktionen bereitstellt.

[»]

Reine Funktionen

Eine reine Funktion (engl. Pure Function) wird manchmal auch als *zustandslose Funktion* bezeichnet. Diese Art von Funktion erzeugt immer dieselbe Ausgabe für ein bestimmtes Eingabeargument und hat keine Nebeneffekte.

Das Anlegen eines Moduls pro Funktion würde zu viel Overhead erzeugen, weshalb eine Gruppierung in einem Modul sinnvoll ist. Wir beschreiben in Abschnitt 4.4, »Servicemodule vs. Klassenmodule«, wie Sie die Wiederverwendung dieser Funktionen noch weiter vereinfachen können.

4.3.2 Modulzustand

Wir können uns nicht oft genug wiederholen: Immer wenn ein Modul einen Zustand hat, muss es sorgfältig verwaltet werden. Entwicklerinnen und Entwickler sind dafür verantwortlich, den Zustand zu identifizieren und die Bedingungen für die Ausführung des Moduls zu dokumentieren. Die einfachste Möglichkeit besteht darin, dedizierte Methoden zu exponieren. Die verwendete Namenskonvention hängt vom Entwickler oder von der Entwicklerin ab, wir empfehlen jedoch, sich zwischen den Teams über die Verwendung derselben Namen in jedem Modul zu einigen. Zum Beispiel sind `init` und `exit` gute Kandidaten, weil sie selbsterklärend sind.

[»]

Klassenmodule und -zustände

Beim Entwerfen einer Klasse hat jede Instanz einen Zustand. JavaScript verwendet Garbage Collecting, d. h., Objekte werden zerstört, wenn sie nicht mehr verwendet werden. Das Klassenmodul selbst benötigt in der Regel keinen Zustand. In einigen Situationen, wie z. B. dem Singleton-Muster, das wir in Abschnitt 4.4.2, »Klassenmodule«, behandeln, erfordert die eindeutige Instanz die Freigabe eines speziellen Aufrufs. Wir empfehlen, eine statische Methode mit einem expliziten Namen für die Klasse hinzuzufügen.

Der Zustand eines Moduls kann mehrere Formen annehmen. Sie können beispielsweise Nicht-SAPUI5-Abhängigkeiten in einem Modul mit `sap.ui.define` einschleusen.

Drittanbieter-Bibliotheken und AMD/CommonJS-Kompatibilität

[+]

Wie in der Dokumentation (siehe *http://s-prs.de/v1005041*) beschrieben, können Sie einige Bibliotheken laden, indem Sie ein Shim definieren, das SAPUI5 anweist, wie die Nicht-SAPUI5-Module zu laden sind.

Mehrere vielversprechende Mechanismen werden auch mit den SAPUI5-Werkzeugen angeboten, wie in Artikeln zu Projekt-Shims unter *http://s-prs.de/v1005042* und unter Verwendung von Node-Package-Manager-Paketen (npm) in SAPUI5 ohne Shims, wie unter *http://s-prs.de/v1005043* beschrieben.

Diese Abhängigkeiten erfordern möglicherweise eine spezielle Behandlung, die ordnungsgemäß angelegt oder bereinigt werden muss. Da sie vom Modul geladen werden, können die Entwicklerinnen und Entwickler diese Komplexität in `init`- und `exit`-Funktionen verschalen.

Außerdem ist es im Allgemeinen wünschenswert, alle Abhängigkeiten am Anfang des Moduls zu deklarieren. Auf diese Weise werden beim Aufruf der Factory-Funktion alle externen Komponenten berücksichtigt, die für die Auslieferung des Features erforderlich sind. Einige dieser Abhängigkeiten können sich jedoch auf die Performance beim Laden des Moduls auswirken.

Stellen Sie sich beispielsweise eine Anwendung vor, die eine Heatmap über einer Weltkarte anzeigt. Um diese Funktion zu implementieren, sind viele Abhängigkeiten erforderlich, die sich erheblich auf das Laden des Controllers auswirken. Die Heatmap-Funktion ist jedoch in einem Dialogfenster verfügbar, das nur angezeigt wird, wenn Sie auf einen Button klicken.

Eine reibungslose Benutzererfahrung ist wichtig. Daher beschließt der Entwickler oder die Entwicklerin, die Abhängigkeiten der Karte nur zu laden, wenn der Button gewählt wird. Den Event-Handler des Buttons sehen Sie in Listing 4.31 .

```
sap.ui.define([
  'sap/ui/core/mvc/Controller'
], function (Controller) {
  return Controller.extend('myApp.controller.SalesOrderPage', {
    /* … */
    onHeatMapClick: function () {
      if (this._heatMapDialog) {
        this._heatmapDialog.open();
      } else {
```

```
        this.getMod›l('viewState').setProper›y('busy', true);
        sap.ui.require([
         'myApp/visualization/heatMap/Dialog'
        ], (HeatmapDialog) => {
          this._heatmapDialog = new HeatmapDialog({
            view: this.getView()
          });
          this.getMod›l('viewState').setProper›y('busy', false);
          this._heatmapDialog.open();
        });
      }
    }
  });
});
```

Listing 4.31 Verwendung von »sap.ui.required« im Click-Handler eines Buttons, um Abhängigkeiten nur bei Bedarf zu laden

In diesem Beispiel wird der Dialog abhängig vom View angelegt, sodass er mit dem View vernichtet wird. Die `destroy`-Methode des Dialog-Controllers kann übersteuert werden, um eine eventuelle zusätzliche Bereinigung zu realisieren. Diese Methode wird nur aufgerufen, wenn der Dialog tatsächlich verwendet wurde.

Schließlich sollte ein Modul keine Referenzen auf oder von globalen Objekten referenzieren, ohne sicherzustellen, dass diese Referenzen entfernt werden. Wenn der Modulstatus von den aktuellen Benutzereinstellungen oder dem ausgewählten Theme abhängt, löst eine Änderung der Konfiguration kein erneutes Laden der Anwendung aus. Stattdessen exponiert SAPUI5 Ereignisse, die für die folgenden Methoden registriert werden können:

- `sap.ui.getCore().attachThemeChanged`: Löst den Callback aus, wenn das Theme geändert wird.
- `sap.ui.getCore().attachLocalizationChanged`: Löst den Callback aus, wenn die Lokalisierungseinstellungen geändert werden.

Wenn eine dieser Methoden verwendet wird, dann besitzt das Modul einen Zustand. Tatsächlich werden die Callback-Funktionen, die für diese Ereignisse registriert wurden, nicht magisch entfernt, wenn die Anwendung zerstört wird. Daher besteht ein wichtiger Schritt darin, diese Ereignisse abzukoppeln, um sicherzustellen, dass der Callback nicht ausgelöst wird, während eine andere Anwendung ausgeführt wird.

Diese Überlegung gilt auch für EventBus-Abonnements (siehe *https://ui5.sap.com/#/api/sap.ui.core.EventBus*). *EventBus* ist ein globales Objekt, das von SAPUI5 bereitgestellt und während der Lebensdauer der Webseite von allen Anwendungen geteilt wird. Wenn ein subskribierter Event-Handler nicht ordnungsgemäß abgemeldet wird, wird die Subskription ausgelöst, nachdem ihr Kontext zerstört wurde. Dieses Problem führt dazu, dass der Handler versucht, zerstörte Objekte zu manipulieren, was zu Ausnahmen oder unerwartetem Verhalten führt. Jedes Mal, wenn ein Event-Bus-Ereignis abonniert wird, muss schließlich der entsprechende Abmeldungsaufruf erfolgen.

Anhand dieser Beispiele haben wir versucht, zu veranschaulichen, dass der Zustand eines Moduls möglicherweise schwer zu identifizieren ist. Beachten Sie jedoch, dass SAPUI5 vorhandene Module nicht entlädt oder bereinigt. Entwicklerinnen und Entwickler müssen diese Mechanismen bereitstellen und sie irgendwann auslösen.

4.3.3 Dokumentieren

Das Konzept der Dokumentation ist oft damit verbunden, den Code auf einer beschreibenden Seite zu erklären oder JSDoc-Kommentare zum Code hinzuzufügen, um diese Seite zu generieren. Schlimmstenfalls glauben einige Leute, dass die Dokumentation nur darin besteht, Kommentare zum Code hinzuzufügen.

[«]

Codekommentare

Denken Sie immer an diese Richtlinie, bevor Sie Kommentare in Ihren Code schreiben: Erklären Sie das »Warum«, nicht das »Wie«. Wenn Sie das Gefühl haben, dass Sie einen Kommentar hinzufügen müssen, weil das »Wie« nicht verständlich ist, sollten Sie den Code überarbeiten, um ihn klarer zu machen! Weitere Informationen zu Kommentaren finden Sie in Kapitel 11, »Kommentare«.

Dokumentation ist mehr, als nur den Zweck eines Moduls zu beschreiben und jede Methode einzeln zu erläutern. Eine gute Dokumentation beginnt mit dem folgenden Prozess:

1. Auswahl des richtigen Namens und Namensraums beim Anlegen des Moduls
2. Konsistente und explizite Benennung der Funktionen und ihrer Parameter (siehe Kapitel 6, »Namensgebung«)
3. Schreiben guter Modultests, die nicht nur das Verhalten der Methoden validieren, sondern auch alle Anwendungsfälle der implementierten Funktion veranschaulichen

Anschließend können Sie bei Bedarf JSDoc-Kommentare schreiben, um weitere Details bereitzustellen. Insbesondere – da JavaScript nicht typisiert ist – kann die Beschreibung der erwarteten Parametertypen, wie in Listing 4.32 gezeigt, hilfreich sein.

```
/**
 * Check if an object (or class) implements the interface
 *
 * @param {object|Function} object - The object or class to test
 * @param {Function} Interface - The interface to compare the object with
 * @return {boolean} true if the object implements the interface
 */
```

Listing 4.32 JSDoc-Kommentare zum Dokumentieren einer Funktion

[»]

»Code lügt nie, Kommentare manchmal schon.«

Mit diesem Zitat drückt Ron Jeffries, einer der Gründer von Extreme Programming (XP) Software, aus, dass Kommentare aktualisiert werden müssen, wenn sich der Code ändert. In der Tat ist nichts verwirrender als ein Kommentar, der ein veraltetes Verhalten beschreibt, das nicht den aktuellen Status des Codes widerspiegelt. Daher sollten Kommentare auf das Minimum beschränkt werden und nur genutzt werden, um etwas zu vermitteln, was der Code nicht vermitteln kann.

Mit Hinblick auf Edge-Case-Werte (d. h. `null`, `0` und `undefined`) lässt sich festhalten, dass sie in Modultests besser dokumentiert werden als in klassischer Dokumentation.

Letztendlich besteht ein häufiger Fehler darin, zu glauben, dass jede Funktion dokumentiert werden muss. Erstens sind nur exponierte Funktionen diesen zusätzlichen Aufwand wert. Dann macht ein richtiger Name den größten Teil des Jobs; JavaScript legt keine Beschränkung der Namenslänge fest. Zweitens wird der Methodenname in der Regel durch einen anderen Namen kontextualisiert: den Klassennamen der importierten Modulvariablen.

4.3.4 Modultests

Dieses Buch enthält ein ganzes Kapitel zum Thema Testen – Kapitel 13. Ohne zu wiederholen, was in diesem Kapitel dokumentiert ist, konzentrieren wir uns in diesem Abschnitt auf einige Überlegungen zu Modultests.

Der beste Ansatz für die Entwicklung eines Moduls ist die Verwendung der testgetriebenen Entwicklung (engl. Test-Driven Development, TDD), die mehrere Vorteile bietet:

- Sie maximiert die Codeabdeckung, ohne sich darauf zu konzentrieren (oder sogar messen zu müssen).
- Sie ermöglicht es den Entwicklerinnen und Entwicklern, die Schnittstelle des Moduls vor der Implementierung aus Sicht eines Verwenders zu nutzen.

White-Box-Testen ist bei Modulen akzeptabel. Mit dieser Art von Tests können Entwicklerinnen und Entwickler ihr Wissen über das Modul nutzen, um dessen Abhängigkeiten und Verhaltensweisen zu optimieren. Das Testen sollte jedoch das Verhalten des Moduls testen, nicht die Art, wie es entwickelt wurde. Dieser Ansatz garantiert, dass Tests nachhaltig sind und dem Refactoring Ihrer Module widerstehen können.

Eine weitere Empfehlung besteht darin, das Hinzufügen testspezifischer Einstiegspunkte in einem Modul zu vermeiden. Isolieren Sie den Code, der ersetzt werden muss, und machen Sie ihn zu einer Abhängigkeit. Im nächsten Abschnitt zeigen wir Ihnen, wie diese Abhängigkeiten während eines Modultests geändert werden können.

4.3.5 Dependency Mocking

Um den Modultest eines Moduls zu vereinfachen, sollten Entwicklerinnen und Entwickler den getesteten Code so weit wie möglich von seinen Abhängigkeiten isolieren. Auf diese Weise können Sie die Umgebung, in der sich der Code entwickelt, vollständig steuern und die verschiedenen zu testenden Bedingungen einfach simulieren.

Nehmen wir an, wir möchten den Helper `messageBox`, den wir in Abschnitt 2.1.7, »Spread-Syntax«, definiert haben, testen. Seinen Quellcode finden Sie in Listing 4.33.

```
sap.ui.define([›
  'sap/m/MessageBox'
], function (MessageBox) {
  return function messageBox (label, options) {
    return new Promise((resolve) => {
      MessageBox.show(label, {
        title›: 'My application',
        icon: MessageBox.Icon.INFORMATION,
        ...options,
        closeOnNavigation: true,
        onClose: resolve
      });
    });
  };
});
```

Listing 4.33 Quellcode des »Samples/util/messageBox«-Moduls

Dieses Modul hängt vom SAPUI5-Modul `sap/m/MessageBox` ab. Leider gibt es keine Standardmechanismen, die diese Abhängigkeit innerhalb der Definition von `samples/util/messageBox` vollständig ersetzen. Beim Schreiben des Modultests müssen wir uns darauf verlassen, dass das `MessageBox`-Objekt injiziert wird.

In Abschnitt 4.2, »Modullebenszyklus«, haben wir bereits gezeigt, dass dasselbe Objekt aufgelöst wird, wenn die Abhängigkeit sap/m/MessageBox verwendet wird. Durch Hinzufügen derselben Abhängigkeit im Modultest und Ändern des injizierten Objekts kann das Objekt, das im getesteten Modul verwendet wird, manipuliert werden.

Das Konzept des White-Box-Tests ermöglicht es Ihnen, sich innerhalb der Implementierung zu informieren und zu sehen, dass der messageBox-Helper sich vollständig auf die Methode MessageBox.show stützt. Wenn Sie Sinon.JS verwenden, wird diese Methode gestubbt und durch eine neue Methode ersetzt, die die empfangenen Parameter an den onClose-Handler weiterleitet. Infolgedessen wird kein Meldungsfenster angezeigt, aber der Modultest kann beurteilen, dass die richtigen Parameter berechnet und an die Methode übergeben werden, siehe Listing 4.34.

```
sap.ui.require([
  'sap/m/MessageBox',
  'samples/util/messageBox'
], function (MessageBox, messageBox) {
  QUnit.module('Testing with sinon', {
    before: function () {
      sinon.stub(MessageBox, 'show', function (label, options) {
        options.onClose({
          label,
          options
        });
      });
    },

    after: function () {
      MessageBox.show.restore();
    }
  });

  QUnit.test('it wraps MessageBox.show', function (assert) {
    const done = assert.async();
    messageBox('test')
      .then(({ label, options }) => {
        assert.strictEqual(label, 'test', 'The label is transmitted');
        assert.strictEqual(options.title, 'My application',
'A default title is applied');
        assert.strictEqual(options.icon, MessageBox.Icon.INFORMATION,
'A default icon is passed');
        done();
      });
```

```
  });

  /* ... */
});
```

Listing 4.34 Verwendung von Sinon.JS zum Stubben der »show«-Methode des »sap/m/MessageBox«-Moduls

Den vollständigen Code des Modultests finden Sie im Onlinebeispiel `utmsbx` (siehe *https://clean-ui5.github.io/samples/utmsbx*).

Wenn die Abhängigkeit zum Mock eine Klasse ist, wird die Klasse instanziiert. Sie können einen Teil der Klassenmethoden mocken, indem Sie sie direkt auf dem Prototyp der Klasse stubben. Sie können das Verhalten der Klasse ändern und Ihre Tests vereinfachen, indem Sie die initiale Implementierung durch eine neue Implementierung ersetzen, die vom Testcode gesteuert wird. Dadurch erhalten alle Instanzen der Klasse die gestubbten Methoden. Listing 4.35 demonstriert beispielsweise, wie Sie die Methode `open` eines Dialogs abfangen können. Der Code simuliert das Schließen des Dialogs durch sofortiges Auslösen des Ereignisses `AfterClose`.

```
sap.ui.require([
  'sap/m/Dialog'
], function (Dialog, messageBox) {
  QUnit.module('Testing with sinon', {
    before: function () {
      sinon.stub(Dialog.prototype, 'open', function () {
        this.fireAfterClose();
      });
    },

    after: function () {
      Dialog.prototype.restore();
    }
  });

  /* ... */
});
```

Listing 4.35 Verwendung von Sinon.JS zum Stubben der »open«-Methode einer »sap/m/Dialog«-Instanz

Wenn jedoch ein Konstruktor ersetzt werden muss, ist der Prozess etwas komplizierter. Eine Möglichkeit, die Objektkonstruktion zu übersteuern, besteht darin, das Factory Pattern innerhalb des Moduls zu implementieren. Listing 4.36 zeigt beispielsweise die statische Methode TreeVisitor.create, die eine TreeVisitor-Instanz anlegt.

```
sap.ui.define([
  'sap/ui/base/ManagedObject'
], function (ManagedObject) {
  const TreeVisitor = ManagedObject.extend('myApp/util/tree/Visitor', {
    constructor: function (node, callback) {
      ManagedObject.apply(this, []);
      /* ... */
    }
  });

  TreeVisitor.create = function (...args) {
    return new TreeVisitor(...args);
  };

  return TreeVisitor;
});
```

Listing 4.36 Auf eine SAPUI5-Klasse angewendetes Factory-Pattern

Im Modultest können Sie so wie in Listing 4.37 diese Methode dann direkt in die Klasse TreeVisitor einbetten. Die Implementierung kann entweder eine modifizierte Instanz oder ein Literalobjekt zurückgeben, das das Interface der Klasse imitiert.

```
sap.ui.require([  'myApp/util/tree/Visitor'
], function (TreeVisitor) {sap.ui.require
  QUnit.module('Testing with sinon', {
    before: function () {
      sinon.stub(TreeVisitor, 'create', function () {
        return {
          /* ...mock object... */
        };
      });
    },

    after: function () {
      TreeVisitor.create.restore();
    }
  });

  /* ... */
});
```

Listing 4.37 Verwendung von Sinon.JS zum Stubben der Factory-Methode einer Klasse

Mit diesen Techniken können Sie steuern, wie sich Abhängigkeiten bei Modultests verhalten, was auch die Wichtigkeit einer testbaren Gestaltung Ihrer Module unterstreicht.

4.4 Servicemodule vs. Klassenmodule

Es gibt keine Einschränkungen für den Inhalt in einem Modul selbst. Zuvor haben wir einfach den Begriff eines Zustands definiert, der sorgfältig behandelt werden muss, um Nebenwirkungen zu vermeiden. Die Anwendung kann mehrmals gestartet und vernichtet werden, aber die Module werden geladen, und die Factory-Funktionen werden nur einmal ausgewertet.

Hinsichtlich des vom Modul exportierten Wertes gibt es auch keine Einschränkungen. SAPUI5 merkt sich das Ergebnis der Factory-Funktion unabhängig von ihrem Typ, das in der Regel eines der folgenden ist:

- eine Funktion
- ein Klassenkonstruktor (der am Ende auch eine Funktion ist)
- ein Objekt (unabhängig davon, was es enthält)
- jeder andere skalare Wert (`boolean`, `number`, `string` usw.)

Um die Konsistenz über die verschiedenen Module hinweg zu gewährleisten, empfehlen wir, an zwei verschiedenen Ansätzen festzuhalten:

- Servicemodule: Sie können eine Funktion oder ein Objekt aus Werten (Funktionen, Objekte usw.) exportieren.
- Klassenmodule : Sie exportieren *eine* Klasse.

Wenn wir uns die SAPUI5-Bibliothek ansehen, gibt es viele Beispiele für beide, z. B. die folgenden Module:

- `sap/m/MessageBox` und `sap/m/MessageToast` sind Servicemodule, die recht einfach sind (Exponieren von Methoden).
- `sap/ui/Device` ist ein komplexes Servicemodul. Dieses Modul ist als Namensraum dokumentiert, der mehrere Objekte wie die aktuelle Browserbeschreibung (`Device.browser`) oder das aktuelle Betriebssystem (`Device.os`) exponiert.
- `sap/m/Dialog` ist ein Klassenmodul.

In den folgenden Abschnitten werden wir uns beide Arten von Modulen genauer ansehen.

4.4.1 Servicemodule

Ein Servicemodul ist viel generischer als eine Klasse, berücksichtigt aber in der Regel folgende Einschränkungen:

- Beim Exponieren eines Objekts muss das exponierte Objekt als schreibgeschützt betrachtet werden. Das Modul verhindert nicht unbedingt Änderungen, es wird jedoch eindeutig nicht empfohlen, Änderungen vorzunehmen, da sich dies auf alle anderen Module auswirkt, die diese Abhängigkeit verwenden.
- Das exponierte Objekt enthält keine Klassenkonstruktoren. Es kann eine Methode exponieren, die Objekte erstellt, aber das Ziel besteht darin, zu vermeiden, dass ein Modul mehrere Klassen exponiert.

[»]

Verhindern der Änderungen mit »Object.freeze«

Bei Bedarf können Sie sicherstellen, dass ein Objekt nicht geändert werden kann, indem Sie die Methode `Object.freeze` (siehe *http://s-prs.de/v1005044*) verwenden. Jeder Versuch, einen Eigenschaftswert zu ändern, schlägt im Hintergrund fehl oder löst einen Fehler aus (im strikten Modus).

Beachten Sie, dass diese Funktion Teilobjekte nicht *rekursiv* einfriert; das Einfrieren muss explizit erfolgen.

Ein Servicemodul muss einen bestimmten Zweck erfüllen. Objektorientierte Programmierpuristen können Servicemodule als statische Klassen betrachten. Sie sollten keine Carry-all-Module erstellen, die viele Werte exportieren. Wenn der Zweck nicht klar ist oder das Modul zu groß wird, kann die Aufteilung größerer Module in kleinere Module helfen, die erforderlichen Module leicht zu erkennen und auszuwählen.

Ein perfektes Beispiel für ein Servicemodul ist ein Modul, das Anwendungs-Formatter enthält. Das Anlegen eines Moduls pro Formatter ist mit einem Overhead verbunden, und daher ist eine Gruppierung sinnvoll. Da Formatter immer mit dem Kontext des Controllers aufgerufen werden, ermöglicht ein einziges Modul den Entwicklerinnen und Entwicklern, sie einfach in einem Controller zu importieren und wiederzuverwenden. Beispielsweise definiert der Code aus Listing 4.38 ein Formatter-Modul.

```
sap.ui.define([], function () {
  return {
    statusText: function (status) {
      /* ... */
    }
  };
});
```

Listing 4.38 Formatter-Module

Das Importieren und Hinzufügen des Moduls zum Controller nimmt nur wenige Zeilen in Anspruch, wie in Listing 4.39 gezeigt.

```
sap.ui.define([
  'samples/util/BaseController',
  'myApp/model/formatter'
], function (BaseController, formatter) {
  return BaseController.extend('myApp.controller.ExamplePage', {
    formatter

    /* ... */
  });
});
```

Listing 4.39 Controller mit dem Formatter

Schließlich wird dieser Formatter im View verwendet, siehe Listing 4.40.

```
<mvc:View
  controllerName="myApp.controller.ExamplePage"
  xmlns:mvc="sap.ui.core.mvc"
  xmlns="sap.m"
>
  <!-- ... -->
  <ObjectStatus text="{
    path: 'Status',
    formatter: '.formatter.statusText'
  }"/>
</mvc:View>
```

Listing 4.40 View, der den Formatter aufruft

Ein weiteres Beispiel für ein hilfreiches Servicemodul ist ein Modul, das alle Konstanten einer Anwendung auflistet. Hardcoding von Konstantenwerten wird nicht empfohlen: Zeichenfolgen und Zahlen können sich im Laufe der Zeit ändern, und sie enthalten manchmal Tippfehler, die schwer zu erkennen sind.

Die Verwendung eines Moduls, das alle Konstantenwerte bereitstellt, hat mehrere Vorteile:

- Es bietet eine zentrale Datenquelle für die gesamte Anwendung. Jede Änderung wird sofort widergespiegelt.
- Wenn ein Konstantenname falsch eingegeben wird, ist der resultierende Wert `undefined`, was zu einem symptomatischen Fehler führt.

- Wenn Sie TypeScript verwenden, können beim Transpilieren sogar vorherige Fehler erkannt werden.
- Das konstante Objekt kann in einem `JSONModel` verschalt werden, das auf Komponentenebene definiert ist. Die Werte werden in allen Views für die Expression-Bindings verfügbar.

Ein Konstantenmodul gibt ein Objekt mit Eigenschaften zurück, wie in Listing 4.41 dargestellt.

```
sap.ui.define([], function () {
  return {
    NULL_GUID: '00000000-0000-0000-0000-000000000000',
    executionStatus: {
      information: 'I',
      warning: 'W',
      error: 'E'
    }
    /* ... */
  };
});
```

Listing 4.41 Das Modul »myApp/constants« exponiert Anwendungskonstanten.

Schließlich sollte ein Servicemodul entweder zustandslos sein, oder es muss Mechanismen bereitstellen, um den Modulzustand richtig zu behandeln. Die Initialisierung kann »on the fly« (wenn eine Methode eines Moduls verwendet wird) oder über eine Setup-Funktion erfolgen. Am besten bereinigen Sie den Modulzustand während der Anwendungsvernichtung, d. h. in der Methode `exit` der Anwendungskomponentenklasse.

4.4.2 Klassenmodule

Ein Klassenmodul wird geschrieben, um eine Klasse zu einem Projekt hinzuzufügen. Idealerweise sollte ein Klassenmodul keinen Zustand haben, sondern nur seine instanziierten Objekte. Einige Ausnahmen können vorhanden sein, aber auch hier sollten die Entwicklerinnen und Entwickler Mechanismen zur Bereinigung implementieren.

Wenn die Klasse beispielsweise ein Singleton ist, behält eine Variable innerhalb des Moduls die eindeutige Instanz bei. Um die nächste Ausführung der Anwendung zu schützen, wenn sie zerstört wird, muss das Modul einen Mechanismus zum Löschen dieser Variablen anbieten. In dieser Situation übernimmt eine statische Klassenmethode den Job, so wie in Listing 4.42.

```
sap.ui.define([
  'sap/ui/base/Object'
], function (UI5Object) {
  let instance = null;

  const Singleton = UI5Object.extend('myApp.Singleton', {
    constructor: function () {
      if (instance !== null) {
        return instance;
      }
      instance = this;
      // construction...
    }

    /* ... */
  });

  Singleton.destroy = function () {
    instance.destroy();
    instance = null;
  };

  return Singleton;
});
```

Listing 4.42 Singleton-Pattern, das auf eine SAPUI5-Klasse angewendet wird

Ein Beispiel für dieses Muster finden Sie im Onlinebeispiel `singlt` (siehe *https://clean-ui5.github.io/samples/singlt*).

[«]

Singletons, statische Klassen und Servicemodule

Einige Entwicklerinnen und Entwickler möchten lieber Singletons oder statische Klassen als Servicemodule implementieren. Letztendlich sind beide gleichwertig, und die Wahl ist eine Frage der Präferenz. Das Wichtigste ist der Cleanup-Schritt, der durchgeführt werden *muss*, wenn die Anwendung zerstört wird.

Im Hinblick auf das Design liegt der Schwerpunkt dieses Buches nicht darauf, zu erklären, wie man Klassen schreibt. Die meisten Prinzipien, die für die objektorientierte Programmierung gelten, können auch auf JavaScript und SAPUI5 angewendet werden. Der Prozess ist noch einfacher, wenn Sie TypeScript verwenden, das Schnittstellen und eine starke Typvalidierung bietet.

Die SOLID-Prinzipien von Robert C. Martin sind weltweit anerkannte Richtlinien für wartbare und erweiterbare Projekte. Zu den fünf objektorientierten Designprinzipien, aus denen SOLID besteht, gehören:

- **S für das Single-Responsibility-Prinzip**
  Eine Klasse sollte nur einen einzigen Änderungsgrund haben, d. h., eine Klasse sollte nur einen Job haben.
- **O für das Open-Close-Prinzip**
  Klassen sollten für eine Erweiterung geöffnet, aber für eine Modifikation geschlossen sein.
- **L für das Liskov-Substitution-Prinzip**
  Die Verhaltensweisen und Merkmale einer Elternklasse sollten von deren Kindklassen beachtet werden. Dieses Prinzip ermöglicht den Einsatz von Polymorphismus.
- **I für das Interface-Segregation-Prinzip**
  Ein Verwender sollte nicht Methoden ausgesetzt sein, die er nicht benötigt.
- **D für das Dependency-Inversion-Prinzip**
  Ein High-Level-Modul sollte nicht von Low-Level-Modulen abhängen. Sie sollten alle von Abstraktionen abhängen.

Im Gegensatz zu TypeScript bietet die Sprache JavaScript keine Mechanismen, die Schnittstellen verwalten oder statisch validieren, dass ein Objekt ein bestimmtes Interface implementiert. Die Sprache verfügt jedoch über mehrere nützliche Funktionen, die den Typ dynamisch testen.

Zunächst prüft der Operator `instanceof` (siehe *http://s-prs.de/v1005045*), ob ein Objekt eine Instanz einer bestimmten Klasse ist. Das genaue Verhalten testet die Prototypkette, und SAPUI5 basiert seine Klassenvererbung auf der Prototypkette. Darüber hinaus besitzt die Klasse `sap.ui.base.Object` die Methode `isA`, die testen kann, ob das Objekt eine Instanz des benannten Typs ist. Daher sind die beiden folgenden Anweisungen äquivalent:

- `control instanceof Button`
- `control.isA('sap.m.Button')`

Die Klasse `sap.ui.base.Object` exponiert auch die Methode `getInterface` (siehe *http://s-prs.de/v1005046*), die ein Fassadenobjekt zurückgibt, das die Instanz auf ihre öffentlichen Methoden eingrenzt. In JavaScript ist eine Funktion ein Objekt mit Eigenschaften. Insbesondere gibt die Length-Eigenschaft die Anzahl der Parameter an, die in der Funktionssignatur enthalten sind.

Mit diesen Informationen können Sie Schnittstellen definieren und zur Laufzeit validieren, ob ein Objekt die erwarteten Methoden mit der richtigen Anzahl von Parametern bereitstellt. Listing 4.43 zeigt ein Beispiel für eine Implementierungshilfe.

```
sap.ui.define([], function () {
  /**
   * Check if an object (or class) implements the interface
   *
   * @param {object|Function} object - The object or class to test
   * @param {Function} Interface - The interface to compare the object with
   * @return {boolean} true if the object implements the interface
   */
  return function (object, Interface) {
    if (typeof Interface !== 'function') {
      throw new Error('Expected interface');
    }
    let objectToCheck;
    if (typeof object === 'function') {
      objectToCheck = object.prototype;
    } else {
      objectToCheck = object;
    }
    const interfacePrototype = Interface.prototype;
    const interfaceMethods = interfacePrototype.getInterface();
    return Object.keys(interfaceMethods)
      .every((name) => {
        const method = interfacePrototype[name];
        return typeof objectToCheck[name] === 'function' && objectToCheck[
name].length === method.length;
      });
  };
});
```

Listing 4.43 Helper zur Prüfung, ob ein Objekt oder eine Klasse ein Interface implementiert

Weil JavaScript schwach typisiert ist, können die Art der Parameter sowie der Rückgabetyp der Methoden nicht validiert werden. Dafür wird aber ein bequemer Mechanismus angeboten, der ermöglicht, Schnittstellen in jeder Anwendung zu nutzen. Sie können beispielsweise eine `ISerializable`-Schnittstelle wie in Listing 4.44 definieren.

```
sap.ui.define([
  'sap/ui/base/Object'
], function (UI5Object) {
  return UI5Object.extend('samples.applications.intrfc.interface.ISerializable
', {
    serialize: function (outputStream) {},
    deserialize: function (inputStream) {},
    constructor: function () {
```

```
      throw new Error('Abstract class');
    }
  });
});
```

Listing 4.44 Definition der »ISerializable«-Schnittstelle

Anschließend kann eine Methode prüfen, ob ein bestimmtes Objekt dieses Interface implementiert, so wie in Listing 4.45.

```
sap.ui.define([
  'samples/applications/intrfc/interface/ISerializable',
  'samples/util/implements'
], function (ISerializable, testIfImplements) {
  return {
    save: function (object) {
      if (testIfImplements(object, ISerializable)) {
        // leverage serialize on an output stream
      } else {
        // use JSON representation
      }
    }
  };
});
```

Listing 4.45 »ISerializable«-Schnittstelle verwenden

Ein Beispiel für dieses Muster wird im Onlinebeispiel `intrfc` (siehe *http://s-prs.de/v1005047*) gezeigt.

4.5 Zusammenfassung

Das Erstellen einer SAPUI5-Anwendung ähnelt dem Bau eines Hauses mit Spielzeugbausteinen. Kleinere Teile werden zusammengebaut, um die verschiedenen Teile des Gebäudes zu bauen: den Boden, die Wände, das Dach und so weiter. Am Ende müssen diese Teile zusammenpassen, um wie das erwartete Ergebnis auszusehen, und die Struktur muss stabil genug sein, um nicht zu kollabieren.

Eine SAPUI5-Anwendung wird durch die Kombination von Servicemodulen und Klassenmodulen entwickelt. Sie exponieren Konstanten, Methoden oder Klassen. Diese können zustandsbehaftet oder zustandslos sein. Das Zusammenbringen der Module wird durch den Import von Abhängigkeiten erreicht. Eine saubere Architektur erfordert konsistente Richtlinien und ein gemeinsames Verständnis dafür, wie diese verschiedenen Teile zusammenpassen.

Mit dem SAPUI5-Framework schreiben Sie keinen HTML-Code, sondern beschreiben eine Struktur von Objekten, aus denen die Benutzeroberfläche besteht. Sogar die Anwendung selbst ist eine Instanz einer Klasse, die von `sap.ui.core.UIComponent` erbt. Klassen sind überall, und die wichtigsten Klassen sind die Controller der Views. In diesem Kapitel haben wir die Klassen `FragmentControl` und `DialogController` vorgestellt, um eine ordnungsgemäße Separation of Concerns beim Erstellen komplexer Views zu veranschaulichen. Diese Definitionen sind in Klassenmodulen mit Namen und Namensräumen eingeschlossen, die ihren Zweck widerspiegeln müssen.

Sie haben gesehen, warum Controller keine großen Monolithen sein sollten. Stattdessen sollten verschiedene Verhaltensweisen isoliert werden, um sicherzustellen, dass der Code leicht lesbar und somit einfach zu warten ist. Außerdem haben wir den Lebenszyklus eines Moduls durch die Ausführung der Anwendung beschrieben und Empfehlungen zur Entwicklung von Modulen gegeben. Wir hoffen, dass diese Erklärungen Sie motivieren, wiederverwendbare Bausteine für Ihre eigenen zukünftigen Entwicklungen zu bauen.

Im nächsten Kapitel gehen wir zu einer anderen Schlüsselkomponente Ihres SAPUI5-Codes über: den Funktionen.

Kapitel 5
Funktionen

Dieses Kapitel behandelt JavaScript-Funktionen. Wir stellen verschiedene Schlüsselkonzepte, verschiedene Arten von Funktionen, Funktionsparameter und die Strukturierung des Funktionskörpers vor. Darüber hinaus gehen wir auf Funktionsaufrufe, Promises, Closures und Generatorfunktionen ein.

In JavaScript sind Funktionen das wichtigste Strukturierungskonstrukt für das Ausführen von Code und Logik. Sie umfassen in der Regel die gesamte Logik, die in Ihrem Programm ausgeführt werden muss. Sie sind auch sehr flexibel und können auf verschiedene Arten kombiniert, gelagert und aufgerufen werden. In diesem Kapitel erläutern wir die unzähligen Möglichkeiten, Funktionen zu definieren, zu kodieren und aufzurufen. Außerdem werden wir Richtlinien zum besseren Schreiben und Verwenden von Funktionen aus einer Clean-Code-Perspektive vorstellen.

5.1 Funktionsdefinition

Abgesehen von Klassen gibt es noch weitere Möglichkeiten zum Definieren von Funktionen. Einige Beispiele sehen Sie in Listing 5.1.

```
// returns a random integer x such that i ≤ x ≤ j

function random1(i, j) {
  const base = Math.random();
  return Math.floor(base * (j - i + 1) + i);
}

const random2 = function (i, j) {
  const base = Math.random();
  return Math.floor(base * (j - i + 1) + i);
}

const random3 = (i, j) => {
  const base = Math.random();
  return Math.floor(base * (j - i + 1) + i);
```

```
}

const random4 = (i, j) => Math.floor(Math.random() * (j - i + 1) + i);
```

Listing 5.1 Verschiedene Möglichkeiten, Funktionen zu definieren

In diesem Beispiel werden `random1` und `random2` mit dem Schlüsselwort `function` definiert. Die Funktion `random1` ist eine Funktionsdeklaration, und alle anderen Funktionen sind Funktionsausdrücke, wobei einer Variablen eine anonyme Funktion zugeordnet wird. Die Funktionen `random3` und `random4` werden mit der Arrow-Funktion-Syntax (`=>`) deklariert, die wir uns in Abschnitt 2.1.5, »Arrow-Funktionen«, angesehen haben.

Der offensichtlichste Unterschied zwischen der Funktionsdeklaration und der Arrow-Syntax besteht darin, dass die Deklaration mit dem Schlüsselwort `function` geschweifte Klammern ({ und }) um den Funktionskörper erfordert und das `return`-Schlüsselwort verwendet werden muss, wenn Sie etwas aus der Funktion zurückgeben möchten. Die Syntax `=>` der Arrow-Funktion kann auch einen in geschweiften Klammern eingeschlossenen Hauptteil haben, wie in `random3`, der auch das `return`-Schlüsselwort benötigt. Wenn Ihr Funktionskörper jedoch aus einem einzelnen Ausdruck besteht, kann eine Arrow-Funktion ohne geschweifte Klammern und ohne die `return`-Anweisung wie in `random4` deklariert werden. Das Ergebnis der Funktion ist das Ergebnis ihres Ausdrucks.

Außerdem wird eine *Funktionsdeklaration* wie `random1` an den Anfang des Bereichs *gehoistet*, an dem sie deklariert wird, und Sie können sie auch vor ihrer Deklaration aufrufen. Die anderen Arten von Funktionsdefinitionen, die in Listing 5.1 gezeigt werden, wie `random2`, werden nicht *gehoistet* und können nicht referenziert werden, bevor sie deklariert werden. In Listing 5.2 sehen Sie Beispiele, in denen `random1` und `random2` verwendet werden.

```
let coinToss = random1(1, 2); // works!

function random1(i, j) {
  const base = Math.random();
  return Math.floor(base * (j - i + 1) + i);
}

// coinToss = random2(1, 2); // DOESN'T work!

const random2 = function (i, j) {
  const base = Math.random();
  return Math.floor(base * (j - i + 1) + i);
```

```
}

coinToss = random2(1, 2); // works now
```

Listing 5.2 Funktions-Hoisting

5.2 Funktionsobjekt

Jede Funktion in JavaScript ist eine Instanz des Funktionsobjekts, wie in Listing 5.3 gezeigt.

```
function add(a, b) {
  return a + b;
}

console.log(add instanceof Function); // true
```

Listing 5.3 Funktion als Instanz des Funktionsobjekts

Funktionen verhalten sich wie jedes andere Objekt. Sie können in Variablen gespeichert, als Parameter an andere Funktionen übergeben oder von anderen Funktionen zurückgegeben werden. Wie in Listing 5.4 gezeigt, verwendet die `byN`-Funktion den Multiplikator `n` als Parameter und gibt eine Funktion zurück, die die Zahl `a` aufnimmt und diese Zahl multipliziert mit `n` zurückgibt. Dann speichert `by2` das Ergebnis von `byN(2)`, also einer Funktion, die ihren Parameter mit 2 multipliziert.

```
function byN(n) {
  return function (a) {
    return n * a;
  }
}

const by2 = byN(2);

console.log(by2(7)); // 14
```

Listing 5.4 Funktion, die eine andere Funktion zurückgibt

Es ist auch eine idiomatischere Schreibweise `byN` möglich, bei der Arrow-Funktionen nicht nur `byN`, sondern auch ihre Rückgabefunktion definieren, wodurch geschachtelte geschweifte Klammern und die `return`-Anweisung entfallen, wie in folgender Beispiel-Arrow-Funktion:

```
const byN = (n) => (a) => n * a;
```

Sie können auch den typeof-Operator verwenden, um zu ermitteln, ob eine Variable oder ein Parameter eine Funktion ist. Beispielsweise werden in der Funktion confirmDeletion in Listing 5.5 die Parameter zuerst mit dem typeof-Operator geprüft. Der Parameter message sollte eine Zeichenfolge sein, und der Parameter onConfirmed ist ein Callback, der eine Funktion sein sollte. Wenn die Parameter diese Validierung nicht bestehen, gibt confirmDeletion Fehler aus. Wenn die Validierung erfolgreich ist, wird ein Message Box zum Löschen mit dem Text message angezeigt. Wenn der Benutzer anschließend den Löschen-Button drückt, wird die Callback-Funktion onConfirmed aufgerufen.

```
function confirmDeletion(message, onConfirmed) {
  if (typeof message !== 'string') {
    throw new Error('"message" must be a string');
  }
  if (typeof onConfirmed !== 'function') {
    throw new Error('"onConfirmed" must be a function');
  }
  MessageBox.show(message, {
    title: 'Delete',
    icon: MessageBox.Icon.WARNING,
    actions: [
      MessageBox.Action.DELETE,
      MessageBox.Action.CANCEL
    ],
    onClose(action) {
      if (action === MessageBox.Action.DELETE) {
        onConfirmed();
      }
    }
  });
}
```

Listing 5.5 Prüfen, ob ein Callback-Parameter eine Funktion ist

Der Funktionsobjekt Prototyp verfügt auch über einige wichtige Methoden, die alle Funktionen erben: call, apply und bind. Alle diese Methoden können verwendet werden, um den Kontext zu definieren, in dem die Funktion ausgeführt wird: die this-Referenz. Sie können die Methoden call und apply verwenden, um Funktionen sofort aufzurufen, und bind einsetzen, um den Ausführungskontext und (optional) einige Parameter für eine Funktion zu einem späteren Zeitpunkt zu »reparieren«. Wie diese Methoden funktionieren, erläutern wir später in diesem Kapitel näher.

5.3 Instanzmethoden

Instanzmethoden sind Funktionen, die an einen Objektprototyp oder eine Klasse angehängt sind, wie die Methoden der Klasse `DeleteAction` aus Listing 5.6, bei der es sich um ein Refactoring der Einzelfunktion aus Listing 5.5 in eine Klasse mit einem Konstruktor und zwei verwandten Funktionen handelt: `confirm` und `#checkParameter`. Beachten Sie, dass `#checkParameter` eine private Instanzmethode der Klasse ist, da sie mit dem Rautezeichen (#) deklariert wird.


```
class DeleteAction {
  #message;

  constructor(message) {
    this.#checkParameter(message, 'string', 'message');
    this.#message = message;
  }

  confirm(onConfirmed) {
    this.#checkParameter(onConfirmed, 'function', 'onConfirmed');
    MessageBox.show(this.#message, {
      title: 'Delete',
      icon: MessageBox.Icon.WARNING,
      actions: [
        MessageBox.Action.DELETE,
        MessageBox.Action.CANCEL
      ],
      onClose(action) {
        if (action === MessageBox.Action.DELETE) {
          onConfirmed();
        }
      }
    });
  }

  #checkParameter(value, type, name) {
    if (typeof value !== type) {
      throw new Error(`"${name}" must be a ${type}`);
    }
  }

}
```

Listing 5.6 Klasse mit Funktionen als ihre Methoden

Beachten Sie, dass Methoden einer Klasse (wie die confirm-Methode in der Klasse DeleteAction) oder eines Objektinitialisierers (wie die Funktion onClose im zweiten Parameter der Methode MessageBox.show) die in Listing 5.6 dargestellte kürzere Syntax verwenden können, die nicht die Verwendung des function-Schlüsselworts erfordert. Sie sollten diese Syntax bevorzugen, da sie prägnanter und übersichtlicher ist als die Verwendung des function-Schlüsselworts.

Innerhalb der Methoden einer Klasse bezieht sich das Schlüsselwort this in der Regel auf die aktuelle Objektinstanz und kann verwendet werden, um Instanzvariablen zu speichern, wie this.#message in Listing 5.6 zeigt, und auch Instanzmethoden aufzurufen, wie die Aufrufe von this.#checkParameter.

Statische Methoden können auch in einer Klasse mit dem Schlüsselwort static angelegt werden, wie Sie in Listing 5.7 sehen, das eine statische Methodenversion der in Abschnitt 5.1, »Funktionsdefinition«, definierten random-Funktion zeigt.

```
class IntMath {

  static random(i, j) {
    const base = Math.random();
    return Math.floor(base * (j - i + 1) + i);
  }

}
```

Listing 5.7 Statische Methode

Statische Methoden sind an die Klasse selbst angehängt und können aufgerufen werden, indem dem Methodennamen der Klassenname vorangestellt wird, wie im folgenden Beispiel:

```
const luckyThrow = IntMath.random(1, 6);
```

Die Methode MessageBox.show aus Listing 5.6 ist auch ein Beispiel für eine statische Methode.

Die Funktionsweise von this innerhalb einer Funktion oder einer Instanzmethode hängt jedoch vollständig davon ab, wie die Funktion aufgerufen wird. Wenn this als Methode einer Objektinstanz aufgerufen wird, ist es eine Referenz auf diese Instanz.

Funktionen in einem SAPUI5-Controller werden auch zu Methoden dieses Controllers. Der ProductController in Listing 5.8 ist ein Controller für eine Produktseite. Seine onInit-Methode hängt einen Handler an ein Navigationsereignis (ein »route pattern machted«-Event) an, das die Produkt-ID in onProductMatched erfasst. Seine Methode onDeleteProductPressed wird als Handler für einen Lösch-Button verwendet, um das geladene Produkt zu löschen. Die Methode `onDeleteProductPressed` verwendet die `DeleteAction`-Klasse (oben in Listing 5.6), um ein Bestätigungsdialogfeld anzuzeigen, bevor das Produkt gelöscht wird (mit der Methode `deleteProduct`), wenn der Benutzer die Löschung bestätigt.

```
BaseController.extend('my.namespace.ProductController', {

  onInit() {
    const route = this.getRouter().getRoute('product');
    route.attachPatternMatched(this.onProductMatched, this);
  },

  onProductMatched(event) {
    this._productId = event.getParameter('arguments').productId;
    // load the product ...
  },

  onDeleteProductPressed() {
    const deleteAction = new DeleteAction("Delete this product?");
    deleteAction.confirm(() => this.deleteProduct());
  },

  deleteProduct() {
    // delete the product ...
  }

});
```

Listing 5.8 »ProductController« und seine Methoden

Die angezeigte Bestätigungsmeldung ist in Abbildung 5.1 dargestellt.

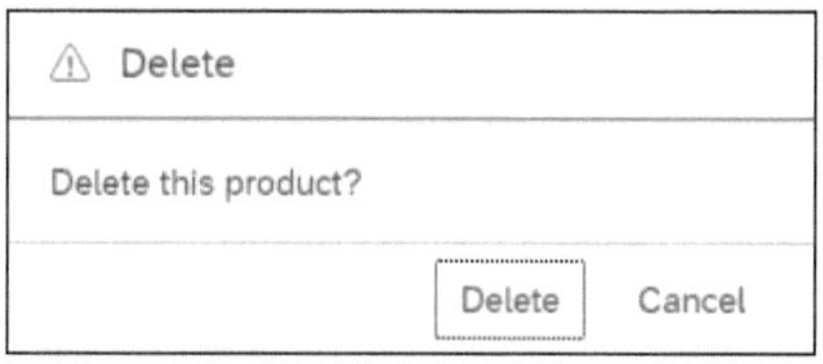

Abbildung 5.1 Bestätigungsdialogfeld löschen

Beachten Sie, dass Event-Handler und Callbacks bei der Ausführung in der Regel den richtigen Kontext benötigen. Bei den Methoden in `ProductController` sollten ihre `this`-Referenzen auf die Controller-Instanz selbst gesetzt werden.

5.4 Event-Handler und Callbacks

Event-Handler sind Funktionen, die ausgeführt werden, wenn ein bestimmtes Ereignis von einer Ereignisquelle ausgelöst wird. Beispielsweise ist ein Button eine Ereignisquelle für das »press«-Ereignis, das ausgelöst wird, wenn auf den Button geklickt wird. Wenn ein Ereignis ausgelöst wird, ruft die Ereignisquelle alle Event-Handler auf, die mit diesem Ereignis registriert sind. Nun legen wir einen Event-Handler an, der an ein Button-Ereignis angehängt ist, das eine Nachricht in das Konsolenprotokoll schreibt. Im folgenden Beispiel ist der Event-Handler eine Funktion, die mit der Syntax der Arrow-Funktion definiert ist:

```
myButton.attachPress(
  () => console.log('The button was pressed!'));
```

Ein Event-Handler ist eine Art Callback, der in der Regel verwendet wird, um das Observer-Design-Pattern in JavaScript zu implementieren.

[»]

Observer-Design-Pattern

Das *Observer-Design-Pattern* ist eines der klassischen Muster, die im Buch »Design Patterns: Elements of Reuse Object-Oriented Software« (Addison-Wesley, 1994) vorgestellt werden. Dieses Muster wird verwendet, um Änderungen des internen Zustands eines Objekts an entkoppelte Beobachter zu senden, die an diesem Status interessiert sind.

Beachten Sie, dass der Begriff *Callback* ein allgemeiner Begriff ist, der jede Funktion beschreiben kann, die nach einer Ausführung zurückgerufen werden kann, z. B. die Funktion `onConfirmed`, die an die `confirm`-Methode von `DeleteAction` übergeben wurde (siehe oben, Listing 5.6).

5.5 Ausführungskontext der Callback-Funktion

Der *Callback-Ausführungskontext* ist der Wert von `this` innerhalb der Callback-Funktion oder des Event-Handlers. Da die Callback-Funktion in der Regel andere Methoden aufruft oder auf Instanzvariablen in `this` zugreift, besteht eine gängige Praxis darin, den umschließenden Ausführungskontext als `this` in der Callback-Methode zu verwenden. Der umschließende Ausführungskontext ist der Wert von `this` in der ausführenden Funktion, in der der Callback registriert ist, oder der Event-Handler, der an das gewünschte Ereignis angehängt ist.

SAPUI5-Ereignis-Attach-Methoden stellen in der Regel einen Parameter zum Festlegen des Ausführungskontexts für die Event-Handler-Funktion bereit, z. B. den Aufruf von `attachPatternMatched` (oben in Listing 5.8 gezeigt und dann in Listing 5.9 wiederholt).

```
route.attachPatternMatched(this.onProductMatched, this);
```

Listing 5.9 Event-Handler, der dem Ereignis »Pattern Matched« einer Route angehängt ist

Der erste Parameter von `attachPatternMatched` ist der Event-Handler `this.onProductMatched`, und der zweite Parameter ist das Ausführungskontextobjekt, das einfach auf `this` gesetzt wird, damit der Behandler im Kontext des Controllers ausgeführt wird.

Beachten Sie, dass die Funktionsreferenz (`this.onProductMatched`) selbst eine Funktion enthält, die vom Ausführungskontext getrennt ist, sodass der folgende Code nicht wie vorgesehen funktioniert:

```
// WRONG: not setting the execution context correctly
route.attachPatternMatched(this.onProductMatched);
```

In der Funktion `onProductMatched` bezieht sich der Wert des Elements `this` nicht auf die umschließende Controller-Instanz, sondern auf die Instanz der SAPUI5-Klasse `sap.ui.core. routing.Route` in der Variablen `route`, wie es für SAPUI5-Event-Handler ohne Ausführungskontext üblich ist.

Die Methode des `bind`-Funktionsobjekts kann auch verwendet werden, um eine Funktion an einen Ausführungskontext zu binden, wie im folgenden Beispiel:

```
route.attachPatternMatched(this.onProductMatched.bind(this));
```

In diesem Beispiel wird der Ausführungskontextparameter nicht an `attachPatternMatched` übergeben, sondern die Funktion `this.onProductMatched` wird durch den Aufruf von `bind` an `this` gebunden. Methoden wie `attachPatternMatched` weisen in der Regel eine entgegengesetzte Methode wie `detachPatternMatched` auf. Wenn Sie die `detachXXX`-Methode verwenden möchten, müssen Sie dieselbe Referenz übergeben, die Sie in der Attach-Methode verwendet haben. Dies ist einfacher, wenn Sie die Version der Methode nutzen, die den Ausführungskontextparameter einsetzen, wie in Listing 5.9 gezeigt. Wenn Sie `bind` für die Attach-Methode verwenden, müssen Sie die vom `bind`-Aufruf zurückgegebene Funktionsreferenz speichern, um diese später in der Detach-Methode zu verwenden.

Die `bind`-Methode gibt eine Funktion zurück, deren Ausführungskontext an ihren ersten Parameter gebunden ist. Alle nachfolgenden Parameter, die an `bind` übergeben werden, werden verwendet, um die Parameter der Funktion an die übergebenen Werte zu binden. Ein Beispiel dafür, wie diese Funktion nützlich sein kann, sehen Sie in Listing 5.10. Dabei handelt es sich um eine etwas andere Version der Handling-Methode `deleteProduct` im Controller, den Sie bereits in Listing 5.8 gesehen haben.

```
onDeleteProductPressed() {
    const deleteAction = new DeleteAction("Delete this product?");
    deleteAction.confirm(this.deleteProduct.bind(this, this._productId));
  },

  deleteProduct(productId) {
    // delete the product with productId...
  }
```

Listing 5.10 Festlegen des Parameters »productId« beim Aufruf von »deleteProduct« mithilfe von »bind«

Die deleteProduct-Methode, die in Listing 5.10 gezeigt wird, verwendet nun die zu löschende Produkt-ID als Parameter. Die bind-Methode wird beim Aufruf von confirm benutzt, um den Ausführungskontextparameter auf die Controller-Instanz (den ersten Parameter von bind) und den ersten Parameter von deleteProduct auf die aktuelle Produkt-ID festzulegen, die in der Controller-Instanz gespeichert ist (der zweite Parameter von bind). Dies hat zur Folge, dass, wenn der Benutzer das Dialogfenster zum Löschen des Produkts bestätigt, deleteProduct im Ausführungskontext des Controllers und mit der angegebenen Produkt-ID in einer Weise aufgerufen wird, die äquivalent zu this.deleteProduct(this._productId) ist.

[+]

Nutzen Sie »bind« statt »jQuery.proxy«

Bevor die bind-Methode standardisiert und von allen großen Browsern flächendeckend unterstützt wurde, war es eine gängige Alternative, die Funktion jQuery.proxy (auch allgemein verwendet als $.proxy) zu verwenden, um dasselbe Ergebnis zu erzielen. Heute nutzen viele Entwicklerinnen und Entwickler jQuery.proxy aus Gewohnheit und wenn sie mit Legacy-Code arbeiten. Dieser Workaround ist jedoch nicht mehr notwendig und wurde durch die bind-Methode ersetzt. Er erfordert die jQuery-Bibliothek und wird möglicherweise kein Standardbestandteil zukünftiger Versionen von SAPUI5 sein.

5.6 Getter und Setter

Abfragemethoden, auch *Getter* genannt, und Änderungsmethoden, auch *Setter* genannt, sind spezielle Akzessor- und Mutator-Methoden, die in einer Klasse oder einem Objekt deklariert werden können, das eine Variable erzeugt. Die Getter-Funktion wird aufgerufen, wenn der Eigenschaftswert gelesen wird, und die Setter-Funktion wird aufgerufen, wenn der Eigenschaftswert geschrieben wird. Betrachten wir das Beispiel der Timer-Klasse in Listing 5.11.

```
class Timer {
  #startTime;
  #endTime;

  constructor() {
    this.#startTime = performance.now();
  }

  stop() {
    this.#endTime = performance.now();
  }

  get elapsed() {
    const lastTime = this.#endTime || performance.now();
    return lastTime - this.#startTime;
  }
}
```

Listing 5.11 Klasse mit einer Getter-Methode

Timer definiert die Getter-Methode elapsed als Funktion, die die aktuell verstrichene Zeit oder die seit dem stop-Aufruf des Timers verstrichene Zeit zurückgibt. Sie greifen auf diesen Getter zu, wie Sie auch auf alle anderen Attribute eines Objekts zugreifen würden (siehe Listing 5.12).

```
const myTimer = new Timer();

// do some time-consuming operation ...

myTimer.stop();

const elapsedTime = myTimer.elapsed;
console.log(`The operation took ${elapsedTime}ms`);
// sample output: "The operation took 20.5943999886513ms"
```

Listing 5.12 Abrufen eines Werts über einen Getter

Setter werden mit dem Schlüsselwort set definiert und verwenden einen einzelnen Parameter als zu setzenden Wert. Sie werden ausgeführt, wenn ein Wert in die Eigenschaft geschrieben wird. Um beispielsweise die Startzeit unseres Timers auf einen bestimmten Zeitpunkt nach dem Start zu setzen, können Sie den in Listing 5.13 gezeigten Setter zur Timer-Klasse hinzufügen.

```
set startTime(value) {
    this.#startTime = value;
    this.#endTime = null;
  }
```

Listing 5.13 Setter für »startTime«

Dieser Setter legt die interne Startzeit `this.#startTime` fest und löscht auch die interne Endzeit `this.#endTime` (so, als ob der Timer zum angegebenen Zeitpunkt neu gestartet würde). Mit dieser Funktion können Runden gemessen werden, wie in Listing 5.14 gezeigt.

```
const myTimer = new Timer();

// first lap ...

myTimer.stop();
let lapTime = myTimer.elapsed;

console.log(`The first lap took ${lapTime}ms`);
// sample output: "The first lap took 20.5943999886513ms"

// reset the timer to start now
myTimer.startTime = performance.now();

// second lap ...

myTimer.stop();
lapTime = myTimer.elapsed;

console.log(`The second lap took ${lapTime}ms`);
// sample output: "The second lap took 3.1415926535897ms"
```

Listing 5.14 Mit dem Setter »startTime« den Timer auf eine bestimmte Zeit zurücksetzen

Getter und Setter werden in SAPUI5 nicht häufig verwendet, haben möglicherweise überraschende Verhaltensweisen und sind dadurch eine potenzielle Fehlerquelle für Verwender. Wenn Sie beispielsweise den Eigenschaftsnamen beim Aufruf falsch schreiben, erhalten Sie keinen Laufzeitfehler, wie es z. B. wäre, wenn Sie einen Methodennamen falsch schrieben, da Objekte in JavaScript in der Regel offen und um neue Attribute erweiterbar sind. Für Sie und Ihre Benutzerinnen und Benutzer ist es daher gegebenenfalls besser, wenn Sie die gängigen Methoden `getXXX` und `setXXX` verwenden.

Beachten Sie, dass SAPUI5 über eine Funktion zur Definition von Eigenschaften in der Basisklasse `sap.ui.base. ManagedObject` verfügt. ***Managed Properties*** können in den Metadaten einer Klasse definiert werden, die von `sap.ui.base.ManagedObject` oder einer ihrer Unterklassen erben. Beim Definieren einer Managed Property werden allgemeine `getXXX`- und `setXXX`-Methoden automatisch vom Framework generiert. Diese Eigenschaften können auch an eine Eigenschaft aus einem Modell gebunden werden (Klassen, die von `sap.ui.model.Model` erben) und werden in der Regel für Eigenschaften verwendet, die Werte darstellen, die gelesen oder in die geschrieben werden kann. Die berechnete Eigenschaft `elapsed`, die zuvor in Listing 5.11 gezeigt wurde, wäre beispielsweise besser durch eine einfache `getElapsed`-Methode implementiert, und die Vererbung von `ManagedObject` wäre für die `Timer`-Klasse überflüssig, da sie keinen der von ihr bereitgestellten Services benötigt.

5.7 Anonyme Funktionen

Anonyme Funktionen sind Funktionen ohne Namen. Sie können anonyme Funktionen verwenden, um Funktionen zu deklarieren und diese sofort Variablen zuzuordnen, wie Sie in mehreren Beispielen in diesem Kapitel gesehen haben. Sie werden auch häufig als Ad-hoc-Event-Handler oder für Callbacks an andere Funktionen genutzt, z. B. beim Umgang mit `Array`-Verarbeitungsmethoden wie `map` und `forEach`.

Ein weiteres Beispiel ist der Aufruf der Methode `confirm`, die wir oben in Listing 5.8 gezeigt haben. Dabei übergeben wir eine anonyme Funktion, die mit der Arrow-Funktionssyntax definiert ist, als Callback, der einfach die `deleteProduct`-Methode im Controller aufruft, wie im folgenden Beispiel:

```
deleteAction.confirm(() => this.deleteProduct());
```

Im Beispiel in Listing 5.10, in dem ein Parameter für die `deleteProduct`-Methode eingeführt wurde, können wir eine anonyme Funktion als Callback verwenden, um die Methode aufzurufen:

```
deleteAction.confirm(() => this.deleteProduct(this._productId));
```

Mit der Arrow-Funktionssyntax fließt der aktuelle `this`-Kontext in den Hauptteil der Funktion, und Sie müssen sich keine Gedanken darüber machen, es an `this` zu binden.

Nachdem wir uns nun viele Möglichkeiten zum Definieren von Callbacks angesehen haben, betrachten wir verschiedene Möglichkeiten, einige unserer früheren Codebeispiele neu zu schreiben, wie in Listing 5.15 gezeigt.

```
// 1. anonymous arrow function
deleteAction.confirm(() => this.deleteProduct(this._productId));

// 2. anonymous arrow function, multiple statements
deleteAction.confirm(() => {
  const productId = this._productId;
  this.deleteProduct(productId);
});

// 3. binding with no anonymous function
deleteAction.confirm(this.deleteProduct.bind(this, this._productId));

// 4. anonymous function, which still needs binding
deleteAction.confirm(function () {
  const productId = this._productId;
  this.deleteProduct(productId);
}.bind(this));

// 5. anonymous function using a captured execution context
const that = this;
deleteAction.confirm(function () {
  const productId = that._productId;
  that.deleteProduct(productId);
});
```

Listing 5.15 Funktionen und Bindings

Im Code in Listing 5.15 ist das erste Beispiel eine anonyme Arrow-Funktion, die wir bereits gesehen haben. Das zweite Beispiel ist eine Arrow-Funktion mit zwei Anweisungen, die in geschweifte Klammern eingeschlossen werden müssen, aber noch Zugriff auf den fließenden `this`-Kontext haben. Das dritte Beispiel ist die Methodenreferenz, die mit der `bind`-Methode an `this` und `this._productId` gebunden ist. Das vierte Beispiel ist eine anonyme Funktion, die an `this` gebunden sein muss, um auf sie zugreifen zu können. Eine Alternative zum Binding zeigt das fünfte Beispiel, bei dem die `this`-Variable außerhalb der anonymen Funktion in einer Variablen namens `that` erfasst wird, die dann innerhalb der anonymen Funktion für den Zugriff auf `this` verwendet wird. Dies ist möglich, da Funktionen in JavaScript Closures sind, die bei der Deklaration der Funktion Zugriff auf beliebige definierte Variablen haben. Auf das Thema Closures gehen wir in Abschnitt 5.13 noch einmal ein.

[+]

Nutzen Sie Arrow-Funktionen für Callbacks

Eine gängige Praxis ist es, das Muster mit der `that`-Variable oder etwas Ähnlichem wie `self` zu finden, das das äußere `this` in älterem Code erfasst. Eventuell begegnen Ihnen auch `bind` oder `jQuery.proxy`, um eine anonyme Funktion an `this` zu binden. Dadurch kann der Code verworrener und schwerer zu lesen und zu verstehen sein. Arrow-Funktionen sind einfacher, leichter lesbar und fließen auch automatisch in den `this`-Kontext der Funktion ein, weshalb sie nicht nur für anonyme Funktionen, sondern auch für einfache Funktionen, die als Parameter oder Callbacks für andere Funktionen verwendet werden, ideal sind. Arrow-Funktionen mit einem einzelnen Ausdruck benötigen auch keine Klammern und geben den Wert dieses Ausdrucks an den Aufrufer zurück – all dies ist viel einfacher als die Verwendung des `function`-Schlüsselworts.

5.8 Funktionsparameter

Formalparameter einer Funktion werden als Liste innerhalb der Klammern der Funktionsdefinition deklariert. In den folgenden Abschnitten werden wir verschiedene Möglichkeiten zum Definieren von Funktionsparametern vorstellen und geben Ihnen Clean-Code-Empfehlungen für den Umgang mit Funktionsparametern.

Wir beginnen damit, die Funktionsstelligkeit zu definieren und zu diskutieren, und fahren dann mit einem Blick auf boolesche Parameter, REST-Parameter und Destrukturierungsparameter fort. Anschließend werden optionale Parameter und Standardwerte für Parameter untersucht.

5.8.1 Funktionsstelligkeit

Die Stelligkeit einer Funktion gibt an, wie viele Parameter sie benötigt. Da Sie mehr oder weniger Parameter übergeben können, als eine Funktion tatsächlich deklariert, gibt die Stelligkeit für unsere Zwecke an, wie viele Parameter in der Funktionsdefinition deklariert sind. Betrachten wir zunächst verschiedene Möglichkeiten, Ein-Parameter- und Null-Parameter-Arrow-Funktionen zu deklarieren, und schauen wir uns dann an, wie sich die Funktionsstelligkeit auf die Komplexität einer Funktion auswirkt.

Bei Arrow-Funktionen mit einem einzelnen Parameter können die Klammern um den Parameter herum weggelassen werden. Sehen Sie sich die beiden Möglichkeiten an, eine Ein-Parameter-Arrow-Funktion zu deklarieren (siehe Listing 5.16).

```
// checks if a given string can be used as an identifier, like a variable name

const isIdentifier1 = (word) => /^[a-z_][a-z_0-9]*$/i.test(word);

const isIdentifier2 = word => /^[a-z_][a-z_0-9]*$/i.test(word);
```

Listing 5.16 Arrow-Funktionen mit einem einzelnen Parameter mit optionalen Klammern

In den Beispielen in diesem Buch verwenden wir die Klammern sogar bei einzelnen Parametern in Arrow-Funktionen, um konsistent mit der Form zu sein, die mehr als einen Parameter annimmt, bei der immer Klammern notwendig sind. Sie können jedoch frei wählen, welchen Stil Sie bevorzugen und was Sie oder Ihr Team anspricht. Seien Sie nur konsistent. Die Funktion byN, die wir zuvor in Form der Arrow-Funktion-Syntax gesehen haben, wäre noch schlanker ohne die Klammern um die Parameter:

```
const byN = n => a => n * a;
```

Wenn eine Arrow-Funktion keine Parameter annimmt, wird sie in der Regel mit einer leeren Klammer geschrieben, die entweder 0 oder 1 als Münzwurf zurückgibt, wobei eine der zuvor in Listing 5.1 gezeigten Zufallsfunktionen verwendet wird:

```
const coinToss = () => random1(0, 1);
```

Arrow-Funktionen wurden teilweise erstellt, um Code prägnanter und leichter lesbar zu machen, aber Sie könnten versucht sein, diesen Stil noch kürzer zu machen, indem Sie einen einzelnen Parameter verwenden, der ignoriert wird, und die Klammern weglassen, wie in Listing 5.17 gezeigt.

```
// NOT CLEAN
const coinToss = _ => random1(0, 1);
```

Listing 5.17 Arrow-Funktion mit unbenutztem Parameter

Der Unterstrich ist in der Regel als *ignorierter Parameter* gedacht, ein Konzept, das sich an funktionalen Sprachen wie etwa Haskell anlehnt. Dieser Stil, auch wenn Sie die Variable mit etwas anderem als einem Unterstrich benennen, ist undurchsichtig und kann verwirrend sein.

Eine andere Stelle, an der nicht verwendete Parameter üblich sind, sind Event-Handler-Definitionen, die einen Ereignisparameter übernehmen, aber ansonsten nicht in ihrem Hauptteil verwenden. Die Event-Handler-Methode onDeleteProductPressed, die zuvor in Listing 5.8 gezeigt wurde, kann auch wie der Code aus Listing 5.18 geschrieben werden, wo der event-Parameter deklariert, aber nie verwendet wird.

```
// NOT CLEAN
onDeleteProductPressed(event) {
const deleteAction = new DeleteAction("Delete this product?");
    deleteAction.confirm(() => this.deleteProduct());
  }
```

Listing 5.18 Event-Handler, der den Ereignisparameter nicht verwendet

Der Ereignisparameter ist ein gängiger Parameter für SAPUI5-Ereignisse, der in der Regel `event` oder `oEvent` genannt wird. Er liefert Informationen über das Ereignis, das ausgelöst wurde. Im Falle eines »Press«-Ereignisses sind die Informationen, die uns am meisten interessieren, das Ereignis selbst, da es darauf hinweist, dass der Button gedrückt wurde. Alle zusätzlichen Informationen, z. B. das Steuerelement, das die Quelle des »Klicks« ist, sind in der Regel nicht erforderlich, weshalb wir den Ereignisparameter nicht deklarieren müssen.

[+]

Verwenden Sie keine Parameter, wenn sie nicht benötigt werden!

Wenn Sie sich die Beispiele in Listing 5.17 und Listing 5.18 ansehen, werden Sie feststellen, dass sie überflüssige und nicht benötigte Parameter enthalten, die für die Leserinnen und Leser verwirrend sein können. Sie können den Code »cleaner« machen, indem Sie die Parameterdeklaration in diesen Fällen weglassen. Clean Code sollte immer eindeutig sein, daher sollten Sie keine Parameter verwenden, die nicht benötigt werden. Ein nicht verwendeter Parameter wird auch von den meisten Lintern erkannt und mit einer Warnung versehen.

Es ist nicht nur wichtig, unnötige Parameter zu entfernen, sondern auch sicherzustellen, dass die Funktionen die minimale Anzahl von Parametern verwenden, die für ihre Arbeit erforderlich sind. Je mehr Parameter eine Funktion hat, desto komplexer wird sie und desto schwieriger ist es, sie zu verwenden, zu verstehen und zu testen. In Listing 5.19 sehen Sie eine Funktion zum Anzeigen eines Bestätigungsdialogfelds. Dabei handelt es sich um eine allgemeinere Version der Funktion `confirmDeletion`, die zuvor in Listing 5.5 gezeigt wurde.

```
// NOT CLEAN
function confirm(title, message, icon, confirmAction, onConfirmed) {
  MessageBox.show(message, {
    title,
    icon,
    actions: [
      confirmAction,
      MessageBox.Action.CANCEL
    ],
```

```
    onClose(action) {
      if (action === confirmAction) {
        onConfirmed();
      }
    }
  });
}
```

Listing 5.19 Funktion zum Anzeigen eines Bestätigungsdialogfelds

Beachten Sie, dass die Klasse `sap.m.MessageBox` bereits eine statische Methode `confirm` für denselben Zweck zur Verfügung stellt. Wenn wir jedoch eine eigene `confirm`-Funktion deklarieren, erstellen wir lediglich eine maßgeschneiderte Version eines Bestätigungsdialogs für unsere eigene Anwendung mit einem etwas anderen Verhalten als das der Standardmethode `sap.m.MessageBox.confirm`. Wir können später sogar noch weitere Funktionen hinzufügen, z. B. die Anzeige eines Message Toasts, wenn der Dialog bestätigt wird (siehe Abschnitt 9.4, »Fehlerbehandlung mit Controls«). Das Wichtige an diesem Beispiel ist jedoch, dass unsere Funktion `confirm` fünf Parameter deklariert, die sich auf den angezeigten Bestätigungsdialog auswirken: der Titel des Dialogs, die Meldung und das Symbol des Dialogs, der Button zur Bestätigung, der den Bestätigungsdialog positiv bestätigt, und der Callback beim Bestätigen des Dialogs.

Durch das Hinzufügen dieser Parameter zur Funktion wird diese wesentlich komplexer. Außerdem ist der Code, der die Funktion aufruft, schwieriger zu lesen und zu verstehen, wie in den Beispielen in Listing 5.20 gezeigt.

```
// confirm the deletion of a product
confirm(
  'Delete',
  'Delete this product?',
  MessageBox.Icon.WARNING,
  MessageBox.Action.DELETE,
  this.deleteProduct.bind(this));

// confirm leaving the page when the back button is pressed
confirm(
  'Leave this page?',
  'All your changes will be lost.',
  MessageBox.Icon.WARNING,
  'Leave',
  navBack);
```

Listing 5.20 Verwirrung beim Aufruf einer Funktion mit zu vielen Parametern

Wenn eine Funktion zu viele Parameter hat, ist die Reihenfolge, in der die Parameter deklariert werden, tendenziell beliebig. Einige Parameter können in Gruppen zusammengefasst werden, wenn sie sich auf dasselbe Konzept beziehen. Bei anderen Parametern kann es passieren, dass Sie sich über den Zweck des Parameters wundern. Das Aufrufen von Code wird somit schwieriger zu entschlüsseln, wie beispielsweise in dem zweiten `confirm`-Aufruf, der in Listing 5.20 zu sehen ist. In diesem Fall ist unklar, ob der vierte Parameter als Titel oder Button dienen würde oder wie sich alle diese Zeichenfolgenparameter auf das Rendering des Dialogfensters auswirken.

[+]

Nutzen Sie für Ihre Funktionen so wenige Parameter wie möglich

Die Anzahl der in einer Funktion deklarierten Parameter kann die Benutzbarkeit erheblich beeinflussen. Die Funktionsstelligkeit beeinflusst außerdem die Komplexität der internen Implementierung und wie schwierig es ist, sie zu verstehen, zu verwenden und zu testen. Sie sollten die Anzahl der Parameter in Ihren Funktionen also so weit wie möglich reduzieren, z. B. durch Refactoring der zugehörigen Konzepte in ihre eigenen Klassen oder Objekte. Dazu verwenden Sie, wo es sinnvoll ist, Optionsobjekte, oder Sie teilen Ihre Funktion in kleinere Funktionen auf, wie wir es in Abschnitt 5.11, »Funktionskörper«, zeigen.

Eine Möglichkeit, die Funktion `confirm` zu verbessern, besteht darin, sich von der `sap.m.MessageBox.show` inspirieren zu lassen und ein Optionsobjekt zu verwenden, um die verschiedenen Parameter zu gruppieren, wie in Listing 5.21 gezeigt.

```
function confirm(options) {
  MessageBox.show(options.message, {
    title: options.title,
    icon: options.icon,
    actions: [
      options.confirmAction,
      MessageBox.Action.CANCEL
    ],
    onClose(action) {
      if (action === options.confirmAction) {
        options.onConfirmed();
      }
    }
  });
}
```

Listing 5.21 Verwendung eines Optionsobjekts zum Gruppieren von Parametern

Ein Optionsobjekt ist ein Objekt, das Einstellungen oder Optionen für eine Funktion oder eine Methode bereitstellt. Es kann die Lesbarkeit des Codes, der die Funktion aufruft, verbessern, wie in Listing 5.22 gezeigt, da nun jede einzelne Option klar beschriftet ist und die Reihenfolge der bereitgestellten Optionen bei Bedarf unterschiedlich sein kann. Es kann jedoch eine Herausforderung sein, zu lernen, welche Möglichkeiten eine Funktion unterstützt. Diese Information finden Sie in der Regel nur in der Dokumentation der Funktion.

```
// confirm leaving the page when the back button is pressed
confirm({
  title: 'Leave this page?',
  message: 'All your changes will be lost.',
  confirmAction: 'Leave',
  icon: MessageBox.Icon.WARNING,
  onConfirm: navBack });
```

Listing 5.22 Aufruf einer Funktion mit einem Literal-Optionsobjekt

Optionsobjekte sind ein gängiges Muster und werden an vielen Stellen in SAPUI5 und in anderen JavaScript-Frameworks verwendet.

[+]

Seien Sie vorsichtig mit zu vielen Optionen

Wenn Sie Optionsobjekte verwenden, stellen Sie sicher, dass alle Optionen Teil desselben Konzepts sind. Wenn Sie zu viele unterschiedliche Optionen in ein einzelnes Objekt verschieben, kann dies darauf hindeuten, dass die Methode keinen klaren Fokus besitzt; hier sollten separate Optionsobjekte oder sogar ein Refactoring der Funktion in Betracht gezogen werden.

5.8.2 Boolesche Parameter

Boolesche Parameter stellen Kennzeichen dar, die entweder wahr oder falsch sein können. Sie sehen zwar einfach aus, können aber einige Herausforderungen für die Lesbarkeit darstellen.

Nehmen wir an, die Objektseite eines Produkts soll eine schreibgeschützte Ansicht unserer Entität anzeigen. Im Seitenkopf gibt es eine Bearbeiten-Button, über den die Bearbeitungsseite für das Produkt geladen wird. Im Event-Handler des Bearbeitungs-Buttons, der sich im Controller für die Objektseite befindet, lädt die folgende Codezeile die Bearbeitungsseite unseres Produkts:

```
this.getRouter().navTo("edit", { productId }, true);
```

Auf den SAPUI5-Router `sap.ui.core.routing.Router` (oder eine Unterklasse davon) kann über den Controller mit `this.getRouter()` zugegriffen werden. Anschließend rufen wir die `navTo`-Methode auf und übergeben die folgenden Parameter:

- den Namen der Navigationsroute, der in der Datei **manifest.json** definiert ist
- die Parameter für das Navigationsziel – in diesem Fall einfach die `productId`, die zuvor aus dem aktuellen Kontext im Code abgerufen wurde
- einen booleschen Parameter, der angibt, ob die Navigation den Hash der aktuellen Seite durch den Hash der neuen Seite ersetzt, der aber keinen Eintrag im Browserverlauf hinzufügt

In diesem Fall ist `true` der dritte Parameter, da die Bearbeitungsseite die Objektseite in der Browserhistorie ersetzen soll, sodass der Benutzer durch Klicken auf den Button **Zurück** auf der Bearbeitungsseite zurück zur Listenseite gelangt, die vor der Objektseite lag. Für den Endanwender ist die Bearbeitungsseite einfach ein Modus der Anzeigeseite und nicht eine ganz neue Seite.

Der undurchsichtige Wert `true` im Aufruf von `navTo` führt wahrscheinlich dazu, dass Leserinnen und Leser des Codes die Dokumentation durchforsten, um die Absicht des Codes zu verstehen. Diese Art von booleschem Parameter kann Ihren Code also schwer verständlich machen und sollte daher vermieden werden. Als Verwender dieser Methode können wir sie jedoch nicht umgestalten, daher müssen wir Wege finden, die Codezeile leichter verständlich zu machen. Ein Ansatz besteht darin, den Parameter zu benennen, indem er einer Variablen zugeordnet wird, wie im folgenden Beispiel:

```
const replaceCurrentPage = true;
this.getRouter().navTo("edit", { productId }, replaceCurrentPage);
```

Eine weitere Möglichkeit besteht darin, wie folgt einen Kommentar im aufrufenden Code, der den booleschen Parameter benennt, hinzuzufügen, wie in der Funktionsdokumentation beschrieben:

```
this.getRouter().navTo("edit", { productId }, /*bReplace=*/true);
```

Ein besserer Ansatz besteht darin, eine Hilfsmethode anzulegen, die die Absicht des aufrufenden Codes klarer macht, wie in Listing 5.23 gezeigt. In dieser Hilfsmethode wird unsere eigene `navTo`-Methode zu `BaseController`, der Basisklasse aller Controller in der Anwendung, hinzugefügt. Beachten Sie, dass wir im folgenden Beispiel auch die Definition des Controllers `getRouter` zeigen.

```
const BaseController = Controller.extend("my.namespace.BaseController", {

  getRouter() {
    return UIComponent.getRouterFor(this);
```

```
  },

  loadRoute(route, parameters) {
    const replaceCurrentPage = true;
    this.getRouter().navTo(route, parameters, replaceCurrentPage);
  }

  // ...

};
```

Listing 5.23 Kapselung »navTo« in unserer eigenen Methode

Mit dieser Methode würde der vorherige Aufruf von navTo im Event-Handler des Bearbeiten-Buttons den folgenden Code enthalten:

```
this.loadRoute("edit", { productId });
```

Diese Änderungen machen es bereits leichter, den Code zu verstehen. Versuchen Sie jedoch beim Entwerfen eigener Funktionen und Methoden, boolesche Parameter zu vermeiden, die die Konsumenten zwingen könnten, verschiedene Wege zu entwickeln, den Code übersichtlicher zu gestalten.

Sehen wir uns nun einige Möglichkeiten an, diesen navTo-Parameter zu vermeiden, und wie Sie diese beim Entwerfen Ihrer eigenen Funktionen und Methoden verwenden können.

Wie bereits in Listing 5.21 gezeigt, würde ein Optionsobjekt den Benutzer des Codes dazu bringen, die Option, die die aktuelle Seite im Browserverlauf ersetzt, klar zu benennen, wie in Listing 5.24 gezeigt.

```
this.getRouter().navTo("edit",
  { productId },
  { replaceCurrentPage: true });
```

Listing 5.24 Optionsobjekt verwenden, um einen booleschen Parameter zu übergeben

Ein Optionsobjekt ist eine Möglichkeit, benannte Parameter in JavaScript zu verwenden. Benutzer können ein Objekt übergeben, bei dem die Schlüssel selbst die erforderlichen Eingabeparameter effektiv benennen. In diesem Fall ist replaceCurrentPage die einzige Option, aber die Funktion kann später weitere Optionen hinzufügen und ihre aktuelle Signatur beibehalten.

Es kann vorkommen, dass ein boolescher Parameter mehr als nur true oder false akzeptiert. Der navTo-Methoden-Parameter bReplace akzeptiert true, um den aktuellen Hash und seine Position in der Browserhistorie zu ersetzen. Der Parameter akzeptiert auch `false`, das dazu führt, dass der aktuelle Hash weiterhin ersetzt wird, aber auch die aktuelle Seite zum Browserverlauf hinzufügt. Der Hash wird in beiden Szenarien ersetzt. Dies ist dann sinnvoll, wenn der Benutzer ein Lesezeichen für die Seite setzen und später genau dorthin zurückkehren möchte. Was aber, wenn wir die neue Seite einfach als echten Modus der aktuellen Seite laden und sie im Browserverlauf ersetzen wollten, ohne ihren Hash zu ändern? Derzeit unterstützt `navTo` diese Option nicht. Dies wäre aber möglich, wenn es ein Enum der verfügbaren Optionen als Parameter verwenden würde, wie in Listing 5.25 gezeigt.


```
const HashOption = {
  Navigate: "Navigate", // set hash, add to history
  Replace: "Replace",   // set hash, keep history
  Keep: "Keep"          // keep hash, keep history
};
```

Listing 5.25 Enum von Hash-Optionen

Enums ermöglichen eine diskrete Liste von Optionen und können sogar erweitert werden, ohne dass sich dies auf die Verwender der Methode auswirkt. Der Aufruf der Methode ist nun übersichtlicher und besser lesbar, wie Sie in Listing 5.26 sehen.

```
this.getRouter().navTo("edit",
  { productId },
  HashOption.Replace);
```

Listing 5.26 Verwendung eines Enums von Hash-Optionen

Ein weiterer wichtiger Aspekt boolescher Parameter, den wir uns anschauen sollten, ist, wie sich der Parameter auf den Code innerhalb der Funktion auswirkt. Wenn der Parameter die Logik der Funktion nicht ändert, ist es sinnvoll, ihn durch einen Optionsparameter oder ein Enum zu ersetzen. In einfachen Fällen, z. B. in einer `setDirty(true)`-Methode, können Sie ihn als booleschen Parameter beibehalten, um ein »Dirty«-Kennzeichen zu setzen, das angibt, dass sich einige Daten geändert haben. Das Setzen des Parameters ist der Grund, warum die Methode überhaupt existiert, und ihr Name kann als Proxy des Parameternamens selbst dienen.

Wenn sich der Parameter jedoch direkt auf die Funktionslogik auswirkt und sie dazu zwingt, zu verzweigen, um verschiedene Werte des Parameters aufzunehmen, kann es sein, dass die Methode keinen Fokus hat. Jedes Mal, wenn ein Parameterwert eine Methode in eine komplexe Verzweigungslogik oder eine anderweitig komplexe Implementierung zwingt, denken Sie darüber nach, sie aufzubrechen und mehrere hochfokussierte Methoden zu erstellen.

Da der `Replace`-Parameter das Verhalten der Methode `navTo` ändert, können Sie in Erwägung ziehen, den Parameter zu entfernen und stattdessen separate Methoden anzulegen: eine navTo-Methode, die als Navigationsmethode fungiert, bei der der Hash gesetzt und ein Eintrag zum Browserverlauf hinzugefügt wird, und eine loadRoute-Methode, die zuvor in Listing 5.23 gezeigt wurde, die den Hash setzt und keinen Eintrag zur Browserhistorie hinzufügt.

5.8.3 REST-Parameter

Jede JavaScript-Funktion kann eine dynamische Anzahl von Argumenten annehmen, auf die generisch über das arguments-Objekt zugegriffen werden kann, wodurch alle an eine Funktion übergebenen Argumente erfasst werden.

[»]

Parameter und Argumente

Parameter sind die Namen der Eingaben einer Funktion, wie sie in deren Definition aufgeführt sind. *Argumente* sind die zur Laufzeit an die Funktionsparameter gebundenen Werte. Beim Zugriff auf Parameterwerte innerhalb einer Funktion greifen wir auf die Argumente für die Funktion zu.

Das arguments-Objekt ist ein arrayartiges Objekt, und obwohl es eine length-Eigenschaft hat und seine Elemente wie in einem Array indiziert werden können, ist dieses Objekt kein JavaScript-Array und hat keine von dessen Methoden. Betrachten wir den in Listing 5.27 gezeigten Code. Dort ist eine sum-Funktion ohne Parameter in ihrer Definition definiert. Da wir jedoch wollen, dass die Funktion eine beliebige Anzahl von Argumenten akzeptiert und alle hinzufügt, verwenden wir das arguments-Objekt, um auf alle an die Funktion übergebenen Parameter zuzugreifen.

```
function sum() {
  const numbers = [].slice.call(arguments);
  return numbers.reduce(function (total, value) {
    return total + value;
  });
}

console.log(sum(1, 2, 3, 4, 5, 6, 7, 8, 9)); // 45
```

Listing 5.27 »arguments« für den Zugriff auf eine unterschiedliche Anzahl von Argumenten verwenden

Um Arraymethoden wie reduce zu verwenden, müssen Sie innerhalb der sum-Funktion das arguments-Objekt in ein echtes Array umwandeln, was in diesem Fall mit dem Aufruf [].slice.call erreicht wird. Anschließend speichern Sie dieses Array in numbers und verwenden es mit reduce, um die Summe zu berechnen. Im Funktionsargument zu reduce ist total die Summe und value der aktuelle Wert des Arrays, das verarbeitet wird.

Beim Umgang mit Legacy-Code müssen Sie verstehen, wie arguments verwendet wird. Modernes JavaScript bietet jedoch eine viel bessere Möglichkeit, mit variablen Funktionen wie unserem sum-Beispiel umzugehen: den *REST-Parameter*.

Ein REST-Parameter ist der letzte Parameter in einer Funktion und wird verwendet, um alle Argumente für die Funktion ab dem Punkt zu erfassen, an dem der REST-Parameter definiert ist. Im Gegensatz zu arguments erfasst der REST-Parameter nicht alle Argumente für die Funktion, es sei denn, er ist der einzige in der Funktion definierte Parameter. Stattdessen verwendet der REST-Parameter die Spread-Syntax (...) und ist ein echtes JavaScript-Array (siehe Abschnitt 2.1.7, »Spread-Syntax«, für genauere Informationen). Mit einem REST-Parameter und Refactoring kann, wie in Listing 5.28 gezeigt, sum neu definiert werden.

```
function sum(...numbers) {
  return numbers.reduce((total, value) => total + value);
}

console.log(sum(1, 2, 3, 4, 5, 6, 7, 8, 9)); // 45
```

Listing 5.28 REST-Parameter zum Erfassen einer variierenden Anzahl von Argumenten verwenden

[+]

REST-Parameter gegenüber Argumenten bevorzugen

REST-Parameter haben viele Vorteile gegenüber dem arguments-Objekt. Sie sind einfacher zu verwenden und in der Funktionssignatur sichtbar. Außerdem verdeutlichen sie, dass eine Funktion eine unterschiedliche Anzahl von Argumenten benötigt. Außerdem funktioniert arguments nicht bei Arrow-Funktionen, die von ihrem Enclosing Scope aus auf arguments referenzieren.

Beachten Sie, dass ein REST-Parameter in Bezug auf die Stelligkeit einer Funktion nur als 1 gilt, da es sich um einen einzelnen Parameter handelt, der dann zur Laufzeit in ein Array der daran gebundenen Argumente umgewandelt wird.

5.8.4 Destrukturierungsparameter

Wenn eine Funktion ein Objekt als Parameter verwendet, greift diese Funktion in der Regel auf einige der Objekteigenschaften innerhalb ihrer Implementierung zu. Gehen wir auf das Beispiel in Listing 5.21 ein, um auch einen Message Toast auszugeben, wenn die Message Box bestätigt wird, wie in Listing 5.29 gezeigt.

```
function confirm(options) {
  MessageBox.show(options.message, {
    title: options.title,
    icon: options.icon,
    actions: [
      options.confirmAction,
      MessageBox.Action.CANCEL
    ],
    onClose(action) {
      if (action === options.confirmAction) {
        showToast(options);
        options.onConfirmed();
      }
    }
  });
}

function showToast(options) {
  if (options.toastMessage) {
    MessageToast.show(options.toastMessage);
  }
}
```

Listing 5.29 Bei Bestätigung Toast Message anzeigen

Die Funktion `showToast` wird an das vollständige Optionsobjekt übergeben, das `confirm` verwendet und prüft, ob das Objekt eine `toastMessage`-Eigenschaft hat. Ist dies der Fall, zeigt die Funktion diese Meldung in einem `sap.m.MessageToast.show`-Aufruf an. `showToast` ist nur an der `toastMessage`-Eigenschaft interessiert und benötigt keine anderen Eigenschaften, die `options` enthalten kann. In diesem Fall kann ein *Destrukturierungsparameter* verwendet werden, um die gewünschte Eigenschaft direkt einer Variablen zuzuordnen, wie in Listing 5.30 gezeigt.

```
function showToast({ toastMessage }) {
  if (toastMessage) {
    MessageToast.show(toastMessage);
  }
}
```

Listing 5.30 Destrukturierungsparameter verwenden, um auf »toastMessage« zuzugreifen

`showToast` hätte auch so konzipiert werden können, dass ein einziger Parameter `toastMessage` anstelle des vollständigen `options`-Objekt verwendet wird. Verwenden Sie jedoch das `options`-Objekt, kann die Funktion weiterentwickelt werden, um andere Eigenschaften innerhalb von options ohne Auswirkungen auf den Aufrufer zu verwenden, und der Aufrufer muss nicht wissen, welche Eigenschaften showToast tatsächlich benötigt.

Für die confirm-Funktion wäre ein Destrukturierungsparameter unübersichtlich, da er viele der Eigenschaften in options verwendet. Dieser Ansatz funktioniert nicht, da confirm immer noch das vollständige options-Objekt an showToast übergeben muss und weiterhin Zugriff darauf benötigt (es sei denn, es wird das arguments-Objekt verwendet). In diesem Fall kann eine Destrukturierungszuordnung verwendet werden, um Variablen, die dann innerhalb der Funktion benutzt werden können, den gewünschten options-Eigenschaften zuzuordnen, wie in Listing 5.31 gezeigt. In diesem Beispiel ist die Destrukturierungszuordnung die erste Anweisung im Funktionskörper.


```
function confirm(options) {
  const {
    message, title, icon, confirmAction, onConfirmed
  } = options;

  MessageBox.show(message, {
    title: title,
    icon: icon,
    actions: [
      confirmAction,
      MessageBox.Action.CANCEL
    ],
    onClose(action) {
      if (action === confirmAction) {
        showToast(options);
        onConfirmed();
      }
    }
  });
}
```

Listing 5.31 Destrukturierungszuordnung über »confirm« verwenden

Verwenden Sie Destrukturierungsparameter und Destrukturierungszuordnungen, wenn Sie Ihren Code eindeutiger und verständlicher machen möchten. Im nächsten Abschnitt erfahren Sie, wie Sie Standardwerte zu normalen Parametern sowie zu Destrukturierungsparametern hinzufügen.

5.8.5 Standardwerte

Parameter für Funktionen sind immer optional, d. h., Sie können eine Funktion aufrufen und nicht den gesamten Satz definierter Parameter bereitstellen, indem Sie die Argumente von rechts nach links weglassen. Ausgelassene Argumente erhalten innerhalb der Funktion den Wert undefined. Wie in Listing 5.32 gezeigt, nimmt die Funktion formatName einen Parameter firstName und einen Parameter lastName und gibt einen formatierten vollständigen Namen mit beiden Parametern zurück, die mit einem Leerzeichen dazwischen verbunden sind.

```
function formatName(firstName, lastName) {
  return `${firstName} ${lastName}`;
}

console.log(formatName('Guybrush', 'Threepwood')); // Guybrush Threepwood

console.log(formatName('Stan')); // Stan undefined
```

Listing 5.32 Optionale Parameter

Beim ersten Aufruf an formatName werden beide Argumente angegeben, und das Ergebnis ist Guybrush Threepwood. Beim zweiten Aufruf wird der Parameter lastName nicht übergeben, sondern nur firstName. Das Ergebnis ist die Zeichenfolge Stan undefined. lastName ist undefined und wird entsprechend formatiert, wenn es in eine Zeichenfolge eingefügt wird. Dieses Problem wurde traditionell behoben, indem der Parameter auf undefined oder einfach auf einen sogenannten *Falsy Value* geprüft wurde, wie im Quelltext in Listing 5.33 gezeigt. Weitere Informationen zu Falsy und Truthy Values finden Sie in Abschnitt 2.1.11, »Standardparameter«.

```
function formatName(firstName, lastName) {
  return `${firstName} ${lastName || ''}`.trim();
}

console.log(formatName('Guybrush', 'Threepwood')); // Guybrush Threepwood

console.log(formatName('Stan')); // Stan
```

Listing 5.33 Prüfen, ob ein Parameter mit einem Wert versorgt wurde

Wenn lastName nun nicht angegeben ist, wird der Ausdruck lastName || '' als Fallback mit der leeren Zeichenfolge ausgewertet. Wenn Sie optionale Parameter in Ihrer Funktion haben und Sie einen Standardwert angeben möchten, der nicht undefined ist, können Sie einen Standardwert für diese Parameter in der Funktionssignatur definieren, wie in Listing 5.34 dargestellt.

```
function formatName(firstName, lastName = '') {
  return `${firstName} ${lastName}`.trim();
}
```

Listing 5.34 Einen Standardwert für einen Parameter deklarieren

Wenn `lastName` nun nicht angegeben wird, wird der in der Signatur angegebene Standardwert verwendet, in diesem Fall die leere Zeichenfolge `''`. Solche Standardwerte sind viel komfortabler als die Prüfung auf das Vorhandensein eines Parameters und machen Ihren Code viel sauberer.

Durch Zerlegen der Parameter können für jeden Teil der Variablen in einer Zuweisung Standardwerte bereitgestellt werden, wie in Listing 5.35 gezeigt.

```
function formatName({ firstName, lastName = '' }) {
  return `${firstName} ${lastName}`.trim();
}

console.log(formatName({
  firstName: 'Guybrush',
  lastName: 'Threepwood'
})); // Guybrush Threepwood

console.log(formatName({ firstName: 'Stan' })); // Stan
```

Listing 5.35 Standardwerte für die zerlegten Parameter

Die Funktion `formatName` verwendet nun ein Objekt mit zwei Eigenschaften: `firstName` und optional `lastName`, das die leere Standardzeichenfolge abruft, wenn sie im Objekt nicht vorhanden ist.

Das gesamte Parameterobjekt kann für einen Aufrufer optional gemacht werden, indem er einen Standardwert erhält. Dieser Ansatz kann für Optionsobjekte, die Standardwerte für alle Eigenschaften haben, sehr nützlich sein, wie in Listing 5.36 gezeigt, wo die `configureChart`-Funktion nur mit einigen der benannten Parameter aufgerufen werden kann oder mit keinem, wodurch die definierten Standardwerte einfach allen Variablen zugeordnet werden, wie beim letzten Aufruf von `configureChart()`.

```
function configureChart({
  chartType = 'pie', position = [0, 0], scale = 1
} = {}) {
  console.log(`A ${chartType} at ${position} with scale ${scale}`);
  // ...
}
```

```
configureChart({ chartType: 'bar' }); // A bar at 0,0 with scale 1
configureChart({ scale: 0.5 }); // A pie at 0,0 with scale 0.5
configureChart(); // A pie at 0,0 with scale 1
```

Listing 5.36 Standardwert für den gesamten Destrukturierungsparameter

Was den Destrukturierungsparameter insgesamt optional macht, ist die Zuordnung eines standardmäßigen leeren Objekts zu ihm mit der Syntax `= {}`. Wenn kein Parameter bereitgestellt wird, wird das leere Objekt standardmäßig zugeordnet, und dann ordnet das Destrukturierungskonstrukt den einzelnen Variablen die definierten Standardwerte zu.

5.9 Promises

In SAPUI5 können Sie asynchrone Requests an ein OData-Backend stellen, um Daten abzurufen, die auf dem Screen angezeigt werden sollen. Diese Art von Request wird üblicherweise über *Callbacks* ausgeführt, wenn eine Antwort aus dem Backend zurückkommt oder ein Fehler auftritt, wie in Listing 5.37 dargestellt.

```
function readUserDefaults(onUserDefaultsReceived, onUserDefaultsError) {
  const model = this.getView().getModel();
  model.read('/CurrentUserDefaults', {
    success: onUserDefaultsReceived,
    error: onUserDefaultsError
  });
}
```

Listing 5.37 OData Read Request mit Callbacks

Die Funktion `readUserDefaults` ist eine Methode innerhalb eines Controllers. Diese Funktion verwendet das Standardmodell (`sap.ui.model.odata.v2.ODataModel`) und ruft seine `read`-Methode für die Entitätsmenge `/CurrentUserDefaults` auf. Die `read`-Methode verwendet einen Erfolgs-Callback und einen Fehler-Callback, denen nur die Callbacks zugeordnet sind, die an `readUserDefaults` übergeben wurden. Wenn der OData-Request erfolgreich abgeschlossen wurde, wird `onUserDefaultsReceived` mit den Backend-Daten als Parameter aufgerufen. Wenn der Request fehlschlägt, wird `onUserDefaultsError` mit einem Objekt aufgerufen, das den Fehler darstellt.

Sie können die `readUserDefaults`-Methode am besten verwenden, indem Sie die erforderlichen Callbacks übergeben, wie in Listing 5.38 gezeigt.

```
this.getView().setBusy(true);
this.readUserDefaults(
  data => {
```

```
    this.bindDefaults(data.results);
    this.getView().setBusy(false);
  },
  error => {
    this.showError(error);
    this.getView().setBusy(false);
  });
```


Listing 5.38 Verwendung von »readUserDefaults« mit Callbacks

Das Erste, was der Code tut, ist, das Beschäftigt-Kennzeichen des Views zu setzen, sodass während der OData-Operation eine Beschäftigt-Animation angezeigt wird. Dann wird `readUserDefaults` mit beiden Callbacks aufgerufen. Im Erfolgsfall werden die resultierenden Daten mit dem Aufruf an die Controls des `bindDefaults`-Views gebunden. Wenn dies fehlschlägt, wird die Methode `showError` aufgerufen, um dem Benutzer den Fehler anzuzeigen. Nach Erfolg oder Misserfolg wird das Beschäftigt-Kennzeichen des Views zurückgesetzt, sodass die Beschäftigt-Animation ausgeblendet wird.

Die Funktionsweise dieses Codes besteht darin, dass jeglicher Code, der nach der Rückgabe der Daten benötigt wird, in die Callbacks aufgenommen oder von den Callbacks aufgerufen werden muss, in der Regel im Erfolgs-Callback. Dies ist ein zusammengesetzter Prozess, wenn auch nachfolgende Operationen asynchron sind und ein eigenes Set von Callbacks haben. Das Aufrufen einer Funktion, die einen Callback nimmt, um dann eine andere Funktion aufzurufen, die einen Callback innerhalb des ersten Callbacks in einer Endlosschleife annimmt, ist eine Situation, die allgemein als *Callback-Hölle* beschrieben wird (ausführlich in Abschnitt 2.1.9, »Promises, ›async‹ und ›await‹«, erläutert). Die Callback-Hölle unterbricht den konzeptionellen Ablauf von Operationen und führt zu äußerst schwer verständlichem und wartbarem Code. Ein Beispiel finden Sie in Listing 5.39, in dem das Ergebnis von `readUserDefaults` mehr Daten mit dem Aufruf von `readMoreDataThatNeedsUserDefaults` abruft. Beachten Sie auch, wie der Fehler-Callback in eine gemeinsame Funktion refaktoriert werden musste und nun an mehreren Stellen verwendet wird.

```
const onError = error => {
  this.showError(error);
  this.getView().setBusy(false);
};
this.getView().setBusy(true);
this.readUserDefaults(
  data => {
    this.bindDefaults(data.results);
    this.readMoreDataThatNeedsUserDefaults(
```

```
      data.results,
      moreData => {
        this.bindMoreData(moreData.results);
        // this will keep growing for connected calls...
      },
      error => onError);
    this.getView().setBusy(false);
  },
  error => onError);
```

Listing 5.39 Mehrere asynchrone Requests mit Callbacks

Ein *Promise* ist ein Objekt, das einen Vorgang darstellt, der letztlich abgeschlossen wird. Mit diesem Objekt können asynchrone Vorgänge erfasst werden, bei denen auf die Fortsetzung des Prozesses gewartet werden muss, wie beim OData-Lesevorgang, der zuvor in Listing 5.37 gezeigt wurde. Um ein Promise als Rückgabewert von readUserDefaults zu verwenden, müssen Sie den Code ändern, wie in Listing 5.40 gezeigt.

```
function readUserDefaults() {
  return new Promise((resolve, reject) => {
    const model = this.getView().getModel();
    model.read('/CurrentUserDefaults', {
      success: resolve,
      error: reject
    });
  });
}
```

Listing 5.40 OData-Leseanfrage über ein Promise

readUserDefaults verwendet keine Parameter, sondern gibt ein Promise-Objekt zurück, das entweder aufgelöst oder abgelehnt werden kann. Wenn der OData-Request erfolgreich ist, wird das Promise mit dem Ergebnis des Aufrufs aufgelöst. Wenn die Anfrage fehlschlägt, wird das Promise mit dem angegebenen Fehlerobjekt abgelehnt. Der Promise-Konstruktor verwendet eine Funktion, die dem Code die Funktionen resolve und reject bereitstellt, die aufgerufen werden, um die Vervollständigung des Promises zu kennzeichnen. Im Fall von readUserDefaults werden diese Funktionen einfach als Callbacks der read-Methode des Modells übergeben.

Verrückt wird es, wenn readUserDefaults konsumiert wird. Promises stellen Methoden bereit, die Code hinzuzufügen, der ausgeführt wird, ob eine Methode erfolgreich abgeschlossen wurde oder nicht. Der in Listing 5.41 gezeigte Code zeigt, wie das neue readUserDefaults verwendet werden kann.

```
this.getView().setBusy(true);
this.readUserDefaults()
  .then(data => this.bindDefaults(data.results))
  .catch(error => this.showError(error))
  .then(() => this.getView().setBusy(false));
```

Listing 5.41 »readUserDefaults« mit Promise verwenden

Die Methode then nimmt eine Funktion, die beim Aufruf resolve eines Promises mit dem erfolgreichen Ergebnis läuft. Diese Funktion wird mit dem an resolve übergebenen Wert versorgt. Die an die catch-Methode übergebene Funktion wird im Fehlerfall durchlaufen, und reject wird im Promise aufgerufen. Der Fehlerwert wird an reject übergeben.

Promises können auch miteinander *verkettet* werden. Zum Beispiel wird der letzte then-Aufruf erst ausgeführt, nachdem entweder der erste then- oder der catch-Aufruf ausgeführt wurden. In diesem Fall wird das Beschäftigt-Kennzeichen des Views zurückgesetzt. Diese Verkettung ist ein wesentlicher Unterschied bei Code mit Callbacks. Jeder Wert, der von einem vorherigen then-Schlüsselwort zurückgegeben wird, wird an das nächste then übergeben, der dann zusätzliche asynchrone Aufgaben ausführen und sein Ergebnis an die Kette zurückgeben kann. Was sonst zur Callback-Hölle würde, wird zu einer Kette von then-Aufrufen, was den Code viel leichter lesbar und verständlicher macht (siehe Listing 5.42). In diesem Beispiel sehen Sie, wie der Quelltext weitere Daten mit dem Aufruf an readMoreDataThatNeedsUserDefaults liest, der ein Promise zurückgibt, das dann der nächste Promise in der Kette ist, in der nachfolgende then- oder catch-Aufrufe reagieren.

```
this.getView().setBusy(true);
this.readUserDefaults()
  .then(data => {
    this.bindDefaults(data.results);
    return this.readMoreDataThatNeedsUserDefaults(data.results);
  })
  .then(moreData => {
    this.bindMoreData(moreData.results);
  })
  .catch(error => this.showError(error))
  .then(() => this.getView().setBusy(false));
```

Listing 5.42 Verkettete asynchrone Aufrufe mit »then«

Promises machen den Code in dem Sinne flach, dass Verschachtelungsebenen nicht mit jeder nachfolgenden abhängigen asynchronen Operation erhöht werden müssen. Die Verschachtelungsebene des Codes ist konstant für einen einzelnen Callback-Parameter: die an then oder catch übergebene Funktion.

Promises ermöglichen auch die Verwendung der Syntax async/await. Dadurch wird der Code deutlich einfacher und dem synchronen Code ähnlicher. Diesen Punkt möchten wir noch einmal wiederholen: Durch das async/await-Konstrukt ist das Schreiben von asynchronem Code ebenso einfach wie das Schreiben von synchronem Code. Synchroner Code ist normaler Code, wie ihn Entwickler und Entwicklerinnen gewohnt sind, bei dem eine Anweisung nach der letzten ausgeführt wird. Den Code aus Listing 5.42 können Sie mit async und await umschreiben. Das Ergebnis sehen Sie in Listing 5.43.

```
async function fetchUserDefaults() {
  this.getView().setBusy(true);
  try {
    const data = await this.readUserDefaults();
    this.bindDefaults(data.results);
    const moreData =
 await this.readMoreDataThatNeedsUserDefaults(data.results);
    this.bindMoreData(moreData.results);
  } catch (error) {
    this.showError(error);
  }
  this.getView().setBusy(false);
}
```

Listing 5.43 Verkettete asynchrone Aufrufe mit »await«

Der Code in Listing 5.43 ist nun in einer Funktion namens fetchUserDefaults eingeschlossen. Jeder Code, der das await-Schlüsselwort verwendet, muss von einer async-Funktion eingeschlossen werden. Eine async-Funktion ist eine Funktion, die ein Promise zurückgibt und auf die gewartet werden kann. Innerhalb der Funktion fetchUserDefaults wird dann an den Funktionen, die ein Promise zurückgeben, mit dem await-Schlüsselwort gewartet. Das Ergebnis des await-Ausdrucks ist das Ergebnis des aufgelösten Promise. Daher kann Code wie this.readUserDefaults().then(data => ...) in Code wie const data = await this.readUserDefaults() umgewandelt werden und data dann in der nächsten Anweisung so adressiert werden, als ob der Code synchron ausgeführt würde. Wenn ein Promise abgelehnt wird, wird eine Ausnahme mit dem Ablehnungswert ausgegeben. Um auf diese Ausnahme zu reagieren, verwendet der Code in fetchUserDefaults einen try/catch-Block und reagiert auf alle Promise-Fehler innerhalb des catch-Blocks.

Code mit asynchronen Merkmalen kann in der Regel »promisified« werden. Das bedeutet, dass der Code in Code umgewandelt wird, der ein Promise zurückgibt, wie wir es für die read-Methode von ODataModel getan haben, die zuvor in Listing 5.40 gezeigt wurde. Dadurch wird der Code einfacher zu konsumieren und begünstigt die Verwendung der async/await-Syntax. Für ein weiteres, vielleicht überraschendes Beispiel können Sie die confirm-Funktion (die wir später in Listing 5.45 zeigen) ein Promise zurückgeben lassen, wie in Listing 5.44 dargestellt.


```
function confirm(options) {
  const { message, title, icon, confirmAction } = options;

  return new Promise(resolve => {
    MessageBox.show(message, {
      title: title,
      icon: icon,
      actions: [
        confirmAction,
        MessageBox.Action.CANCEL
      ],
      onClose(action) {
        const confirmed = action === confirmAction;
        if (confirmed) {
          showToast(options);
        }
        resolve(confirmed);
      }
    });
  });
}
```

Listing 5.44 Rückgabe eines Promises mit Bestätigung

Hier wird die Callback-Option onConfimed nicht benötigt, und confirm kann mit await verwendet werden, um der resolve-Funktion einen booleschen Wert bereitzustellen. Der boolesche Wert ist true, wenn die Schaltfläche, auf die im Bestätigungsdialog geklickt wurde, mit der confirmAction-Option übereinstimmt. Wie in Listing 5.45 gezeigt, wird dem Benutzer ein Bestätigungsdialog zum Verlassen der aktuellen Seite angezeigt. Nach erfolgreicher Bestätigung, d. h., wenn der Benutzer im Dialogfenster auf den Button zum Verlassen klickt, wird der Code innerhalb des if-Blocks ausgeführt und navBack aufgerufen. Sie müssen diesen Code nicht einmal in einen try/catch-Block verpacken, da das Promise in confirm nie abgelehnt wird.

```
async function onBackButtonPressed() {
  const leaveDialogOptions = {
    title: 'Leave this page?',
    message: 'All your changes will be lost.',
```

```
    confirmAction: 'Leave',
    icon: MessageBox.Icon.WARNING };
  if (await confirm(leaveDialogOptions)) {
    navBack();
  };
}
```

Listing 5.45 Warten auf das Ergebnis eines Bestätigungsdialogs

Auch das Promise-Objekt verfügt über einige nützliche statische Methoden, um mit vielen Promises wie `Promise.all` und `Promise.race` umzugehen. Die `Promise.all`-Methode verwendet ein Array von Promises und gibt ein Promise zurück, das aufgelöst wird, wenn alle Promises des Arrays aufgelöst werden, und gibt dann ein Array aller gelösten Promises zurück. Alternativ erfolgt eine Ablehnung, wenn mindestens eines der Promises im Array abgelehnt wird und einen Ablehnungswert zurückgibt. Diese Funktion ist nützlich, wenn Sie Code ausführen müssen, nachdem eine Reihe asynchroner Anforderungen abgeschlossen wurde, z. B. wenn Sie viele verschiedene Dateien herunterladen und dann einen Code ausführen müssen, nachdem alle Dateien heruntergeladen wurden.

Die Methode `Promise.race` hingegen nimmt ein Array von Promises und führt sie parallel aus. Es wird dann ein Promise zurückgegeben, das bestätigt oder abgelehnt wird, sobald eines der Promises im Array mit Ablehnung auflöst. Diese Methode kann nützlich sein, wenn Sie redundante asynchrone Requests haben, die möglicherweise dieselben Daten auf verschiedene Arten zurückgeben, aber Sie sich nur für die ersten Requests interessieren, z. B. wenn konkurrierende Machine-Learning-Algorithmen für einige Daten ausgeführt werden. Eine weitere interessante Verwendung von `Promise.race` ist das Anlegen einer *Timeout-Funktion* für ein Promise, wie in Listing 5.46 gezeigt.

```
function timeout(promise, ms, message = 'Timeout!') {
  let timer;
  const racer = new Promise((resolve, reject) => {
    timer = setTimeout(() => reject(message), ms);
  });
  return Promise
    .race([promise, racer])
    .finally(() => clearTimeout(timer));
}
```

Listing 5.46 Timeout für ein Promise, das »Promise.race« verwendet

Die Funktion `timeout` nutzt ein Promise, wartet einige Millisekunden auf den Abschluss des Promises und enthält eine Timeout-Meldung, die angezeigt wird, wenn der Timeout-Schwellenwert erreicht wird. Diese Funktion legt dann ein Racer-Promise an, das die window.setTimeout-Funktion verwendet, die mit der Timeout-Meldung abgelehnt wird, sobald der Timeout-Schwellenwert erreicht ist. Dann stellt die Funktion den Racer gegen das gegebene Promise mit Promise.race. Wenn das Promise vor dem Timeout endet, wird das Ergebnis von Promise.race zurückgegeben. Wenn der Timeout jedoch erreicht wird, bevor das Promise abgeschlossen ist, wird der Racer abgelehnt, und Promise.race endet mit einer Ablehnung. In beiden Fällen wird die finally-Methode für das resultierende Promise aufgerufen, um den Timeout unabhängig vom Ergebnis zu löschen, was wie eine finally-Anweisung in einem try/catch/finally-Block funktioniert. Die Verwendung von catch anstelle von finally würde die Ablehnung in timeout schlucken (ähnlich einem leeren catch-Block).

5.10 Generatoren

Generatoren sind spezielle Funktionen, die Werte an den Aufrufer zurückgeben und dann die Ausführung fortsetzen können, sobald sie zurückgegeben werden. Generatoren werden mit der Syntax function* definiert und verwenden das Schlüsselwort yield, um Werte an den Aufrufer zurückzugeben. Sehen wir uns den in Listing 5.47 gezeigten Generator an.

```
function *range(from, to = Infinity) {
  for (let curr = from; curr <= to; ++curr) {
    yield curr;
  }
}
```

Listing 5.47 Range-Generator

Die Funktion range ist ein Generator, der die Syntax function* verwendet und generierte yield-Werte an den Aufrufer zurückgibt. Die Funktion range ist möglicherweise unbegrenzt, da der generierte Bereich theoretisch unendlich ist, wenn der to-Parameter nicht bereitgestellt wird. Ein Generator kann unendlich sein, da er nur ausgeführt wird und Werte generiert, wenn er konsumiert wird. Daher steuert der Verwender, wie viel der Generator ausführt. Eine typische Möglichkeit, einen Generator zu konsumieren, ist mit einer for...of-Anweisung, wie in Listing 5.48 gezeigt.

```
function sumRange(from, to) {
  let total = 0;
  for (const i of range(from, to)) {
    total += i;
  }
  return total;
```

```
}

console.log(sumRange(1, 9)); // 45
```

Listing 5.48 Range-Generator konsumieren

Die `for...of`-Anweisung innerhalb der `sumRange`-Funktion iteriert über den generierten Bereich vom Aufruf bis `range`. Wenn der Generator unendlich sein könnte, hat der Verwender die Kontrolle und kann aus der Schleife ausbrechen oder zurückkehren, wenn er genügend Werte verbraucht hat. Wenn Sie wissen, dass der Generator begrenzt ist, können Sie wie im folgenden Code die statische Methode `Array.from` verwenden, um ein Array mit den Werten des Generators zu erstellen:

```
const nums = Array.from(range(1, 9));
console.log(nums.reduce((total, curr) => total + curr)); // 45
```

Generatoren können auch mit dem Schlüsselwort `async` asynchron gemacht werden und asynchrone Werte in Form von Promises oder Aufrufen anderer asynchroner Funktionen mit `await` generieren. Um asynchrone Generatoren zu verwenden, hat die `for...of`-Syntax eine spezielle `for await...of`-Form, die asynchron iteriert und auf die vom Generator zurückgegebenen Werte wartet.

5.11 Funktionskörper

Der Funktionskörper ist der Code innerhalb der Funktion. Wir haben bereits einige Möglichkeiten erörtert, wie eine Funktion auf der Funktionssignaturebene vereinfacht werden kann, z. B. die Verwendung von REST-Parametern zur Erfassung einer unterschiedlichen Anzahl von Argumenten, die Verwendung von Destrukturierungsparametern zum Extrahieren der gewünschten Eigenschaften eines Objekts und die Verwendung von Standardwerten zum Füllen von Parametern.

In diesem Abschnitt werden wir einige Möglichkeiten erkunden, den Funktionskörper selbst leichter zu lesen, zu verstehen und zu untersuchen. Wir schauen uns an, warum das Design des Funktionskörpers eine wichtige Rolle spielt und wie »sauber« eine Funktion sein kann.

5.11.1 Do one Thing

Eine gute Möglichkeit, eine Funktion leichter zu lesen, zu verstehen, zu testen und zu pflegen, besteht darin, sich am Credo *Do one Thing!* zu orientieren. Gemeint ist damit, dass eine Funktion nur ein einziges Ziel haben sollte. Das Ziel vieler Diskussionen und Richtlinien in diesem Buch ist es, Funktionen und übergeordnete Konstrukte so zu straffen, dass diese dadurch stärker fokussiert sind und dem Ziel »Do one Thing« näherkommen. Einige Richtlinien, die Sie berücksichtigen sollten, um diesem Grundsatz gerecht zu werden, haben wir hier aufgelistet:

- Eine Funktion sollte nur eine kleine Anzahl von Parametern haben.
- Eine Funktion sollte keine booleschen Parameter haben.
- Ein Funktionskörper sollte klein sein.
- Der Code innerhalb einer Funktion sollte auf einer einzigen Abstraktionsebene bleiben.
- Sie können keine anderen aussagekräftigen Funktionen aus einem Funktionskörper extrahieren.
- Sie können die Anweisungen eines Funktionskörpers nicht sinnvoll in Abschnitte gruppieren.

Ein Beispiel dafür finden Sie in der Methode `onCopyProductPress` in Listing 5.49.

```
BaseController.extend('my.namespace.ProductWorklistController', {

  // ...

  onCopyProductPress() {
    // get selected product ID
    const selectedItem = this.byId("productTable").getSelectedItem();
    const sourceProductId =
  selectedItem.getBindingContext().getProperty("ProductId");
    // call backend copyProduct operation
    const model = this.getView().getModel();
    this.getView().setBusy(true);
    model.callFunction("/copyProduct", {
      method: "POST",
      urlParameters: { ProductId: sourceProductId },
      success: (result) => {
        // navigate to editProduct target
        const targetProductId = result.TargetProductId;
        this.getView().setBusy(false);
        this.getRouter().navTo("editProduct", { productId: targetProductId });
      },
      error: (error) => {
        this.getView().setBusy(false);
        this.onError(error);
      }
    });
  },
```

```
    // ...

});
```

Listing 5.49 Methode zum Kopieren eines Produkts in einen Worklist-Controller

Der in Listing 5.49 dargestellte Controller `ProductWorklistController` ist ein Controller für einen Worklist-View, der eine Tabelle mit Produkten anzeigt. Eine der Operationen, die ausgeführt werden kann, ist das Kopieren eines Produkts, indem Sie eine Zeile aus der Tabelle auswählen und den Button zum Kopieren drücken. Das Drücken des Kopieren-Buttons wird an die gezeigte Methode `onCopyProductPress` angehängt. Diese Methode erhält dann die ID des ausgewählten Produkts in der Tabelle und ruft einen Backend-OData-Funktionsimport auf, der die angegebene Produkt-ID kopiert und eine neue ID für das Zielprodukt zurückgibt. Die Methode navigiert dann zur Bearbeitungsseite für das neu angelegte Produkt oder ruft eine generische Fehlerbehandlungsfunktion auf, wenn der Aufruf des Funktionsimports fehlschlägt.

Die Methode `onCopyProductPress` hat eine einzige Aufgabe, aber es sind viele detaillierte Schritte erforderlich, um ihr Ziel zu erreichen. Die Methode führt folgende Aufgaben aus:

- Sie ruft das ausgewählte Zeilenelement der `productTable`-Tabelle ab.
- Sie ruft die Eigenschaft `ProductId` aus dem Binding-Kontext des ausgewählten Elements ab.
- Sie setzt den View auf »beschäftigt«.
- Ruft den OData-Funktionsimport `copyProduct` mit der Produkt-ID auf.
- Wenn der OData-Aufruf erfolgreich ist, passiert Folgendes:
  - Sie setzt den View auf »nicht beschäftigt«.
  - Sie navigiert zur Seite `editProduct` für das neue Produkt.
- Wenn der OData-Aufruf fehlschlägt, passiert Folgendes:
  - Sie setzt den View auf »nicht beschäftigt«.
  - Sie ruft die generische Fehlerbehandlung auf, um dem Benutzer den Backend-Fehler anzuzeigen.

Im nächsten Abschnitt erfahren Sie, wie die `onCopyProductPress`-Methode verbessert und in besser handhabbare und wiederverwendbare Teile zerlegt werden kann.

5.11.2 Eine Abstraktionsebene absteigen

Zwischen dem Code, den wir schreiben, und dem, was der Rechner am Ende ausführt, können viele Abstraktionsschichten liegen. Einige Abstraktionen können auch innerhalb des Codes selbst vorhanden sein, und *Abstraktion* im Allgemeinen ist, was das Schreiben von Software für Menschen ermöglicht. Code wird öfter gelesen als geschrieben, und wir sollten menschliche Leserinnen und Leser mehr berücksichtigen als die computerbasierte Ausführung und unsere Abstraktionen so gestalten, dass Menschen sie leicht verstehen können. Diese Praxis ist das Wesen von sauberem Code, wo Verständlichkeit und Wartbarkeit die wichtigsten Aspekte beim Schreiben von Code sind.

Ein wichtiges Konzept im Umgang mit Funktionen ist die *Stepdown-Regel*, wie sie im Buch »Clean Code: A Handbook of Agile Software Craftsmanship« (Pearson, 2008) beschrieben ist. In diesem Abschnitt verwenden wir den Ausdruck *eine Abstraktionsebene absteigen*, um das Ziel der Stepdown-Regel besser zu erläutern. Dieser Ausdruck bedeutet einfach, dass die Anweisungen innerhalb einer Funktion eine Abstraktionsebene unterhalb des Funktionsnamens selbst sein sollten, und alle diese Anweisungen sollten sich auf derselben Abstraktionsebene befinden.

Eine Abstraktionsebene bezieht sich auf die Granularität der Informationen, die Sie benötigen, um ein Konzept vollständig zu verstehen. Betrachten Sie die in Listing 5.49 dargestellte Methode `onCopyProductPress`, und beachten Sie, wie diese Methode zu viele detaillierte Schritte auf verschiedenen Abstraktionsebenen durchführt, um ihr Ziel zu erreichen. Das Ziel kann einfach als »das ausgewählte Produkt kopieren« oder vielleicht mit etwas mehr Details als »das ausgewählte Produkt kopieren und in den Bearbeitungsmodus setzen« angegeben werden. Um dieses Ziel zu verstehen, sind die Details zum Abrufen der aktuell ausgewählten Tabellenzeile oder der aufzurufenden OData-Backend-Operation zu detailliert und fügen der Methode eine Menge Rauschen hinzu. Darüber hinaus verknüpft sogar die Implementierung der gesamten Operation (mit einem Button-Event-Handler) die Operation mit dieser spezifischen UI-Aktion, obwohl die Funktion allein stehen soll.

Der erste Schritt bei der Verbesserung dieser Methode besteht also darin, sie in eine separate Methode umzuwandeln und sie aus dem Event-Handler aufzurufen, wie in Listing 5.50 gezeigt, wo der Event-Handler `onCopyProductPress` den Aufruf einfach an eine `copySelectedProduct`-Methode delegiert, die den erforderlichen Kopiervorgang implementiert.

```
BaseController.extend('my.namespace.ProductWorklistController', {

  // ...

  onCopyProductPress() {
    this.copySelectedProduct();
  },
```

```
  // ...

});
```

Listing 5.50 Button-Event-Handler für den Aufruf von »copySelectedProduct«

Jetzt können wir die `copySelectedProduct`-Methode für sich betrachten und beginnen, ihre Verantwortlichkeiten auf der entsprechenden Abstraktionsebene aufzuteilen. Nehmen wir ihren Namen als Ausgangspunkt und steigen eine Ebene dieser Abstraktion zum Code ab. Wir können die Abstraktion »ausgewähltes Produkt kopieren« in die folgenden Schritte aufteilen:

1. Rufen Sie das ausgewählte Produkt ab.
2. Kopieren Sie das Produkt in ein neues Produkt.
3. Navigieren Sie zur Bearbeitungsseite des neuen Produkts.

In keinem dieser Schritte geht es um Binding-Kontexte, Router oder sogar OData-Requests. Diese Details sind für diesen übergeordneten Vorgang zu detailliert. Wenn Sie anfangen, die Schritte in ihre Methoden zu zerlegen, werden Sie erneut eine Abstraktionsebene hinabsteigen und mit der Detaillierung beginnen, was beispielsweise »das ausgewählte Produkt erhalten« bedeutet. Das Schöne an diesem Ansatz ist, dass Sie am Ende leichter verständliche Methoden haben werden, da die Methoden auf einer einzigen Abstraktionsebene bleiben. Darüber hinaus ist Ihr Design weniger gekoppelt und kann sogar auf weitere Möglichkeiten für das Refactoring hinweisen, z. B. das Verschieben allgemeinerer Methoden in separate Klassen, wo sie projektübergreifend wiederverwendet werden können. Schauen wir uns an, wie unser Ergebnis aussehen könnte, wie in Listing 5.51 gezeigt.

```
BaseController.extend('my.namespace.ProductWorklistController', {

  // ...

  onCopyProductPress() {
    this.copySelectedProduct();
  },

  async copySelectedProduct() {
    const sourceProductId = this.getSelectedProductId();
    const targetProductId = await this.copyProduct(sourceProductId);
    if (targetProductId) {
      this.navToProductEdit(targetProductId);
    }
  },
```

```
  getSelectedProductId() {
    const selectedItem = this.byId("productTable").getSelectedItem();
    return selectedItem.getBindingContext().getProperty("ProductId");
  },

  copyProduct(sourceProductId) {
    return this.busyfy(new Promise((resolve) => {
      const model = this.getView().getModel();
      model.callFunction("/copyProduct", {
        method: "POST",
        urlParameters: { ProductId: sourceProductId },
        success: (result) => resolve(result.TargetProductId),
        error: (error) => {
          resolve(null);
          this.onError(error);
        }
      });
    }));
  },

  navToProductEdit(productId) {
    this.getRouter().navTo("editProduct", { productId });
  },

  busyfy(promise) {
    this.getView().setBusy(true);
    return promise.finally(() => this.getView().setBusy(false));
  },

  // ...

});
```

Listing 5.51 Refactoring für den Vorgang »Produkt kopieren«

In Listing 5.51 implementiert die copySelectedProduct-Methode den Kopiervorgang, indem Aufgaben an untergeordnete Methoden delegiert werden, die jeden erforderlichen Schritt umsetzen. Die getSelectedProductId-Methode sorgt dafür, dass die ausgewählte Produkt-ID aus der Produkttabelle abgerufen wird. Die copyProduct-Methode führt den OData-Aufruf an den /copyProduct-Funktionsimport aus und gibt ein Promise zurück, das mit der neuen Produkt-ID aufgelöst wird oder null zurückgibt, wenn der OData-Request fehlschlägt. Die Methode verwendet die busyfy-Methode, bei der es sich um eine generische Methode handelt, die das angegebene Promise in

Aufrufe verschalt, um das Beschäftigt-Kennzeichen des Views zu setzen und zurückzusetzen. Diese Methode ist generisch genug, um sie in einen Basis-Controller verschieben zu können, wo Sie sie wiederverwenden können. Schließlich verwendet die `navToProductEdit`-Methode einfach das Routing, um zum Ziel `editProduct` zu navigieren, das das neue Produkt in die Bearbeitungsansicht lädt.

5.11.3 Funktionen klein halten

Wenn Ihre Funktionen oder Methoden darauf fokussiert sind, »to do one thing« und bereits eine Abstraktionsebene abgestiegen sind, werden sie tendenziell vom Umfang her kurz sein. Kleinere Funktionen sind einfacher zu verstehen, zu warten, zu testen und wiederzuverwenden. Möglicherweise finden Sie Methoden, die generisch genug sind, um zu mehreren Klassen zu gehören, und es können neue Funktionen oder Subsysteme entstehen.

Die Größe einer Methode basiert nicht nur auf der Zahl ihrer Codezeilen oder der Anzahl der Anweisungen, sondern ist auch eine Kennzahl für die Anzahl der Verschachtelungsebenen innerhalb einer Methode. Die Verschachtelungsebene bezieht sich auf die Anzahl der geöffneten Codeblöcke (Code innerhalb der geschweiften Klammern { und }, nicht aber Daten wie Objektliterale). Blöcke können innerhalb von Blöcken geöffnet werden, wodurch sich die gesamte Schachtelung der Funktion erhöht. Schleifen und `if`-Anweisungen erhöhen die Verschachtelungsebene. Gleiches gilt für anonyme Funktionen, die einen Block öffnen. Je mehr Verschachtelungsebenen Ihr Code hat, desto schwieriger ist es, ihn zu lesen und zu verstehen.

Im Umgang mit Callbacks empfiehlt es sich, Promises zu verwenden, um die Verschachtelungsebene einer Methode oder Funktion zu verringern (siehe Abschnitt 5.9, »Promises«). Insbesondere wenn Sie verkettete Operationen haben, erhöhen Callbacks tendenziell die Verschachtelungsebene, wie zuvor in Listing 5.39 gezeigt.

Das *Extrakt Method Refactoring* ist eine wichtige Operation, wenn Sie Ihre Funktionen und Methoden überarbeiten, um eine Abstraktionsebene abzusteigen und Funktionen zu verkleinern. Diese Art von Refactoring wird im Buch »Refactoring: Improving the Design of existing Code« (Addison-Wesley, 1999) näher beschrieben. Versuchen Sie, jede Operation zu isolieren, die in einigen Sätzen oder Schritten benannt und erklärt werden kann, wie wir es für die Absteigeregel in Abschnitt 5.11.2, »Eine Abstraktionsebene absteigen«, getan haben.

Wie klein eine Funktion oder Methode sein sollte, ist schwer zu quantifizieren. Sie sollte so klein wie möglich sein, sie sollte leicht zu lesen sein, und ihr Zweck sollte durch ihren Namen klar werden.

Sehen wir uns die `copyProduct`-Methode an, die zuvor in Listing 5.51 gezeigt wurde und nun in Listing 5.52 wiederholt wird.

```
BaseController.extend('my.namespace.ProductWorklistController', {

  // ...

  copyProduct(sourceProductId) {
    return this.busyfy(new Promise((resolve) => {
      const model = this.getView().getModel();
      model.callFunction("/copyProduct", {
        method: "POST",
        urlParameters: { ProductId: sourceProductId },
        success: (result) => resolve(result.TargetProductId),
        error: (error) => {
          resolve(null);
          this.onError(error);
        }
      });
    }));
  },

  // ...

});
```

Listing 5.52 Produkt-Backend-Operation kopieren

Die `copyProduct`-Methode verwendet eine Quellprodukt-ID und ruft einen Backend-Vorgang auf, um das Produkt in ein neues Produkt zu kopieren. Sie gibt dann ein Promise zurück, das sich in die ID des neuen Produkts auflöst. Alternativ wird der Wert `null` zurückgegeben, wenn die Backend-Operation fehlgeschlagen ist. Diese Methode kümmert sich um die Fehlerbehandlung und das Setzen/Zurücksetzen des Beschäftigt-Kennzeichens im View. Sie können die Verschachtelungsebene dieser Methode verringern und die Separation of Concerns erhöhen, indem Sie `copyProduct` in zwei Methoden refaktorieren, wie in Listing 5.53 gezeigt.

```
BaseController.extend('my.namespace.ProductWorklistController', {

  // ...

  async copyProduct(sourceProductId) {
    try {
      const targetProductId =
        await this.busyfy(this.triggerCopyProduct(sourceProductId));
      return targetProductId;
```

```
    } catch (error) {
      this.onError(error);
      return null;
    }
  },

  triggerCopyProduct(sourceProductId) {
    const model = this.getView().getModel();
    return new Promise((resolve, reject) =>
      model.callFunction("/copyProduct", {
        method: "POST",
        urlParameters: { ProductId: sourceProductId },
        success: (result) => resolve(result.TargetProductId),
        error: reject
      })
    );
  },

  // ...

});
```

Listing 5.53 Refactoring von »copyProduct«

Nun ist die neue `triggerCopyProduct`-Methode für den Backend-Aufruf verantwortlich und ist eine einfache Promisification des `callFunction`-Methodenaufrufs von `ODataModel`. Dabei wird das Promise mit der resultierenden Zielprodukt-ID aufgelöst oder abgelehnt, wenn ein Backend-Fehler auftritt. Die `copyProduct`-Methode verwendet `async` und `await`, um über `triggerCopyProduct` auf das Backend zuzugreifen, und fügt ein zusätzliches Verhalten hinzu, das zuvor mit dem vorherigen Backend-Aufruf verbunden war: Sie aktiviert den Aufruf und gibt `null` zurück, wenn ein Fehler auftritt. Stellen Sie sicher, dass auch die Fehlerbehandlungsfunktion `onError` aufgerufen wird.

Es ist wichtig, die Funktionen zu reduzieren, aber es ist ebenso wichtig, den Code leicht verständlich und wartbar zu machen. Sie können dann aufhören, wenn Sie das Gefühl haben, dass die Intention der Funktion eindeutig ist.

5.12 Funktionen aufrufen

Funktionen werden üblicherweise aufgerufen, indem die Argumente in Klammern angegeben werden. Sie können jedoch auch dynamischer bereitgestellt werden, indem die Array-Spread-Syntax verwendet wird, wenn Sie ein Array haben, das die gewünschten Parameterwerte enthält. Beide Optionen werden in Listing 5.54 gezeigt. Das Listing zeigt verschiedene Möglichkeiten zum Aufrufen der Funktion sum, die Sie bereits aus dem in Listing 5.28 gezeigten Code kennen. Denken Sie daran, dass sum durch die Verwendung eines REST-Parameters definiert wurde, sodass eine beliebige Anzahl von Argumenten verwendet werden kann.

```
// usual way
console.log(sum(1, 2, 3, 4)); // 10

// array spread
const numbers = [1, 2, 3, 4, 5];
console.log(sum(...numbers)); // 15
```

Listing 5.54 Funktion aufrufen

Wenn Sie nun den this-Kontextparameter beim Aufrufen einer Funktion angeben müssen, z. B. wenn Sie einen Callback-Parameter aufrufen und dessen Kontext festlegen möchten, können Sie die Funktionsobjektmethoden call oder apply verwenden. Diese Methoden nehmen als ersten Parameter den this-Kontext an, in dem die Funktion aufgerufen werden soll (wie z. B. bind). Nach dem ersten Parameter nimmt dann call zusätzliche Argumente in Form einer Argumentliste entgegen und apply zusätzliche Argumente in Form eines einzelnen Arrays der Argumente. Der Effekt ist derselbe wie beim Aufruf der Funktion mit dem angegebenen Ausführungskontext und den angegebenen Parametern. Betrachten wir das Beispiel aus Listing 5.55.

```
function provideNumbers(takeNumbers, context) {
  // using call with an argument list
  takeNumbers.call(context, 1, 2, 3, 4);

  // using apply with an array
  const numbers = [4, 5, 6, 7];
  takeNumbers.apply(context, numbers);
}
```

Listing 5.55 »call« und »apply« zum Aufrufen einer Funktion mit vielen Parametern verwenden

Die provideNumbers-Funktion verwendet als Parameter eine Callback-Funktion takeNumbers und einen Ausführungskontext, der beim Aufruf des Callbacks context gesetzt werden muss. Dann ruft provideNumbers die Funktion takeNumbers mit diesem Ausführungskontext auf und stellt einige Zahlen bereit, indem zuerst call verwendet wird, wobei die Zahlen als Argumentliste übergeben und dann über apply als Array bereitgestellt werden. Beide Aufrufe haben das gleiche Endergebnis. Ein Beispiel für diese Verwendung finden Sie im Code in Listing 5.56.

```
class NumberConsumer {

  constructor() {
    this._numbers = [];
  }

  consume() {
    provideNumbers(this.takeNumbers, this);
  }

  takeNumbers(...numbers) {
    this._numbers.push(...numbers);
  }

  get numbers() {
    return this._numbers;
  }

}

const consumer = new NumberConsumer();
consumer.consume();
console.log(consumer.numbers); // [ 1, 2, 3, 4, 4, 5, 6, 7 ]
```

Listing 5.56 »ProvideNumbers« mit einer Klassenmethode verwenden

Die NumberConsumer-Instanzmethode consume ruft provideNumbers auf, sammelt die Nummern in der Instanzmethode takeNumbers und stellt this als Ausführungskontext für den Aufruf zur Verfügung. Dann ruft provideNumbers zweimal NumberConsumer.takeNumbers auf (zuerst mit call und dann mit apply), und die NumberConsumer-Instanz speichert die Nummern in der Instanzvariablen _numbers. Der numbers-Getter wird dann verwendet, um die gesammelten Zahlen abzurufen und sie auf der Konsole auszugeben.

Ein seltsamer idiomatischer Ausdruck, dem Sie begegnen können, ist *Immediately Invoked Function Expression* (IIFE). Ein IIFE ist eine in Klammern eingeschlossene anonyme Funktion, die sofort ausgeführt wird. Dieser Ausdruck kann auch zusammen mit einer async-Funktion eingesetzt werden, um die Verwendung des Schlüsselworts await zu ermöglichen, was außerhalb von asynchronen Funktionen nicht möglich ist. Beachten Sie die in Listing 5.57 gezeigten Beispiele, bei denen der gesamte Code in einem asynchronen IIFE eingeschlossen ist.

```
(async () => {
  const myMessage = 'Hello Clean UI5!';
  console.log(myMessage);

  const myPromise = Promise.resolve(42);
  const myValue = await myPromise;
  console.log(`And the answer is ${myValue}`);
})();

// myMessage, myPromise and myValue are not defined here
```

Listing 5.57 Async IIFE

Dieses Muster wird häufig verwendet, wenn ein ganzes Modul oder eine ganze Datei eingeschlossen wird, um den Umfang der in der Funktion deklarierten Variablen so einzuschränken, dass der globale Namensraum nicht verschmutzt wird. Dieser Ansatz ist jedoch beim Anlegen von SAPUI5-Modulen eingeschränkt verwendbar. Wenn Sie SAPUI5-Module deklarieren, verwenden Sie häufig die Funktionen `sap.ui.define` oder `sap.ui.require` und schließen Ihren Code in eine anonyme Funktion als Parameter für diese Funktionen ein.

5.13 Closures

Ein weiteres wichtiges Merkmal von Funktionen, das Sie kennen sollten, ist, dass Funktionen in JavaScript auch *Closures* sein können. Funktionen, die Closures sind, haben Zugriff auf alle Variablen oder Parameter, die außerhalb des Funktionskörpers deklariert und dann im Scope enthalten sind, wenn die Funktion definiert wird. Sie erfassen diese Variablen und können später beim Ausführen auf sie zugreifen, auch wenn die Variablen außerhalb des Scopes liegen. Betrachten wir das in Listing 5.58 gezeigte Beispiel. Es ähnelt der byN-Funktion, die wir zuvor in Abschnitt 5.2, »Funktionsobjekt«, und in Abschnitt 5.8.1, »Funktionsstelligkeit«, untersucht haben und die auch ein Closure ist.

```
function makeMultiplierFunction() {
  const multiplier = 42;
  const multiplierFunction = (n) => n * multiplier;
  return multiplierFunction;
}

const multiply = makeMultiplierFunction();
console.log(multiply(2)); // 84
```

Listing 5.58 »multiplierFunction« als Closure verwenden

Die `makeMultiplierFunction` deklariert die `multiplier`-Variable mit dem Wert 42, und die `multiplierFunction` Funktion verwendet eine Zahl `n` als Eingabe und gibt diese Zahl mit dem Multiplikator zurück. Beachten Sie, wie `multiplierFunction` auf `multiplier` zugreift, das außerhalb der Funktion definiert ist. `makeMultiplierFunction` gibt dann `multiplierFunction` zurück. Beachten Sie auch, wie bei der Verwendung von `makeMultiplierFunction` die `multiply`-Funktion Zugriff auf die Variable `multiplier` hat, die in `makeMultiplierFunction` deklariert wird, obwohl sie nicht mehr im Kontext enthalten ist. Mit anderen Worten: `multiplierFunction` hat `multipler` umschlossen, was es zu einem Closure macht.

Closures sind sehr mächtig und sollten daher mit Vorsicht behandelt werden. Wenn Sie beispielsweise eine große Funktion haben, die Sie refaktorieren und in kleinere Funktionen aufteilen wollen, oder wenn Sie zu einem anderen Modul wechseln möchten, müssen Sie vorsichtig sein, auf welche Variablen die Funktion zugreift, die nicht Teil ihrer Eingaben sind, und entsprechend refaktorieren. Diese Variablen, die die Funktion erfasst, sind Abhängigkeiten der Funktion. Dieses Szenario kann zu gekoppelten Funktionen führen, die nicht funktionieren, wenn sie in andere Teile eines Projekts verschoben werden. Wenn Sie Ihre Funktionen grundsätzlich kurz halten, sind auch Closures einfacher zu verwalten.

5.14 Zusammenfassung

In diesem Kapitel haben wir viele verschiedene Möglichkeiten zum Deklarieren und Verwenden von Funktionen in JavaScript erkundet sowie einige Richtlinien zur Vereinfachung der Lesbarkeit, des Verständnisses und der Verwendung von Funktionen vorgestellt. Wir haben uns das Funktionsobjekt angesehen, erklärt, wie Funktionen als Instanzmethoden und statische Methoden von Klassen funktionieren, wie sie als Getter und Setter oder als Callbacks und Event-Handler fungieren können und wie der Ausführungskontext einer Funktion (ihre `this`-Variable) gesetzt werden kann.

Anschließend haben wir uns mit Funktionsparametern, REST-Parametern, Destrukturierungsparametern und Standardwerten befasst. Dabei haben wir Ihnen Richtlinien vorgestellt, beispielsweise die Anzahl der Parameter klein zu halten und boolesche Parameter zu vermeiden.

Als Nächstes haben wir gezeigt, wie das Schreiben von asynchronem Code durch die Verwendung von Promise und den Schlüsselwörtern `async` und `await` in JavaScript so einfach sein kann wie das Schreiben von normalem synchronem Code. Die Promisification von asynchronem Code, der Callbacks verwendet, ist eine gute Möglichkeit, Funktionen viel einfacher zu nutzen. Anschließend haben wir uns kurz mit Generatorfunktionen beschäftigt und wie Sie diese nutzen können, um Konsumenten Wertelisten zur Verfügung zu stellen.

Anschließend haben wir einige wichtige Clean-SAPUI5-Richtlinien für Funktionen behandelt, als wir den Funktionskörper besprochen haben. Funktionen sollten nur eine Aufgabe erfüllen und dies auf die einfachste Weise tun. Funktionen sollten außerdem an andere Funktionen oder Methoden delegieren, damit ihre Anweisungen auf derselben Abstraktionsebene gehalten werden. Ein Funktionskörper mit konsistenten Abstraktionsebenen ist viel leichter zu verstehen und zu verändern. Funktionen sollten zudem immer möglichst kurz sein.

Schließlich haben wir untersucht, wie Funktionen sowohl direkt mit der Array-Spread-Syntax als auch mit einigen Methoden des Funktionsobjekts aufgerufen werden können. Wir haben dieses Kapitel mit einer Diskussion über Funktionen als Closures abgeschlossen und darüber, wie sich Closures auf die Komplexität einer Funktion auswirken können

Im nächsten Kapitel betrachten wir das wichtige Thema der Namensgebung und zeigen, wie sich Namen auf die Lesbarkeit und Verständlichkeit Ihres Codes auswirken können.

Kapitel 6
Namensgebung

Dieses Kapitel enthält Richtlinien und Empfehlungen für die Namensgebung. Wir zeigen Ihnen, wie Sie gute und konsistente Namen auswählen, mit Domänenbegriffen umgehen und Präfixe und Suffixe verwenden.

Namen verraten Bedeutung. Dadurch sind sie für Entwicklerinnen und Entwickler eine gute Möglichkeit, ihre Absicht zu kommunizieren. Die Auswahl guter und konsistenter Namen und die Einhaltung einiger Regeln und Richtlinien für die Benennung sollten Prioritäten für jedes neue Projekt sein. Diese Richtlinien werden in der Regel als *Namenskonventionen* des Projekts bezeichnet.

Gute Namen erleichtern das Verständnis und die Pflege der Codebasis. Sie organisieren den Code in ordentliche Komponenten auf vielen Ebenen: auf Projektebene bei der Benennung von Dateien und Verzeichnissen, auf Dateiebene bei der Benennung von Klassen, Funktionen und Objekten und auf der untersten Implementierungsebene bei der Benennung von Variablen und Parametern.

Ein weiteres wichtiges Namenskonzept in SAPUI5 ist der *Namensraum* eines Projekts, bei dem es sich um das Paket handelt, zu dem ein Projekt gehört. Alle Komponenten in diesem Paket haben als Präfix diesen Namensraum. Diese Konvention wird verwendet, um ein gesamtes Projekt zu benennen, es innerhalb anderer Projekte in Ihrer Organisation zu positionieren und um Namenskonflikte zwischen verschiedenen Projekten zu vermeiden.

In diesem Kapitel beginnen wir mit der Namensgebung, indem wir Überlegungen zur allgemeinen Benennung erörtern: Verwendung beschreibender Namen, Domänenbegriffe und Entwurfsmusternamen, Konsistenz bei der Benennung, Verkürzung von Namen und Entfernen von Füllwörtern in Namen. Anschließend sehen wir uns die verschiedenen Casing Styles und die empfohlenen Kennzeichnungsarten an. Dann betrachten wir spezifische Namensrichtlinien für Klassen, Enums, Funktionen, Variablen, private Mitglieder, Namensräume und sogar Control-IDs. Wir sprechen über die ungarische Notation und die Essenz von Clean SAPUI5 bei der Benennung von Dingen.

6.1 Beschreibende Namen

Der JavaScript-Interpreter interessiert sich nicht dafür, welche Namen Sie verwenden; sie können bei der Minifizierung (d. h., wenn der Code so klein wie möglich komprimiert wird, um die Download-Größe zu verringern) sogar vollständig geändert werden. Namen sind einzig und allein für die diejenigen interessant, die den Code lesen. Daher sollte die Namensgebung klar und direkt sein. Wenn Sie Namen wählen, denken Sie daran, dass Sie mit anderen Personen kommunizieren, vielleicht mit einem anderen Entwickler oder einer anderen Entwicklerin in Ihrem Team oder zukünftigen Entwicklerinnen und Entwicklern, die die Anwendung pflegen. Es könnte auch sein, dass Sie selbst den Code noch einmal pflegen. Würden Sie verstehen, was eine Funktion macht, wenn sie einfach nur `execute` heißt, oder sich an den Zweck einer Variablen mit dem Namen `d` erinnern? Die Bedeutung hängt zwar vom Kontext ab, aber im Allgemeinen erleichtert die Auswahl beschreibender Namen, die den Zweck der benannten Entität offenlegen, das Verständnis und die Pflege.

Bei der Auswahl eines beschreibenden Namens können Sie sich daran orientieren, wie Sie den Zweck der Entität jemandem beschreiben würden, und dann diese Beschreibung verwenden, um die Entität zu benennen. Wenn die Variable also für die »maximale Wartezeit in Millisekunden« vorgesehen ist, können Sie sie `maxWaitTimeInMilliseconds` oder `maxWaitTimeInMs` nennen. Wenn die Funktion das ausgewählte Produkt löschen soll, nennen Sie sie `deleteSelectedProduct`. Wenn es sich um eine Klasse für den Controller für Kundenauftragspositionen handelt, nennen Sie sie `SalesOrderItemController`. Wenn diese Beschreibung zu lang zu sein scheint oder wenn Sie den Zweck Ihrer Entität in einem Kommentar näher erläutern müssen, versucht die Entität möglicherweise, zu viel zu tun, oder stellt möglicherweise zu viele Konzepte dar. Dann sollte ein Redesign oder ein Refactoring in Betracht gezogen werden. Das Wichtigste an beschreibenden Namen ist, dass sie die Leserinnen und Lesern nicht verwirren und keinen Zweifel säen. Sie sind lesbar und verständlich und vermitteln auf einen Blick den Zweck dessen, was sie benennen.

Einige gute und schlechte Beispiele für die Benennung von Variablen sind in Tabelle 6.1 aufgeführt.

Zweck	gute Namen	schlechte Namen
Array von Produkteinheiten	`products`	`ps`, `prdList`, `entities`, `aProducts`
das heutige Datum	`today`, `currentDate`	`d`, `current`, `date`
Anzahl von Produkten	`numProducts`, `numberOfProducts`, `productCount`	`n`, `num`, `prdCount`, `numP`

Tabelle 6.1 Einige Beispiele für Variablennamen

Zweck	gute Namen	schlechte Namen
geografische Koordinaten des Vertriebszentrums	distributionCenterGeoCoordinates, distributionCenterGeoCoords	dcGeoCoords, dcGeo, coords, latLong, dcCoords

Tabelle 6.1 Einige Beispiele für Variablennamen (Forts.)

Die Verständlichkeit einiger Namen, wie dcGeoCoords, hängt jedoch davon ab, ob sie im *gemeinsamen Wortschatz* eines Projekts vorhanden sind. Im Allgemeinen sollten Sie einen Namen nicht länger oder kürzer machen, als es sein muss. Wir werden uns als Nächstes einige dieser Überlegungen ansehen.

[+]

Setzen Sie Humor sparsam ein!

Wenn man Dinge benennt, bedeutet »clever« sein zu wollen, Namen zu schaffen, die lustig sein könnten, aber die letztlich nicht den Test der Zeit bestehen könnten. Oft sind Entwicklerinnen und Entwickler frustriert, wenn sie keine einfache Lösung für ein Problem finden können, und warten stattdessen vielleicht mit interessanten Namen auf, um damit ihre Frustration im Code auszuleben. Angenommen, Sie legen eine Methode namens eatToast an, die ein Controller verwenden würde, um einen MessageToast anzuzeigen, der vor der Navigation von einer anderen Seite aus eingerichtet wurde. Diese Methode wird z. B. verwendet, wenn ein Produkt auf einer Objektseite gelöscht wurde. Die Objektseite würde dann mithilfe eines freigegebenen Modells eine Meldung für die Worklist Page einrichten, um sie anzuzeigen und dorthin zu navigieren. Die Worklist Page würde dann das freigegebene Modell prüfen und die Meldung als Message Toast anzeigen (siehe Abschnitt 9.4, »Fehlerbehandlung mit Controls«). Ein besserer Name für eine solche Methode hätte showMessageIfRequested sein können, was deutlich macht, dass die Seite eine Nachricht anzeigt, wenn eine angefordert wurde. eatToast erfasst diese Absicht nicht ganz.

6.2 Domänenbegriffe

Anwendungen, die mit SAPUI5 erstellt werden, sind häufig geschäftsbezogene Anwendungen. Wir lösen in der Regel ein bestimmtes Geschäftsproblem, z. B. die Pflege von Kundenaufträgen, die Terminierung von Paketlieferungen oder die Prüfung von Bestandshöhen. Beim Umgang mit einem *Geschäftsbereich* bzw. einer *Domäne* wird ein gemeinsames Vokabular von Begriffen in der Regel von allen Stakeholdern im Projekt verstanden und verwendet, von den Entwicklerinnen und Entwicklern bis hin zu den Produktverantwortlichen und sogar den Kunden.

Wenn wir uns an diesen gemeinsamen Wortschatz halten und ihn auch in unserem Code verwenden, wenn wir uns auf die Geschäftsentitäten und Geschäftsaktivitäten beziehen, mit denen sich das Projekt befasst, dann ist unsere Codebasis viel näher an der Problemdomäne. Entwicklerinnen und Entwickler müssen keine Denksportaufgaben lösen oder Mapping erstellen, um die Lücke zwischen Anforderungen und Code zu schließen.

Im Buch »Domain-Driven Design: Tackling Complexity, in the Heart of Software« (Evans (2003), Addison Wesley) beschreibt Eric Evans diesen gemeinsamen Wortschatz als »allgegenwärtige Sprache«, die gemeinsame Sprache, die das Domänenmodell der Anwendung beschreibt und »alle Aktivitäten des Teams mit der Software verbindet«. Diese allgegenwärtige Sprache muss ständig diskutiert und vereinbart werden. So weit wie möglich müssen Unklarheiten beseitigt und neue oder alternative Bedingungen mit allen wichtigen Interessenträgern ausgehandelt werden. Wenn einige Leute beispielsweise »Anbieter« sagen und andere dasselbe Konzept mit dem Namen »Lieferanten« bezeichnen, ist es wichtig, die Nuancen dieser Begriffe zu verstehen. Wenn mehrere Begriffe dasselbe Konzept beschreiben können, kann ein gemeinsames Glossar, auf das sich alle beziehen können, helfen, Mehrdeutigkeit zu beheben. Diese Ressource kann dann die Grundlage der Domänenschicht in Ihrer Software bilden, z. B. bei der Entscheidung zwischen einem `ProductController` oder `MaterialController` oder zwischen `Customer`- oder `Buyer`-Entitäten.

Außerdem können lange Namen je nach Domäne allgemeine Abkürzungen oder Akronyme enthalten, die von allen im Projekt leicht verstanden werden. Wenn es sich beispielsweise um eine Supply-Chain-Anwendung handelt, könnten wir wie in der zuvor erwähnten Variablen `dcGeoCoords` den Namen `dc` anstelle von `distributionCenter` verwenden. Es muss jedoch darauf geachtet werden, dass dieses Kürzel nicht mit anderen Begriffen, wie z. B. »Distribution Channel«, verwechselt wird. Auf das Thema Namenskürzung gehen wir in Abschnitt 6.5 noch einmal genauer ein.

Eine weitere Facette einer Domäne ist die *Lösungsdomäne*: die softwarespezifischen Begriffe, die verwendet werden, um Ihre Lösung für ein Geschäftsproblem zu coden. Bei SAPUI5 sind die allgemeinen Lösungsdomänenbegriffe `Controller`, `Model` und `Control`. In einer Softwarelösung im Allgemeinen könnten Begriffe wie `Map`, `Queue` oder `Factory` vertraut sein. Lösungsdomänenbegriffe vermitteln wichtige Informationen über eine Entität im Code und helfen Entwicklerinnen und Entwicklern, die Codebasis leichter zu verstehen und zu entwickeln.

Zu den Lösungsdomänenbegriffen für SAPUI5 gehören:

- `Controller`: Controller-Klassen
- `View`: View-Dateien
- `Model`: Modellklassen und Variablen
- `Component`: die Klasse, die die SAPUI5-Anwendung darstellt

- `Control`: SAPUI5-Controls, die in Views oder programmatisch verwendet werden sollen
- `Journey`: eine Reihe von Schritten, die ein Szenario darstellen, das beim Testen von Anwendungen mit One-Page-Acceptance-Tests verwendet wird

Sowohl die Problem- als auch die Lösungsdomänennamen können in den Namenskonventionen eines Projekts erfasst werden. Dabei handelt es sich um eine Kodifizierung dieses allgemeinen gemeinsamen Vokabulars in einem Format, das auf die einfachere Erstellung von Software zugeschnitten und speziell für Softwareentwicklerinnen und Softwareentwickler entwickelt wurde.

6.3 Entwurfsmuster

Eine weitere Quelle technologiebezogener Namen sind Begriffe, die sich auf etablierte *Entwurfsmuster* beziehen, wie die Muster, die im Grundlagenbuch »Design Patterns: Elements of Reusable Object-Oriented Software« (Gamma et al. (1994), Addison-Wesley) vorgestellt werden.

Wenn Sie beispielsweise Namen wie `factory`, `strategy`, `decorator` oder `composite` verwenden, beachten Sie, dass sie bekannte Entwurfsmuster darstellen und nur bei der Implementierung dieser Muster verwendet werden sollten. Andernfalls können Entwicklerinnen und Entwickler falsche Annahmen darüber treffen, was der Code macht, und verwirrt, überrascht und vielleicht sogar frustriert sein, wenn sich der Code nicht wie angekündigt verhält.

Ein übergeordnetes Muster, das von SAPUI5 genutzt wird, ist das Model-View-Controller-Muster (MVC) für Benutzerinteraktionen. Diese zugehörigen Begriffe sind bereits in jeder SAPUI5-Codebasis hervorgehoben. Weitere allgemeine Muster, die Sie beachten müssen, sind die Muster der SAP-Fiori-Benutzeroberfläche, inklusive der Floorplans wie Master-Detail, Worklist, Objektseite und List Report (in Abschnitt 3.4.1, »Floorplans«, ausführlich erläutert). Verwenden Sie diese Namen nur, wenn Sie diese Muster implementieren.

6.4 Konsistenz

Konsistenz bei der Benennung macht Ihren Code vorhersehbar und leichter lesbar, verständlich und entwickelt sich, indem unnötige Zweifel und Verwirrung seitens der Leserinnen und Leser beseitigt werden. Neben der Verwendung eines gemeinsamen Vokabulars von sowohl geschäfts- als auch technologiebezogenen Begriffen können andere Überlegungen Ihre Codebasis konsistenter machen.

Das gemeinsame Vokabular bestimmt die allgemeinen Konzepte, die bei der Benennung der wichtigsten Entitäten oder Variablen verwendet werden sollen. Ebenso wichtig ist jedoch, zu entscheiden, welche gemeinsamen Begriffe für bestimmte Konzepte genutzt werden. Dabei sollten Sie sich daran orientieren, *pro Konzept ein Wort* auf allen Ebenen zu verwenden. Wenn Sie beispielsweise gemeinsame Getter-Methoden anlegen, ist es üblich, der Methode das Präfix `get` voranzustellen, wie in `getSelectedProductId`. Wenn Sie dann Methoden haben, die mit ähnlichen Begriffen wie `fetch`, `read` oder `retrieve` beginnen, kann dies verwirrend sein und sollte in Ihren Namenskonventionen geändert oder unterschieden werden. Sie können z. B. `get` für normale In-Memory-Getter verwenden, aber `fetch` für Methoden, die Promises zurückgeben, die asynchrone Operationen ausführen, z. B. das Abrufen einer Instanz aus dem Backend. Wenn sich mehrere Begriffe auf dasselbe Konzept beziehen können, sollten Sie besonders darauf achten, dass keine Verwirrung entsteht.

Weitere Beispiele für ähnliche Begriffe, die Vorsicht erfordern, sind:

- `add`, `insert`, `append`
- `remove`, `delete`
- `manager`, `handler`
- `info`, `data`, `object`
- `list`, `array`
- `count`, `number`, `total`

Viele Begriffe können einen gegenteiligen Begriff haben, der ebenfalls konsistent verwendet werden sollte. Wenn ein anderer Begriff verwendet wird als der übliche/erwartete Begriff, kann es schwierig sein, Korrelationen zu finden.

Einige Begriffe mit gegenteiligen Standardbegriffen sind folgende:

- `get` und `set`
- `attach` und `detach`
- `begin` und `end`
- `start` und `stop`
- `lock` und `unlock`
- `acquire` und `release`
- `min` und `max`
- `next` und `previous`
- `open` und `close`
- `create` und `delete`
- `join` und `split`

Beachten Sie auch, dass Sie beim Mischen mehrerer natürlicher Sprachen vorsichtig sein sollten. Länderspezifische Projekte könnten andere Sprachen als Englisch verwenden. Nehmen wir beispielsweise ein Projekt, das sich mit brasilianischen Steuerkennzeichen befasst. Sie können Portugiesisch für alle relevanten Problemdomänenbegriffe verwenden, während Sie weiterhin Englisch für die Lösungsbegriffe nutzen, was zu gemischten Sprachennamen wie `NotaFiscalController` führt (»Nota Fiscal« ist der Name eines brasilianischen Steuerdokuments). Versuchen Sie, die Verwendung einer einzigen natürlichen Sprache während des gesamten Projekts durchzusetzen, es sei denn, natürlich, wenn Sie mit Lösungsbegriffen wie »Controller«, »View« oder »Factory« umgehen, die immer auf Englisch sein sollten.

6.5 Namen kürzen

In JavaScript können Namen beliebig lang sein, und in bestimmten Situationen sollten Techniken zur Verkürzung von Namen verwendet werden. Wenn ein Name zu lang ist, z. B. länger als 20 Zeichen, und aus mehreren Wörtern besteht, z. B. `itMightBeHarderToReadItUsingCamelCase`, könnte der Wunsch aufkommen, ihn zu kürzen.

Gute, kurze Namen können erstellt werden, indem Rauschen oder unnötige Wörter (wie `and`, `the` und `a`) entfernt, kürzere Synonyme verwendet oder Akronyme und Abkürzungen genutzt werden. Aber seien Sie vorsichtig. Der Name sollte immer noch leicht verständlich, lesbar und auszusprechen sein und dabei auch noch seinen Zweck oder seine Absicht vermitteln.

Einige Akronyme und Abkürzungen sind allgemein bekannt und können frei verwendet werden (d. h. `url`, `html`, `json` und `iso`), während andere recht häufig oder selbsterklärend sind, wenn sie angetroffen werden (d. h. `id`, `num`, `min` und `coord`). Je nach Domäne, in der Sie arbeiten, könnten Kurzbegriffe wie `geo` oder `dc` leicht verständliche Bedeutungen haben, aber dennoch sollten Sie sichergehen, dass diese Begriffe ausreichend bekannt sind oder einfach (für neue Teammitglieder) im Kontext Ihres Projekts nachgeschlagen und erlernt werden können. Achten Sie auch darauf, dass sie nicht mit bereits vorhandenen oder etablierten Bedingungen kollidieren. Beispielsweise könnte `geo` »geografisch«, »geometrisch« oder etwas anderes bedeuten, `dc` könnte »Distribution Center«, »Distribution Channel« oder »Development Center« bedeuten.

Seien Sie auch bei der Verwendung kürzerer Namen konsistent, und verwenden Sie immer dieselbe Form. Auch die Verwendung der Kurzform an einigen Stellen, aber immer noch die Verwendung des vollständigen Wortes an anderen kann zu Verwirrung führen. Die Kurzform sollte allein stehen und der Langform vorgezogen werden. Wenn Sie beispielsweise den Begriff `num` als `number` wählen, verwenden Sie keinen anderen Begriff wie `no` oder `numb`, und nutzen Sie immer `num` anstelle von `number`. Sie würden beispielsweise `numSalesOrders` anstelle anderer Versionen wie `numberSalesOrders`, `numberOfSalesOrders`, `noSalesOrders` oder `numbSalesOrders` verwenden.

Für eine »Zahl« leiden auch `no` und `numb` unter einem anderen Problem: Sie sind im Englischen gültige Wörter und können für zusätzliche Verwirrung sorgen. Ist `numbEmployees` die »Anzahl der Mitarbeiter« oder eine »Reihe von Mitarbeitenden, die taub [engl. numb] sind«? Ist `noAlerts` die »Anzahl der Alerts« oder ein negativer boolescher Wert, wobei `true` anzeigt, dass es »keine Alerts« gibt, und `false`, dass es tatsächlich Alerts gibt? Seien Sie vorsichtig mit diesen Situationen, und vermeiden Sie sie, wann immer Sie können.

Im Allgemeinen gilt: Kürzere Namen werden längeren vorgezogen. Sie sollten kürzere Versionen wählen, wenn Sie mit den längeren Versionen nicht zufrieden sind.

6.6 Füllwörter

Füllwörter sind Wörter, die einem Namen keine nützlichen Informationen hinzufügen. Einige gängige Füllwörter, auf die Sie achten müssen, sind `object`, `data`, `info` oder `variable`. Oft wäre ein Name ohne dieses zusätzliche Wort besser, oder das Wort könnte ein anderes ersetzen, spezifischer sein, die Bedeutung des Namens verbessern. Nehmen Sie sich etwas Zeit, um darüber nachzudenken, welches Wort die Absicht des Namens am besten beschreiben würde, oder ermitteln Sie, ob es gut wäre, das Füllwort ganz wegzulassen.

Einige Beispiele für das Ersetzen oder Trimmen von Füllwörtern sind die folgenden Namen:

- Ersetzen Sie `salesOrderData` durch `salesOrderHeader`.
- Verwenden Sie einfach `account` anstelle von `accountObject`.

Funktionsnamen können auch Füllwörter oder Verben enthalten. Verben, die einem Funktionsnamen keinen Wert hinzufügen, sind etwa generische Verben wie `handle`, `perform`, `process` oder `manage`. Diese Verben können je nach Kontext in Ordnung sein, z. B. ist `handle` ein gängiges Präfix für Event-Handler-Funktionen. Aber denken Sie über die Wörter nach, die Sie verwenden, und ermitteln Sie, ob das Entfernen oder die Verwendung eines anderen Wortes die Absicht der Methode oder Funktion besser vermitteln würde.

Sehen Sie sich die folgenden Beispiele an:

- `processCalculation` könnte einfach `calculate` sein.
- `performConnection` könnte `connect` sein.
- `handleSalesOrder` ist zu generisch, `formatSalesOrder` ist präziser und vorzuziehen.

6.7 Casing

Manche Namensrichtlinien schlagen einen bestimmten Stil der Groß- und Kleinschreibung (engl. Casing) für Identifikatoren vor. Darunter sind die folgenden Optionen für die Groß- und Kleinschreibung:

- **Alles in Kleinbuchstaben**: Hier sind alle Buchstaben in einem Namen kleingeschrieben wie in `mycompany`.
- **camelCase**: Es werden Kleinbuchstaben verwendet, aber der erste Buchstabe jedes Wortes wird großgeschrieben, mit Ausnahme des ersten Buchstabens des gesamten Identifikators, wie in `bindingContext`, `productTable` oder `timeoutInSeconds`.
- **PascalCase**: Hier werden Kleinbuchstaben verwendet, aber der erste Buchstabe jedes Wortes ist in Großbuchstaben *einschließlich* des ersten Buchstabens des gesamten Namens, wie in `SmartTable`, `ProductFactory` oder `MessageHandler`.
- **SNAKE_CASE**: Die Wörter werden durch Unterstriche getrennt, in der Regel in Großbuchstaben, wie in `ASTRONOMICAL_UNIT_IN_KM`.

Beachten Sie, dass camelCase manchmal als Lower camelCase und PascalCase als Upper CamelCase bezeichnet wird. In diesem Buch verwenden wir die Schreibweisen camelCase, PascalCase oder SNAKE_CASE, um diese verschiedenen Fälle visuell zu kennzeichnen.

Die wichtigsten Regeln für die Groß- und Kleinschreibung verschiedener Arten von Identifikatoren sind in Tabelle 6.2 aufgeführt.

Identifikator	Groß-/Kleinschreibung
Klasse, statische Klasse oder Enum	PascalCase
Funktion oder Methode	camelCase
Variable, Parameter, Eigenschaft oder Ereignis	camelCase
Objekteigenschaft	camelCase oder PascalCase
Konstante	SNAKE_CASE
Namensraum	alles in Kleinbuchstaben oder camelCase

Tabelle 6.2 Regeln für die Groß- und Kleinschreibung bei verschiedenen Identifikatortypen

Manchmal gibt es Unsicherheiten, wenn Wörter in einem Namen oder einem Ausdruck in camelCase oder PascalCase konvertiert werden, z. B. bei der Verwendung von Akronymen, Abkürzungen, Nicht-ASCII-Zeichen oder Wörtern, bei denen die Groß- und Kleinschreibung wichtig ist, wie »OData« oder »iOS«. Der erste Schritt ist es,

Nicht-ASCII-Zeichen in ASCII umzuwandeln, d. h. Akzente, Interpunktionszeichen oder Sonderzeichen zu entfernen. Wandeln Sie dann alle Wörter in die gewünschte Groß- und Kleinschreibung um, und achten Sie auf die Lesbarkeit des resultierenden Identifikators.

Sehen wir uns einige Beispiele an:

- »Fisher-Yates shuffle« wird zu `FisherYatesShuffle`.
- »Naïve Shuffle« wird `NaiveShuffle`.
- »Déclaration des droits de l'homme« wird `declarationDesDroitsDeLHomme`.
- »Sales Order ID« wird zu `SalesOrderId`.
- »HTML-Reader« sollte `HtmlReader` sein.
- »Parse URL« sollte `parseUrl` lauten.

[»]

Mehr als ein Regelwerk

Browser-Anwendungsprogrammierschnittstellen haben bereits Identifikatoren, die diese Regeln nicht befolgen, z. B. `encodeURI` und `XMLHttpRequest`. Das ist in Ordnung. Ihre eigenen Namenskonventionen können von denen anderer Bibliotheken oder Plattformen abweichen. Wichtiger sind die *Lesbarkeit* und *Konsistenz*, in dieser Reihenfolge.

Sehen wir uns nun einige knifflige Beispiele an:

- »OData« bezeichnet das »Open Data Protocol« und kann als zwei Wörter betrachtet werden: »O« und »Data«. Die Verwendung von Großbuchstaben für den ersten Buchstaben würde `OData` ergeben, wie in den `ODataModel`-Klassen in SAPUI5. Die Verwendung von Kleinbuchstaben für den ersten Buchstaben würde zu `oData` führen, wie in einer Instanz von `ODataModel`, das generisch `oDataModel` genannt wird. Dieser Fall kann jedoch leicht mit der SAPUI5-Verwendung der ungarischen Notation verwechselt werden, und es sollte ein aussagekräftigerer Name wie `productModel` verwendet werden. In Abschnitt 6.14 schauen wir uns die ungarische Notation noch genauer an.
- Eine boolesche Variable, die »is iOS« (im Deutschen »ist iOS«) bedeutet, kann wie `isiOS` oder `isIos` geschrieben werden. Die erste Variante behält die ursprüngliche iOS-Schreibweise bei, und die zweite verwendet die vorgeschlagene Transformation in camelCase. Beides könnte schwer zu verstehen sein. Bei der ersten Variante wird das »i« in iOS mit dem Wort »is« verschmolzen, wodurch das Wort »isi« entsteht, das als »easy« gelesen werden könnte; die zweite Variante schreibt iOS als »Ios«, was verwirrend sein kann und dazu führen könnte, dass viele über die Bedeutung nachdenken. Um es verständlicher zu machen, könnten Sie möglicher-

weise die Schreibweise von »iOS« beibehalten, von camelCase abweichen und `is_iOS` verwenden. Beachten Sie, dass Sie wahrscheinlich eine ESLint-Regel unterdrücken müssen, die prüft, ob Variablennamen in camelCase sind.

Clean Code bezieht sich in erster Linie auf die *Lesbarkeit*. Wenn ein Name dazu führt, dass Entwicklerinnen und Entwickler pausieren und darüber nachdenken, ist das schon eine Verschlechterung im Lernprozess und im Verstehen. Befolgen Sie also diese Regeln, es sei denn, es gibt einen guten Grund, dies nicht zu tun, wie bei der Variablen `is_iOS`. Wir sehen uns einige weitere Beispiele in Abschnitt 6.15, »Alternative Regeln«, an, bei denen es eventuell ratsam ist, den Regeln nicht zu folgen.

6.8 Klassen und Enums

Klassennamen sollten in PascalCase sein und typischerweise Substantive oder Substantivphrasen wie z. B. `Account`, `TimeCard` oder `BillingDocumentController` sein.

Eine *statische Klasse* bezieht sich auf eine Klasse, die nur statische Methoden hat, für die keine Instanz angelegt werden muss. In JavaScript kann eine statische Klasse auch einfach mit einem Objekt erreicht werden. Sehen wir uns den Code in Listing 6.1 (angepasst aus Abschnitt 5.3, »Instanzmethoden«) als Beispiel für eine statische Klasse an.

```
class IntMath {

  static random(i, j) {
    return Math.floor(Math.random() * (j - i + 1) + i);
  }

}
```

Listing 6.1 Statische Klasse

Diese statische Klasse kann, wie in Listing 6.2 gezeigt, als einfaches Objekt umgeschrieben werden.

```
const IntMath = {

  random(i, j) {
    return Math.floor(Math.random() * (j - i + 1) + i);
  }

};
```

Listing 6.2 Objekt als statische Klasse

SAPUI5-Projekte haben in der Regel eine `Formatter`-Klasse, bei der es sich um eine statische Klasse oder ein statisches Objekt mit verschiedenen Formatierungsfunktionen handelt. Manchmal finden Sie viele unterschiedliche Funktionen vor, die in einer einzelnen statischen Klasse oder einem einzelnen Objekt zusammengeklammert sind, z. B. eine `Formatter`- oder eine generische `Util`-Klasse. In diesen Fällen könnte es sinnvoll sein, die Funktionen in verständlichere Teile aufzuteilen und separate statische Klassen anzulegen, z. B. `DateTimeFormatter` für datums- und zeitbezogene Formatierungsfunktionen und `DialogUtil` für SAPUI5-dialogbezogene Hilfsfunktionen.

Enums sind wie statische Klassen mit einem diskreten Satz von Werten, die die Optionen für Konfiguration oder Einstellungen darstellen. Enum-Namen werden wie Klassennamen in PascalCase geschrieben. Enum-Werte sind Eigenschaften, die auch in PascalCase geschrieben werden. Sie sind wie Konstanten, aber ihre Werte spielen in der Regel keine Rolle, da wir meistens nur an dem Identifikator selbst interessiert sind.

Nehmen wir an, wir haben ein Control, das eindimensionale Barcodes rendert. Eine der Eigenschaften dieses Controls ist die Positionierung des Texts im gerenderten Barcode. Diese Eigenschaft kann einen Wert der in Listing 6.3 gezeigten Aufzählung verwenden. Der Wert `TextPosition.None` rendert keinen Text, `TextPosition.Top` rendert den Text über dem gerenderten Barcode, und `TextPosition.Bottom` rendert ihn darunter.

```
const TextPosition = {
  None: "None",
  Top: "Top",
  Bottom: "Bottom"
};
```

Listing 6.3 Enum der möglichen Barcode-Textpositionen

6.9 Funktionen und Methoden

Funktions- und Methodennamen sollten in camelCase sein und sind Verben oder Verbphrasen. Sie stellen Aktionen, Befehle oder Abfragen dar. Funktionen, die eine Aktion ausführen und optional ein Ergebnis zurückgeben, können als Prozeduren oder Befehle betrachtet werden, z. B. `parseUrl` oder `calculateTaxes`. Wenn es sich um Methoden einer Klasse handelt, handelt es sich in der Regel um Aktionen, die gegen eine Instanz der Klasse ausgeführt werden und den Objektnamen löschen würden. In einer `SalesDocument`-Klasse könnte beispielsweise eine Methode, die den Verkaufsbeleg als String aufbereitet und zurückgibt, einfach `format` statt des unnötig längeren `formatSalesDocument` heißen. Diese Konvention würde zu einem Aufruf wie `sales-`

`Document.format()` anstelle des redundanten `salesDocument.formatSalesDocument()` führen.

In diesem Abschnitt erläutern wir nun einige Namenskonventionen und Überlegungen zu Funktionen und Methoden.

6.9.1 Gängige Methoden für SAPUI5

In SAPUI5 werden viele Klassen, mit denen Sie arbeiten oder die Sie anlegen, letztendlich von `sap.ui.base.ManagedObject` abgeleitet, wo Eigenschaften und Ereignisse definiert werden können und die entsprechenden Getter, Setter und Ereignisregistrierungsmethoden angelegt werden. Sie können auch eigene Methoden definieren oder die vom Framework definierten Methoden übersteuern.

Eigenschaften resultieren in Methoden mit dem Präfix `get` für Getter und `set` für Setter. Zum Beispiel sind `getEntitySet` oder `setExportType` Methoden der Klasse `sap.ui.comp.smarttable.SmartTable`, die von den Eigenschaften `entitySet` bzw. `exportType` abgeleitet werden.

Wenn eine Funktion einen booleschen Wert zurückgibt, ist es üblich, Präfixe wie `is` oder `has` zu verwenden, wie in `isActive` und `hasDependencies`. Ein Name wie `getActive` kann nicht vermitteln, dass ein boolescher Wert zurückgegeben wird, und `getIsActive` oder `getHasDependencies` sind einfach umständlich. SAPUI5-Eigenschaften verwenden jedoch immer `get`, wie in `getBusy` für die Eigenschaft `busy` in der Klasse `sap.ui.core.Control`. In Abschnitt 6.10.1 erfahren Sie mehr über boolesche Werte.

Ereignisse generieren Methoden zum Registrieren und Deregistrieren von Event-Handlern , mit dem Präfix `attach` und `detach`. Die Klasse `sap.ui.comp.filterbar.FilterBar` definiert das Ereignis `filterChange` mit den entsprechenden Methoden `attachFilterChange` und `detachFilterChange`.

6.9.2 Event-Handler

Funktionen oder Methoden, die als Event-Handler dienen, werden in der Regel mit dem Präfix `on` oder dem Präfix `handle` für einen Ereignisnamen benannt, z. B. `onCopyProductPressed` für das Ereignis »press« eines »Copy product button«-Controls oder `handleProductDeleted` für das Ereignis »delete« eines »product«-Elements. Üblicherweise kommuniziert die Vergangenheitsform des Verbs mit dem »-ed«-Suffix besser die Absicht der Methode und sollte bevorzugt werden: `onTripCanceled` ist besser als `onTripCancel`. Einige Klassen deklarieren auch Lebenszyklusereignisse als Methoden, die von erbenden Klassen überschrieben werden können. Beispielsweise kann die Methode `onInit` für Initialisierungscode in einem Controller verwendet werden.

Ein häufiger Ereignistyp ist das Klick-, Tipp- oder Drück-Ereignis, wie »press« eines `sap.m.Button`- oder eines `sap.m.MenuItem`-Controls. Eine Handler-Funktion für diese Art von Ereignis kann sogar das Wort »pressed« weglassen und einfach `onCopyProduct` anstelle des längeren `onCopyProductPressed` oder sogar `onCopyProductButtonPressed` (oder `onCopyProductMenuItemPressed` im Fall eines Menüeintrags) heißen. Der kürzere Name ist leichter lesbar und verständlicher. Meistens wird die längere Version nicht benötigt: Die zusätzliche Präzision ist einfach unnötig, um den Zweck der Methode und ihre Verwendung zu verstehen.

Die meisten Ereignisse werden genau in dem Moment ausgelöst, in dem etwas geschieht. Einige Ereignisse werden jedoch schon ausgelöst, bevor oder sogar nachdem etwas passiert ist. Diese Option kann nützlich sein, wenn Sie Benutzern die Möglichkeit geben möchten, eine Operation zu verhindern oder eine Art Vor- oder Nachbearbeitung durchzuführen. Zum Beispiel können Sie für das Kopieren eines Produkts ein Ereignis bereitstellen, das kurz vor dem Kopieren ausgelöst wird, um Benutzern die Möglichkeit zu geben, den Kopiervorgang vollständig zu verhindern, und auch ein Ereignis bereitstellen, das nach Abschluss des Kopiervorgangs stattfindet. Diese Ereignisse können `beforeCopy` und `afterCopy` heißen und die entsprechenden Event-Handler `onBeforeProductCopy` und `onAfterProductCopy`. Eine Alternative zu diesem Ansatz wäre, das Suffix »-ing« für das Before-Ereignis und »-ed« für das After-Ereignis zu verwenden, z. B. `Copying` und `Copied` mit den Handlern `onProductCopying` und `onProductCopied`. Wenn der Zeitpunkt des Ereignisses wichtig ist, machen Sie dies als Teil des Ereignisnamens deutlich, indem Sie die Wörter »before« oder »after« verwenden oder gegebenenfalls eindeutige Suffixe verwenden.

6.10 Variablen und Parameter

Variablen und Parameter sollten in camelCase geschrieben werden. Wenn die Variable eine `true`-Konstante ist (dies haben wir ausführlich in Abschnitt 6.10.5, »Konstanten«, erläutert), können Sie SNAKE_CASE mit durchgehenden Großbuchstaben verwenden. Objekteigenschaften sollten in camelCase geschrieben werden. Wenn Sie jedoch ein Objekt haben, das eine OData-Entität imitiert, sollten seine Eigenschaften der OData-Konvention folgen, in der die Eigenschaftsnamen in PascalCase enthalten sind.

Im Folgenden werden wir Namenskonventionen und Überlegungen für verschiedene Variablen und Parameter erläutern.

6.10.1 Boolesche Werte

Ähnlich wie bei Funktionen, die boolesche Werte zurückgeben, sollte Variablen, die boolesche Werte enthalten, das Wort `is` oder `has` vorangestellt werden oder etwas,

was eindeutig angibt, dass die Variable ein Kennzeichen ist und dass ein Wert von `true` oder `false` impliziert wird. Beispiele sind `isAboveLimit`, `hasChildren`, `needsReticulating` und `wasValidLastYear`. Boolesche Werte werden in der Regel für `if`-Anweisungen verwendet. Ein Test für eine gute boolesche Variable oder einen guten Funktionsnamen besteht also darin, sie in eine Phrase mit »if« oder »if an object« zu setzen und zu sehen, wie es klingt. Betrachten wir einige Beispiele:

- `isAboveLimit`: wenn der Wert über dem Limit liegt
- `hasChildren`: wenn der Wurzelknoten untergeordnete Elemente hat
- `needsReticulating`: wenn die Splines retikuliert werden müssen
- `wasValidLastYear`: wenn der Wert im letzten Jahr gültig war

Darüber hinaus empfehlen wir, Ihre booleschen Variablen- und Funktionsnamen *positiv* zu setzen. Boolesche Werte können in »if not«- oder `else`-Anweisungen verwendet werden, und ein *negativer* boolescher Wert ist schwer zu verstehen, wenn er negiert wird. Sehen wir uns die Beispiele in Listing 6.4 an.

```
// negative booleans can be awkward:

// (1) if it's not found, it's found!
if (!notFound) ...

// (2) if it has not failed ... else it has failed
if (notFailed) ...
else ...

// better to use positive booleans:

// (1) if it's found
if (isFound) ...

// (2) if it has succeeded ... else it has failed
if (hasSucceeded) ...
else ...
```

Listing 6.4 Positive vs. negative boolesche Werte

6.10.2 Schleifenvariablen

In Abschnitt 6.1 haben Sie gelernt, wie wichtig die Verwendung beschreibender Namen für Identifikatoren ist. Eine gängige Praxis ist jedoch, für Schleifenindizes einstellige Variablennamen wie `i`, `j` und `k` zu verwenden. Diese Variablen sind so häufig, dass viele Entwicklerinnen und Entwickler sie in `for`-Schleifen erwarten. Sehen wir uns den in Listing 6.5 gezeigten Code als Beispiel an.

```
for (let i = 0; i < salesDocuments.length; ++i) {
  const salesDocument = salesDocuments[i];
  for (let j = 0; j < salesDocument.items.length; ++j) {
    const salesDocumentItem = salesDocument.items[j];
    // ...
  }
}
```

Listing 6.5 Üblich ist einbuchstabiger Indexname, wie i und j.

Dieses Beispiel durchläuft eine Reihe von Verkaufsbelegen, wobei die Variable `i` als Index verwendet wird. Für jeden Verkaufsbeleg wird dann eine Schleife über Verkaufsbelegpositionen ausgeführt, wobei die Variable `j` als Index verwendet wird. Geschachtelte Schleifen wie diese sind schwer lesbar, und obwohl es üblich ist, `i`, `j` und `k` als Schleifenindizes zu verwenden, sollten Sie idealerweise nur eine Schleife nutzen, die andere Funktionen aufruft, um die innere Verarbeitung auszuführen, wie in Listing 6.6 gezeigt.

```
for (let i = 0; i < salesDocuments.length; ++i) {
  const salesDocument = salesDocuments[i];
  processSalesDocumentItems(salesDocument.items);
}

// ...

function processSalesDocumentItems(items) {
  for (let i = 0; i < items.length; ++i) {
    const salesDocumentItem = salesDocument.items[i];
    // ...
  }
}
```

Listing 6.6 Refactoring geschachtelter Schleifen

Die refaktorierten geschachtelten Schleifen in Listing 6.6 verschieben die innere Schleife in eine andere Funktion. Alle Schleifen verwenden nun die Variable `i` als Index, und der Code ist leichter verständlich. Weitere Informationen zur besseren Gestaltung Ihrer Funktionen finden Sie in Kapitel 5, »Funktionen«. Eine weitere Möglichkeit ist die Verwendung von Array-Verarbeitungsmethoden wie z. B. die `Array`-Klassenmethoden `forEach`, `map` und `filter`.

Wenn Sie tatsächlich mehrdimensionale Daten in verschachtelten Arrays haben, sollten Sie bessere Namen für Ihre Indizes verwenden. Die Verwendung der üblichen `i`, `j` und `k` kann verwirrend sein. Es wird auch nicht empfohlen, über `k` hinaus zu gehen.

Die Schleifen sind so nicht nur zu tief geschachtelt, die Variablennamen können auch leicht miteinander verwechselt werden. Sie könnten z. B. auf die Zellen eines Arbeitsblatts zuerst spaltenweise, dann zeilenweise zugreifen, wie in Listing 6.7 gezeigt.

```
for (let i = 0; i < sheet.numColumns; ++i) {
  for (let j = 0; j < sheet.numRows; ++j) {
    const cell = sheet[j][i]; // the indexes are swapped!
    // ...
  }
}
```

Listing 6.7 Zugriff auf Tabellenkalkulationsdaten mit Einzelbuchstaben-Indexnamen

Da die Tabellenkalkulation jedoch zuerst zeilenweise und dann spaltenweise indiziert wird, müssen Sie `sheet[j][i]` anstelle von `sheet[i][j]` schreiben. Da man sich hierbei schnell vertun kann, ist es besser, beschreibende Namen zu verwenden, so wie in Listing 6.8.

```
for (let columnIndex = 0; columnIndex < sheet.numColumns; ++columnIndex) {
  for (let rowIndex = 0; rowIndex < sheet.numRows; ++rowIndex) {
    const cell = sheet[rowIndex][columnIndex];
    // ...
  }
}
```

Listing 6.8 Zugriff auf Tabellenkalkulationsdaten mit beschreibenden Namen

Die Verwendung von `i`, `j` und `k` sollte nur für Schleifenindizes reserviert werden. Daher sollten die Parameternamen der `random`-Funktionen aus Kapitel 5, »Funktionen«, und in Listing 6.1 und Listing 6.2 umbenannt werden, wie in Listing 6.9 gezeigt. Beachten Sie, wie die Funktion in `randomBetween` umbenannt wurde, um so besser anzuzeigen, was die Funktion leistet.

```
class IntMath {

  static randomBetween(minValue, maxValue) {
    return Math.floor(Math.random() * (maxValue - minValue + 1) + minValue);
  }

}
```

Listing 6.9 Bessere Namen verwenden

Eine Variable namens `l` wird manchmal verwendet, um die Länge eines Arrays zu speichern, wie in Listing 6.10 zu sehen.

```
for (let i = 0, l = items.length; i < l; ++i) {
  const salesDocumentItem = salesDocument.items[i];
  // ...
}
```

Listing 6.10 Speichern der Länge des Arrays in einer Variablen

Die Verwendung von `l` zum Speichern der Länge des Arrays, wie in Listing 6.10 gezeigt, ist eine Optimierung, die davon ausgeht, dass die Berechnung der Länge des Arrays in jedem Schleifendurchlauf zu teuer ist. Diese Kosten können für bestimmte Kollektionsarten wie z. B. HTML-Document-Object-Model-Knoten (DOM-Knoten) zutreffen. Sie sollten sich jedoch um lesbaren Code bemühen und Code nur optimieren, wenn erstens ein auffälliges Performanceproblem auftritt und zweitens die Lösung die Performance wirklich verbessert. Wenn Performanceprobleme auftreten, sollten Sie nicht mutmaßen, sondern messen . Wenn Sie entscheiden, dass Sie diesen Optimierungscode benötigen, ist die Verwendung von `l` möglicherweise üblich, jedoch nicht so häufig wie die Verwendung von `i` für Indizes. Daher ist es besser, einen lesbareren Namen zu verwenden, wie in Listing 6.11 gezeigt.

```
const itemsLength = items.length;
for (let i = 0; i < itemsLength; ++i) {
  const salesDocumentItem = salesDocument.items[i];
  // ...
}
```

Listing 6.11 Speichern der Länge des Arrays in einer Variablen mit lesbarem Namen

6.10.3 Vergleichsfunktionen und -parameter

Die Methode `Array.sort` nimmt eine Vergleichsfunktion als Parameter. Diese Funktion verwendet zwei Parameter (das erste Element und das zweite zu vergleichende Element) und gibt einen Wert zurück, der die relative Sortierreihenfolge zwischen ihnen angibt. Diese Parameter können beliebige Elemente des Arrays sein, sodass ihre Namen einfach generisch wie `element1` und `element2` oder spezifisch wie `customer1` und `customer2` sein können. Diese Namen sind jedoch in der Regel zu wortreich, und es ist idiomatisch, `a` und `b` als Parameternamen zu verwenden. Sehen Sie sich den Code in Listing 6.12 an, der ein Array von Entitäten (die `items`) nach ihrer numerischen Eigenschaft `ItemNumber` sortiert.

```
const byItemNumber = (a, b) => a.ItemNumber - b.ItemNumber;
items.sort(byItemNumber);
// ...
```

Listing 6.12 Verwenden einer Vergleichsfunktion zum Sortieren eines Arrays von Objekten nach einer numerischen Eigenschaft

Die Vergleichsfunktion heißt `byItemNumber` und ist in einer Anweisung wie `items.sort(byItemNumber)` recht lesbar. Ein weiteres gängiges Präfix für solche Funktionen ist »compare«, z. B. `items.sort(compareItemNumbers)`. Beachten Sie, dass in `compareItemNumbers` die Pluralform »item numbers« besser ist als die in `byItemNumber` verwendete Singularform.

6.10.4 Ereignisparameter

Ein weiterer einstelliger Parametername, der häufig verwendet wird, ist der *Ereignisparameter*, der für jede Event-Handler-Funktion Standard ist. Insbesondere wenn Sie eine kleine Arrow-Funktion als Event-Handler haben, ist die Benennung des Ereignisparameters einfach als `e` und nicht als `event` oder etwas Ausführlicheres wie `pressEvent` idiomatisch und macht den Code kompakter.

Namen sollten beschreibend sein, aber manchmal gibt es bekannte Konventionen, bei denen jeder noch versteht, was der Code tut. Lernen und verwenden Sie diese Konventionen, aber stellen Sie sicher, dass Ihr Code immer noch leicht zu lesen und zu verstehen ist.

6.10.5 Konstanten

In der Regel gibt es Variablen, die nur einmal zugeordnet werden. Daher wird empfohlen, `const` zu verwenden, um sie zu deklarieren. Manchmal gibt es jedoch auch echte Konstanten in Ihrem Code, die grundlegende Werte darstellen, z. B. physische Eigenschaften oder feste Einstellungen im Code. Diese Konstanten sind in der Regel statische Eigenschaften einer Klasse oder eines Objekts und werden in SNAKE_CASE mit Großbuchstaben geschrieben. Angenommen, wir haben eine Astronomieanwendung, und wir müssen einige verwandte Konstanten wie die Masse der Erde und die Masse der Sonne deklarieren. Sie können diese Werte als Konstanten in einem `Mass`-Objekt deklarieren, wie in Listing 6.13 gezeigt.

```
const Mass = {
  SUN_MASS_IN_KG: 1.98840987e+30,
  EARTH_MASS_IN_KG: 5.97216787e+24
};
```

Listing 6.13 In einem Objekt deklarierte Konstanten

Konstanten werden in der Regel allein in Berechnungen verwendet, wie in Listing 6.14, und sollten daher allein stehen. In diesem Fall haben wir »Mass« im Namen des enthaltenden Objekts und in den Konstantennamen wiederholt. Stellen Sie außerdem bei Werten mit einer Mengeneinheit sicher, dass die Mengeneinheit eindeutig ist, sodass bei der Verwendung der Werte in Berechnungen nicht übereinstimmende Einheiten leicht zu erkennen sind.

```
const { EARTH_MASS_IN_KG } = Mass;

// use the constant without the "Mass" qualifier...

// the minimum mass of the Proxima Centauri b exoplanet
const PROXIMA_B_MASS_IN_KG = 1.173 * EARTH_MASS_IN_KG;
```

Listing 6.14 Verwendung einer Konstanten als eigenständiger Wert

6.11 Private Elemente

JavaScript-Klassen können nun private Elemente haben, indem das Doppelkreuz-Präfix (#) vor einem Methodennamen oder einem Klassenattribut verwendet wird. Sehen wir uns die Klasse in Listing 6.15 als Beispiel an.

```
class IndentLogger {
  #size;
  #indentation;

  constructor(indentation = ' ') {
    this.#size = 0;
    this.#indentation = indentation;
  }

  indent() {
    ++this.#size;
  }

  unindent() {
    this.#size = Math.max(0, this.#size - 1);
  }

  log(text) {
    console.log(this.#indentText(text));
  }
```

```
  #indentText(text) {
    return this.#indentation.repeat(this.#size) + text;
  }

}

// ...

// usage example

const logger = new IndentLogger("  "); // two spaces
logger.log("Begin of operation");
logger.indent();
logger.log("Operation ongoing");
logger.unindent();
logger.log("End of operation");

// result:
/*
Begin of operation
  Operation ongoing
End of operation
*/
```

Listing 6.15 Klasse mit privaten Elementen und einer Beispielverwendung

Die Klasse `IndentLogger` aus Listing 6.15 protokolliert Text mit konfigurierbaren Einrückungen und definiert zwei private Attribute: `#size` für die Größe der Einrückung und `#indentation` für den zu verwendenden Einrückungstext. Diese Klasse deklariert auch eine private Methode `#indentText`. Beachten Sie, dass die Attribute vorher am Anfang des Klassenkörpers deklariert werden müssen.

In SAPUI5 sind JavaScript-Klassen jedoch immer noch nicht weit verbreitet, und viele Klassen verwenden das SAPUI5-spezifische Vererbungsmuster, bei dem Klassen angelegt werden, indem ein Objekt bereitgestellt wird, das als Prototyp der Instanzen dient, wenn sie aus einer Framework-Klasse wie der Basisklasse `sap.ui.base.Object` erweitert werden. Für ein Objektliteral werden private Elemente, denen ein Doppelkreuz vorangestellt ist, derzeit nicht unterstützt (zum Zeitpunkt des Schreibens dieses Buches), und es ist üblich, ihnen einen Unterstrich (_) voranzustellen. Sehen Sie sich die Klasse `IndentLogger` aus Listing 6.16 an, die als Unterklasse von `sap.ui.base.Object` umgeschrieben wurde.

```
sap.ui.define([
  "sap/ui/base/Object"
], function (BaseObject) {

  return BaseObject.extend("my.namespace.IndentLogger", {

    constructor(indentation = ' ') {
      this._size = 0;
      this._indentation = indentation;
    },

    indent() {
      ++this._size;
    },

    unindent() {
      this._size = Math.max(0, this._size - 1);
    },

    log(text) {
      console.log(this._indentText(text));
    },

    _indentText(text) {
      return this._indentation.repeat(this._size) + text;
    }

  });

});
```

Listing 6.16 SAPUI5-Klasse mit privaten Elementen mit vorangestelltem Unterstrich

Beachten Sie, dass der führende Unterstrich nur eine Konvention ist, wenn auch eine gängige. Die Mitglieder einer privaten Klasse sind weiterhin von außerhalb der Klasse zugänglich.

6.12 Namensräume

In SAPUI5 sollten die einzigen globalen Variablen, die verwendet werden, die Namenräume der verschiedenen produktiven Projekte sein. Diese Namensräume bilden eine globale Hierarchie von Objekten, die Ihren Code strukturieren und den Zugriff auf verschiedene Klassen und Objekte vereinfachen. Sie sehen diese Hierarchie in SAPUI5 selbst. Beispielsweise ist das Control `sap.m.Button` ein Button-Control, das im Namensraum `sap.m` definiert ist (»m« steht für »mobile«).

Beim Anlegen eines Projekts sollten Sie sich bereits für dessen Namensraum entscheiden. Der vollständige Name des Projekts enthält diesen Namensraum und wird als Projektname in die Datei **package.json** geschrieben. Alle Klassen, Controller, Views und Objekte Ihres Projekts werden in diesem Namensraum definiert.

Das Präfix `sap` ist für SAP-Namensräume wie in SAPUI5 reserviert. Sie sollten einen Namensraum auswählen, der Ihr Unternehmen und den Projektnamen enthält und der nicht mit anderen Namen kollidieren würde, die Konsumenten aus anderen Projekten oder Bibliotheken importieren könnten. Namensräume werden in der Regel mit allen Komponenten in Kleinbuchstaben deklariert, wobei jede Komponente durch einen Punkt getrennt ist, z. B. `sap.ui.comp.smarttable` oder `mycompany.myproject`. Sie können auch Unternamensräume wie `mycompany.sales.mysalesapp` und `mycompany.marketing.mymarketingapp` verwenden, um z. B. Projekte für verschiedene Bereiche in Ihrem Unternehmen weiter zu strukturieren. Die Verwendung von camelCase für einzelne Komponenten, um die Lesbarkeit zu erleichtern, ist ebenfalls in Ordnung, wie in `myCompany.marketing.myMarketingApp`.

Ein Beispiel für eine typische Anwendungskomponentenklasse für ein Projekt sehen Sie in Listing 6.17.

```
sap.ui.define([
  "sap/ui/core/UIComponent",
], function (UIComponent) {

  return UIComponent.extend("mycompany.myproject.Component", {

    // mycompany.myproject.Component methods go here ...

  });

});
```

Listing 6.17 Anwendungskomponentenklasse

`sap.ui.define` listet die importierten Module auf, und der Code innerhalb des Funktionsparameters gibt eine Komponentenklasse zurück, die von `sap.ui.core.UIComponent` erbt und `mycompany.myproject.Component` heißt. Der Namensraum ist `mycompany.myproject`, der Klassenname ist `Component`. Namensräume sollten in Ihrem Code nur referenziert werden, entweder beim Importieren (z. B. mit `sap.ui.define`) oder beim Deklarieren von Klassen oder Funktionen (z. B. beim Deklarieren einer Klasse, die eine andere Klasse erweitert, wie in Listing 6.17).

6.13 Control-IDs

Die Komponenten Ihrer Anwendung, insbesondere die Controls in Ihren Views und Seiten, sollten stabile IDs haben. Eine *stabile ID* ordnen Sie sich selbst zu. Wenn Sie keine ID zuordnen, ordnet das Framework eine ID für Sie zu, die kryptisch ist und sich auch ändern kann, je nachdem, wie der View oder das Control verwendet wird. Stabile IDs helfen dabei, Controls genau zu identifizieren. Dies ist eine wichtige Voraussetzung für verschiedene Vorgänge, die Sie ausführen möchten, z. B. automatisierte Tests, die Anpassung der Benutzeroberfläche und die Verwendung von Dokumentations- und Hilfstools.

Ordnen Sie Komponenten und Controls immer eine ID zu. Das in Listing 6.18 gezeigte XML-View-Snippet ist Teil eines Formulars zur Eingabe von Daten zu einem Produkt. Alle Controls haben über ihre `id`-Attribute eine stabile ID.

```
<VBox id="namingBox">

  <Label
    id="nameLabel"
    text="{i18n>productName}"
    required="true"
    labelFor="nameInput" />
  <Input
    id="nameInput"
    value="{Name}"
    type="Text" />

  <Label
    id="descriptionLabel"
    text="{i18n>productDescription}"
    labelFor="descriptionTextArea" />
  <TextArea
    id="descriptionTextArea"
    value="{Description}" />

</VBox>
```

Listing 6.18 Controls in einem View mit stabilen IDs

Die IDs von Komponenten und Controls in einem View sind Vertreter für die Controls selbst, und ihre Namen sollten beschreibend sein, z. B. `nameInput` und `descriptionTextArea`. Wie JavaScript-Variablen sollten die Control-IDs in camelCase sein. Wenn Sie einer Variablen im Code eine Control-Instanz zuordnen, sollte der Name der Variable mit der Control-ID übereinstimmen, wie in Listing 6.19 gezeigt. Dieser Ansatz stellt eine starke Korrelation zwischen beiden her und erleichtert die Suche nach der Verwendung des Controls im Code. Control-IDs sollten auch die *Art* des Controls identifizieren, in der Regel mit einem Suffix wie `Button`, `Label` oder `Table`. Sie müssen nicht den genauen Typ des verwendeten Controls identifizieren, sondern nur semantisch dessen Art. Beispielsweise kann eine `SmartTable` von Produkten `productTable` heißen oder eine `ToggleButton` für eine »hat Bluetooth«-Einstellung `bluetoothToggle`.

6

```
const productTable = this.byId("productTable");
const selectedItem = productTable.getSelectedItem();
const selectedProductId =
  selectedItem.getBindingContext().getProperty("ProductId");
// ...
```

Listing 6.19 Zuordnen einer Control-Instanz zu einer Variablen mit demselben Namen wie die ID der Control-Instanz

6.14 Ungarische Notation

Die *ungarische Notation* ist eine Konvention, die Präfixe verwendet, um den Typ oder die Semantik eines Identifikators anzugeben. In SAPUI5 wird die ungarische Notation in Variablen und Parametern verwendet, wobei allgemeine Präfixe den Typ oder die Bedeutung des Identifikators angeben, z. B. `String` oder `Array`. Die Dokumentation über die ungarische Notation und die vielen Projekte, in denen diese Notation verwendet wird, ist verfügbar, und die typischen Präfixe sind in Tabelle 6.3 aufgeführt.

Präfix	Typ oder Bedeutung	Beispiel
s	`String`	`sFirstName`
i	`integer`	`iTotal`
f	`float`	`fVelocityInMph`
d	`Date`	`dBilling`
b	`Boolean`	`bReady`
r	`RegExp`	`rValidExpression`
fn	`Function`	`fnHandleDelete`
a	`Array`	`aSalesOrders`
o	`Object`	`oBindingContext`
m	`Map`	`mOptions`

Tabelle 6.3 Typische Präfixe der ungarischen Notation

Diese Präfixe sorgen jedoch für viel Rauschen und wenig Klarheit. Namen werden schwieriger auszusprechen und zu schreiben, und sie auch für mehr Verwirrung sorgen. Beispielsweise kann `o` für jede Art von Objekt und beispielsweise für Karten verwendet werden, bei denen `m` (für »Maps«) benutzt wird.

Das Präfix `a` wird für Arrays verwendet, kann aber auch einen Namen wie gebrochene Sprache aussehen lassen: `aSalesOrders` ist umständlich, wenn man es laut liest. Was für andere Typen wie `Promise` oder `Set` verwenden werden soll, ist überhaupt nicht klar definiert.

[!]

Vermeiden Sie die Verwendung der ungarischen Notation

Die Anwendung Clean-SAPUI5-Richtlinien führt zu kleineren Klassen, Methoden und Funktionen und verringert auch die Anzahl der Variablen und Parameterdeklarationen, die Sie zum Verständnis von isoliertem Code beachten müssen. Diese Übersichtlichkeit wiederum verringert den Bedarf an Kodierungen wie der ungarischen Notation, um die Semantik oder Typen von Variablen zu unterstützen.

Die ungarische Notation ist in vielen Codebasen nach wie vor weit verbreitet, daher sollten Sie sich dessen bewusst sein und konsistent sein, wenn Sie mit diesen Projekten umgehen. Für neue Projekte oder sogar für neuere Teile alter Projekte sollten Sie jedoch erwägen, die ungarische Notation für einen Clean Code ganz zu löschen.

Sehen wir uns einige Variablen in ungarischer Notation an und untersuchen, wie sie in Clean SAPUI5 umgeschrieben werden können, wie in Tabelle 6.4 aufgeführt.

Ungarische Notation	Clean SAPUI5
`sFirstName`	`firstName`
`iTotal`	`total`
`fVelocityInMph`	`velocityInMph`
`dBilling`	`billingDate`
`bReady`	`isReady`
`rValidExpression`	`validExpression`
`fnHandleDelete`	`handleDelete`
`aSalesOrders`	`salesOrders`
`oBindingContext`	`bindingContext`
`mOptions`	`options`

Tabelle 6.4 Ungarische Notation vs. Clean SAPUI5

In den meisten Fällen ist der Name kürzer, in einigen ist der Name länger. Aber in allen Fällen sind die Namen leichter lesbar, leichter auszusprechen und leicht verständlich. Ein ungarisches Notationspräfix ist daher überhaupt nicht erforderlich.

6.15 Alternative Regeln

In dem Buch »The Productive Programmer« (O'Reilly, 2008) argumentiert der Autor Neal Ford für die Bedeutung von »Autorität zu hinterfragen«. Clean SAPUI5-Regeln und -Richtlinien sind wichtig und machen den Code tendenziell leichter lesbar und verständlicher, aber Sie sollten die Auswirkungen, die diese Prinzipien in Ihrem eigenen Kontext haben können, vollständig verstehen.

Wenn Sie beispielsweise die in diesem Kapitel beschriebenen Namenskonventionen blind befolgen, z. B. camelCase für Variablen und Funktionen verwenden, könnten Sie einige Namen haben, die schwerer lesbar sind, z. B. die zuvor besprochene Variable `isIos`. In diesem Fall empfehlen wir, von den Regeln abzuweichen und für eine bessere Lesbarkeit `is_iOS` zu verwenden.

Clean SAPUI5 ist eher eine Reihe von Prinzipien als nur ein Regelwerk. Es ist das oberste Ziel, den Code leichter lesen, verstehen, testen und pflegen zu können.

Ein Bereich, in dem die Namen der Identifikatoren tendenziell übermäßig groß werden, ist der OPA5-Test. Diese Ausführlichkeit ist verständlich, da das Ziel der Namen in OPA5-Tests darin besteht, eine Erwartung oder eine Aktion in den Views einer Anwendung zu kommunizieren oder wertvolles Feedback im Test-Runner-UI zu geben. Daher lesen sich diese Namen tendenziell wie vollständige Sätze, wie in Listing 6.20 gezeigt.

```
opaTest("When no product is selected then the copy button should be disabled",
  function (given, when, then) {

    given.iStartMyApplication();

    then.onTheProductListPage
      .noProductShouldBeSelected()
      .theCopyProductButtonShouldBeDisabled();

  });

opaTest("When selecting a product then the copy button should be enabled",
  function (given, when, then) {

    when.onTheProductListPage
```

```
    .iSelectTheProductInLineNumber(1);

  then.onTheProductListPage
    .theCopyProductButtonShouldBeEnabled();

});
```

Listing 6.20 OPA5-Tests lesen sich wie ganze Sätze.

Wie Sie in Listing 6.20 sehen, kann der Code fast wie ein Rezept gelesen werden:

1. Auf der Produktlistenseite wähle ich das Produkt in Zeile 1 aus.
2. Anschließend sollte der Product-Copy-Button aktiviert werden.

OPA5-Namen sollten so lang wie nötig sein und dürfen Wörter verwenden, die wir normalerweise nicht in normale Identifikatoren einschließen, wie »I«, »the« und »a«. In dieser Hinsicht haben sie bereits eine eigene Namenskonvention. Die Verwendung von camelCase könnte hier bereits an seine Grenzen gelangen. Es ist schwer, `veryLongIdentifiersUsingCamelCase` zu lesen, und es gibt umständliche Situationen wie die Verwendung eines Kleinbuchstabens »i« für das englische Pronomen »I«. Denken Sie daran, dass das Ziel darin besteht, mit einem Menschen zu kommunizieren, und die Regeln sollten dieser klaren Kommunikation nicht im Wege stehen. In diesem Fall können Sie die Lesbarkeit in Ihren Tests verbessern, indem Sie kleinbuchstabiges Snake_Case verwenden, wie in Listing 6.21 gezeigt.

```
opaTest("When no product is selected then the copy button should be disabled",
  function (given, when, then) {

    given.I_start_my_application();

    then.on_the_product_list_page
      .no_product_should_be_selected()
      .the_copy_product_button_should_be_disabled();

  });

opaTest("When selecting a product then the copy button should be enabled",
  function (given, when, then) {

    when.on_the_product_list_page
      .I_select_the_product_in_line_number(1);

    then.on_the_product_list_page
```

```
        .the_copy_product_button_should_be_enabled();

});
```

Listing 6.21 OPA5-Tests mit einer alternativen Namenskonvention

In Abschnitt 13.1.6, »WDI5 vs. OPA5 vs. QUnit«, werden wir weiterhin die üblichen camelCase-Regeln für OPA5 verwenden. Dieser Abschnitt soll veranschaulichen, wie manchmal ein Schritt zurück gemacht und der Status quo überdacht werden kann. Diese Art von Reflexion macht uns schließlich menschlich.

6.16 Zusammenfassung

In diesem Kapitel haben wir uns die entscheidende Aktivität der Namensgebung angesehen und beschrieben, wie wichtig gute Namen sind, um die Absicht des Codes zu kommunizieren. Wir haben uns mit Themen wie Groß- und Kleinschreibung, Richtlinien für Klassen, Enums, Funktionen und Variablen, Benennung privater Elemente, Namensräume und Control-IDs beschäftigt.

Anschließend haben wir uns mit wichtigen Überlegungen zur Namensgebung befasst und die folgenden übergeordneten Richtlinien identifiziert:

- Verwenden Sie beschreibende Namen.
- Verwenden Sie Lösungs- und Problemdomänenbegriffe.
- Seien Sie konsistent in der Benennung.
- Überlegen Sie, wann und wie Namen verkürzt werden sollten.
- Verwenden Sie keine ungarische Notation.
- Hinterfragen Sie den Status quo.

Im nächsten Kapitel zeigen wir Ihnen, wie Sie Variablen und Literale in Clean SAPUI5 deklarieren und verwenden.

Kapitel 7
Variablen und Literale

In diesem Kapitel erläutern wir, wie Sie Variablen und Literale deklarieren und verwenden. Sie erfahren, wie Scoping-Regeln funktionieren, wie Sie die Destrukturierung nutzen und wie Sie die Spread-Syntax implementieren.

Variablen speichern, zusammen mit Parametern, Werte und Referenzen zu den Daten, die in Ihrem Programm verwendet werden. Die Anzahl und die Komplexität der Variablen im *Gültigkeitsbereich* (engl. Scope) eines beliebigen Codeausschnitts haben zudem große Auswirkungen darauf, wie einfach der Code zu verstehen und zu ändern ist. In diesem Kapitel werden wir verschiedene Möglichkeiten erkunden, Variablen zu deklarieren, zu initialisieren und richtig zu verwenden. Außerdem erfahren Sie, wie Scoping-Regeln für verschiedene Arten der Variablendeklarationen funktionieren, und finden heraus, wie Literalwerte im Code verwendet werden. Wenn es um Arrays und Objektliterale geht, werden wir auch die Destrukturierung und die Spread-Syntax besprechen.

Wenn Sie sich gezielter über Funktionen und Parameter informieren möchten, werfen Sie einen Blick in Kapitel 5, »Funktionen«.

7.1 Variablen

In JavaScript können Variablen mit den Schlüsselwörtern `var`, `let` und `const` deklariert werden.

Variablen, die mit `var` deklariert sind, werden an den Anfang der Funktion (oder den globalen Scope) »gehoben« (von engl. hoist), in der sie deklariert sind. Es wird aber nur die Variablendeklaration gehoben, nicht die Variableninitialisierung. Daher kann auf eine mit `var` deklarierte Variable zugegriffen werden, bevor sie deklariert wird, aber ihr Wert ist `undefined` bis zu dem Punkt im Code, an dem die Variablendefinition initialisiert wird, wie Listing 7.1 zeigt.

```
function hoisting() {
  console.log(message); // outputs "undefined"
  var message = 'Hello World!';
  console.log(message); // outputs "Hello World!"
}
```

Listing 7.1 Auf eine gehoistete »var«-Variable wird zugegriffen, bevor sie deklariert wird.

Eine Variable kann sogar vor ihrer Deklaration initialisiert und verwendet werden. Wie Sie in Listing 7.2 sehen, kann die Variable `message` am Ende des Gültigkeitsbereichs der Funktion `hoisting` deklariert werden. Die Variable wird jedoch vor dieser Deklaration initialisiert und verwendet .

```
function hoisting() {
  console.log(message); // outputs "undefined"
  message = 'Hello World!';
  console.log(message); // outputs "Hello World!"

  var message;
}
```

Listing 7.2 Eine Variable vor ihrer Deklaration

Variablen, die mit `var` deklariert werden, können auch mehrmals im selben Funktion-Scope deklariert werden, und sie beziehen sich alle auf dieselbe Variable. Wie in Listing 7.3 gezeigt, wird die Variable `message` zweimal deklariert: einmal am Anfang der Funktion `redeclaration` und ein anderes Mal innerhalb des Scopes der `if`-Anweisung in der Funktion. Beide Deklarationen beziehen sich tatsächlich auf dieselbe Variable, da der Scope von `var` der Scope der gesamten Funktion ist.

```
function redeclaration() {
  var message = 'Hello World!';
  console.log(message); // outputs "Hello World!"

  if (true) {
    var message = 'Howdy World!';
    console.log(message); // outputs "Howdy World!"
  }

  console.log(message); // outputs "Howdy World!"
}
```

Listing 7.3 Erneute Deklaration einer Variable

ESLint hat Regeln, die all diese Probleme mit `var` behandeln. Die Regel `no-use-before-define` kann beispielsweise vor der Variablendefinition auf Variablenverwendung prüfen und so konfiguriert werden, dass Funktions-, Klassen- und Variablendeklarationen geprüft werden. Sie sollten diese Regel jedoch nur für Variablen verwenden. Die `no-redeclare`-Regel kann auf mehrere Deklarationen derselben Variablen prüfen.

[!]

Schlüsselwort »var« vermeiden

Das Schlüsselwort `var` ist das älteste der drei Variablendeklarationsschlüsselwörter und wird aus Gründen der Abwärtskompatibilität in der Sprache beibehalten. Sein Verhalten kann manchmal überraschend sein und zu schwer verständlichem Code führen, und daher wird von seiner Verwendung in modernen JavaScript-Codebasen abgeraten. Verwenden Sie das Schlüsselwort `var` also nicht, sondern versuchen Sie, diese Deklaration auf `let` oder `const` zu refaktorieren, wenn Sie es finden. Die `no-var`-Regel in ESLint kann helfen, diese Vorgabe durchzusetzen.

Statt mit `var` sollten Sie Variablen mit `let` oder `const` deklarieren. Beide Schlüsselwörter sind für die Variablendeklaration geeignet und verhindern die Art von undurchsichtigem Code, die Ihnen mit `var`-Deklarationen begegnet. Wenn Sie eine mit `let` oder `const` deklarierte Variable vor ihrer Deklaration verwenden, erzeugt dies einen `ReferenceError`. Wenn Sie eine Variable im selben Gültigkeitsbereich redeklarieren, wird ein `SyntaxError` ausgelöst.

Der mit `let` oder `const` deklarierte Scope für Variablen ist nicht der gesamte Funktions-Scope, wie bei `var`, sondern der Code zwischen den geschweiften Klammern { und }, der auch *Block-Scope* genannt wird. Das Redeklarieren einer Variablen ist in einem inneren Scope innerhalb einer Funktion möglich, aber die im inneren Scope deklarierte Variable ist eine neue Variable, die die Definition der äußeren Scope-Variablen verschattet. Lassen Sie uns das in Listing 7.3 gezeigte Beispiel mit `let` umschreiben. In Listing 7.4 sehen Sie das Ergebnis.

```
function shadowing() {
  let message = 'Hello World!';
  console.log(message); // outputs "Hello World!"

  if (true) {
    let message = 'Howdy World!';
    console.log(message); // outputs "Howdy World!"
  }

  console.log(message); // outputs "Hello World!"
}
```

Listing 7.4 Variablen-Shadowing mit »let«

Die im äußeren Scope deklarierte Variable `message` unterscheidet sich von der im inneren Scope. Diese Unterscheidung wird durch die letzte Zeile der Funktion deutlich, die den Wert des äußeren Scopes `message` ausgibt, nachdem der innere Scope (der Scope innerhalb der `if`-Anweisung) beendet wurde. Das Verschatten (von engl. Shadowing) von Variablendefinitionen auf diese Weise kann immer noch verwirrend sein und sollte vermieden werden.

[+]

Deklarieren Sie Variablen kurz vor ihrer ersten Verwendung

Viele Legacy-Coding-Stile für Sprachen wie C oder ABAP empfehlen die Verwendung eines Definitionsblocks am Anfang von Funktionen oder Methoden, in denen alle lokalen Variablen deklariert und optional initialisiert werden. Dieser Ansatz erschwert jedoch das Lesen und Ändern von Code. Deklarieren und initialisieren Sie Variablen so nah wie möglich an der Stelle, an der sie zuerst verwendet werden, wodurch ihr Scope minimiert und die Verständlichkeit des Codes erhöht wird. Dieser Ansatz erleichtert auch das Ändern und Refactoring von Code, indem beispielsweise neue Methoden oder Funktionen extrahiert werden.

Der Unterschied zwischen `let` und `const` besteht darin, dass `let` das Reassigning der Variable erlaubt, `const` hingegen nicht. Beachten Sie, dass `const` eine Variable weiterhin mutieren kann (wenn es sich nicht um einen unveränderlichen Werttyp handelt), sodass in diesem Sinne eine mit `const` deklarierte Variable keine echte Konstante ist. Mit `let` kann die Variable `message` neu zugewiesen werden, wie in Listing 7.5 gezeigt. Wenn `message` mit `const` deklariert würde, würde das Reassignment in `message = 'Goodbye'` einen `TypeError` auslösen.

```
function reassignment() {
  let message = 'Hello';
  console.log(message);
  message = 'Goodbye';
  console.log(message);
}
```

Listing 7.5 Variablen-Reassignment

[+]

Verwenden Sie als Standard das Schlüsselwort »const«

In den Richtlinien für sauberen SAPUI5-Code wird das Anlegen kleiner Funktionen mit einfachem und verständlichem Code empfohlen, in der Regel mit einer kleinen Anzahl von Variablendeklarationen. Diese Variablen werden wahrscheinlich nur einmal während der Initialisierung zugewiesen, bei der `const` verwendet werden kann. Die Verwendung von `const` macht den Code auch leichter zu verstehen, da Sie wissen, dass diese Variable nicht neu zugewiesen wird. Verwenden Sie daher standardmäßig `const` in allen Variablendeklarationen. Verwenden Sie `let` nur, wenn die Variable neu zugewiesen wird.

Das Schlüsselwort `let` kann für Loop-Indizes verwendet werden, wie in Listing 7.6 gezeigt. Beachten Sie, dass das Konstrukt `++i` äquivalent zu `i = i + 1` ist, bei dem es sich um eine Neuzuordnung von `i` handelt.

```
const numbers = [1, 2, 3, 4];

for (let i = 0; i < numbers.length; ++i) {
  const number = numbers[i];
  console.log(`The number in index ${i} is ${number}`);
}
```


Listing 7.6 Schleifenindex deklariert mit »let«

Wenn Sie den Index jedoch nicht direkt verwenden, können Sie das `for...of`-Konstrukt und `const` nutzen, um über die Elemente eines Arrays (oder eines iterablen Arrays) zu iterieren, wie in Listing 7.7 gezeigt.

```
const numbers = [1, 2, 3, 4];

for (const number of numbers) {
  console.log(number);
}
```

Listing 7.7 »for...of«-Schleife mit »const«

Mehrere Variablen können auch mit einer einzelnen Deklarationsanweisung deklariert werden, getrennt durch ein Komma (,), wie in Listing 7.8 gezeigt. Hierbei handelt es sich um eine Umschreibung der Funktion `copySelectedProduct`, die wir zuvor in Kapitel 5, »Funktionen«, und in Abschnitt 6.9.2, »Event-Handler«, besprochen haben. Das Deklarieren mehrerer Variablen in einer einzelnen Anweisung auf diese Weise kann dazu führen, dass der Code schwerer zu lesen und zu pflegen ist, und sollte daher vermieden werden. Ihr Ziel sollte deswegen sein, in jeder Deklarationsanweisung nur eine Variable zu deklarieren.

```
async copySelectedProduct() {
  const
    sourceProductId = this.getSelectedProductId(),
    targetProductId = await this.copyProduct(sourceProductId);
  this.navToProductEdit(targetProductId);
},
```

Listing 7.8 Mehrere Variablen in einer Deklaration

Die Variable `this` ist eine spezielle Variable, die mit dem aktuellen Ausführungskontext verknüpft ist. Weitere Informationen zur Variable `this` finden Sie in Kapitel 5, »Funktionen«.

7.2 Literale

Literale sind fest programmierte Werte im Code, z. B. die Zahl 42 oder der String "Hello". Literale können Strings, Zahlen, reguläre Ausdrücke, boolesche Werte und alle anderen Typen sein, die als Wert geschrieben werden können, sogar Objekte und Arrays.

Wenn Ihr Code Literale enthält, sollten Sie in der Regel überlegen, ob das Verschieben dieses Literals in eine Konstante, ein Enum-Element oder eine einzelne gemeinsame Definition, die das Literal benennt, sinnvoll ist, um das Verständnis und spätere Änderungen im Code zu erleichtern.

Bei der Anwendung auf Zahlen werden Literale in der Mitte des Codes in der Regel als *magische Zahlen* bezeichnet. Sehen wir uns den in Listing 7.9 gezeigten Code als Beispiel für die Verwendung einer magischen Zahl an.

```
const model = new JSONModel();
model.setSizeLimit(10_000);
```

Listing 7.9 Verwendung einer magischen Zahl

Die Zahl 10_000 im Code, der in Listing 7.9 gezeigt wird, legt eine Obergrenze für List-Bindings auf dem angelegten JSONModel fest. Aufgrund des zugehörigen Setter-Aufrufs könnte dieser Wert, obwohl relativ klar ist, was die Zahl bewirkt, auch an anderen Stellen im Code verwendet werden, um dieselbe Grenze auch in anderen Modellen festzulegen. Das Verschieben der Zahl in eine benannte Konstante erleichtert es nicht nur, auf dieselbe Zahl Bezug zu nehmen, sondern erleichtert es auch, die Grenze bei Bedarf zu ändern, wie in Listing 7.10 gezeigt.

```
const MAX_ENTRIES = 10_000;

// ...

const model = new JSONModel();
model.setSizeLimit(MAX_ENTRIES);
```

Listing 7.10 Verwendung einer benannten Konstanten

Bei Zahlen sind in der Regel 0 oder 1 die einzigen Literale, die direkt im Code vorkommen sollten. Ziehen Sie in Betracht, einen beliebigen anderen Wert in eine benannte Konstante zu verschieben.

In den folgenden Abschnitten werden wir verschiedene Literaltypen für Zahlen, Strings, boolesche Werte, reguläre Ausdrücke, Arrays und Objekte erläutern. Außerdem werden wir die Werte null und undefined untersuchen.

7.2.1 Zahlen

Zahlen in JavaScript können vom Typ `number` oder `bigint` sein. Der Typ `number` ist ein Gleitkommatyp mit doppelter Genauigkeit mit 64 Bit und umfasst Ganzzahlen (engl. Integers) und Gleitkommazahlen (engl. Floating Point Numbers). Der Typ `bigint` wird für Ganzzahlen verwendet, die beliebig groß sind.

Es gibt viele Möglichkeiten, Zahlenliterale zu schreiben, und Sie sollten die Art wählen, die die Zahl für Ihren Anwendungsfall leichter lesbar und verständlich macht. In diesem Abschnitt werden wir Empfehlungen für ganzzahlige Literale und Gleitkommazahlen geben und dabei numerische Trennzeichen und Exponentiale berücksichtigen.

Ganzzahlige Literale und Gleitkommazahlen

Integer-Literale können in verschiedenen Basen geschrieben werden. Die häufigste Basis ist die Basis 10, oder dezimal, aber es gibt Syntaxen für Oktalzahlen (Basis 8), Hexadezimalzahlen (Basis 16) und sogar Binärzahlen (Basis 2). Gleitkommaliterale können nur direkt mit der dezimalen Basissyntax geschrieben werden, wobei ein Punkt (.) als Dezimaltrennzeichen verwendet wird. Betrachten wir diese verschiedenen Syntaxen in den Beispielen in Listing 7.11.

```
// decimals
0
1
1000
-1234
0999

// floating point numbers
0.1
123.0001
-.0002 // same as -0.0002
.2134  // same as 0.2134

// octals
0555   // 365 in decimal, non-strict mode
0o555  // 365
0O123  // 83
0o1    // 1
-0o765 // -501

// hexadecimals
0xCAFEBABE // 3405691582
```

```
0xffffff    // 16777215
-0X1234     // -4660

// binary
0b1111      // 15
0b0000000 // 0
0b10        // 2
-0B1010     // -10
```

Listing 7.11 Unterschiedliche Zahlenliterale

Gleitkommazahlen können die Ziffer vor dem Punkt weglassen, wenn diese Ziffer Null ist. Es empfiehlt sich jedoch, die Ziffer Null immer zu schreiben, was auch das Literal leichter lesbar macht (d. h. `-0.1` im Gegensatz zu `-.1`).

Abgesehen von Dezimalstellen werden für die verschiedenen Basen spezielle Präfixe verwendet: `0o` für Oktale, `0x` für Hexadezimale und `0b` für Binäre. Der Buchstabe für das Präfix kann entweder in Kleinbuchstaben wie bei `0x` oder in Großbuchstaben wie bei `0X` geschrieben werden. Sie sollten jedoch die Version in Kleinbuchstaben verwenden, da Präfix und Nummer so visuell leichter zu unterscheiden sind. Oktale akzeptieren nur Ziffern von 0 bis 7, Binäre nur 0 und 1, und Hexadezimale akzeptieren nur Ziffern von 0 bis 9 sowie Buchstaben von A bis F, entweder in Groß- oder Kleinschreibung.

Dezimalzahlen können einfach wie `1000` oder `-42` geschrieben werden. Im *nicht strikten Modus* können Oktale mit einer führenden Null geschrieben werden, z. B. `0555` für die Dezimalzahl `365`. Wenn die Zahl nach der Null jedoch Ziffern enthält, die größer oder gleich 8 sind, wird diese Zahl als Dezimalzahl interpretiert, z. B. `0118`. Das `flight`-Objekt in Listing 7.12 stellt der Flugnummer eine Null voran, `043`, was eigentlich ein Oktalliteral ist geparst als die Zahl `35`, ein ganz anderer Flug!

```
const flight = {
  carrier: 'AC',
  flightNumber: 043, // parsed as the number 35
  from: 'DUB',
  to: 'YYZ',
};
```

Listing 7.12 Flugnummer als Oktalliteral

Die Verwendung von Oktalen in Code ist eher selten. *Der strikte Modus* verbietet diese Oktalsyntax mit einer führenden `0` und gibt bei Auftreten einen `SyntaxError` aus. Wenn Sie den strikten Modus für alle Module beibehalten, müssen Sie sich um dieses Problem keine Sorgen machen, wie in Listing 7.13 gezeigt.

```
sap.ui.define([], function () {
  'use strict';

  // ...

  const flight = {
    carrier: 'AC',
    flightNumber: 043, // SyntaxError!
    from: 'DUB',
    to: 'YYZ',
  };

  // ...

});
```

Listing 7.13 Oktalliteral mit führender Null durch strikten Modus verhindern

Verwenden Sie in Ihren Modulen immer den strikten Modus mit der Zeile `'use strict';` am Anfang der Modulfunktion. Dieser Modus verhindert viele Arten von überraschenden Problemen in Ihrem Code, wie die Oktalsyntax, die wir oben in Listing 7.12 gezeigt haben.

Zu große Ganzzahlen (engl. Big Integers) verwenden in der Regel die Exponentialnotation, die wir später in diesem Abschnitt beschreiben. Wenn die Genauigkeit jedoch wichtig ist, können Sie den Datentyp Big Integers nutzen, um beliebig große Ganzzahlen darzustellen. Ein großes Ganzzahlliteral verwendet den Kleinbuchstaben `n` als Suffix, wie im Literal `1_234_567_890_123_456_789_012_345_678_901n`. Dieses Suffix legt eine Nummer vom Typ `bigint` an, im Gegensatz zur üblichen `number`, die für alle anderen Nummern verwendet wird. Große Ganzzahlen können nicht an Vorgängen mit anderen Zahlen teilnehmen, und Sie müssen alle Zahlen in große Ganzzahlen konvertieren, um mit ihnen zu arbeiten.

Große Ganzzahlliterale können mit einem beliebigen Zahlenbasisliteral wie einem Hexadezimal- oder Binärformat verwendet werden. Beispielsweise sind Globally Unique Identifiers (GUIDs) als 128-Bit-Ganzzahlen definiert und können daher nicht in den 64 Bit des Zahlentyps gespeichert werden. Stattdessen kann eine große Ganzzahl verwendet werden, um eine GUID genau zu speichern, wie im Literal `0xda76f60e_8453_4eaa_bd60_b65701f63894n`.

Beachten Sie auch die globalen Variablen `NaN` (und die `isNaN`-Funktion), für *Not a Number*, und `Infinity` (und `-Infinity`), die von Zahlenverarbeitungsfunktionen oder Ausdrücken verwendet oder zurückgegeben werden können. Ein prominentes Beispiel ist ein Divide-by-Zero-Szenario, das `Infinity` statt einer Fehlermeldung zurückgibt:

`1 / 0 === Infinity` ist wahr. Testen Sie immer auf Grenzwerte und Randbedingungen im Code, der sich mit dem Zahlenverarbeitung oder Parsen von Zahlen befasst.

Numerische Trennzeichen

Sowohl große als auch nicht so große Zahlen können schwer zu lesen sein, und Sie können leicht den Überblick über ihre Größenordnung oder Gruppierung der Zahlen verlieren. Wie in früheren Beispielen gezeigt, können Sie einen Unterstrich `_` als numerisches Trennzeichen verwenden. Dieses Trennzeichen kann an jeder beliebigen Stelle innerhalb der Nummer eingefügt werden.

Für Dezimale ist die Verwendung des Unterstrichs als Tausendertrennzeichen sinnvoll, wie in `10_000`, `9_007_199_254_740_991` (Konstante `Number.MAX_SAFE_INTEGER`) oder `1_234_567.123456`. An anderen Stellen wie in `1_0000` oder `1_2_3_4` oder sogar nach dem Dezimaltrennzeichen wie in `1_234.123_456_789` kann der Unterstrich hingegen verwirrend sein. Große Ganzzahlen können auch Unterstriche verwenden, wie in `1_234_567_890_123_456_789_012_345_678_901n`.

Für hexadezimale oder binäre Zahlen können Sie Unterstriche nutzen, um verschiedene Gruppen von Ziffern voneinander zu trennen. Sie können beispielsweise eine hexadezimale Zahl nach Bytes wie in `0x25_98_CA_7A_70` (jede Ziffer entspricht 4 Bit) oder eine Binärzahl nach Nibbles (4 Bit) gruppieren, wie in `0b1101_0010_1011_1001`. Alternativ können Sie die Ziffern einer großen Ganzzahl-GUID gruppieren, z. B. `0xda76f60e_8453_4eaa_bd60_b65701f63894n`. Dieser Ansatz erleichtert das visuelle Erfassen der verschiedenen Gruppen innerhalb der Zahl.

Exponentielle Zahlen

In Abschnitt 6.10.5, »Konstanten«, haben wir zwei physikalische Konstanten definiert, um die Masse der Erde und die Masse der Sonne zu speichern, was in dem in Listing 7.14 gezeigten Code vereinfacht wurde.

```
const Mass = {
  SUN_MASS_IN_KG: 1.989e+30,
  EARTH_MASS_IN_KG: 5.972e+24
};
```

Listing 7.14 Zahlen mit exponentieller Syntax

Diese Art von Literal mit Zehnerpotenzen ist üblich, wenn sehr große oder sehr kleine Zahlen geschrieben werden. Diese Art von Literal ist auch eine Möglichkeit, wissenschaftliche Notation in JavaScript zu verwenden.

Eine *Exponentialzahl* verwendet eine Syntax, die mit einer Basiszahl beginnt, die entweder eine Ganzzahl oder eine Gleitkommazahl ist, gefolgt vom Zeichen `e`, wiederum gefolgt vom *Exponenten*, der eine vorzeichenbehaftete Ganzzahl ist, die die Anzahl der Potenzen von 10 angibt, mit der die Basiszahl multipliziert werden soll. So kann in unserem Beispiel das Literal 1.989e+30 als das Pendant in der wissenschaftlichen Notation *1.989 × 10^30* gelesen werden, was der Zahl *1.989.000.000.000.000.000.000.000.000.000* entspricht. Das Vorzeichen für einen positiven Exponenten ist optional, und `1.989e+30` kann auch als `1.989e30` geschrieben werden. Das Zeichen `e` kann auch in Großbuchstaben geschrieben werden, wie in `1.989E30`, aber wir bevorzugen einen Kleinbuchstaben, da er leichter zu erkennen ist.

7

Verwenden Sie die Exponentialzahlensyntax für Zahlen, die entweder zu groß oder zu klein sind, und wenn die wissenschaftliche Notation sinnvoll ist und keine absolute Genauigkeit erforderlich ist. Damit Ihr Code die wissenschaftliche Notation befolgt, gibt es eine weitere wichtige Regel: Verwenden Sie links vom Dezimalzeichen (sofern vorhanden) immer eine einstellige Ziffer, die nicht Null ist. Einige Beispiele für Exponentialzahlliterale sehen Sie in Listing 7.15.

```
// adhering to the scientific notation
6.67384e-11  // gravitation constant
2.99792458e8 // speed of light
1e4          // 10000
1e-4         // 0.0001
-1e-4        // -0.0001
1.234e3      // 1234

// NOT adhering to the scientific notation, don't use!
10e3       // 10000, should be written as 1e4
1989e27    // should be 1.989e30
0.1989e31  // should be 1.989e30
0.1e3      // 100, should be 1e2
0e10       // 0
0e-30      // 0
```

Listing 7.15 Exponentielle Zahlenliterale

Darüber hinaus sollten Sie erwägen, Zahlen, die ohne Exponenten geschrieben werden können, vollständig auszuschreiben. Dabei können Sie numerische Trennzeichen verwenden, wie in Listing 7.16 gezeigt.

```
300_000 // instead of 3e5
10_000  // instead of 1e4
0.001   // instead of 1e-3
```

Listing 7.16 Keine Exponenten notwendig

7.2.2 Zeichenfolge

Zeichenfolgenliterale (engl. String Literals) können auf drei Arten geschrieben werden: einfache Anführungszeichen, doppelte Anführungszeichen oder Backticks als Trennzeichen. Einfache Anführungszeichen und doppelte Anführungszeichen sind älter und gleichwertig. Backticks sind neuer und unterstützen Zeichenfolgen, die sich über mehrere Zeilen im Quelltext erstrecken. Sie unterstützen auch *eingebettete Ausdrücke*, die durch `${` und `}` getrennt sind und zur Laufzeit aufgelöst werden. Diese Funktion wird manchmal auch als *Zeichenfolgeinterpolation* bezeichnet. Zeichenfolgen mit Backticks werden *Template-Literale* genannt. Sehen wir uns die Beispiele in Listing 7.17 an.

```
// using single-quotes
const name = 'Charles Babbage';

// using double-quotes
const invention = "Mechanical Computer";

// multiline string must use backticks
const quote = `On two occasions I have been
asked, "Pray, Mr. Babbage, if you put into the
machine wrong figures, will the right answers
come out?" I am not able rightly to apprehend
the kind of confusion of ideas that could provoke
such a question.`;

// embedded expressions must use backticks
const formattedQuote = `${quote} – ${name}`;
```

Listing 7.17 Zeichenfolgenliterale

Zeichenfolgen, die sich nicht über mehrere Zeilen erstrecken und keine eingebetteten Ausdrücke verwenden, sollten konsistent geschrieben werden. Möglicherweise bevorzugen Sie einfache Anführungszeichen oder doppelte Anführungszeichen oder sogar Backticks. In diesem Buch werden meist einfache Anführungszeichen verwendet. Schaffen Sie in Ihrem eigenen Projekt einen konsistenten Stil, lassen Sie jedoch Abweichungen zu, die die Lesbarkeit verbessern. ESLint hat eine Regel, die die Konsistenz in den Anführungszeichen prüfen kann: `quotes`, die standardmäßig doppelte Anführungszeichen verwendet. Die Regel umfasst auch die Option `avoidEscape`. Diese Option erlaubt, bei `true` ein anderes Anführungszeichen zu verwenden, wenn die Zeichenfolge ein Anführungszeichen enthält, das andernfalls maskiert werden müsste. Sehen Sie sich die Beispiele in Listing 7.18 an.

```
/*eslint quotes: ['error', 'single', { avoidEscape: true }]*/

// using single-quotes by default
const name = 'Guybrush Threepwood';

// double-quotes allowed because the string contains a single-quote
const intro = "I'm a mighty pirate!";

// escaping the quote makes the string harder to read
const pitch = 'I\'m selling these fine leather jackets.';
```


Listing 7.18 Erzwingen von einfachen Anführungszeichen, während bei Bedarf doppelte Anführungszeichen zugelassen werden

Sie sollten Backticks mit eingebetteten Ausdrücken anstelle der String-Konkatenation verwenden, um dynamische Zeichenfolgen anzulegen, wie in Listing 7.19 gezeigt.

```
function readProduct(productId) {
  return new Promise((resolve, reject) => {
    const model = this.getView().getModel();
    model.read(`/ProductSet('${productId}')`, {
      success: resolve,
      error: reject
    });
  });
}
```

Listing 7.19 Eingebetteten Ausdruck für einen OData-Endpunkt verwenden

Wie in Listing 7.19 gezeigt, kann der OData-Endpunkt zum Lesen eines einzelnen Produkts mithilfe einer Zeichenfolge mit einem eingebetteten Ausdruck angelegt werden. Dieselbe Zeichenfolge, angelegt mithilfe der String-Konkatenation, wäre schwieriger zu lesen, wie in `"/ProductSet('" + productId + "')"`. Es müssen mehrere Zeichenfolgen definiert werden, und all diese öffnenden und schließenden Anführungszeichen können verwirrend sein. Diese Verwirrung wird noch verschärft, wenn die endgültige Zeichenfolge aus mehreren Komponenten besteht, z. B. wenn Ihre OData-Entität einen Schlüssel hat, der aus mehreren Eigenschaften besteht, wie in Listing 7.20 gezeigt.

Template-Literale erlauben auch sogenannte *Tagged Templates*, bei denen die Interpretation des Template-Literals durch die verwendete *Tag-Funktion* erfolgt. Dies ist eine spezielle Syntax, die den Funktionsnamen am Anfang des Template-Literals hinzufügt. Sehen Sie sich das Beispiel in Listing 7.21 an.

```
// concatenation is harder to write and to read
"/OrderItem(OrderId='" + orderId + "',ItemNumber='" + itemNumber + "')"

// prefer interpolation
`/OrderItem(OrderId='${orderId}',ItemNumber='${itemNumber}')`
```

Listing 7.20 String-Konkatenation vs. String-Interpolation

```
function process(transform, strings, ...values) {
  return strings.reduce((prev, next, i) =>
    `${prev}${next}${transform(values[i] ?? '')}`, '');
}

function scream(...args) {
  return process(value => String(value).toUpperCase(), ...args);
}

const howMany = 5e3;
const what = 'exo-worlds';
const message = scream`Hello ${howMany} ${what}!`;
console.log(message); // Hello 5000 EXO-WORLDS!
```

Listing 7.21 Verwendung eines Tagged-Template-Literals

In Listing 7.21 wird die Tag-Funktion `scream` im darauffolgenden Tag-Template-Literal verwendet. Diese Funktion konvertiert eingebettete Ausdrücke im Literal in Großbuchstaben. Die Syntax, bei der dem Funktionsnamen direkt ein Template-Literal ohne Klammern folgt, unterscheidet sich stark von den üblichen Funktionsaufrufen und mag für viele Entwicklerinnen und Entwickler überraschend erscheinen. Verwenden Sie sie mit Vorsicht und nur in Fällen, in denen ein Tag-Template sinnvoll ist, z. B. beim Anlegen domänenspezifischer Sprachen, die in JavaScript eingebettet sind.

Die Tag-Funktion selbst ist eine normale Funktion, die einer bestimmten Form folgt: Sie nimmt als Parameter erstens ein Array mit den verschiedenen Zeichenfolgenteilen des Template-Literals entgegen und zweitens einen Stream von Parametern, wobei jedes Element das Ergebnis jedes eingebetteten Ausdrucks im Literal ist, das als REST-Parameter deklariert werden kann. Die übliche Definition könnte etwa `function tag(strings, ...values)` lauten. Die Funktion `scream` verwendet eine allgemeinere `process`-Funktion, die eine `transform`-Funktion auf jeden eingebetteten Ausdruckswert anwendet. Beachten Sie, dass eingebettete Ausdrücke einen beliebigen Typ haben können, nicht nur Zeichenfolgen. Daher ruft die in `scream` verwendete Transformationsfunktion zuerst die Funktion `String` auf, um dann `toUpperCase` für die resultierende Zeichenfolge aufrufen zu können. Außerdem kann eine Tag-Funktion einen Wert eines beliebigen Typs zurückgeben, nicht nur eine Zeichenfolge.

Stellen Sie ähnlich wie bei magischen Zahlen sicher, dass Ihre Zeichenfolgenliterale nicht als »magische Zeichenfolgen« verwendet werden, und nutzen Sie bei Bedarf Refactoring, um benannte Konstanten oder Enumerationen zu verwenden. Wenn Zeichenfolgen dem Endbenutzer angezeigt werden sollen, z. B. bei Bezeichnungen, Nachrichten und Titeln, sollten sie der Datei **i18n.properties** hinzugefügt werden (*i18n* ist eine Abkürzung für *Internationalisierung*). Der Code bezieht sich dann durch einen Alias auf einen i18n-String (seinen Schlüssel), und er kann wiederverwendet und in mehrere Sprachen übersetzt werden. Es unterstützt sogar eine eigene Zeichenfolgenersetzungssyntax mit positionellen Platzhaltern wie {0}, {1}, {2} usw.

In Abschnitt 2.1.7, »Spread-Syntax«, haben wir viele Beispiele für das Lesen von Zeichenfolgen aus der Datei **i18n.properties** gezeigt. Sie können im Code und auch in XML-View-Dateien verwendet werden, auf die in der Regel über das spezielle i18n-benannte Modell (eine `sap.ui.model.resource.ResourceModel`-Instanz) zugegriffen wird, das in der Datei **manifest.js** eingerichtet werden kann.

Zeichenfolgeliterale (aber keine Template-Literale) können auch als Objektschlüssel und beim Zugriff auf Objekteigenschaften oder Funktionen verwendet werden. Sehen Sie sich den Code in Listing 7.22 für einige Beispiele an.

```
const employee = {
  'name': 'Guybrush Threepwood',
  'profession': 'Pirate?',
  'favorite-hobby': 'Sword Fighting',
  'utter-greeting'() {
    return "Hi! My name's Guybrush Threepwood, and I want to be a pirate!";
  },
};

const name = employee['name'];
const hobby = employee['favorite-hobby'];
const greeting = employee['utter-greeting']();
```

Listing 7.22 Zeichenfolgen in Objekteigenschafts-Definition und Zugriff

Gemäß den üblichen Namenskonventionen (siehe Kapitel 6, »Namensgebung«) sollten Objektschlüssel in camelCase oder PascalCase vorliegen, um die keine Anführungszeichen stehen müssen. Daher sollte die Verwendung von Zeichenfolgenliteralen als Objektschlüssel oder Eigenschaften selten sein, und Sie sollten Zeichenfolgenliterale nur nutzen, wenn Sie Schlüssel haben, die nicht als JavaScript-Bezeichner ausgedrückt werden können. Möglicherweise benötigen Sie ein Objekt mit speziellen Schlüsseln, um mit externen Services oder Application Programming Interfaces (APIs) zu interagieren.

ESLint hat zwei Regeln, mit denen Sie diese Situationen prüfen können: `quote-props` und `dot-notation`. Der Beispielcode aus Listing 7.22 sollte dann neu geschrieben werden, wie in Listing 7.23 gezeigt, wo auch die bevorzugte Konfiguration für diese ESLint-Regeln zu sehen ist.

```
/*eslint dot-notation: 'error'*/
/*eslint quote-props: ['error', 'as-needed']*/

const employee = {
  name: 'Guybrush Threepwood',
  profession: 'Pirate? ',
  'favorite-hobby': 'Sword Fighting',
  'utter-greeting' () {
    return "Hi! My name's Guybrush Threepwood, and I want to be a pirate!";
  },
};

const name = employee.name;
const hobby = employee['favorite-hobby'];
const greeting = employee['utter-greeting']();
```

Listing 7.23 Zeichenfolgen nur bei Bedarf in Objekteigenschaften verwenden

7.2.3 Boolesche Werte

Boolesche Literale sind einfach `true` und `false`. Sie müssen jedoch wissen, welche Werte zu `true` oder `false` auswerten, damit boolesche Tests im Code präziser geschrieben werden können. In Abschnitt 2.1.11, »Standardparameter«, haben wir die Booleans im Großen und Ganzen erforscht. Sehen wir uns den in Listing 7.24 gezeigten Code für einige Beispiele an.

```
function revealTheTruth(value) {
  console.log(!!value);
}

// all "falsy" values
revealTheTruth(false);
revealTheTruth(0);
revealTheTruth('');
revealTheTruth(null);
revealTheTruth(undefined);
revealTheTruth(NaN);

// everything else is "truthy"
```

```
revealTheTruth(true);
revealTheTruth(1e-308);
revealTheTruth(' '); // a space
revealTheTruth({});
revealTheTruth([]);
revealTheTruth(Infinity);
```

Listing 7.24 Die Wahrheit wird sich zeigen.

Um ein Objekt oder einen primitiven Wert in einen booleschen Wert zu konvertieren, verwendet der in Listing 7.24 gezeigte Code eine doppelte Negation, wie in `!!value`. Die Funktion `Boolean` hätte auch verwendet werden können, wie in `Boolean(value)`.

Es sollte eher selten notwendig sein, Werte direkt mit `true` oder `false` oder mit der Liste von sogenannten Falsy Values zu vergleichen, wenn Sie prüfen, ob sie vorhanden oder leer sind, wie in Listing 7.25 gezeigt. Prüfen Sie nur auf explizite Werte wie `false` oder `undefined`, wenn die Variable wirklich dieser spezifische Wert sein muss, und nicht generell, ob sie »truthy« oder »falsy« ist.

```
if (isActive) {}
// instead of:
// if (isActive === true) {}

if (!person) {}
// instead of:
// if (person === null) {}

function printCoord(coord) {
  if (!coord) {}
  // instead of:
  // if (coord === undefined) {}
}
```

Listing 7.25 Boolesche Variablen testen

7.2.4 Reguläre Ausdrücke

Reguläre Ausdrücke (engl. Regular Expressions) wurden so konzipiert, dass sie äußerst prägnant und mächtig sind, um komplexe Textmuster auszudrücken. Aufgrund dieses Ziels sind sie bekanntlich schwer zu schreiben und zu lesen. Moderne integrierte Entwicklungsumgebungen (engl. Integrated Development Environments, IDEs) und Codeeditoren leisten gute Arbeit, um die verschiedenen Teile, Gruppen und Sonderzeichen von regulären Ausdrucksliteralen hervorzuheben, aber ein gutes Verständnis der Syntax regulärer Ausdrücke ist weiterhin erforderlich. Eine Reihe von tollen Tutorials sind online verfügbar wie Regex Learn (*https://regexlearn.com*), ebenso Regex-Tester wie regex101 (*https://regex101.com*) und Visualisierer wie Regex Tester (*https://extendsclass.com/regex-tester.html*), die alle Teile eines regulären Ausdrucks visuell auflösen und erläutern.

Sie können ein reguläres Ausdrucksliteral oder den RegExp-Konstruktor verwenden, um reguläre Ausdrücke anzulegen, wie in Listing 7.26 gezeigt.

```
function rx(...args) {
  // start or end slashes with optional flags
  const boundary = /(^\/)|(\/[a-z]*$)/g;
  return process(
    regex => String(regex).replace(boundary, ''),
    ...args);
}

// yyyy-mm-dd
const datePattern = /\d{4}-\d{2}-\d{2}/;
// hh:mm:ss
const timePattern = /\d{2}:\d{2}:\d{2}/;

// a line in a log file: timestamp followed by an event
const linePattern = new RegExp(
  rx`(${datePattern}T${timePattern}) - (.*)`, 'gm');
```

Listing 7.26 Regex-Literale und der »RegExp«-Konstruktor

In Listing 7.26 gibt es drei reguläre Ausdrucksliterale: boundary, datePattern und timePattern. Das Literal linePattern ist ein dynamischer regulärer Ausdruck, der mit dem RegExp-Konstruktor unter Verwendung des mit rx gekennzeichneten Template-Literals erzeugt wird. rx hilft beim Einbetten regulärer Ausdrücke in eine Vorlagenzeichenfolge und verwendet die Funktion process, wie zuvor in Listing 7.21 gesehen.

Kommentare helfen dabei, zu zeigen, welche Muster die einzelnen regulären Ausdrücke finden möchten, entweder durch einen Erläuterungstext oder durch die Formulierung des erwarteten Musters. Reguläre Ausdrücke, die eher dicht und meist schwer lesbar sind, können von gut platzierten Kommentaren profitieren. Weitere Informationen zu Kommentaren finden Sie in Kapitel 11, »Kommentare«.

Der RegExp-Konstruktor nimmt eine Zeichenfolge entgegen und sollte nur verwendet werden, wenn Ihr regulärer Ausdruck dynamische Teile hat oder wenn Sie einen regulären Ausdruck basierend auf einer Zeichenfolge erstellen, die Sie nicht erstellt haben. Zeichenfolgeliterale im RegExp-Konstruktor können umständlich sein, da umgekehrte Schrägstriche maskiert werden müssen (diese Anforderung kann jedoch mit dem mit String.raw gekennzeichneten Template-Literal gemildert werden) und von

Codeeditoren nicht wie ein reguläres Ausdrucksliteral hervorgehoben werden. Verwenden Sie die ESLint-Regel prefer-regex-literals, um zu prüfen, dass Sie, wo möglich, Literale verwenden.

7.2.5 Arrays

Arrayliterale sind in eckige Klammern [und] eingeschlossen, so wie in Listing 7.27.


```
const numbers = [1, 2, 4, 5];

const employees = [
  { name: 'Roger Wilco' },
  { name: 'Guybrush Threepwood' },
];
```

Listing 7.27 Arrayliterale

Arrays sollten in der Regel verwendet werden, um eine Sammlung von Elementen desselben Typs zu speichern, z. B. Strings oder Objekte mit denselben Eigenschaften. Sie können die Elemente eines Arrays auf generische Weise einfacher bearbeiten. Ein Array kann ein Dangling Comma am Ende haben, wie im letzten Element im Array employees aus Listing 7.27. Ziehen Sie in Betracht, ein Dangling Comma zu belassen, wenn das Array mehrere Zeilen umfasst, z. B. mit employees. Mit diesem Dangling Comma können Sie einfacher Elemente hinzufügen oder die Reihenfolge der Elemente im Array ändern, ohne mit nachgestellten Kommas umgehen zu müssen.

Wenn Ihr Array keinen doppelten Eintrag enthält und die Reihenfolge keine Rolle spielt, sollten Sie stattdessen ein Set verwenden. Ein Set verfügt über Methoden zum Hinzufügen oder Löschen von Einträgen, die viel bequemer sind als die Verwendung von Arraymethoden wie splice.

Arraydestrukturierung-Syntax kann verwendet werden, um die Elemente eines Arrays in separate Variablen oder Parameter zu entpacken, so wie in Listing 7.28.

```
const logFile = `
2022-04-04T09:30:31 - Door opened
2022-04-04T09:34:21 - Door closed`;

let match;
while (match = linePattern.exec(logFile)) {
  const [, when, event] = match;
  console.log(`"${event}" at ${when.replace('T', ' ')}`);
}
```

Listing 7.28 Arraydestrukturierung

In Listing 7.28 sehen Sie, dass der reguläre Ausdruck linePattern (der zuvor im Code in Listing 7.26 definiert wurde) mit den Zeilen von logFile übereinstimmt. Die while-Schleife erfasst jeden match und verwendet die Arraydestrukturierung, um die übereinstimmenden Gruppen regulärer Ausdrücke zu entpacken. Das erste Arrayelement match ist die gesamte übereinstimmende Zeile, und die nachfolgenden Elemente sind die Gruppen, die im regulären Ausdruck definiert sind, der in den Klammern (und) eingeschlossen ist. Wir interessieren uns nicht für das erste Element, nur für das zweite und dritte. Daher überspringt die Syntax [, when, event] das erste Element (das erste Komma), erfasst das zweite als die Variable when und das dritte als die Variable event. Diese Syntax ist flexibel und akzeptiert sowohl Standardwerte als auch die Spread-Syntax, um alle verbleibenden Elemente in einem Array zu erfassen. Sehen wir uns in Listing 7.29 einige weitere Beispiele an.

```
const numbers = [1, 2, 3];

// skipping an element
const [one,, three] = numbers;

// capturing the rest using the spread syntax
const [first, ...rest] = numbers;
console.log(rest); // [ 2, 3 ]

// using a default
const [uno, due, tre, quattro = 4] = numbers;
console.log(uno, due, tre, quattro); // 1, 2, 3, 4

// a function with destructuring and defaults
function printPoint([x = 0, y = 0] = []) {
  console.log(x, y);
}

printPoint();           // 0 0
printPoint([]);         // 0 0
printPoint([42]);       // 42 0
printPoint([42, 44]); // 42 44
```

Listing 7.29 Arrays: Destrukturierung, Standardwerte und die Spread-Syntax

Die Spread-Syntax (..., ausführlich in Abschnitt 2.1.7, »Spread-Syntax«, beschrieben) kann auch als Kurzform verwendet werden, um eine flache Kopie eines Arrays zu erstellen oder zwei oder mehr Arrays zu verketten, ohne das ursprüngliche Array zu ändern, wie in Listing 7.30 gezeigt. Diese Syntax ist leichter lesbar und sollte den Arraymethoden slice zum Kopieren und concat zum Konkatenieren von Arrays vorgezogen werden. Diese Syntax funktioniert auch mit allen Iterables, nicht nur mit Arrays.

```
const odds = [1, 3, 5];

// preferred over odds.slice()
const copy = [...odds];

const evens = [2, 4, 6];

// preferred over odds.concat(evens)
const combined = [...odds, ...evens];
```

Listing 7.30 Arrays mit Spread-Syntax kopieren und konkatenieren

7.2.6 Objekte

Objektliterale sind Schlüssel-Wert-Paare, die in geschweifte Klammern { und } eingeschlossen sind, wie in Listing 7.31 gezeigt.

```
const point = { x: 12, y: -23 };

const pirate = {
  firstName: 'Guybrush',
  lastName: 'Threepwood',
}
```

Listing 7.31 Objektliterale

Wie bei Arrays können Sie bei Objektliteralen, die sich über mehrere Zeilen erstrecken – so wie `pirate` in Listing 7.31 – erwägen, ein Dangling Comma nach dem letzten Schlüssel-Wert-Paar beizubehalten, um Änderungen zu erleichtern. Die Schlüssel in Objektliteralen und in Objekten sollten immer vom Typ `string` oder `symbol` sein, die Werte können aber beliebig sein. Schlüssel können auch dynamisch erstellt werden (berechnete Eigenschaften in Klammern [und]), wie in Listing 7.32. Wenn Sie eine echte Karte oder ein Wörterbuch benötigen, das Schlüssel beliebiger Typen unterstützt, verwenden Sie stattdessen den Typ `Map`.

```
const suffix = 'Name';

const names = {
  [`first${suffix}`]: 'Guybrush',
  [`last${suffix}`]: 'Threepwood',
  *[Symbol.iterator]() {
    yield this[`first${suffix}`];
```

```
    yield this[`last${suffix}`];
  },
};

for (const name of names) {
  console.log(name);
}
```

Listing 7.32 Berechnete Eigenschaften

Objektliterale unterstützen auch Short-Definitionen, bei denen eine Variable den Schlüsselnamen und den Wert definiert, zu sehen in Listing 7.33. Wenn Sie Objekte auf der Grundlage von Variablen erstellen, die denselben Namen wie die Schlüssel des Objekts haben, verwenden Sie sogenannte Shorthand-Eigenschaften, um den Code präziser und lesbarer zu machen.

```
function makePerson(firstName, lastName) {
  return { firstName, lastName };
}

const person = makePerson('Guybrush', 'Threepwood');
```

Listing 7.33 Shorthand-Eigenschaften

Wie in Listing 7.33 gezeigt, wird die Shorthand-Syntax im Objektliteral `{ firstName, lastName }` verwendet. Ohne diese Shorthand-Syntax wäre der Code redundant und schwer lesbar: `{ firstName: firstName, lastName: lastName }`.

Wie bei Arrays kann auch hier die Destrukturierung verwendet werden, um die Werte eines Objekts anhand seiner Schlüssel zu entpacken. Die Destrukturierung ist besonders nützlich, um nur die benötigten Eigenschaften eines importierten Objekts oder eines Objektparameters zuzuordnen. Sehen Sie sich die Beispiele in Listing 7.34 an. Weitere Informationen zur Destrukturierung von Funktionsparametern finden Sie in Abschnitt 5.8.4, »Destrukturierungsparameter«.

```
const person = {
  firstName: 'Guybrush',
  lastName: 'Threepwood',
  fullName: 'Guybrush Threepwood',
  profession: 'Pirate? ',
  // .... lots of other properties
}
```

```
// only interested in the first and last names
const { firstName, lastName } = person;

// a function with destructuring and defaults
function printName({ fullName = 'John Doe' } = {}) {
  console.log(fullName);
}

printName();    // John Doe
printName({}); // John Doe
printName({ x: 1, y: 2 }); // John Doe
printName(person); // Guybrush Threepwood
```

Listing 7.34 Objektdestrukturierung

Die Spread-Syntax kann auch mit Objekten verwendet werden, um alle Schlüssel zu erfassen, die nicht bereits im Literal erfasst sind. Diese Funktion ist nützlich zum Erstellen einer flachen Kopie eines Objekts oder zum Kombinieren von zwei oder mehr Objekten zu einem einzelnen Objekt, wie in Listing 7.35, wobei `copy` eine flache Kopie von `person` ist und `combined` die Objekte `person` und `position` kombiniert.

```
const person = {
  firstName: 'Guybrush',
  lastName: 'Threepwood',
};

// shallow copy
const copy = { ...person };

const position = {
  profession: 'Pirate?',
  seniority: 'Freshman',
};

// combined object
const combined = { ...person, ...position };
```

Listing 7.35 Objekt-Spread-Syntax

7.2.7 »null« und »undefined«

Die Literale `null` und `undefined` sind spezielle Werte, die »falsy« sind und in der Regel bedeuten, dass ein Objekt fehlt oder nicht definiert ist. Sehen wir uns die Beispiele in Listing 7.36 an.

```
Let name;
console.log(name); // undefined
console.log(typeof name); // undefined

name = null;
console.log(name); // null
console.log(typeof name); // object

function printValue(value) {
  console.log(value);
}
printValue(); // undefined

const person = { firstName: 'Guybrush' };
printValue(person.firstName); // Guybrush
printValue(person.lastName); // undefined
```

Listing 7.36 »null« und »undefined«

Der Wert `undefined` hat einen eigenen Typ, der auch `undefined` heißt. Der Wert `null` ist vom Typ `object`. `undefined` ist speziell und gibt an, dass eine Variable, ein Parameter oder eine Objekteigenschaft noch nicht definiert wurde. Möglicherweise wurde eine Variable oder ein Parameter deklariert, aber nicht initialisiert (z. B. `name` vor der Zuweisung an `null`) oder als Parameter bereitgestellt (wie der Parameter `value`). Eine Objekteigenschaft existiert möglicherweise einfach nicht im Objekt (z. B. `person.lastName`).

[»]

Fügen Sie »undefined« niemals einer Variablen, einer Objekteigenschaft oder einem Parameter hinzu!

Das Initialisieren einer Variablen oder einer Objekteigenschaft oder die explizite Übergabe eines Parameters als `undefined` sind konzeptionelle Lügen. Sie definieren den Wert, der nicht definiert werden soll. Machen Sie das also nicht. Wenn Sie einen leeren oder fehlenden Wert definieren müssen, verwenden Sie stattdessen `null`. Sie können eine Variable auch nicht initialisiert oder eine Objekteigenschaft undeklariert lassen, was dazu führt, dass sie nicht definiert wird. Beachten Sie die Beispiele in Listing 7.37.

```
// variable:
let name;
// or:
let name = null;
// but not:
let name = undefined;
```

```
// object property:
const person = {
  firstName: 'Guybrush',
};
// or:
const person = {
  firstName: 'Guybrush',
  lastName: null,
};
// but not:
const person = {
  firstName: 'Guybrush',
  lastName: undefined,
};

// parameter passing:
reticulateSplines();
// or:
reticulateSplines(null);
// with null before a non-null parameter
reticulateSplines(null, 42);
// but not:
reticulateSplines(undefined);
// and not:
reticulateSplines(undefined, 42);

// undefining an object property
delete person.firstName;
// but not:
person.firstName = undefined;
```

Listing 7.37 Vermeidung undefinierter Zuordnungen

7.3 Zusammenfassung

In diesem Kapitel haben Sie gelernt, wie Sie Variablen deklarieren und verwenden, und wir haben verschiedene Arten von Literalen und die erforderliche Syntax zum Erstellen und Verwenden von Literalen behandelt.

Wir haben mit Variablen und Scoping-Regeln begonnen und die Unterschiede zwischen Variablen untersucht, die mit `var`, `let` und `const` deklariert wurden. Das Schlüsselwort `var` sollten Sie nicht mehr nutzen, und Sie sollten `const` gegenüber `let` bevorzugen.

Dann ging es mit Literalen weiter. Beginnend mit Zahlenliteralen haben wir verschiedene Syntaxen für verschiedene Zahlenbasen, große Ganzzahlen, numerische Trennzeichen und Exponentialzahlen behandelt. Weiter ging es mit Zeichenfolgen, die mit verschiedenen Anführungszeichen definiert werden können, als Template-Literalzeichenfolge und als getaggte Template-Literalzeichenfolge mit einer Tag-Funktion. Wir haben dann über boolesche Werte gesprochen und darüber, wie unterschiedliche Werte als boolesche Werte interpretiert werden können. Als Nächstes ging es um reguläre Ausdrücke mit ihrer komplexen, aber leistungsstarken Syntax. Anschließend haben wir Arrays und Objektliterale beschrieben, einschließlich der Destrukturierung von Zuweisungen und der Spread-Syntax. Schließlich haben wir uns die Literale `null` und `undefined` angeschaut und hervorgehoben, wie `undefined` nicht als Zuordnungswert verwendet werden sollte.

Im nächsten Kapitel werden wir darüber sprechen, wie Kontrollflussanweisungen in Ihren Projekten verwendet werden.

Kapitel 8
Kontrollfluss

In diesem Kapitel wird der Kontrollfluss in JavaScript behandelt. Wir führen Sie durch einige Schlüsselkonzepte, wie z. B. die verschiedenen Arten von Kontrollflüssen und wie Sie diese aus einer Clean-Code-Perspektive verwenden können. Wir werden auch die allgemein bedingte Komplexität und die bevorzugte Art der Behandlung von Kontrollflüssen mit Clean Code besprechen.

Wenn Sie beginnen, komplexere Algorithmen zu schreiben, werden Sie Aspekte in Ihrem Code finden, die eine Entscheidung darüber erfordern, was als Nächstes zu tun ist oder die die wiederholte Ausführung des Codes erfordern.

Der Kontrollfluss in JavaScript bestimmt, wie der Computer Code ausführen muss. Der Ausführungsprozess beginnt in der Regel ab der ersten Zeile und endet in der letzten Zeile, es sei denn, er trifft auf eine Anweisung, die den Ablauf des Programms ändert. Kontrollflusskonstrukte sind bei weitem die beliebtesten Konstrukte in der Programmierung und können die Grundlage jeder Logik bilden, indem sie den Fluss steuern. Ein Steuerelement (engl. Control) kann wie folgt von einem Codeteil in einen anderen verschoben werden:

- Aufrufen einer Funktion
- Rückgabe aus einer Funktion
- Yield in einem Generator
- Break in einer Schleife oder einem Switch
- Fortsetzen einer Iteration
- Ausnahme auslösen

In diesem Kapitel führen wir Sie durch die wichtigsten Komponenten des Kontrollflusses, einschließlich Konditionalen wie `if`-Anweisungen, Switches und Schleifen. Wir geben Ihnen auch Empfehlungen, wie Sie die bedingte Komplexität Ihrer Kontrollflüsse verwalten.

8.1 Bedingungen

Bedingte Anweisungen sollten Sie verwenden, wenn Sie Aktionen basierend auf Bedingungen ausführen müssen. In JavaScript stellen `if`, `else if`, `else` und `switch` bedingte Anweisungen dar, die wir in diesem Abschnitt behandeln.

8.1.1 »if«, »else if« und »else«

Eine `if`-Anweisung wird verwendet, wenn beabsichtigt wird, nur einen Block an Code auszuführen, der innerhalb des Blocks enthalten ist. Die `if`-Anweisung akzeptiert einen Wahrheitswert (Truthy Value) oder einen Ausdruck in Klammern. Schauen Sie sich das in Listing 8.1 gezeigte Beispiel an. Wenn der Ausdruck einen Wahrheitswert ergibt, wird der Code innerhalb des Blocks ausgeführt. (Weitere Informationen zu Truthy und Falsy Values finden Sie in Abschnitt 2.1.11, »Standardparameter«.)

```
const isVisible = true;

if (isVisible) {
  console.log('Contents are visible!');
}
```

Listing 8.1 »if«-Anweisung mit einem Truthy Value

Wie in Listing 8.1 gezeigt, wird der Code in der Konsole immer `'Contents are visible!'` ausgeben, da die Bedingung in den Klammern ein Truthy Value ist. Aber man kann nicht immer direkt einen Truthy Value nutzen. Sehen wir uns den Code in Listing 8.2 an, der einen Ausdruck enthält, der basierend auf dem von der Funktion `getVisible` zurückgegebenen Wert möglicherweise `true` oder `false` ergibt.

```
/* global acceptButton */
if (acceptButton.getVisible()) {
  console.log('Button is visible!');
}
```

Listing 8.2 »if«-Anweisung über einen Ausdruck

Nehmen wir an, wir benötigen eine etwas komplexe Logik, um nach einer alternativen Bedingung zu suchen, wenn der Ausdruck in einer `if`-Anweisung mit einem Falsy Value ausgewertet wird. An dieser Stelle ist die `else if`-Anweisung praktisch. Wie in Listing 8.3 gezeigt, wird, wenn der Wert `criticality` nicht `High` ist, die nächste Bedingung geprüft, die als `true` ausgewertet wird. Die Ausgabe ist in diesem Fall immer `Priority is medium!`.

```
const criticality = 'Medium';

if (criticality === 'High') {
  console.log('Priority is high!');
} else if (criticality === 'Medium') {
  console.log('Priority is medium!');
} else if (criticality === 'Low') {
  console.log('Priority is low!');
}
```

Listing 8.3 »if«-Anweisung mit einer »else if«-Anweisung

[«]

Mehrere »else if«-Anweisungen

Werfen Sie einen Blick auf die zahlreichen `else if`-Anweisungen in Listing 8.3. Wenn der erste Ausdruck in `if` oder `else if` als `true` ausgewertet wird, werden bedingte Anweisungen gestoppt, und die Ausführung springt zum nächsten verfügbaren Code.

Eine optionale Anweisung `else` kann in Verbindung mit der Anweisung `if` verwendet werden. Der Code in einem `else`-Block wird ausgeführt, wenn der Ausdruck der `if`-Anweisung einen Falsy Value ergibt. Listing 8.4 zeigt ein Beispiel: Wenn der Index eine gerade Zahl ist, wird der Code innerhalb des `if`-Blocks ausgeführt; andernfalls wird der Code innerhalb des `else`-Blocks ausgeführt. Die `else`-Anweisungen können als Fallbacks verwendet werden, wenn die gewünschten Bedingungen nicht erfüllt sind.

```
const index = 5;

if (index % 2) {
  console.log('Index is an even number');
} else {
  console.log('Index is an odd number');
}
```

Listing 8.4 »if«-Anweisung mit einer »else«-Anweisung

Sie können `else` auch mit `else if`-Anweisungen kombinieren, die als Fallback-Option für logische Prüfungen verwendet werden können. Der Code in Listing 8.5 ist ein erweitertes Beispiel zu Listing 8.3, bei dem der `else`-Block als Fallback fungiert, wenn der Gewichtungswert nicht zu den gewünschten Werten gehört. Mit dieser Option können Sie unbeabsichtigte Szenarien abfangen, ohne die der Fluss möglicherweise behindert wird.

```
const criticality = 'Very High';

if (criticality === 'High') {
  console.log('Priority is high!');
} else if (criticality === 'Medium') {
  console.log('Priority is medium!');
} else if (criticality === 'Low') {
  console.log('Priority is low!');
} else {
  console.log('Unexpected value for criticality!');
}
```

Listing 8.5 »else if«-Anweisung mit einer »else«-Anweisung

8.1.2 »switch«

Eine `switch`-Anweisung wertet einen Ausdruck aus, gleicht das Ergebnis mit einer `case`-Klausel ab und führt die Anweisungen innerhalb des Blocks aus. Eine `switch`-Anweisung ist in der Regel effizienter als eine Menge verschachtelter `if`-Anweisungen. Welche Optionen sie wählen, entscheidet sich anhand der Lesbarkeit und des Ausdrucks, den die Anweisung testet. Eine `if`-Anweisung kann Ausdrücke testen, die auf Wertebereichen oder Bedingungen basieren, aber eine `switch`-Anweisung testet Ausdrücke, die nur auf einer einzelnen Ganzzahl, einem Aufzählungswert oder einem Zeichenfolgenobjekt basieren. Wenn ein Compiler eine `switch`-Anweisung kompiliert, prüft er jede `case`-Konstante und erstellt eine Sprungtabelle für die Auswahl des Ausführungspfads, abhängig vom Wert des Ausdrucks. Auf diese Weise läuft eine `switch`-Anweisung viel schneller als die äquivalente Logik, die mit einer Sequenz von `if-else`-Anweisungen kodiert ist. Eine `switch`-Anweisung ist im Vergleich zu einer `if-else-if`-Anweisung besonders schnell, wenn die Anzahl der Fälle (engl. Cases) hoch ist. Wenn nur wenige Fälle vorhanden sind, hat die Berechnungsgeschwindigkeit zum Erreichen des richtigen Blocks möglicherweise keine nennenswerten Auswirkungen. Tatsächlich sollten Sie in diesen Szenarien eine `if-else-if`-Anweisung über eine `switch`-Anweisung verwenden. Als Richtlinie sollten Sie `switch` verwenden, wenn die Anzahl der Fälle mehr als fünf beträgt.

Wie in Listing 8.6 gezeigt, wird die `switch`-Anweisung ausgewertet und dann der Wert des Ausdrucks mit den Werten der einzelnen Fälle verglichen. Wenn eine Übereinstimmung vorhanden ist, wird der zugehörige Codeblock ausgeführt, ansonsten der Standardcodeblock.

```
/* global orderType */
switch (orderType) {
  case 'AA':
```

```
  case 'KB':
    // Some specific logic goes here (for two scenarios)
    break;
  case 'DR':
    // Some specific logic goes here
    break;
  case 'KA':
    // Some specific logic goes here
    break;
  case 'LIOR':
    // Some specific logic goes here
    break;
  case 'OR1':
    // Some specific logic goes here
    break;

  default:
    // Some default logic goes here
    break;
}
```

Listing 8.6 »switch«-Anweisung

Ein switch ist viel sauberer, wenn Sie Fälle kombinieren. if-Anweisungen sind ziemlich anfällig für Fehler, und das Fehlen einer else-Anweisung kann zu Problemen führen. Das Hinzufügen oder Entfernen eines Szenarios ist mit einem switch viel einfacher und erleichtert die Änderung und Pflege Ihres Codes erheblich. Eine switch-Anweisung bietet ebenfalls einen zusätzlichen Vorteil: Zwei Case-Konstanten im switch sollten nicht denselben Wert haben. Wenn ein Wert dupliziert wird, tritt ein Syntaxfehler auf, der doppelte Szenarien auch während der Designzeit verhindert.

JavaScript unterstützt das Fallthrough-Verhalten in switch. Um aus einer switch-Anweisung auszubrechen und den nachfolgenden Code weiter auszuführen, können Sie die Anweisung break verwenden. Wenn eine case-Anweisung keinen break hat, wird der Code für die nächsten Fälle ebenfalls ausgeführt, bis ein break gefunden wird. Wenn die Anweisung break nicht vorhanden ist, werden alle Fälle nach dem korrekten case bis zum letzten case ausgeführt, einschließlich des Falls default. Die break-Anweisungen wegzulassen, widerspricht dem Zweck einer switch-Anweisung, da die Anweisung verwendet wird, wenn Sie mehrere Ergebnisse haben, aber nur ein Ergebnis ermitteln möchten, nicht alle.

8.2 Schleifen

Schleifen sind Anweisungen, die über einen Teil von Code iterieren, der in einem Codeblock enthalten ist, und die Iteration wird fortgesetzt, bis nichts mehr zu iterieren übrig ist oder wenn eine Bedingung zu einem Falsy Value wird. In diesem Abschnitt behandeln wir verschiedene Arten von Schleifen.

8.2.1 »while«-Schleifen

Die Anweisung `while` wird verwendet, wenn Sie über einen Block an Code iterieren möchten, bis einige Bedingungen erfüllt sind. Wie in Listing 8.7 gezeigt, wird der Code innerhalb des Blocks `while` ausgeführt, solange ein Eintrag im Array `fruits` vorhanden ist.

```
const fruits = ['Apple', 'Orange', 'Banana'];

while (fruits.length > 0) {
  const fruit = fruits.pop();
  console.log(fruit);
}
```

Listing 8.7 Schleife über ein Array mit einer »while«-Anweisung

8.2.2 »do...while«-Schleifen

Eine `do...while`-Anweisung ähnelt einer `while`-Anweisung. Der einzige Unterschied besteht darin, dass `do...while` die Iteration durchführt, bevor die Bedingung geprüft wird. Das heißt, wenn die Bedingung nicht erfüllt ist, führt `do...while` den Block an Code mindestens einmal aus. Wie in Listing 8.8 gezeigt, wird der Code innerhalb des `do...while`-Blocks beim ersten Mal ausgeführt, noch bevor der bedingte Ausdruck ausgewertet wird. In unserem Beispiel ist im Index `5` im `fruits`-Array kein Element vorhanden, sodass `undefined` in der Konsole protokolliert wird, bevor die Bedingung prüft, ob der Wert des Index kleiner als die Größe des Arrays ist.

```
const fruits = ['Apple', 'Orange', 'Banana'];
let index = 5;

do {
  console.log(fruits[index]);
} while (index < fruits.length);
```

Listing 8.8 Schleife über ein Array mit einer »do...while«-Anweisung

Bei der Verwendung einer do...while-Schleife müssen Sie vorsichtig sein, da der Codeblock mindestens einmal ausgeführt wird. Wenn dies kein beabsichtigtes Verhalten ist, muss dieses Konstrukt vermieden werden. Eine bessere Möglichkeit ist, andere Schleifenanweisungen anstelle von do...while zu verwenden, damit die Absicht des Code leichter zu lesen und zu verstehen ist.

8.2.3 »for«-Schleifen

Eine for-Anweisung wird verwendet, um über Datenstrukturen wie ein Array oder ein Iterable zu iterieren. Dieses Konstrukt ist die am häufigsten verwendete Schleife. Die for-Anweisung ist eine bedingte Schleife, d. h., sie läuft so lange, wie eine Bedingung wahr ist.

Wie in Listing 8.9 gezeigt, enthält die Syntax für eine for-Schleife eine Variablendeklaration von index, d. h. den Index des Arrays fruits, über das gerade iteriert wird. Dann gibt es die Bedingung, die prüft, ob index kleiner als die Länge des fruits-Arrays ist, gefolgt von einer Erhöhung des Werts von index. Die for-Schleife wiederholt den Codeblock und führt ihn aus, solange die Bedingung wahr bleibt. Alle Anweisungen innerhalb der for-Schleife sind optional. Wenn nichts angegeben ist, wäre die Schleife unendlich.

```
const fruits = ['Apple', 'Orange', 'Banana'];

for (let index = 0; index < fruits.length; index++) {
  console.log(fruits[index]);
}
```

Listing 8.9 Schleife über ein Array mit einer »for«-Anweisung

Der Unterschied zwischen einer for- und einer while-Schleife besteht darin, dass Sie eine for-Schleife verwenden, wenn Sie bereits wissen, wie oft die Schleife ausgeführt werden soll. Im Gegensatz dazu nutzen Sie eine while-Schleife, wenn Sie sich nicht sicher sind, wie oft Sie den Codeblock ausführen möchten.

8.2.4 »for...of«-Schleifen

Das for...of-Konstrukt wird verwendet, um über ein iterierbares Objekt zu iterieren. Wie in Listing 8.10 gezeigt, können Sie direkt auf ein Element des Arrays fruits zugreifen, anstatt über den Index Elemente in der Konsole auszugeben. In unserem Beispiel verwenden wir das Schlüsselwort const, was bedeutet, dass während der Iteration die Elemente des Arrays fruits nicht geändert werden können. Es ist sinnvoll, dieses Konstrukt zu verwenden, solange Sie den Inhalt des Arrays nicht ändern möchten.

Wenn Sie ein Element des Arrays während einer Iteration ändern müssen, können Sie das Schlüsselwort let verwenden, um sicherzustellen, dass das Element veränderbar ist.

```
const fruits = ['Apple', 'Orange', 'Banana'];

for (const fruit of fruits) {
  console.log(fruit);
}
```

Listing 8.10 Schleife über ein Array mit einer »for...of«-Anweisung

8.2.5 »for...in«-Schleifen

Das for...in-Konstrukt wird verwendet, um über die Menge an aufzählbaren Eigenschaftsschlüsseln eines iterierbaren Objekts zu iterieren, d. h., wenn das iterierbare Objekt ein JavaScript-Objekt ist, das Schlüssel-Wert-Paare hat, erfolgt die Iteration auf den Schlüsseln des Objekts. Wie in Listing 8.11 gezeigt, wäre die Ausgabe in der Konsole nur die Schlüssel, die zum Objekt fruit gehören, in diesem Fall name und origin. Wenn das iterierbare Objekt ein Array war, bestünde die Ausgabe in der Konsole einfach aus ganzen Zahlen, beginnend bei Null bis zur Anzahl der Elemente im Array.

```
const fruit = {
  name: 'Apple',
  origin: 'Kazakhstan'
};

for (const property in fruit) {
  console.log(property);
}
```

Listing 8.11 Schleife über ein Array mit einer »for...in«-Anweisung

Wie in Listing 8.12 gezeigt, listet die Ausgabe name in der Konsole so oft auf wie die Anzahl der Objekte im Array. Wir empfehlen die Verwendung von for...in, um Schleifen über ein Array zu vermeiden, da es in diesem Konstrukt keinen direkten Zugriff auf die Werte im iterierbaren Objekt gibt, sondern nur Zugriff auf die Schlüssel. Während der Iteration ruft diese Anweisung nicht nur die eigenen Schlüssel der aufzählbaren Eigenschaft auf, sondern auch die geerbten Schlüssel, die möglicherweise nicht in allen Fällen erwünscht sind.

```
const fruits = [{
  name: 'Student-1'
}, {
  name: 'Student-2'
```

```
}];

for (const fruit in fruits) {
  console.log(fruit);
}
```

Listing 8.12 Schleife über ein Array von Objekten mit einer »for...in«-Anweisung

8.3 Bedingte Komplexität

Die bedingte Komplexität ist ein Maß dafür, wie schwer es ist, ein Stück Code zu verstehen und zu warten. Die bedingte Komplexität ist auch ein üblicher Indikator für *gekoppelten Code*, also Code, der nicht flexibel und daher von geringer Qualität ist. In diesem Abschnitt beschreiben wir einige gängige Muster bedingter Komplexität und untersuchen, wie dies vermieden werden kann.

8.3.1 Leere »if«-Zweige vermeiden

Ein häufiges Anti-Pattern ist das Vorkommen leerer `if`-Zweige, wie in Listing 8.13. Vermeiden Sie dieses Anti-Pattern, das den Code nicht nur unübersichtlich aussehen lässt, sondern auch die Absicht hinter dem Code verdeckt.

```
/* global page, MessageBox */
if (page.hasLoaded()) {
  // Do nothing!
} else {
  MessageBox.error('Unable to load the page');
}
```

Listing 8.13 Leerer if-Zweig

Stattdessen könnten Sie einen kürzeren und saubereren Ansatz wählen, so wie in Listing 8.14.

```
/* global page, MessageBox */
if (!page.hasLoaded()) {
  MessageBox.error('Unable to load the page');
}
```

Listing 8.14 Refactoring der Bedingung für einen nicht leeren Zweig

8.3.2 Positive Bedingungen aufbauen

Negative Bedingungen sind immer schwieriger zu verstehen als positive. Stellen Sie sich ein Szenario vor wie in Listing 8.15, in dem die bedingte Verzweigung prüft, ob ein Button nicht sichtbar ist. Wenn der Button nicht sichtbar ist, wird die Logik im Codeblock der if-Anweisung ausgeführt. Beachten Sie, wie schwierig es ist, die vorherige Aussage zu verstehen. Stellen Sie sich vor, jemand würde ein solches Stück Code schreiben, wahrscheinlich komplizierter als unser Beispiel. Es ist viel schwieriger, Fehler in diesem Teil des Codes zu erkennen.

```
/* global button */
if (!button.isNotVisible()) {
  /* ... */
}
```

Listing 8.15 »if«-Anweisung mit negativer Bedingung

Wenn möglich, sollten Sie stattdessen immer positive Bedingungen bevorzugen, wie in Listing 8.16 gezeigt, was den Code leichter und schneller verständlich macht. In unserem Beispiel muss der Codeblock innerhalb der if-Anweisung ausgeführt werden, wenn der Button sichtbar ist.

```
/* global button */
if (button.isVisible()) {
  /* ... */
}
```

Listing 8.16 »if«-Anweisung mit positiver Bedingung

8.3.3 Komplexe Bedingungen zerlegen

Bedingungen können mit der Zeit komplexer werden, wenn neue Szenarien eingeführt werden. Je länger ein Codestück ist, desto schwieriger ist es zu verstehen. Es wird noch schwieriger, wenn der Code mit Bedingungen gefüllt ist. Während Sie damit beschäftigt sind, herauszufinden, was der Code in einem if-Block macht, vergessen Sie möglicherweise, was die relevante Bedingung war, und umgekehrt. Wie in Listing 8.17 gezeigt, können mehrere In-Place-Bedingungen vorhanden sein, was das Lesen erschwert und auch das Risiko einer Regression beim Hinzufügen weiterer Bedingungen birgt.

```
/* global cart, product, TOMORROW */
if (cart.isLoaded() && product.isVisible() &&
  ((product.getAvailableQuantity() > 0) ||
```

```
product.checkIfCanBeDeliveredBy(TOMORROW))) {
  /* ... */
}
```

Listing 8.17 If-Anweisung mit komplexer In-Place-Bedingung

Stattdessen können Bedingungen logisch entkoppelt werden, wie in Listing 8.18 gezeigt. Durch das Extrahieren von Bedingungscode in eine eindeutig benannte Variable (oder Methode oder Funktion) erleichtern Sie die Pflege des Codes erheblich. Die Variablen `isButtonVisible` und `isAddToCartAllowed` sind viel ansehnlicher und beschreibender als der ursprüngliche bedingte Ausdruck.


```
/* global cart, product, TOMORROW */
const isButtonVisible = cart.isLoaded() && product.shouldVisible();
const isAddToCartAllowed =
 (product.getAvailableQuantity() > 0) || product.checkIfCanBeDeliveredBy(TOMOR
ROW);

if (isButtonVisible && isAddToCartAllowed) {
  /* ... */
}
```

Listing 8.18 »if«-Anweisung mit einer einfacheren In-Place-Bedingung

8.3.4 Bedingungen kapseln

Oft sind es Bedingungen, die es erschweren, die Absicht einer Prüfung zu verstehen. Listing 8.19 zeigt ein Beispiel für ein solches Szenario, bei dem der bedingte Ausdruck prüft, ob sich die Seite im Beschäftigt-Zustand befindet und ob das Produkt-Array nicht leer ist. Stellen Sie sich vor, die Prüfung muss um einen komplexeren Ausdruck erweitert werden, was das Lesen und Verstehen des Codes erschwert.

```
/* global page, products */
if (!page.isBusy && products.length > 0) {
  /* ... */
}
```

Listing 8.19 »if«-Anweisung mit komplexem Ausdruck

Wenn die Bedingung durch eine Funktion ersetzt wird, wie in Listing 8.20 gezeigt, macht ein aussagekräftiger Name die Absicht der Bedingung verständlich. Die Funktion trennt die komplexe Logik, die nicht nur das Aussehen des Codes bereinigt, sondern erleichtert es auch erheblich, konstruktive Modultests zum Testen von Randbedingungen der Bedingung zu schreiben.

```
/* global page, products */
function showMessageCartIsEmpty (page, products) {
  return !page.isBusy && products.length > 0;
}

if (showMessageCartIsEmpty(page, products)) {
  /* ... */
}
```

Listing 8.20 »if«-Anweisung mit gekapselter Bedingung

8.3.5 Steuerparameter vermeiden

Steuerparameter (engl. Flags) sind eine Art funktionaler Parameter, die dem System mitteilen, wie die Logik abhängig vom Wert des Steuerparameters zu steuern ist. Betrachten wir das Beispiel in Listing 8.21, in dem die Flag-Variable angibt, wie das Kennzeichen `isPremiumCustomer` für den Bestand eines Produkts basierend auf dem Wert des Steuerparameters reserviert werden soll.

```
/* global product, isPremiumCustomer */
function reserveStock (product, isPremiumCustomer) {
  if (isPremiumCustomer) {
    /* ... */
  } else {
    /* ... */
  }
}

reserveStock(product, isPremiumCustomer);
```

Listing 8.21 Funktion mit Steuerparameter

Alternativ können Sie eine deklarative Methode verwenden, um die beiden Funktionen mithilfe verschiedener Funktionen zu beschreiben, wie in Listing 8.22. Durch die Verwendung verschiedener Funktionen wird die Absicht jeder Funktion klar kommuniziert. Anstatt sich den Wert `false` des Steuerparameters `isPremiumCustomer` beim Aufruf der Funktion `reserveStock(product, false)` merken zu müssen, können Sie es leichter nachvollziehen, wenn die Methode `reserveStockForRegularCustomer (product)` heißt. Diese Trennung macht den Code auch wartbarer.

```
/* global product, isPremiumCustomer  */
function reserveStockForPremiumCustomer (product) {
  /* ... */
}
```

```
function reserveStockForRegularCustomer (product) {
  /* ... */
}

if (isPremiumCustomer) {
  reserveStockForPremiumCustomer(product);
} else {
  reserveStockForRegularCustomer(product);
}
```

Listing 8.22 Deklarative Funktionen ohne Steuerparameter

8.3.6 Verschachtelte Anweisungen vermeiden

Eine übermäßige Verwendung von Kontrollstrukturen in der Verschachtelung erzeugt einen hohen Grad an Einrückung, der das Lesen des Codes zu einer Herausforderung macht. Wenn zwischen `if` und `else` viel Logik vorhanden ist, ist das Springen zwischen den Codeblöcken ebenfalls eine Herausforderung. Vermeiden Sie die Verwendung von mehr als drei Ebenen verschachtelter `if`-Anweisungen, und setzen Sie den normalerweise erwarteten Fall vor die selteneren Fälle.

Eine weitere Option anstelle von verschachtelten `if`-Anweisungen ist die Verwendung von *Guard Clauses*. Lassen Sie uns das Problem zunächst in ein einfaches Szenario zerlegen und dann zu einer verschachtelten `if`-Situation übergehen. Stellen Sie sich eine Logik vor, die der in Listing 8.23 gezeigten Logik ähnelt: Die Bedingung wird mit einem Falsy Value ausgewertet, und der Fallback-Code im `else`-Block wird ausgelöst, der Null zurückgibt. Nehmen wir weiter an, der `else`-Block ist ein Randfall und tritt nicht immer auf.

```
/* global employee, getPayableAmountForNormalEmployee */
function getPayableAmount (employee) {
  let amount;

  if (employee.isNormalEmployee) {
    amount = getPayableAmountForNormalEmployee();
  } else {
    amount = 0;
  }

  return amount;
}

getPayableAmount(employee);
```

Listing 8.23 Einfache Prüfung mit »if« und »else«

Sehen wir uns nun den Code in Listing 8.24 an, bei dem wir den Randfall an den Anfang verschoben haben (was wie eine Schutzbedingung, engl. Guarding Condition, für die Logik wirkt). Wenn das Szenario nicht der Randfall ist, wird der reguläre Ablauf der Logik fortgesetzt. Macht diese Änderung es nicht viel leichter, den Code zu lesen?

```
/* global employee, getPayableAmountForNormalEmployee */
function getPayableAmount (employee) {
  if (!employee.isNormalEmployee) {
    return 0;
  }

  return getPayableAmountForNormalEmployee();
}

getPayableAmount(employee);
```

Listing 8.24 Einfache Guard Clause

Betrachten wir nun ein Szenario, in dem viele geschachtelte Prüfungen auftauchen. Der Code in Listing 8.25 weist viele Einrückungsebenen auf, die es schwierig machen, ihm zu folgen.

```
/* global employee, getSettlementAmountForDeceased,
getSettlementAmountForSeparated, getSettlementAmountForRetired,
getPayableAmountForNormalEmployee */
function getPayableAmount (employee) {
  let amount;

  if (employee.isDeceased) {
    amount = getSettlementAmountForDeceased();
  } else {
    if (employee.isSeparated) {
      amount = getSettlementAmountForSeparated();
    } else {
      if (employee.isRetired) {
        amount = getSettlementAmountForRetired();
      } else {
        amount = getPayableAmountForNormalEmployee();
      }
    }
  }

  return amount;
```

```
}

console.log(‹Payable Amount: ‹ + getPayableAmount(employee));
```

Listing 8.25 Funktion mit geschachtelten »if«-Anweisungen

Wie in Listing 8.26 gezeigt, wird jede bedingte Prüfung aus der Schachtelung verschoben, und die bedingte Verzweigung wird zu einer eigenständigen Prüfung. Sobald der Ausdruck als wahr ausgewertet wird, wird die entsprechende Funktion zurückgegeben, die den Betrag berechnet, wodurch die anderen Prüfungen übersprungen werden. Nur wenn der Ausdruck mit einem Falsy Value ausgewertet wird, wird die nächste bedingte Prüfung ausgewertet. Dies verhält sich wie eine Guard Clause, bevor eine der nachfolgenden Bedingungen ausgewertet wird. Solche kleinen Änderungen am Code erleichtern nicht nur die Lesbarkeit, sondern machen den Code auch flexibler, wodurch seine Qualität und Wartbarkeit verbessert werden.


```
/* global employee, getSettlementAmountForDeceased,
getSettlementAmountForSeparated, getSettlementAmountForRetired,
getPayableAmountForNormalEmployee */
function getPayableAmount (employee) {
  if (employee.isDeceased) {
    return getSettlementAmountForDeceased();
  }

  if (employee.isSeparated) {
    return getSettlementAmountForSeparated();
  }

  if (employee.isRetired) {
    return getSettlementAmountForRetired();
  }

  return getPayableAmountForNormalEmployee();
}

console.log('Payable Amount: ' + getPayableAmount(employee));
```

Listing 8.26 Refactoring-Funktion mit Guard Clause und gekapselten Bedingungen

Sie könnten sich fragen, wie Sie mehrere `return`-Anweisungen verwenden, wenn Sie dieses Muster einsetzen, aber alle `return`-Anweisungen werden mit der Guard Clause gesteuert. Guard Clauses sind auch beim Code-Refactoring hilfreich. Dieser durch Refactoring überarbeitete Code ist in Zukunft skalierbarer und gleichzeitig lesbarer und wartbarer.

[»]

Guard Clause

Eine Guard Clause ist eine einfache Prüfung der Vorbedingungen, um Fehler bei der Ausführung zu vermeiden. Bei der Verwendung von Guard Clauses können Sie folgende Szenarien vermeiden:

- Eine übermäßige Verwendung verschachtelter Bedingungen kann zu einem hohen Grad an Einrückung führen, der es schwierig macht, dem Code zu folgen.
- Wenn zwischen den Blöcken `if` und `else` zu viele Codezeilen vorhanden sind, kann es schwierig sein, zwischen verschiedenen Teilen des Codes zu wechseln, um die Logik zu vergleichen und zu verstehen.

8.3.7 Deklarativen Stil gegenüber imperativem Stil bevorzugen

Imperative Programmierung, wie der Name schon sagt, ist eine Art Programmierparadigma, das sich damit beschäftigt, wie eine Aufgabe erledigt wird. Sehen wir uns ein Szenario an, in dem unsere Aufgabe darin besteht, zu ermitteln, welche Produkte vorrätig sind.

Die Funktion in Listing 8.27 befasst sich nicht nur mit einer Aufgabe, sondern auch mit der Art, wie diese Aufgabe erreicht wird. Zuerst initialisiert die Funktion ein leeres Array `productsInStock`, dann wird in einer Schleife der Zähler `i` verwendet. Darüber hinaus ermittelt eine zu prüfende Bedingung, ob der Zähler innerhalb der Länge des Arrays `products` bleibt, und dieser Zähler wird erhöht, wenn die bedingte Verzweigung `true` ergibt. Diese Elemente der Funktion beziehen sich nicht auf die Aufgabe, die Produkte in den Bestand zu bringen. Solche Funktionen werden als imperativ bezeichnet, da sie sich eher darum kümmern, wie das Problem gelöst werden kann, anstatt um das, was das Problem ist.

```
/* global productAPI */
function getProductsInStock (productAPI) {
  const productsInStock = [];
  const products = productAPI.getAllProducts();

  for (let i = 0; i < products.length; i++) {
    if (products[i].availableQuantity > 0) {
      productsInStock.push(products[i]);
    }
  }

  return productsInStock;
```

```
}

getProductsInStock(productAPI);
```

Listing 8.27 Funktion im imperativen Stil

Die *deklarative* Form der Programmierung verwendet Abstraktionen, um die direkte Verwendung des Kontrollflusses zu vermeiden, und konzentriert sich mehr auf die Aufgabe selbst. Die Funktion in Listing 8.28 ist ein Refactoring der Funktion aus Listing 8.27 , um damit einen deklarativeren Programmierstil zu nutzen. In letzterem Fall abstrahiert die Funktion `Array.filter` die Schritte der Initialisierung eines neuen Arrays für das Ergebnis der Funktion, einen Zähler zur Iteration über die Produkte und auch die Bedingung, die Iteration zu verlassen.


```
/* global productAPI */
function getProductsInStock (productAPI) {
  return productAPI.getAllProducts().filter((product) => {
    return product.availableQuantity > 0;
  });
}

getProductsInStock(productAPI);
```

Listing 8.28 Funktion im deklarativen Stil

Der deklarative Programmierstil ermöglicht es Ihnen, die Absicht des Codes zu verstehen und komplexe Problemanweisungen effizient zu modellieren.

8.4 Zusammenfassung

In diesem Kapitel haben wir grundlegende Kontrollflüsse untersucht, einschließlich Bedingungen wie `if`-Anweisungen, Switches und Schleifen. Wir haben auch Variationen in Kontrollflüssen diskutiert und Anti-Pattern für Kontrollflüsse erforscht und wie sie vermieden werden können.

Im nächsten Kapitel beschäftigen wir uns mit Clean-Code-Richtlinien für die Fehlerbehandlung in SAPUI5.

Kapitel 9
Fehlerbehandlung

In diesem Kapitel behandeln wir die Fehlerbehandlung in JavaScript. Wir stellen Ihnen einige Schlüsselkonzepte wie »try/catch«-Anweisungen vor und zeigen Ihnen, wie Sie diese aus einer Clean-Code-Perspektive verwenden können. Außerdem besprechen wir die bevorzugte Art der Fehlerbehandlung mit Clean Code.sw

Im vorherigen Kapitel haben Sie gelernt, wie Kontrollflussanweisungen den Ablauf eines Programms ändern können. Doch manchmal funktioniert trotzdem nicht alles so wie geplant, und *Fehler* treten auf. Sie können etwa entstehen, wenn Code geschrieben wird (z. B. logische Fehler, die beim Schreiben des Algorithmus passieren). Fehler können aber auch durch falsche Eingaben der Benutzer einer Anwendung geschehen. Andere unvorhersehbare Umstände können Situationen auslösen, mit denen das Programm nicht umgehen kann.

Die *Fehlerbehandlung* wird hauptsächlich beim Arbeiten mit Daten aus anderen Quellen oder Benutzereingaben eingesetzt, da diese Elemente recht unzuverlässig sein können. Häufig wird die Fehlerbehandlung mit AJAX-Calls und asynchronem Code verbunden. In diesem Kapitel erläutern wir, wie Sie Fehler und Ausnahmen im Sinne der Clean-Code-Prinzipien behandeln. Dabei beschreiben wir die Anweisungen `try/catch` und `throw`, zeigen Ihnen, wie Fehlerobjekte verwendet werden, untersuchen Controls für die Fehlerbehandlung und etablieren einige Best Practices.

9.1 »throw«- und »try/catch«-Anweisungen

Mit der Anweisung `throw` können Sie benutzerdefinierte Fehler erzeugen. Wenn die Anweisung die Ausnahme auslöst, wird die Ausführung der aktuellen Funktion gestoppt, und das Control kehrt zur vorherigen Funktion im Aufruf-Stack zurück. Wie Kontrollflüsse können auch Ausnahmen den Ablauf eines Programms verändern. Bis zur Veröffentlichung von JavaScript ES3 hat JavaScript Ausnahmen nicht unterstützt. Obwohl die Vorhersage von Fehlern ziemlich schwierig sein kann, waren Ausnahmen immer schon Teil jeder anspruchsvollen Anwendung.

Sehen wir uns ein Beispiel an. Wie in Listing 9.1 gezeigt, hängt die Funktion processOrder von der Implementierung der Funktion checkOrderQuantity in ProductStockAPI ab.

```
/* global Product, ProductStockAPI */
function processOrder (Product, Quantity) {
  const NOT_FOUND = -1;

  if (ProductStockAPI.checkOrderQuantity(Product) !== NOT_FOUND) {
    this.confirmOrder();
  } else {
    this.rejectOrder();
  }
}

processOrder(Product, 10);
```

Listing 9.1 Funktion zum Prüfen des Bestands für eine aufgegebene Bestellung

Wenn Sie in diesem Beispiel nur eine throw-Anweisung verwenden würden, um einen Fehler zu erzeugen, würden Sie nur eine Ausnahme auslösen. Eine solche unbehandelte Ausnahme kann zu einem abrupten Abbruch des Programms führen (es werden Konsolenfehler angezeigt), der die Anwendung in einen unbekannten Zustand versetzen könnte.

Was wäre, wenn solche Ausnahmen im Programm abgefangen und entsprechend behandelt werden könnten, damit der Programmablauf ohne Unterbrechung fortgesetzt werden kann? Dies würde bedeuten, dass die Anwendung immer in einem konsistenten Zustand wäre. In JavaScript können Sie mit der Anweisung try einen Codeblock auf Fehler hin testen. Wenn innerhalb eines Codeblocks eine Ausnahme ausgelöst wird, kann die Ausnahme mit der Anweisung catch abgefangen werden.

Nehmen wir an, dass die Bibliothek ProductStockAPI beschließt, die Implementierung von checkOrderQuantity zu ändern, und einen anderen Wert als -1 ausgibt. In diesem Fall würde die Anwendung nicht wie erwartet funktionieren. Um eine solche enge Verknüpfung zu entfernen und Clean Code zu schreiben, können wir dafür sorgen, dass Ausnahmen ausgelöst werden, wenn das Application Programming Interface (API) nicht das gewünschte Ergebnis liefert. Sehen wir uns den in Listing 9.2 gezeigten Code an, um dieses Konzept besser zu verstehen.

```
/* eslint-disable */
function processOrder (Product, Quantity) {
  try {
    checkStock(Product, Quantity);
    this.confirmOrder();
```

```
  } catch {
    this.rejectOrder();
  }
}

function checkStock (Product, Quantity) {
  const NOT_FOUND = -1;

  if (ProductStockAPI.checkOrderQuantity(Product) !== NOT_FOUND) {
    return;
  } else {
    throw ('Product not in stock');
  }
}

processOrder(Product, 10);
```

Listing 9.2 Funktion zum Auslösen einer Ausnahme mit einem Wert

Sie denken vielleicht, dass wir nur eine Reihe zusätzlicher Zeilen hinzugefügt haben, aber der Code ist jetzt weniger anfällig für Fehler oder Änderungen und leichter lesbar. Darüber hinaus wird die Abhängigkeit in der Funktion reduziert, die das fehlerhafte Szenario auslöst. Dadurch sind Änderungen einfacher umsetzbar, falls zukünftige Anforderungen dies notwendig machen, und die Clean-Code-Prinzipien sind erfüllt. Das Einbetten des Codes in den `try/catch`-Block bietet eine Möglichkeit, die Verarbeitungslogik in fehlerhafte und nicht fehlerhafte Szenarien aufzuteilen.

9.2 Fehlerobjekte verwenden

Wie zuvor beschrieben, können Ausnahmen Ihren Code lesbarer und verständlicher machen. Beachten Sie jedoch, dass eine Ausnahme nur genügend Kontext liefern sollte, um die Quelle und den Ort eines Fehlers zu identifizieren. Das Hinzufügen weiterer Informationen zu einer Fehlermeldung, wie z. B. der fehlgeschlagene Vorgang und die Art des Fehlers, kann Verwirrung beseitigen und zu viel besserem Code führen.

Betrachten wir das Beispiel in Listing 9.3. Wenn in diesem Szenario ein Produkt der Funktion `processOrder` nicht zur Verfügung gestellt wird, muss die Funktion `checkStock` einen spezifischen Fehler statt eines allgemeineren Fehlers ausgeben. Wenn ein Produkt nicht für die Funktion bereitgestellt wird, kann der Bestand nicht geprüft werden. Daher wird ein Fehler bezüglich eines fehlenden Produkts ausgegeben, um den Verwender über diese Funktion zu informieren. Ein generischer Fehler, bei dem

z. B. die Ausnahme mit dem Text Error Occurred ausgelöst wird, ist weder für Endbenutzerinnen und Endbenutzer noch für Entwicklerinnen und Entwickler nützlich, die möglicherweise Code debuggen, um die Ursache eines Problems zu identifizieren. Daher sollten Sie immer bestimmte Fehler auslösen oder Kontext für generische Fehler bereitstellen.

```
/* eslint-disable */
function processOrder (Product, Quantity) {
  try {
    checkStock(Product, Quantity);
    this.confirmOrder();
  } catch (e) {
    if (e instanceof TypeError) {
      console.log('Cannot continue with order');
    } else {
      this.rejectOrder();
    }
  }
}

function checkStock (Product, Quantity) {
  const NOT_FOUND = -1;

  if (!Product) {
    if (ProductStockAPI.checkOrderQuantity(Product) !== NOT_FOUND) {
      return;
    } else {
      throw (new Error('Product not in stock'));
    }
  } else {
    throw (new TypeError('Missing product'));
  }
}

processOrder(Product, 10);
```

Listing 9.3 Funktion zum Auswerfen entsprechender Ausnahmen

Die Klasse Error ist die gemeinsame Oberklasse aller eingebauten Fehlerklassen. Fehlerobjekte können auch als Grundlage für jede benutzerdefinierte Ausnahmebehandlung verwendet werden. Um der ausgelösten Ausnahme eine gewisse Bedeutung zu verleihen, haben Fehlerobjekte zwei nützliche Eigenschaften:

- `name`: Gibt den Fehlernamen oder -typ zurück.
- `message`: Gibt eine Fehlermeldung vom Typ String zurück.

Wie in Listing 9.3 gezeigt, erzeugt die Anweisung `new Error('Product not in stock')` eine neue Instanz der Fehlerklasse mit Instanzeigenschaften (genannt `Error`) und erzeugt die Meldung `'Product not in stock'`. Im Fehlerobjekt sind weitere Eigenschaften vorhanden: `filename` (die Datei, die die Ausnahme ausgelöst hat), `lineNumber` (die Zeilennummer in der Datei, in der die Ausnahme ausgelöst wurde), `columnNumber` (die Spaltennummer in der Zeile, die die Ausnahme ausgelöst hat) und `stack` (Stack-Trace, der zeigt, wie dieses Ausnahmeszenario erreicht wurde), die eher technischer Natur sind und nur sparsam für die benutzerdefinierte Ausnahmebehandlung verwendet werden.

9.3 Fehlerbehandlung über Meldungen

Bisher haben Sie gesehen, wie Fehler in JavaScript behandelt werden können, und wir haben einige Richtlinien für Clean Code im Zusammenhang mit Fehlern besprochen. Sehen wir uns nun an, wie Fehler in SAPUI5 behandelt werden können. Bei der Arbeit mit Benutzeroberflächenanwendungen (UI-Anwendungen) ist die Benutzerfreundlichkeit (User Experience, UX) von größter Bedeutung. SAPUI5 verfügt über Controls zur Orchestrierung von Meldungen. Dies ist eine Möglichkeit, Benutzer über den Status der Anwendung oder der Benutzerinteraktion zu informieren. Meldungen können den Benutzer auch anleiten, Fehler zu beheben, die während der Interaktion aufgetreten sind. Sie können den Benutzer jedoch auch überfordern und den Arbeitsfluss unterbrechen. Stellen Sie daher sicher, dass Sie Meldungen konsistent verwenden und auch optimierte Benutzerinteraktionen haben, für die SAPUI5 verschiedene Meldungstypen und Steuerelemente hat.

Fehler können auf übergeordneter Ebene wie folgt klassifiziert werden:

- Fehler, die die Schnittstellenlogik betreffen (Kommunikation mit externer Quelle). Diese Fehler werden abgefangen und enthalten häufig statische Meldungstexte aus Ressourcenmodellen (i18n-Datei).
- Fehler, die sich auf die Anwendungslogik oder die Datenverarbeitung auswirken

Meldungen, die sich auf die Anwendungslogik auswirken, können in zwei Unterkategorien klassifiziert werden: UI-Meldungen (statische, aber übersetzbare Meldungen, die in der Regel von den Controls selbst oder von der benutzerdefinierten UI-Logik angezeigt werden und keinen Roundtrip zum Backend-System umfassen) und serverseitige Meldungen (die in der Regel von der Anwendungslogik aufgrund von fehlgeschlagenen Validierungen und manchmal vom Backend-System bei falscher Semantik der OData-Aufrufe ausgegeben werden). Der Message Manager, der über `sap.ui.getCore().getMessageManager()` abgerufen werden kann, kann Meldungen global speichern.

Auch die serverseitigen Meldungen können wieder in zwei Unterkategorien eingeteilt werden: State Messages und transiente Meldungen. Eine *State Message* bezieht sich auf den Zustand einer Instanz; die Meldungen werden auf der Benutzeroberfläche angezeigt, bis das Problem behoben ist, wodurch sich der Zustand dieser Instanz ändert. Diese Fehlerzustände werden auch im Backend-System persistiert. Wenn ein Benutzer z. B. in einem Betragsfeld einen negativen Wert sichert, kann das Backend-System mit einer Fehlermeldung antworten. Da der Betrag nie negativ sein darf, werden Meldungen angezeigt, bis der Benutzer das Feld mit einem akzeptablen Wert füllt. State Messages werden im Meldungs-Popover angezeigt. Im Gegensatz dazu wirkt sich eine *transiente Meldung* nicht auf den Zustand des Objekts aus, sondern bezieht sich nur auf die zuletzt ausgeführte Aktion, z. B. kann ein Auftrag nicht freigegeben werden, da die angegebene Menge nicht im Bestand verfügbar ist. Transiente Meldungen werden im Meldungsdialog angezeigt.

Das Message-Objekt (`sap.ui.core.message.Message`) hat die folgenden wichtigen Eigenschaften:

- **type**
  Diese Eigenschaft gibt den Schweregrad einer Meldung an, z. B. Fehler oder Erfolg, in Form eines der Werte des Enums `sap.ui.core.MessageType`.
- **message**
  Diese Eigenschaft enthält den Text, der einem Benutzer angezeigt wird, um ihm zu helfen, das Problem zu verstehen. Meldungstexte müssen kurz und prägnant gehalten werden und sollten immer einen Aufruf zum Handeln enthalten. In Szenarien, in denen der Benutzer einen Fehler nicht behandeln kann, z. B. Datenbankfehler oder Verbindungsfehler, geben Sie einfach an, dass ein Datenbank- oder Backend-Fehler aufgetreten ist.
- **persistent**
  Mit dieser Eigenschaft kann der Lebenszyklus einer Meldung verwaltet werden. Nicht persistente Meldungen werden durch den Framework-Messaging-Lebenszyklus bereinigt; persistente Meldungen müssen manuell von der Anwendung entfernt werden.
- **target**
  Diese Eigenschaft beschreibt den Teil der Anwendung, für den die Nachricht gilt. Wenn das Ziel leer ist, gilt die Meldung für die gesamte Anwendung. SAPUI5 unterstützt zur Drucklegung dieses Buches zwei Arten von Zielen: Control-IDs und Binding-Pfade.

Es gibt viele Möglichkeiten, Meldungen automatisch anzulegen und in das zentrale Meldungsmodell zu übertragen. *Validierungsmeldungen* werden beispielsweise vom SAPUI5-Framework angelegt, wenn Daten gemäß definierten Datentypen geparst, formatiert und validiert werden. Die Meldungen werden an das spezifische Control propagiert. *OData-Meldungen* (aus dem Backend-System) werden über Binding-Pfade an Controls gebunden. Jedes Mal, wenn das Backend-System auf einen Request mit einer Fehlermeldung antwortet, werden die Meldungen an alle Bindings mit dem spezifischen Bindings-Pfad propagiert.

Sie können Meldungen auch manuell anlegen oder die vom Framework bereitgestellten Meldungsfunktionen wie folgt erweitern:

- Benutzerdefinierte Meldungen können manuell über `sap.ui.core.message.MessageManager`-APIs angelegt werden, und die Anwendung muss einen ordnungsgemäßen Lebenszyklus sicherstellen.
- Meldungszielformate können mit dem Meldungsprozessor angepasst werden, der von der Klasse `sap.ui.core.message.MessageProcessor` erbt.
- Eine Implementierung von `sap.ui.core.message.MessageParser` kann verwendet werden, um Meldungen aus dem Backend zu verarbeiten.

9.4 Fehlerbehandlung mit Controls

SAPUI5 stellt mehrere Controls bereit, die zur Behandlung von Fehlern verwendet werden können, z. B.:

- **Message Toast**
  Ein Message Toast (`sap.m.MessageToast`) wird verwendet, wenn Sie dem Benutzer eine nicht so auffällige Nachricht anzeigen möchten, die keine Benutzerinteraktion erfordert. Message Toasts werden in der Regel für Erfolgsmeldungen verwendet und immer horizontal am unteren Rand des Viewports des Geräts zentriert. Die Standarddauer der Toast Message beträgt 3.000 ms, diese Dauer kann jedoch verändert werden. Als allgemeine Richtlinie empfehlen wir, keinen Wert unter 3.000 ms zu verwenden. Abbildung 9.1 zeigt das Ergebnis einer Beispiel-Toast-Message, wenn das Produkt erfolgreich zu einem List Report hinzugefügt wurde.
- **Message Strip**
  Ein Message Strip (`sap.m.MessageStrip`) liefert Informationen innerhalb eines bestimmten Bereichs, z. B. den Status, der sich auf ein Objekt bezieht. Abbildung 9.2 zeigt einen Message Strip, der eine Warnung bereitstellt.

Abbildung 9.1 Erfolgs-Message-Toast im List Report

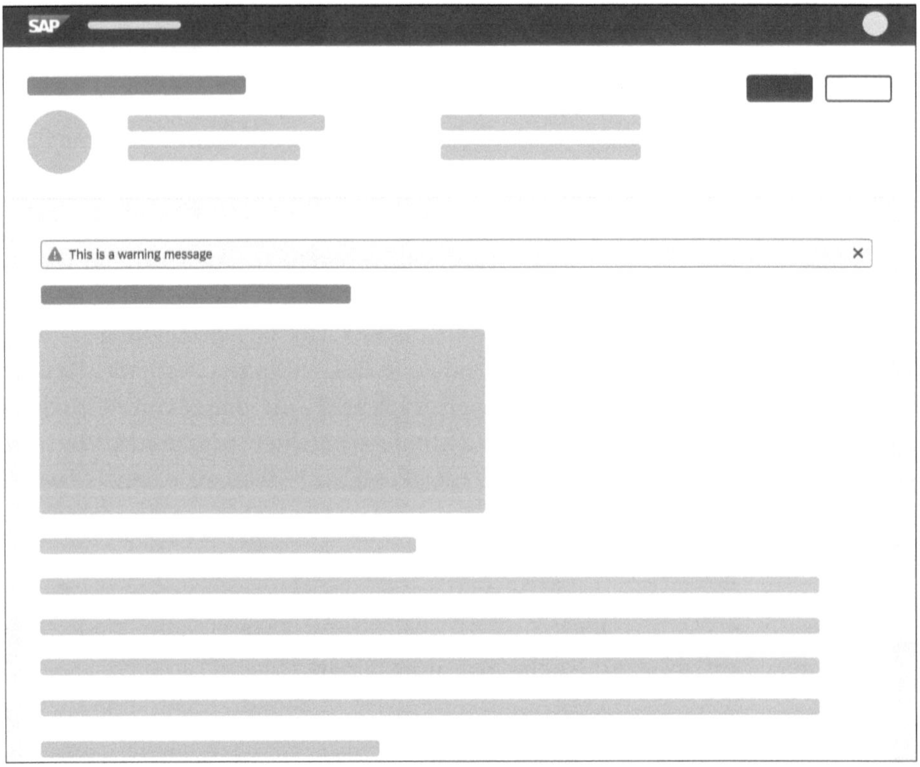

Abbildung 9.2 Warnungs-Message-Strip auf der Objektseite

- **Message Box**
  Eine Message Box (`sap.m.MessageBox`) wird verwendet, wenn der Benutzer während der Ausführung einer Aktion unterbrochen werden muss. Der Benutzer muss die Meldung entweder bestätigen oder eine Entscheidung treffen. Das Message-Box-Control darf nur verwendet werden, wenn sich die Nachricht nicht auf Formular- oder Tabellenfelder auf der Benutzeroberfläche bezieht, z. B. technische Fehler. Message Boxes können mit dem Control `sap.m.MessageBox` oder mit dem Control `sap.m.Dialog` mit dem entsprechenden Meldungstyp erstellt werden. Abbildung 9.3 zeigt ein Beispiel einer Message Box für einen Fehler, der eine Benutzeraktion erfordert.

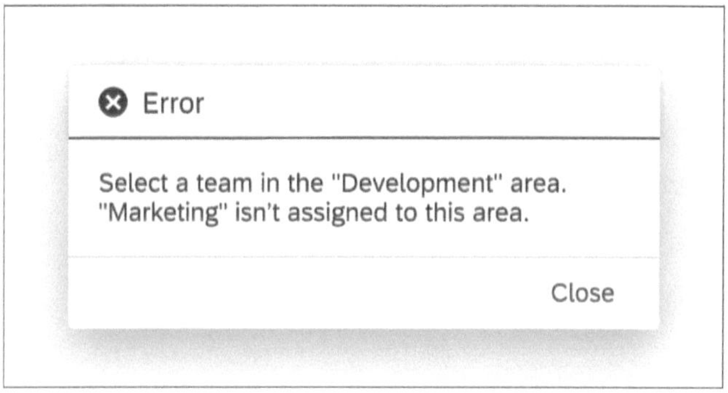

Abbildung 9.3 Fehler-Message-Box mit Benutzeraktion

- **Message View**
  Ein Message View (`sap.m.MessageView`) wird verwendet, wenn Sie mehrere Meldungen anzeigen möchten, die durch eine Benutzeraktion ausgelöst wurden, ähnlich wie eine Message Box. Auch der Message View stört den Ablauf und bezieht sich nicht auf Formular- oder Tabellenfelder auf der Benutzeroberfläche. Wenn mehrere Meldungstypen erforderlich sind, können Benutzer die Meldungen mithilfe der segmentierten Buttons oben im Message View filtern, wie in Abbildung 9.4 dargestellt. Benutzer können auch Details zur Meldung (z. B. einen Langtext) anzeigen lassen, die helfen, das Problem und die Möglichkeiten zur Behebung des Problems zu verstehen.
- **Message Popover**
  Ein Message Popover (`sap.m.MessagePopover`) wird verwendet, wenn dem Benutzer mehrere Meldungen angezeigt werden sollen, ohne dass dabei der Nutzerflow oder die Interaktion unterbrochen wird. Ähnlich wie ein Message View unterstützt ein Message Popover auch das Filtern von Meldungen nach Typ. Benutzer sehen weitere Details zur Meldung und können zum betroffenen Feld auf der Benutzeroberfläche navigieren, die mit der Meldung verknüpft ist. In der Regel wird ein Message Popover in der Fußzeile platziert und kann expandiert werden, wenn Sie auf das zugehörige Symbol klicken, wie in Abbildung 9.5 dargestellt.

Abbildung 9.4 Message View mit verschiedenen Meldungstypen

Abbildung 9.5 Message Popover mit verschiedenen Meldungstypen

9.5 Best Practices für die Fehlerbehandlung

Lassen Sie uns, um unsere Diskussion über die Fehlerbehandlung abzuschließen, einige Best Practices durchgehen. Beachten Sie die folgenden Empfehlungen bei der Behandlung von Fehlern in SAPUI5:

Verwenden Sie »sap.base.Log« statt »console.log«

SAPUI5 wird mit `sap.base.Log` ausgeliefert. Dabei handelt es sich um die Logging-API für JavaScript, die einen Protokolleintrag mit einem Zeitstempel, einem Log Level, einer Meldung mit Details und Komponenteninformationen anlegt und aufzeichnet. Mit der Methode `sap.base.Log.setLevel` kann ein Verwender den Protokollierungsgrad ermitteln und damit die in der Konsole erzeugten Protokolle beeinflussen. Wenn Sie `sap.base.Log` einsetzen, sollten Anwendungen aus Performancegründen die Systemstandardwerte für Log Level nutzen. Bei der Fehlerbehebung von Anwendungsfehlern können die Log Level jedoch entweder durch Aufruf von `Log.setLevel(<level>)` im Anwendungscode (oder beim Bootstrapping) oder durch Setzen von `sap-ui-logLevel=<level>` im URL-Parameter geändert werden. Obwohl die meisten modernen Browser das Objekt `console` unterstützen, gibt es einige Ausnahmen, da `console` eine Erweiterung des Document Object Models (DOM) und nicht Teil des Standard-JavaScripts ist.

9

Listing 9.4 zeigt einen Controller, der die von SAPUI5 bereitgestellte Klasse `Log` verwendet, um einfache Protokolle hinzuzufügen. Mit der Methode `getLogger` (durch Übergabe des Komponentennamens) in der Methode `onInit` des Controllers erhalten Sie die Instanz des Protokolls für die Komponente. Durch das Hinzufügen von Protokollen zu solchen komponentenspezifischen Instanzen können Sie Protokolle für eine bestimmte Anwendung herausfiltern (auch wenn der Komponentenname nur ein String im Protokoll ist), wenn die Protokolle anwendungsübergreifend generiert werden. Der Aufruf von Methoden wie der `info`-Methode der Klasse `Log`, wie in Listing 9.4 gezeigt, würde die Informationsmeldung direkt, ohne die Komponenteninformationen, zu den Protokollen hinzufügen.

```
sap.ui.define([
  'sap/base/Log'
], function (Log) {
  'use strict';

  return sap.ui.controller('[namespace].ext.controller.ListReportExt', {
    onInit: function () {
      this._ComponentLogger = Log.getLogger('[namespace]');
// This is a component specific logger
```

```
      Log.info('Controller - onInit function triggered');
      this._ComponentLogger.info('Controller -
onInit function triggered || From Component Logger');
    },

    onExit: function () {
      Log.info('Controller - onExit function triggered');
      this._ComponentLogger.info('Controller -
onExit function triggered || From Component Logger');
    }
  });
});
```

Listing 9.4 Controller, der Logs erzeugt

Verwenden Sie »sap.base.assert« anstelle von »console.assert«

Im Ablauf einer Anwendung können Sie Assertions verwenden, wenn einige Bedingungen nicht erfüllt sind und Sie sicherstellen möchten, dass dieser Fehler zur späteren Fehlerbehebung protokolliert wird. `sap.base.assert` protokolliert eine Fehlermeldung, wenn eine bestimmte Bedingung nicht erfüllt ist, und ist darüber hinaus Teil von SAPUI5 ist Bei Anwendungs-Builds werden Assertions entfernt, um die Paketgröße zu optimieren.

Listing 9.5 zeigt ein Beispiel für die Verwendung einer Assertion aus SAPUI5 innerhalb eines Controllers; in diesem Fall prüft die Assertion, ob das Array `DefaultNames` höchstens 10 Einträge hat. Wird dieser Wert überschritten, so wird die Meldung `'Stored values do not meet the default criteria for application'` protokolliert. Wird er nicht überschritten, wird auch nichts protokolliert. Dieser Ansatz ist nützlich, wenn die Anwendung Vorbedingungen für den logischen Ablauf prüfen möchte und das Log hilfreich sein kann, wenn Probleme nachverfolgt werden sollen.

```
sap.ui.define([
  'sap/base/assert'
], function (assert) {
  'use strict';

  return sap.ui.controller('[namespace].ext.controller.ListReportExt', {
    onInit: function () {
      const DefaultNames = [];

      // Some application logic that fills up DefaultNames array

      assert(DefaultNames.length < 10, 'Stored values do not meet the default
```

```
criteria for application');
    }
  });
});
```

Listing 9.5 Controller, der Assertions verwendet

Verwendung von Ausnahmen aus »sap.ui.model«

Einige Ausnahmen von `sap.ui.model` können auch verwendet werden, um entsprechende Ausnahmen auszulösen:

- Klasse `sap.ui.model.FormatException`: Instanzen dieser Ausnahme werden ausgegeben, wenn die Konvertierung eines Modellwerts in seine Darstellung auf der Benutzeroberfläche fehlschlägt.
- Klasse `sap.ui.model.ParseException`: Instanzen dieser Ausnahme werden ausgegeben, wenn die Konvertierung eines String-Werts in seine Modelldarstellung fehlschlägt.
- Klasse `sap.ui.model.ValidateException`: Instanzen dieser Ausnahme werden ausgegeben, wenn Constraints für den Typ verletzt werden.

Wie in Listing 9.6 gezeigt, formatiert ein Simple Type einen Wert basierend auf den angegebenen Formatoptionen, parst einen externen Wert basierend auf den angegebenen Formatoptionen und validiert den Wert basierend auf den angegebenen Einschränkungen.

```
sap.ui.define([
  'sap/ui/model/SimpleType',
  'sap/ui/model/FormatException',
  'sap/ui/model/ParseException',
  'sap/ui/model/ValidateException'
], function (SimpleType, FormatException, ParseException, ValidateException)
{
  'use strict';

  return SimpleType.extend('[namespace].SecondsDurationSimpleType', {
    formatValue: function (Value, TargetType) {
      if (Value === undefined || Value === null) {
        throw new FormatException('Unable to format');
      } else {
        return '0:' + Value.toString().replace(/[^0-9]/g, '');
      }
    },
```

```
    parseValue: function (Value, SourceType) {
      if (isNaN(Value)) {
        throw new ParseException('Only numbers can be parsed');
      } else {
        return Value.toString().replace(/[^0-9]/g, '');
      }
    },

    validateValue: function (Value) {
      if (Value > 59) {
        throw new ValidateException('Value cannot be greater than 59');
      }
    }
  });
});
```

Listing 9.6 Implementierung benutzerdefinierter einfacher Typen

UI- und serverseitige Meldungen müssen entsprechend behandelt werden

UI-Fehlermeldungen sollten nur die Anwendungslogik betreffen und keine Geschäftslogik enthalten. Beispielsweise müssen vor dem Absenden eines Formulars alle Pflichtfelder ausgefüllt werden. Ist dies nicht der Fall, muss der View-Controller prüfen und den entsprechenden Fehler ausgeben, anstatt den API-Aufruf an das Backend auszulösen. Andererseits muss die Gültigkeit eines Werts an den API-Aufruf an das Backend delegiert werden, um die Korrektheit eines Feldwerts zu prüfen und ggf. mit einer serverseitigen Fehlermeldung zu antworten, die dann in der Anwendung entsprechend angezeigt werden kann.

Zeigen Sie mehrere Fehlermeldungen gleichzeitig an

In der Regel können OData-Services auf mehrere Arten von Meldungen für einen Request reagieren, und mehrere Requests können parallel gestellt werden, sodass die Fehlermeldungen aus zwei verschiedenen Requests an das Frontend gesendet werden und relevant sind. Ziehen Sie in solchen Fällen die Verwendung eines Controls für den Message View in Betracht, um Benutzern alle Arten von Meldungen anzuzeigen, ohne den Nutzerflow zu unterbrechen.

9.6 Zusammenfassung

Dieses Kapitel konzentrierte sich auf die Fehlerbehandlung. Wir haben verschiedene Möglichkeiten untersucht, Fehler in JavaScript zu behandeln. Wir haben auch die Fehlerbehandlung in SAPUI5 mithilfe von Message Controls besprochen und Sie durch die wichtigsten Best Practices geführt. Wir möchten einen wichtigen Punkt an dieser Stelle noch einmal betonen: Ausnahmen sollten, wenn sie ausgelöst werden, immer abgefangen und behandelt werden.

Im nächsten Kapitel gehen wir zu Empfehlungen und Ansätzen für die Formatierung Ihres SAPUI5-Codes über.

Kapitel 10
Formatierung

Dieses Kapitel konzentriert sich auf das visuelle Layout und die Struktur von Code. Wir besprechen, warum die Formatierung für die Wartbarkeit Ihrer Codebasis wichtig ist und wie Sie die Struktur Ihres Codes manipulieren können. Sie lernen Grenzen, etwa für Datei- und Zeilengrößen, kennen und erfahren, wie Sie Konsistenz in der Codebasis erreichen, die von mehreren Entwicklerinnen und Entwicklern sowohl in kleinen als auch großen Teams gepflegt wird.

Codeformatierung legt fest, wie Code auf dem Bildschirm angezeigt wird. Wann werden neue Zeilen hinzugefügt? Wie verwenden wir Abstände? Wenn es unendlich viele Möglichkeiten gibt, ein ähnliches Code-Snippet zu schreiben, was ist der bevorzugte Weg?

Das Schreiben von Code, der funktioniert, ist nur eine der Verantwortlichkeiten eines Entwicklers oder einer Entwicklerin. Wie Code formatiert wird, ist äußerst wichtig und legt die Grundlage, auf der jedes nachfolgende Codestück geschrieben wird. Darüber hinaus wirkt sich die Formatierung darauf aus, wie effizient ein neuer Entwickler oder eine neue Entwicklerin sich mit einer Codebasis vertraut machen kann. Codebasen, die konsistent geschrieben werden, können ein Gefühl der Vertrautheit schaffen, sodass Entwicklerinnen und Entwickler schnell zwischen Funktionen und Modulen springen können, während sie versuchen, die Informationen zu erhalten, die sie benötigen, um ein bestimmtes Szenario zu verstehen, oder wenn sie versuchen, das System als Ganzes zu verstehen.

Zu Beginn dieses Kapitels zeigen wir Ihnen die Motivation hinter der Codeformatierung für SAPUI5. Anschließend gehen wir auf spezifische Themen der Formatierung ein, einschließlich vertikaler und horizontaler Formatierung, Einrückung, XML-Views und TypeScript. Außerdem erklären wir Ihnen, wie Sie einen Code-Styleguide pflegen und die verfügbaren Formatierungswerkzeuge nutzen.

10.1 Motivation

Wenn wir durch eine Codebasis navigieren, erwarten wir, dass der Code sauber und aufgeräumt ist. Wir erwarten, dass Code ähnlich aussieht wie Code in anderen Modulen: Alle Elemente sind auf die gleiche Weise organisiert und in einer ähnlichen Reihenfolge.

Wir wollen schnell durch eine Codebasis lesen und scrollen. Wenn Sie anfangen, das Muster zu erkennen, in dem der Code geschrieben wird, können Sie einfacher navigieren, lesen und die in jedem Modul einer Anwendung verwendete Architektur und Logik verstehen. Wenn Sie beispielsweise Variablen immer vor allen Funktionen deklarieren oder Ihre Klammern immer auf die gleiche Weise öffnen, dann wissen Sie bereits, was Sie von einem Modul erwarten, das Sie noch nie besucht haben.

Ein Team kann aus mehreren Entwicklerinnen und Entwicklern bestehen, wobei jedes Teammitglied in seinen Merkmalen und Präferenzen einzigartig ist. Dennoch erwarten wir, dass der Output des Teams – die Codebasis – so aussieht, als ob dort konsistente Muster befolgt wurden. Unabhängig von der Größe des Teams sollten Sie also ein Regelwerk finden und vereinbaren, und jedes Teammitglied sollte diese Richtlinien einhalten.

Der Code, den Sie heute schreiben, wird morgen gepflegt – oft von einem anderen Entwickler oder einer anderen Entwicklerin. Ebenso arbeiten Sie mit Code, der von anderen Kollegen geschrieben wurde. Wenn der Code strukturiert, organisiert und einheitlich gestaltet ist, können Sie mit diesem Gefühl der Vertrautheit Ihre Arbeit effizienter erledigen. Ihr Code sollte Ihre Absicht mitteilen. Konsistente Formatierung bedeutet, dass sie dieselbe Sprache wie jedes andere Codestück spricht. Diese Code-Gestaltungsregeln – oder Richtlinien – allein sind leicht zu befolgen und anzuwenden. Wir empfehlen Ihnen außerdem, Codeautomatisierung zu verwenden, um die Einhaltung dieser Richtlinien zu vereinfachen und zu beschleunigen.

Die Automatisierung des Stils ermöglicht es Ihnen, sich mehr darauf zu konzentrieren, was Sie entwickeln, während gleichzeitig Konsistenz gewährleistet und Fehler vermieden werden. Konsistenz und geringere Fehleranfälligkeit bedeuten auch, dass Sie den Code-Review-Prozess vereinfachen können, indem Sie Ihren Code leichter lesbar machen und die Anzahl der Änderungsanfragen, die aus schlechter Formatierung resultieren, reduzieren.

10.2 Vertikale und horizontale Formatierung

In diesem Abschnitt konzentrieren wir uns darauf, wie Code gelesen wird und wie Sie den Bildschirmbereich am besten nutzen können. Wir untersuchen sowohl die vertikale Formatierung als auch die horizontale Formatierung und beschreiben die Vor- und Nachteile der beiden.

10.2.1 Vertikale Formatierung

Wie lang sollte eine Datei sein? Oder, wie groß sollte ein Modul sein? Die Antworten auf diese Fragen sind relativ und variieren von Fall zu Fall, aber wir verwenden einen Bereich von 200 bis 500 Zeilen als Ausgangspunkt. Wenn ein Modul auf über 500 Zeilen anwächst, sollten Sie einen Schritt zurückgehen, den Code als Ganzes betrachten und sich mehrere Fragen stellen: Ist das Modul für zu viele Dinge verantwortlich? Ist die vorhandene Abstraktion noch gültig? Können wir es aufteilen oder irgendwie verkleinern?

Stellen Sie sich eine Quelldatei als einen gut geschriebenen Zeitungsartikel vor. Sie lesen sie vertikal. Oben lesen Sie zuerst das Wichtigste – die Überschrift, die Ihnen gleich zu Beginn sagt, worum es in dem Artikel geht. Die Details werden erst sichtbar, wenn Sie sich in die Zeilen des Artikels vertiefen. Diese vertikale Formatierung können Sie auch auf Ihren Code anwenden. Ihre Modulnamen sollten so einfach und selbsterklärend sein, dass Ihre Absicht deutlich wird. Die nächsten Zeilen in den obersten Teilen der Datei sollten allgemeine Konzepte und Algorithmen liefern. Details sollten detaillierter werden, wenn Sie sich nach unten bewegen. Ein gut geschriebener Artikel sollte seine Absicht – seine Einführung – mit so wenig unnötigen Details wie möglich zum Ausdruck bringen.

In diesem Abschnitt werden wir einige wichtige Aspekte der vertikalen Formatierung behandeln.

Vertikale Offenheit vs. Dichte

Normalerweise lesen wir von oben nach unten, von links nach rechts. Im Code stellt jede Zeile einen Ausdruck, eine Klausel oder eine Zuordnung dar, die sich manchmal als Konzept ergänzen, wie z. B. in Listing 10.1 gezeigt.

```
const input = event.getSource();
const password = input.getValue();
const model = this.getView().getModel();
const oldPassword = model.getProperty('/password');
if (password.length > 24) {
  model.setProperty('/error', 'Password is too long!');
  // return
}
if (password === oldPassword) {
  model.setProperty('/error', 'Password cannot be repeated!');
  // return
}
model.setProperty('/password', password);
```

Listing 10.1 Code ohne richtiges Spacing

Beachten Sie, wie unübersichtlich unser Beispiel ohne richtigen Abstand ist. Im Code in Listing 10.2 fügen wir einige Kommentare zum gleichen Code hinzu, damit der Code besser verständlich ist.

```
// get info that user typed
const input = event.getSource();
const password = input.getValue();
const model = this.getView().getModel();
// get previously set info
const oldPassword = model.getProperty('/password');
// validate user input
if (password.length > 24) {
  model.setProperty('/error', 'Password is too long!');
  // return
}
// validate user input
if (password === oldPassword) {
  model.setProperty('/error', 'Password cannot be repeated!');
  // return
}
// set value if input is valid
model.setProperty('/password', password);
```

Listing 10.2 Code kann eine Intention mit vielen Aussagen ausdrücken.

Lassen Sie uns nun die Zeilen nach Konzepten gruppieren, so wie in Listing 10.3.

```
const input = event.getSource();
const password = input.getValue();
const model = this.getView().getModel();

const oldPassword = model.getProperty('/password');

if (password.length > 24) {
  model.setProperty('/error', 'Password is too long!');
  // return
}
if (password === oldPassword) {
  model.setProperty('/error', 'Password cannot be repeated!');
  // return
}

model.setProperty('/password', password);
```

Listing 10.3 Das gleiche Codebeispiel mit besserem Code

Beachten Sie, wie viel einfacher der Code jetzt zu lesen ist. Ähnliche Konzepte zu gruppieren und Leerraum (engl. Whitespace) zwischen verschiedenen Konzepten einzufügen, kann dabei helfen, zu identifizieren, was im Code passiert. Diese leeren Räume verursachen eine vertikale Offenheit, die begrenzt, an welcher Stelle ein Konzept endet und das nächste beginnt. Beim Lesen verwendet Ihr Auge diese leeren Linien, um direkt zum nächsten Konzept zu springen und dadurch eine Übersicht darüber zu gewinnen, was der Code macht. Wenn leere Zeilen Konzepte voneinander trennen, bedeutet das, dass zusammenhängende Zeilen Konzepte zusammenhalten. Diese vertikale Dichte gibt an, dass die Zeilen zum selben Konzept oder zur selben Gruppe gehören. Die Verwendung von vertikaler Nähe und Entfernung kann nützlich sein, aber ihre missbräuchliche Verwendung kann zu schwer lesbarem Code führen. In Listing 10.4 sehen Sie, wie Leerräume auch eine konzeptuelle Gruppierung auflösen können.


```
const input = event.getSource();

const password = input.getValue();

const model = this.getView().getModel();

const oldPassword = model.getProperty('/password');

if (password.length > 24) {

  model.setProperty('/error', 'Password is too long!');
  // return
}

if (password === oldPassword) {

  model.setProperty('/error', 'Password cannot be repeated!');
  // return
}

model.setProperty('/password', password);
```

Listing 10.4 Übermäßige Nutzung von Abständen

Wie in der Poesie führen Leerräume die Leserinnen und Leser; sie ermöglichen es, dass Wörter an einer bestimmten Position, nahe oder weit entfernt von anderen spezifischen Wörtern existieren.

Vertikaler Abstand

Konzepte, die miteinander in Beziehung stehen, sollten vertikal nahe beieinandergehalten werden. Diese Konvention kann nicht angewendet werden, wenn Konzepte in separaten Dateien vorhanden sind. In diesem Fall sollten Sie jedoch überdenken, ob die es sinnvoll ist, Konzepte, die so nahe beieinanderliegen, in separate Dateien aufzuteilen. Das Fehlen dieses inneren Flusses innerhalb eines Moduls kann dazu führen, dass Leserinnen und Leser immer wieder nach oben und unten scrollen, während sie versuchen, zu verstehen, wie ein Codeteil funktioniert und mit einem anderen in Verbindung steht.

Variablen sollten so nah wie möglich an ihrer Verwendung innerhalb einer Funktion deklariert werden. In kurzen Funktionen, wie in Listing 10.5 gezeigt, können Sie lokale Variablen oben im Funktionsrumpf oder innerhalb von Schleifenanweisungen deklarieren, die kurz sind und wahrscheinlich nahe an ihrer Verwendung liegen.

```
function getSelectedValues (inputArray) {
  const selected = [];
  for (let i = 0; i < inputArray.length; i++) {
    const current = inputArray[i];
    if (current.getSelected()) {
      selected.push(current);
    }
  }
  return selected;
}
getSelectedValues([]);
```

Listing 10.5 Variablen, die am Anfang kurzer Funktionen deklariert sind

Wenn Sie eine längere Funktion haben, sollten Deklarationen in der Nähe der Stelle bleiben, an der sie verwendet werden, so wie in Listing 10.6.

```
async function someComplexScenario () {
  const inputValue = this.fetchValueFromInput();
  const cleanInput = inputValue.trim();
  const response = await fetchDataFromBackend(cleanInput);
  const condition = response.status === 200;
  let resultingValue;
  if (condition) {
    resultingValue = getValueFromSourceA();
  } else {
    resultingValue = getValueFromSourceB();
  }
```

```
  /// ...
}
someComplexScenario();
```

Listing 10.6 Deklarierte Variablen in der Nähe ihrer Verwendung in längeren Funktionen

Die Eigenschaften von Modulen sollten, analog zu Instanzvariablen, zu Beginn des Moduls deklariert werden und immer nah beieinander. Beachten Sie, dass es sich bei dieser Konvention nicht um eine Regel handelt, die in Stein gemeißelt ist, sondern in SAPUI5-Standardmodulen und Codebeispielen in der Dokumentation üblich ist. Wenn Ihr Team einen anderen Weg bevorzugt, ist es wichtig, konsistent zu sein. Sie sollten jedoch vermeiden, diese Eigenschaften an unerwarteten Stellen anzulegen, wie in Listing 10.7 gezeigt, wo eine Validator-Eigenschaft zwischen zwei Methoden eingeführt wird. Stellen Sie sich vor, diese Methoden sind mit Code gefüllt – wenn Sie durch den Code scrollen, wird diese Eigenschaft unbemerkt untergehen.


```
Controller.extend('...', {
  formatter: new Formatter(),
  auxiliaryClass: new AuxiliaryClass(),
  screenDirtyState: false,

  // ...

  onSavePress: function () {
    // ...
  },

  triggerBackendSaveProcess: function (params) {
    // ...
  },

  validator: new ValidateBeforeSave(), // avoid

  onSubmitPress: function () {
    // ...
  }

  // ...
});
```

Listing 10.7 Vermeiden Sie das Mischen von Funktions- und Variablendeklarationen.

Wenn eine Funktion eine andere Funktion aufruft, dann sollten sie vorzugsweise vertikal nah beieinanderliegen, wobei die aufgerufene Funktion am besten unmittelbar unter der aufrufenden Funktion positioniert ist. Wenn mehr als eine Funktion (z. B. onListItemPress und onTableItemPress) eine andere Funktion (z. B. extractBindingPathFromEvent) aufruft, sollte extractBindingPathFromEvent direkt unter der Stelle angezeigt werden, an der es zuerst aufgerufen wird. Listing 10.8 zeigt dieses Konzept, das auf einen Beispiel-Controller angewendet wird, mit Methoden aus diesem Beispiel.

```
Controller.extend('...', {
  // ...
  onListItemPress: function (event) {
    const path = this.extractBindingPathFromEvent(event);
    // ...
  },

  extractBindingPathFromEvent: function (event) {
    return event.getSource().getBindingContext().getPath();
  },

  onTableItemPress: function (event) {
    const path = this.extractBindingPathFromEvent(event);
    // ...
  }

  // ...
});
```

Listing 10.8 Funktionen, die sich gegenseitig aufrufen, sollen nah beieinanderbleiben; wenn möglich, steht der Aufrufer über dem Aufgerufenen.

Darüber ergeben bestimmte Codeteile einfach mehr Sinn, wenn sie nahe beieinander stehen. Diese *konzeptionelle Affinität* tritt in der Regel auf, wenn Sie Variationen derselben Aufgabe haben, z. B. die Ereignisbehandlung für Komponenten, die eine ähnliche Ereignisbehandlung erfordern, oder Aktionen, die von Komponenten ausgelöst werden, die in einer bestimmten Reihenfolge auf dem Bildschirm angezeigt werden.

Ziehen Sie eine Symbolleiste mit drei Aktionen in Betracht: Importieren, Aktualisieren und Speichern. Es ist sinnvoll, diese Funktionen im Code nahe beieinander darzustellen, wie in Listing 10.9 gezeigt.

```
Controller.extend('...', {
  // ...

  onImportPress: function () {

  },
```

```
  onRefreshPress: function () {

  },

  onSavePress: function () {

  }

  // ...
});
```

Listing 10.9 Code, der sinnvoll zusammengehört

Wie in einem Zeitungsartikel folgt die Reihenfolge einer Abwärtsrichtung. Sie möchten zuerst die wichtigsten Informationen lesen und dann zu den Details wechseln. Da Module eng an ihre Views gebunden sind, kann in Controllern die Zugänglichkeit gefördert werden, indem die Struktur des Views von Ihrer Codestruktur gespiegelt wird. Wenn Methoden zu groß werden, zögern Sie nicht, einen Teil der Verantwortung zu delegieren, indem Sie sie in Helper-Module aufteilen.

10.2.2 Horizontale Formatierung

Im vorherigen Abschnitt haben wir angesprochen, wie groß Dateien sein sollten und wie wir die vertikale Struktur unserer Quelldateien verbessern können. Aber wie breit sollten unsere Zeilen sein?

In einer idealen Welt sollten wir uns bemühen, unsere Zeilen so kurz wie möglich zu halten, aber das ist nicht immer möglich. Der klassische Hollerith-Grenzwert von 80 Zeichen pro Zeile – die Anzahl der Spalten pro Zeile in einer IBM-Lochkarte – ist ein guter Anfang, aber Sie können diesen Wert problemlos auf 100 oder 120 erweitern.

Eine Faustregel ist, dass es notwendig sein sollte, horizontal zu scrollen. Stellen Sie Ihren Editor daher so ein, dass Zeilen nach 120 Zeichen abgeschnitten werden, da diese Menge den Bildschirm möglicherweise nicht vollständig ausfüllt, abhängig von Ihrer Bildschirmgröße und Schriftgröße.

In diesem Abschnitt behandeln wir einige wichtige Aspekte der horizontalen Formatierung.

Horizontale Offenheit vs. Dichte

Wie bei der vertikalen Achse können Sie Abstände verwenden, um Assoziationen zwischen Elementen in einer Anweisung anzulegen oder zu entfernen. Listing 10.10 zeigt Beispiele für Leerräume (und deren Abwesenheit), die zum Anlegen von Assoziationen verwendet werden. Beachten Sie, wie Inkrement-Operatoren neben der zu ändernden Variable beibehalten werden und wie wir Leerzeichen nutzen, um die Elemente einer Zuweisung zu trennen.

```
amount++;
const model = this.getView().getModel();
```

Listing 10.10 Whitespace kann Verbindung oder Trennung erzeugen, je nachdem, wie er verwendet wird.

Verwenden Sie Leerzeichen als Trennzeichen zwischen zwei Abschnitten in einem Satz. Eine Zuweisung (engl. Assignment) ist ein Satz, der aus zwei Abschnitten besteht – dem Element, das die Zuweisung empfängt, und der Anweisung, die die zuzuweisende Ausgabe erzeugt. In diesem Fall können Leerzeichen verwendet werden, um diese Trennung hervorzuheben.

Gleichwohl werden Funktionen durch das reservierte Wort `function` und ihre Signaturen definiert – ihre Namen und Argumente, die sie erhalten, gefolgt von ihrer Implementierung in einem Block.

Ob Sie Leerzeichen nach Funktionsnamen und bei den Argumenten nutzen wollen, ist eine Entscheidung, die von Ihrem Team getroffen werden muss. Für Argumente sollten Sie jedoch geeignete Abstände verwenden, da Argumente voneinander unterschieden werden müssen. Listing 10.11 kontrastiert unterschiedliche Abstände vor einer Klammer nach einem Funktionsnamen.

```
function getProperty(propertyName, anotherProperty) {}
function getFullProperty (propertyName, anotherProperty) {}
```

Listing 10.11 Whitespace kann Einfluss darauf haben, wie wir Funktionsdeklarationen lesen.

Eine weitere mögliche Verwendung von Whitespace besteht darin, den Vorrang von Operatoren zu betonen. Diese Verwendung kann besonders bei Operationen auf Strings hilfreich sein, wie in Listing 10.12 gezeigt.

```
sap.ui.define([], function () {
  return {
    shouldHighlightRow: function (amount, minAmount, threshold) {
      return amount > minAmount*threshold - 20;
    },
    formatProductName: function (productCode, productName) {
      return productName + ' (' + productCode + ')';
    }
  };
});
```

Listing 10.12 Whitespace kann es vereinfachen, Operationen zu lesen, indem er deren Vorrang hervorhebt und dabei hilft, ihre verschiedenen Komponenten voneinander zu trennen.

Wie in Listing 10.12 gezeigt, sind `minAmount` und `threshold` nah beieinander, da sie in dieser Geschäftsregel eng miteinander verbunden sind. Beachten Sie, dass Tools zum Formatieren von Code möglicherweise nicht die Wahl berücksichtigen, keine Leerzeichen zwischen diesen beiden Elementen beizubehalten. Wenn Sie diese Regel einhalten möchten, achten Sie darauf, dass Ihr Tool Ihre Wünsche respektiert oder diese Konfiguration zulässt.

Horizontale Ausrichtung

Vermeiden Sie es, Elemente an ihren Strukturen auszurichten, da dies dazu führen kann, dass das Auge von wichtigen Dingen abgelenkt wird. Sehen wir uns den in Listing 10.13 gezeigten Code als Beispiel an.


```
const constants = {
  serviceEntities: {
    products        : 'ProductEntityName',
    categories      : 'CategoryEntityName',
    deliveryMethods : 'DeliveryMethodEntityName',
    paymentMethods  : 'PaymentMethodEntityName',
    pricing         : 'PricingMethodEntityName',
    shoppingCart    : 'ShoppingCartEntityName'
  }
};
```

Listing 10.13 Das Ausrichten vertikaler Spread-Strukturen zur Organisation kann zu versteckten Problemen führen.

Bei dem Code in Listing 10.13 tendieren Leserinnen und Leser wahrscheinlich dazu, zunächst auf die Strukturgröße zu blicken, da die Elemente in der Mitte (in diesem Fall die Doppelpunkte) die dominantesten Elemente sind. Danach sind die Strings wahrscheinlich die nächsten Elemente, zu denen das Auge navigieren wird, aufgrund ihrer Nähe zu den Doppelpunkten, und erst danach folgen die einzelnen Eigenschaftsnamen. Die Leserinnen und Leser erkennen möglicherweise nicht einmal, dass sich diese gesamte Struktur in einer anderen Eigenschaft des `constants`-Objekts befindet.

Dies ist jedoch nicht, was wir erreichen möchten. Wir möchten, dass die Leserinnen und Leser wissen, worum es bei diesen Informationen geht. Ein besserer Ansatz besteht dann darin, nur nicht ausgerichtete Elemente zu verwenden, wie in Listing 10.14.

```
const constants = {
  serviceEntities: {
    products: 'ProductEntityName',
    categories: 'CategoryEntityName',
    deliveryMethods: 'DeliveryMethodEntityName',
    paymentMethods: 'PaymentMethodEntityName',
```

```
    pricing: 'PricingMethodEntityName',
    shoppingCart: 'ShoppingCartEntityName'
  }
};
```

Listing 10.14 Die andere Ausrichtung ändert die Wahrnehmung.

Das Problem, das die Ausrichtung zu lösen versucht, ist die Länge der Listen – was ein Symptom im Code sein kann, das auf eine Konstante oder ein Modul mit zu vielen Zuständigkeiten hinweist. Gehen Sie immer einen Schritt zurück und prüfen Sie, ob Sie den Code in verschiedene Module aufteilen oder überlegen Sie, ob Ihre Abstraktion noch gültig ist.

10.3 Textbereich ein- oder ausrücken

In diesem Abschnitt werden wir erläutern, wie Text eingerückt werden sollte, und die Bedeutung von hierarchisch angeordnetem Text hervorheben.

Wir kehren noch einmal zur Zeitungsmetapher zurück: Wie können wir den Text eines Artikels strukturieren? Wie in Abbildung 10.1 dargestellt, folgt der Text in der Regel einer Hierarchie. Der Text beginnt mit einer Überschrift und einer Verfasserzeile, die grundlegende Informationen darüber enthalten, worum es im Text geht. Dann kommt die Einführung, die eine einfache Beschreibung enthält, dann geht der Artikel ins Detail und kommt zum Schluss.

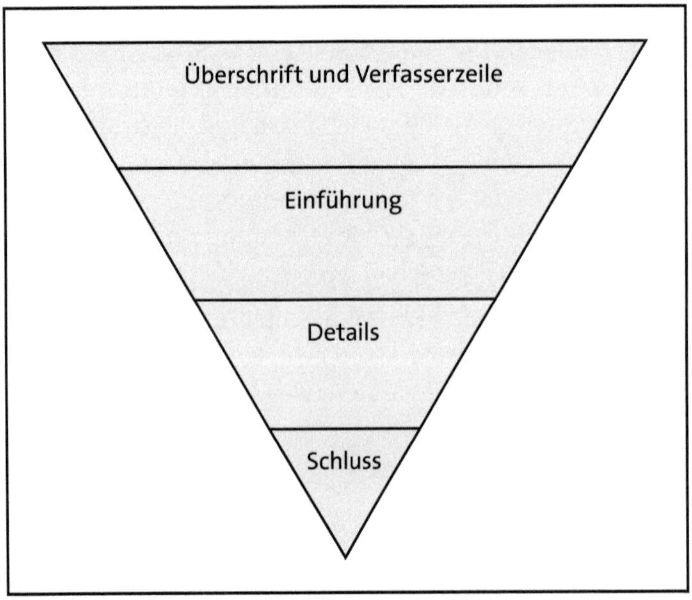

Abbildung 10.1 Einfache Zeitungsartikelstruktur

Gut geschriebener Code folgt in seiner Struktur der gleichen Idee: Eine Funktion hat einen Namen und Argumente (ihre Überschrift); sie enthält eine übergeordnete Implementierung (eine Einführung), und darunter sind Details in ihrer Implementierung enthalten. Eine Funktion kann am Ende etwas zurückgeben oder nicht.

Stellen Sie sich nun einen Artikel ohne Hierarchie vor, was genauso verwirrend wäre wie Code, der in einer einzigen Zeile geschrieben wird. Sie hätten Codestücke, die sich auf die Quelldatei als Ganzes beziehen, durchsetzt mit Code für einzelne Module, Funktionen und If-Scopes, und Sie hätten Codeblöcke innerhalb von Codeblöcken. Diese Verwirrung ist der Grund, warum wir Code einrücken. Mit der Einrückung können Sie die Hierarchie des Codes für die Leserinnen und Leser sichtbar machen. Als Leser oder Leserin von Code können Sie schnell durch Blöcke springen und den Kontext eines beliebigen Codes verstehen. Sie können Codeblöcke überspringen, die für Ihre aktuelle Aufgabe nicht relevant sind. Sie können schnell am Anfang jeder Zeile nach Funktionen und Variablendeklarationen suchen.

Betrachten Sie das Beispiel in Listing 10.15, bei dem es sich um gültigen JavaScript-Code handelt.

```
function setAllListItemsToDone (list) { const listItems = list.getItems();
for (let i = 0; i < listItems.length; i++) { if (listItems[i].getVisible())
{ listItems[i].setProperty('status', 'done'); } } }
```

Listing 10.15 Schwer lesbarer Code ohne Einzüge

Dieser Code funktioniert, aber wie lange brauchten Sie, um zu verstehen, was er macht? Kann er schnell gelesen und zusammenhängender Code darin gefunden werden?

Betrachten Sie hingegen das Beispiel in Listing 10.16, bei dem es sich um denselben Code wie in Listing 10.15 handelt, jedoch mit korrekter Einrückung.

```
function setAllListItemsToDone (list) {
  const listItems = list.getItems();
  for (let i = 0; i < listItems.length; i++) {
    if (listItems[i].getVisible()) {
      listItems[i].setProperty('status', 'done');
    }
  }
}
```

Listing 10.16 Gut lesbarer Code mit korrekter Einrückung

In dem Code in Listing 10.16 können Sie viel einfacher herausfinden, worum es sich bei dieser Funktion handelt: Sie erhält eine Listenkomponente, holt alle ihre Elemente und setzt die Eigenschaft der sichtbaren Position `status` auf `done`. Sie können schnell zählen, wie viele Strukturen vorhanden sind, und schnell sehen, ob eine Schleife oder ein `if` vorhanden ist.

Manchmal sind die Funktionen so klein, dass Sie möglicherweise versucht sind, Einrückungskonventionen zu unterlassen, wie in Listing 10.17 gezeigt.

```
sap.ui.define(['sap.ui.core.mvc.Controller'], function (Controller) {
  return Controller.extend('...', {
    getModel: function () { return this.getView().getModel(); },
    getParentView: function () { return this.getView().getParent(); }
  });
});
```

Listing 10.17 Code, bei dem auf konsistente Einrückung verzichtet wurde

Ein besserer Ansatz, diese Versuchung zu vermeiden, ist, nach Konsistenz und Leichtigkeit des Lesens zu streben. Stellen Sie sich vor, eine einzelne Funktion geht zwischen zwei anderen, längeren Funktionen verloren, wie in Listing 10.18 gezeigt.

```
function longMethod1 () {
  // statement that extends until the end of the line
  // statement that extends until the end of the line
  // statement that extends until the end of the line
  // statement that extends until the end of the line
}
function veryShortMethod () { return true; }
function longMethod2 () {
  // more statements that extend until the end of the line
  // more statements that extend until the end of the line
  // more statements that extend until the end of the line
  // more statements that extend until the end of the line
}
```

Listing 10.18 Aufbrechen der Einrückung kann dazu führen, dass Sie kurze Methoden überspringen.

Solch ein kleiner Einzeiler, auch wenn er nicht ganz übersehen wird, folgt nicht dem Rest der Struktur der Datei. In diesem Fall ist es besser, stattdessen die Geltungsbereiche zu erweitern und einzurücken, wie in Listing 10.19 gezeigt.

```
sap.ui.define([
  'sap.ui.core.mvc.Controller'
], function (Controller) {
  return Controller.extend('...', {
    getModel: function () {
```

```
      return this.getView().getModel();
    },
    getParentView: function () {
      return this.getView().getParent();
    }
  });
});
```

Listing 10.19 Richtig eingegliederte kurze Blöcke verbessern die Lesbarkeit.

10.4 XML-Views

SAPUI5-Fragmente und -Views sind standardmäßig in XML-Dateien definiert. Da diese Definitionen stark daran gebunden sind, wie unsere Bildschirme Code darstellen, sollten Sie dafür sorgen, dass ähnliche Konzepte automatisch nah beieinanderliegen, und zwar in einer logischen Reihenfolge. Manchmal sind jedoch andere in diesem Kapitel diskutierte Konzepte anwendbar.

Es ist üblich, die Dateien in einem Ordner mit dem Namen `view` oder `fragments` aufzubewahren. Diese Dateien werden ständig zusammen bearbeitet – warum sollten Sie sie also nicht zusammenhalten?

In diesem Abschnitt erläutern wir, wie Sie die bisher besprochenen Formatierungskonventionen auf XML-Dateien anwenden können.

10.4.1 Vertikaler Abstand und Eigenschaften

Leerzeilen (oder das Fehlen von Leerzeilen) können verwendet werden, um zwei verschiedene Teile des Bildschirms hervorzuheben, wie in Listing 10.20 gezeigt.

```
<!-- ... -->
<Page>
  <content>
    <!-- ... -->
  <content>
</Page>

<Page>
  <content>
    <!-- ... -->
  <content>
</Page>
```

Listing 10.20 Leerzeilen zum Hervorheben der Unterteilung zwischen zwei »sap.m.Pages«

Wenn Sie mit dem Lesen einer Komponentendefinition in einer XML-Datei (oder einem XML-Knoten) beginnen, wird von oben nach unten gelesen. Denken Sie daran, unsere Augen tendieren dazu, schnell zu wandern, während wir durch Code schauen. Es empfiehlt sich, wichtige Parameter wie die ID in den oberen Teilen beizubehalten. Die ID einer Komponente kann zusätzlich zu Testzwecken nützlich sein, um den Leserinnen und Lesern mitzuteilen, wofür diese Komponente verantwortlich ist. Es ist ein Input, aber wofür?

Als Nächstes können Sie entscheiden, wie Ihre Parameter in einem XML-Knoten angezeigt werden sollen. Halten wir alles inline? Werden Zeilenumbrüche zwischen den einzelnen Komponenten eingefügt? Ihre Auswahl hängt davon ab, was in Ihren Codestilrichtlinien definiert wurde. Listing 10.21 enthält einige Beispiele dafür, wie Komponenten aussehen, bei denen verschiedene Stile für die Zuordnung von Eigenschaftsinformationen verwendet wurden: eine Eigenschaft pro Zeile, in Komponenten mit einer oder mehreren Eigenschaften, alle Eigenschaften inline und gemischt.

```
<!-- One property per line in a component with multiple properties -->
<IconTabBar
  expandable="false"
  expanded="true"
  headerBackgroundDesign="Transparent"
  backgroundDesign="Transparent"
  stretchContentHeight="true"
  headerMode="Inline">
  <!-- ... -->
</IconTabBar>

<!-- All properties inline in a component with multiple properties -->
<IconTabBar expandable="false" expanded="true" headerBackgroundDesign=
"Transparent" backgroundDesign="Transparent" stretchContentHeight=
"true" headerMode="Inline">
  <!-- ... -->
</IconTabBar>

<!-- One property per line in a component with one property -->
<Text
  text="Hello world!"/>
<Text
  text="Hello world!"/>

<!-- Component with one property inline-->
<Text text="Hello world!"/>
<Text text="Hello world!"/>
```

```
<!-- Component with more than one property, one inline, others with line
breaks -->
<core:Icon id="myIcon"
  class="sapUiTinyMarginEnd"
  src="sap-icon://chart-table-view"/>
```

Listing 10.21 Komponenteneigenschaft in XML-Dateien aufteilen

Beachten Sie, dass eine Komponente mit so vielen Eigenschaften in einer einzelnen Zeile schwer lesbar ist, im Gegensatz zu einer Eigenschaft pro Zeile. Eine Eigenschaft inline zu haben und die anderen unten aufzubrechen, ist nicht üblich, kann aber funktionieren, wenn allen Komponenten IDs zugeordnet sind.

Zeilen aufzubrechen ist effektiver bei der Verbesserung der Lesbarkeit, wenn Sie mehr als nur ein paar Eigenschaften haben. An dieser Stelle kommt es auf die Kohärenz am meisten an.

XML-Tags können auch in der nächsten Zeile aufgeschlüsselt werden. Ein Vorteil dieses Ansatzes besteht darin, dass Sie schließende Tags nicht verschieben müssen, wenn Sie einer Komponente weitere Parameter hinzufügen. Ein Verwendungsbeispiel wird in Listing 10.22 gezeigt.

```
<!-- Doesn't look good if done in a single liner -->
<Text text="Hello world!"
/>

<!-- Component containing another, both with multiple properties -->
<HBox
  id="clickMeButtonContainer"
  justifyContent="Center"
  alignItems="Center"
>
  <Button
    id="clickMeButton"
    text="Click me!"
    press="onClickMePress"
  />
</HBox>
```

Listing 10.22 Schließen von Tags mit Zeilenumbrüchen

10.4.2 Aggregationen

Wenn Sie nur die Standardaggregation verwenden, müssen Sie sie nicht explizit im View definieren. Listing 10.23 zeigt ein Beispiel mit der standardmäßigen Aggregation `items`, wobei die Nichtdeklaration im oberen Teil mit der Deklaration im unteren Teil übereinstimmt.

```
<HBox>
  <Button />
  <Button />
</HBox>

<!-- is the same as -->

<HBox>
  <items>
    <Button />
    <Button />
  <items>
</HBox>
```

Listing 10.23 Das Definieren der »items«-Aggregation im View und das Nicht-Definieren führen zum gleichem Ergebnis.

Wenn Sie weitere Aggregationen verwenden, definieren Sie sie in der Reihenfolge, in der sie auf dem Bildschirm angezeigt werden. Dies ist beim Lesen der Datei sinnvoller. Auf diese Weise können Sie parallel verfolgen, was auf dem Bildschirm gerendert wird, von oben nach unten. Wenn Sie eine Aggregation verwenden, die nicht auf dem Bildschirm gerendert wird (z. B. `customData` oder `layoutData`), behalten Sie diese Aggregationen im oberen Teil bei. Listing 10.24 zeigt ein Beispiel, in dem eine `sap.f.Card`-Komponente verwendet wird und ihre inneren Aggregationen so definiert sind, wie sie auf dem Bildschirm gerendert werden. Beachten Sie, wie einfach Sie Code lesen können, der sich auf den Bildschirm bezieht.

```
<core:FragmentDefinition
  xmlns="sap.m"
  xmlns:f="sap.f"
  xmlns:card="sap.f.cards">
  <f:Card>
    <f:layoutData>
      <FlexItemData
        maxWidth="400px"
        growFactor="1"/>
    </f:layoutData>
    <f:header>
      <card:Header
        title="{i18n>cardTitle}"/>
    </f:header>
```

```
    <f:content>
      <VBox
        class="sapUiSmallMargin"
        height="100%"
        justifyContent="SpaceBetween">
        <Label
          class="sapUiSmallMarginBottom"
          text="{i18n>labelInCard}"
          wrapping="true"/>
        <Title
          text="{i18n>textInCard}"/>
      </VBox>
    </f:content>
  </f:Card>
</core:FragmentDefinition>
```

Listing 10.24 »sap.f.Card«-Komponente mit Aggregationen in Rendering-Reihenfolge definieren

10.4.3 Bindings

Mit SAPUI5 können Sie Bindings direkt im View anlegen und definieren. Es ist jedoch sehr wichtig, eine sinnvolle Formatierung zu verwenden, um die Binding-Definitionen leicht lesbar, verständlich und letztendlich auch leicht wartbar zu machen.

Aggregation-Bindings werden durch JavaScript-Objekte dargestellt. Daher können Sie auf diese Bindings ähnliche Prinzipien anwenden wie bereits besprochen: Richtige Abstände, Einrückungen und Zeilenumbrüche können Ihren Code verständlicher machen.

Listing 10.25 zeigt ein Beispiel, das zwei Aggregation-Bindings definiert: eines, bei dem sich jedes Element in derselben Zeile befindet, und ein anderes, das ähnlich wie ein JavaScript-Objekt formatiert ist, mit Zeilenumbrüchen und Einrückungen.

```
<!-- ok -->
<List
  items="{ path: '/pageOne/content' }">
<!-- not ok -->
<List
  items="{path: '/pageOne/
content', templateShareable:false, sorter: {path: 'name', descending: false, g
roup: '.getName'}}">
<!-- prefer instead: -->
<List
  items="{
```

```
    path: '/pageOne/content',
    templateShareable: false,
    sorter: {
      path: 'name',
      descending: false,
      group: '.getName'
    }
  }">
```

Listing 10.25 Organisieren von View-Definitionen, die Aggregation-Binding verwenden

Expression-Bindings folgen einer ähnlichen Vorgehensweise. Idealerweise sollten Sie sich auf die Verwendung von Expression-Bindings beschränken, wenn Sie eine einfache Logik benötigen, die nur an dieser Stelle verwendet wird. Diese Logik wird in der Regel in eine einzelne Zeile geschrieben. Wenn die Logik in mehrere Zeilen aufgeteilt werden muss oder wenn Sie anfangen, dieselbe Logik an mehreren Stellen anzuzeigen, ziehen Sie in Betracht, diese Logik in eine Formatter-Methode zu verschieben.

Die Aufgabe eines Views ist es, festzulegen, wie der Bildschirm aufgebaut werden soll, einschließlich welche Komponenten verwendet werden oder wie die Hierarchie zwischen Komponenten, Komponenteneigenschaften und Komponenten-Bindings aufgebaut ist. Anwendungslogik und Geschäftsregeln sollten dagegen *nicht* im View vorhanden sein – der View sollte mit dem Controller interagieren, der dann Zugriff auf die Klassen bietet, die Ihre Anwendungslogik enthalten. Mit diesem Ansatz kann ein Entwickler oder eine Entwicklerin auch Modultests für diese Teile der Anwendungslogik schreiben – was die Entwicklung sogar schneller machen kann, da der Feedback-Zyklus eines Modultests schneller ist als das erneute Laden des gesamten Anwendungsscreens und das Simulieren von Szenarien, um zu überprüfen, ob die Logik, die der Entwickler oder die Entwicklerin gerade geschrieben hat, ordnungsgemäß funktioniert.

Listing 10.26 zeigt ein Szenario, in dem Sie Logik aus dem View extrahieren und eine Formatter-Methode anlegen sollten. Wir haben drei Kommentare: ok, der ein Beispiel zeigt, bei dem es in Ordnung ist, ein Expression-Binding zu verwenden; not ok, der ein Expression-Binding mit komplexer Logik zeigt, die potenziell wiederverwendet werden kann; und prefer, der die optimale Lösung für das Szenario not ok zeigt.

```
<!-- ok -->
<Button
  id="removeItemButton"
  visible="{= ${/itemList}.length > 0 }">
<!-- not ok -->
<Text
  id="fullNameText"
```

```
  visible="{= ${/formEditableStatus} !== 'Editable' &bnsp;&bnsp; (${/
firstName} !== '' || ${/lastName} !== '')}">
<!-- prefer -->
<Text
  id="fullNameText"
  visible="{
    parts: [
      '/formEditableStatus',
      '/firstName',
      '/lastName'
    ],
    formatter: '.formFormatter.shouldFullNameTextBeVisible'
  }">
```

Listing 10.26 Vermeiden Sie komplexe Logik in Expression-Bindings.

10.5 Weitere Hinweise

In diesem Abschnitt gehen wir auf einige kleine Bedenken ein, die wir in diesem Buch noch nicht angesprochen haben. Berücksichtigen Sie diese Punkte, wenn Sie mit Ihrem Team Richtlinien für den Codestil und die Editorkonfiguration besprechen.

10.5.1 Tabs vs. Leerzeichen

Die Verwendung von Tabs vs. Leerzeichen ist eine gängige Debatte in der Entwickler-Community, unabhängig von der Technologie. Einerseits ist ein Leerzeichen überall eine Spalte, unabhängig von der Maschine. Ein Tab kann zwei, drei, vier oder noch mehr Spalten darstellen. Andererseits ist ein Tab ein Zeichen, das zur Einrückung vorgesehen ist. Entwicklerinnen und Entwickler mit unterschiedlichen Präferenzen können ihre Rechner auf eine Größe einstellen, die sie am besten finden, ohne den Code effektiv zu ändern.

Heutzutage können Texteditoren problemlos mit beiden Modi arbeiten – durch Drücken der [⇆]-Taste werden Leerzeichen geschrieben, und Sie können die Anzahl der Leerzeichen, aus denen sich ein Einzug in einer Datei zusammensetzt, leicht ändern.

Worauf es ankommt, ist Konsistenz. Inkonsistenzen zwischen Entwicklerrechnern können dazu führen, dass durch Git Änderungen bei den Leerzeichen vorgenommen werden, wodurch eine Codeprüfung oder eine Dateihistorie mit Änderungen ausgelöst wird, die eigentlich zu vernachlässigen sind.

10.5.2 Zeilenenden

Unterschiedliche Betriebssysteme behandeln Text unterschiedlich, dazu gehört auch die Definition von Zeilenenden. Generell verwenden Betriebssysteme folgende Zeilenenden:

- Windows: `\r\n`
- Mac (OS 9-): `\r`
- Mac (OS 10+): `\n`
- Unix/Linux: `\n`

Als wir dieses Buch geschrieben haben, wurde für aktive Entwicklung selten ein Mac-OS-9-System verwendet. Dennoch haben Sie möglicherweise eine Mischung aus Windows- und Mac-Rechnern, und wenn Zeilenenden von allen Texteditoren nicht ordnungsgemäß verarbeitet werden, kann dasselbe Verhalten auftreten, das wir zuvor für Tabs und Leerzeichen beschrieben haben. Das Speichern einer Datei führt zu Änderungen an Zeilenenden, die dazu führen, dass Git mit unzulässigen Informationen überfüllt wird.

Es gibt nicht den einen Vorteil mit einem der Formate (diese Inkonsistenz ist ein Vermächtnis von Computern, die das vor mehr als fünfzig Jahren von Teletypmaschinen übernommen haben); wieder einmal ist das, was zählt, Konsistenz.

[»]

Zeilenenden mit Git

Wenn Git verwendet wird, können Sie alternativ die gewünschte Auswahl an Zeilenenden in der **.gitattributes**-Datei festlegen, und Git verarbeitet für Sie automatisch Zeilenenden in Commits.

10.5.3 Dangling Commas

Linter und Textformatierer verfügen häufig über Optionen zum automatischen Hinzufügen von sogenannten *Dangling Commas* (im Deutschen etwa »hängende Kommas«) an den Enden von Objekten. Aber was ist ein Dangling Comma?

Ein Dangling Comma ist ein Komma, das hinter dem letzten Element eines Objekts steht – es »hängt« also, da danach nichts folgt, wie in Listing 10.27 gezeigt.

```
const myObject = {
  memberOne: "value one",
  memberTwo: "value two", // <-- that is a dangling comma
};
```

Listing 10.27 Beispiel für ein Dangling Comma

Mit dem Dangling Comma können Sie Elemente aufgrund der Kommapositionierung verschieben, ohne den Code zu invalidieren. Wenn Sie nach dem letzten Element ein Element hinzufügen, wird anstatt zwei nur eine Zeilenänderungen in der Git-Historie ausgelöst, da das Komma bereits im vorherigen Element vorhanden war. Aber die Verwendung von Dangling Commas ist eine Frage der Vorliebe und sollte mit Ihrem Team besprochen werden.

10.5.4 Ternäre Operatoren und Inlinelogik

Ternäre Operatoren sind Operatoren zum Ausdrücken grundlegender bedingter Ausdrücke (wie ein Inline-`if`) und sind Teil der Syntax vieler Programmiersprachen. Diese Operatoren können sowohl in JavaScript- als auch in XML-Code angezeigt werden, wenn sie mit Expression-Bindings verwendet werden.

Manchmal ist es eine gute Idee, einfache Logik in einer einzelnen Zeile auszudrücken, wie in Listing 10.28 gezeigt.

```
let isValid = this.isEditable() ? this.validateUserInput() : true;

// or, you can write as
isValid = !this.isEditable() || this.validateUserInput();
```

Listing 10.28 Inlinelogik kann nützlich sein, um einfache Logik ohne große Aufteilungen auszudrücken.

Das Ideal ist, dass ein ternärer Operator einfach und leicht verständlich ist. Probleme treten auf, wenn Sie diese Logik erweitern müssen. Sie könnten in Versuchung geraten, auf der vorhandenen Logik aufzubauen, was dazu führen kann, dass ein einfacher einzeiliger ternärer Operator zu einem Klumpen von Code wird, wie in Listing 10.29 gezeigt.

```
/* eslint-disable */
function shouldDisplayPersonInfo (model) {
  return model.getProperty('/firstName') !== undefined &&
    model.getProperty('/lastName') !== undefined &&
    model.getProperty('/age') < 18
      ? (model.getProperty('/hasParentsConsent')
        ? model.getProperty('/responsibleName') !== undefined
        : false)
      : true;
}
```

Listing 10.29 Eine komplexe Bedingung in ternärer Form kann schwer lesbar sein.

Den Code für diese Fälle angemessen zu formatieren, ist recht schwierig; die Alternative besteht darin, den ternären Operator mit if-Anweisungen neu zu refaktorieren und mehr vertikalen Platz zu verwenden, damit der Code leichter lesbar ist. Sie können die zugehörigen Bedingungen auch in separate Variablen und weitere Methoden aufteilen. Sehen wir uns den Code in Listing 10.30 an, bei dem wir die Funktion von ternären Operatoren in normale if-Anweisungen konvertiert haben – in diesem Fall verbessert sich die Lesbarkeit bei gleichbleibender Funktionalität.

```
function shouldDisplayPersonInfo (model) {
  const isNamedFilled = model.getProperty('/firstName') !== undefined &&
    model.getProperty('/lastName') !== undefined;

  const isPersonLegallyAllowed =
 findIfPersonIsLegallyAllowedToBeDisplayed(model);

  return isNameFilled && isPersonLegallyAllowed;
}

function findIfPersonIsLegallyAllowedToBeDisplayed (model) {
  if (model.getProperty('/age') > 18) {
    return true;
  }
  if (!model.getProperty('/hasParentsConsent')) {
    return false;
  }
  return model.getProperty('/responsibleName') !== undefined;
}
```

Listing 10.30 Verwirrende Ternärlogik sollten Sie in Code umschreiben, der mehr Zeilen beansprucht, aber leichter zu lesen und zu verstehen ist.

Der in diesem Refactoring geschriebene Code verbraucht sicherlich mehr vertikalen Platz. Sie erkennen jedoch sicherlich, wie viel leichter der Quelltext zu lesen und zu pflegen ist. Dieses Beispiel zeigt, wie schlecht ternäre Operatoren werden können, je nachdem, wie neue Funktionen hinzugefügt werden.

Für einfachere Bedingungen, die nicht ternär sind, können Sie Zeilen nach den Operatoren umbrechen. Wenn Sie den Text vertikaler halten, vereinfachen Sie die Pflege, verbessern Git-Historienvergleiche und beschleunigen sowohl die Bearbeitung als auch das Lesen. Listing 10.31 zeigt ein Beispiel für gestrichelte Linien mit AND-Bedingungen.

```
if (
  model.getProperty('/selectedValue') >= 0 &&
  model.getProperty('/selectedValue') <= 100
) {
  // logic
}
```

Listing 10.31 Bedingungen in einer »if«-Anweisung in mehrere Zeilen zerlegt

Wenn die Logik zu komplex wird, extrahieren Sie sie in eine Funktion, um den Code sauber zu halten. Versuchen Sie in diesem Prozess immer, die Funktion direkt unter der Stelle zu behalten, an der sie extrahiert wurde. Wenn Sie mehr Code extrahieren und am Ende mehr als eine Funktion erstellen, folgen Sie derselben Logik und behalten den Code in der ursprünglichen Reihenfolge, bevor er extrahiert wird. Listing 10.32 zeigt ein Beispiel mit einem ähnlichen Szenario, aber wir haben uns stattdessen dafür entschieden, die Logik in eine Funktion zu extrahieren. Dieser Ansatz ermöglicht die Wiederverwendung von Code und macht Ihren Code leichter verständlich, da Sie nun die Funktion so benennen können, dass sie deren Logik widerspiegelt.

```
if (isSelectedValueInsideAllowedRange(model)) {
  // logic
}
// ...
function isSelectedValueInsideAllowedRange (model) {
  return model.getProperty('/selectedValue') >= 0 &&
    model.getProperty('/selectedValue') <= 100;
}
```

Listing 10.32 Vermeiden Sie das Anlegen komplexer Bedingungen innerhalb von »if«-Anweisungen.

10.6 Formatierung für TypeScript in SAPUI5

Wenn Sie TypeScript in Ihrem SAPUI5-Projekt verwenden, sind die Aspekte, die wir bisher in diesem Kapitel besprochen haben, ebenfalls gültig. Aber einige zusätzliche Punkte sind spezifisch für TypeScript.

In Abschnitt 2.2, »TypeScript«, haben wir Ihnen TypeScript vorgestellt, und in Kapitel 14, »TypeScript und verwandte Technologien«, werden wir aktuelle TypeScript-/SAPUI5-Ansätze und -Implementierungen besprechen. Für diesen Abschnitt ist das von uns verwendete Basisprojekt das Repository `ui5-typescript-helloworld`, das sich in der SAP-Beispielorganisation auf GitHub befindet und Babel für das Transpiling verwendet. Weitere Informationen finden Sie unter *http://s-prs.de/v1005048*.

In diesem Abschnitt erfahren Sie, wie Sie Ihren TypeScript-Code besser formatieren und organisieren können. Beachten Sie, dass alle bisher diskutierten Grundsätze gelten (sie können unabhängig von der Technologie angewendet werden).

10.6.1 Typen vs. Schnittstellen

Typen und Schnittstellen sind leistungsstarke Funktionen von TypeScript, mit denen Sie Ihre Software besser skalieren und strukturieren können. Ob Sie das eine oder andere verwenden, ist ein offenes Thema. Letztendlich gibt es keine Vor- oder Nachteile bei der Wahl zwischen Typen und Schnittstellen, und die Wahl ist eine Frage der Präferenz.

Abgesehen von der Syntax bestehen die Hauptunterschiede darin, was definiert werden kann. Eine *Schnittstelle* ist objektorientiert – Sie beschreiben damit die Form eines Objekts oder definieren eine Funktionssignatur. Mit *Typen* können Sie jedoch Aliasse für andere primitive Typen definieren, z. B. Strings. Listing 10.33 zeigt, wie Typen und Schnittstellen mit TypeScript deklariert werden können.

```
interface Person {
  name: string;
  age: string;
}
interface ConsoleLogger {
  (message: string): void;
}
// both are similar to
type PersonType = { name: string, age: string };
type ConsoleLogger = (message: string) => void;
type RequestState = 'error' | 'warning' | 'success';
```

Listing 10.33 Schnittstelle vs. Typsyntaxen und Typen als Aliasse für primitive Typen

Eigenschaften können durch Zeilenumbrüche getrennt werden; Semikolons und Kommas sind optional. Obwohl nur Zeilenumbrüche empfohlen werden, haben Semikolons einen Vorteil gegenüber Kommas, da sie eine freie Neuanordnung ermöglichen, ohne dass Sie Kommas hinzufügen oder entfernen müssen. Wenn Sie mit Kommas eine Eigenschaft an der letzten Position ändern oder eine neue hinzufügen, müssen Sie ein Komma hinzufügen oder entfernen, um den Code zu korrigieren.

Wenn eine Schnittstelle nur innerhalb eines einzelnen Moduls verwendet wird, z. B. eine Schnittstelle, die eine Antwort für eine bestimmte Anforderung definiert, kann sie in derselben Datei über der Klasse (oder Funktion) aufbewahrt werden, die sie verwendet. Wenn die Schnittstelle an mehreren Stellen verwendet wird, können Sie die Schnittstelle in eine eigene Datei extrahieren. Dabei bevorzugen einige es, den resultierenden Dateien einen Großbuchstaben I voranzustellen, um deutlich zu machen, dass die Datei eine Schnittstelle enthält (z. B. `IClickableDialog`).

Definieren Sie bei der Definition von Schnittstellen eine Eigenschaft pro Zeile ohne leere Zeilen zwischen den Eigenschaften. Wenn eine Schnittstelle eine andere erweitert, versuchen Sie, sie vertikal nah beieinander zu halten. Wie in Listing 10.34 gezeigt, können Sie Schnittstellen und ein Enum definieren, die konzeptionell nah sind. Beachten Sie, wie Schnittstellen, die hierarchisch verknüpft sind, vertikal nah beieinander sind.

```
enum Lifespan {
  SHORT, AVERAGE, LONG
}

interface Animal {
  color: string;
  size: 'Small' | 'Medium' | 'Big';
  lifespan: keyof typeof Lifespan;
}

interface Bird extends Animal {
  canSwim: boolean;
}
```

Listing 10.34 Strukturierung von Schnittstellen in TypeScript

Bei der Definition von Typen können Sie, wenn Sie Unions verwenden, Zeilenumbrüche zwischen den einzelnen Typen verwenden, wenn die Typzusammensetzung komplexer ist. Listing 10.35 zeigt ein Beispiel, in dem ein Typ in mehreren Zeilen definiert wurde. Beachten Sie, dass das Hinzufügen neuer Typen deutlich einfacher ist und dass der Code auch beim Expandieren lesbar ist, während dies in einer einzelnen Zeile überfrachtet wäre.

```
type ParameterType = 'single' |
  'multiple' |
  'none' |
  'all';
```

Listing 10.35 Zeilenumbrüche in einem Union-Typ

10.6.2 Klassen

Eine der Hauptstärken von TypeScript liegt in den Klassen: Typenunterstützung ist wirklich praktisch und ermöglicht es Ihnen, ganz einfach ein Projekt zu erstellen, das aus zahlreichen Klassen besteht, die jeweils ihre eigene Verantwortung tragen, aber dennoch übersichtlich sind, sodass Sie das große Ganze sehen können. Ohne Typisierung würden Sie eine ordnerweite Suche nach jeder neuen Methode durchführen, nur um zu ermitteln, was sie erwartet und was sie zurückgibt. Mit TypeScript werden diese Informationen mit einem Mouseover zur Verfügung gestellt. Lassen Sie uns darüber sprechen, wie Sie TypeScript-Klassen in SAPUI5-Projekten besser verwenden können.

Idealerweise sollte es pro Klasse eine Datei geben. Schreiben Sie Klassennamen und Klassendateien immer in Upper CamelCase (PascalCase). Wenn eine Klasse eine Schnittstelle implementiert, behalten Sie die Schnittstelle in ihrer spezifischen Datei in der Ordnerstruktur (maximal zwei Ebenen davon entfernt).

Gruppieren Sie außerdem öffentliche Attribute zuerst, danach erst private. Öffentliche Attribute definieren, wie eine Klasse auf einer höheren Ebene funktioniert und was in ihrem Application Programming Interface (API) bereitgestellt wird. Private Attribute orientieren sich eher an Implementierungsdetails. Bei einer Klasse möchten wir schnell den Grundriss sehen, was von der Klasse zu erwarten ist – nur dann möchten wir uns vielleicht die Implementierungsdetails genauer anschauen. Eigenschaften können einem Wert nahe an seiner Definition oder im Konstruktor zugeordnet werden – beides ist möglich. Daher ist es eine Stilentscheidung, ob Sie Zeilen sparen oder die Instanziierung einer Eigenschaft mithilfe eines Konstruktors hervorheben möchten.

Abstrakte Attribute und Methoden in abstrakten Klassen sollten möglichst zu Beginn angezeigt werden, da sie in der Regel jeweils eine Zeile einnehmen. Durch diese Platzierung ist es leichter, sie zu bemerken, als wenn sie zwischen zwei anderen Implementierungen stünden. Betrachten Sie z. B. in Listing 10.36 die Klasse `DialogFormatter`, die statische Methoden exponiert.

```
// Dialog.controller.ts
import Controller from 'sap/ui/core/mvc/Controller';
import DialogFormatter from '../formatter/DialogFormatter';
import MessageToast from 'sap/m/MessageToast';

/** @namespace com.my.app.controller.DialogController */
export class DialogController extends Controller {
  public formatter = DialogFormatter;
  public onInit() {
    this.fetchDataFromBackendAndBindToScreen();
  }
  private async fetchDataFromBackendAndBindToScreen (): Promise<void> {
    // logic...
  }
  async public onReloadPress () {
```

```
    await this.fetchDataFromBackendAndBindToScreen();
    MessageToast.success('Data has been refreshed');
  }
}
```

Listing 10.36 Controller geschrieben in TypeScript

Beim Erweitern eines Controls ist es sinnvoll, die Metadaten und andere zugehörige Teile in der Klasse weiter oben zu halten, da diese Metadatendetails häufig viele Details zur Control-Implementierung enthalten. Möglicherweise müssen Sie auch benutzerdefinierte Komponenten als Standard exportieren, wie in Listing 10.37 gezeigt, in dem wir eine Erweiterung von `sap.m.VBox` definiert haben.


```
import VBox from 'sap/m/VBox';

interface CurrentTarget {
  id: string;
}

/** @namespace my.application.example.customComponents.ClickableVBox */
export default class ClickableVBox extends VBox {
  static readonly metadata = {
    events: {
      press: {}
    }
  };
  static readonly renderer = 'sap.m.FlexBoxRenderer';
  public init (): void {
    super.init.apply(this);
    this.addEventDelegate({
      onmouseup: (e: JQuery.MouseUpEvent) => {
        // do logic
      }
    });
  }
}
```

Listing 10.37 Erweiterung einer Komponente in TypeScript

Bezüglich anderer Komponentenmetadateneigenschaften folgen sie demselben Schreibmuster wie der Renderer und die Metadaten. Diese Eigenschaften werden als `static readonly`-Eigenschaften der Klasse definiert.

10.6.3 Definitionsdateien

Sie verwenden *Definitionsdateien*, um Typen im globalen Geltungsbereich zu definieren. In der Regel werden diese Dateien genutzt, um externe APIs zu typisieren, die in JavaScript geschrieben werden und projektweite Typen definieren, und um Dateien in Ihrem Projekt zu typisieren, die nicht in TypeScript geschrieben sind. Dies kann passieren, wenn Ihr Projekt in JavaScript gestartet und später in TypeScript verschoben wurde. Wenn Sie eine externe API eingeben müssen, können Sie eine einzelne **.d.ts**-Datei für diese API verwenden. In der Regel werden diese Dateien in der Nähe der Wurzel des Projekts in einem **/@types**-Ordner abgelegt.

Wenn Sie eine JavaScript-Datei eingeben müssen, die eine interne API (Projektdatei) ist, sollten Sie die Definitionsdatei in derselben Ordnerstruktur wie die typisierte Datei haben und einer Eins-zu-eins-Beziehung folgen, d. h. eine Definitionsdatei pro Modul, ein Modul pro Definitionsdatei.

10.6.4 Namensräume und Module

Wenn Sie mit moderner JavaScript-Syntax (JavaScript ES6 und höher) arbeiten, gelten Namensräume und Module nun als veraltete Möglichkeiten, TypeScript-Code zu organisieren, und die Import-/Export-Syntax wird bevorzugt.

Sie können jedoch weiterhin Moduldeklarationen verwenden, um externe APIs zu definieren. Dies ist nützlich, wenn Sie falsche Typen in externen APIs finden oder wenn sich Ihr Projekt mitten in einem Übergang von JavaScript zu TypeScript befindet und Sie ein JavaScript-Modul in einem TypeScript-Modul verwenden müssen. In diesem Fall sollte die Definitionsdatei in der Projektstruktur immer so nah wie möglich oben liegen. Betrachten Sie die Dateistruktur in Abbildung 10.2.

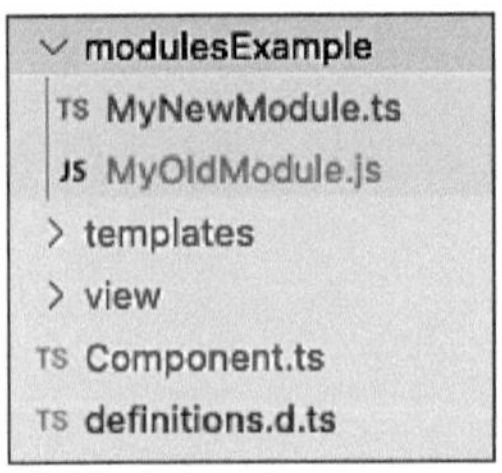

Abbildung 10.2 Ordnerstruktur, die im Beispiel für die Modulverwendung verwendet wird

Beachten Sie, dass wir die Datei **MyOldModule.js** haben, die Code darstellt, der noch nicht in TypeScript konvertiert wurde. Dann gibt es die Datei **MyNewModule.ts**, bei der es sich um eine neuere Datei handelt, die in TypeScript angelegt wurde und von **MyOldModule.js** verwendet werden muss.

Um Typen zu verwenden, legen wir die Datei **definitions.d.ts** im Projektstamm an, die die Typdefinitionen des Projekts und Dateien für das alte Modul enthält, wie in Listing 10.38, Listing 10.39 und Listing 10.40 gezeigt, die jeweils Folgendes darstellen:

- der Inhalt in der alten Datei, die sich in JavaScript befindet
- der Inhalt in der Definitionsdatei, die eine Schnittstelle für das JavaScript-Modul bereitstellt
- der Inhalt im neuen TypeScript-Modul, das das JavaScript-Modul importiert, das dank der Definitionsdatei mit Typdefinitionen bereitgestellt wird

```
sap.ui.define([], function () {
  return {
    sampleFunction: function (sInput) {
      alert(sInput, 'provided to sampleFunction');
    }
  };
});
```

Listing 10.38 Inhalt in der Datei »MyOldModule.js«

```
declare module 'com/my/project/namespace/modulesExample/MyOldModule' {
  export function sampleFunction(input: string): void;
}
```

Listing 10.39 Inhalt in der »definitions.d.ts«-Datei

```
import * as MyOldModule from "com/my/project/namespace/modulesExample/
MyOldModule";

export class MyNewModule {
  public myNewFunction (): void {
    MyOldModule.sampleFunction('Example');
  }
}
```

Listing 10.40 Inhalt in der Datei »MyNewModule.ts«

Wenn die Datei **tsconfig.json** Ihres Projekts die JavaScript-ES2015-Syntax verwendet, können Namensräume und Module genutzt werden.

Namensräume können Ihnen dabei helfen, benannte Objekte im globalen Namensraum zu organisieren. Die Idee hinter Namensräumen besteht darin, logische Gruppierungen von Konstrukten bereitzustellen und Namenskollisionen zu verhindern. Sie können festlegen, was Sie exportieren möchten und was in der Datei privat bleiben soll.

Natürlich sind Namensräume auch nützlich, um Entwicklerinnen und Entwicklern, die Ihren Code verwenden, eine bessere Übersicht zu bieten. Namensräume sind keine Voraussetzung (insbesondere da auf Module im globalen Namensraum nicht zugegriffen werden kann), können aber bei korrekter Verwendung nützlich sein. Sie müssen darauf achten, dass Sie die Namensraumschemata nicht überstrapazieren, oder jedes Modul innerhalb eines Namensraums so spezifisch machen, dass die gesamte Lösung zu komplex wird. Ein Beispiel ist die Verwendung von Namensräumen, um verschiedene Formatter zu gruppieren, die wiederum verschiedene Entitäten formatieren, aber zur selben Domäne gehören.

Angenommen, Sie haben eine Anwendung, die einen `PersonFormatter` und einen `AddressFormatter` für zwei verschiedene Screens verwendet. Die Verwendung von beidem im selben Controller würde in der Regel bedeuten, dass beide importiert und ihrer individuellen Eigenschaft innerhalb des Controllers zugeordnet werden, wie in Listing 10.41 gezeigt.

```
import Controller from 'sap/ui/core/mvc/Controller';
import { AddressFormatter } from './AddressFormatter';
import { PersonFormatter } from './PersonFormatter';

/** @namespace com.my.project.controller.MyController */
export class MyController extends Controller {
  public addressFormatter = AddressFormatter;
  public personFormatter = PersonFormatter;
  public onInit (): void {
    // ... logic
  }
}
```

Listing 10.41 Controller mit mehr als einem Formatter

Gut geteilte Formatter können überall verteilt sein. Sie können einen Namensraum verwenden, um sie aus einer einzigen Quelle verfügbar zu machen, wie es in Listing 10.42 zu sehen ist.

```
import { AddressFormatter as _AddressFormatter } from './AddressFormatter';
import { PersonFormatter as _PersonFormatter } from './PersonFormatter';

export namespace Formatter {
  export const AddressFormatter = _AddressFormatter;
  export const PersonFormatter = _PersonFormatter;
}
```

Listing 10.42 Verwendung eines Namensraums zur Gruppierung ähnlicher Klassen in einem Kontext

Um nun auf die verfügbaren Formatter zugreifen zu können, müssen Sie nicht aktiv suchen und Namen erraten, während Sie versuchen, Ihre Importe durchzuführen. Sie müssen lediglich Ihren neuen Namensraum in Ihre Datei importieren und von dort aus auf die Formatter zugreifen, wie in Listing 10.43 gezeigt.

```
import Controller from 'sap/ui/core/mvc/Controller';
import { Formatter } from './Formatters';

export class MyController extends Controller {
  public addressFormatter = Formatter.AddressFormatter;
  public personFormatter = Formatter.PersonFormatter;
  public onInit(): void {
    // ... logic
  }
}
```


Listing 10.43 Einfachere Verwendung mehrerer Formatter bei logischer Gruppierung

Unser Beispiel dient dazu, die Verwendung von Namensräumen mit Vorsicht zu unterstützen. Sie möchten vermeiden, in eine *Box-inside-Box-inside-Box-Situation* zu geraten, in der etwas, was die Entwicklungserfahrung verbessern sollte, sie eigentlich verschlimmert.

10.6.5 Enums

Enumeratoren sind eine schöne Alternative zu Konstantendateien. Mit Enums können Schnittstellen oder Funktionen typisiert werden. Enums führen dazu, dass ein Build fehlschlägt, wenn ein Wert verwendet wird, der im Enumerator nicht zulässig ist, oder wenn dem Enumerator ein neuer Wert hinzugefügt wird, aber Elemente dieses Typs noch nicht implementiert wurden.

Wenn Ihr Enumerator von vielen Klassen verwendet wird, kann es nützlich sein, ihn in eine separate Datei zu extrahieren. Behalten Sie diese Datei an einem sinnvollen Ort: Wird die Aufzählung nur von einer Gruppe von Modulen in einem bestimmten Ordner verwendet? Dann belassen Sie es dort. Wird die Aufzählung projektweit verwendet? Extrahieren Sie sie dann in einen Ordner, der näher an der Wurzel liegt.

Sie können Enums mit Zeichenfolgenwerten definieren, was bevorzugt wird, wenn das System nicht erwartet, dass Enumerator-Werte Zahlen sind. Dieser Ansatz ermöglicht die Verwendung von Enum-Schlüsseln zur Definition von Objektstrukturen und erleichtert das Debugging. Vermeiden Sie das Mischen von Typen innerhalb von Enums – dieses Szenario impliziert, dass das Enum zu viel macht und seinen Gebrauch in einigen Situationen verwirrend macht. Legen Sie bei Bedarf separate Enums an.

Wenn Ihr Enum kurz ist, sollte es kein Problem sein, es in einer einzelnen Zeile zu halten, wie in Listing 10.44 gezeigt.

```
enum Choices {
  YES, NO
}
```

Listing 10.44 Einzeiliger Enumerator

Wenn Ihr Enum string-basiert ist oder eine größere Anzahl von Elementen enthält, teilen Sie es in separate Zeilen auf, wie in Listing 10.45 dargestellt.

```
enum WithSevenMembers {
  MemberOne,
  MemberTwo,
  MemberThree,
  MemberFour,
  MemberFive,
  MemberSix,
  MemberSeven
}

enum WithStringValuedMembers {
  MemberOne = 'MemberOne',
  MemberTwo = 'MemberTwo'
}
```

Listing 10.45 Enums mit mehr Elementen oder string-basierten Elementen sollten in mehrere Zeilen zerlegt werden.

Wenn Sie einen Enumerator verwenden, um eine Typdefinition zu beschreiben, vermeiden Sie, dies direkt zu tun, da dies schwer lesbar sein kann. Definieren Sie stattdessen einen neuen Typ, exportieren Sie ihn, und verwenden Sie ihn bei Bedarf. Behalten Sie diese Typdefinitionen immer nahe am Enum, damit sie zusammen importiert werden können.

Vermeiden Sie beim Aufruf von Funktionen oder beim Definieren von Objekten, die diese neue Signatur verwenden, die direkte Eingabe der Werte. Sie sollten stattdessen den Enumerator importieren und die Elementeigenschaft in Klammern aufrufen (z. B. `[MyEnum.Property]`). Dieser Ansatz verhindert, dass der Build unterbrochen wird, wenn Sie die Reihenfolge der Elemente oder einen Wert in einem Enumerator ändern. Listing 10.46 zeigt einige Szenarien, in denen Enums zum Definieren von Typen verwendet werden.

```
enum ButtonType {
  ACCEPT,
  REJECT,
  NEUTRAL
}

// it is tempting, but avoid names such as ButtonTypes, as it can be
misleading
export type TypedButton = keyof typeof ButtonType;
// TypedButton will be: 'ACCEPT' | 'REJECT'| 'NEUTRAL'

export const ButtonToLabelMap: { [key in TypedButton]: string } = {
  ACCEPT: 'i18nLabelName',
};

// EXAMPLE: What's possible to do if the enum is string-valued?

enum StringButtonType {
  ACCEPT = 'ACCEPT',
  REJECT = 'REJECT',
  NEUTRAL = 'NEUTRAL'
}

export type TypedStringButton = keyof typeof StringButtonType;
// will behave the same as above

export const ButtonToLabelMap: { [key in TypedStringButton]: string } = {
  [StringButtonType.ACCEPT]: 'i18nLabelName',
  // if value changes from 'ACCEPT' to something else, the text editor is now
capable of changing it here as well
};
```

Listing 10.46 Verwendung von Enums zum Typisieren von Objekten

10.6.6 »import«-Anweisung

Import-Anweisungen werden im Allgemeinen automatisch vom Texteditor verarbeitet, dadurch ist es selten notwendig, bei diesen Anweisungen einzugreifen. Visual Studio Code kann z. B. Importe automatisch ändern, wenn sich ein Dateiname ändert oder wenn eine Datei verschoben wird. Einige Textformatierer wie Prettier teilen lange Zeilen in mehrere Zeilen auf, um die vertikale Lesbarkeit zu verbessern. Ein Linter bereinigt möglicherweise auch nicht verwendete Importe.

Es ist jedoch eine bewährte Praxis, eine große Anzahl von Import-Anweisungen zu vermeiden, die es schwer machen, genau zu lesen, welche Abhängigkeiten importiert werden. Der Pseudocode in Listing 10.47 veranschaulicht, wie Importe in einer einzelnen Zeile aussehen oder wenn sie sich über mehrere Zeilen erstrecken.

```
// avoid
import { MyCustomComponent, CustomComponentTypes, TypedCustomComponent,
AbstractCustomComponentChild, ConcreteCustomComponentChild } from '../../../
components/myCustomComponent/MyCustomComponent';

// prefer
import {
  MyCustomComponent,
  CustomComponentTypes,
  TypedCustomComponent,
  AbstractCustomComponentChild,
  ConcreteCustomComponentChild
} from '../../../components/myCustomComponent/MyCustomComponent';
```

Listing 10.47 Die Aufteilung von Importen auf mehrere Zeilen kann die vertikale Lesbarkeit verbessern.

Beachten Sie, wie viel leichter der Code jetzt zu lesen ist. Wenn eine Abhängigkeit nicht mehr verwendet wird, verdunkelt der Texteditor den Namen, um Sie darüber zu informieren. Sie können diese Indikatoren leichter erkennen, wenn der Text vertikaler als horizontal ist.

10.6.7 Vorgeschlagene Formatierungsstandards

Ihr Team kann zwar Codestil-Leitfäden und Formatierungsstandards diskutieren, erstellen und ändern, doch für TypeScript stehen verschiedene konsolidierte Stilleitfäden zur Verfügung, die als guter Ausgangspunkt dienen können. Eine Empfehlung ist `ts-standard`, da es einfach zu verwenden ist und viele Features bietet. Dieser Standard verwendet `eslint`, `prettier` und `editorconfig`, alle Tools, die wir in Abschnitt 10.8, »Formatierungswerkzeuge«, behandeln.

Für mehr Anpassung und Steuerung können Sie die `ts-standard`-Konfiguration einfach replizieren, indem Sie das Plugin `eslint-config-standard-with-typescript` verwenden und den Standard an Ihre Bedürfnisse anpassen.

10.7 Erstellen und Pflegen eines Codestil-Leitfadens

Jeder Entwickler und jede Entwicklerin hat eigene Vorlieben und sollte immer seinen Input liefern – jede Meinung hat das gleiche Gewicht. Wenn der Entwickler oder die Entwicklerin jedoch in einem Team arbeitet, dann gelten die Regeln des Teams.

Ein Team sollte einen einzelnen Formatierungsstil vereinbaren, und jedes Mitglied dieses Teams sollte diesen Codestil einhalten und anwenden. Darüber hinaus sollte sich jedes Teammitglied bemühen und auf dem Laufenden sein, um sicherzustellen, dass der Codestil eingehalten wird. Der Codestil sollte übersichtlich und an einem leicht zugänglichen Ort dokumentiert sein. Der Codestil ist jedoch ein lebendiges Dokument; es sollte nicht in Stein gemeißelt sein. Genau wie wir ändern sich Code und Teams. Natürlich ändert sich von Zeit zu Zeit ein Codestil – jedes Mitglied kann Änderungen vorschlagen, und jedem Teammitglied steht es frei, die eigenen Standpunkte zu vertreten und selbst getroffene Entscheidungen zu prüfen. Wenn möglich, sollten Sie die Gründe für Stiländerungen dokumentieren – wie z. B. die Entscheidung, sich in der Mitte eines Projekts für die Verwendung von Leerzeichen anstelle von Tabulatoren für die Einrückung zu entscheiden.

In diesem Abschnitt wird beschrieben, was ein Codestil-Leitfaden enthalten sollte, wie er zu pflegen ist und wann und wie er verwendet wird. Beginnen wir mit einigen wichtigen Fragen, die Sie sich beim Erstellen Ihres eigenen Codestil-Leitfadens stellen sollten:

- Wie hoch ist die maximale Zeilenlänge?
- Verwenden wir Tabs oder Leerzeichen zum Einrücken?
- Beenden wir Dateien mit einer neuen Zeile?
- Werden leere Zeilen zwischen Funktionsdeklarationen hinzugefügt?
- Lassen wir Breaks in der Einrückung zu? In welchen Fällen?
- Sollen alle Funktionsargumente inline sein? Wann sollten wir Argumente in einer neuen Zeile schreiben?
- Sollen wir Dangling Commas am Ende jeder Eigenschaft in einem Objekt verwenden?
- Was ist die maximale Zeilenlänge, die wir zulassen?
- Gibt es eine maximale Größe für Dateien?
- Verwenden wir Leerzeichen zwischen Funktionsname und Klammer?
- Nutzen wir Klammern Inline oder in einer neuen Zeile (für Funktionen, Module, `if`-Anweisungen)?
- Sind ternäre Operatoren erlaubt? Wenn ja, wann? Welche Schachtelungstiefe wird verwendet?
- Sollten wir Leerzeichen mit Operatoren verwenden, und wenn ja, wann?

- Sollen Pfeilfunktionen immer Klammern um einzelne Argumente haben?
- Sollen Pfeilfunktionen immer Klammern haben und Anweisungen zurückgeben?
- Benötigen einzelne `if`-Anweisungen Klammern?
- Wie erfolgt die Umwandlung zum Boolean: `Boolean(variableName)` oder `!!variableName`?
- Wie erfolgt die Umwandlung in String: `String(value)` oder Vorgänge wie `value += ''`?

Diese kurze Liste kann ein Ausgangspunkt für die Diskussion sein, und Sie können zahlreiche weitere Themen aufnehmen. Ein guter Codestil-Leitfaden muss nicht innerhalb eines Tages fertiggestellt werden – manchmal gibt es keine klaren Präferenzen, und Teams brauchen etwas Zeit, um zu sehen, was am besten zu ihnen passt.

Es ist wichtig, die Codedesignentscheidungen zu dokumentieren und diese Dokumentation allen Teammitgliedern zugänglich zu machen. Wenn Entwicklerinnen und Entwickler außerhalb des Teams Code einbringen, sollten sie Zugriff auf die Richtlinien für den Codestil haben. Wenn möglich, sollten Sie die Richtlinien dort ablegen, wo auf sie zugegriffen werden kann, ohne eine Datei herunterladen zu müssen, wobei die aktualisierte Datei als Single Source of Truth erhalten bleibt. Im Allgemeinen besteht diese Dokumentation aus den Regeln, die vom Team beschlossen wurden, und Beispielen für Dos und Don'ts. Im Laufe der Zeit erscheinen Randfälle, die in die Diskussion einfließen und dokumentiert werden sollten. Diese Diskussionen können so einfach sein wie eine Nachricht in einem Gruppenchat oder ein Meeting, wenn es sich um ein Thema handelt, das mehr Aufmerksamkeit verdient.

Es empfiehlt sich, Änderungen mit Daten zu dokumentieren (z. B. durch erfassen des Änderungsdatums und des vorherigen Zustands) und festzuhalten, wer an der Diskussion beteiligt war, wenn nicht das gesamte Team. Sie sollten mit der Entscheidungen jedoch so lange abwarten, bis alle Mitglieder des Teams Zeit haben, zu denken und ihre Meinung zu äußern. Schließlich sollten Codestil-Richtlinien dem Team dienen und nicht die Ursache für Probleme oder Konflikte im Team sein.

Nachdem die Richtlinien für den Codestil ausreichend ausgereift sind, müssen Sie sie durchsetzen und pflegen. Nicht jeder ist frei von Fehlern, und manchmal kann es passieren, dass Entwicklerinnen und Entwickler Regeln in den Richtlinien für den Codestil verletzen – ob durch Fehlinterpretation oder weil sie zu fokussiert auf eine Aufgabe sind. Pannen können passieren. Alle Teammitglieder sollten eine Denkweise haben, die sich auf Verbesserungen konzentriert – verstehen Sie eine Codeprüfung als Kompliment und eine Gelegenheit, sich zu verbessern, anstatt als persönliche Kritik.

Ein Code-Review ist eine gute Gelegenheit, Code zu überprüfen und Teamkolleginnen und -kollegen weiterzubilden. Sie können diese Art von Verifizierungen jedoch auch automatisieren, was wir unbedingt empfehlen. Das gesamte Team profitiert davon, wenn alle die Verantwortung für das Prüfen, Reviewen und Durchsetzen des Codestils übernehmen. Außerdem spart es Zeit und vermeidet Fehler. Auch bei automatisierter Ausführung sollte die Einhaltung im Code-Review geprüft werden.

Linter sind nützliche Werkzeuge, die die Einhaltung des Codestils unterstützen (siehe Abschnitt 12.1, »Linting«, für weitere Informationen zu Lintern). Es stehen auch Formatierungswerkzeuge, die wir als Nächstes besprechen werden, zur Verfügung, die mit Ihrem Codeeditor, in kontinuierlicher Integration (engl. Continuous Integration, CI) oder als Git-Hooks ausgeführt werden können.

10.8 Formatierungswerkzeuge

Es stehen viele Formatierungswerkzeuge zur Verfügung. Einige sind mit Texteditoren gebündelt, andere sind Erweiterungen, andere können über die Kommandozeile ausgeführt werden. In diesem Abschnitt werden wir einige empfohlene Werkzeuge zeigen, wobei wir uns auf die Unterschiede, gemeinsamen Setups und Vorteile konzentrieren.

10.8.1 Formatierung vs. Linting

Lassen Sie uns zunächst den Unterschied zwischen Formatierung und Linting hervorheben, die häufig zusammen verwendet werden. Beide Vorgänge ändern Ihren Code automatisch, sodass er einer Reihe vordefinierter Regeln entspricht, und manchmal überschneiden sich ihre Funktionen.

Lassen Sie uns kurz die Unterschiede zusammenfassen:

- *Formatter* wenden überall dasselbe Codeformat an, um sicherzustellen, dass Leerzeichen gegenüber Tabs bevorzugt werden oder dass eine ordnungsgemäße Einrückung erfolgt und z. B. die Zeilenlänge berücksichtigt wird.
- *Linter* wenden Best Practices an und erkennen und beheben Fehler, um beispielsweise sicherzustellen, dass `===` anstatt `==` verwendet wird oder dass eine Funktion nicht vor ihrer Definition referenziert wird.

In einigen Szenarien kann ein Linter die gleichen Korrekturen wie ein Formatter durchführen, aber dies ist so, als würde man Zangen als Hämmer verwenden – man kann dieses Werkzeug verwenden, und es könnte funktionieren, aber es ist nicht optimal.

Beachten Sie zum Vergleich die folgenden allgemeinen Einschränkungen von Lintern:

- Ein Linter ist nicht so schnell wie ein Formatter – diese Ausführungszeit macht den Formatter zu einer bevorzugten Wahl, wenn Sie beispielsweise ein Tool verwenden möchten, das jedes Mal ausgeführt wird, wenn Sie Ihren Code speichern.
- Ein Linter konzentriert sich eher auf die Behebung bestimmter Fehler, die auf eine bestimmte Art und Weise behoben werden können, anstatt den Codestil anzupassen.
- Ein Linter kann nicht alle Szenarien verarbeiten, die ein Formatter abdecken kann, z. B. den Umgang mit zu langen Zeilen.

Listing 10.48 zeigt einen typischen Anwendungsfall eines Formatters, der lange Zeilen behandelt. Beachten Sie, wie der Formatter die Anweisungen für eine bessere vertikale Lesbarkeit in verschiedene Zeilen trennt.

```
// before formatting
exampleOfVeryLongFunctionCall(withAVeryLongFunctionBeingCalledAsFirstParameter
(), andAnotherVeryLongFunctionNameAsSecondParameter(), thirdParameter(),
fourthParameter(), fifth());

// after formatting
exampleOfVeryLongFunctionCall(
  withAVeryLongFunctionBeingCalledAsFirstParameter(),
  andAnotherVeryLongFunctionNameAsSecondParameter(),
  thirdParameter(),
  fourthParameter(),
  fifth()
);
```

Listing 10.48 Formatter für Formatierung langer Zeilen

Listing 10.49 zeigt einen Anwendungsfall eines Linters, der Best Practices auf ein Code-Snippet anwendet.

```
// before linting
var text_in_variable = '123';
if (text_in_variable != null) {
  console.log('textInVariable is not null')
}

// after linting
const textInVariable = "123";
if (textInVariable !== null) {
  console.log("textInVariable is not null");
}
```

Listing 10.49 Mit Linters Best Practices anwenden und einfache Fehler automatisch beheben

Listing 10.49 zeigt ein Beispiel, wie sich ein Linter auf Ihren Code auswirken kann. Beachten Sie, wie der Linter einen losen Gleichheitskomparator (`!=`) in einen strikten Gleichheitskomparator (`!==`) geändert, am Ende der `console.log`-Anweisung Semikolons hinzugefügt und einfache Anführungszeichen in doppelte Anführungszeichen umgewandelt hat. Dieses Beispiel zeigt, wie sich Linter- und Formatierungsfunktionen überschneiden können, da Formatter auch die Verwendung von Anführungszeichen korrigieren können.

Obwohl sich beide Arten von Werkzeugen in ihren Fähigkeiten überschneiden, wird empfohlen, immer beide Tools in Ihrem Projekt zu verwenden. Nutzen Sie einen Linter, um Fehler und schlechte Praktiken abzufangen, und einen Formatter, um Code zu formatieren. Jedes Werkzeug hat seine eigenen Stärken, und Sie können von ihrer korrekt koordinierten Verwendung profitieren.

Weitere Informationen zum Linting finden Sie in Abschnitt 12.1, »Linting«.

10.8.2 EditorConfig

Wenn Sie in einem Team über ein Problem sprechen, haben Sie vielleicht den Satz gehört: »Bei mir funktioniert es.« Diese Situation, in der verschiedene Umgebungen/Maschinen Code ausführen und unterschiedliche Verhaltensweisen erzeugen können, führt manchmal auch dazu, dass Code unterschiedlich geschrieben wird, insbesondere bei der Arbeit in großen Gruppen. Darüber hinaus haben wir alle unsere eigenen individuellen Präferenzen, die oft über die Verwendung von Tabs oder Leerzeichen hinausgehen. Denken Sie an die Betriebssysteme, die Sie und Ihre Kollegen verwenden: Linux, Windows, macOS. Jedes System kann über eigene Standardwerte verfügen, die festlegen, wie Dateien gesichert werden, wie Zeilenumbrüche behandelt werden und vieles mehr.

Um diese Inkonsistenz zu bewältigen, pflegt EditorConfig einen konsistenten Coding-Stil, der der Konfiguration Ihres Systems am nächsten kommt. Dieses Tool führt keine Formatierung für Code aus, sondern stellt sicher, dass Ihre Texteditorkonfiguration mit einem Regelsatz für eine konsistente Codebasis übereinstimmt.

EditorConfig ist als Plugin für verschiedene Texteditoren verfügbar und verwendet für jede Plattform dasselbe Dateiformat. Mit diesem Werkzeug können Sie die folgenden Einstellungen festlegen und automatisch pflegen:

- Kodierung/Zeichensatz
- Zeilenende im Unix- oder Windows-Format (EOL)
- Einrückung (Leerzeichen oder Tabs, Standardgröße für jede Einrückung)
- Abschneiden nachstehender Leerzeichen
- immer eine neue Zeile am Ende einer Datei einfügen

Darüber hinaus können Sie verschiedene Setups für verschiedene Dateien konfigurieren, indem Sie ein globales Muster als Pfad verwenden. Weitere Informationen zu EditorConfig finden Sie auf der Projekt-Website unter *https://editorconfig.org/*.

10.8.3 Prettier

Was Tools zur aktiven Formatierung des Codes betrifft, so ist Prettier eine unserer allgemeinen Empfehlungen. Prettier ist ein sogenannter Opinionated Codeformatierer (d. h., es gibt kaum Möglichkeiten für Anpassungen, und er bringt seine eigenen »Überzeugungen« ein) mit Unterstützung für viele Sprachen und Editoren. Sein Ziel ist es, einfach zu sein: Er speichert Ihre Datei; Ihr Code ist formatiert. Sie möchten ihn in CI ausführen, er wird ausgeführt. Sie wollen ihn übernehmen – Sie installieren das Tool, und es funktioniert. Ziel ist es, den Prozess der Einrichtung langwieriger Konfigurationen und die Besprechung des Codestils während der Codeprüfung zu vereinfachen.

Prettier ist als Modul Node Package Manager (npm) und als Texteditorerweiterung verfügbar. Sie können dieses Werkzeug so einrichten, dass es beim Sichern Ihrer Datei automatisch ausgeführt wird, vor dem Anlegen eines Commits, oder während der Continuous Integration, um auf Inkonsistenzen zu prüfen.

Prettier ist zwar »opinionated«, kann aber dennoch über eine **.prettierrc**-Datei konfiguriert werden oder über eine **.prettierignore**-Datei, wenn Sie bestimmte Dateien oder Verzeichnisse überspringen möchten, die nicht formatiert werden sollen. Im Folgenden finden Sie einige der Formatierungsfunktionen von Prettier:

- maximale Zeilenlänge
- Tabs vs. Leerzeichen und Einrückungsgröße
- Semikolons am Ende von Anweisungen erzwingen
- Anführungszeichen von Strings formatieren und in Objekten erzwingen
- Verwendung von nachgestellten Kommas, Entfernen von nachgestellten Leerzeichen und überzähligen Leerzeilen
- Abstand zwischen Klammern und Behandlung mehrzeiliger Objekte
- Pfeilfunktion-Klammern erzwingen
- Zeilenendparameter einfügen

Listing 10.50 und Listing 10.51 zeigen Beispiele für ein Code-Snippet vor und nach der Ausführung von Prettier. Der Code sieht nun anders aus – leere Zeilen wurden entfernt, Zeilenumbrüche wurden hinzugefügt, um die maximalen Zeilenlängen einzuhalten, und die Funktion, die in derselben Zeile wie eine schließende Klammer definiert wurde, wurde ebenfalls korrigiert.

```
sap.ui.define(["sap/ui/core/mvc/Controller","sap/ui/model/json/
JSONModel"], function(Controller, JSONModel) {

    return Controller.extend("my/path", {

        onAfterRendering: function () {
            var model = new JSONModel({})
            this.getView().setModel(model)
        }, onButtonPress: function()
        {
            alert("My message")
        }
    });
});
```

Listing 10.50 Code mit inkonsistenter Formatierung vor Ausführung von Prettier

```
sap.ui.define(
  ["sap/ui/core/mvc/Controller", "sap/ui/model/json/JSONModel"],
  function (Controller, JSONModel) {
    return Controller.extend("my/path", {
      onAfterRendering: function () {
        var model = new JSONModel({});
        this.getView().setModel(model);
      },
      onButtonPress: function () {
        alert("My message");
      },
    });
  }
);
```

Listing 10.51 Gleicher Code nach Ausführung von Prettier

Als Opinionated Formatter sollten einige Verhaltensweisen nicht von Endbenutzern konfiguriert werden. Beispielsweise werden am Ende von Anweisungen immer Semikolons hinzugefügt. Bei doppelten oder einfachen Anführungszeichen verwendet Prettier standardmäßig immer doppelte Anführungszeichen, es sei denn, einfache Anführungszeichen führen zu der geringsten Anzahl von Escape-Zeichen (`"Here's something"` statt `'Here\'s something'`).

Existierende Leerzeilen bleiben, wie sie waren. Mehrere Leerzeilen werden zu einer komprimiert, wie in Listing 10.52 gezeigt, und leere Zeilen am Anfang und Ende von Blöcken werden entfernt. Dateien enden jedoch immer mit einer neuen Zeile.

```
// before
function exampleFunction() {

  alert("Hello world!");

  alert("Second hello!");

}

// after
function exampleFunctionFormatted() {
  alert("Hello world!");

  alert("Second hello!");
}
```

Listing 10.52 Prettier entfernt Leerzeilen am Anfang und Ende von Blöcken und fasst mehrere Zeilen zu einer zusammen.

Schlüssel-Wert-Objekte werden in einer einzelnen Zeile belassen, wenn sie auf den Bildschirm passen – andernfalls werden sie sich immer über mehrere Zeilen erstrecken.

Wenn Sie möchten, dass ein Objekt auf eine einzelne Zeile verteilt wird, können Sie die neue Zeile nach der öffnenden Klammer entfernen, und Prettier formatiert das Objekt als einzelne Zeile neu. Sie kann wieder in ein mehrzeiliges Objekt umgewandelt werden, indem Sie einfach die neue Zeile wieder hinzufügen und Prettier erneut ausführen. Listing 10.53 zeigt dieses Verhalten. Weitere Informationen finden Sie auf der Website von Prettier (*https://prettier.io/*).

```
// calling prettier in the line below will keep it as is
let technology = { name: "SAPUI5", language: "JavaScript" };

// if we add a line break after the opening bracket
technology = {
  name: "SAPUI5", language: "JavaScript" };

// then prettier will transform it into a multiline
technology = {
  name: "SAPUI5",
  language: "JavaScript",
};
```

```
// to make it a single line again, just remove the line break after the
opening bracket
technology = {  name: "SAPUI5",
  language: "JavaScript",
};

// and run prettier again
technology = { name: "SAPUI5", language: "JavaScript" };
```

Listing 10.53 Prettier-Objektbehandlung

10.9 Zusammenfassung

In diesem Kapitel haben Sie gelernt, wie Sie Ihren Code strukturieren und wie wichtig es ist, einen konsistenten Codestil zu verwenden. Wir haben auch über die Anwendung und automatisierte Formatierung von Code gesprochen. Anschließend haben wir uns saubere Formatierungsrichtlinien für vertikale und horizontale Formatierung, Einrückungen, XML-Views und TypeScript angesehen. Wir haben auch besprochen, wie Sie einen Codestil-Guide erstellen, und haben Sie mit einigen Formatierungswerkzeugen vertraut gemacht, die Ihnen zur Verfügung stehen.

Im nächsten Kapitel besprechen wir Empfehlungen für Clean Code für Kommentare in Ihrem Code.

Kapitel 11
Kommentare

In diesem Kapitel erläutern wir, wann, wie und warum Sie Kommentare in Ihrem Code verwenden sollten. Gut platzierte Kommentare können das Verständnis des Codes erheblich verbessern und sollten dessen Lesbarkeit nicht beeinträchtigen. Wir untersuchen, wie Kommentare effektiv verwendet werden können, und schlagen Alternativen vor, wenn sie nicht benötigt werden.

Kommentare sind eine Möglichkeit, erläuternden Freitext zum Code hinzuzufügen, den der Computer zur Laufzeit ignoriert. Sie sind in der Regel ausschließlich für andere Entwicklerinnen und Entwickler lesbar. Da Kommentare Freitext sind, gibt es keine festen Regeln für ihren Inhalt, sodass praktisch alles hinzugefügt werden kann. Es ist daher entscheidend, die Auswirkungen zu verstehen, die Kommentare auf das Verständnis des Codes durch die Lesenden haben können. Kommentare können von irreführend bis störend, von irrelevant bis aufschlussreich variieren und sind oft Anlass für erhebliche Meinungsverschiedenheiten unter Entwicklerinnen und Entwicklern.

Eine der besten Möglichkeiten, Kommentare zu vermeiden, besteht darin, ausdrucksstarken und selbstdokumentierenden Code zu schreiben. Schauen wir uns zunächst das Gute, das Schlechte und das Hässliche der Kommentare an:

- Das Gute: Das sind Kommentare, die notwendig sind, um den Code zu verstehen, einschließlich der Verwendung von JSDoc, einem Kommentarstandard für die Dokumentation wiederverwendbarer öffentlicher Application Programming Interfaces (APIs) in JavaScript und SAPUI5.
- Das Schlechte: Dies sind Kommentare, die nicht benötigt werden und entfernt werden sollten oder eine schlechte Form haben und überarbeitet werden sollten.
- Das Hässliche: Das sind Kommentare, die manchmal benötigt werden, aber nicht, um das Verständnis des Codes zu verbessern.

11.1 Drücken Sie Ihre Absicht im Code aus

Selbstdokumentierender Code ist lesbarer und ausdrucksstarker Code. Seine Absicht ist klar, sodass keine weiteren Kommentare erforderlich sind, um zu erklären, was der Code selbst bereits klar kommunizieren kann. Betrachten wir die copySelectedProduct-Methode in Listing 11.1, angepasst aus dem letzten Refactoring dieser Methode in Abschnitt 5.5, »Ausführungskontext der Callback-Funktion«.

```
async copySelectedProduct() {
  const sourceProductId = this.getSelectedProductId();
  const targetProductId = await this.copyProduct(sourceProductId);
  this.navToProductEdit(targetProductId);
},
```

Listing 11.1 Selbstdokumentierende Methode

Die copySelectedProduct-Methode ist klar und lesbar. Beginnend mit ihrem Namen wissen Sie bereits, was sie macht: Sie kopiert das Produkt, das auf dem Bild ausgewählt ist. Der Name ist die erste Abstraktionsebene. Wenn Sie sich die zugehörigen Anweisungen ansehen, gehen Sie zur nächsten Ebene und verstehen, wie die Kopieraufgabe ausgeführt wird:

1. Das ausgewählte Produkt-ID (Quelle) wird abgerufen.
2. Das Produkt wird kopiert, es wird eine neue Produkt-ID (das Ziel) erstellt.
3. Es wird zur Bearbeitungsseite des Zielprodukts navigiert.

All diese Schritte werden direkt in den Code geschrieben, ohne dass Übersetzungen oder mentale Zuordnungen erforderlich sind, um sie zu verstehen. Das Hinzufügen von Kommentaren, die lediglich wiederholen, was der Code bereits sagt, ist redundant, wie in Listing 11.2 gezeigt.

```
// copy the selected product and navigate to the edit page of the copy
async copySelectedProduct() {
  // get the ID of the selected product
  const sourceProductId = this.getSelectedProductId();
  // copy it and get the ID of the new product
  const targetProductId = await this.copyProduct(sourceProductId);
  // navigate to the edit page for the new product
  this.navToProductEdit(targetProductId);
},
```

Listing 11.2 Redundante Kommentare in einer Methode

Diese Kommentare fügen keine neuen Informationen hinzu, die noch nicht im Code selbst verfügbar sind. Sie sind redundant und können das Lesen und Verständnis der

Methode erschweren. Solche Kommentare sind nutzloser Ballast und sollten entfernt werden. Selbst die zusätzliche Information im ersten Kommentar, dass zur Bearbeitungsseite navigiert wird, ist überflüssig, da das Muster, das beim Kopieren von Objekten in der Anwendung erwartet wird, leicht erkennbar ist.

Das Ziel vieler Clean-SAPUI5-Richtlinien besteht darin, den Code lesbar und verständlich zu machen. Diese Richtlinien ermutigen Sie, ausdrucksstarken und selbstdokumentierenden Code zu erstellen, der die Notwendigkeit, den Code in Kommentaren zu erläutern, minimiert. Zu den empfohlenen Best Practices gehören:

- gute und beschreibende Namen für Klassen, Funktionen, Methoden, Variablen und Parameter wählen
- kleine und einfache Funktionen und Methoden verwenden, die auf einer einzigen Abstraktionsebene bleiben und dem Single-Responsibility-Prinzip folgen, wie in Abschnitt 4.4.2, »Klassenmodule«, beschrieben
- benannte Konstanten anstelle kryptischer Literale oder »magischer Zahlen« nutzen

11.2 Das Gute: Kommentarplatzierung und -nutzung

Wenn Sie den Code refaktorieren, um den Clean-SAPUI5-Richtlinien gerecht zu werden und ihn dadurch ausdrucksstark und lesbar machen, benötigen Sie wahrscheinlich in den meisten Fälle keine Kommentare mehr. Manchmal sind aber trotzdem Kommentare nötig. Darauf möchten wir hier eingehen.

11.2.1 Absichtserklärende Kommentare

Beim Lesen von Code, selbst wenn dieser ausdrucksstark und lesbar ist, kann sich manchmal die Frage stellen: »Warum ist der Code so?« Dieses »Warum« oder die ursprüngliche Begründung, die den Entwickler oder die Entwicklerin dazu bewogen hat, diesen Code anstelle eines anderen Codes zu schreiben oder auf andere Weise ein Problem zu lösen, könnte von entscheidender Bedeutung sein. Kommentare, die erläutern, warum eine bestimmte Entscheidung getroffen wurde, sind in solchen Fällen angebracht.

Nehmen wir als Beispiel die Erstellung eines `BeepingButton`-Controls, eines Buttons, der bei Betätigung einen Piepton ausgibt. Für diese Aufgabe lernen Sie die *Web-Audio-API* kennen, die es Ihnen ermöglicht, Ton programmatisch im Web auszugeben. Bevor Sie Ihren `BeepingButton` programmieren, schreiben Sie eine wiederverwendbare `beep`-Funktion in einem eigenen Modul, `beep.js`. Schauen wir uns den Code in Listing 11.3 an, um einen Überblick über unser `beep.js`-Modul zu erhalten.

```
sap.ui.define([], function () {

  /*
    The singleton AudioContext used by this module.
    It's recommended to create just one and reuse it.
    https://developer.mozilla.org/en-US/docs/Web/API/AudioContext

    Will be lazily created inside the beep function.
    Must be created after a user gesture (autoplay policy).
    https://developer.mozilla.org/en-US/docs/Web/API/Web_Audio_API/Best_
practices
  */
  let audioContext;

  function beep(frequency = 440, duration = 1) {
    audioContext = audioContext || new AudioContext();

    // ...
  }

  return beep;

});
```

Listing 11.3 Modul für eine Piepton-Funktion

Die Funktion `beep` gibt einen Piepton aus, wobei die angegebene Tonhöhe (der Parameter `frequency`) und die Dauer verwendet werden. Für diese Aufgabe muss die Funktion einen `AudioContext` (eine Klasse aus der Web-Audio-API) instanziieren. Nach einigen Experimenten und viel Lesen auf der Website des Mozilla Development Networks (MDN) über die API erhalten Sie Code, der die Variable `audioContext` außerhalb der Funktion deklariert, aber nur innerhalb der Funktion anlegt oder wiederverwendet, wenn sie bereits erstellt wurde.

Diese Art von Muster, ein *Lazy Singleton* (Singleton bedeutet, dass ein Objekt nur einmal erzeugt und dann wiederverwendet wird; »lazy« bedeutet, dass es im letzten möglichen Moment vor seiner ersten Verwendung erstellt wird), kann für unwissende Entwicklerinnen und Entwickler überraschend sein. Sie können also eine Erklärung hinzufügen, warum Sie dieses Muster verwendet haben. Der Kommentar erläutert zwei Entscheidungen (warum es sich um ein Singleton handelt und warum es »lazy« instanziiert ist) und enthält Verweise auf die Dokumentationsseiten und Kontext für diese Entscheidung. Der Code selbst wäre nie in der Lage, zu erklären, warum diese Entscheidungen getroffen wurden, auch wenn man die Variable unbeholfen `audioContextLazySingleton` nennt. Das Lazy Singleton ist das *Wie*, nicht das *Warum*.

Kommentare sollten unmittelbar vor dem Code platziert werden, mit dem sie verknüpft sind, und ordnungsgemäß formatiert sein, um die Lesbarkeit zu erhöhen. Versuchen Sie, alle benötigten Informationen zu übermitteln, aber seien Sie nicht allzu ausführlich. Die meisten Entwicklerinnen und Entwickler überfliegen langatmige Kommentare und finden es auch schwer, sie zu pflegen, wenn sich der Code ändert. Ungepflegte Kommentare weichen vom Code ab und können mit der Zeit irrelevant oder sogar irreführend werden. Wenn Sie viele Texte, Designnotizen oder eine sehr lange Dokumentation hinzufügen müssen, ist es besser, diese Informationen außerhalb des Codes zu speichern und Referenzen hinzuzufügen. Zusätzlich zu Links zur MDN-Dokumentation können Sie Links zu Wiki-Seiten oder anderen Designdokumenten hinzufügen.

Die beiden Entscheidungen, die in den Kommentaren in Listing 11.3 dargelegt sind, sind direkt und kurz und fügen Verweise für weitere Informationen hinzu. Sie sind als mehrzeilige Kommentare oder Blockkommentare (zwischen /* und */) formatiert, haben eine visuelle Trennung in Form einer Leerzeile zwischen ihnen und sind ebenfalls eingerückt. Viele andere Formatierungen sind möglich. Es ist wichtig, den Kommentar visuell mit dem Code zu verknüpfen und den Kommentar möglichst lesbar und klar zu formulieren. Wenn der Kommentartext eine einzelne Zeile oder nur wenige Zeilen umfasst, können auch einzeilige Kommentare mit // verwendet werden.

Eine Alternative zur Platzierung dieses Kommentars besteht darin, jede Entscheidung an einer anderen Stelle zu platzieren, wie in Listing 11.4 gezeigt.

```
/*
  The singleton AudioContext used by this module.
  It's recommended to create just one and reuse it.
  Will be created later.
  https://developer.mozilla.org/en-US/docs/Web/API/AudioContext
*/
let audioContext;

function beep(frequency = 440, duration = 1) {
  /*
    Create the AudioContext or reuse an already created one.
    Must be created after a user gesture (autoplay policy).
    https://developer.mozilla.org/en-US/docs/Web/API/Web_Audio_API/Best_
practices
  */
  audioContext = audioContext || new AudioContext();

  // ...
}
```

Listing 11.4 Alternative Kommentarplatzierung

Jeder Kommentar sollte allein stehen und Teile erklären, die der Code offenlässt. In diesem Beispiel verringert die Trennung der Kommentare das Verständnis. Da beide Entscheidungen voneinander abhängen, wäre die erste Variante, in der sie zusammen sind, zu bevorzugen.

Andere Situationen, die einen erläuternden Kommentar benötigen, sind etwa die folgenden:

- notwendige Workarounds für Einschränkungen oder Bugs in Frameworks oder Bibliotheken
- vorsätzliche Verstöße gegen übliche Programmierkonventionen
- überraschender Code, der z. B. für Performanceoptimierungen benötigt wird

Die Klasse `BeepingButton`, die wir später in Abschnitt 11.2.5, »JSDoc-Kommentare«, beschreiben, ist ein SAPUI5-Control, das von `sap.m.Button` erbt, aber das Rendering des Buttons nicht ändert. Sie bewirkt lediglich einen Piepton, wenn Sie auf den Button klicken. Für diese Funktion müssen Sie ein leeres Objekt als `renderer` angeben, so wie in Listing 11.5. Dieser Schritt ist eine Besonderheit von SAPUI5-Controls und folgt nicht den üblichen JavaScript-Prototyp-Vererbungsmustern. Fügen Sie einen Kommentar hinzu, um zu erläutern, warum dieses leere Objekt erforderlich ist, und verlinken Sie auf die entsprechende API-Dokumentationsseite, um weitere Informationen zu erhalten.

```
const BeepingButton = Button.extend("my.controls.BeepingButton", {

  // ...

  // an empty "renderer" effectively reuses the base class Button renderer
  // https://ui5.sap.com/#[..redacted..]/sap.ui.core.Control.extend
  renderer: {}
});
```

Listing 11.5 Erklären Sie überraschenden Code mit einem Kommentar.

11.2.2 Zusammenfassungskommentare

Eine weitere Art von Kommentar, der möglicherweise erforderlich ist, ist ein Kommentar, der einige Codezeilen zusammenfasst. Diese Kommentare wiederholen nicht nur den Code, sondern fügen zusätzliche Informationen darüber hinzu, was der Code zu erreichen versucht. Sehen Sie sich beispielsweise die Implementierung der Funktion `beep` in Listing 11.6 an.

```
// ...
let audioContext;

const LOW_VOLUME = 0.00001;

// plays a note that decreases in volume for the given duration
function beep(frequency = 440, duration = 1) {
  audioContext = audioContext || new AudioContext();
  const endTime = audioContext.currentTime + duration;

  // creates an oscillator to play the desired note
  const note = audioContext.createOscillator();
  note.frequency.value = frequency;

  // creates a gain node to decrease the volume
  const volumeDecreasingNode = audioContext.createGain();
  volumeDecreasingNode.gain.exponentialRampToValueAtTime(LOW_VOLUME, endTime);

  // connects the nodes: note -> decrease volume -> output
  note
    .connect(volumeDecreasingNode)
    .connect(audioContext.destination);

  // plays the beep
  note.start();
  note.stop(endTime);
}
```

Listing 11.6 Piep-Funktion (Version 1)

Die Piep-Funktion funktioniert mit der Web-Audio-API. Der erste Kommentar definiert, was wir als Piepton verstehen: eine Note, die die Lautstärke für die angegebene Dauer verringert. Dieser Kommentar fasst zusammen, wie ein Piepton in der Funktion implementiert wird. Die Web-Audio-API definiert ein Diagramm von Audioknoten. Ein Oszillatorknoten spielt eine Note mit einer bestimmten Frequenz ab, und ein Gain-Knoten verringert die Lautstärke dieser Note über einen bestimmten Zeitraum. Wir müssen diese Knoten anlegen, sie miteinander verbinden und sie auch mit dem Ausgang (`audioContext.destination`) verbinden, damit die Benutzer die Töne hören können.

Die Kommentare im Funktionskörper fassen jeden dieser Schritte zusammen. Da die Schritte nicht offensichtlich sind und mit einer fremden API (der Web-Audio-API) implementiert werden, erläutern die Kommentare, was in den Anweisungen geschieht, die ihnen folgen. Leere Zeilen werden verwendet, um die einzelnen Gruppen von Anweisungen zu trennen, die durch die Kommentare begrenzt sind, sodass klar ist, auf welche Anweisungen sich jeder Kommentar bezieht. Zum Beispiel erklärt der Kommentar mit dem Text `creates an oscillator to play the desired note` den Zweck der nächsten beiden Aussagen: Um eine Note abzuspielen, verwenden wir einen Oszillator, der auf die gewünschte Notenfrequenz eingestellt ist.

[+]

Refactoring statt Zusammenfassungskommentare

Das Vorhandensein von Zusammenfassungskommentaren ist oft ein Hinweis darauf, dass Ihr Code überarbeitet werden sollte und dass Funktionen oder Methoden für die Anweisungen, die die Kommentare zusammenfassen, extrahiert werden sollten. Der Kommentartext kann die Grundlage für den Namen der neuen Funktion bilden. Weitere Informationen finden Sie in Abschnitt 5.11.2, »Eine Abstraktionsebene absteigen«. Diese Art des Refactorings sollte immer in Betracht gezogen werden, wenn zusammenfassende Kommentare vorhanden sind.

Lassen Sie uns die Funktion `beep` überarbeiten und andere Funktionen daraus extrahieren, wie in Listing 11.7 gezeigt.

```
function beep(frequency = 440, duration = 1) {
  initAudioContext();
  const endTime = calculateEndTime(duration);
  const note = noteOn(frequency);
  configureNoteUntil(note, endTime);
  playNoteUntil(note, endTime);
}

function initAudioContext() {
  audioContext = audioContext || new AudioContext();
}

function calculateEndTime(duration) {
  return audioContext.currentTime + duration;
}

function noteOn(frequency) {
  const oscillator = audioContext.createOscillator();
  oscillator.frequency.value = frequency;
  return oscillator;
}

function configureNoteUntil(note, endTime) {
  note
```

```
    .connect(decreaseVolumeUntil(endTime))
    .connect(audioContext.destination);
}

const LOW_VOLUME = 0.00001;
function decreaseVolumeUntil(endTime) {
  const gainNode = audioContext.createGain();
  gainNode.gain.exponentialRampToValueAtTime(LOW_VOLUME, endTime);
  return gainNode;
}

function playNoteUntil(note, endTime) {
  note.start();
  note.stop(endTime);
}
```


Listing 11.7 Refactoring der Funktion in mehrere Funktionen (Version 2)

Welche Version des Codes `beep` ist leichter verständlich, die erste oder die zweite Version? Welche Version ist einfacher zu ändern oder wiederzuverwenden? Können Sie deutlich sehen, dass eine Note von einem Oszillator in der `noteOn(frequency)`-Funktion gespielt wird? Können Sie in Version 2 deutlich sehen, dass ein Piepton »eine Note ist, die die Lautstärke für die angegebene Dauer verringert«? Die erste Version ist relativ einfach und lesbar: Die Kommentare helfen dabei, den Zweck jeder kleinen Gruppe von Aussagen zu verdeutlichen, und es ist in Ordnung, diesen Ansatz zu verwenden. Seien Sie jedoch vorsichtig, wenn Funktionen anfangen zu wachsen und neue Features erhalten; sie können außer Kontrolle geraten und schwieriger zu refaktorieren sein.

11.2.3 Kommentare an Variablen- und Parameterdefinitionen

Einige Variablen- oder Parameterdeklarationen können auch von Kommentaren profitieren. Beispielsweise stimmen numerische Werte, die mit einer Mengeneinheit arbeiten, eventuell nicht überein, und Berechnungen würden zu falschen Ergebnissen oder unerwartetem Verhalten führen. Die beiden Parameter der Funktion `beep` nehmen bestimmte Maßeinheiten an: Die `frequency` sollte in Hertz (Hz) und die `duration` in Sekunden sein. Es empfiehlt sich, die Mengeneinheit im Variablennamen selbst anzugeben. Wenn Sie jedoch das Gefühl haben, dass Namen wie `frequencyInHz` und `durationInSeconds` zu lang und umständlich sind oder sogar unnötig sind, weil die Frequenz immer in Hertz und die Dauer immer in Sekunden angegeben wird, dann könnten die erwarteten Maßeinheiten für beide Parameter in einem Kommentar erfasst werden.

Zu den Informationen über Variablen und Parameter, die für die Dokumentation in einem Kommentar wichtig sein könnten, gehören:

- erwartete Typen
- erwartete Mengeneinheiten
- zulässige oder erwartete Wertebereiche
- erwartete Formate und Annahmen (wenn ein Array sortiert werden soll oder wenn eine Zeichenfolge nicht leer oder in Kleinbuchstaben sein soll)
- Erläuterungen zu Werten, die z. B. in regulären Ausdrücken erwartet werden

Sehen wir uns in Listing 11.8 einige Fälle für die Parameter von beep an.

```
// plays a note that decreases in volume for the given duration
// - frequency is the note pitch in Hz
// - duration in seconds, should be between 1 and 5
function beep(frequency = 440, duration = 1) {

  // ...

}
```

Listing 11.8 Kommentare verwenden, um wichtige Informationen über Parameter zu vermitteln

Wichtige Informationen zu den Parametern werden nun in den Kommentaren erfasst: die erwarteten Mengeneinheiten, ein erwarteter Wertebereich für die duration und die Beziehung zwischen der frequency und der ausgegebenen Note (die Frequenz ist die Notenhöhe). In Abschnitt 11.2.5, »JSDoc-Kommentare«, erläutern wir, wie Sie JSDoc auch verwenden, um diese Funktion zu dokumentieren.

Inlinekommentare, bei denen es sich um einzeilige Kommentare handelt, die am Ende einer Anweisung hinzugefügt werden, können verwendet werden, um Variablendeklarationen zu verdeutlichen, wie im folgenden Beispiel:

```
const endTime = audioContext.currentTime + duration; //in seconds
```

Dasselbe Ziel könnte auch in einem zusammenfassenden Kommentar erreicht werden, auch für mehrere Deklarationen, wie in Listing 11.9 gezeigt.

```
// start and end times in seconds
const startTime = audioContext.currentTime;
const endTime = startTime + duration;
```

Listing 11.9 Zusammenfassungskommentar einschließlich der Mengeneinheit

11.2.4 Parametername oder Argumentkommentare

Wenn ein Wert, der als Argument für eine Methode verwendet wird, nicht eindeutig ist und es nicht möglich ist, die Methode zu verbessern, sollte ein Kommentar verwendet werden, der den Parameternamen angibt, um die Bedeutung des Werts zu verdeutlichen. Dieses Szenario haben Sie bereits in Abschnitt 5.8.2, »Boolesche Parameter«, beim Aufruf der Methode navTo auf einem Router gesehen. Der dritte Parameter bReplace ist nicht eindeutig, wenn ein literaler boolescher Wert verwendet wird, und ein klärender Kommentar verbessert das Verständnis, wie im folgenden Beispiel:

```
this.getRouter().navTo("edit", { productId }, /*bReplace:*/true);
```

Die Funktion beep kann unter dem gleichen Problem leiden. Der Aufruf mit numerischen Werten ist nicht unbedingt klar, wie in beep(550, 2). Sehen wir uns in Listing 11.10 verschiedene Möglichkeiten an, Kommentare zu verwenden, um die Werte zu erläutern, was die Platzierung, Qualität und Abstände der Kommentare ändert.


```
// before using "="
beep(/*frequency=*/550, /*duration=*/2);
beep(/*frequency=*/ 550, /*duration=*/ 2);
beep(/* frequency= */ 550, /* duration= */ 2);
beep(/* frequency = */ 550, /* duration = */ 2);

// before using ":"
beep(/*frequency:*/550, /*duration:*/2);
beep(/*frequency:*/ 550, /*duration:*/ 2);
beep(/* frequency: */ 550, /* duration: */ 2);

// after
beep(550/*frequency*/, 2/*duration*/);
beep(550 /*frequency*/, 2 /*duration*/);
beep(550 /* frequency */, 2 /* duration */);

// units of measure
beep(550/*Hz*/, 2/*seconds*/);
beep(550 /*Hz*/, 2 /*seconds*/);
beep(550 /* Hz */, 2 /* seconds */);
```

Listing 11.10 Kommentare zur Klärung von Argumenten für eine Funktion

Wenn Mengeneinheiten beteiligt sind, kann das Hinzufügen als Kommentar nach dem Wert eine gute Option sein. Die verschiedenen Abstandsoptionen sollten konsistent verwendet werden, und mehr Leerzeichen (das letzte in jeder Gruppe) sollten bevorzugt werden, da sie den Code weniger unübersichtlich machen und den üblichen Coding-Konventionen besser folgen.

11.2.5 JSDoc-Kommentare

JSDoc (*https://jsdoc.app/*) ist der Standard, der in JavaScript und in SAPUI5 benutzt wird, um APIs zu dokumentieren, einschließlich Modulen, Klassen, Funktionen, Methoden, Eigenschaften, Attributen und Ereignissen. Diese Kommentare sollten nur verwendet werden, um extern zugänglichen wiederverwendbaren Code zu dokumentieren, dessen Zielgruppen die Konsumenten des Codes sind. JSDoc kann eingesetzt werden, um Dokumentationsseiten für ein Projekt oder eine Bibliothek zu generieren, z. B. HTML-Seiten oder Wiki-Seiten. Beispielsweise wird die SAPUI5-API-Dokumentation unter *https://ui5.sap.com/#/api* aus einer SAPUI5-Codebasis mit JSDoc-Annotation generiert.

JSDoc verwendet Blockkommentare zwischen /** (beachten Sie den zusätzlichen *) und */. Beim Überspannen mehrerer Zeilen wird eine linksbündig aufgefüllte vertikale Linie bestehend aus * verwendet. Moderne integrierte Entwicklungsumgebungen und Codeeditoren können JSDoc automatisch formatieren und die Syntax highlighten. ESLint kann auch JSDoc-Kommentare auf Korrektheit prüfen, z. B. indem überprüft wird, ob alle deklarierten Parameter in einer Funktion dokumentiert sind. JSDoc-Tags (Schlüsselwörter mit vorangestelltem @-Zeichen) können verwendet werden, um zusätzliche Informationen wie Parameter mit `@param` und Rückgabewerte mit `@returns` hinzuzufügen oder um anzugeben, dass eine Methode mit `@protected` geschützt ist.

Einige Richtlinien für die Verwendung von JSDoc umfassen die folgenden Überlegungen:

- Verwenden Sie JSDoc ausschließlich, um öffentlich zugängliche, wiederverwendbare APIs zu dokumentieren. Interne APIs benötigen nicht den zusätzlichen Aufwand, den JSDoc mit sich bringt.
- Nehmen Sie keine Implementierungsdetails oder interne Informationen in JSDoc-Kommentare auf, z. B. Designhinweise und Anforderungsdetails. Denken Sie daran: Die Zielgruppe von JSDoc sind Konsumenten von Code, nicht die, die ihn warten.
- Seien Sie kurz und direkt, und fügen Sie alle erforderlichen Informationen hinzu, damit andere Ihren Code richtig verwenden können, aber nicht mehr. Niemand will lange, dichte und pedantische Dokumentationen lesen. Fügen Sie bei Bedarf Links zu externen Ressourcen hinzu (siehe Tag `@link`).
- Verwenden Sie keine Kommentare im JSDoc-Format (zwischen /** und */) für Implementierungskommentare.

- Nutzen Sie die JSDoc-Tags konsistent und korrekt; prüfen Sie ihre Dokumentation. Korrigieren Sie zugehörige gefundene ESLint-Regel-Fehler.
- Verwenden Sie nur die Tags, die Sie unbedingt benötigen. Beispielsweise ist die Verwendung von `@class` und `@constructor` redundant, da diese Tags Synonyme sind. Die Verwendung von `@public` ist nicht erforderlich, da dies der Standard ist.

Jedes Tag kann ein spezielles Format haben. Das Tag `@param` kann beispielsweise neben dem Parameternamen und einer Beschreibung auch den Parametertyp zwischen geschweiften Klammern ({ und }) enthalten, und der Parametername kann in Klammern ([und]) eingeschlossen werden, wenn er optional ist, gefolgt von einem Gleichheitszeichen mit einem Standardwert, wenn einer vorhanden ist. Die Funktion `beep` aus Listing 11.8 verwendet JSDoc nicht, da es sich um eine private Funktion handelt. Eine wiederverwendbare öffentliche Funktion mit JSDoc finden Sie im Code in Listing 11.11.


```
/**
 * Plays a beep.
 * @param {number} [frequency=440] - Note pitch in Hz.
 * @param {number} [duration=1] -
 Duration in seconds, should be between 1 and 5.
 */
function beep(frequency = 440, duration = 1) {
  // plays a note that decreases in volume for the given duration

  // ...

}
```

Listing 11.11 Verwendung von JSDoc zum Dokumentieren einer öffentlichen Funktion

Beachten Sie, dass sich auch die Beschreibung der Funktion geändert hat. Während die zuvor in Listing 11.8 gezeigte Funktion auf interne Zielgruppen ausgerichtet ist und die Implementierungsdetails enthält, dass ein Piepton »eine Note ist, die das Volumen für die angegebene Dauer verringert«, ist die Beschreibung in Listing 11.11 viel einfacher, da die Zielgruppe aus den externen Konsumenten des Codes besteht. Die Implementierungsdetailmeldung wurde in den Funktionskörper verschoben, da der JSDoc-Kommentar unmittelbar vor dem liegen sollte, was er dokumentiert.

Sehen wir uns schließlich unser wiederverwendbares `BeepingButton`-Control an, das die Funktion `beep` verwendet, um beim Drücken eines Buttons einen Piepton abzuspielen, wie in Listing 11.12 gezeigt.

```
sap.ui.define([
  "sap/m/Button",
  "./beep"
], function (Button, beep) {

  /**
   * A button that plays a beep when pressed.
   * @class
   * @extends sap.m.Button
   * @alias my.controls.BeepingButton
   */
  return Button.extend("my.controls.BeepingButton",
    /** @lends my.controls.BeepingButton.prototype */ {
    metadata: {
      properties: {
        /**
         * Used to mute the button.
         * When "true" the button is muted and won't play a beep.
         * The default value is "false".
         */
        muted: {
          type: "boolean",
          defaultValue: false
        }
      }
    },

    init() {
      this.attachPress(this._beepIfNotMuted);
    },

    _beepIfNotMuted() {
      if (!this.getMuted()) {
        beep();
      }
    },

    // an empty "renderer" effectively reuses the base class Button renderer
    // https://ui5.sap.com/#[..redacted..]/sap.ui.core.Control.extend
    renderer: {}
  });

});
```

Listing 11.12 »BeepingButton«-Control

BeepingButton wird durch die Erweiterung des SAPUI5-Controls sap.m.Button mit der statischen Methode extend definiert. Da es sich bei dieser Erweiterung nicht um eine übliche JavaScript-Klasse oder Konstruktordefinition handelt, enthält der erste JS-Doc-Kommentar die folgenden Tags:

- @class, um anzugeben, dass dieser Code eine Klasse definiert
- @extends, um anzugeben, dass die Klasse von sap.m.Button erbt.
- @alias, um den richtigen Namen der Klasse anzugeben, my.controls.BeepingButton, den JSDoc nicht aus dem Code ableiten kann

Da die Art und Weise, wie SAPUI5-Controls deklariert werden, die Übergabe eines Objekts mit Klasseninstanzelementen umfasst, kann das Tag @lends verwendet werden, um anzugeben, dass die Eigenschaften des übergebenen Objekts Instanzmitglieder von BeepingButton (Teil seines Prototyps) werden. Schließlich ist die Eigenschaft muted dokumentiert.

Die Methoden init und _beepIfNotMuted sowie die Eigenschaft renderer sind nicht mit JSDoc dokumentiert. init und renderer übersteuern sap.m.Button-Methoden. Die Methoden _beepIfNotMuted ist eine private Methode mit einem klaren und selbstdokumentierenden Namen.

11.3 Das Schlechte: Zu vermeidende oder umzustrukturierende Kommentare

Jeder Kommentar, auch ein nützlicher, birgt das Risiko, dass er irgendwann zu alt und damit nutzlos wird. Sie sollten die Kommentare daher aktiv überprüfen. Ein irreführender oder irrelevanter Kommentar ist schlimmer als gar kein Kommentar. Darüber hinaus sind viele Kommentare nicht nützlich und sollten daher vermieden, überarbeitet oder vollständig aus dem Code entfernt werden.

Wie bereits in Listing 11.2 gezeigt, sind die ersten Kommentare, die entfernt werden sollten, redundante Kommentare, die das wiederholen, was im Code bereits gesagt wird. Wenn der Code sauber und ausdrucksstark ist, sind keine Kommentare erforderlich. Kommentare, die den Code erläutern, sollten ebenfalls vermieden werden. Wenn Sie den Code erklären müssen, ist der Code nicht sauber genug und sollte verbessert werden. *Tricky* ist nur ein anderer Name für *schlechten* Code. Bearbeiten Sie den Code, um ihn lesbar zu machen, dann benötigen Sie keine erklärenden Kommentare mehr. In einigen Situationen können Sie weiterhin von kleinen Zusammenfassungskommentaren profitieren, wie etwa in Listing 11.6. In diesen Kommentaren sollte kurz angegeben werden, was der Code zu erreichen versucht. Prüfen Sie, ob Kommentare einen Mehrwert hinzufügen, und entfernen Sie sie andernfalls aus dem Code.

In den folgenden Abschnitten sehen wir uns einige Beispiele für Kommentare und Formatierungen an, die vermieden werden sollen.

11.3.1 Formatierung und Ausrichtung

Beginnen wir mit dem Beispiel in Listing 11.13.

```
/*
 * Plays a note through an oscillator that decreases in volume
 * using a gain node for a given duration.
 *
 * Takes the following parameters:
 *
 * +-----------+----------------+--------+----------------+
 * |   Name    | Unit of Measure | Default |  Description   |
 * +-----------+----------------+--------+----------------+
 * | frequency | Hz             |    440 | The note pitch |
 * | duration  | seconds        |      1 | Duration       |
 * +-----------+----------------+--------+----------------+
 *
 * Creates an audio graph like this to play the beep:
 *
 *    ┌────────────────────────────┐
 *    │                            │
 *    │         Oscillator         │
 *    │                            │
 *    └─────────────┬──────────────┘
 *                  │
 *                  │
 *    ┌─────────────▼──────────────┐
 *    │                            │
 *    │         Gain Node          │
 *    │                            │
 *    └─────────────┬──────────────┘
 *                  │
 *                  │
 *    ┌─────────────▼──────────────┐
 *    │                            │
 *    │           Output           │
 *    │ (audioContext.destination) │
 *    │                            │
 *    └────────────────────────────┘ */
function beep(frequency = 440, duration = 1) {
```

```
  // ...

}
```

Listing 11.13 Funktion mit Kommentaren nach benutzerdefiniertem Format dokumentiert

Die in Listing 11.13 gezeigte Funktion `beep` ist mit einem Blockkommentar dokumentiert, der einem beliebigen Format folgt. Diese Art von Kommentar ist schwer zu pflegen. Sehen wir uns alle Gründe an, warum der Kommentar schlecht ist:

- Er ist irreführend. Er sieht aus wie ein JSDoc-Kommentar, da er linksbündige * verwendet, ist aber kein JSDoc-Kommentar.
- Es ist schwierig, Parameter hinzuzufügen oder zu ändern, da er eine Tabelle für die Parameter verwendet.
- Es ist schwierig, die Funktionsweise der Funktion zu ändern und den Kommentar synchron zu halten. Er verwendet ein ausgefallenes (aber hässliches) Diagramm, um die Audioknoten anzuzeigen, die angelegt und verwendet werden.

Der erste offensichtliche Schritt, um diesen Kommentar zu verbessern, besteht darin, JSDoc oder einfachere Implementierungskommentare zu verwenden, wie in Abschnitt 11.2, »Das Gute: Kommentarplatzierung und -nutzung«, beschrieben. Dann wird das `audio-graph`-Diagramm entweder nicht benötigt, weil es aus dem Code ersichtlich ist, oder wenn es noch benötigt wird, sollte es in ein geeignetes Diagrammwerkzeug außerhalb der Codebasis verschoben werden, auf das dann im Kommentar verlinkt wird. Diagramme gehören in Designdokumente; in der Codebasis sind sie in der Regel viel schwieriger zu pflegen.

Kommentare, die eine besonderen Ausrichtung erfordern, sind ebenfalls schwieriger zu pflegen. Sie befinden sich in der Regel in Variablen- oder Parameterdeklarationen, so wie in Listing 11.14. In diesem Fall sind nicht nur die Kommentare ausgerichtet, sondern auch die Variablenzuweisungen (das Zeichen =). Jede Änderung an einer der Variablen kann auch die Änderung der anderen erzwingen, nur um die Dinge aufeinander abzustimmen.

```
const startTime = audioContext.currentTime; // in seconds
const endTime   = startTime + duration;     // in seconds
```

Listing 11.14 Angepasste Inlinekommentare

Ein weiteres Beispiel für die Ausrichtung finden Sie in Listing 11.15.

```
function encodeWord(word) {   // word should not have spaces
  return word                 // 'SOS'
    .toLowerCase()            // 'sos'
```

```
    .split('')                  // ['s'  , 'o'  , 's'  ]
    .map(c => MORSE_CODE[c]); // ['...', '---', '...']
}
```

Listing 11.15 Sorgfältig abgestimmte Kommentare

In der Funktion encodeWord, die eine Eingabezeichenfolge im Morsecode kodiert, werden jeder Codezeile Inlinekommentare hinzugefügt. Der erste Kommentar erwähnt eine Vorbedingung für die Eingabe: Das Eingabewort sollte keine Leerzeichen enthalten. Die restlichen Kommentare zeigen eine Beispielverwendung, die den Code durchläuft. Die Kommentare sind sorgfältig aufeinander abgestimmt, sodass sie schwer zu pflegen sind, wenn der Code geändert werden muss. Sie werden möglicherweise auch aus anderen Gründen nicht benötigt: Vorbedingungen können im Code selbst enthalten sein, und die Beispielverwendung ist besser Modultests überlassen. Alternativ können beide zur Funktionsdokumentation in JSDoc hinzugefügt werden.

Wenn diese Art von sorgfältig ausgerichteten Kommentaren verwendet wird, können Sie die Ausrichtung und die Absicht der Kommentare leicht unterbrechen. Wenn Sie lediglich das Layout der Funktion ändern, wobei jeder Vorgang in einer separaten Zeile ausgeführt wird, würden die Kommentare unterbrochen. Nehmen wir stattdessen zwei Änderungen an encodeWord vor: Benennen Sie erstens den Parameter zum Call map von c in char um, und fügen Sie zweitens einen Call hinzu, um das resultierende Array zu filtern, um undefined-Werte daraus zu entfernen, wie in Listing 11.16 gezeigt.

```
function encodeWord(word) {   // word should not have spaces
  return word                 // 'SOS'
    .toLowerCase()            // 'sos'
    .split('')                // ['s'  , 'o'  , 's'  ]
    .map(char => MORSE_CODE[char]) // ['...', '---', '...']
    .filter(code => typeof code !== 'undefined');
}
```

Listing 11.16 Fehlerhafte Kommentarausrichtung

Der Kommentar in der Zeile map wurde nach rechts verschoben, und alle anderen Kommentare sollten neu ausgerichtet sein. Die Aufnahme des Aufrufs filter sollte die Aktualisierung des Beispiels SOS erfordern, um ein Sonderzeichen einzuschließen, das zu einem undefined-Morsecode führen würde, der nicht hinzugefügt wurde. Wie es häufig der Fall ist, werden Kommentare nicht aktualisiert, wenn sich der Code ändert, und das kann zu falsch abgestimmten, unvollständigen, irrelevanten oder sogar irreführenden Kommentaren führen.

Selbst wenn Sie sich die Zeit nehmen, Ihre Kommentare sorgfältig auszurichten und zu gestalten, ist jede Zeit, die mit dem Ausrichten von Kommentaren verbracht wird (z. B. Hinzufügen von Bindestrichen, Punkten, Sternen oder anderen speziellen Formatierungen), verschwendete Zeit, die Sie besser darauf verwenden, den Code zu bereinigen oder neue Funktionen zu implementieren. Eine ESLint-Regel kann indirekt die Verwendung von ausgerichteten Kommentaren erkennen, indem geprüft wird, ob mehrere Leerzeichen benutzt werden: `no-multi-spaces`. Mehr über ESLint erfahren Sie in Kapitel 12, »Statische Codeprüfungen und Codemetriken«.

Bezug? ist es besser, die Kommentare zu entfernen und entweder JSDoc oder gar keine speziellen Kommentare zu verwenden. Das Verwendungsbeispiel kann als QUnit-Test angelegt werden (siehe Abschnitt 13.1.6, »WDI5 vs. OPA5 vs. QUnit«), und die Vorbedingung für den Parameter kann entweder im Code geprüft oder in einem Kommentar erwähnt werden, wie in Listing 11.17 gezeigt.

11

```
function encodeWord(word) {
  // word should not have spaces
  return word
    .toLowerCase()
    .split('')
    .map(char => MORSE_CODE[char])
    .filter(code => typeof code !== 'undefined');
}
```

Listing 11.17 Sonderkommentare entfernen

11.3.2 Abschnitte und Trennzeichen

Wenn Sie lange Funktionen haben oder Funktionen verwenden, die auf einer Vorlage basieren, werden möglicherweise verschiedene Abschnitte einer Funktion durch Abschnittskommentare abgegrenzt, wie in Listing 11.18 dargestellt.

```
function calculateTotal() {

  // calculate sub-total from sales items
  // ...

  // apply discounts
  // ...

  // apply gift cards
  // ...

  // calculate taxes
```

```
  // ...

  // calculate shipping
  // ...

  // sum up everything
  // ...

}
```

Listing 11.18 Funktion mit vielen Abschnitten

Diese Bemerkungen des Abschnitts sind heimtückischer als bloße zusammenfassende Kommentare. Sie stellen in der Regel ganze Unterabschnitte einer Funktion vor, die viele Anweisungen und geschachtelte Logik in Schleifen, in `if`- und `else`-Anweisungen und in `try/catch`-Blöcken haben können. Sie sollten die Funktion überarbeiten und jeden Abschnitt in eine neue Funktion extrahieren. Weitere Informationen zu diesem Ansatz finden Sie in Abschnitt 5.11, »Funktionskörper«. Ihre Funktionen sollten möglichst kurz und prägnant sein, dann benötigen Sie auch keine Kommentare.

Sie finden diese Arten von Kommentaren auch auf Modulebene, wie in Listing 11.19 gezeigt, wo banner-ähnliche Kommentare zur zweiten Version des Piep-Funktions-Codes hinzugefügt wurden, um verschiedene Teile des Moduls abzugrenzen.

```
sap.ui.define([], function () {

  // -------------------------------------
  // main function
  // -------------------------------------

  // ...
  let audioContext;

  function beep(frequency = 440, duration = 1) {
    // ...
  }

  // -------------------------------------
  // support functions
  // -------------------------------------

  function initAudioContext() {
    ...
```

```
  }

  // ...

  function playNoteUntil(note, endTime) {
    // ...
  }

  // ------------------------------------

  return beep;

});
```

Listing 11.19 File-Level, banner-ähnliche Kommentare zum Piep-Modul

Diese Kommentare können zwar hilfreich sein, um verschiedene Teile des Moduls optisch zu trennen, sie sollten jedoch mit Bedacht verwendet werden. Kommentare dieser Art können wartungsintensiv sein und fungieren oft nur als Hintergrundrauschen. Es besteht die Gefahr, dass solche Überschriften mit der Zeit ignoriert werden oder irgendwann veraltet sind. Wenn sie keinen echten Mehrwert bieten, sollten sie lieber weggelassen werden. Erwägen Sie auch das Refactoring des Moduls, und extrahieren Sie mehrere Module, falls dies gerechtfertigt ist.

Manchmal werden Sie Vorlagen verwenden, um Funktionen zu erstellen. Der Nachweis, dass eine Vorlage verwendet wurde, z. B. Abschnittskommentare, verbleiben im Code. Möglicherweise sind diese Kommentare dann sogar leer, wie in Listing 11.20 gezeigt.

```
opaTest("When selecting a product then the copy button should be enabled",
  function (given, when, then) {

    // Arrangements

    // Actions
    when.onTheProductListPage
      .iSelectTheProductInLineNumber(1);

    // Assertions
    then.onTheProductListPage
      .theCopyProductButtonShouldBeEnabled();

  });
```

Listing 11.20 Vorlagenkommentare im Code

Diese Kommentare können beim Erstellen des Codes nützlich sein, sollten jedoch entfernt werden, sobald sie ihren Zweck erfüllt haben. Wenn der Code noch in Bearbeitung ist und nicht sofort bearbeitet wird, können Sie einen To-do-Kommentar hinzufügen (`TODO`), um Stellen anzugeben, die weitere Aufmerksamkeit erfordern. Wir sehen uns `TODO`-Kommentare und ähnliche Kommentare in Abschnitt 11.4.2, »To-do- und andere Code-Tags«, an.

11.3.3 Auskommentierter Code

Es gibt nur wenige Dinge, die heimtückischer sind als Code, der in Kommentaren enthalten ist. Dies bezeichnet man allgemein als *auskommentierter Code*. Warum ist dieser Code auskommentiert? Würde er funktionieren, wenn er unkommentiert wäre? Wenn Sie Code sehen, der auskommentiert wurde, löschen Sie ihn einfach. Ihr Versionsverwaltungssystem ist da, falls Sie ihn jemals wieder benötigen.

Wenn Sie das Gefühl haben, den Code auskommentieren zu müssen, widerstehen Sie der Versuchung. Vielleicht möchten Sie sehen, wie sich der Code ohne eine bestimmte Logik oder eine spezifische Codezeile verhält. Wenn Sie jedoch nicht wissen, wie sich der Code verhält, obwohl Sie ihn selbst geschrieben haben, haben Sie vermutlich größere Probleme. Dieser Umstand wird als *zufällige Programmierung* bezeichnet. Das Heilmittel sind *automatisierte Tests*, genauer gesagt die *testgetriebene Entwicklung* (engl. Test-Driven Development) . Auf diese Themen werden wir später in Kapitel 13, »Testen«, näher eingehen.

Vielleicht arbeiten Sie an einer unbekannten Codebasis und fragen sich, ob ein bestimmter Teil des Codes benötigt wird oder nicht. Das Auskommentieren von Code, um zu sehen, ob die Tests noch erfolgreich sind, kann ein Schritt sein, um zu erkennen, dass der Code nicht benötigt wird. Wenn Sie Code finden, der nicht benötigt wird, lassen Sie ihn nicht auskommentiert. Löschen Sie den Code, bevor Sie ihn an die Versionsverwaltung übergeben.

Ein Bereich, in dem auskommentierter Code häufig vorkommt, sind Debugging-Hilfen, wie die Verwendung von `console.log`, das Entwicklerinnen und Entwickler dem Code hinzufügen und dann beibehalten oder auskommentieren. Die Begründung dafür ist, dass dieser komplexe Code von den leicht zugänglichen Debugging-Hilfen von Zeit zu Zeit profitieren könnte. Wenn dieser Zeitpunkt dann gekommen ist, entfernen Sie die Kommentare im Code, führen ihn aus, debuggen ihn, prüfen das Konsolenprotokoll und kommentieren den Code dann erneut aus. Alternativ wird die Debugging-Hilfe nur einmal und danach nie wieder verwendet. Für unsere Funktion `beep` aus Listing 11.7 oben wurde kurz vor dem Code, der den Piepton abspielt, eine auskommentierte Codezeile hinzugefügt, wie Sie in Listing 11.21 sehen.

```
function beep(frequency = 440, duration = 1) {

  // ...

  // console.log(`Playing a beep at ${frequency}Hz for ${duration}s`);
  playNoteUntil(note, endTime);
}
```

Listing 11.21 Auskommentierter Debugging-Code

Vielleicht hörte der Entwickler bzw. die Entwicklerin keinen Piepton und hat daher diese Zeile hinzugefügt, um sicherzustellen, dass der Code läuft, ohne zu erkennen, dass der Lautsprecher stumm geschaltet war. Anstatt den Code zu löschen, wird der Code auskommentiert und committet, da die Entwicklerin oder der Entwickler dachte, dass dies in Zukunft nützlich sein könnte, da das Schreiben dieser Codezeile schließlich einige Mühe erfordert.

Sie sollten sich jedoch an die Vorgabe halten, dass Code entweder benötigt wird (auch wenn es nur gelegentlich ist) oder nicht. Lassen Sie ihn nicht auskommentiert, oder löschen Sie ihn. Überlegen Sie, welche Auswirkungen die Beibehaltung des Codes hat, und ob es sich lohnt. Möglicherweise müssen Sie ihn anpassen, z. B. indem Sie eine andere Protokollierungsebene verwenden, etwa »Debug« mit der Klasse `sap.base.Log`, wie in Listing 11.22 gezeigt.

```
sap.ui.define(["sap/base/Log"], function (Log) {

  // ...

  function beep(frequency = 440, duration = 1) {

    // ...

    Log.debug(`Playing a beep at ${frequency}Hz for ${duration}s`);
    playNoteUntil(note, endTime);
  }

  // ...

});
```

Listing 11.22 Protokollierung auf Debug-Ebene

11.3.4 No-Code-Kommentare

Manchmal erklärt ein Kommentar, warum es an einer bestimmten Stelle keinen Code gibt, wie in Listing 11.23.

```
try {
  return JSON.parse(customerJson);
} catch (error) {
  // should never happen
}
```

Listing 11.23 Kommentar, der erklärt, warum es keinen Code gibt

In diesem Fall besagt der Kommentar, dass beim Parsen der Variable `customerJson` nie eine Ausnahme auftreten sollte. Wenn diese Ausnahme nie auftreten sollte, entfernen Sie den Block `try/catch` vollständig, und behalten Sie einfach die Zeile `return JSON.parse(customerJson);`. Wenn Sie denken, dass das Problem auftreten könnte, können Sie das Verhalten der Methode ändern, z. B. indem Sie wie in Listing 11.24 einige Informationen protokollieren, bevor der Fehler erneut ausgeworfen wird.

```
try {
  return JSON.parse(customerJson);
} catch (error) {
  Log.error(`Error parsing customer JSON : ${customerJson} : ${error}`);
  throw error;
}
```

Listing 11.24 Protokollieren und erneutes Auswerfen eines Fehlers

Eine andere Situation sehen Sie in Listing 11.25. Der Kommentar »no-op« steht für »no Operation« (dt. »keine Operation«). Sie können auch weniger kryptischen Text wie »nichts tun« verwenden. Es gibt keinen Code in der Methode, und der Entwickler oder die Entwicklerin möchte, dass andere wissen, dass diese Unterlassung bewusst ist. In der Regel hat diese Art von Kommentaren keinen besonderen Mehrwert und sollte daher entfernt werden.

```
execute() {
  // no-op
},
```

Listing 11.25 Kommentar »no-op«

11.3.5 Schließende-Klammer-Kommentare

Wenn Sie komplizierten Code mit vielen logischen und geschachtelten Kontrollstrukturen haben, finden Sie nach einer schließenden Klammer möglicherweise einen Kommentar, der den Befehl der entsprechenden öffnenden Klammer als Kommentar wiederholt, wie in Listing 11.26 gezeigt.

```
function extractRules(ruleDefinitions) {
  let result = [];

  if (ruleDefinitions.rules.length > 0) {
    const rules = ruleDefinitions.rules;

    try {

      for (let i = 0; i < rules.length; ++i) {

        // ...

      } // for

    } // try
    catch (e) {
      return null;
    } // catch

  } // if ruleDefinitions.rules.length > 0

  return result;
}
```

Listing 11.26 Schließende-Klammer-Kommentare

Diese Kommentare deuten darauf hin, dass der Code zu kompliziert ist und refaktoriert werden sollte. Moderne IDEs und Codeeditoren können passende Klammern hervorheben, sodass sie nicht einmal im Legacy-Code erforderlich sind, den Sie nicht sofort neu refaktorieren möchten. Entfernen Sie die Kommentare, und nehmen Sie später bei Bedarf ein Refactoring des Codes vor.

11.3.6 Metakommentare

Metakommentare sind Kommentare über den Prozess, die Personen oder die externen Trigger, die Änderungen an der Codebasis verursacht haben. Diese Bemerkungen können folgende Informationen enthalten:

- Protokoll der Aktivitäten, eventuell mit Terminen und Entwicklernamen
- Meldungen oder Fehlerberichtsnummern
- Anforderungen, Spezifikationen oder Backlog Items

Wenn Sie diese Art von Kommentaren oder andere Kommentare sehen, die am besten im Versionsverwaltungssystem erfasst werden sollten, löschen Sie sie. Eines der am häufigsten verwendeten Versionsverwaltungssysteme in SAPUI5-Projekten ist *Git*. Erfahren Sie mehr über Git, und finden Sie heraus, wie Sie es am besten verwenden. Nehmen Sie sich die Zeit, gute Commit-Nachrichten zu erstellen, die den Grund für eine Änderung mitteilen und Links zu externen Ressourcen wie Meldungs- oder Anforderungsnummern enthalten. Diese Informationen sind Metadaten für das Projekt und gehören nicht als Kommentare in den Code.

11.4 Das Hässliche: Sonderkommentare

Sonderkommentare sind Kommentare, die manchmal benötigt werden, aber das Verständnis des Codes nicht verbessern. Sie sind entweder gesetzlich oder von einem Tool vorgeschrieben, oder sie dienen lediglich als Marker oder *Code-Tags* für die spätere Verwendung. In den folgenden Abschnitten erläutern wir einige Beispiele.

11.4.1 Rechtliche Kommentare

Ihre Organisation erfordert möglicherweise rechtliche Kommentare mit Urheberrechts- oder Lizenzhinweisen. Diese befinden sich in der Regel oben in jeder Datei oder in speziellen Dateien im Projekt. Sie sollten so klein wie möglich sein und dem Code wegen ihrer Platzierung in der Regel nicht im Weg stehen. Beispielsweise fügt OpenUI5 den Hinweis, den Sie in Listing 11.27 sehen, in jeder Datei oben ein.

```
/*!
 * OpenUI5
 * (c) Copyright 2009-2022 SAP SE or an SAP affiliate company.
 * Licensed under the Apache License, Version 2.0 - see LICENSE.txt.
 */
```

Listing 11.27 Legaler Hinweis von OpenUI5

Der Kommentar richtet lediglich den Urheberrechtsvermerk und die verwendete Lizenz ein und verweist auf die Lizenzdatei, in der weitere Informationen enthalten sind. Verschiedene Organisationen haben unterschiedliche Anforderungen an diese Art von Benachrichtigung. Wenden Sie sich an Ihre Rechtsabteilung und an andere Projektgruppen in Ihrer Organisation, um die erforderlichen Anforderungen einzuhalten.

Ihr Build-Prozess kann auch die erforderlichen gesetzlichen Anforderungen automatisch in jeder Datei einfügen, was das Leben Ihrer Entwicklerinnen und Entwickler viel einfacher macht. OpenUI5 selbst verwendet diese Funktion, und die Dateien im Versionsverwaltungssystem haben tatsächlich einen Platzhalter, wie in Listing 11.28 gezeigt.

```
/*!
 * ${copyright}
 */
```

Listing 11.28 OpenUI5-Copyright-Platzhalter für den Build-Prozess

11.4.2 To-do- und andere Code-Tags

To-do-Kommentare in Form von TODO-Markierungen im Code sind eine gängige Form von Code-Tag, die Entwicklerinnen und Entwickler verwenden, um eine Stelle im Code anzugeben, die in Zukunft Aufmerksamkeit erfordert. Oft hinterlassen Entwicklerinnen und Entwickler TODO-Kommentare, weil sie derzeit an einer anderen Aufgabe arbeiten oder weil sie glauben, dass alles, was getan werden muss, entweder zu viel Zeit in Anspruch nehmen wird oder aktuell nicht erledigt werden kann. Es handelt sich um Erinnerungen, Ideen, nette Funktionen oder Prüfhinweise, die später untersucht und gelöst werden sollten.

Beispielsweise nimmt die Funktion beep derzeit die Tonhöhe der Note zum Abspielen als Parameter (deren frequency, in Hz) entgegen. Da es sich bei diesem Wert um einen schwierigen Wert handeln kann, obwohl es einen Standardwert gibt, entscheiden Sie sich, eine Aufzählung mit Werten für HIGH, MEDIUM und LOW zu verwenden. Sie werden diese Änderung jedoch nicht sofort vornehmen, da die Auswirkungen dieser Änderung groß sein könnten. Daher hinterlassen Sie einen TODO-Kommentar mit dieser Idee, etwa wie in Listing 11.29.

```
// TODO: use an enum with predefined pitches like
//    HIGH, MEDIUM and LOW instead of a numeric frequency
function beep(frequency = 440, duration = 1) {

  // ...

}
```

Listing 11.29 »TODO«-Kommentar

Andere Code-Tags als TODO können auch eine andere Semantik vermitteln. Beispielsweise könnte FIXME auf Code hinweisen, der ein kleines Problem aufweist, das derzeit nicht behoben werden kann, oder `HACK` könnte eine temporäre Behelfslösung im Code kennzeichnen.

Code-Tags sind *durchsuchbar*. Sie können in einem gesamten Projekt nach Code-Tags suchen, und einige Tools und Codeeditoren können sie hervorheben und automatisch Aufgabenpläne anlegen. ESLint enthält eine Regel, die automatisch auf Code-Tags prüfen und Warnungen/Fehler ausgeben kann: `no-warning-comments`. Diese Regel prüft standardmäßig auf die Code-Tags `TODO`, `FIXME` und `XXX`. Diese Regel impliziert, dass diese Kommentare nicht committed werden sollten oder zumindest Warnungen erzeugen, die so bald wie möglich behandelt werden sollten.

Einige Richtlinien für die Verwendung von Code-Tags sind:

- Verwenden Sie Code-Tags nur, wenn Sie unbedingt müssen. Denken Sie zweimal nach, bevor Sie Code mit Code-Tags committen. Verwenden Sie Code-Tags nur, wenn Sie eine Markierung im Code benötigen, die durchsuchbar ist und in Zukunft angegangen werden muss.
- Nutzen Sie so wenig Code-Tag-Typen in Ihrem Projekt wie möglich und nur solche, die von allen Teammitgliedern gut verstanden werden. `TODO` ist wahrscheinlich das bekannteste Code-Tag.
- Verwenden Sie keine Code-Tags, die schwer lesbare Abkürzungen sind oder keine semantische Bedeutung vermitteln, z. B. `XXX` oder `RFE` (für »Request for Enhancement«, dt. »Verbesserungsantrag«). Code-Tags sind Gedächtnisstützen und sollten leicht zu erkennen und zu merken sein.
- Machen Sie Code-Tag-Text leicht lesbar und verständlich. Stellen Sie sicher, dass andere Menschen sie leicht verstehen können.
- Halten Sie die Gesamtzahl der Code-Tags im Projekt niedrig. Verwenden Sie Codeeditor-Funktionen, -Erweiterungen und -Tools, um sie hervorzuheben und häufig durchzugehen. Ändern Sie entweder den Code entsprechend, oder löschen Sie sie.
- JSDoc hat ein `@todo`-Tag. Da JSDoc hauptsächlich für öffentliche Dokumentationen gedacht ist, verwenden Sie dieses Tag nicht. To-do-Informationen sind für Konsumenten Ihres Codes nicht wertvoll.

11.4.3 Pragma-Kommentare

Pragma-Kommentare sind Kommentare, die benötigt werden, um ein Werkzeug oder einen Prozess zu steuern, das bzw. der sich mit dem Code befasst. Sie können die Funktionsweise von Werkzeugen wie ESLint beeinflussen, z. B. um Warnungen zu unterdrücken und Regelparameter zu ändern. ESLint kann beispielsweise Warnungen für nicht deklarierte Variablen ausgeben, und Sie müssen möglicherweise einen Kommentar erstellen, um anzugeben, dass `AudioContext` eine globale Klasse ist, wie in

Listing 11.30 gezeigt. Mehr über ESLint erfahren Sie in Kapitel 12, »Statische Codeprüfungen und Codemetriken«.

```
/*global AudioContext*/

sap.ui.define([], function () {

  // ...
  let audioContext;

  function beep(frequency = 440, duration = 1) {
    audioContext = audioContext || new AudioContext();

    // ...
  }

  return beep;

});
```

Listing 11.30 ESLint mit einem Kommentar über eine globale Klasse informieren

Andere Tools erfordern möglicherweise andere Arten von Kommentaren, z. B. Tools zur Codeabdeckung und Sicherheitsscans. Diese Kommentare folgen in der Regel einer bestimmten Syntax und sind wie eine kleine Sprache in Ihrem Code zu sehen. Stellen Sie sicher, dass Sie die richtige Syntax erhalten und dass der Kommentar wirklich erforderlich ist. Möglicherweise unterdrücken Sie eine Warnung, die eigentlich behoben werden sollte, oder Sie unterdrücken eine Warnung, die nicht wirklich vom Code ausgegeben wird, weil es sie nie gab oder weil sie geändert wurde. Überprüfen Sie diese Kommentare bei jeder Änderung, und prüfen Sie, ob sie ebenfalls geändert oder entfernt werden sollen.

11.5 Zusammenfassung

In diesem Kapitel haben Sie erfahren, wann, warum und wie Kommentare verwendet werden, und wir haben uns viele verschiedene Arten von Kommentaren angesehen.

Zu den Kommentaren, die erforderlich sein können, gehören folgende Arten von Kommentaren:

- absichtserklärende Kommentare (warum)
- Zusammenfassungskommentare (was)
- Kommentare zu Variablen und Parameterdefinitionen

- Parameternamen oder Argumentkommentare
- JSDoc-Kommentare für öffentliche APIs

Zu den schwer zu pflegenden Kommentaren, die überarbeitet oder entfernt werden sollten, gehören:

- lange Kommentare mit viel Text
- Kommentare, die auf eine bestimmte Weise ausgerichtet werden müssen
- Kommentare, die einem beliebigen Format folgen
- Kommentare, die Blöcke, Tabellen, ausgefallene Diagramme oder ASCII-Kunst enthalten

Folgende Kommentare sind unnötig und sollten refaktoriert oder entfernt werden:

- redundante Kommentare
- irreführende Kommentare
- Abschnitts-, Banner- oder Trennzeichenkommentare
- auskommentierter Code
- Kommentare ohne Code
- Schließende-Klammer-Kommentare
- Metakommentare (die zum Source-Control-System gehören)

Zu den Kommentaren, die manchmal notwendig sind, aber die Verständlichkeit des Codes nicht verbessern, gehören:

- rechtliche Kommentare
- `TODO`- und andere Code-Tags
- Pragma-Kommentare

Diese Liste sollte Ihnen eine gute Übersicht geben, deckt aber nicht alle Arten von Kommentaren ab, die Ihnen in der freien Wildbahn begegnen werden. Beachten Sie die Leitprinzipien dieses Kapitels: Kommentare sollten kurz und leicht zu verstehen und zu pflegen sein, ähnlich wie Ihr Code. Sie sollten auch notwendig sein und aus gutem Grund existieren. Zusätzliche Kommentare, auch wenn sie vollkommen verständlich sind, sollten refaktoriert oder entfernt werden.

Im nächsten Kapitel gehen wir auf das Thema statische Codeprüfungen und Codemetriken ein. Sie lernen einige wichtige Tools und Standards kennen, die Ihnen helfen, Ihren Code zu prüfen und zu verbessern und Ihren konsistenter zu gestalten.

Kapitel 12
Statische Codeprüfungen und Codemetriken

Wie können Sie sicherstellen, dass sich Ihr Code richtig entwickelt und nicht von dem Qualitätsniveau abweicht, auf das sich Ihr Team geeignet hat? Neben der Entwicklerwahrnehmung der Codequalität gibt es einige Werkzeuge, die die Codequalität auch objektiv messen können. In diesem Kapitel stellen wir Ihnen statische Codeprüfungen mit dem beliebtesten Linter vor: ESLint. Anschließend betrachten wir einige nützliche Metriken zur Bewertung der Codequalität.

Im Jahr 2017 veröffentlichte Reuters Forschungsarbeiten, die von namhaften Softwareentwicklerinnen und Softwareentwicklern in der US-Bankenbranche durchgeführt wurden (siehe *https://www.backbase.com/blog*). Dieser Studie zufolge lassen sich die Bankensysteme in den USA wie folgt beschreiben:

- 43 % der Bankensysteme basieren auf der Common Business-Oriented Language (COBOL).
- 80 % der persönlichen Transaktionen verwenden COBOL.
- 95 % der Transaktionen an Geldautomaten sind auf COBOL angewiesen.
- Heute sind 220 Milliarden Zeilen COBOL-Code im Einsatz.

Die Programmiersprache COBOL wurde vor 60 Jahren entwickelt, und manche Bankensoftware ist genauso alt. Sie hat sich jedoch im Laufe der Zeit kontinuierlich weiterentwickelt, um die heutigen Transaktionen zu unterstützen. Was uns in dieser Studie fehlt, ist der Geldbetrag (oder der geschätzte Arbeitsaufwand in Tagen), der nötig war, um diese Entwicklung zu ermöglichen.

Ob man die Sprache mag oder nicht, COBOL verwendet englische Anweisungen und wurde speziell entwickelt, um gut lesbar zu sein. Erklärt diese Lesbarkeit die Langlebigkeit der Sprache? Ist die Lesbarkeit die einzige Metrik, die die Qualität einer Codebasis garantiert? Einige Leute behaupten, dass das einzige gute Maß für die Codequalität darin besteht, Entwicklerinnen und Entwicklern zuzuhören, wenn sie den Code überprüfen, wie in Abbildung 12.1 dargestellt.

Abbildung 12.1 Unterschied zwischen gutem und schlechtem Code

Wenn wir die Perspektive der Entwicklerinnen und Entwickler einnehmen, die den Code geschrieben haben, können wir davon ausgehen, dass alle notwendigen Anstrengungen unternommen wurden, um das Beste zu erreichen, was nach ihrem Wissen und in der zur Verfügung stehenden Zeit möglich war. Andererseits müssen wir, wenn wir uns in die Lage der Reviewer versetzen, die Seniorität der Reviewer relativ zu den Entwicklerinnen und Entwicklern berücksichtigen. Aufgrund dieses Unterschieds kann sich das Feedback wie folgt unterscheiden:

- Ein Junior, der Senior-Coding prüft, riskiert möglicherweise nicht, Fragen zu stellen, da er davon ausgeht, dass der Senior immer Recht hat.
- Ein Senior, der Junior-Coding prüft, kann viel Feedback geben und ist möglicherweise frustriert, weil die Prüfung zeitaufwendig ist.

Die folgenden Szenarien können noch problematischer sein:

- Wenn ein Junior Junior-Codes prüft, könnte es sein, dass Probleme übersehen werden.
- Wenn ein Senior Senior-Coding begutachtet, ist er möglicherweise nicht einverstanden, was zu einer endlosen Diskussion führen kann.

[»]

Vier-Augen-Prinzip

Entweder durch Pair Programming oder durch Erzwingen von Code-Reviews, sollte sämtlicher Code, der geschrieben wird, von jemand anderem überprüft werden, bevor er in den Main Branch zusammengeführt wird. Die Fragen, die während dieser Diskussion aufgeworfen werden, sind wichtig, da sie entscheidend dafür sind, ob der geschriebene Code leicht verständlich ist.

Außerdem ist es zu spät, Feedback zu geben, sobald der Code öffentlich (in der Codebasis zusammengeführt) ist.

Im Hinblick auf das Testen oder die Sicherheitsbewertung sollte die Erkennung von Problemen im Code so früh wie möglich automatisiert und durchgeführt werden. Dieser Ansatz wird als *Shift-Left-Prinzip* bezeichnet (siehe *https://devopedia.org/shift-left*).

Automatisierung hat viele Vorteile, wie z. B.:

- Das Team muss sich darauf einigen, welche Probleme so wichtig sind, dass sie unbedingt erkannt und, wenn möglich, automatisch gelöst werden sollten. Diese Entscheidungen können die Formatierung des Codes (zur Verbesserung der Lesbarkeit), die zulässige Syntax (Anzahl der Parameter, Verwendung veralteter Anwendungsprogrammierschnittstellen [APIs], globale Variablen usw.) oder die Übernahme eines empfohlenen Musters betreffen. Nach der Entscheidung muss sich das gesamte Team an diese Richtlinien halten.
- Entwicklerinnen und Entwickler haben einen objektiven und messbaren Standpunkt, um die Qualität des Codes zu bewerten.
- Jede neue Person im Team wird diese Richtlinien fast automatisch befolgen (dies verkürzt die Einarbeitungszeit).

In Abschnitt 12.1, »Linting«, erfahren Sie, wie Sie diese Automatisierung mithilfe statischer Codeprüfungen (insbesondere Linting) erreichen können. In Abschnitt 12.2 beschreiben wir Codemetriken.

12.1 Linting

Eine Möglichkeit, Feedback zu einer Codebasis zu geben, ist die Verwendung von Werkzeugen, die den Code analysieren. Diese Art von Werkzeugen wird als *statische Codeprüfung* bezeichnet, im Gegensatz zu Werkzeugen, die den Code während seiner Ausführung analysieren (*dynamische Codeprüfung* genannt).

Je nach Sprache und Kontext stehen mehrere Werkzeuge zur Verfügung. In Bezug auf JavaScript ist der Ausführungs-Host wichtig, bevor das Werkzeug ausgewählt wird: Backend-Entwicklung impliziert Node.js, während Frontend-Entwicklung bedeutet, dass der Browser (und ein Framework) verwendet wird.

Schließlich dienen statische Codeprüfungs-Tools verschiedenen Zwecken:

- **Lesbarkeit**
  Durch das Prüfen/Erzwingen von Formatierungsregeln verbessert diese Werkzeugkategorie die Art und Weise, wie der Code geschrieben wird, um ihn lesbarer zu machen.

- **Codequalität**
  Durch die Berechnung von Metriken aus dem Quellcode (z. B. zyklomatische Komplexität, siehe Abschnitt 12.2.1) kann diese Werkzeugkategorie eine objektive Bewertung der Qualität des Codes liefern.
- **Statische Anwendungssicherheitstests (engl. Static Application Security Testing, SAST)**
  Durch das Erkennen bekannter Schwachstellenmuster (z. B. SQL-Anforderungen, die mithilfe von String-Verkettung erstellt werden) sucht diese Kategorie von Tools nach möglichen Bedrohungen im Code.
- **Performance**
  Je nach Programmiersprache sind einige Muster bekannt, die sich auf die Performance auswirken und nach denen gesucht werden kann.

Manchmal sind die Werkzeuge multifunktional und können ein bisschen von allem. Einige Werkzeuge lassen sich sogar durch kundeneigene Entwicklungen erweitern. Moderne Linter fallen in die letzte Kategorie, und für JavaScript konzentrieren wir uns auf den beliebtesten: ESLint (*https://eslint.org/*). Anschließend werden wir die XML-Linter-Optionen besprechen.

[»]

Beispiele aus diesem Buch

Der gesamte Beispielcode (einschließlich der Demo-Anwendungen), der für dieses Buch bereitgestellt wird, wurde gelintet.

12.1.1 JavaScript-Linter

Wir beginnen diesen Abschnitt mit einer Einführung in die Verwendung von Lintern in JavaScript. Danach werden wir uns mit ESLint beschäftigen. In diesem Abschnitt werden wir auch auf Standardstile und benutzerdefinierte Regeln eingehen.

Gründe für die Verwendung von Lintern

JavaScript ist bekannt dafür, dass es gleichzeitig besonders einfach und besonders komplex ist. Die Basissprache selbst ist leicht zu erlernen und ermöglicht es allen Entwicklerinnen und Entwicklern, relativ schnell mit ausgefallenem Code zu arbeiten. Da die Sprache vor der Ausführung nicht kompiliert werden muss, kann die Anwendung mit einem Texteditor und einem Host (einem Browser oder Node.js) implementiert und getestet werden. Andererseits kommt die Sprache selbst mit komplexen Paradigmen, wie die folgenden Beispiele:

- Funktionen sind die primären Objekte.
- Die Prototypvererbung ermöglicht die objektorientierte Programmierung.

- Closures sind an ihren lexikalischen Umfang gebunden.
- Die asynchrone Programmierung erfordert eine spezielle Behandlung.

All diese Konzepte ermöglichen es Entwicklerinnen und Entwicklern, erstaunliche Lösungen auf der Grundlage der Sprache zu erstellen. Wenn Sie noch weiter überzeugt werden müssen, schauen Sie sich die vorhandenen Frameworks in JavaScript an: Sie alle schlagen verschiedene Möglichkeiten vor, die Sprache zum Erstellen von Schnittstellen oder Services zu verwenden. In den ersten Versionen war JavaScript recht nachgiebig und fehlertolerant. Diese Flexibilität spiegelt das Verhalten von Browsern wider, die beim Parsen von HTML-Code nicht restriktiv sind. Beispielsweise ist das Deklarieren einer Variablen vor ihrer Verwendung nicht erforderlich. Standardmäßig werden nicht deklarierte Variablen automatisch als globale Variablen angelegt. Als zusätzlicher Nebeneffekt werden sie automatisch als Eigenschaften des Window-Objekts hinzugefügt.

Die Einführung von `'use strict';` in JavaScript ES5 (im Jahr 2009) bot eine Möglichkeit, moderne JavaScript-Hosts zu konfigurieren, um diese alten Verhaltensweisen zu deaktivieren. Wenn Sie zu unserem Variablenbeispiel zurückkehren und eine nicht deklarierte Variable verwenden, wird, wenn der strikte Modus aktiviert ist, ein Fehler ausgelöst, wenn der Host versucht, die Anweisung auszuwerten.

Dies ist eigentlich das größte Problem von JavaScript. Da die Sprache nicht auf dem Host kompiliert werden muss, werden einige Fehler erst bei der Auswertung des Codes entdeckt. Im Idealfall arbeitet ein Entwicklerteam an kleinen, gut getesteten Anwendungen. Probleme, die während der Ausführung entstehen, sollten dann schnell erkannt werden. Wenn Sie jedoch eine große Anwendung entwickeln oder wenn die Codeabdeckung gering ist, steigt das Risiko, dass Sie ungetesteten Code ausliefern, der bei der Evaluierung in der Produktion versagt, drastisch an. Und das Scheitern ist nicht immer auf komplexe Gründe zurückzuführen; die Liste der möglichen Fehler ist lang. Die folgenden Beispiele sind nur einige von vielen häufig auftretenden Fehlern:

- Ein Tippfehler in einem Variablen-/Elementnamen kann zu Ausnahmen oder Fehlern in Bezug auf `undefined`-Werte führen.
- Eine fehlende Klammer oder ein führendes Komma kann die Syntax brechen.
- Ein fehlendes Gleichheitszeichen verwandelt eine Bedingung in eine Zuweisung.

Im Jahr 2002, sieben Jahre nach der Entstehung der Sprache, war der erste Linter verfügbar: JSLint (siehe *https://www.jslint.com/*) wurde von Douglas Crockford veröffentlicht. Dieses Tool analysierte JavaScript-Quelldateien, um mögliche Fehler im Code zu erkennen. Als Bonus enthielt das Tool eine Formatierungsstilprüfung, die auf den Erwartungen des Autors basierte. Auf JSLint folgte dann 2010 JSHint (*https://jshint.com/*) und 2013 schließlich ESLint (*https://eslint.org/*).

ESLint ist in hohem Maße konfigurierbar und erstellt einen Report mit Meldungen, die sich aus folgenden Informationen zusammensetzen:

- eine Referenz auf die Quelldatei (und die Zeile)
- eine Beschreibung des gefundenen Problems mit einem Link zur Dokumentation
- Schweregrad (Warnung oder Fehler):
  - Eine Warnung kann ignoriert werden, aber das Tool empfiehlt, ihr nachzugehen.
  - Ein Fehler bedeutet, dass die Quelle geändert werden muss.

Die Schweregrade können über die Konfiguration angepasst werden. Wenn während des Linting-Prozesses ein Fehler auftritt, schlägt die Ausführung des Tools fehl (indem es einen Fehlercode zurückgibt). Diese Funktion ermöglicht die Integration des Tools in eine Pipeline für die kontinuierliche Integration (engl. Continuous Integration, CI).

Daher empfehlen wir, nur Fehler zu erzeugen und einfach unerwünschte Erkennungen auszuschalten: Jede vom Linter erzeugte Nachricht muss adressiert werden.

JavaScript-Linter sind mächtige Werkzeuge. Sie können Syntaxfehler erkennen und häufige Fehler abfangen, die Anwendungen während der Ausführung zum Absturz bringen können. In Absprache mit dem Team können Linter Kodierungs- und Stilrichtlinien durchsetzen, um Ihre Codebasis zu normalisieren. Diese Werkzeuge sollten aus folgenden Gründen so früh wie möglich in den Entwicklungsprozess integriert werden:

- Die meisten Editoren verfügen über Integrations-Plugins. Daher empfehlen wir Ihnen dringend, diese beim Aufbau Ihrer Entwicklungsumgebung in die Erstkonfiguration aufzunehmen.
- Ein Linter ist so konzipiert, dass er als eigenständiger Befehl ausgeführt wird, kann aber auch innerhalb einer CI-Pipeline ausgelöst werden. Jeder Fehler stoppt den Prozess und zwingt den Entwickler bzw. die Entwicklerin, sich um das Problem zu kümmern. Der Linter sichert auch den Inhalt des Quell-Repositorys.

[»]

Broken-Window-Effekt

Bevor wir fortfahren, möchten wir die Auswirkungen der Verwendung von Warnmeldungen hervorheben. Wenn das Werkzeug so konfiguriert ist, dass Warnmeldungen generiert werden, aber nach der Erkennung keine Aktion ausgeführt wird (da sie die Pipeline nicht blockieren), reproduziert das Team den *Broken-Window-Effekt*. In diesem Szenario häufen sich Nachrichten, und niemand kümmert sich darum.

Der Broken-Window-Effekt ist ein psychologisches Experiment, das Folgendes zeigt:

- Wenn nur ein Fenster in einem Gebäude kaputt ist, wird es sofort bemerkt, und jemand kümmert sich darum, es zu reparieren.
- Nach einer gewissen Anzahl von kaputten Fenstern kümmert sich jedoch niemand mehr um die Reparatur.

ESLint

Derzeit ist ESLint wahrscheinlich der beliebteste verfügbare JavaScript-Linter. Das Tool ist so aufgebaut, dass es um benutzerdefinierte Regeln und benutzerdefinierte Parser erweitert werden kann. Dadurch ist der Linter in der Lage, JavaScript-Syntaxen zu verarbeiten, die noch nicht normalisiert sind (durch Babel-Transpiling), und unterstützt auch TypeScript.

Der größte Vorteil von ist die Community, die den Linter nutzt. Diese Community hat die Probleme diskutiert, die erkannt werden sollten, und ihre Diskussionen in *Regeln* zusammengefasst, die dokumentiert und konfigurierbar sind, um so die meisten Szenarien zu erfüllen. Mehr als 260 Regeln werden mit ESLint ausgeliefert, und die Liste wächst; Sie können sie alle unter *https://eslint.org/docs/rules/* sehen. Diese Regeln akkumulieren und kodifizieren das kollektive Wissen und die Weisheit Tausender Entwicklerinnen und Entwickler.

Die Regel `no-async-promise-executor` ist ein gutes Beispiel für diese Weisheit. Der Konstruktor `new Promise` akzeptiert eine Executor-Funktion als Argument, das Auflösungs- und Ablehnungsparameter hat, mit denen Sie den Status eines angelegten Promises steuern können. Die Executor-Funktion kann auch eine `async function` sein. Dieser Ansatz ist jedoch aus folgenden Gründen in der Regel ein Fehler:

- Wenn eine `async`-Executor-Funktion einen Fehler ausgibt, geht der Fehler verloren und führt nicht dazu, dass das neu erstellte Promise abgelehnt wird. Dieses Problem kann das Debugging und die Behandlung einiger Fehler erschweren.
- Wenn eine Promise-Executor-Funktion `await` nutzt, brauchen Sie den `new Promise`-Konstruktor möglicherweise nicht, oder der Geltungsbereich des `new Promise`-Konstruktors muss reduziert werden.

Diese Regel ist also darauf ausgelegt, asynchrone Funktionen zu ermitteln, die als Executor innerhalb von Promises verwendet werden, und sie zu melden.

Linter-Regeln lassen sich in drei Gruppen einteilen:

- Mögliche Probleme: Logische Fehler im Code werden ermittelt, z. B. eine Zuweisung, die in einer Bedingung verwendet wird.
- Vorschläge: Es werden Vorschläge zur Verbesserung der Lesbarkeit/Wartbarkeit von Code gemacht.
- Layout und Formatierung: Die Codeformatierung wird geprüft. Diese Regeln können angepasst werden, um den eigenen Vorlieben zu entsprechen.

Einige dieser Regeln können tatsächlich ein Problem lösen, indem der Code direkt korrigiert wird. Sie können den Linter bitten, die vorgeschlagene Korrektur über die Option `-fix` einzuspielen. Insbesondere können Formatierungsregeln dafür sorgen, dass Ihre Dateien einer bestimmten Richtlinie entsprechen.

[»]

ESLint: Liste von Regeln

Wir empfehlen Ihnen dringend, die *hervorragende* Dokumentation zu den ESLint-Regeln zu lesen, sei es, weil Sie mit einem erkannten Problem nicht einverstanden sind, oder nur weil Sie einfach neugierig sind. Es lohnt sich, dieses Wissen zu entdecken. Unabhängig davon, ob Sie mit einer Regel einverstanden sind oder nicht, werden Sie viel lernen, wenn Sie die Gründe verstehen, die zu dieser Regel geführt haben.

Ein weiterer Vorteil von ESLint ist, dass es in die meisten beliebten Editoren integriert werden kann, wodurch die Erkennung von Problemen entsprechend dem Shift-Left-Ansatz effektiv vorgezogen wird. Beispielsweise ist in Visual Studio Code ein Plugin (siehe *http://s-prs.de/v1005049*) verfügbar, das die zu ändernde Quelle in Echtzeit analysiert und integriert, um potenzielle Probleme hervorzuheben, wie in Abbildung 12.2 dargestellt.

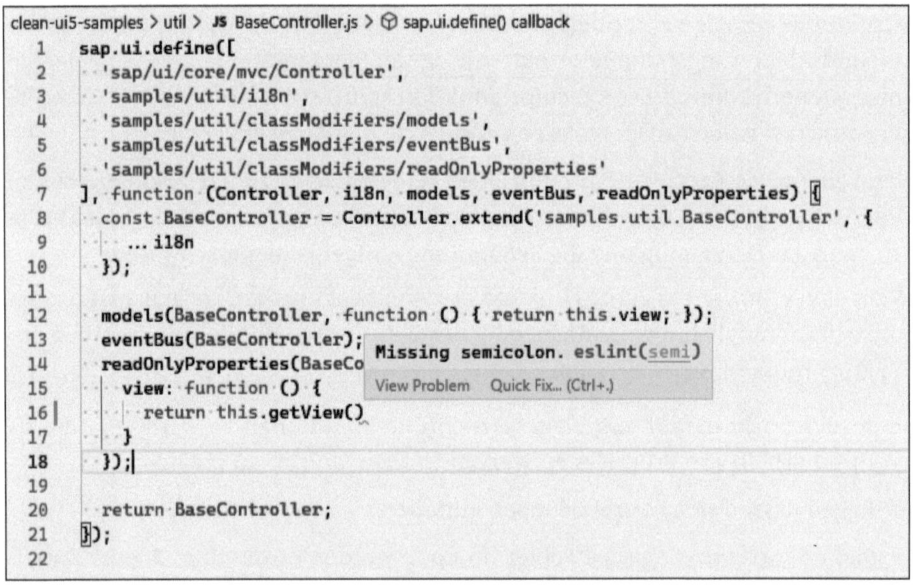

Abbildung 12.2 Beispiel für einen direkt in Visual Studio Code integrierten Linting-Fehler

Der Editor bietet auch die Möglichkeit, Probleme über die Quickfix-Hilfe zu beheben, auf die über `Strg`+`.` zugegriffen wird. Es erscheint ein Menü mit einer Liste von Optionen zur Behebung des erkannten Problems, wie in Abbildung 12.3 dargestellt.

Bestimmte Fehler können ignoriert werden, indem Sie den Linter lokal deaktivieren, wie in Abbildung 12.3 dargestellt. Dies kann in bestimmten Situationen nützlich sein. Wenn beispielsweise die Anzahl der Funktionsparameter durch die `max-params`-Regel (*https://eslint.org/docs/rules/max-params*) begrenzt ist, dann wird der Mechanismus

SAPUI5-Dependency-Injection-Probleme melden, da er auf eine Funktion angewiesen ist, die alle erforderlichen Abhängigkeiten erhält, siehe Abbildung 12.4.

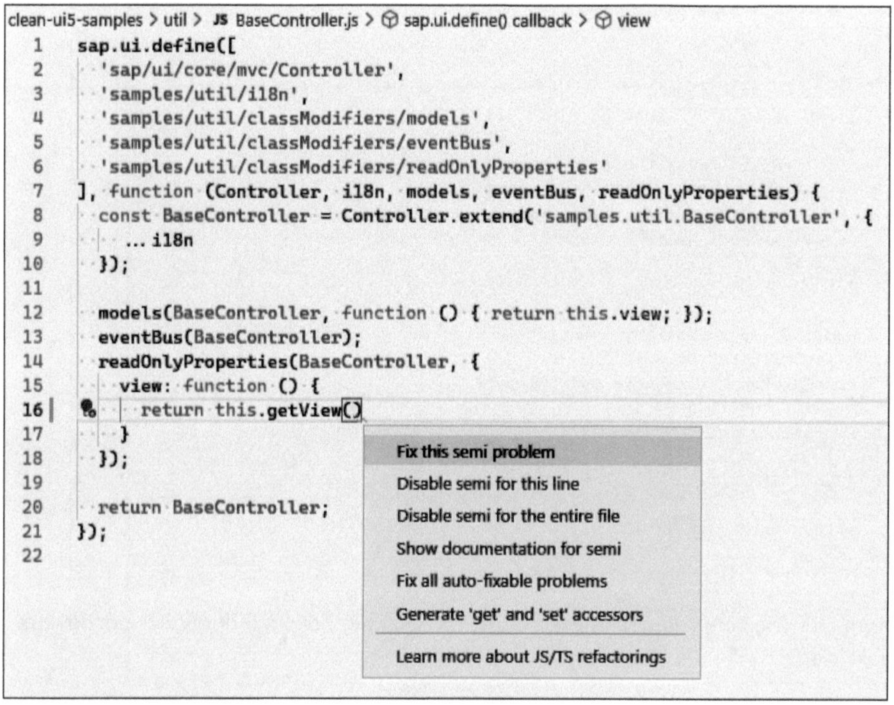

Abbildung 12.3 Quickfix-Hilfe in Visual Studio Code

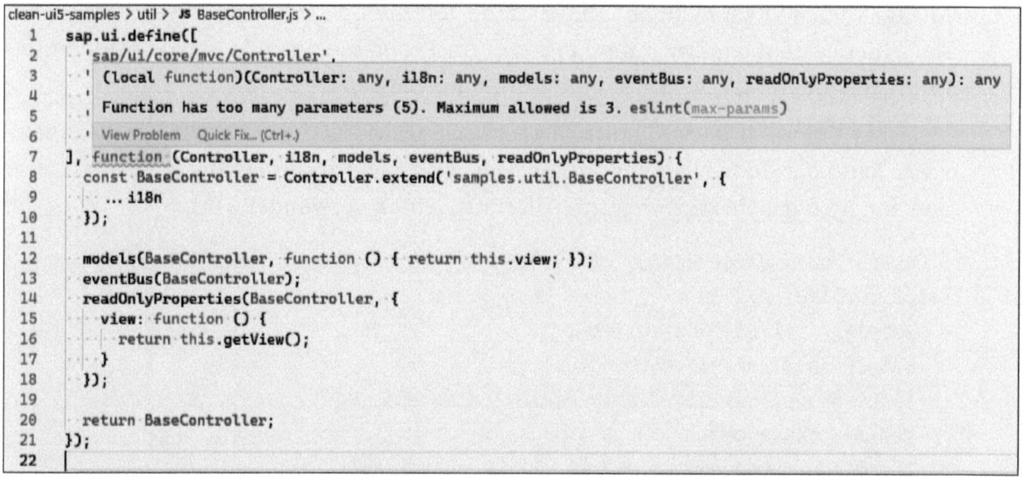

Abbildung 12.4 Die Funktion empfängt so viele Parameter wie Abhängigkeiten deklariert sind, erkannt von der »max-params«-Regel.

Hier ist es erforderlich, diese Regel in dieser Zeile zu deaktivieren, da Sie keine Alternative haben. Abbildung 12.5 zeigt, wie die Regel deaktiviert wird.

clean-ui5-samples > util > JS BaseController.js > ...

```
sap.ui.define([
  'sap/ui/core/mvc/Controller',
  'samples/util/i18n',
  'samples/util/classModifiers/models',
  'samples/util/classModifiers/eventBus',
  'samples/util/classModifiers/readOnlyProperties'
// eslint-disable-next-line max-params
], function (Controller, i18n, models, eventBus, readOnlyProperties) {
  const BaseController = Controller.extend('samples.util.BaseController', {
    ... i18n
  });

  models(BaseController, function () { return this.view; });
  eventBus(BaseController);
  readOnlyProperties(BaseController, {
    view: function () {
      return this.getView();
    }
  });

  return BaseController;
});
```

Abbildung 12.5 Die Linter-Regel »max-params« wird in der Zeile mit der Funktionsdeklaration deaktiviert.

Der eingefügte Kommentar `// eslint-disable-next-line max-params` ist eine gute Möglichkeit, die Fehlergenerierung für eine bestimmte Zeile zu deaktivieren. Dieses Muster sollte jedoch nicht auf alle im Code gefundenen Fehler angewendet werden. Auch hier besteht der Zweck des Linters darin, Probleme im Code hervorzuheben, damit sie behoben und nicht nur kommentiert werden.

Ziel ist es aber auch, nach Möglichkeit zusätzlichen Aufwand zu vermeiden. Beispielsweise kann der Code aus Abbildung 12.5 durch den Code aus Listing 12.1 ersetzt werden, indem die JavaScript-Destrukturierungssyntax verwendet wird.

```
/* eslint no-unused-vars: ["off"] */
sap.ui.define([
  'samples/util/BaseController',
  'samples/util/asyncEventHandler',
  'samples/applications/dlghlp/dialog/ExampleDialog',
  'sap/m/MessageToast'
], function (...dependencies) {
  const [
    BaseController,
    asyncEventHandler,
    ExampleDialog,
```

```
    MessageToast
  ] = dependencies;
  /* ... */
});
```

Listing 12.1 Eine Möglichkeit zur Lösung des Problems, dass die Dependency Injection zu viele Parameter erzeugt

Diese Methode bedeutet jedoch zusätzlichen Aufwand und hat fast keinen Mehrwert (abgesehen davon, dass ein Fehler auf verwirrende Weise behoben wird).

Ihr Team muss ein Gleichgewicht zwischen der Behebung aller erkannten Probleme und der Flexibilität bei Problemen, die komplexe Lösungen erfordern, finden. Die Entwicklerinnen und Entwickler müssen sich auf das Wesentliche konzentrieren, um den Wert ihrer Zeit zu maximieren. In Abschnitt 12.2.3, »Funktionsparameter«, erläutern wir, warum Sie `max-params` verwenden sollten, obwohl es in dieser speziellen Situation die Qualität des Codes nicht verbessert. Bei anderen Fehlern kann es eine sinnvolle Strategie sein, einige Fehler mithilfe von Kommentaren vorübergehend zu deaktivieren und diese Zeilen einer neuen Aufgabe im *technischen Backlog* zuzuweisen, um sie später zu korrigieren.

12

Da so viele Regeln verfügbar sind, kann es eine mühsame Aufgabe sein, alle Regeln zu prüfen, um zu entscheiden, welche aktiviert werden sollen. Glücklicherweise hat die Community ein Ökosystem um ESLint aufgebaut, um diese Aufgabe der Kommissionierregeln zu vereinfachen. Um ESLint zu installieren und zu konfigurieren, geben Sie einfach den Befehl `npm init @eslint/config` ein, und ein Assistent führt Sie durch die Installation, wie in Abbildung 12.6 zu sehen.

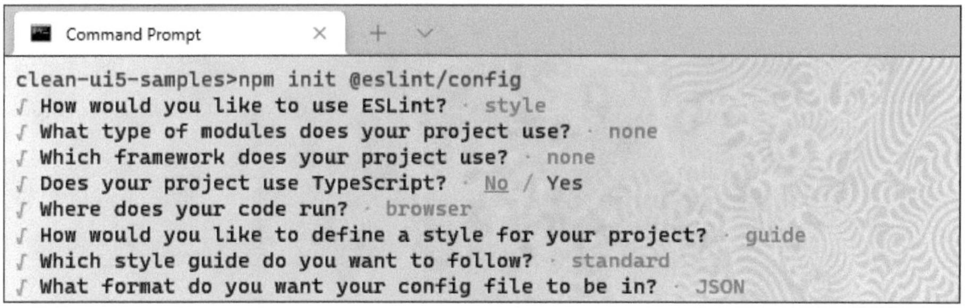

Abbildung 12.6 Assistent zur Installation von ESLint

ESLint unterstützt mehrere Formate zum Beschreiben einer Konfiguration. Für unsere Beispiele haben wir `json` gewählt, wodurch der Assistent eine Datei mit dem Namen **.eslintrc.json** generiert, die die Optionen aus Listing 12.2 enthält.

```
{
  "env": {
    "browser": true,
    "es2021": true
  },
  "extends": [
    "standard"
  ],
  "parserOptions": {
    "ecmaVersion": 12
  }
}
```

Listing 12.2 Vom Assistenten generierte Basiskonfigurationsdatei

[!]

Dateien und Ordner während des Lintings ignorieren

ESLint unterstützt die Definition einer Datei mit dem Namen **.eslintignore**, die eine ähnliche Syntax wie **.gitignore** hat. Diese Konfigurationsdatei schließt Dateien oder Ordner vom Linting-Prozess aus.

Wenn Sie beispielsweise TypeScript verwenden, ist es nicht sinnvoll, den Ordner zu linten, der den transpilierten Output enthält, da sich die Aufmerksamkeit der Entwicklerinnen und Entwickler auf die TypeScript-Quelle und nicht auf den generierten JavaScript-Code konzentrieren sollte.

Um die Stichproben des Buches zu validieren, haben wir uns auf folgende Regeln geeinigt:

- Semikolons obligatorisch machen (Regel `semi`)
- Verwendung von Klammern für Parameterlisten in Arrow-Funktionen erzwingen (Regel `arrow-parens`)
- globale Symbole definieren, die für SAPUI5 spezifisch sind (Regeln `sap` und `QUnit`)

Diese Diskussion ergab die Konfigurationsdatei, die in Listing 12.3 gezeigt wird.

```
{
  "env": {
    "browser": true,
    "es2021": true
  },
  "extends": [
    "standard"
  ],
```

```
  "parser": "@babel/eslint-parser",
  "parserOptions": {
    "ecmaVersion": 12
  },
  "rules": {
    "semi": ["error", "always"],
    "arrow-parens": ["error", "always"],
    "max-params": ["error", 3]
  },
  "globals": {
    "sap": false,
    "QUnit": false
  }
}
```

Listing 12.3 Geänderte Konfiguration zur Validierung der Beispiele in diesem Buch

Um schließlich die Ausführung des Linters zu automatisieren, lösen Sie einfach den Befehl `eslint` aus. Der Befehl schlägt mit einem Exit-Code ungleich null fehl, wenn ein Fehler erkannt wird. Im Onlinebeispielprojekt (*https://github.com/Clean-UI5/samples*) ist der Befehl über `npm run jslint` verfügbar.

ESLint mit TypeScript verwenden

Wir konzentrieren uns in diesem Kapitel auf JavaScript, aber ESLint funktioniert auch mit TypeScript. Sie müssen den Parser `@typescript-eslint/parser` (*http://s-prs.de/v1005050*) und das Plugin `@typescript-eslint/eslint-plugin` (siehe *http://s-prs.de/v1005051*) installieren, das zusätzliche Regeln für TypeScript enthält.

Die Konfigurationsdatei sehen Sie in Listing 12.4.

```
{
  "...": "...",
  "parser": "@typescript-eslint/parser",
  "plugins": [
    "@typescript-eslint"
  ],
  "extends": [
    "eslint:recommended",
    "plugin:@typescript-eslint/eslint-recommended",
    "plugin:@typescript-eslint/recommended"
  ]
}
```

Listing 12.4 Beispiel für eine ESLint-Konfigurationsdatei für TypeScript

Standard Style

JavaScript Standard Style (*https://standardjs.com/*) ist ein Linter, der auf ESLint basiert. Seine Einzigartigkeit besteht darin, dass er mit einer festen Konfiguration ausgeliefert wird, die für die Ausführung der folgenden Aufgaben konzipiert ist:

- häufigste Programmierfehler abfangen
- prüfen, ob der Code auf eine bestimmte Weise formatiert ist

Bei diesem Werkzeug können Sie die Konfiguration nicht ändern. Entwicklerinnen und Entwickler müssen den bereitgestellten Richtlinien zustimmen. Diese Einschränkung mag ein bisschen extrem erscheinen, bedenken Sie jedoch die folgenden Punkte:

- Standard Style wird bereits von großen Unternehmen wie GitHub oder JetBrains sowie bei beliebten Projekten (d. h. Node.js, Express usw.) verwendet.
- Standard Style beantwortet bereits die Fragen, die Entwicklungsteams bei der Implementierung von Lintern ansprechen könnten: Welche Regeln sollen aktiviert werden? Welche Formatierungsrichtlinien sollen angewendet werden?

Dieser Ansatz ist verlockend, da mehr als 260 Regeln zur Verfügung stehen und die meisten davon konfigurierbar sind. Dadurch sind Diskussionen über Regeln im Prinzip endlos! Tatsächlich ist das Hauptargument für die Annahme des Standard Styles, dass die Diskussion darüber, welche Regeln aktiviert werden sollen, die Teams von der Arbeit ablenken kann. Über Regeln zu debattieren, ist genau das Gegenteil von dem, was ein Linter bezwecken soll: Linter sollen Entwicklerinnen und Entwicklern helfen, Probleme frühzeitig im Entwicklungsprozess zu erkennen und den Entwicklungsstart zu unterstützen.

Die Liste der Open-Source-Projekte, die diese Richtlinie übernehmen, wächst. Wenn Entwicklerinnen und Entwickler damit vertraut sind, können sie Code aus diesen Projekten daher leicht lesen und verstehen.

Wenn ein Team die Flexibilität bevorzugt, die Konfiguration ändern zu können, können Sie außerdem ESLint mit dem im Standard definierten Regelwerk installieren, dem Ergebnis des Assistenten, der den zuvor in Listing 12.2 gezeigten Code generiert hat. ESLint basiert auf dem Plugin `eslint-config-standard` (siehe *http://s-prs.de/v1005052*), das eine Basiskonfigurationsdatei enthält, die über die Datei **.eslintrc.json** mit der Option `"extends": [ "standard" ]` referenziert wird.

An dieser Stelle können Sie die Liste der Regeln so anpassen, dass sie mehr oder weniger zulässig ist, abhängig von den Entscheidungen und dem Feedback des Teams. Auf diese Weise haben wir die Einstellungen angepasst, die Sie bereits in Listing 12.3 gesehen haben.

Benutzerdefinierte Regeln

Auch wenn die Anzahl der mit ESLint installierten Regeln beeindruckend ist, können sie nicht alles erkennen. Tatsächlich konzentrieren sich die mit dem Tool ausgelieferten Standardregeln nur auf allgemeine JavaScript-Probleme. Beispielsweise sind die Regeln framework-unabhängig. Aber jedes Framework, das auf JavaScript aufbaut, hat seine eigenen Herausforderungen und Einschränkungen. Insbesondere SAPUI5 erfordert die Einhaltung spezifischer Entwicklungsrichtlinien, die mit einem Linter durchgesetzt werden können.

Beispielsweise sollten Sie die Verwendung nativer Browser-APIs einschränken, wenn Sie eine SAPUI5-Anwendung entwickeln. Da das Framework für das Rendering verantwortlich ist, sollte es keinen Grund geben, das generierte HTML zu manipulieren. Wenn ein Entwickler oder eine Entwicklerin dennoch eine DOM-API (Document Object Model) verwenden muss, kann ein Fehler auftreten. Entweder fehlt dem Framework eine Funktion, und die einzige Möglichkeit für den Entwickler/die Entwicklerin, die Lücke zu schließen, besteht darin, sich auf eine untergeordnete API zu verlassen, oder es wird versucht, einige Verhaltensweisen anzupassen, indem das Framework umgangen wird. In beiden Situationen kann die Bearbeitung der DOM-Struktur Probleme verursachen, wenn für die SAPUI5-Version ein Upgrade durchgeführt wird. Tatsächlich gibt es keine Garantie dafür, dass der HTML-Code immer gleich aussieht.

Ein weiteres Beispiel für eine schlechte Angewohnheit ist das Schreiben von Code, der auf privaten Methoden oder Eigenschaften von SAPUI5-Controls basiert. Diese Abhängigkeit kann dafür sorgen, dass eine Anwendung mit zukünftigen Versionen von SAPUI5 nicht mehr funktioniert.

Wäre es nicht schön, solche nicht autorisierten Anwendungen von Methoden zu erkennen, um die Entwicklerinnen und Entwickler darauf hinzuweisen, dass dies zu ungewolltem Verhalten in der Zukunft führen kann?

In SAP Web IDE stellen Sie möglicherweise einige Fehlermeldungen fest, die in der ESLint-Dokumentation nicht gefunden werden können, wie in Abbildung 12.7 dargestellt.

Das SAPUI5-Team hat zusätzliche Regeln bereitgestellt, um Entwicklerinnen und Entwickler über bekannte Missbräuche im Framework zu informieren. Diese Regeln werden als *benutzerdefinierte Regeln* bezeichnet. Betrachten wir einige Beispiele:

- Die Regeln `sap-no-dom-access`, `sap-no-dom-insertion` und `sap-no-element-creation` identifizieren die Verwendung nativer DOM-APIs.
- Die Regel `sap-no-localstorage` erkennt die Verwendung des Browserobjekts `localStorage` (siehe *http://s-prs.de/v1005053*). Mit dieser API kann die Anwendung Informationen lokal auf der Client-Workstation speichern. Dieser lokale Speicher kann jedoch ein Sicherheitsrisiko darstellen und stellt einen Verstoß gegen die Architekturrichtlinien von SAP Fiori dar.

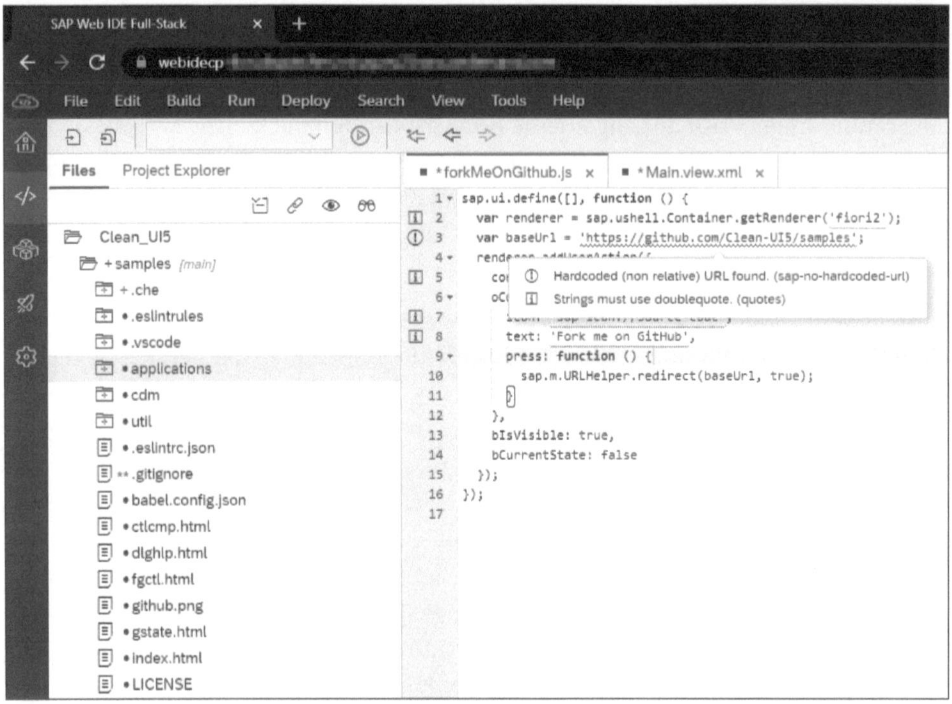

Abbildung 12.7 JavaScript-Validierung in SAP Web IDE

Diese Validierungen finden Sie im Node-Package-Manager-Paket `@sap/di.code-validation.js` (siehe *http://s-prs.de/v1005054*). Nach der Installation mit npm befinden sich die benutzerdefinierten Regeln im Ordner **./node_modules/@sap/di.code-validation.js/src/defaultConfig/fioriCustomRules/.eslintrules**.

Nachdem Sie diese Regeln installiert haben, müssen Sie den Linter so konfigurieren, dass er die Regeln einbezieht, indem Sie die folgenden Schritte ausführen:

1. Deklarieren Sie den Ordner mit den Regeln mit dem Command-Line-Parameter `rulesdir`.
2. Aktivieren Sie die Regeln in der Konfigurationsdatei (z. B. **.eslintrc.json**), und legen Sie den Schweregrads der Berichterstellung fest.

Im Onlinebeispielprojekt (siehe *https://github.com/Clean-UI5/samples*) ist das Paket installiert, und die Regeln werden getestet, wenn der Linter mit `npm run jslint` ausgeführt wird.

Neben den Regeln, die Teil von ESLint sind oder in anderen Projekten verfügbar sind, können Sie auch Ihre eigenen benutzerdefinierten Regeln anlegen. Um einen einfachen Anwendungsfall zu veranschaulichen, stellen wir uns vor, dass wir validieren möchten, dass ein SAPUI5-Modul nur aus einer `sap.ui.define`- oder einer `sap.ui.re-`

quire-Root-Anweisung besteht. Jede andere Anweisung, die nicht in einem dieser Konstruktoren eingeschlossen ist, gilt als Fehler.

Basierend auf dieser Richtlinie sollte der Code aus Listing 12.5 einen Fehler generieren.

```
function unexpected () { /* ... */ }

sap.ui.define([], function () {
  /* ... */
});

unexpected();
```

Listing 12.5 Beispiel für die Situation, die wir erkennen möchten

Um benutzerdefinierte Regeln zu schreiben, müssen Sie verstehen, wie ein Linter und seine Regeln zusammenarbeiten, um einen Job zu erledigen:

- Der Linter ist dafür verantwortlich, die Konfiguration zu lesen, die Regeln zu laden und die Quelldateien aufzuzählen, die analysiert werden sollen. Der Linter parst den Inhalt jeder Datei und löst jede aktivierte Regel aus.
- Eine Regel verbindet sich mit dem Linter, indem sie mindestens eine Verarbeitungsfunktion exponiert. Diese Funktion empfängt einen Kontext und gibt eine Liste der Übereinstimmungen für die geparste Datei zurück.

Um die Analyse des JavaScript-Codes zu vereinfachen, parst der Linter die Textquelle und baut eine hierarchische Struktur auf, die durchlaufen werden kann. Dieser abstrakte Syntaxbaum (engl. Abstract Syntax Tree, AST) erleichtert die Untersuchung des Codes, indem er eine technische Darstellung bereitstellt, die normalisiert (und dokumentiert) ist.

Abstrakte Syntaxbäume

Diese Datenstrukturen sind eine bequeme Möglichkeit, eine programmatische Beschreibung von Code darzustellen. Sie werden häufig von Transpilern oder Codeoptimierern verwendet, da Sie JavaScript aus diesen Datenstrukturen generieren können. Es gibt viele Formate, aber die ESTree Organisation (siehe *https://github.com/estree*) hat eine gemeinsame Spezifikation normalisiert.

Abbildung 12.8 zeigt z. B. den Baum, der aus dem Code generiert wurde, der auf der Website des AST Explorers (*https://astexplorer.net/*) angezeigt wird (siehe auch Listing 12.5).

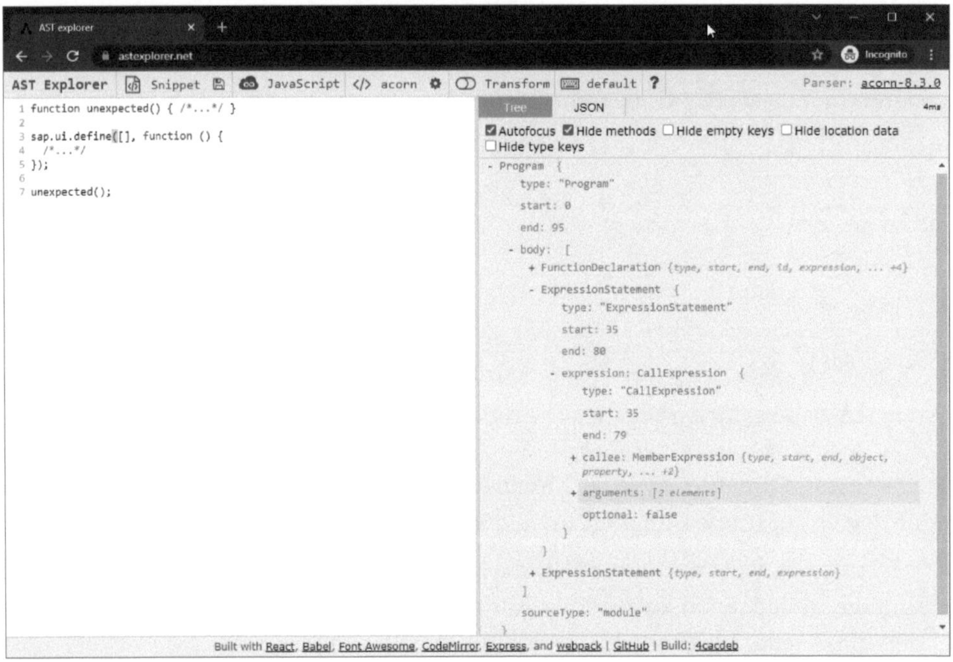

Abbildung 12.8 Beispiel-AST auf der Website des AST Explorers

Wenn eine Regel ausgelöst wird, erhält ihre Verarbeitungsfunktion für jede Datei ein neues Kontextobjekt. Dieses Kontextobjekt exponiert die Methode `report`, um Meldungen für die angegebene Datei zu generieren. Da der Schweregrad in der Linter-Konfigurationsdatei definiert ist, muss die Regel ihn nicht verarbeiten. Nachdem alle Dateien verarbeitet wurden, konsolidiert der Linter seine Meldungen zu einem Abschlussbericht.

Technisch gesehen muss die Verarbeitungsfunktion ein Objekt zurückgeben, das nur aus Methoden besteht und die folgenden Anforderungen hat:

- Der Methodenname entspricht dem Typ des zu analysierenden AST-Elements.
- Die Methode akzeptiert einen Parameter: das zu analysierende AST-Element.
- Das Kontextobjekt der Regel muss innerhalb der Methode verfügbar sein, um Meldungen zu erzeugen.

Der Linter löst beim Durchlaufen des AST die richtige Methode basierend auf dem aktuellen AST-Knotentyp aus. In unserem Beispiel konzentrieren wir uns hauptsächlich auf die Wurzel der JavaScript-Datei, den Knoten vom Typ `Program`. Wie in Abbildung 12.8 dargestellt, enthält dieser Knoten ein `body`-Element mit den Wurzelanweisungen des Moduls. Die benutzerdefinierte Regel zählt diese Anweisungen auf und ermittelt, ob eine davon einem `sap.ui.define`- oder einem `sap.ui.require`-Aufruf entspricht. Aufgrund des Ökosystems rund um das Framework sind alle JavaScript-Quellen, die in einem Projekt gespeichert sind, möglicherweise keine SAPUI5-Module. Daher ist es wichtig, zwischen ihnen zu unterscheiden.

Wenn der Hauptteil mehr als eine Anweisung enthält und `sap.ui.define` oder `sap.ui.require` ermittelt wird, wird die Quelle mit der Meldung `A SAPUI5 module should not have code outside of sap.ui.define/sap.ui.require` ausgegeben.

Die Implementierung sehen Sie in Listing 12.6.

```
module.exports = function (context) {  'use strict';

  return {
    Program: function (node) {
      if (node.body.length > 1) {
        // Detects at least one `sap.ui.module` or `sap.ui.require`
        const isSAPUI5Module = node.body.some((child) => {
          return child.type === 'ExpressionStatement' &&
            child.expression.type === 'CallExpression' &&
            child.expression.callee.type === 'MemberExpression' &&
            child.expression.callee.object.type === 'MemberExpression' &&
            child.expression.callee.object.object.name === 'sap' &&
            child.expression.callee.object.property.name === 'ui' &&
            [
'define', 'require'].includes(child.expression.callee.property.name);
        });
        if (isSAPUI5Module) {
          context.report(node, 'A SAPUI5 module should not have code outside
of sap.ui.define / sap.ui.require');
        }
      }
    }
  };
};
```

Listing 12.6 Benutzerdefinierte Regel, die Anweisungen außerhalb von »sap.ui.define« oder »sap.ui.require« entdeckt

Wenn diese Regel aktiviert ist, kann die Meldung aus Abbildung 12.9 in Visual Studio Code angezeigt werden, sobald zusätzlicher Code außerhalb des Aufrufs von `sap.ui.define` geschrieben wird.

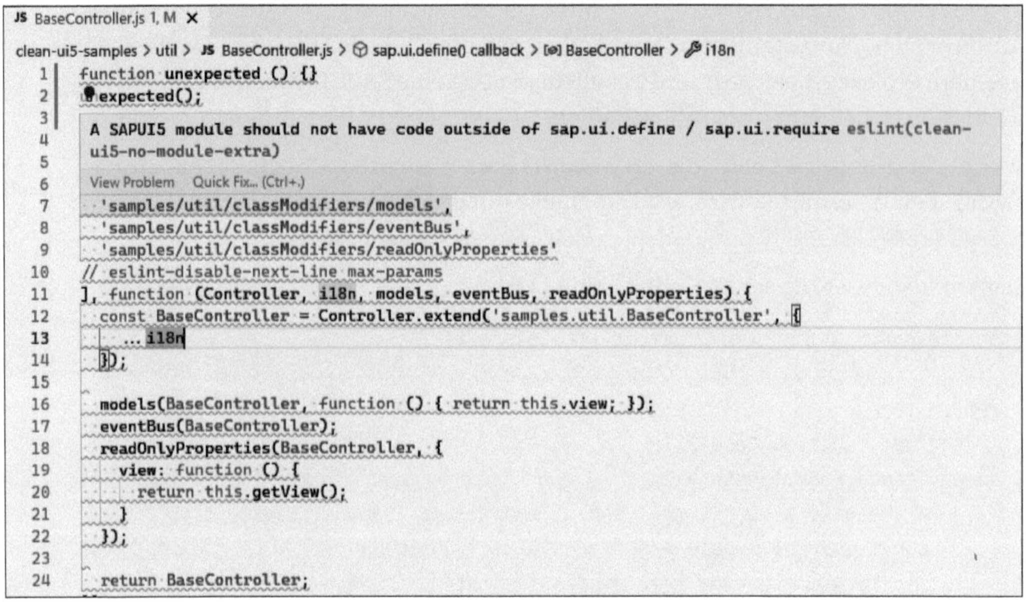

Abbildung 12.9 Vorschau eines Fehlers in Visual Studio Code

Dieses Beispiel kratzt nur an der Oberfläche der Möglichkeiten, die Ihnen benutzerdefinierte Regeln bieten. Unser Beispiel kann außerdem leicht verbessert werden. Ein besserer Ansatz besteht beispielsweise darin, über die zusätzlichen Knoten zu iterieren, um sie zu melden, anstatt nur über das gesamte Modul zu berichten. Dieser Ansatz würde dem Entwickler bzw. der Entwicklerin genau anzeigen, was verschoben oder entfernt werden muss.

Diese Regeln bieten auch zusätzliche Mechanismen, z. B. die Möglichkeit, erkannte Probleme automatisch zu beheben, oder Konfigurationsoptionen zum Anpassen ihres Verhaltens. Eine vollständige Dokumentation zu diesen Optionen finden Sie auf der Website von ESLint (siehe *https://eslint.org/docs/developer-guide/working-with-rules*). Sie können in den ausgelieferten Mechanismen nachsehen, wie sie entwickelt wurden, indem Sie zum Ordner **./node_modules/eslint/lib/rules** navigieren. Letztendlich können diese Mechanismen auch klonen und an Ihre Bedürfnisse anpassen.

12.1.2 XML-Linting

In SAPUI5 werden XML-Dateien verwendet, um Views und Fragmente zu definieren. Im Gegensatz zum HTML-Format, das recht flexibel ist, ist die XML-Syntax starr und erfordert eine Validierung, um ein ordnungsgemäßes Laden sicherzustellen. Darüber hinaus hat das Framework spezifische Erwartungen an den Inhalt, wie z. B. die folgenden Erwartungen:

- Namensraum-Präfixe werden verwendet, um SAPUI5-Namensräume bei der Definition eines Controls als Alias zu verwenden. `xmlns:m="sap.m"` verknüpft z. B. das Namensraumpräfix `m` mit dem Namensraum `sap.m`. Infolgedessen ist das Element mit dem Namen `m:Button` äquivalent zu `sap.m.Button`, das dem SAPUI5-Button-Control entspricht.
- Die Elemente müssen vorhandenen (nicht abgekündigten) Controls entsprechen, untergeordnete Elemente müssen unter den richtigen Aggregationen angegeben werden, und Attribute müssen mit vorhandenen Eigenschaften übereinstimmen.
- Attributwerte müssen entweder mit einer Binding-Syntax übereinstimmen oder zur entsprechenden Eigenschaftsdefinition passen. Die Eigenschaft `visible` ist ein boolescher Wert und muss auf `"true"` oder, `"false"` gesetzt werden, oder eine gültige verbindliche Deklaration ("{ /* ... */ }«).

[«]

Control-IDs

In der Regel sollten Sie aus den folgenden Gründen Control-IDs auf jedes Control setzen:

- Diese ID ist für die Testautomatisierung nützlich, da Sie jedes Control einfach einzeln referenzieren können.
- Einige SAPUI5-Mechanismen basieren auf IDs, damit sie ordnungsgemäß funktionieren (z. B. die UI-Anpassung).
- Wenn ein Control mit einer definierten ID nicht ordnungsgemäß vernichtet wird, gibt das System beim nächsten Anlegen den Duplikat-ID-Fehler aus. Wenn keine ID festgelegt ist, ordnet SAPUI5 jedes Mal, wenn das Control angelegt wird, eine neue ID zu, und es tritt kein Fehler auf. Aber das Control ist immer noch vorhanden, nutzlos und verbraucht Speicher.

Schließlich sollte die XML-Validierung an eine bestimmte Version von SAPUI5 gebunden werden. Mit einem monatlichen Releasezyklus wird das Framework regelmäßig aktualisiert: Neue Controls und Eigenschaften werden ausgeliefert, andere sind veraltet. Daher müssen Sie immer angeben, welche Version von SAPUI5 die XML-Datei verarbeitet, um veraltete oder nicht vorhandene Controls und Eigenschaften zu ermitteln.

Im Gegensatz zu ESLint ist keines der beliebten Paketwerkzeuge in der Lage, eine solche detaillierte Analyse des Inhalts von XML-Dateien bereitzustellen. Andererseits können Sie XML-Schemas – in XML-Schema-Definitionsdateien (XSD-Dateien) oder in DTD-Dateien (Document Type Definition) – erstellen, um Einschränkungen für die Struktur und den Inhalt von XML-Dokumenten zu definieren.

[»]

XML-Schema-Definitionsdateien

In der Vergangenheit hat SAPUI5 eine XSD-Schemadatei pro Namensraum erstellt und ausgeliefert, um die Validierung in Editoren zu ermöglichen, die Schemas unterstützen. Leider sind diese Dateien aus verschiedenen Gründen nicht mehr verfügbar. Weitere Informationen vom SAPUI5-Team finden Sie im OpenUI5-Repository (siehe *http://s-prs.de/v1005055*).

Viele Bibliotheken sind in der Lage, XML zu laden, und können so ihre syntaktische Struktur validieren. Nach dem Laden einer Datei kann das Programm deren Darstellung untersuchen und damit Assertions erzeugen.

Wenn Sie mit SAP Web IDE arbeiten, zeigt der XML-Editor Fehlermeldungen an, die sich nicht nur auf die Struktur beziehen. Wie in Abbildung 12.10 dargestellt, erkennt der Editor ungültige Eigenschaften in einer Control-Deklaration.

Dieser Mechanismus ist im veröffentlichten Paket `@sap/di.code-validation.xml` (siehe *http://s-prs.de/v1005056*) enthalten.

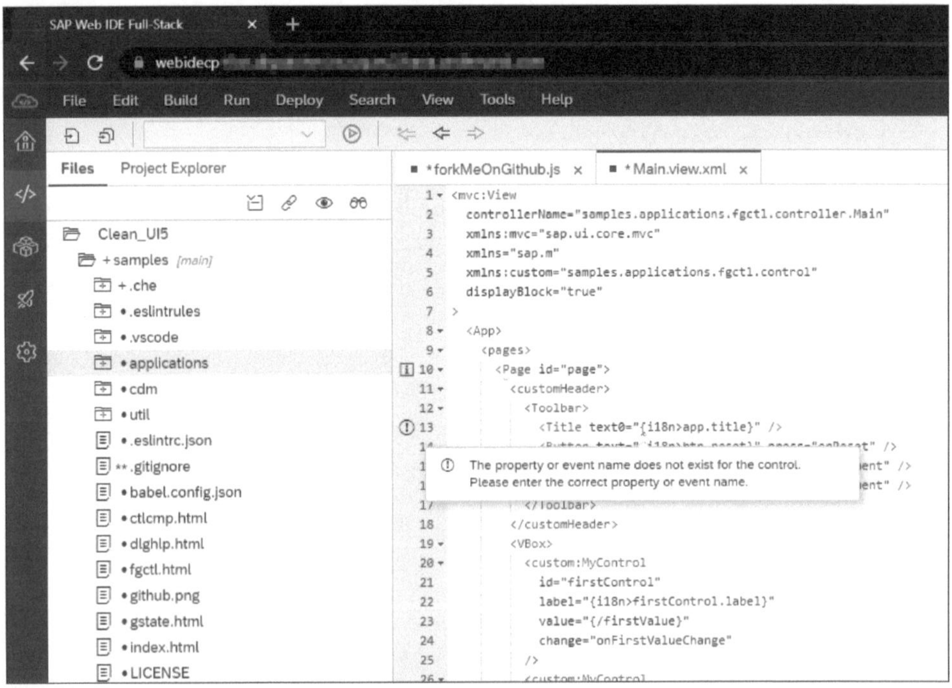

Abbildung 12.10 XML-Validierung in SAP Web IDE

Im Onlinebeispielprojekt (*http://s-prs.de/v1005057*) wird ein XML-Linter (*http://s-prs.de/v1005058*) auf diesem Paket aufgebaut, um dessen Funktionen zu demonstrieren. Die Definition der SAPUI5-Eigenschaften ist jedoch ziemlich alt und erfordert eine Aktualisierung, wie in Abbildung 12.11 zu sehen. In diesem Run erkennt das Tool die Eigenschaft `showClearIcon`, die seit der SAPUI5-Version 1.94 vorhanden ist, nicht.

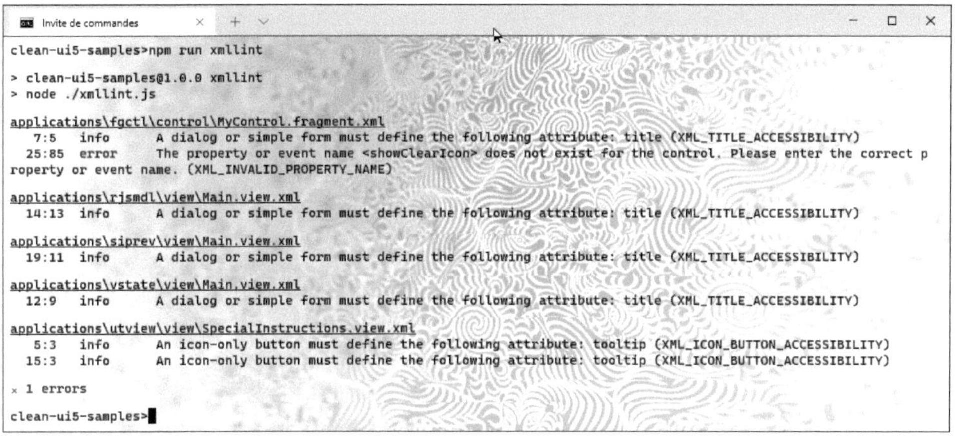

Abbildung 12.11 Beispiel-XML-Linter auf Basis von »@sap/di.code-validation.xml«

In Bezug auf die Integration in Visual Studio Code unterstützt der Editor nativ die XML-Bearbeitung und warnt Entwicklerinnen und Entwickler, wenn die Syntax ungültig ist. SAPUI5-Prüfungen können mit den folgenden Erweiterungen hinzugefügt werden:

- die Erweiterung `SAPOSS.vscode-ui5-language-assistant` (siehe *http://s-prs.de/v1005059*)
- die Erweiterung `leo-ls.fiori-xml-lint` (siehe *http://s-prs.de/v1005060*), die ebenfalls auf `@sap/di.code-validation.xml` basiert

[!]

Disclaimer

Weder SAP noch die Autoren dieses Buches unterstützen die Verwendung dieser Erweiterungen.

12.2 Codemetriken

Die Verwendung eines Linters ist eine gute Möglichkeit, die Codebasis zu normalisieren und die Richtlinien Ihres Teams einzuhalten: Er beseitigt häufige Fehler und wendet einen Styleguide an. Aber verbessert er wirklich die Qualität des Codes? Gibt es überhaupt eine Möglichkeit, diese Qualität objektiv zu bewerten?

Viele Studien wurden durchgeführt, um die Eigenschaften von wartbarer Software auszudrücken und zu quantifizieren. Diese Recherche hat zur Erstellung von Metriken geführt, die durch die Analyse des Codes berechnet werden können.

Die offizielle Definition einer Codemetrik fasst deren Eigenschaften und Zwecke zusammen. Das Institute of Electrical and Electronics Engineers (IEEE) 1061 sagt:

> *Eine Software-Qualitäts-Metrik ist eine Funktion, deren Eingaben Softwaredaten sind und deren Ausgabe ein einzelner numerischer Wert ist, der als der Grad interpretiert werden kann, in dem die Software ein bestimmtes Attribut verarbeitet, das seine Qualität beeinflusst.*

In diesem Abschnitt behandeln wir einige Codemetriken in Verbindung mit den empfohlenen Tools und Strategien, mit denen Sie die Qualität Ihres Codes messen, bewerten und verbessern können.

12.2.1 Zyklomatische Komplexität

Zyklomatische Komplexität ist eine Qualitätsmetrik, die im Jahr 1976 von Thomas McCabe erfunden wurde. Diese Metrik misst die Anzahl der linear unabhängigen Pfade durch ein Programm.

Da der Inhalt jedes SAPUI5-Moduls in einer Funktion enthalten ist, die von einer `sap.ui.define`/`sap.ui.require`-Methode aufgerufen wird, wie in Listing 12.7 gezeigt, können wir die Granularität der Komplexitätsmessung auf die Ebene der Funktionen setzen.

```
sap.ui.define([
  /* ... dependencies ... */
], function (/* ... dependencies ... */) {
  /* first place where cyclomatic complexity matters */
});
```

Listing 12.7 Typisches SAPUI5-Modul

[»]

Zyklomatische Komplexität der Modulfunktion

In der Regel definiert ein Modul eine Klasse oder exponiert nur Funktionen (für Servicemodule). Damit ist die Komplexität der Factory-Funktion des Moduls 1. Auch wenn eine Funktion selbst Funktionen enthält, wird ihre zyklomatische Komplexität nicht rekursiv aggregiert.

Wie beispielsweise in Listing 12.8 gezeigt, beträgt die zyklomatische Komplexität der Funktion `formatDocumentTitle` 3, da diese Funktion drei verschiedene Pfade enthält:

- Wenn `documentName'template'` ist, gibt die Funktion den Inhalt von `_templateName` zurück. Ihre Initialisierung wird in Listing 12.8 nicht gezeigt.
- Wenn `documentName` nicht `'template'` ist und ein `optionalYear` angegeben ist, gibt die Funktion den Dokumentnamen zusammen mit dem *angegebenen* Jahr zurück.

- Wenn documentName nicht 'template' ist und keine optionalYear angegeben ist, gibt die Funktion den mit dem *aktuellen* Jahr konkatenierten Dokumentnamen zurück.

```
sap.ui.define([], function () {
  let _templateName;

  /* ... */

  return {
    formatDocumentTitle (documentName, optionalYear) {
      if (documentName === 'template') {
        return _templateName;
      }
      const year = optionalYear || new Date().getFullYear();
      return `${documentName} (${year})`;
    }
  };
});
```

Listing 12.8 »formatDocumentTitle«-Funktion mit einer zyklomatischen Komplexität von 3

Somit wird fast jedes Mal, wenn eine Bedingung auftritt – sei es ein if, ein ternärer Operator; ein boolescher Operator wie z. B. ||, && oder sogar ??; oder for- und while-Schleifen – ein neuer Zweig im Ablauf der Funktion erzeugt.

Aus Testsicht (siehe Kapitel 13, »Testen«) benötigen Sie daher *mindestens* drei Testfälle, um die gesamte Funktion abzudecken. Es besteht keine lineare Beziehung zwischen Komplexität und der Anzahl der Testfälle, da Entwicklerinnen und Entwickler auch Variationen von Parametern, Randfällen und Fehlermanagement berücksichtigen müssen. Zusammenfassend gilt: Je komplexer eine Funktion ist, desto mehr Tests benötigen Sie.

Um die zyklomatische Komplexität einer Funktion zu reduzieren, können Sie die Funktion einfach in kleinere Funktionen aufteilen. Unser bisheriges Beispiel kann beispielsweise wie in Listing 12.9 vereinfacht werden, indem die Funktion in die folgenden Funktionen aufgeteilt wird:

- formatDocumentTitle hat nun eine zyklomatische Komplexität von 2.
- _formatNonTemplateTitle eine zyklomatische Komplexität von 1.

Auch jetzt sollten zwei Testfälle bereitgestellt werden. Der auf den Parameter year gesetzte Standardwert ist nur eine praktische Behelfslösung, um den Zweig aus dem Funktionstext zu entfernen. Er muss noch getestet werden.

```
sap.ui.define([], function () {
  let _templateName;

  /* ... */

  function _formatNonTemplateTitle (documentName, year = new Date().getFullYear()) {
    return `${documentName} (${year})`;
  }

  return {
    formatDocumentTitle (documentName, optionalYear) {
      if (documentName === 'template') {
        return _templateName;
      }
      return _formatNonTemplateTitle(documentName, optionalYear);
    }
  };
});
```

Listing 12.9 »formatDocumentTitle«-Funktion mit einer zyklomatischen Komplexität von 2 (nach Splitting)

Einige Situationen erfordern viel Verzweigung, und die Aufteilung einer Funktion kann kompliziert werden. Wie z. B. in Listing 12.10 gezeigt, durchläuft der Code abhängig vom Wert des Parameters `selector` verschiedene Blöcke.

```
sap.ui.define([], function () {
  return {
    switchExample: function (selector) {
      if (selector === 'value1') {
        /* ... block 1 ... */
      } else if (selector === 'value2') {
        /* ... block 2 ... */
      } else if (selector === 'value3') {
        /* ... block 3 ... */
      /* ... */
      } else if (selector === 'valueN') {
        /* ... block N ... */
      } else {
        /* ... default ... */
      }
    }
  };
});
```

Listing 12.10 Beispiel für eine Funktion, die viele Komplexitäten erzeugt (N + 1)

Ohne die Verzweigungen zu zählen, die innerhalb der Blöcke auftreten können, ist die Komplexität gleich der Anzahl der zu testenden Werte (plus 1 für den letzten `else`-Fall).

[«]

JavaScript-»switch«-Anweisung

Einige argumentieren möglicherweise, dass unser Beispielcode durch eine `switch/case`-Anweisung ersetzt werden könnte. Dieser Ansatz wird aus mehreren Gründen nicht empfohlen:

- Sie reduziert nicht die zyklomatische Komplexität, da jede `case`-Anweisung einer Bedingung entspricht.
- Der lexikalische Umfang dieser Anweisung ist der gesamte `switch () { }`-Block. Die ESLint-Regel `no-case-declarations` (*https://eslint.org/docs/rules/no-case-declarations*) erkennt den Missbrauch von `const` und `let` darin.
- Wenn ein `case`-Block nicht ordnungsgemäß mit einer `break`-Anweisung beendet wird, überschneidet er sich mit dem folgenden Block. Diese Abfolge generiert Code, der schwer zu refaktorieren oder zu pflegen ist. Die ESLint-Regel `no-fallthrough` (*https://eslint.org/docs/rules/no-fallthrough*) erkennt dieses Anti-Pattern.

Ein bewährtes Verfahren zur Vereinfachung dieses Codes besteht darin, sich auf ein JavaScript-Wörterbuch zu verlassen, in dem jedes Element eine Bedingung darstellt, so wie in Listing 12.11.

```
sap.ui.define([], function () {
  return {
    switchExample: function (selector) {
      const actions = {
        value1: function () {
          /* ... action 1 ... */
        },
        value2: function () {
          /* ... action 2 ... */
        },
        value3: function () {
          /* ... action 3 ... */
        },
        /* ... */
        valueN: function () {
          /* ... action N ... */
        }
      };
      function defaultAction () {
```

```
      /* ... default ... */
    };
    const action = actions[selector] ?? defaultAction;
    return action.call(this);
  }
 };
});
```

Listing 12.11 Umgeschriebene »switch«-Funktion, um die Komplexität auf 2 zu reduzieren

Aus Testsicht ist der Arbeitsaufwand gleich, da alle Fälle abgedeckt werden müssen. Dieses Muster hat jedoch mehrere Vorteile, wie z. B. die folgenden:

- Die Komplexität der Funktion wird unabhängig von der Anzahl der Aktionen auf 2 reduziert.
- Jede Aktion wird in einem eigenen lexikalischen Umfang ausgeführt, der die Anzahl der Variablen einschränkt, die von allen Blöcken gemeinsam genutzt werden.
- Wenn Informationen innerhalb der verschiedenen Aktionen geteilt werden müssen, können sie als Parameter von Funktionen hinzugefügt werden. Dieser Ansatz hat den Vorteil, die Abhängigkeiten explizit und überschaubar zu machen.
- Folglich können Aktionen und Standardfunktionen isoliert, getestet und separat gepflegt werden.

Für die Beurteilung der zyklomatischen Komplexität der in der Codebasis vorhandenen Funktionen stellt ESLint die `complexity`-Regel bereit (*https://eslint.org/docs/rules/complexity*). Diese Regel stellt die Option `max` zur Verfügung, die bewirkt, dass die Regel eine Funktion meldet, wenn deren gemessene Komplexität diesen Schwellenwert überschreitet. Standardmäßig ist die maximale Komplexität auf 20 gesetzt.

Um den richtigen Maximalwert auszuwählen, müssen Sie die folgenden Punkte berücksichtigen:

- Je höher die Komplexität, desto größer die Funktionen, die dadurch weniger wartbar sind.
- Je geringer die Komplexität, desto kleiner die Funktionen. Der Gegenpunkt ist jedoch, dass zusätzliche Funktionen benötigt werden, und einige Entwicklerinnen und Entwickler könnten von dieser Einschränkung frustriert sein.

Folglich müssen Sie die Vorteile (einfache Wartbarkeit) und die Nachteile (mehr Funktionen erforderlich) in Einklang bringen. Was ist also ein guter Schwellenwert für maximale Komplexität?

Für diese Frage gibt es keine absolute Antwort, aber der folgende Vorschlag des Autors von »Mastering Object-Oriented PHP«, Brandon Savage, ist sinnvoll:

- Eine Komplexität kleiner oder gleich 4 gilt als gut.
- Eine Komplexität von 5 bis 7 wird als mittlere Komplexität betrachtet.
- Eine Komplexität von 8 bis 10 ist eine hohe Komplexität.
- Eine Komplexität über 10 ist eine extreme Komplexität.

Wir empfehlen daher, die Option `max` auf 10 zu setzen, indem Sie die Konfigurationsdatei mit der Einstellung `complexity` ändern, wie in Listing 12.12 gezeigt.

```
{
  "...": "...",
  "rules": {
    "...": "...",
    "complexity": ["error", 10]
   }
}
```

Listing 12.12 Festlegen der Option für die maximale zyklomatische Komplexität in der Linter-Konfigurationsdatei (».eslintrc.json«)

12

[«]

Funktionale Programmierung und zyklomatische Komplexität

Da JavaScript die funktionale Programmierung ermöglicht, sehen Sie häufig Funktionen, die andere Funktionsdeklarationen enthalten (verwendet in Callbacks, Array-Iteratoren usw.). Wie bereits erwähnt, berücksichtigt die zyklomatische Komplexität einer Funktion nicht die darin enthaltenen Funktionen. Dieser Fokus ist eine künstliche, aber strukturelle Möglichkeit, die Komplexität zu reduzieren. Folglich wird bei der Iteration eines Arrays die Verwendung von `.forEach` bevorzugt, das die Iteratorkomplexität isoliert, anstatt einer `for`-Schleife, in der die Komplexität in die Funktion integriert wird.

12.2.2 Schachtelung

Promises wurden in JavaScript eingeführt, um das Problem der Callback-Hölle zu lösen (auch bekannt als »Pyramid of Doom«). Das Verschachteln von Callbacks verschleiert den Code, indem er schwerer lesbar wird. Aufgrund der Verschachtelung des lexikalischen Geltungsbereichs könnte es passieren, dass Entwicklerinnen und Entwickler Variablen auf einer höheren Ebene deklarieren und wiederverwenden, wodurch verworrene Geltungsbereiche generiert werden. Wenn der Code eine Aufteilung erfordert, könnte es schwierig werden, festzustellen, welche Variablen beibehalten werden sollen und wie sie von einem Chunk an einen anderen übertragen werden sollen.

Dieses Szenario ist jedoch nur ein Beispiel für die Schachtelung. Viele andere Arten der Verschachtelung können die Leserinnen und Leser Ihres Codes verwirren. Betrachten Sie beispielsweise den Code in Listing 12.13.

```
sap.ui.define([
  'sap/ui/core/mvc/Controller',
  'sap/m/MessageBox'
], function (Controller, MessageBox) {
  /* ... */
  return Controller.extend('myApp.controller.List', {
    /* ... */
    displayEntity: function (id) {
      const odataModel = this.getView().getModel();
      odataModel.read(`/Entity(${id})`, {
        success: (entity) => {
          odataModel.read(`/RelatedEntity(${entity.RelatedKey})`, {
            success: (related) => {
              this.refreshView();
              if (related.NotificationEnabled === true) {
                if (related.LastNotificationDate !== null) {
                  /* Show last notification date */
                } else {
                  const shouldSimulateNotification = related.NumberOfDays !==
 null
                    ? related.NumberOfDays > 30
                        ? 'always'
                        : 'ask'
                    : this.getDefaultNotificationSimulation();
                  function simulateNotifications () {
                    /* Simulate notification */
                  }
                  if (shouldSimulateNotification === 'always') {
                    simulateNotifications();
                  } else if (shouldSimulateNotification === 'ask') {
                    MessageBox.confirm('Should we simulate notifications', {
                      title: 'My application',
                      onClose: (action) => {
                        if (action === sap.m.MessageBox.Action.OK) {
                          simulateNotifications();
                        }
                      }
                    });
                  }
```

```
                }
              } else {
                /* Warn the user that notification is turned off */
              }
            },
            error: (reason) => this.handleError(reason)
          });
        },
        error: (reason) => this.handleError(reason)
      });
    }
  });
});
```

Listing 12.13 Verschiedene Arten der Schachtelung

Listing 12.13 zeigt folgende Formen der Schachtelung:

- **Funktion-und-Callback-Schachtelung**
  Funktionen werden innerhalb von Funktionen deklariert, hauptsächlich aufgrund asynchroner Callbacks. Funktionen werden auch verwendet, um gemeinsame Verhaltensweisen gemeinsam zu definieren (z. B. `simulateNotifications`).
- **Blockschachtelung**
  Wenn der Code eine `if`-Anweisung innerhalb eines vorhandenen `if`-Blocks erfordert, umfasst diese Art der Schachtelung auch die Schleifenanweisungen (`for`, `while` ...). Weitere Informationen finden Sie in Abschnitt 8.2, »Schleifen«.
- **Ternärer-Operator-Schachtelung**
  Der ternäre Operator ist ein Shortcut der `if`-Anweisung. Einige Entwicklerinnen und Entwickler missbrauchen diese Verknüpfung und verschachteln mehrere Bedingungen in einer Zeile wie in `condition1 ? condition2 ? value1 : value2 : value3`.

In unserem Beispiel gehört die Methode `displayEntity` zu einer Controller-Klasse. Aus allgemeiner Sicht kann eine Klassenmethode immer dann, wenn ein Refactoring erforderlich ist, einfach in kleinere Methoden zerlegt werden, da die resultierenden Funktionen dieselbe Instanz (den Wert von `this`) teilen. Folglich können Werte über Parameter oder den Instanzzustand von einem Verfahren an ein anderes übertragen werden.

Normalerweise ist diese einfache Aufteilung völlig in Ordnung, da JavaScript in einem einzigen Thread läuft. Das bedeutet, Sie laufen nicht Gefahr, dass zwei Threads die Instanz gleichzeitig ändern. Wenn es sich jedoch um eine asynchrone Verarbeitung handelt, müssen Sie die Möglichkeit in Betracht ziehen, dass eine asynchrone Verzögerung ein Fenster für andere Methoden öffnet, um den Instanzstatus zu ändern. Wie beispielsweise in Listing 12.13 gezeigt, ist die Methode `displayEntity` asynchron, da sie zwei OData-Lesevorgänge auslöst. Wir nennen sie readEntity und readRelated. Was würde passieren, wenn zwei aufeinanderfolgende Aufrufe an displayEntity durchgeführt werden, z. B. listController.displayEntity(1); listController.displayEntity(2);?

Abhängig von der Konfiguration des OData-Modells (Batch-Modus oder nicht) und der Backend-Antwortzeit für jeden einzelnen Request kann die folgende Lesereihenfolge auftreten:

- readEntity1, readEntity2, readRelated1 und readRelated2
- readEntity1, readEntity2, readRelated2 und readRelated1

Wenn also das Ergebnis readEntity in der Instanz gespeichert wird, bevor die readRelated ausgelöst wird, kann die Anwendung bei der Verarbeitung des zweiten Ergebnisses in Schwierigkeiten geraten, da das erste Ergebnis möglicherweise bereits ersetzt wurde. Diese Art der Verschachtelung ist mit einem Linter fast unmöglich zu erkennen und erfordert ein gutes Verständnis der asynchronen Verarbeitung.

Aber zurück zum anfänglichen Problem: Wir können die Methode readEntity vereinfachen, indem wir sie in kleinere Funktionen aufteilen, wie in Listing 12.14 zu sehen. Da es keine Einschränkungen für einen Funktionsnamen gibt, kann der Code noch besser lesbar gemacht werden.

```
sap.ui.define([
  'sap/ui/core/mvc/Controller',
  'sap/m/MessageBox'
], function (Controller, MessageBox) {
  /* ... */
  return Controller.extend('myApp.controller.List', {
    /* ... */
    showLastNotificationDate: function (related) { /* ... */ },

    simulateNotifications: function (related) { /* ... */ },

    askBeforeSimulatingNotifications: function (related) {
      MessageBox.confirm('Should we simulate notifications', {
        title: 'My application',
        onClose: (action) => {
          if (action === sap.m.MessageBox.Action.OK) {
            this.simulateNotifications(related);
          }
        }
      });
    },
```

```
  computeSimulateNotificationChoice: function ({ NumberOfDays }) {
    if (NumberOfDays === null) {
      return this.getDefaultNotificationSimulation();
    }
    if (NumberOfDays > 30) {
      return 'always';
    }
    return 'ask';
  },

  handleNotifications: function (related) {
    if (related.LastNotificationDate !== null) {
      this.showLastNotificationDate(related);
    } else {
      const options = {
        always: this.simulateNotifications,
        ask: this.askBeforeSimulatingNotifications
      };
      const shouldSimulateNotification =
this.computeSimulateNotificationChoice(related);
      const action = options[shouldSimulateNotification];
      if (action) {
        action.call(this, related);
      }
    }
  },

  processEntityAndRelated: function (entity, related) {
    this.refreshView();
    if (related.NotificationEnabled === true) {
      this.handleNotifications(related);
    } else {
      /* Warn the user that notification is turned off */
    }
  },

  displayEntity: function (id) {
    const odataModel = this.getView().getModel();
    odataModel.read(`/Entity(${id})`, {
      success: (entity) => {
        odataModel.read(`/RelatedEntity(${entity.RelatedKey})`, {
          success: this.processEntityAndRelated.bind(this, entity),
          error: (reason) => this.handleError(reason)
```

12

```
            });
          },
          error: (reason) => this.handleError(reason)
        });
      }
    });
  });
```

Listing 12.14 Refactoring der Funktion »displayEntity«, um Schachtelung zu reduzieren

Um die verschiedenen Formen der Verschachtelung in Ihren Codequellen zu erkennen und zu bewerten, enthält ESLint mehrere Regeln mit verschiedenen Optionen, zum Beispiel:

- **»max-depth«-Regel**
  Diese Regel meldet Funktionen, bei denen die Schachtelung von Blöcken einen bestimmten Schwellenwert überschreitet (Standardwert ist 4).
- **»max-nested-callback«-Regel**
  Diese Regel meldet Funktionen, bei denen die Schachtelung von Callbacks einen bestimmten Schwellenwert überschreitet (Standardwert ist 10). Aufgrund von Promises, die eine solche Verschachtelung weniger erforderlich machen, empfehlen wir, die Grenze zu senken (d. h. auf 4).
- **»no-lone-block«-Regel**
  Diese Regel erkennt unnötige Blöcke.
- **»no-nested-ternary«-Regel**
  Diese Regel verbietet die Schachtelung ternärer Operatoren.

Folgende Regeln stehen im Zusammenhang mit der Schachtelung:

- **»no-inner-declarations«-Regel**
  Diese Regel prüft Stellen, an denen eine Funktion deklariert werden kann. Diese Regel verdient ein wenig Sorgfalt, um die zugrundeliegenden Gründe zu verstehen, aber alle Funktionsdeklarationen sollten sich – wegen Hoisting – im höheren Block des lexikalischen Umfangs befinden.
- **»no-loop-func«-Regel**
  Diese Regel meldet innerhalb von Schleifen deklarierte Funktionen, da sie aufgrund von JavaScript-Closures zu falschem Verhalten führen können.

[»]

Mehr Informationen zu ESLint-Regeln

Weitere Informationen zu Regeln finden Sie unter *https://eslint.org/docs/rules*.

Zusammenfassend werden die in Listing 12.15 aufgeführten Optionen empfohlen.

```
{
  "...": "...",
  "rules": {
    "...": "...",
    "max-depth": ["error", 4],
    "max-nested-callbacks": ["error", 4],
    "no-lone-blocks": "error",
    "no-nested-ternary": "error",
    "no-inner-declarations": "error",
    "no-loop-func": "error"
  }
}
```

Listing 12.15 Festlegen der empfohlenen Schachtelungsregeln in der Linter-Konfigurationsdatei (».eslintrc.json«)

12.2.3 Funktionsparameter

Funktionsparameter wurden bereits mehrfach in diesem Buch besprochen (siehe Abschnitt 2.1.7, »Spread-Syntax«, und Abschnitt 5.8, »Funktionsparameter«). Kurz gesagt sind Funktionen mit zu vielen Parametern schwer zu lesen und zu schreiben. Bei jedem Funktionsaufruf müssen Sie sich die Bedeutung der einzelnen Parameter merken.

In Bezug auf Metriken erkennt und meldet die `max-params`-Regel Funktionen mit zu vielen Parametern, wobei die maximale Anzahl eine Einstellung der Regel ist. Der standardmäßige und empfohlene Schwellenwert ist 3, d. h., Sie können die Option aktivieren, wie in Listing 12.16 gezeigt.

```
{
  "...": "...",
  "rules": {
    "...": "...",
    "max-params": ["error", 3]
  }
}
```

Listing 12.16 Einstellung der »max-params«-Regel in der Linter-Konfigurationsdatei (».eslintrc.json«)

Wie in Abschnitt 12.1, »Linting«, beschrieben, erzeugt diese Regel auch Meldungen für die Methoden `sap.ui.define` und `sap.ui.require`. Sie können mit dem in Listing 12.17 gezeigten Kommentar deaktiviert werden.

```
sap.ui.define([
  'samples/util/BaseController',
  'samples/util/asyncEventHandler',
  'samples/applications/dlghlp/dialog/ExampleDialog',
  'sap/m/MessageToast'
// eslint-disable-next-line max-params
], function (BaseController, asyncEventHandler, ExampleDialog, MessageToast) {
  /* ... */
});
```

Listing 12.17 Deaktivieren der »max-params«-Regel in »sap.ui.define« mit mehr als drei Abhängigkeiten

Wenn eine Funktion wirklich mehr als drei Parameter benötigt, wird empfohlen, einen Objektparameter zu verwenden, was auch den Vorteil bietet, dass die Parameter dokumentiert werden. Weitere Informationen zu diesem Thema finden Sie in Abschnitt 2.1.7, »Spread-Syntax«.

Eine Ausnahme von dieser Empfehlung bezieht sich auf die Spread-Syntax, die zusätzliche Parameter einer Funktion sammelt. Beispielsweise haben wir in Abschnitt 2.1.7 die Funktion `i18n` erstellt, die die zusätzlichen Parameter sammelt, um die möglichen Platzhalter in der Übersetzung zu füllen. Die implizite Annahme hinter der Verwendung von REST-Parametern besteht darin, dass Sie ein Array von funktional äquivalenten Werten sammeln möchten.

Natürlich darf diese Syntax *nicht* verwendet werden, um die `max-params`-Regel zu umgehen, die eine noch verwirrendere Funktionssignatur erzeugen könnte, wie in Listing 12.18 gezeigt. Leider wird keine ESLint-Regel dieses Anti-Pattern erkennen.

```
/* eslint no-unused-vars: ["off"] */
function badSignature (...args) {
  const [key, count, onSucceed, onFailed] = args;
}
```

Listing 12.18 Schlechte Verwendung der REST-Syntax als Behelfslösung für die Einschränkung der »max-params«-Regel

Wir empfehlen auch nicht, das Objekt `arguments` zu verwenden, um dasselbe Ergebnis wie in Listing 12.19 zu erzielen.

```
/* eslint no-unused-vars: ["off"] */
function bad () {
  const [key, count, onSucceed, onFailed] = arguments;
}
```

Listing 12.19 Schlechte Verwendung des »arguments«-Objekts als Behelfslösung für den »max-param«-Fehler

Die Regel `prefer-rest-params` verbietet die Verwendung des Objekts `arguments` zugunsten der REST-Syntax. Tatsächlich macht diese neue Syntax den Code expliziter. Außerdem besitzen Arrow-Funktionen kein `arguments`-Objekt, da sie es von ihrem lexikalischen Umfang erben. Dies ist in der Regel verwirrend. Die in Listing 12.19 aufgeführte Funktion wird als Problem identifiziert. Aber in diesem Fall sendet die restliche Syntax uns zurück zum ersten Anti-Pattern.

Darüber hinaus stellt ESLint die folgenden Regeln für Parameter bereit:

- **»default-param-last«-Regel**
  Diese Regel erzwingt die logische Verwendung von Standardparametern.
- **»no-param-reassign«-Regel**
  Diese Regel verhindert Änderungen der Werte von Parametern. Gemäß der Dokumentation dieser Regel sind Zuordnungen zu Funktionsparametern ein Anti-Pattern. Darüber hinaus sind diese Zuordnungen dank JavaScript-ES6-Standardwerten weniger erforderlich.

[«]

Read-only-Parameter

Die Regel `no-param-reassign` schlägt übrigens eine Option vor, die die Änderung des Werts eines Parameters verhindert. Mit anderen Worten: Wenn ein Parameterwert ein Objekt ist, kann die Regel beurteilen, dass keine ihrer Eigenschaften innerhalb der Funktion geändert wird.

Zusammenfassend werden die in Listing 12.20 aufgeführten Optionen empfohlen.

```
{
  "...": "...",
  "rules": {
    "...": "...",
    "max-params": ["error", 3],
    "prefer-rest-params": "error",
    "default-param-last": "error",
    "no-param-reassign": ["error", { "props": false }]
  }
}
```

Listing 12.20 Festlegen der Regeln für empfohlene Parameter in der Linter-Konfigurationsdatei (».eslintrc.json«)

12.2.4 Funktionslänge

Selbst bei geringerer Komplexität, eingeschränkter Schachtelung und nur wenigen Parametern kann eine Funktion noch hundert oder mehr Codezeilen enthalten. Diese

Länge bedeutet in der Regel, dass die Funktion viel mehr leistet, als sie sollte, und dass sie wahrscheinlich in kleinere Funktionen unterteilt werden könnte.

Robert C. Martin, der Autor von »Clean Code: A Handbook of Agile Software Craftsmanship«, erklärte, dass Funktionen die folgenden Regeln einhalten sollten:

- Sie sollten klein sein.
- Sie sollten kleiner sein.
- Sie sollten nicht 100 Zeilen lang sein.
- Sie sollten kaum 20 Linien lang sein.

Es ist jedoch nicht sinnvoll, die Anzahl der Zeilen zu zählen, um eine Funktionslänge zu messen. Selbst bei starken Formatierungsrichtlinien schreiben Sie möglicherweise eine dichte Funktion von nur wenigen Zeilen, wenn jemand anders die exakt gleiche Funktion eventuell mit mehr Zeilen schreibt. Eine einzelne Anweisung kann sich über mehrere Zeilen erstrecken, und mehrere Anweisungen können durch ein Semikolon getrennt auf einer Zeile ausgerichtet werden.

[!]

Limitierung der Zeilenlänge

Die `max-len`-Regel steuert die maximale Anzahl von Zeichen pro Zeile. Der Standardwert ist 80 und zählt einen Tab mit vier Zeichen. Diese Regel ist anpassbar, z. B. können Kommentare von dieser Einschränkung ausgeschlossen werden. Für diese Regel, die hauptsächlich für die Formatierung verwendet wird, können wir keine Empfehlung aussprechen.

Stattdessen besteht eine gute und universelle Metrik zur Quantifizierung einer Funktionslänge darin, die Anzahl der Anweisungen innerhalb einer Funktion zu zählen.

ESLint bietet die `max-statements`-Regel, die eine maximale Anzahl von Anweisungen innerhalb einer Funktion erzwingt. Der Standardschwellenwert ist 10 und die Regel kann Funktionen der obersten Ebene ignorieren, was perfekt für SAPUI5-Module ist.

In diesem Fall besteht die geeignete Aktion, um die Größe einer Funktion zu reduzieren, darin, sie in kleinere aufzuteilen, die sich auf eine Aufgabe konzentrieren.

Darüber hinaus kann der Linter die Anzahl der Zeilen in JavaScript-Quellen steuern. Die Regel `max-lines` generiert eine Meldung, wenn ein Modul eine konfigurierbare Grenze überschreitet (standardmäßig 300 Zeilen). Die Regel ignoriert unter Umständen leere Zeilen und Kommentarzeilen.

Im Hinblick auf die Funktionslänge und Dateigröße empfehlen wir schließlich, diese Regeln zu aktivieren, wie in Listing 12.21 gezeigt.

```
{
  "...": "...",
  "rules": {
    "...": "...",
    "max-statements": ["error", 10, { "ignoreTopLevelFunctions": true }],
    "max-lines": [
"error", { "max": 300, "skipBlankLines": true, "skipComments": true }]
   }
}
```

Listing 12.21 Festlegen der »max-statements«- und »max-line«-Regeln in der Linter-Konfigurationsdatei (».eslintrc.json«)

12.2.5 Fan-in/Fan-out

In der digitalen Elektronik ist der *Fan-in* die Anzahl der Eingänge, die ein Logikgatter verarbeiten kann. Der *Fan-out* bestimmt die Anzahl der externen Eingänge, die ein Logikausgang ansteuern kann. Der Fan-in eines Moduls stellt die Anzahl der Module dar, die von diesem Modul abhängen. Auf der anderen Seite ist der Fan-out die Anzahl der Abhängigkeiten eines bestimmten Moduls oder, um spezifisch für SAPUI5 zu sein, die Länge des Abhängigkeits-Arrays, das an die oberste `sap.ui.define`-Methode übergeben wird.

Ein hoher Fan-in bedeutet, dass ein Modul viel importiert wird. Dieser hohe Wert ist in der Regel ein gutes Zeichen, da er eine maximale Wiederverwendbarkeit und reduzierte Redundanz impliziert. Er weist jedoch auch darauf hin, dass das Modul eine wichtige Rolle in der Projektarchitektur spielt und dass jede Änderung seines Designs erhebliche Auswirkungen auf den Code haben kann. Daher muss das Modul sein altes Verhalten beibehalten, um die Stabilität der Architektur sicherzustellen. Andernfalls müssen die Entwicklerinnen und Entwickler jede Nutzung nachverfolgen und anpassen, was zu zusätzlichen Wartungskosten führt. Dieser hohe Fan-in ist ein zweischneidiges Schwert.

Ein niedriger Fan-in bedeutet, dass ein Modul kaum wiederverwendet wird. Dieser niedrige Wert ist für übergeordnete Module wie Controller sinnvoll, da er einen View verwaltet und mit Modellen verbindet.

Die Messung des Fan-ins hängt von der verwendeten Sprache und dem verwendeten Framework ab. In SAPUI5 werden alle Abhängigkeiten über `sap.ui.define` und `sap.ui.require` importiert. Wenn Sie den Namen des Moduls kennen, z. B. `samples/util/BaseController`, können Sie mit einer einfachen String-Suche die Anzahl der Module ermitteln, die von diesem Modul abhängen, wie in Abbildung 12.12 dargestellt.

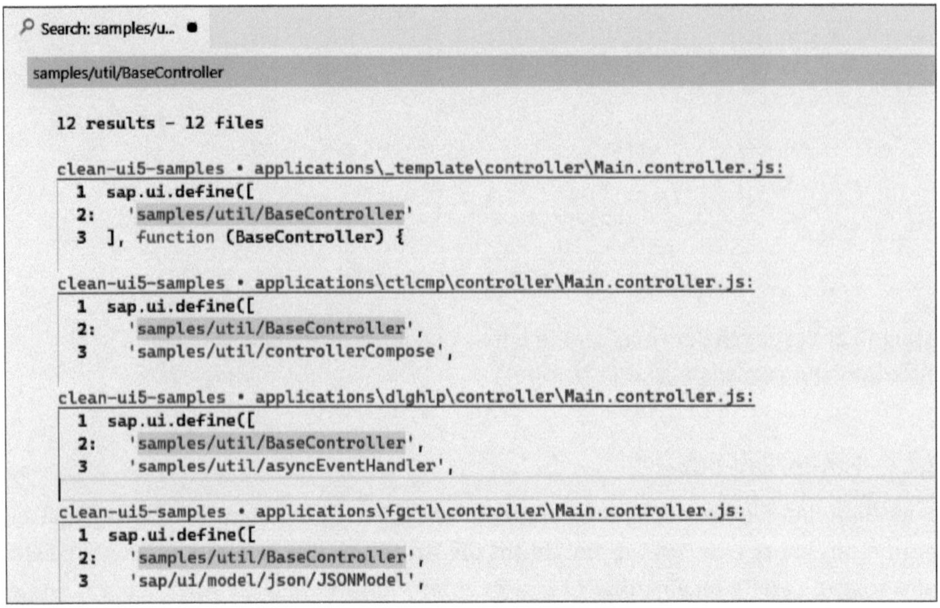

Abbildung 12.12 Suche nach Modulen, die »samples/util/BaseController« importieren

Ein hoher Fan-out deutet darauf hin, dass ein Modul aufgrund der Anzahl der Abhängigkeiten, die es besitzt, komplexer ist. Es kann sogar eine zusätzliche Logik erforderlich sein, um alle importierten Module zu koordinieren. Dieser Code ist schwieriger zu pflegen, da Leserinnen und Leser alle verschiedenen Komponenten und Konzepte, die durch das Modul manipuliert werden, verstehen und sich daran erinnern müssen.

George Miller führte eine psychologische Studie durch, die zu dem Schluss kam, dass der menschliche Geist Schwierigkeiten hat, mit mehr als sieben Dingen gleichzeitig umzugehen (siehe *http://s-prs.de/v1005061*). Analog dazu empfehlen wir, den maximalen Fan-out auf 7 zu begrenzen.

Außerdem hat ein hoher Fan-out direkten Einfluss auf die Anzahl der Bugs in einer Software. Wie von R. B. Grady in »Successfully Applying Software Metrics« in der Zeitschrift »Computer« (abrufbar unter *http://s-prs.de/v1005062*) beschrieben:

> *Der Fan-out eines Moduls ist die Anzahl der Aufrufe aus diesem Modul. Mindestens drei Studien haben ergeben, dass das Fanout-Quadrat ein Bestandteil einer Designmetrik ist, die gut mit der Wahrscheinlichkeit eines Defekts korreliert. [übersetzt aus dem Englischen]*

In einigen Fällen können Sie den Fan-out reduzieren, indem Sie Abhängigkeiten reorganisieren. Wenn beispielsweise mehrere Module häufig zusammen importiert werden, könnte es sich lohnen, ein neues Modul zu erstellen, das die erforderlichen Abhängigkeiten importiert und eine verbesserte Schnittstelle bereitstellt, wodurch ihre Verwendung vereinfacht wird.

Die Architektur der Anwendung sollte unbedingt einen niedrigen Fan-out begünstigen, wodurch Module weniger verworren werden.

Leider kann ESLint diese beiden Metriken nicht messen. Sie können jedoch eine benutzerdefinierte Regel anlegen, die den Fan-out eines SAPUI5-Moduls auswertet und eine Meldung generiert, wenn dieser Wert einen bestimmten Schwellenwert überschreitet. Dennoch sollten Entwicklerinnen und Entwickler sorgfältig darüber nachdenken, wie Abhängigkeiten über die Architektur verteilt werden, um einen hohen Fan-in und einen niedrigen Fan-out zu erreichen.

12.2.6 Codeduplizierung

Larry Tesler und Tim Mott erfanden Copy/Paste gemeinsam, und der Befehl erschien 1983 zum ersten Mal auf dem Lisa-Computer, vor über 40 Jahren. Ihr Vermächtnis hatte einen unglaublichen Einfluss auf das Software-Computing im Allgemeinen, was Computer benutzerfreundlicher machte, wenn es um die Bearbeitung von Dokumenten ging. Die Funktionen hatten jedoch auch schreckliche Auswirkungen auf die Softwareentwicklung.

Einige Gründe, warum das Kopieren/Einfügen von Codezeilen in einer Anwendung eine schlechte Idee ist, sind folgende:

- Aus Testsicht gilt: Je mehr Code Sie kopieren, desto mehr Tests sind erforderlich, um ihn abzudecken.
- Wenn ein Fehler in Codezeilen identifiziert wird, müssen Sie aus Sicht der Wartbarkeit wissen, ob derselbe Code an anderer Stelle vorhanden ist, um die Fehler in allen duplizierten Zeilen zu beheben.
- Beim Kopieren/Einfügen werden tendenziell große Funktionen und Module generiert, da die Entwicklerinnen und Entwickler sich nicht damit aufhalten, neue Funktionen anzulegen, um gängiges Verhalten zu kapseln.

Die Lösung für dieses Problem ist bekannt als das Prinzip *Don't Repeat Yourself* (DRY). Immer wenn ein Stück Code an anderer Stelle benötigt wird, sollten Sie ihn stattdessen in einer Funktion kapseln.

ESLint enthält keine Regeln zur Identifizierung duplizierten Codes. Zunächst arbeitet der Linter an einer Abstraktion des Codes (dem AST-Baum). Noch wichtiger ist, dass der Linter die Dateien nacheinander verarbeitet. Wenn der Code also in mehreren Dateien dupliziert wird, müsste sich der Linter alle analysierten Dateien merken.

Eine solche Erkennung über verschiedene Dateien hinweg ist ein komplexes Problem, das langsam und speicherintensiv sein kann. Glücklicherweise gibt es für diesen Job dedizierte – und effiziente – Tools. Beispielsweise kann jscpd (siehe *https://www.npmjs.com/package/jscpd*) die folgenden Aufgaben ausführen:

- Es implementiert den Rabin-Karp-Algorithmus, bei dem es sich um einen effizienten String-Matching-Algorithmus handelt, der auf Hashes basiert.
- Es unterstützt mehrere Sprachen.
- Es bietet Möglichkeiten, Toleranzen bezüglich des Verdachts auf Duplizierung zu definieren.
- Es wird als Befehlszeile ausgeführt.

Während des Prozesses berechnet das Tool einen Prozentsatz, der der Anzahl der gefundenen duplizierten Zeilen geteilt durch die Gesamtzahl der im analysierten Projekt enthaltenen Zeilen entspricht. Am Ende der Ausführung entscheidet ein Schwellenwert, der mit der Befehlszeilenoption `--threshold` geändert werden kann (Standardwert ist 0 %), ob die Befehlszeile fehlschlagen soll oder nicht, wie in Abbildung 12.13 dargestellt.

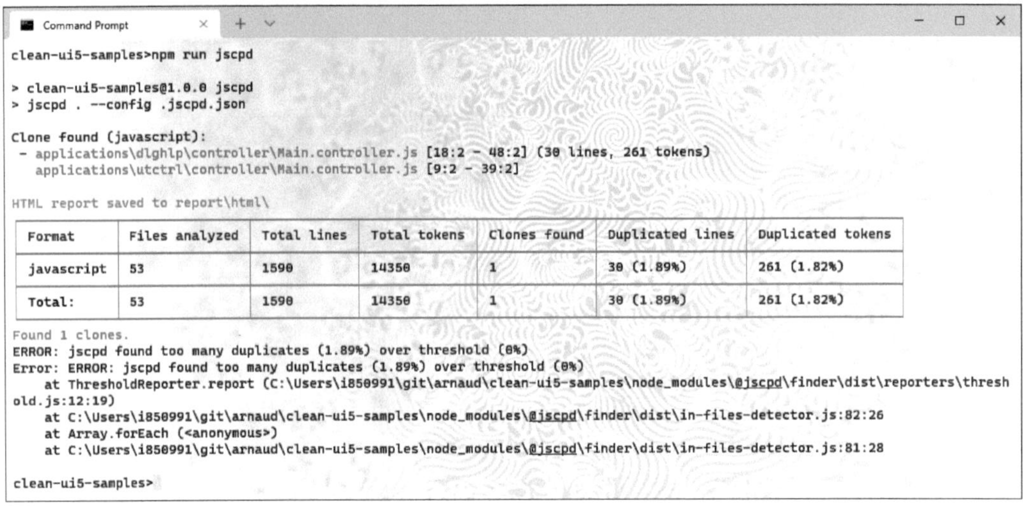

Abbildung 12.13 Beispiel für die Erkennung von Kopieren/Einfügen mit jscpd

Ein HTML-Bericht beschreibt die Ergebnisse; ein Beispiel ist in Abbildung 12.14 dargestellt.

Wir empfehlen, den Schwellenwert so weit wie möglich zu senken, aber beachten Sie, dass das Tool möglicherweise falsch positive Ergebnisse meldet. Um dieses Problem zu beheben, bietet jscpd die Möglichkeit, einige Codeblöcke zu ignorieren, indem Sie sie mit den Kommentaren `jscpd:ignore-start` und `jscpd:ignore-end` umschließen, wie in Listing 12.22 gezeigt.

```
/* jscpd:ignore-start */

// known clone here...

/* jscpd:ignore-end */
```

Listing 12.22 Kommentare zum Ignorieren eines Klons mit jscpd

Abbildung 12.14 Der HTML-Bericht aus jscpd gibt Informationen zu Duplikaten.

12.2.7 Wartbarkeit

Alle Kennzahlen, die wir bisher behandelt haben, beziehen sich auf messbare Eigenschaften des Codes: zyklomatische Komplexität, Schachtelung von Anweisungen, Funktionseigenschaften (Parameter, Länge), Modulabhängigkeiten und Wiederholung von Code. Indem Sie die entsprechenden Schwellenwerte auswählen und sicherstellen, dass diese Werte innerhalb der Grenzen liegen, können Sie die Wartbarkeit Ihres Codes verbessern. Letztendlich sollte Ihre Codebasis wie folgt sein:

- Lesbar: Jeder Entwickler und jede Entwicklerin kann problemlos in den verschiedenen Quellen navigieren.
- Wartbar: Ein gut strukturiertes Projekt ermöglicht die schnelle Erkennung und Behebung von Problemen.
- Erweiterbar: Eine neu hinzugefügte Funktion zerstört keine vorhandenen Funktionen.

Viele Schätzungen deuten darauf hin, dass sich die Wartbarkeit von Code direkt auf die Kosten eines Projekts auswirkt – fast 75 % seines Budgets. Diese Auswirkung ist jedoch nur schwer in einer einzigen Metrik zu synthetisieren.

Auf der Internationalen Konferenz zur Softwarewartung 1992 wurde jedoch ein Vorschlag für einen *Index für die Wartbarkeit* eingeführt. Microsoft hat diese Metrik 2007 in Visual Studio Code (siehe *http://s-prs.de/v1005063*) implementiert. Diese Metrik ist ein Wert zwischen 0 und 100, der die relative Einfachheit der Codepflege darstellt. Je höher der Wert, desto besser. Die Formel sehen Sie in Listing 12.23 .

```
MAX(0, (171
  - 0.23 * (Cyclomatic Complexity)
  - 16.2 * ln(Lines of Code)
  - 5.2 * ln(Halstead Volume)
) * 100 / 171)
```

Listing 12.23 Wartbarkeitsindex wie ursprünglich in Visual Studio 2007 vorgeschlagen

[»]

Codezeilen und Sprachen

Lines of Code (LOC) wird verwendet, um die Länge des Codes abzuschätzen. Beachten Sie, dass die genaue Formel ein Verhältnis basierend auf der Sprache enthält, da einige Sprachen ausdrucksfähiger sind als andere. Werfen Sie gerne einen Blick in den hervorragenden Artikel von »Coding-Horror« mit dem Titel »Are All Programming Languages The Same?«, verfügbar unter *http://s-prs.de/v1005064*.

Die Halstead-Volume-Metrik wurde 1977 von Maurice Howard Halstead eingeführt. Er war Pionier des Konzepts der Softwarewissenschaft, was zur Entwicklung von Softwaremetriken führte. Die Metrik Halstead Volume basiert auf der Länge und dem Vokabular, die im Code gefunden werden. Einfach ausgedrückt ist die Länge die Anzahl der Anweisungen, während das Vokabular auf der Anzahl der verschiedenen Anweisungen basiert.

Dieser Index wurde für JavaScript in mehreren Werkzeugen implementiert, z. B.:

- escomplex (*https://github.com/escomplex/escomplex*)
- Plato (*https://www.npmjs.com/package/plato*)

Plato, das auf jQuery verwendet wird, zeigt im Beispiel in Abbildung 12.15 eine durchschnittliche Wartbarkeit von 76,33.

Diese Projekte werden jedoch nicht mehr gewartet und können nicht auf modernen JavaScript-Projekten ausgeführt werden.

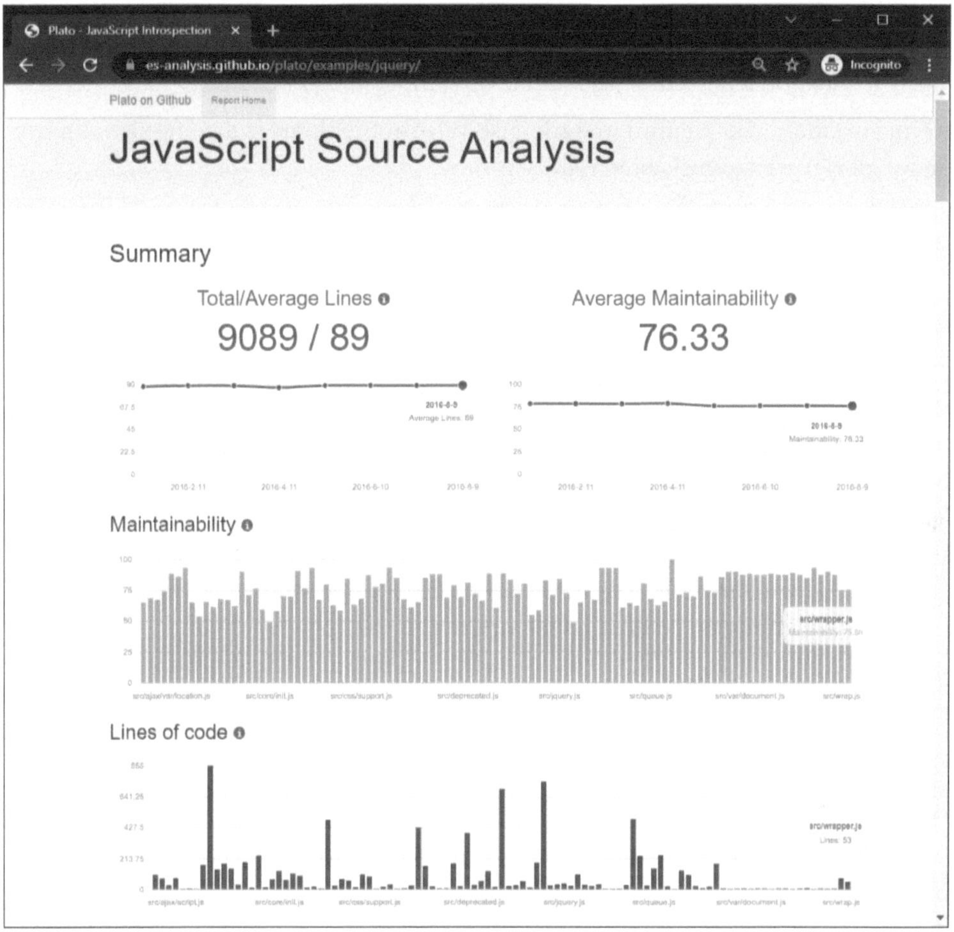

Abbildung 12.15 Plato-Analyse von jQuery mit durchschnittlicher Wartbarkeit

Wenn wir uns am Ende die Formel genauer ansehen, beachten Sie, dass Sie durch die Anwendung aller in den anderen Metriken dargestellten Ratschläge den Wartungsfähigkeitsindex Ihres Codes automatisch erhöhen könnten. Sie sollten also folgende Aktivitäten durchführen:

- Verringern Sie die zyklomatische Komplexität.
- Minimieren Sie die Größe der Funktionen.

12.3 Zusammenfassung

In diesem Kapitel haben wir Ihnen gezeigt, wie ein Linter Entwicklerinnen und Entwicklern helfen kann, die häufigsten Fehler abzufangen, bevor sie auftreten. Ein Linter ist konfigurierbar, und das Team muss sich darauf einigen, auf welche Probleme man sich konzentrieren soll. Dieses Werkzeug kann Ihrem Code auch dabei helfen, Formatierungsrichtlinien einzuhalten, und die Konsistenz im Coding-Stil gewährleisten, um Codequellen leichter lesbar und verständlicher zu machen.

Wenn ein Linter in den Editor integriert ist, kann er Probleme frühzeitig signalisieren und so die Entwicklungskosten reduzieren.

In Bezug auf die Codequalität haben wir die wichtigsten Ratschläge zur Schaffung prägnanter Funktionen hervorgehoben. Sie können jedoch Schwierigkeiten bei der Erkennung haben, wenn eine Funktion in kleinere Funktionen aufgeteilt werden muss. Durch objektive Messung bestimmter Metriken, wie z. B. der Codekomplexität, der Anzahl der Schachtelungsfunktionen oder der Anzahl der Anweisungen, kann ein Linter Funktionen identifizieren, die gute Kandidaten für die Aufteilung sind.

Die Empfehlungen, die wir in diesem Kapitel aussprechen, basieren auf allgemein akzeptierten Schwellenwerten. Wir sind der Meinung, dass diese Schwellenwerte perfekt für neue Projekte sind, aber sie sind möglicherweise schwierig auf Legacy-Code anzuwenden. Verwenden Sie stattdessen unsere Empfehlungen, um die vorhandene Codebasis zu bewerten. Die Ergebnisse helfen Ihnen, eine Strategie zu entwickeln und sich auf die wichtigsten Teile zu konzentrieren.

Nun sind Sie bereit, zu automatisierten Testthemen für Clean SAPUI5 überzugehen, mit denen wir uns im nächsten Kapitel beschäftigen.

Kapitel 13
Testen

Sauberer JavaScript-Code ist erst dann sauber, wenn er getestet wurde. In diesem Kapitel erfahren Sie mehr über die Testprinzipien. Wir zeigen Ihnen, wie Sie Modul-, Komponenten- und Integrationstests für Ihren JavaScript-Code entwerfen und durchführen.

Die Softwareentwicklung hat einen Stand erreicht, der mit traditioneller Handwerkskunst in der Fertigungsindustrie vergleichbar ist. Bevor die Software entwickelt wird, werden in einer Designphase Anforderungen an die Software gesammelt, aus denen ein Implementierungsansatz abgeleitet werden kann. Sobald das Design abgeschlossen ist, beginnt die Softwareimplementierung. Ähnlich wie in der Fertigungsindustrie müssen mehrere Qualitätskontrollen entlang der Produktionslinie durchgeführt werden, um sicherzustellen, dass die Software das tut, was sie tun soll. Ohne die erforderlichen Qualitätsprüfungen kann kein Produkt an die Kunden ausgeliefert werden. Leider gilt diese Regel nicht immer für die Softwareentwicklung, und das Fehlen von Softwarequalitätsmaßnahmen kann zu Fehlern führen, deren Folgen von kaum wahrnehmbaren bis hin zu katastrophalen Ausfällen reichen können.

Professionelle Softwareentwicklerinnen bzw. Softwareentwickler und Softwareunternehmen sind sich dieser Risiken bewusst und implementieren Qualitätsprüfpunkte entlang ihrer Entwicklungspipeline, wie es auch in der Fertigungsindustrie gemacht wird. Wenn die Software die definierten Qualitätskriterien nicht erfüllt, muss sie überarbeitet werden, bis alle Tests erfolgreich bestanden werden.

Ein großer Vorteil der Softwareentwicklung gegenüber der Fertigung von Waren besteht darin, dass die Software ein digitales Produkt ist, das von einer anderen Software analysiert werden kann. Eine solche automatische Validierung von Software wird auch als *automatisiertes Testen* bezeichnet. Wenn Ihrem Unternehmen der Code gehört, können automatisierte Tests auf verschiedenen Ebenen des Code-Stacks und nicht nur durch Integrationstests über die Benutzeroberflächen (engl. User Interfaces, UIs) oder Application Programming Interfaces (APIs) durchgeführt werden. Darüber hinaus können die automatisierten Tests verschiedene Merkmale der Software wie Korrektheit oder Performance validieren. Beachten Sie, dass automatisierte Tests keine manuellen Tests ersetzen können, wenn dabei Techniken wie exploratives Testen verwendet werden, bei denen Sie die Erfahrung und Intuition der menschlichen Testerinnen und Tester benötigen. Sie können aber den manuellen Aufwand für sich wiederholende Aufgaben enorm reduzieren. Automatisierte Tests können zudem nach einer Anpassung des Codes durch einen Entwickler oder eine Entwicklerin schnell durchgeführt werden. Dadurch ist das Konfidenzniveau nach einer solchen Änderung viel höher.

Das *Shift-Left-Prinzip* ist ein bewährtes Verfahren beim Schreiben von sauberem Code und zielt darauf ab, Tests so früh wie möglich im Entwicklungsprozess zu erstellen und durchzuführen. Testgetriebene Entwicklung (engl. Test-Driven Development, TDD) ist eine bewährte Praxis, die dieses Prinzip unterstützt.

In diesem Kapitel möchten wir Ihnen zeigen, wie Sie testbaren Code schreiben, und erläutern die Testpyramide mit ihren Ebenen, Zielen und verfügbaren Test-Frameworks sowie weitere Prinzipien der Testautomatisierung wie Mocking, Lesbarkeit, wiederverwendbare Objekte und Codeabdeckung. Wir beschreiben auch SAPUI5-spezifische Injektionstechniken, und Sie erfahren, wie Sie Testmethoden und -Journeys strukturieren, Daten testen und die erwartete Ergebnisse ordnungsgemäß überprüfen.

13.1 Prinzipien

Zunächst werden wir in die wichtigsten Prinzipien des automatisierten Testens mit sauberem SAPUI5 eintauchen. Wir behandeln dabei Themen wie das Schreiben von testbarem Code, Testpyramiden, testgetriebene Entwicklung, Page Objects, Lesbarkeitsregeln und mehr.

13.1.1 Testbaren Code schreiben

Testbaren Code zu schreiben, klingt vielleicht seltsam für Menschen, die zuvor noch keine Testautomatisierung durchgeführt haben. Aber erfahrene Softwareentwicklerinnen und -entwickler, die Testautomaten schreiben, wissen, dass es schwierig sein kann, bestimmte Teile des Codes zu isolieren, um den zu testenden Code automatisiert zu testen. Die *Testisolierung* ist ein Konzept, bei dem Sie versuchen, die Anzahl der Abhängigkeiten im getesteten Code zu reduzieren. Ein Beispiel wäre ein Code, der die Steuern berechnet, die Sie für einen bestimmten Betrag zahlen müssen. Dieser Code ruft dann intern einen Service auf, um den aktuellen Steuerprozentsatz zu erhalten. Wenn der Service hartkodiert ist und während eines Testlaufs mit statischen Werten nicht ersetzt werden kann, schlägt der Test wie folgt fehl:

- Der Test schlägt immer fehl, wenn der Steuerwert zentral geändert wird.
- Der Test kann die korrekte Berechnung mit unterschiedlichen Steuerwerten nicht validieren.
- Der Test schlägt durch Ausnahmen fehl, wenn der Service nicht verfügbar ist.

Glücklicherweise funktioniert SAPUI5 mit JavaScript, das leistungsstarke Möglichkeiten bietet, den zu testenden zu isolieren, auch wenn der Code auf »testunfreundliche« Weise geschrieben wurde. Während andere Sprachen die Definition von Schnittstellen notwendig machen, können Sie mit JavaScript fast alles zur Laufzeit überschreiben. Weitere Informationen zu diesem Thema finden Sie in Abschnitt 13.3, »Injektion«.

Dennoch ermöglichen einige Regeln einfachere Tests und gehen Hand in Hand mit gängigen Codetechniken, die wir als Nächstes besprechen werden.

Separation of Concerns

Das erste wichtige Prinzip, das wir hier kurz vorstellen möchten, ist die *Separation of Concerns*. Das Prinzip beschreibt, dass jede Klasse oder Methode nur einem bestimmten Zweck dienen sollte. Vermischen Sie nicht verschiedene Aufgaben wie Geschäftslogik (z. B. Statusberechnung) mit UI-Logik (z. B. Aktivieren eines Buttons) im selben Code! Dadurch wird die Validierung der Korrektheit des Codes erheblich erschwert, da die Geschäftslogik erst getestet werden kann, nachdem bestimmte UI-Ereignisse ausgelöst wurden, was möglicherweise erfordert, dass die Testautomatisierung sogar im UI-Modus ausgeführt wird, was die Tests verlangsamt. Diesen Performanceaspekt sollten Sie nicht vernachlässigen. Das Starten eines Browsers, das Laden der Test-Suite und die Interaktion mit den Bedienelementen beansprucht mehrere Sekunden oder sogar Minuten, bis die Validierungen abgeschlossen sind und ein Testergebnis verfügbar ist. Codebasierte Tests werden hingegen in einigen Millisekunden ausgeführt, da das Test-Framework einfach die Test-Suite aufruft, die selbst ein Objekt des zu testenden Codes anlegt und dann Tests dafür durchführt. Außerdem ist ein Testergebnis in Sekundenschnelle statt Minuten verfügbar, was eine enorme Steigerung der Entwicklerproduktivität darstellt.

Dependency Injection

Man spricht von Dependency Injection, wenn ein Objekt ein anderes Objekt benötigt, das erstere das letztere von einem zentralen Dienst erhält, anstatt das letztere Objekt selbst zu erzeugen. Eine Möglichkeit, die Anzahl der Abhängigkeiten innerhalb einer Methode zu reduzieren, besteht darin, alle externen Anforderungen als Methodenparameter bereitzustellen, so wie in Listing 13.1.

```
// uses a global service
function updateCustomerAddress1 (customerId, customerAddress) {
  globalCustomerService.updateAddress(customerId, customerAddress);
}

// provides the service instance as first parameter
function updateCustomerAddress2 (customerService, customerId, customerAddress)
```

```
 {
   customerService.updateAddress(customerId, customerAddress);
}
```

Listing 13.1 Dependency Injection

Mit diesem Ansatz kann der Test jede Art von Mock-Objekt für die zu testende Methode bereitstellen, das keine Nebeneffekte verursacht (z. B. Datenbankoperationen oder externe Service-Aufrufe). Der Test kann dann auch verifizieren, dass das Mock-Objekt wie erwartet geändert oder aufgerufen wurde.

Asynchroner Code, Promises und Callbacks

Wie Sie in diesem Buch gesehen haben, verwenden JavaScript und SAPUI5 asynchrone Aufrufe, was die Testautomatisierung erschwert, wenn die Aufrufe nicht korrekt erfolgen. In Listing 13.2 sehen Sie drei Beispiele für einen asynchronen Request. Nur die letzten beiden können automatisch getestet werden.

```
// hard to test since the consumer has no information when the request is
finished
function getCustomerData1 (customerId) {
  $.ajax({ url: '/path/to/customer/data/' + customerId });
}

// provides a callback which allows the test to write assertions into it
function getCustomerData2 (customerId, callback) {
  $.ajax({
    url: '/path/to/customer/data/' + customerId,
    success: callback
  });
}

// provides a promise which allows the test to write assertions when it
resolves
function getCustomerData3 (customerId) {
  return $.ajax({ url: '/path/to/customer/data/' + customerId });
}
```

Listing 13.2 Verschiedene Möglichkeiten, asynchronen Code testbar zu machen

Daher empfehlen wir Ihnen, mit Callbacks oder Promises zu arbeiten, da dieser Ansatz eine Entkopplung zu Testzwecken ermöglicht, auch wenn der produktive Code Callbacks und Promises möglicherweise (noch) nicht explizit benötigt,.

Parametermutation vermeiden

JavaScript ist spezifisch, wenn es um Parameter geht, die an eine Methode übergeben werden. Array- und Objektparameter werden als Referenzen und nicht als Werte übergeben. Infolgedessen kann eine Methode den Inhalt eines Arrays oder eines Objekts mutieren (ändern). Der Provider der Methode muss dann einen Vertrag angeben, der angibt, ob Daten geändert wurden oder nicht. Stattdessen sollten Sie Parameter als schreibgeschützt betrachten und lieber neue Arrays oder Objekte zurückgeben. Natürlich ist keine Regel frei von Ausnahmen, aber für den Großteil Ihres Codes gilt, dass dieser stabiler ist, wenn Sie Parameter als schreibgeschützt betrachten, siehe Listing 13.3.

In der ersten Methode wird das Objekt `customerData` als Eingabeparameter bereitgestellt, dient aber auch als Ausgabeparameter, da das ursprüngliche Objekt innerhalb der Methodenlogik mutiert wird, die seine `Address`-Eigenschaft überschreibt. Stattdessen sollten Sie ein neues Objekt basierend auf dem Eingabeparameter zurückgeben, das dann die neuen `Address`-Informationen enthält, aber das Eingabeobjekt nicht ändert.


```
// changes the object parameter
function getCustomerAddress1 (customerData) {
  customerData.Address = CustomerService.getAddress(customerData.CustomerId);
  return customerData;
}

// returns the address as new object
function getCustomerAddress2 (customerData) {
  return {
    CustomerId: customerData.CustomerId,
    Address: CustomerService.getAddress(customerData.CustomerId)
  };
}
```

Listing 13.3 Parametermutation vermeiden

13.1.2 Testpyramide

Eine Testpyramide ist ein gängiges Modell für das Veranschaulichen der Software-Stack-Schichten, in denen Entwicklerinnen und Entwickler Tests schreiben können, und deren Auswirkungen in Bezug auf Kosten und Geschwindigkeit. Die Testpyramide wird in mehrere Schichten unterteilt, indem sie horizontal durchgeschnitten wird. Abbildung 13.1 zeigt ein typisches Beispiel für eine Testpyramide.

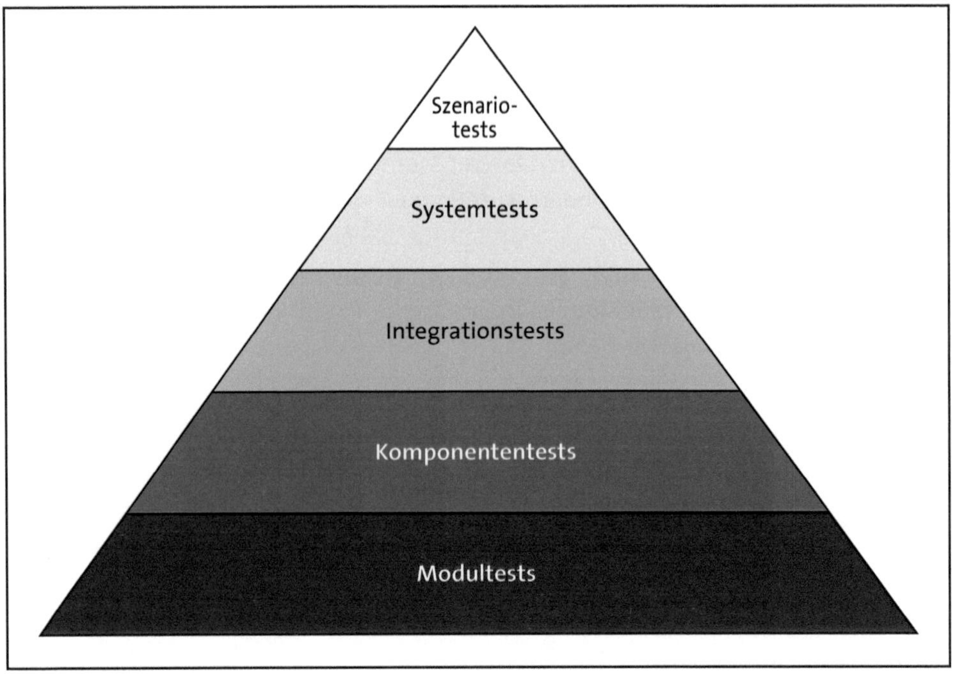

Abbildung 13.1 Testpyramide mit ihren verschiedenen Schichten

Die untere Schicht der Pyramide sind die *Modultests* (engl. Unit Tests). Sie sollten mehr Modultests durchführen als alle anderen Tests, die Sie auf den einzelnen darüber liegenden Schichten sehen. Modultests sichern die Korrektheit einzelner Einheiten (in der Regel einer Klasse oder Methode), indem sie jede Einheit isoliert testen. Dabei werden Abhängigkeiten der Einheiten getrennt und ihre Umgebung nachgebildet. Die Tests werden durchgeführt, ohne dass dafür eine Endbenutzer-UI oder Browserinteraktionen erforderlich sind. Stattdessen testen direkte Aufrufe den zu testenden Code. Dieses künstliche Setup ermöglicht eine schnelle Testausführung und schnelle Fehlererkennung, da der Fehler nur in einem kleinen Teil des zu testenden Codes liegen kann. Für einen Modultest würden Sie beispielsweise Tests auf der Datenzugriffsschicht einer beliebigen Anwendung oder einer Formatierungsklasse in Betracht ziehen.

Die nächste Schicht der Pyramide sind die *Komponententests*, die die zuvor einzeln getesteten Module kombinieren und nun in Form einer Komponente testen. Eine solche Komponente könnte etwa Teil einer Seite oder eines Fragments und deren Logik sein. Bevor Sie die Tests auf dieser Ebene durchführen, sollten die einzelnen Einheiten bereits verifiziert worden sein, damit der Schwerpunkt der Tests auf der Integration zwischen den einzelnen Einheiten liegt. Dies hilft dabei, falsche Annahmen zu korrigieren, die beim Mocking anderer Einheiten in den Modultests eine Ebene tiefer getroffen wurden. Da an diesen Tests mehr Einheiten beteiligt sind, ist die Zeit zum Erstellen und Ausführen dieser Tests länger als für einen Modultest. Wenn das UI für Komponententests verwendet wird, kann sich die Laufzeit ebenfalls erheblich erhöhen. Auch die Analyse von Testfehlern dauert länger, da Sie klären müssen, welche Einheit das Problem verursacht.

Zusätzlich zu den Komponententests gibt es *Integrationstests*, die die Integration der verschiedenen Komponenten auf Ebene der Benutzeroberfläche testen. Diese Tests sollten Sie verwenden, um die Integration der einzeln verifizierten Komponenten zu testen. Dabei sollten Sie den Fokus jedoch nicht auf das Testen von UI-Interaktionen innerhalb der bereits verifizierten Komponenten oder sogar auf das Testen von einheitenspezifischen UI-Interaktionen legen.

Als Nächstes folgen die *Systemtests*, die die Richtigkeit der gesamten SAPUI5-Anwendung verifizieren, indem Zugriffe und Interaktionen mit den produktiven Modulen durchgeführt werden und keine Module durch Simulation bzw. Mocking ersetzt werden. Dieser Test verwendet die Benutzeroberfläche, um den gesamten Stack von Code, Ereignisse usw. zu testen. Dadurch sind Systemtests die langsamsten Tests der bisher vorgestellten und auch die fragilsten. Die Fragilität und Komplexität (insbesondere bei der Analyse eines Testfehlers) machen die Wartung der Systemtests teuer, und Sie sollten deren Anzahl daher eingrenzen.

An der Spitze der Pyramide befinden sich die *Szenariotests*, die sich über mehrere SAPUI5-Anwendungen erstrecken. Diese Tests sind fast identisch mit *Systemtests* in Bezug auf Komplexität, Fragilität usw. Der Hauptunterschied besteht darin, dass Sie im Falle eines Fehlers ermitteln müssen, welche Anwendung den Fehler verursacht, was die Tests zusätzlich kompliziert.

Wenn Entwicklerinnen und Entwickler die Kernaussage des Testpyramidenmodells nicht befolgen und sich stattdessen zu sehr auf Systemtests konzentrieren, wird die Testpyramide unabsichtlich umgedreht, und anstatt der Pyramide entsteht die Form einer Eistüte. Der Nachteil ist, dass teure Tests Ihre Testzyklen dominieren und Ihre Iterationszyklen erheblich verlangsamen. Ein weiterer Fehler könnte darin bestehen, sich zu sehr auf Integrationstests zu konzentrieren, während Modul-, Komponenten- und Systemtests vernachlässigt werden, was der Testpyramide die Form einer Sanduhr verleiht. Lassen Sie uns dies an einem Beispiel erklären: Wenn Sie sich nur auf Modul- oder Komponententests konzentrieren, ist dies, als würden Sie ein Schiff bauen, die einzelnen Teile testen, zur See fahren, in der Hoffnung, dass alles gut zusammen funktioniert, und dann bemerken, dass sie anstatt der benötigten Kohle Sprit eingepackt haben. Um in diesem Bild zu bleiben: Wenn Sie sich nur auf Integrations- und Systemtests konzentrieren, ist dies so, als würden Sie das Schiff zusammenbauen, auf See bringen und hoffen, dass es schwimmt, um dann seine Seetüchtigkeit zu testen.

In diesem Buch empfehlen wir Tests in der Testpyramidenform, damit Sie sicherzustellen, dass Sie die Herkunft der Fehler leicht erkennen und die Testergebnisse so schnell wie möglich erhalten. Beachten Sie jedoch, dass SAPUI5 auch Modultests für seine Bedienelemente durchführt und Entwicklerinnen und Entwickler diese Funktion beim Anlegen eigener Tests als Teil der gesamten Testpyramide berücksichtigen können.

13.1.3 FIRST-Prinzipien der Testautomatisierung

Einige Prinzipien für die Erstellung guter Testautomatisierungen können mit dem Akronym FIRST zusammengefasst werden. Schauen wir uns die einzelnen FIRST-Prinzipien einmal an:

- **Fast**
  Der Code sollte möglichst schnell getestet werden, idealerweise in Sekundenbruchteilen. Diese Geschwindigkeit ermöglicht schnelle Durchlaufzeiten bei der Durchführung von Codeänderungen und bei der Validierung auf potenzielle Nebeneffekte. Leider erfordert die UI-Entwicklung häufig auch UI-Interaktionen und somit mehr Zeit für die Testausführung im Vergleich zu technischen Prüfungen wie Modultests. Doch diese Tatsache macht die Kernbotschaft des Testpyramidenmodells noch wichtiger.
- **Isolated/Independent**
  Tests sollten so isoliert oder so unabhängig wie möglich ausgeführt werden. Mit anderen Worten: Das Testergebnis sollte nicht durch andere Faktoren als den getesteten Code beeinflusst werden. Beispiele für Einflussfaktoren sind abhängige Services. Solche Services sollten zur Testlaufzeit »gemockt« werden, um den zu testenden Code mit verschiedenen festen Antworten des Services (der nicht im Fokus des aktuellen Tests steht) zu verifizieren, einschließlich Ausnahmen wie *service not found* oder *permission denied*.
- **Repeatable**
  Tests sollten wiederholbar und deterministisch sein, sich aber in verschiedenen Testumgebungen nicht unterschiedlich verhalten. Daher benötigen Tests eigene Testdaten, um nicht durch externe Faktoren beeinflusst zu werden. Tests sollten auch berücksichtigen, ob die parallele Ausführung mehrerer Testfälle weiterhin dasselbe Ergebnis liefert wie bei der sequenziellen Ausführung.
- **Self-validating**
  Tests sollten die Testergebnisse automatisch validieren (*assert*), sodass keine manuelle Validierung der Testergebnisse erforderlich ist.
- **Timely**
  Der Testcode sollte zusammen mit dem produktiven Code geschrieben werden. Dieser Ansatz funktioniert besser, wenn Code in den unteren Ebenen der Testpyramide geschrieben wird. So werden z. B. Systemtests typischerweise erst geschrieben, wenn die gesamte Entwicklung der Anwendung beendet ist.

13.1.4 Testgetriebene Entwicklung

Testgetriebene Entwicklung (engl. Test-Driven Development, TDD) ist eine Methodik, die auf der Tatsache beruht, dass die Kosten für die Behebung eines Fehlers umso höher sind, je später er entdeckt wird. Diese Kosten entstehen dadurch, dass sich der Entwickler bzw. die Entwicklerin bereits auf etwas Neues konzentriert hat und überdenken muss, was mit dem fehlerhaften Code gemeint war, bevor eine Korrektur dafür erstellt werden kann. Es kostet jedoch auch viel Zeit (und Ressourcen), das Problem zuerst zu identifizieren, es über das Incident-Management-System zu melden, die Korrektur den Testerinnen und Testern zur Verfügung zu stellen, die Korrektur erneut zu testen und andere mögliche Aufgaben zu erledigen.

Die testgetriebene Entwicklung versucht, Fehler zu reduzieren, indem zuerst ein Test geschrieben wird, der das erwartete Verhalten einer Klasse oder eines Services verifiziert. Der produktive Code schlägt fehl, weil er noch nicht die notwendige Logik enthält, wie in Abbildung 13.2 dargestellt.

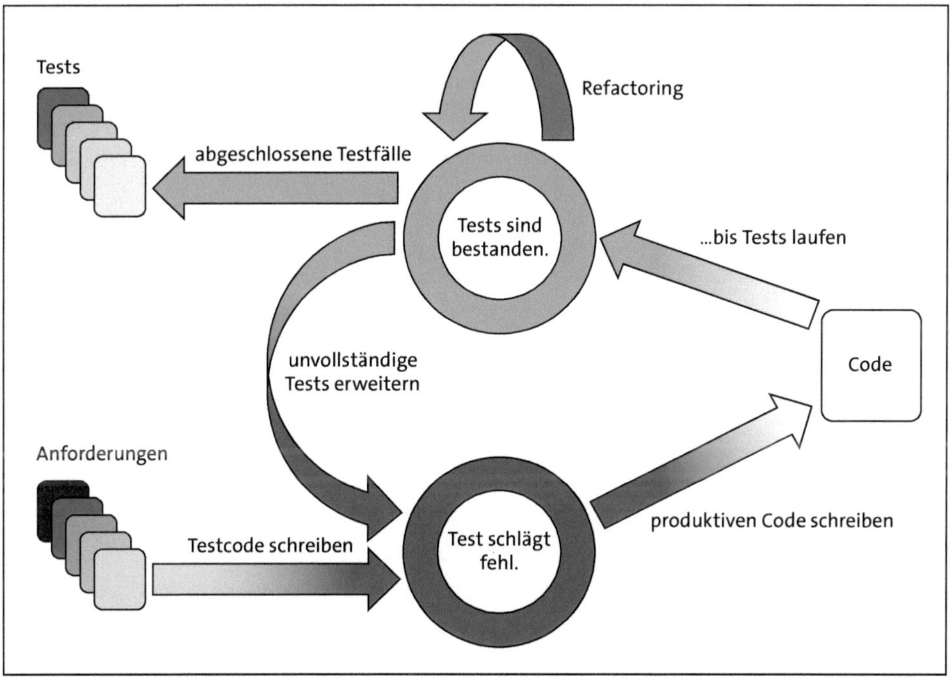

Abbildung 13.2 Testgetriebener Entwicklungsprozess

Sobald der Test fehlschlägt, implementieren die Entwicklerinnen und Entwickler nur so viel produktiven Code, wie erforderlich ist, um den Test grün zu bekommen. In der nächsten Iteration wird der Test erweitert, bis der nächste Bruchteil der Anforderung abgedeckt ist, und der produktive Code wird anschließend erweitert, bis der Test erneut grün wird. Dieser iterative Ansatz wird so lange fortgesetzt, bis die gesamte Logik der Anforderung wie vorgegeben implementiert ist.

Der Prozess kann auf die folgenden einfachen Regeln reduziert werden:

- Schreiben Sie keinen produktiven Code, außer um einen fehlgeschlagenen Test oder Syntaxfehler zu beheben.
- Schreiben Sie nur genug Testcode, um einen Testfehler zu verursachen.
- Schreiben Sie nur genug produktiven Code, um den Test zu bestehen.
- Sobald alle Tests grün sind, führen Sie eine Bereinigung oder ein Refactoring des Codes durch. (Bei Produktiv- und Testcode ist dies optional.)

Testgetriebene Entwicklung bietet Ihnen die folgenden Vorteile:

- Sie schreiben von Anfang an entkoppelten und testbaren Code.
- Sie können Feature Creep vermeiden (Implementierung von Funktionen, die niemand angefordert hat).
- Ausnahme- oder Fehlerbehandlung wird nur implementiert, wenn dafür ein Test vorhanden ist.
- Alles, was fertiggestellt ist, hat sich als funktionsfähig erwiesen.
- Mit automatisierten Tests erreichen Sie automatisch eine hohe Code- und Zweigabdeckung.

13.1.5 Mocking nutzen

Als eines der FIRST-Testprinzipien (isolated/independent) ist das Ziel der Testisolation, dass Tests keine Abhängigkeiten zu etwas anderem als dem zu testenden Code aufweisen. Sie benötigen daher Testisolationstechniken, bei denen abhängige Services oder APIs während der Testlaufzeit von anderen (wesentlich einfacheren und testspezifischen) Services oder API-Implementierungen imitiert werden. Auf den unteren Ebenen der Testpyramide können Sie z. B. mit Modul- und Komponententests eine weitere Klassenimplementierung für ein Interface bereitstellen, das dann dem Test bekannte Festwerte zurückliefert. Solche Ersetzungen werden auch als Mocks, Stubs oder Fakes bezeichnet, aber wir bezeichnen sie als *Mock-Objekte* oder *Mocking*.

Nehmen wir an, Sie möchten für Integrationstests auf der UI-Schicht Bedienelemente, Seiten oder Fragmente im Webbrowser validieren. Hier ist der Browser die erste Abhängigkeit, die nicht einfach durch ein Mock-Objekt ersetzt werden kann, da die Entwicklerinnen und Entwickler nicht Eigentümer der APIs sind und die Standardimplementierungen nicht einfach durch testspezifische ersetzen können. Außerdem müssen Sie auf dieser Ebene der Testpyramide möglicherweise das korrekte Verhalten eines Bedienelements mit verschiedenen Browserversionen oder Browserherstellern überprüfen. Daher müssen Entwicklerinnen und Entwickler immer sorgfältig abwägen, wo Mocking hilfreich ist und wo es schädlich sein kann. Als Faustregel gilt: Je niedriger der Test in der Testpyramide, desto mehr Mocking sollte eingesetzt werden. Auf der höchsten Ebene der Pyramide sollte kein Mocking eingesetzt werden, um sicherzustellen, dass alles zusammen funktioniert.

Weitere Informationen zu diesem Thema finden Sie in Abschnitt 13.3, »Injektion«.

13.1.6 WDI5 vs. OPA5 vs. QUnit

SAPUI5 stellt einige Werkzeuge bereit, empfiehlt jedoch auch die Verwendung mehrerer Open-Source-Tools, um alle Ebenen der Testpyramide abzudecken. Abbildung 13.3 zeigt das Werkzeug oder Framework, das auf jeder Ebene der Testpyramide zu verwenden ist, wenn es um SAPUI5-Tests geht. Die Ebenen der Systemtests und Szenariotests sollten tatsächliche Aufrufe an ein Backend-System enthalten, während in niedrigeren Ebenen der Pyramide Mocking verwendet werden sollte.

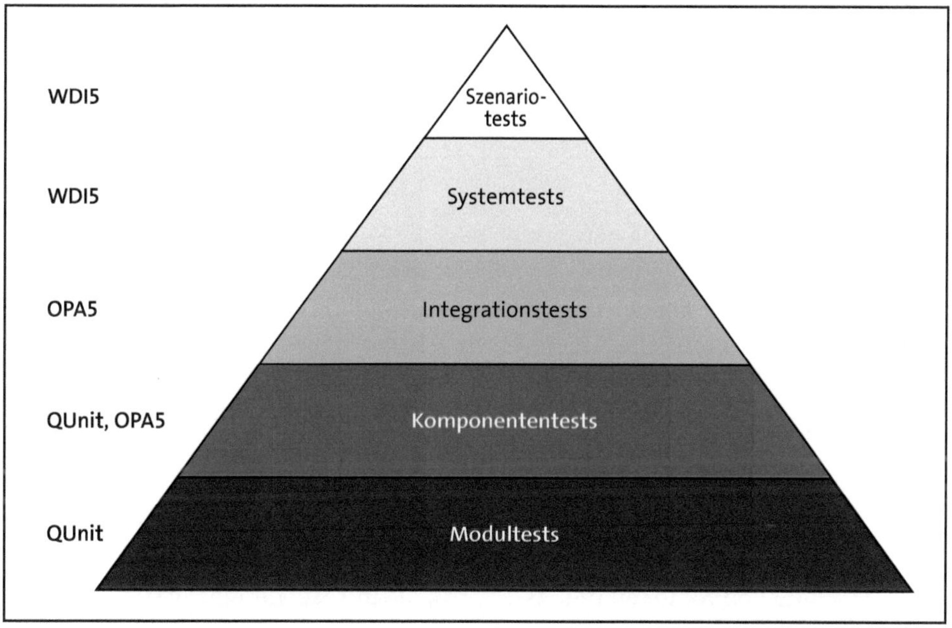

Abbildung 13.3 SAPUI5-Testpyramide

QUnit ist ein Open-Source-JavaScript-Test-Framework, das ursprünglich für das jQuery-Projekt entwickelt wurde und auch in SAPUI5 oft verwendet wird. QUnit implementiert Tests auf der Modultest- und manchmal auf der Komponententestebene der Testpyramide. Tests können mit verschiedenen Tools wie Karma ausgeführt werden, um dann als Teil einer Pipeline für die kontinuierliche Integration (engl. Continuous Integration, CI) ausgeführt zu werden. Tests können in Modulen gruppiert und ihre Ergebnisse und Protokolle können in einem Browser angezeigt werden.

One-Page-Acceptance-Tests (OPA5) können erstellt werden, um wie ein Benutzer mit dem Browser zu interagieren, um die Richtigkeit von Controls und Kontrollflüssen von SAPUI5-Seiten sowie die Korrektheit einzelner Controls innerhalb einer Seite zu überprüfen. Somit kann das Framework für Komponenten- und Integrationstests verwendet werden. Das Framework wurde von SAPUI5 entwickelt und wird ständig um Funktionen erweitert, die die Validierung asynchroner UI-Verhaltensweisen erleichtern. OPA5-Tests verwenden in der Regel Mocking, indem alle Backend-Service-Aufrufe simuliert werden. Für OData-V2-Services wird der Mock-Server als Teil von SAPUI5 bereitgestellt und im Browser ausgeführt, um alle OData-Backend-Aufrufe abzufangen, für die er konfiguriert ist. Das Tool ermöglicht Ihnen, relativ isolierte OPA5-Tests zu erstellen, die die Robustheit solcher Tests erhöhen. OPA5 ist eng in SAPUI5 integriert und umfasst eine automatische Synchronisierung mit SAPUI5-Renderings. Anstelle statischer Wartezeiten verwendet OPA5 einen Polling-Mechanismus, um Tests so schnell wie möglich in der App auszuführen.

Für System- und Szenariotests empfiehlt SAPUI5 ein Open-Source-Werkzeug namens *WDI5*. WDI5 wird ohne Mocking verwendet, um die Korrektheit ganzer Anwendungen zu überprüfen. WDI5 unterstützt Standardanmeldeverfahren, um Entwicklerinnen und Entwicklern das Leben zu erleichtern. Genau wie OPA5 synchronisiert WDI5 automatisch mit dem SAPUI5-App-Rendering, sodass Sie in Ihren Tests keine statischen Wartezeiten kodieren müssen.

Unsere jahrelange Erfahrung hat gezeigt, dass die Verwendung verschiedener Werkzeuge auf den Teststufen durchaus empfehlenswert ist. Es ist möglich, die die Werkzeuge aus den höheren Ebenen der Pyramide auch auf niedrigeren Ebenen zu nutzen, aber es gibt einige potenzielle Nachteile, wie z. B. den schlechten Mock-Support oder längere Testausführungszeiten.

13.1.7 Page Objects

OPA5 und WDI5 unterstützen ein Konzept, das als *Page Objects* bezeichnet wird und die Wiederverwendbarkeit von Testcode in Testfällen ermöglicht. Ein Page Object ist eine Sammlung von Aktionen und Assertions, die in Tests für eine bestimmte Seite (Page) einer Anwendung verwendet werden. Diese Aufteilung in verschiedene Page Objects (eine Datei/ein Objekt pro Seite) wird empfohlen, um den Testcode sauber zu halten. Ein Page Object kann nicht in verschiedenen Testwerkzeugen wiederverwendet werden (OPA5 erfordert andere Page Objects als WDI5), die Wiederverwendung des Page Objects in mehreren Testmethoden und Journeys innerhalb desselben Werkzeugs ist jedoch möglich.

Um die Vorteile der Verwendung von Page Objects zu verstehen, müssen wir zuerst verstehen, wie OPA5 funktioniert. Jeder Testschritt verwendet einen statischen *Control Locator*, um das Control zu identifizieren, mit dem interagiert oder das bestätigt/

validiert werden soll. Sobald der Locator definiert ist, kann ein zusätzlicher *Matcher* definiert werden, um die verfügbaren Controls weiter zu filtern. Matcher werden regelmäßig von OPA5 abgefragt und können verwendet werden, um zu warten, bis ein bestimmter Objektstatus auftritt.

Listing 13.4 zeigt eine Assertion in OPA5. Der Matcher wartet, bis der Titel den Parameter enthält, der der Assertion-Methode zur Verfügung gestellt wird.

```
function iShouldSeeTheMaterialNameInTheHeaderTitle (materialName) {
  return this.waitFor({
    id: 'idDetailPageHeaderTitle',
    matchers: function (title) {
      return title.getText().includes(materialName);
    },
    success: function (title) {
      Opa5.assert.ok(true, 'Shows the material name in the title');
    },
    errorMessage: 'Did not find the title in the detail page header'
  });
}
```

Listing 13.4 Assertion mit OPA5

Dieser Beispielcode definiert den Control Locator, in dem er die definierte ID des Controls verwendet, das gefunden werden soll. Nach seiner Definition prüft der Matcher, ob der bereitgestellte Parameter `materialName` Teil des Titeltexts ist. Wenn dies zutrifft, wird ein Erfolg ausgegeben, andernfalls wird die Fehlermeldung angezeigt.

Ebenso können Aktionen in Page Objects definiert werden, um UI-Interaktionen innerhalb von Tests auszulösen. In Listing 13.5 sehen Sie eine Beispielaktion für OPA5.

```
this.waitFor({
  id: 'backBtn',
  actions: new Press(),
  errorMessage: 'Did not find the back button'
});
```

Listing 13.5 Aktion mit OPA5

In dieser OPA5-Aktion besteht der Control Locator nur aus der Eigenschaft `id`, um aufzuzeigen, dass Entwicklerinnen und Entwickler mehrere Eigenschaften kombinieren können, um das richtige Control zu finden. Die aufzurufende Aktion wird dem Parameter `actions` bereitgestellt und kann, wie in diesem Beispiel, entweder eine manuell implementierte Aktionsfunktion oder eine vordefinierte Aktion von SAPUI5 sein.

Beide Beispiele können entweder direkt beim Schreiben des Tests aufgerufen werden oder – noch besser – in Dateien gruppiert werden, um Page Objects zu bilden. Wir empfehlen, für jede Seite einer Anwendung ein Page Object zu erstellen. Bei einer einfachen SAP-Fiori-Anwendung mit nur einer Masterseite und einer Detailseite gäbe es demnach zwei Page-Object-Dateien. Die Page-Object-Datei sollte dann alle Aktionen und Assertions dieser Seite enthalten, damit sie in Test-Journeys wiederverwendet werden kann. Wenn also mehrere Testschritte einen Klick auf den Zurück-Button oder die Identifizierung der Detailseite erfordern, kann der Test diese spezifische Funktion des Page Objects einfach aufrufen. Dadurch können Sie den Code in der Testinfrastruktur wiederverwenden und UI-Änderungen kostengünstiger anpassen. Wenn der Zurück-Button durch ein anderes Control mit einer anderen ID ersetzt wird, muss nur die Implementierung in der relevanten Funktion im Page Object angepasst werden, um alle konsumierenden Tests weiterhin ausführen zu können.

Die Möglichkeit, Code wiederzuverwenden, die Wartbarkeit und die Lesbarkeit in Test-Journeys sind wichtige Gründe, warum wir Ihnen die Verwendung von Page Objects nahelegen. Beachten Sie auch, dass SAPUI5 einen SAPUI5-Testrecorder als Teil des SAPUI5-Auslieferungspakets bereitstellt, um Sie bei der Generierung von Funktionen in Page Objects zu unterstützen. Der Recorder erkennt die Interaktionen, die ein Benutzer im produktiven UI ausführt, und schlägt ein Page-Object-Snippet vor, das dann in die Sammlung der Page Objects kopiert werden kann. Oft sind die Ergebnisse robuster als das, was Menschen schaffen könnten, um das gleiche Ergebnis zu erzielen.

13.1.8 Codeabdeckung realistisch bewerten

Die *Codeabdeckung* ist eine Metrik zur Messung der Qualität von Testautomatisierungen, indem geprüft wird, wie viele Anweisungen oder Branches abgedeckt sind. Wenn Entwicklerinnen und Entwickler die testgetriebene Entwicklung anwenden, sollte die Abdeckung in der Regel recht hoch sein. Aber selbst wenn testgetriebene Entwicklung nicht praktiziert wird, kann die Abdeckungsanalyse Ihnen dabei helfen, tote Codezweige beim Refactoring von Code und Tests zu identifizieren. Da gute Tests eine gute Codeabdeckung erzeugen, neigen manche auch dazu, diese Logik umzukehren, und geben vor, dass eine gute Codeabdeckung auch bedeutet, dass gute Tests vorhanden sind. Leider ist das nicht der Fall! Es gibt keine objektive Beziehung, und im Internet sind zahlreiche Beispiele verfügbar, die eine hohe Codeabdeckung ohne eine einzige Assertion im Testcode veranschaulichen. Solange der getestete Code nicht abstürzt, wird der Test keine Bugs finden. Beachten Sie außerdem, dass ein einfacher OPA5-Test, der eine App nur startet, einfach beim Testen dieses einen Schritts eine große Abdeckung erreichen kann.

Daher kann die Codeabdeckung eine hilfreiche Metrik für Entwicklerinnen und Entwickler sein, um die Qualität ihrer Tests zu analysieren. Sie sollten sich jedoch davor hüten, eine hohe Codeabdeckung als Indikator für die Qualität Ihrer Tests zu interpretieren. Wenn Entwicklerinnen und Entwickler gezwungen sind, eine Codeabdeckung von 100 % oder nahezu 100 % zu erreichen, schreiben sie möglicherweise unsinnige Testautomatisierungen, um dieses Ziel zu erreichen. Stattdessen sollte die Codeabdeckung einer von mehreren Key Performance Indicators (KPIs) sein, um die Codequalität zu messen.

13.1.9 Regeln zur Lesbarkeit

JavaScript hat einen großen Vorteil: Es gibt keine Längenbeschränkungen für Variablennamen, Funktionsnamen oder Dateinamen. Sie sollten diese Flexibilität immer dann nutzen, wenn Sie Testautomaten schreiben.

Beachten Sie beim Schreiben von Testautomaten, dass Sie nicht der einzige Autor bzw. die einzige Autorin des Codes sind. Selbst wenn Sie in einem Ein-Personen-Projekt sind, kann es sein, dass diese Soloarbeit nicht ewig Bestand hat und dass irgendwann weitere Kolleginnen und Kollegen dem Projekt zugeordnet werden, weil es so erfolgreich ist. Alternativ könnte es passieren, dass Sie zu einem anderen Projekt zugeordnet werden, in dem Ihre Fähigkeiten benötigt werden, und daher das aktuelle Projekt an einen anderen Kollegen oder eine andere Kollegin übergeben müssen. Schreiben Sie Ihre Tests daher so, dass Sie und andere den Zweck eines Tests einfach durch Lesen des Testcodes bzw. des Testskripts verstehen können. Es sollte nicht erforderlich sein, einen Test zu debuggen, um seinen Zweck zu verstehen. Der Zweck eines Tests sollte in wenigen Minuten verstanden werden, um schnell zu sehen, welche Tests erweitert werden müssen, wenn eine neue Funktion hinzugefügt wird. Wenn mehr als ein paar Minuten benötigt werden, um sie zu verstehen, können Entwicklerinnen und Entwickler vorhandene Tests entweder gar nicht in Betracht ziehen und müssen stattdessen neue Tests anlegen (teuer), oder sie benötigen mehr Zeit, um vorhandene Tests zu verstehen (ebenfalls teuer).

Wenn Sie Page Objects anlegen, können Sie Testfunktionen so benennen, dass klar ist, was geschieht, wenn diese Funktion in einer Journey aufgerufen wird. Eine Funktion namens `iClickTheButton` mag verständlich sein für die Person, die die Funktion schreibt und auf den Bildschirm schaut. Wenn aber jemand anders den Code in einem Jahr verstehen muss und das UI in der Zwischenzeit um mehr Buttons erweitert wurde, ist die Lesbarkeit erheblich eingeschränkt. Stattdessen sollte die Funktion explizit die Absicht der Funktion erwähnen. Ein besserer Name für die Funktion wäre z. B. `iTriggerTheSearch`, was viel präziser ist. Der Vorteil dieses Ansatzes besteht darin, dass der Benutzer direkt weiß, dass eine Suche ausgeführt wird. Wenn die Suchfunktion dahingehend geändert wird, dass sie in Zukunft durch etwas anderes als einen

Button ausgelöst wird, muss die Funktion nicht umbenannt werden. Anstatt sich zu sehr auf die technischen Details von Controls oder Control Locators zu konzentrieren, sollten Sie sich daher auf die Geschäftssemantik, die ausgelöst oder validiert wird, konzentrieren. Zusätzlich zu den Namen der Funktionen sollten Sie sicherstellen, dass von den Assertions korrekte Meldungen ausgegeben werden, um die Lesbarkeit im Falle von Fehlern zu erhöhen.

13.2 Zu testender Code

Wenn wir den Begriff »zu testender Code« (engl. Code under Test) verwenden, bezieht sich dies auf den produktiven Code, der von einem Test aufgerufen wird, um sein korrektes Verhalten zu überprüfen. Der zu testende Code in SAPUI5-Anwendungen kann auf zwei verschiedene Arten aufgerufen werden: entweder durch Aufrufen einer öffentlichen Methode des JavaScript-Codes oder durch Interaktion mit dem Browser und den Controls auf der Benutzeroberfläche, die dann den getesteten Code verwenden.

Ältere Versionen von JavaScript unterschieden nicht zwischen privaten, geschützten und öffentlichen Methoden. Dies wurde häufig dadurch ausgeglichen, dass private Methoden mit einem bestimmten Präfix wie einem Unterstrich deklariert wurden. SAPUI5 wendete diese Konvention in der Vergangenheit auch für private Methoden an. Der Nachteil besteht darin, dass Konsumenten solche Methoden versehentlich konsumieren können. Für Tests hätten Konsumenten Zugriff auf alle privaten Methoden und Variablen. In jüngerer Zeit wurde JavaScript um eine Klassensyntax erweitert, um den Zugriff durch die aus typisierten objektorientierten Sprachen bekannten Kapselungsprinzipien einzuschränken.

Tests sind der erste Konsument einer Klasse oder Methode und sollten daher die Methoden wie vorgesehen konsumieren. Durch die Simulation der beabsichtigten Verwendung von getestetem Code wird der Test aussagekräftiger und relevanter. Tests sollten immer öffentliche Methoden konsumieren, auch wenn diese intern private Methoden aufrufen. Dadurch stellen Sie sicher, dass der API-Vertrag für die Klasse auch innerhalb des Tests validiert wird und zukünftige Tests nach dem Refactoring weniger Anpassungen erfordern (da private Methodensignaturen im Gegensatz zu öffentlichen Signaturen leicht geändert werden können). Wenn ein Entwickler oder eine Entwicklerin immer noch der Meinung ist, dass das direkte Testen einer privaten Methode wünschenswert ist, könnte die Logik dieser Methode eine eigene Klasse verdienen.

13.2.1 Aussagekräftige Namen für zu testenden Code

Wenn Sie den zu testenden Code instanziieren, um ihn in einem Testfall aufzurufen, sollten Sie korrekte Variablennamen verwenden und unklare Namen wie `cut` vermeiden (das steht in der Regel für *Code under Test*, das ist für die Lesenden aber möglicherweise nicht offensichtlich). Wenn Sie selbst den Testfall lesen, sollte es offensichtlich sein, dass dies der Aufruf des zu testenden Codes sein wird. Listing 13.6 zeigt zunächst, wie Variablen benannt werden sollten, und dann das Anti-Pattern mit der Variablen `cut`.

```
var converter = new CSVConverter();

// anti pattern
var cut = new CSVConverter();
```

Listing 13.6 Sinnvoller Variablenname und sein Anti-Pattern

13.2.2 Aufruf des zu testenden Codes in die eigene Testmethode extrahieren

Beim Schreiben von Modultests zur Überprüfung der Korrektheit von Codeartefakten empfiehlt es sich, den Aufruf des zu testenden Codes in eine eigene Methode zu isolieren. Diese Methode hätte optionale Parameter mit Standardwerten, sodass die Testmethode selbst nur die Parameter explizit angeben muss, die für diesen Testfall relevant sind. Dieser Fokus verbessert die Lesbarkeit der Testmethode erheblich und erleichtert das Refactoring von Testcode, da nur diese Methode geändert werden muss, wenn der zu testende Code einen neuen Parameter erhält.

Listing 13.7 enthält eine nicht optimierte Version, die in Ordnung sein kann, wenn Sie nur einen Test für die CSV-Konvertierung haben.

```
QUnit.test('CSV conversion', function (assert) {
  var converter = new CSVConverter();
  var csv = converter.convertObjectToCSV({ firstname: 'John', name: 'Doe',
age: 42 }, ';');
  assert.strictEqual(csv, "firstname;name;age;\nJohn;Doe;42");
});
```

Listing 13.7 Testmethode mit direktem Aufruf des zu testenden Codes

Da die Konvertierungsmethode mit mehreren Objekten aufgerufen werden muss und das Trennzeichen in nur wenigen Testfällen ein Faktor sein wird, macht dieser Ansatz die Testfälle übersichtlicher, da nur die relevanten Parameter bereitgestellt werden. Listing 13.8 ist die optimierte Version des Codes aus Listing 13.7, nun mit der dedizierten Methode `convertObjectToCSV`, um die Konvertererstellung und den eigentlichen Konvertierungsschritt in eine wiederverwendbare Methode zu kapseln und so Ihre eigentlichen Tests übersichtlicher zu machen.

```
function convertObjectToCSV (obj, delimiter = ';') {
  var converter = new CSVConverter();
  return converter.convertObjectToCSV(obj, delimiter);
}

QUnit.test('CSV conversion', function (assert) {
  var csv =
 convertObjectToCSV.call({ firstname: 'John', name: 'Doe', age: 42 });
  assert.strictEqual(csv, "firstname;name;age;\nJohn;Doe;42");
});
```

Listing 13.8 Testmethode mit gekapseltem Aufruf des zu testenden Codes

13.3 Injektion

Injektion ist ein Begriff, der in der Testautomatisierung verwendet wird und einen Mechanismus beschreibt, mit dem einige Verhaltensweisen oder Daten zur Laufzeit in den zu testenden Code injiziert oder geändert werden können, sodass er von externen Services isoliert werden kann und sich deterministisch verhält. Da JavaScript eine Skriptsprache ist, haben Entwicklerinnen und Entwickler mehr Flexibilität, wenn es um Injektionsmechanismen geht, im Gegensatz zu einigen typisierten Sprachen, in denen möglicherweise dedizierte Frameworks benötigt werden.

Im Kontext der Injektion werden spezifische Begriffe wie Dummys, Mocks, Stubs und Spys verwendet. Implementierungen dieser Objekte können dann im Rahmen des Test-Setups injiziert werden. Betrachten wir diese Konzepte im Einzelnen:

- Ein *Dummy* (dt. Attrappe, Strohmann) ist ein Objekt, das als Teil des Parameters übergeben wird, aber während der Ausführungskette nicht tatsächlich verwendet wird. Dieses Objekt wird von der Signatur angefordert oder zur Vermeidung von Syntaxfehlern benötigt.
- Ein *Stub* (dt. Stummel) sorgt für ein bestimmtes Verhalten. Diese Logik ist in der Regel auf einen bestimmten Anwendungsfall zugeschnitten, um darzustellen, was für den Test implementiert wurde. Dieses Objekt ruft nicht die ursprüngliche Funktion auf.
- Ein *Spy* (dt. Spion) »umschließt« eine vorhandene Funktion und verhält sich genau wie das Original, zeichnet jedoch auf, wie oft sie aufgerufen wurde oder welche Parameter übergeben wurden.

- Ein *Mock* simuliert ein anderes reales Objekt oder einen anderen Service mit einer Implementierung, die auf die Testanforderungen zugeschnitten ist. Dieses Objekt kann kostspielige Berechnungen durch statische Antworten ersetzen.

In diesem Abschnitt werden wir uns genauer mit diesen verschiedenen Ansätzen für die Injektion befassen, einige Beispiele beschreiben und die Vor- und Nachteile jedes einzelnen abwägen.

13.3.1 Konstruktorinjektion

Eine *Konstruktorinjektion* ist eine Abhängigkeitsinjektionsstrategie, die in SAPUI5 empfohlen wird. Wie in Listing 13.9 gezeigt, ist eine Konstruktorinjektion ein sauberer und intuitiver Ansatz, mit dem Testautomatisierungen jede Art von Objekt für den zu testenden Code als Teil der Instanziierung des zu testenden Objekts bereitstellen können. Der zu testende Code verwendet den bereitgestellten Parameter, daher kann die Testumgebung festlegen, wie sich der Test verhalten soll. In diesem speziellen Beispiel kann ein `errorHandler`-Objekt bereitgestellt werden, das alle Arten von Nachrichten abfängt, die von den Methoden der Klasse ausgegeben werden (im Beispiel nicht gezeigt).


```
function constructor (errorHandler) {
  this._errorHandler = errorHandler;
}
```

Listing 13.9 Konstruktorinjektion

13.3.2 Setter-Injektion

Eine *Setter-Injektion* ermöglicht die Entkopplung durch die Bereitstellung spezifischer Setter-Methoden in Klassen, siehe Listing 13.10. Der Nachteil dieses Ansatzes besteht darin, dass die Verwendung über typische Anwendungsfälle hinausgehen kann (z. B. mehrmaliger Aufruf, so wie im zweiten Teil von Listing 13.10) und zu unvorhergesehenen Fehlern im Code führen kann.

```
// definition in a class
function setErrorHandler (errorHandler) {
  this._errorHandler = errorHandler;
}

// potential productive usage which is very likely an unwanted construct
function myProductiveMethod () {
  classInstance.setErrorHandler(a);
  classInstance.setErrorHandler(b);
}
```

Listing 13.10 Setter-Injektion

Aufgrund des unklaren erwarteten Verhaltens (etwa wie sich die Methode `setErrorHandler` verhalten wird, wenn sie mehrmals mit unterschiedlichen `errorHandler`-Objekten aufgerufen wird) wird die Setter-Injektion wie in dem Beispiel in Listing 13.10 nicht empfohlen.

13.3.3 Sinon.JS

Sinon.JS ist eine JavaScript-Bibliothek, die es Ihnen ermöglicht, eigenständige Test-Spys, Stubs und Mocks zu definieren und mit jedem JavaScript-Modultest-Framework zu arbeiten. Neben diesen Funktionen unterstützt Sinon.JS auch Fake Timer, die die Manipulation von Browserdatum und -uhrzeit ermöglichen, und gefälschte `XMLHttpRequests`. Die in diesem Abschnitt beschriebenen Beispiele bieten nur ein grundlegendes Verständnis der in Sinon.JS bereitgestellten Funktionen, da dies sonst den Rahmen dieses Buchs sprengen würde. Weitere Informationen finden Sie in der offiziellen Dokumentation unter *http://sinonjs.org/docs/*.

Da Sinon.JS Teil von SAPUI5 ist, können Sie diese Bibliothek einfach verwenden, indem Sie sie so wie in Listing 13.11 in einer Testdefinition referenzieren.

```
sap.ui.define([
  'sap/ui/thirdparty/sinon'
], function (sinon) {
  'use strict';

  QUnit.test('Stub example', function (assert) {
    sinon.stub(jQuery, 'ajax').yieldsTo('success', [1, 2, 3]);

    jQuery.ajax({
      success: function (data) {
        assert.deepEqual(data, [1, 2, 3], 'Correct data set');
      }
    });
    jQuery.ajax.restore();
  });

  QUnit.test('Mock example', function (assert) {
    var myAPI = { methodName: function (arg) {} };

    var mock = sinon.mock(myAPI);
    mock.expects('methodName').once().withArgs('arg', true);

    myAPI.methodName(true);
// this call might be triggered within your code under test
```

```
    assert.ok(mock.verify());
    mock.restore();
  });
});
```

Listing 13.11 Sinon.JS-Support zu einer Testdefinition hinzufügen

[!]

Sinon.JS in SAPUI5

Beachten Sie, dass nur eine ältere Version von Sinon.JS Teil von SAPUI5 ist. Sie können neuere Versionen verwenden, indem Sie es als Bibliothek eines Drittanbieters einbinden.

13.3.4 Prototype

13

Prototype ist ein Objekt, das für jede Funktion und jedes Objekt in JavaScript vorhanden ist. Dieses Objekt ermöglicht das Hinzufügen weiterer Eigenschaften oder Funktionen, die dann die Grundlage für neu angelegte Instanzen des ursprünglichen Objekts oder der ursprünglichen Funktion bilden. Listing 13.12 zeigt, wie Prototype-Objekte im Allgemeinen funktionieren.

```
class Customer {
  constructor (name, address) {
    this.name = name;
    this.address = address;
  }
}

Customer.prototype.balance = 10000;

var customer1 = new Customer('example1', 'somewhere');
var customer2 = new Customer('example2', 'somewhere else');

alert(customer1.balance); // 10000
alert(customer2.balance); // 10000
```

Listing 13.12 Funktionsweise von Prototypes

In dem in Listing 13.12 gezeigten Beispiel enthält die neu hinzugefügte Eigenschaft `balance` für jede angelegte Instanz von `Customer` den Wert `10000`.

Wie hilft diese Funktion beim Testen? Wenn Sie ein bestimmtes Objekt testen müssen, können Sie `prototype` dazu verwenden, die ursprünglichen Funktionen dieses Objekts zu überschreiben, um seine Abhängigkeiten zu entfernen, siehe Listing 13.13.

```
// productive code
class Customer {
  constructor (name, balance) {
    this.name = name;
    this.balance = balance;
  }

  adjustBalance (amount) {
    this.balance += amount;
    updateBalance();
  }

  updateBalance () {
   $.ajax({ url: '/path/to/customer/data/' + this.name + '?balance=
' + this.balance });
  }
}

// test code
QUnit.test('Balance Update', function (assert) {
  Customer.prototype.updateBalance = function () {};
  var customer = new Customer('example', 10000);
  customer.adjustBalance(1000);
  assert.strictEqual(customer.balance, 11000);
});
```

Listing 13.13 Prototype zum Entfernen von Abhängigkeiten verwenden

Der Beispielcode in Listing 13.13 zeigt, wie der externe Serveraufruf mit nativen JavaScript-Funktionen entfernt wurde. Die Methode `updateBalance` wurde in der Testumgebung redefiniert und durch eine leere Methode ersetzt. Daher ruft der produktive Code nun eine leere Methode anstelle der ursprünglichen Implementierung auf. Dieses Beispiel ist recht primitiv, und in der Regel wird die Fehlerbehandlung des Remote-Aufrufs z. B. im produktiven Code behandelt. In solchen Fällen kann der Prototype-Ansatz jedoch Fehlerfälle oder Erfolgsfälle zurückgeben, sodass Sie sowohl positive als auch negative Tests anlegen können.

Daher können Sie `prototype` in Fällen verwenden, in denen Sie keine anderen Injektionsmechanismen oder Injektions-Frameworks verwenden können.

13.3.5 OData-V2-Mock-Server

Der OData-V2-Mock-Server ist eine browserbasierte Implementierung zum Mocking von OData-V2-Requests. Für diese Aufgabe fängt der Mock-Server die von SAPUI5 ausgelösten OData-Requests ab und ersetzt sie durch vordefinierte Ergebnisse.

Wenn eine Anwendung mehr als einen OData-Service verwendet, kann die App, während sie getestet wird, mehrere Mock-Server-Instanzen ausführen. Die Mock-Server-Funktion basiert auf der Datei **metadata.xml**, die normalerweise vom Backend-OData-Service bereitgestellt wird. Für ein korrektes Mock-Verhalten muss sich eine lokale Kopie der Datei im SAPUI5-Anwendungsprojekt befinden und synchron gehalten werden. SAP-Fiori-Elements-basierte Anwendungen und SAPUI5 Smart Controls verwenden zusätzlich die Datei **annotations.xml**, die auch vom Mock-Server bedient werden kann, wenn er entsprechend konfiguriert ist.

Die Standard-Mock-Server-Implementierung deckt `READ`-Szenarien im Allgemeinen gut ab, erfordert jedoch zusätzlichen Implementierungsaufwand bei `POST`-, `PUT`-, `MERGE`- und `DELETE`-Aufrufen oder Funktionsimporten. Für diese Szenarien können Sie mit dem Mock-Server reguläre Ausdrücke für URLs definieren, die jeweils über eine Callback-Funktion verfügen, um diese Aufrufe zu verarbeiten. Diese URLs sind Teil eines Stacks, der aus generischen Ausdrücken unten und spezifischeren ganz oben auf dem Stack besteht. Diese Logik kann dann prüfen, ob der Mock-Server die URL wirklich verarbeiten muss oder nicht. Ist dies nicht der Fall, wird das Ergebnis `false` zurückgegeben, und der nächste übereinstimmende reguläre Ausdruck auf dem Stack wird aufgerufen. Wenn die URL verarbeitet werden muss, wird das Ergebnis `true` zurückgegeben, und zusätzlich wird das relevante Ergebnis geliefert.

Ihre statischen Mock-Daten befinden sich in der Regel in JavaScript-Object-Notation-Dateien (JSON) mit einer Datei für jede OData-Entität. Diese Dateien sind genau so wie die Entitäten in der Datei **metadata.xml** benannt und werden zur Laufzeit vom Mock-Server geladen. Der Mock-Server prüft, ob alle in der **metadata.xml** enthaltenen Dateien vorhanden sind, und hat keine Daten, wenn keine Entitätsmenge gefunden wurde. Der Mock-Server enthält auch die Option, Mock-Daten dynamisch zu generieren. Diese Option wird jedoch für die Testautomatisierung nicht empfohlen, da die Testdaten deterministisch sein sollten und sich aufgrund von Metadatenanpassungen nicht ändern sollten. In Sonderfällen, in denen statische Mock-Daten nicht ausreichen (z. B. wenn die Testdaten auf dem aktuellen Datum basierend abgerufen werden), müssen Sie eine Ergänzung für die relevante `GET`-Anforderung implementieren, um dann einige statische Daten in dieser Callback-Funktion zurückzugeben.

Weitere Informationen finden Sie in der SAPUI5-Dokumentation unter *https://sapui5.hana.ondemand.com/*. Beachten Sie, dass zum Zeitpunkt des Schreibens ein OData-V4-Mock-Server eingeführt wurde, dessen Dokumentation unter *https://developers.sap.com/tutorials/fiori-tools-mockserver-opa-testing.html* zu finden ist.

13.4 Testmethoden und Journeys

Beim Schreiben von Testautomatisierungen mit OPA5 oder WDI5 ist es empfehlenswert, einzelne Testmethoden als *Journey* zu gruppieren und mehrere Journeys für jeden Anwendungskontext anzulegen. In diesem Abschnitt werden Sie dieses Thema und dessen Vorteile kennenlernen.

13.4.1 Namen von Testmethoden

Wenn Sie eine Testmethode anlegen, sollten Sie einen Namen wählen, der erklärt, was in der Methode getan wird. Eine zukünftige Entwicklerin oder ein Leser sollte leicht verstehen können, was der Test tun wird, indem sie einfach den Methodennamen für den Testschritt lesen. Es sollte nicht das Gefühl entstehen, zuerst den Code lesen zu müssen. Da es in JavaScript keine Längenbeschränkungen für Methodennamen gibt, brauchen Sie nichts abzukürzen.

Methodenimplementierungen befinden sich in der Regel in wiederverwendbaren Page Objects. Daher müssen Methodennamen von Page Objects deren Zweck widerspiegeln. Diese Namen beginnen in der Regel mit `i<DoSomething><WithSomething>` oder `i<ExpectSomething>`, um anzugeben, dass der Leser oder die Testerin in diesem Schritt etwas tun oder erwarten soll. Als Nächstes folgen einige Wörter, die beschreiben, was genau auf der Benutzeroberfläche passieren soll. Methodennamen werden in camelCase geschrieben, um die Lesbarkeit zu verbessern (siehe Abschnitt 6.7, »Casing«). Namen wie `iPressTheButton` sind zu generisch und tragen, selbst wenn die Methode einen Parameter für die Button-ID hat, nicht viel dazu bei, die Lesbarkeit und Wartbarkeit Ihrer Tests zu erhöhen. Stattdessen sollen Sie eine dedizierte Methode für jeden Button haben (die den Aufruf jeweils intern gegen eine solche generische Methode weiterleitet), z. B. `iPressTheSubmitButton`.

In einigen Fällen wäre es ein besserer Ansatz, keine Informationen über die Art des technischen Control-Typs (in diesem Fall ein Button) im Namen zu haben, da zukünftige UI-Änderungen den Button durch etwas anderes ersetzen könnten und Sie den Namen ändern müssten. Betrachten wir eine Methode namens `iPressTheSearchButton`, die eine Suche auslöst. Was passiert, wenn der Such-Button durch einen anderen Mechanismus ersetzt wird (z. B. wenn Änderungen im Suchfeld automatisch die Suche anstoßen) oder wenn die gesamte Sucheingabe durch Spracherkennung ersetzt wird? Der Name `iExecuteTheSearch` ist robuster und zukunftssicherer gegenüber solchen Veränderungen und würde die Notwendigkeit einer Umbenennung in allen Journeys vermeiden. Versuchen Sie, diese Überlegungen bei der Auswahl der Methodennamen zu beachten.

13.4.2 Journeys: Der größere Kontext des Testens

Eine Journey fasst mehrere Testschritte in einen größeren Kontext eines Tests zusammen. Beim Durchführen manueller Tests haben Sie möglicherweise mehrere Testfälle, z. B. einen *einfachen Testfall*, um die Grundlagen Ihrer App zu testen, oder einen *Navigationstestfall*, um sicherzustellen, dass alle Navigationspfade in Ihrer App ordnungsgemäß funktionieren. Journeys sollten auch diese Aspekte widerspiegeln. Mit unseren letzten beiden Beispielen können Sie zwei Journey-Dateien erstellen: **straight_forward_journey.js** und **navigation_journey.js**. Da die Anzahl der Dateien unbegrenzt ist, können Sie so viele Journeys anlegen, wie Sie benötigen, um Ihre UI-Tests abzudecken.

Zu den Vorteilen dieses Ansatzes gehören:

- Es entsteht bessere Lesbarkeit und Wartbarkeit, da zukünftige Leserinnen und Leser und andere Entwicklerinnen und Entwickler wissen, was wo getestet wird.
- Jede Journey kann einzeln gestartet werden, was die Entwicklung oder Fehleranalyse erheblich beschleunigt im Vergleich dazu, wenn alles in einer Journey getestet wird.
- Im Fehlerfall schlägt der Testschritt ebenso fehl wie die nachfolgenden Schritte. Jede neue Journey startet die komplette App neu, sodass sie unabhängig von den Fehlern anderer Journeys ist.

13.4.3 Journey-Schritte: Was wird gemacht?

Jede Journey besteht aus mehreren Schritten, die einzelne UI-Interaktionen in einem einzelnen Testschritt gruppieren. Jeder Testschritt kann benannt werden, und der Name sollte beschreiben, was während dieses Schritts geschieht. Innerhalb des in Listing 13.14 dargestellten Testschritts wird versucht, vom ersten Eintrag der Ergebnisliste zu den Details dieses Eintrags zu navigieren. Leserinnen und Leser können dies auch erraten, indem sie die beiden darin gruppierten gebündelten Schritte lesen. Dieser Prozess wäre jedoch zeitaufwendiger. Außerdem bestehen nicht alle gruppierten Schritte aus so wenigen Einträgen. Einige Schritte enthalten mehrere Validierungen gleichzeitig, wodurch ein beschreibender Name noch wichtiger wird.

```
opaTest('Should be able to navigate from the first result list entry to the
detailed object page', function (Given, When, Then) {
  When.onTheGenericListReport.iNavigateFromListItemByLineNo(0);
  Then.onTheGenericObjectPage.theObjectPageHeaderTitleIsCorrect('0100000550 20
16');
});
```

Listing 13.14 Journey-Testschritt in OPA5

13.4.4 Given-When-Then verwenden

Journey-Testschritte gruppieren mehrere UI-Interaktionen unter Verwendung der Given-When-Then-Syntax, die wie folgt definiert wird:

- **Given**
  Given bedeutet, dass Sie die Voraussetzungen beschreiben, die für die Durchführung des eigentlichen Tests erforderlich sind. In der Regel bedeuten diese Voraussetzungen, dass Sie die App öffnen und einige Parameter angeben, wie die App geöffnet werden soll. Alternativ würden Sie bei standardmäßigen QUnit-basierten Modultests einige Testdaten oder Testobjekte vorbereiten, bevor Sie den zu testenden Code aufrufen. Dieser Schritt ist optional und nur im ersten Journey-Testschritt obligatorisch, um die zu testende Anwendung für OPA5 oder WDI5 zu öffnen.
- **When**
  Bei *When* wird die eigentliche Benutzeraktion ausgeführt, z. B. das Wählen eines Buttons, das Eingeben eines Werts, das Markieren eines Ankreuzfelds, das Navigieren über eine URL oder das Aufrufen des Codes unter Test.
- **Then**
  Then ist der Teil, in dem Validierungen/Assertions stattfinden, um zu prüfen, ob der *When*-Teil erfolgreich ausgeführt wurde.

Da mehrere Assertions erforderlich sein können, nachdem eine UI-Interaktion stattgefunden hat, können Sie die Validierungen verketten oder mehrere Then-Schritte hintereinander haben. Wir empfehlen, Ihre Validierungen zu verketten, solange sie sich in derselben Page-Object-Implementierung befinden.

Mischen Sie die Given-When-Then-Schritte niemals in einem Testschritt, wie Sie im Beispiel in Listing 13.15 sehen.

```
opaTest(›Never add multiple interactions steps in one journey step‹, function
(Given, When, Then) {
  When.onTheGenericListReport.iNavigateFromListItemByLineNo(0);
  Then.onTheGenericObjectPage.theObjectPageHeaderTitleIsCorrect(›0100000550 20
16');

  When.onTheGenericObjectPage.iNavigateBack();
  When.onTheGenericListReport.theResultListIsVisible();
});
```

Listing 13.15 Zu viele Interaktionen in einem Schritt

Tatsächlich berücksichtigt OPA5 diese Reihenfolge innerhalb des Schritts nicht, sondern betrachtet die beiden `When`-Anweisungen als verkettete `When`-Anweisungen und versucht, sie direkt hintereinander auszuführen, was den Assertions ähnelt. Unser Beispiel könnte gut funktionieren, aber man kann auch Race-Conditions schaffen (siehe Abschnitt 5.9, »Promises«), in denen die Assertions manchmal grün sein können und manchmal fehlschlagen, je nachdem, wie schnell die Interaktionen stattfinden. Daher würde man das Beispiel stattdessen in zwei Journey-Schritte zerlegen, um es robust zu machen. Weitere Gründe sind eine bessere Lesbarkeit und eine bessere Ursachenanalyse bei fehlgeschlagenen Tests.

[«]

»When« ist genau ein Aufruf

Beachten Sie, dass Sie in einem Journey-Testschritt nicht mehr als einen `When`-Aufruf haben sollten. Technisch gesehen können Sie mehrere aufführen, aber zur Testlaufzeit können seltsame Seiteneffekte auftreten. Daher empfehlen wir dringend, nur eine UI-Interaktion im `When`-Teil zu haben, ihre Richtigkeit zu validieren und dann mit der nächsten Interaktion als Teil des nächsten Journey-Schritts zu beginnen.

In QUnit-Tests sollen Sie nicht mehrere Aufrufe an den zu testenden Code innerhalb einer einzelnen Testmethode richten. Stattdessen sollten Sie mehrere Testmethoden verwenden. (Prinzipiell ist dieser Ansatz eine Best Practice im agilen Software-Engineering, unabhängig von der Entwicklungssprache.)

13.5 Testdaten

Während des Tests benötigen Sie auch Daten für die Durchführung Ihrer Tests, auch *Testdaten* genannt. In diesem Abschnitt beschreiben wir einige Regeln, damit Sie Ihre Testdaten optimal nutzen können. Wir zeigen Ihnen, wie Sie Ihre Testdaten so definieren, dass andere Testerinnen und Tester den Zweck der Daten leicht verstehen können. Außerdem wird ein spezieller Testdatenprovider untersucht – der von SAPUI5 bereitgestellte OData-V2-Mock-Server.

13.5.1 Die Bedeutung von Testdaten eindeutig machen

In Modultests müssen Sie schnell die Bedeutung von Testdaten erkennen, um zu verstehen, ob die Daten wichtig für den Testfall sind oder nur benötigt werden, um einen Absturz des Codes zu verhindern. Sie können diese Funktion unterstützen, indem Sie richtige Werte für Ihre Testdaten auswählen, so wie im Beispiel in Listing 13.16.

```
var alertId = 42; // well-known meaningless numbers
var detectionObjectType = '?="&'; // 'keyboard accidents'
const someRandomNumber = 782346; // revealing variable names
```

Listing 13.16 Best Practice für Testdaten

Sie sollten andere nicht austricksen, indem Sie Werte auswählen, die eine Verbindung zu echten Objekten oder echtem Customizing herstellen, wenn diese Verbindungen nicht vorhanden sind, wie Sie im zweiten Beispiel in Listing 13.17 sehen.

```
var alertId = '00000001223678871'; // this alert really exists
var detectionObjectType = 'FRA_SCLAIM'; // this detection object type, too
const memoryLimit = 4096; // this number looks carefully chosen
```

Listing 13.17 Anti-Pattern für Testdaten

13.5.2 Das Erkennen von Unterschieden erleichtern

Wenn Sie Ihre Testdaten definieren, sollten Sie Leserinnen und Leser nicht dazu zwingen, lange Variableninhalte zu vergleichen, um kleine Unterschiede zu erkennen. Sie sollten stattdessen bessere Möglichkeiten finden, diese Unterschiede auszudrücken. Das Beispiel in Listing 13.18 enthält einen solchen schlechten Variableninhalt.

```
expectedParameterInput = [
'890123456789012345678901234567890123456789012345678 9END1',
'8901234567890123456789012345678901234567890123456789END2'];
```

Listing 13.18 Unterschiede in den Parameterwerten sind schwer zu finden.

Ein möglicher Ansatz könnte in diesem Fall die Definition von Konstanten mit sprechenden Namen sein, die dann dem Array hinzugefügt werden.

13.5.3 Verwendung von Konstanten zur Beschreibung des Zwecks und der Wichtigkeit von Testdaten

Leserinnen und Leser sehen in der Regel zuerst den Konstantennamen im Code und können idealerweise basierend auf dem Konstantennamen den Zweck und die Wichtigkeit der Daten erraten. Daher sollten Sie aussagekräftige Konstantennamen für Testdaten wählen, wie in Listing 13.19 gezeigt.

```
const someInvalidKey = 'ABCDEFGH';

function assertThrowsOnInvalidEntry () {
  assert.throws(oCut.readEntry(someInvalidKey), InvalidEntryError, 'Expected B
ehavior');
}
```

Listing 13.19 Eindeutige Konstantennamen, die die Bedeutung eines Werts deutlich machen

13.5.4 Testdaten für OData-V2-Mock-Server

OPA5-Tests erfordern in der Regel Testdaten, die mithilfe des OData-Mock-Servers bereitgestellt werden. Die Testdaten werden in JSON-Dateien in einem angegebenen Ordner gespeichert, der dann während der Initialisierung dem Mock-Server zur Verfügung gestellt wird. Für jede OData-Entitätsmenge ist eine JSON-Datei vorhanden, die alle Entitäten enthält, die für den Abruf über OData-Requests verfügbar sein sollen. Die Daten werden nur einmal beim Start des Mock-Servers geladen und müssen daher breit genug sein, um alle Testfälle zu bedienen. Wenn Sie mehrere Journeys haben, die jeweils unterschiedliche Testdaten erfordern, können die JSON-Dateien aufgrund der Abhängigkeiten (Links) zwischen ihnen schwer zu pflegen sein. In diesem Szenario empfiehlt es sich, für jede Journey einen anderen Testdatenordner zu haben. Der Ordnername wird dann als Start-URL-Parameter dem Mock-Server während der Initialisierungsphase bereitgestellt, wie im Snippet in Listing 13.20, sodass er die korrekten Daten lädt.

```
function init () {
  if (oUriParameters.get('alternative_test_data') === 'true') {
    jsonFilesUrl = jQuery.sap.getModulePath('path.to.your.app/localService/
alt_mockdata');
  } else {
    jsonFilesUrl = jQuery.sap.getModulePath('path.to.your.app/localService/
mockdata');
  }
  oMockServer.simulate(sMetadataUrl, {
    sMockdataBaseUrl: jsonFilesUrl,
    bGenerateMissingMockData: false
  });
}
```

Listing 13.20 Steuerung des Testdatenordners über einen URL-Parameter

Der URL-Parameter `alternative_test_data` kann verwendet werden, um Daten aus einem anderen Ordner zu laden. In allen anderen Fällen wird stattdessen der Standardordner **/mockdata** verwendet. Beim Starten des Mock-Servers steuert der Parameter dann, wo die Daten abgerufen werden sollen.

Jede JSON-Datei im Testdatenordner ist eine Liste von Entitäten, die zur Entitätsmengendefinition des relevanten Entitätstyps in der Datei **metadata.xml** passen. Wenn der Entitätstyp also `Customer` heißt, gäbe es eine Datei **Customer.json** im Testdatenordner. Die Datei wäre eine JSON-Darstellung von Kundenobjekten gemäß der **metadata.xml**-Definition. Betrachten wir eine `Customer`-Definition mit den Eigenschaften `Name`, `Address` und `Balance`, z. B. so wie in Listing 13.21.

```
<EntityType Name="Customer" sap:label="Customer" sap:content-version="1">
  <Key>
    <PropertyRef Name="Name"/>
  </Key>
  <Property Name="Name" Type="Edm.String" Nullable="false" MaxLength="20"
sap:label="Customer Name"/>
  <Property Name="Address" Type="Edm.String" Nullable="false" MaxLength="100"
sap:label="Address"/>
  <Property Name="Balance" Type="Edm.Decimal" Precision="14" Scale="2"
sap:label="Balance"/>
</EntityType>
```

Listing 13.21 Snippet aus »metadata.xml« mit einem Kunden-Entitätstyp

Für eine solche Definition wird eine Testdatendatei **Customer.json** angelegt, wie in Listing 13.22 gezeigt.

```
[{
  Name: 'Customer 1',
  Address: 'Somewhere 1',
  Balance: 100.00
},
{
  Name: 'Customer 2',
  Address: 'Somewhere 2',
  Balance: 150.00
}]
```

Listing 13.22 Testdatendatei für Kunden-Entitätstyp

Beachten Sie beim Arbeiten mit diesen JSON-Dateien, dass die Testdaten über die verschiedenen Dateien hinweg gültig und homogen sein müssen. OData enthält häufig Verknüpfungen zwischen den verschiedenen Entitätsmengen, und die Testdaten müssen diese Verknüpfungen widerspiegeln. Außerdem gibt es für Dateien keine Syntaxprüfung, die die Namen verifiziert, die für die Eigenschaften jeder Entitätsmenge verwendet werden, oder ermittelt, ob der richtige Datentyp für die Dateien verwendet wird. Daher müssen Benutzer bei der Deklaration solcher Dateien vorsichtig sein. Ein falscher Name oder Datentyp (z. B. String statt Boolean) wird möglicherweise vom Mock-Server nicht erkannt und kann zur Laufzeit zu unvorhersehbaren Ergebnissen führen.

Aus diesem Grund sollten Sie nicht alle Eigenschaften einer Entitätsmenge angeben, sondern nur die obligatorischen oder die auf der Benutzeroberfläche verwendeten Eigenschaften. Wenn eine bestimmte Statuseigenschaft nie verwendet, nie auf der Benutzeroberfläche angezeigt und nie für Ableitungen im Code verwendet wird, müssen Sie keine Daten dafür bereitstellen. Dieser Fokus hilft Ihnen dabei, den Wartungsaufwand zu reduzieren. Wenn die Eigenschaft zum ersten Mal benötigt wird, müssen Sie nicht fragen, warum bestimmte Testdateneinträge bestimmte Werte haben und wofür sie geeignet sind. Wenn noch keine Eigenschaft definiert wurde, wurde sie bisher nicht benötigt und kann entsprechend dem Testfall definiert werden.

13.6 Assertions

Tests auf allen Ebenen der Testpyramide sind ohne Assertions (im Deutschen auch unter dem Begriff *Zusicherung* bekannt) nutzlos. Eine *Assertion* gibt an, dass mindestens ein Validierungsschritt nach der Interaktion mit dem zu testenden Code beweisen kann, dass die Funktion erwartungsgemäß funktioniert. Auf Modultest-Ebene werden Assertions in der Regel auf Rückgabeparameter angewandt, um auf erwartete Werte zu prüfen. In UI-Anwendungen verifizieren Assertions in der Regel das Vorhandensein bestimmter UI-Controls, Zustände (z. B. aktiviert oder schreibgeschützt) oder Textinhalte. In allen Fällen kann ein Test ohne Validierungen bestenfalls ein Crash-Detection-Test sein, da eine ungültige Ausgabe nicht erkannt würde. Sie wissen nur, dass die Anwendung abstürzt, aber nicht, warum dies geschieht.

OPA5-Assertions

Wenn Sie einen OPA5-Test ohne Assertion anlegen, schlägt der OPA5-Test fehl. Daher müssen Sie eine Assertion schreiben, um die Richtigkeit zu validieren.

Einige Regeln, die wir in diesem Abschnitt besprechen werden, helfen bei der Verwendung von Assertions.

13.6.1 Sich auf wenige fokussierte Assertions beschränken

Jeder Test sollte einen klaren Fokus haben, was sich in einer kleinen Anzahl von Assertions widerspiegeln sollte. Zu viele Assertions sind ein Indikator dafür, dass der Test keinen klaren Fokus hat. Zu viele Assertions können auch mehrere Testmethoden mit dem produktiven Code so koppeln, dass eine Änderung im produktiven Code möglicherweise die Anpassung mehrerer Testmethoden erfordert, obwohl ihr Testfokus auf einem anderen Aspekt des produktiven Codes lag. Eine große Anzahl von Assertions ist für die Leserinnen und Leser verwirrend und verschleiert oft die ein oder zwei wirklich wichtigen Assertions. Listing 13.23 zeigt einen guten Test im Vergleich zu einem schlechten Test. Der erste Test wird auf die richtige Weise geschrieben: Es wird eine Methode aufgerufen und der Aspekt geprüft, auf dem der Fokus des Tests liegt. Der zweite Test hat keinen klaren Fokus, da er drei verschiedene Dinge validiert, die aber in der Testfallbeschreibung nicht erwähnt werden.

```
QUnit.test('should return true, when valid input is provided', assert => {
  // when
  var isValid = cut.isValidInput('SOME_VALID_ENTRY');
  // then
  assert.ok(isValid, 'Input is Valid');
});

// anti pattern
Qunit.test('should return true, when valid input is provided', assert => {
  // when
  var isValid = cut.isValidInput('SOME_VALID_ENTRY');
  // then
  assert.ok(isValid, 'Input is Valid');
  assert.ok(cut.oLog.aMessages.length > 0, 'Messages are available');
  assert.ok(cut.mSomeDataMap.size > 0, 'Map contains data');
});
```

Listing 13.23 Gute Verwendung von Assertions im Vergleich zu zu vielen Assertions

Die anderen Assertions sollten in dedizierten Testmethoden gekapselt sein, die insbesondere Protokoll- oder Zuordnungseinträge verifizieren, und nicht in vorhandene Testfälle mit anderen Schwerpunkten eingefügt werden.

13.6.2 Richtigen Assert-Typ verwenden

Assertions validieren typischerweise mehr als das, was man sofort sieht. Wie Sie im Beispiel in Listing 13.24 sehen, enthält `strictEqual` Type Matching, um neben dem Wert einer Variablen auch auf den korrekten Datentyp zu prüfen. Wenn Sie die falsche Assertion oder eine zu generische Assertion verwenden, sehen Sie möglicherweise nicht direkt in der Fehlermeldung, was falsch ist, sondern müssen stattdessen den Debugger verwenden. Der Beispielcode in Listing 13.24 umfasst eine Assertion von zwei Ganzzahlwerten mit `strictEqual` gegenüber einem generischen Vergleich einer Zeichenfolge mit einer Ganzzahl mit der Methode `equal`.

```
assert.strictEqual(actualData, expectedData);

// anti-pattern
assert.equal(actualData, expectedData);
```

Listing 13.24 Eine gute Assertion im Vergleich zu einer zu generischen Assertion

13.6.3 Inhalte validieren und nicht die Quantität

Machen Sie keine Gesamtzahl-Assertions, wenn stattdessen der tatsächliche Inhalt validiert werden kann. Die Gesamtzahl kann abweichen, obwohl der Inhalt noch korrekt ist, und umgekehrt. Außerdem kann die Gesamtzahl der Ergebnisse immer noch gleich sein, aber der tatsächliche Inhalt hat sich möglicherweise geändert. Diese Änderungen werden mit Mengen-Assertions nicht gefunden. Listing 13.25 zeigt, wie man diese Herausforderungen meistert. Anstatt nach drei Ergebnissen im Array `actualData` zu suchen, überprüft der Code stattdessen, ob die Werte `A`, `B` und `C` im Array vorhanden sind. Mit diesem Code wird auch eine Änderung in der Reihenfolge erkannt, was bei der Mengenprüfung nicht der Fall wäre.

```
assert.deepEqual(actualData, ['A', 'B', 'C']);

// anti-pattern
assert.ok(actualData.length === 3);
```

Listing 13.25 Präzise Assertion statt rein numerischer Assertion

13.6.4 Qualität validieren und nicht Inhalte

Wenn Sie an der grundlegenden Qualität eines Ergebnisses, aber nicht an dem tatsächlichen Inhalt interessiert sind, legen Sie eine Assertion-Implementierung an, die die Erwartungen mit geeigneten Aussagen ausdrückt, so wie in Listing 13.26. Wenn Sie den genauen Inhalt validieren, verschleiert dies möglicherweise, was Sie tatsächlich testen möchten. Solche Assertions können auch fragil sein, weil sie schnell zu Fehlern führen (sogenannte *False Positives*). So kann es beim Refactoring von produktivem Code zu anderem Output kommen, der aber nach wie vor gültig entsprechend der Methodenspezifikation ist. Nur würde der entsprechende Testfall jetzt fehlschlagen, wenn auf ein zu genaues Ergebnis geprüft wird. Listing 13.26 zeigt, wie eine dedizierte Assertion-Methode `assertAllEntriesShorterThan` validieren kann, dass alle Einträge in einem Array kürzer als eine vordefinierte Länge sind, ohne den tatsächlichen Inhalt zu prüfen. Diese Methode ist natürlich nur dann hilfreich, wenn der resultierende Inhalt nicht statisch erkennbar ist und sich bei jeder Ausführung ändert. Der Zweck der Prüfung besteht darin, die Grenzen akzeptabler Inhalte zu validieren, z. B. die maximale Länge des Ergebnisses.

```
function assertAllEntriesShorterThan (stringEntries, maxLength) { /* here
comes your assertion logic */ };

assertAllEntriesShorterThan(actualData, 80);
```

Listing 13.26 Benutzerdefinierte Assertions für robustere Assertions

13.6.5 Auf erwartete Ausnahmen prüfen

Beachten Sie beim Schreiben von Modultests mit QUnit, dass QUnit Fehler abfängt und als Teil des fehlgeschlagenen Testergebnisses meldet. QUnit stellt dann die Position bereit, an der der Fehler ausgelöst wurde, sowie den Fehlermeldungstext. Deshalb sollten Sie nicht versuchen, potenzielle Fehler abzufangen, sondern nur erwartete Fehler. Dieser Fokus sorgt dafür, dass der Testcode klar bleibt. Wenn unerwartete Fehler auftreten, kümmert sich das QUnit-Framework darum. Im nächsten Beispiel in Listing 13.27 können erwartete Ausnahmen getestet werden, indem definiert wird, dass der Aufruf der Methode `doSomethingWhichThrowsSpecificError` eine Ausnahme `SpecificError` auslöst.

```
assert.throws(
  function () { cut.doSomethingWhichThrowsSpecificError() },
  SpecificError,
  'Expected Behavior'
);
```

Listing 13.27 Prüfung auf erwartete Ausnahmen

13.6.6 Benutzerdefinierte Assertions schreiben, um Code zu kürzen und Duplizierung zu vermeiden

Wenn Sie mehrere Modultests schreiben, werden Sie der Versuchung ausgesetzt sein, sich in Ihrem Testcode zu wiederholen, um die erwarteten Ergebnisse zu bestätigen. Im produktiven Code wird diese Duplizierung als *Code-Smell* (übelriechender Code) betrachtet, und im Testcode sehen die Testmethoden, wie im nächsten Beispiel in Listing 13.28 zu sehen, alle ähnlich aus.

```
QUnit.test('test case 1 with some assertions', assert => {
  // when
  var isValid = cut.isValidInput('SOME_VALID_ENTRY');
  // then
  assert.ok(isValid, 'Input is Valid');
  assert.strictEqual(cut.oLog.aMessages.length, 0);
});

QUnit.test('test case 2 with some assertions', assert => {
  // when
  var isValid = cut.isValidInput('SOME_INVALID_ENTRY');
  // then
  assert.notOk(isValid, 'Input is Invalid');
  assert.strictEqual(cut.oLog.aMessages.length, 1);
  assert.strictEqual(cut.oLog.aMessages[0], 'The provided parameter SOME_
```

```
INVALID_ENTRY is not valid. ');
});

QUnit.test('test case 3 with some assertions', assert => {
  // when
  var isValid = oCut.isValidInput('SOME_OTHER_INVALID_ENTRY');
  // then
  assert.notOk(isValid, 'Input is Invalid');
  assert.strictEqual(cut.oLog.aMessages.length, 1);
  assert.strictEqual(cut.oLog.aMessages[0], 'The provided parameter SOME_
OTHER_INVALID_ENTRY is not valid. ');
});
```

Listing 13.28 Anti-Pattern mit mehreren Testmethoden, die alle auf ähnliche Weise validieren

Um dieses Anti-Pattern zu vermeiden, können Sie allgemeine Assertion-Schritte in einer Methode zusammenfassen, die nach dem Aufruf des zu testenden Codes auf dessen Ergebnis angewendet wird, um dann das Ergebnis zu validieren. Wenn dieselben Assertions in mehreren Testklassen benötigt werden, können Sie sogar eine Test-Assertion-Bibliothek anlegen und diese Bibliothek über die Testklassen hinweg wiederverwenden. Das nächste Beispiel in Listing 13.29 kapselt den Aufruf des zu testenden Codes in eine wiederverwendbare Methode. Bei diesem Ansatz besteht jede Testmethode nur aus einem Methodenaufruf, der den Parameter und die erwarteten Ergebnisse bereitstellt.

```
function validateInputTest (assert, inputParameter, isValidInput, expectedMess
age = null) {
  // When
  var isValid = cut.isValidInput(inputParameter);

  // Then
  assert.strictEqual(isValid, isValidInput);
  if (expectedMessage !== null) {
    assert.strictEqual(cut.log.messages[0], expectedMessage);
  } else {
    assert.strictEqual(cut.log.messages.length, 0);
  }
}

QUnit.test('test case 1 with some assertions', assert => {
  validateInputTest.call(this, assert, 'SOME_VALID_ENTRY', true);
});
```

```
QUnit.test('test case 2 with some assertions', assert => {
  validateInputTest.call(this, assert, 'SOME_INVALID_
ENTRY', false, 'The provided parameter SOME_INVALID_ENTRY is not valid. ');
});

QUnit.test('test case 3 with some assertions', assert => {
  validateInputTest.call(this, assert, 'SOME_OTHER_INVALID_
ENTRY', false, 'The provided parameter SOME_OTHER_INVALID_
ENTRY is not valid. ');
});
```

Listing 13.29 Assertion-Methode in mehreren Testfällen wiederverwenden

13.6.7 Aussagekräftige Fehlermeldungen bei Timeouts für Page Objects anzeigen

Wie in Abschnitt 13.1.7, »Page Objects«, beschrieben, verwendet OPA5 wiederverwendbare Page Objects. Die OPA5-Methode `waitFor` hat einen optionalen Parameter `errorMessage` für Fehlermeldungen. Eine Empfehlung zur Bereinigung des Codes (neben einem klaren Page-Object-Methodennamen) besteht darin, mit jeder Page-Object-Methode einen aussagekräftigen Fehlermeldungstext bereitzustellen, sodass jede Meldung Teil der Protokollausgabe ist. Diese Details helfen Ihnen dabei, manuelle Suchen im Code des Page Objects zu vermeiden, um zu verstehen, was es zu erreichen versuchte und warum ein Timeout auftrat. Das Beispiel aus Listing 13.30 funktioniert auch ohne den Parameter `errorMessage` einwandfrei, ist jedoch bei Fehlern aufgrund des Fehlermeldungstexts viel offensichtlicher.

```
function iPressTheBackButton () {
  return this.waitFor({
    id: 'backBtn',
    actions: new Press(),
    errorMessage: 'Did not find the Back-Navigation button'
  });
}
```

Listing 13.30 Fehlermeldungstexte helfen bei der Fehlererkennung.

Bei verschachtelten `waitFor`-Anweisungen innerhalb einer `waitFor`-Anweisung sollte jede Anweisung einen eigenen dedizierten Fehlermeldungstext haben.

13.7 Zusammenfassung

In diesem Kapitel haben wir über Testautomatisierung, Clean-Code-Regeln und Best Practices gesprochen. Zunächst haben wir die Prinzipien der Testautomatisierung hervorgehoben, und Ihnen mehr über Injektion und Mocking verraten. Als Nächstes haben wir uns auf das Design von Testmethoden und die Möglichkeit, größere Testfälle in Journeys zu gruppieren, konzentriert. Wir haben auch den typischen Aufbau einer Testmethode mit dem Give-When-Then-Muster skizziert. Dann haben wir uns mit dem Thema Testdaten auseinandergesetzt und seine Bedeutung hervorgehoben. Schließlich sind wir auf Assertions als wesentlichen Aspekt jedes Testfalls eingegangen, da Tests ohne aussagekräftige Validierungen wenig Wert bieten.

Im nächsten Kapitel werden wir über die mögliche Zukunft von SAPUI5 sprechen, einschließlich Themen wie TypeScript und Web Components.

Kapitel 14
TypeScript und verwandte Technologien

Dieses Kapitel behandelt TypeScript für SAPUI5, einschließlich seiner Verwendung, seiner Funktionsweise und seines aktuellen Status. Wir besprechen, warum Sie die Einführung von TypeScript in Erwägung ziehen sollten und wie der Code aussieht. Außerdem geht es um UI5 Web Components und die Fundamental Library.

Nachdem Sie nun mehr über JavaScript-Clean-Code-Practices erfahren haben, schauen wir uns verwandte Technologien an und besprechen einige Empfehlungen für Clean Code, die Sie berücksichtigen sollten. In diesem Kapitel erläutern wir die Verwendung von TypeScript zum Schreiben von Clean-SAPUI5-Code sowie die Verwendung von UI5 Web Components. Anschließend besprechen wir die Fundamental Library, die zwei Bibliotheken umfasst, mit denen Entwicklerinnen und Entwickler SAP-Fiori-Anwendungen mit häufig verwendeten Frameworks aus dem JavaScript-Ökosystem wie React, Angular und Vue sowie statische Webseiten schreiben können. Beachten Sie, dass diese Frameworks SAPUI5 nicht ersetzen und tatsächlich zwei alternative Angebote mit unterschiedlichen Abstraktionsebenen sind. Wir werden diskutieren, wie Clean SAPUI5 auch für diese neuen Technologien gilt.

14.1 TypeScript

JavaScript ist eine dynamisch typisierte Sprache. Dynamische Typisierung ermöglicht es Ihnen, sich auf Ihren Code anstatt auf den Typ des Objekts zu konzentrieren, das Sie bearbeiten, indem Sie zur Laufzeit Operationen ausführen, die andere statisch typisierte Sprachen bei der Kompilierung ausführen würden. Wie alles im Leben hat diese Funktion Vor- und Nachteile. Die dynamische Typisierung kann sich im Umgang mit komplexen Systemen negativ auf die Entwicklungsgeschwindigkeit auswirken. Wenn zu viele Datenstrukturen vorhanden sind und Sie über Funktionen oder Module verfügen, die direkt von diesen Strukturen abhängen, können Sie zwischen Dateien hin und her wechseln, um sicherzustellen, dass Sie Argumente richtig übergeben.

Auch bei Änderungen an Funktionssignaturen (Namen und Argumente) gibt es Schwierigkeiten. Wenn Sie diese Art von Refactoring schon einmal durchgeführt haben, dann haben Sie vielleicht in letzter Zeit diese Schwierigkeit erlebt. Vielleicht benötigen Sie eine projektweite Suche nach der Funktion, die Sie gerade geändert haben, um die neuen Argumente hinzuzufügen oder um die Funktion umzubenennen – um nur einige Nachteile zu nennen, die eine dynamisch eingegebene Sprache mit sich bringen kann.

Um Sie bei der Verwaltung der dynamischen Typisierung zu unterstützen, wurde TypeScript entwickelt. Als Obermenge von JavaScript (jeder JavaScript-Code ist gültiger TypeScript-Code) bietet TypeScript optionale Typisierung, unter anderem den Zugriff auf JavaScript-ES6-Klassen und Anwendungsprogrammierschnittstellen (APIs) oder auf die `async`/`await`-Syntax bei der Ausgabe von JavaScript-ES5-konformem Code.

Mit TypeScript können Sie Typen, Interfaces, Klassen und Vererbung nahezu objektorientiert definieren. Abgesehen davon, dass Ihre integrierte Entwicklungsumgebung (engl. Integrated Development Environment, IDE) genauere Funktionen für die automatische Vervollständigung und mehr Refactoring-Leistung (d. h. einfacheres Umbenennen von Funktionen oder Extrahieren von Variablen/Logik) bietet, können diese Eingabefunktionen besonders nützlich sein, wenn Sie eine Anwendung erweitern, indem Sie typbezogene Fehler einfacher abfangen und als Live-Dokumentation für Ihren Code dienen.

Außerdem wurde bisher empfohlen, die ungarische Notation im JavaScript-SAPUI5-Quelltext zu verwenden. Lange Zeit war diese Notation nützlich, da Ihr Code für jede definierte Variable erkennen konnte, welcher Typ mit ihm verknüpft werden würde. Mit TypeScript wird diese Notation jedoch nicht mehr benötigt, da Sie nun Ihre Typen angeben können und Ihre IDE Sie beim Lesen unterstützen kann, unabhängig vom Umfang und davon, ob ein Modul importiert oder in derselben Datei definiert wurde.

Darüber hinaus ist TypeScript eine Obermenge von JavaScript, die letztlich in gültigen JavaScript-Code übertragen wird. Dadurch können Sie neuere Funktionen (z. B. ab JavaScript ES6) verwenden, während auch Legacy-Versionen unterstützt werden (z. B. in JavaScript ES5). So können Sie Funktionen wie `async`/`await`, neue Map- und Set-Klassen und Arrow-Funktionen einsetzen, um nur einige Vorteile zu nennen.

TypeScript für SAPUI5 ist ein weit verbreitetes Thema. Zum Zeitpunkt der Drucklegung dieses Buchs werden offizielle Typdefinitionen vom SAPUI5-Entwicklungsteam bereitgestellt und befinden sich in aktiver Entwicklung. Durch den Einsatz von Typdefinitionen können die meisten modernen Texteditoren (wie Visual Studio Code) Funktionen wie die automatische Vervollständigung und Refactoring-Funktionen verwenden.

Wir haben Ihnen TypeScript vorgestellt und die wichtigsten Funktionen und den Umsetzungsprozess in Abschnitt 2.2, »TypeScript«, durchgearbeitet. In diesem Abschnitt betrachten wir die Kernausrichtung, die SAPUI5 in Bezug auf die TypeScript-Verwendung und die allgemeine Vision verfolgen wird, wie TypeScript Clean SAPUI5 folgen kann. Außerdem zeigen wir Ihnen einige Beispiele dafür, was Sie mit TypeScript und SAPUI5 alles machen können.

14.1.1 Aktueller Status

Seit der UI5con 2023 ist TypeScript für SAP generell verfügbar. Damit kann TypeScript nun offiziell für die Entwicklung von SAPUI5-Anwendungen und UI-Bibliotheken verwendet werden. Die TypeScript-Unterstützung für die SAPUI5-Anwendungsentwicklung wurde auf der UI5con 2019 angekündigt, und das anfängliche Projektziel bestand darin, die Unterstützung der Code Completion für SAPUI5 in SAP Web IDE hinzuzufügen. Weitere Informationen zu diesem Thema finden Sie in einem Blogbeitrag von Peter Muessig (*http://s-prs.de/v1005025*), Chief Architect of SAPUI5 Development.

Die vollständig dokumentierte TypeScript-Unterstützung ist jedoch eine herausfordernde Aufgabe. Der Aufwand für die Bereinigung, Überprüfung und Vorbereitung des vorhandenen JSDocs in der SAPUI5-Codebasis ist hoch, da die TypeScript-Definitionsgenerierung auf JSDoc basiert.

Eine weitere Herausforderung besteht darin, die Richtung des Programmiermodells für SAPUI5-TypeScript-Anwendungen zu definieren. Von den verschiedenen verfügbaren Lösungen ist es am interessantesten, Babel zu verwenden, um TypeScript-Code in JavaScript-ES6+-Code zu übertragen und dann SAPUI5-Code von dort zu generieren. Ein großer Vorteil dieses Ansatzes besteht darin, dass Entwicklerinnen und Entwickler von modernen JavaScript-ES6+-Modulen und -Funktionen profitieren können, während sie dennoch klassischen SAPUI5-Code generieren, der in den meisten Umgebungen funktioniert.

Für dieses Szenario ist das Babel-Plugin `babel-plugin-transform-modules-ui5` ein Schlüsselelement, das JavaScript-ES6-Module/-Klassen in SAPUI5-Klassen mit einer Syntax konvertiert, die der traditionellen asynchronen Moduldefinition (AMD) ähnelt.

Typdefinitionen sind verfügbar und werden ständig weiter verbessert. Das ist eine große Herausforderung für das SAPUI5-Team, da das Framework selbst nicht in TypeScript implementiert wurde. Diese Definitionen werden über das npm-Paket `@sapui5/types` bereitgestellt. Die OpenUI5-Teilmenge ist als `@openui5/types` und als `@types/openui5` (bereitgestellt von DefinitelyTyped) verfügbar. Die Version DefinitelyTyped wird nur aktualisiert, wenn ein Minor Release in Typdefinitionen auftritt. Die andere Version, die vom SAPUI5-Entwicklungsteam veröffentlicht wurde, wird aktualisiert, sobald eine OpenUI5-Patch-Version freigegeben wird.

14.1.2 Verwendung von SAPUI5 mit TypeScript

In diesem Abschnitt erfahren Sie, wie Sie eine SAPUI5-Anwendung mit TypeScript anlegen und TypeScript-Unterstützung zu einer vorhandenen SAPUI5-Anwendung hinzufügen. Darüber hinaus untersuchen wir, wie Code in TypeScript in einigen gängigen SAPUI5-Anwendungsfällen aussehen sollte, z. B. beim Importieren und Definieren von Modulen.

Zur Drucklegung werden drei Möglichkeiten zum Anlegen eines neuen SAPUI5-Projekts mit TypeScript vorgeschlagen:

1. Verwenden Sie Easy UI5 (Yeoman).
2. Machen Sie das Tutorial *http://s-prs.de/v1005065*.
3. Machen Sie das Tutorial *http://s-prs.de/v1005066*.

Diese drei Vorgehensweisen funktionieren alle ähnlich: Babel überträgt den TypeScript-Code in SAPUI5-Klassen. Wenn Sie beispielsweise den Befehl `npm run start` ausführen, dann werden die Quellen im Ordner **/webapp** zur Laufzeit vom UI5-Entwicklungsserver über eine Middleware von TypeScript nach JavaScript übersetzt. Das passiert »on the fly«! Änderungen an den Quellen können direkt beim Neuladen der Anwendung getestet werden. Außerdem läuft ein Entwicklungsserver, der diese Dateien bedient. Des Weiteren werden Möglichkeiten zum Ausführen, Erstellen, Bündeln und Implementieren Ihrer Anwendung bereitgestellt.

14.1.3 TypeScript zu einer SAPUI5-App hinzufügen

Wenn Sie nun bereits über eine funktionierende SAPUI5-Anwendung verfügen und TypeScript hinzufügen möchten, führen Sie die folgenden Schritte aus:

1. Fügen Sie dem Projekt die erforderlichen Abhängigkeiten hinzu (z. B. TypeScript, SAPUI5-Typen und ui5-tooling-transpile).
2. Richten Sie eine initiale `tsconfig.json` ein.
3. Passen Sie die Projektstruktur an.
4. Richten Sie die UI5 Tooling Extension *ui5-tooling-transpile* ein.
5. Schreiben Sie den Test-TypeScript-Code.
6. Testkompilierung.
7. Verwenden Sie ESLint.
8. Verwenden Sie SAPUI5-Werkzeuge.
9. Richten Sie ein Live-Reload ein.
10. Richten Sie **package.json**-Skripte ein.

Diese Schritte werden im Leitfaden unter *http://s-prs.de/v1005067* im Repository `ui5-typescript-helloworld` ausführlicher beschrieben.

Nun können Sie beginnen, Ihren Code von JavaScript in TypeScript zu konvertieren.

Unser Ziel ist es, unseren gesamten Code nach TypeScript migrieren zu lassen, damit wir sein Potenzial voll ausschöpfen können. Wie erreichen wir dieses Ziel? Sollten wir alles stoppen und mit dem Refactoring unseres gesamten Codes in TypeScript beginnen? Soll die Anwendung neu geschrieben werden?

Die Antwort auf all diese Fragen ist nein. Der einfachste Weg, Code von JavaScript zu TypeScript zu migrieren, besteht darin, Dateien nach und nach von JavaScript in TypeScript zu ändern. Wenn eine Datei zu unübersichtlich ist, extrahieren Sie ihre Abhängigkeiten in eine neue TypeScript-Datei. Das Schlüsselwort `any` kann temporär verwendet werden, um nur Code zu haben, der funktioniert – idealerweise sollten Sie jedoch nicht `any` verwenden und stattdessen immer Ihre Schnittstellen eingeben.

Wenn Sie eine Abhängigkeit aus einem SAPUI5-Modul extrahieren und in eine TypeScript-Datei schreiben, können Sie die Abhängigkeit dann in `sap.ui.require()`oder in `sap.ui.define()` weitergeben, um die Verwendung zu aktivieren. Sie können also Typinferenz für diese Klasse in TypeScript-Dateien und auch normal in JavaScript-Dateien verwenden.

Eine weitere Möglichkeit besteht darin, Definitionsdateien für Ihren JavaScript-Code zu erstellen. Mit diesem Ansatz können Sie JavaScript-Module in TypeScript-Module importieren und deren Typen definieren. So können Sie große Klassen nutzen, die Sie aus Zeitgründen noch nicht zu TypeScript refaktorieren konnten.

Das Wichtigste ist, TypeScript als eine schrittweise Refactoring-Aktivität zu betrachten. Versuchen Sie nicht, alles auf einmal zu tun, aber verschieben Sie es auch nicht. Denken Sie an die Pfadfinder-Regel: Muss etwas geändert werden? Extrahieren und schreiben Sie es in TypeScript um. Typisieren Sie jede Schnittstelle, vermeiden Sie die Verwendung von `any`, und nutzen Sie die Funktionen, die TypeScript mit sich bringt.

14.1.4 Verwendungsbeispiele

In diesem Abschnitt finden Sie Beispiele, die vergleichen, wie Code in TypeScript im Vergleich zu den Entsprechungen in JavaScript aussieht. Sie erfahren, wie Sie Ihren Code bereinigen und wie Sie TypeScript-Funktionen besser verwenden können, um einen besseren, wartbareren und lesbareren Code im TypeScript-Kontext zu erstellen. Darüber hinaus zeigen wir Ihnen einige Beispiele für die Verwendung von TypeScript-Modulen in JavaScript-Dateien und umgekehrt.

Die meisten Clean-SAPUI5-Konzepte können, wie in diesem Buch beschrieben, ohne Modifikation in TypeScript angewendet werden. Die Typunterstützung von Type-

Script bietet jedoch verschiedene Typen, mit denen Sie saubereren und vertrauenswürdigeren Code schreiben können.

Methodensignaturen

Eine erste Richtlinie besteht darin, sicherzustellen, dass Sie alle Methodensignaturen (sowohl Parameter als auch Rückgabetypen) eingeben. In generischen, von SAPUI5 bereitgestellten Methoden wie `core.byId()`, `control.getBinding()`, `event.getSource()`, `view.getModel()` usw. sind die Rückgabearten ebenfalls generische Typen (`sap.ui.core.Element`). Denken Sie daran, Methoden entsprechend zu typisieren, wenn Sie bereits wissen, dass sie etwas Bestimmtes zurückgeben. Listing 14.1 zeigt ein Beispiel. Wenn Sie den Code im Beispiel `before` schreiben, kann der Texteditor nicht darauf schließen, dass der Rückgabetyp ein `sap.m.Table` ist. Im Beispiel `after` sehen Sie, wie `: Table` nach der Klammer in der Funktionsdefinition hinzugefügt wurde. Auf diese Weise teilen wir dem Compiler den Rückgabetyp dieser Funktion mit, in diesem Fall eine `Table`.

```
// before
function getTableFromScreen() {
  return this.getView().byId("responsiveTableImplementation");
}

// after - this import line will be at the top of the file
import Table from "sap/m/Table";

function getTableFromScreenTyped(): Table {
  return this.getView().byId("responsiveTableImplementation") as Table;
}
```

Listing 14.1 Methode, die eine Tabelle ausgibt: typisiert vs. nicht typisiert

Die Unterstützung von Generics in diesen Getter-Methoden wird derzeit untersucht. Wenn dieses Szenario unterstützt wird, können Entwicklerinnen und Entwickler Variablen in Methodenaufrufen eingeben, wie in Listing 14.2 gezeigt. Weitere Details zu Generics finden Sie später in diesem Abschnitt.

```
// what it looks like now
const model = this.getView().getModel() as JSONModel;

// what it could look like with generics
const model = this.getView().getModel<JSONModel>();
```

Listing 14.2 Generics in Gettern implementiert, um explizites Casting zu vermeiden

Modifikatoren für Klassenelemente

Sie können Ihre Klasseneigenschaften wie `private`, `public` und `protected` entsprechend angeben. Nicht typisierte Methoden und Eigenschaften werden standardmäßig auf `public` gesetzt. Diese Modifikatoren können auf Eigenschaften und Methoden angewendet werden und funktionieren ähnlich wie in anderen objektorientierten Sprachen wie Java.

»async/await«

In diesem Beispiel experimentieren wir mit Konvertierungsmethoden, die Promises verwenden, um die `async`/`await`-Syntax zu nutzen. Wir werden auch Schnittstellen für Request Bodys und Responses erstellen, die die Vorbereitung von Objekten für Anfragen und die Verwendung ihrer Antworten vereinfachen. Betrachten wir den Code in Listing 14.3, der vergleicht, wie der Code vor und nach diesen beiden Transformationen aussieht.

```
// before
function getPersonInfoFromBackendService(id) {
  return new Promise(function(resolve, reject) {
    myBackendServiceClass.request("/endpoint", {
      personId: personId
    }).then(function (response) {
      resolve(response.personData);
    });
  });
}

interface Person {
  id: string;
  name: string;
  // ...
}

interface PersonInfoRequestParams {
  personId: string;
}

interface PersonInfoResponseObject {
  personData: Person;
}

// after
async function getPersonInfoFromBackendService(id: string): Person {
```

```
  const paramsObject = { personId: id } as PersonInfoRequestParams;
  const response = (await myBackendServiceClass.request("/
endpoint", paramsObject)) as PersonInfoRequestObject;
  return response.personData;
}
```

Listing 14.3 Typisierung einer Backend-Request-Response-Methode

Beachten Sie, dass wir in Listing 14.3 jetzt anstelle der Kaskade des Promises `async/await`-APIs verwenden und daher zwei ganze Zeilen unserer Funktion reduziert und alle Einrückungsebenen entfernt haben. Wir verwenden auch unsere Typen, aber beachten Sie, dass wir immer noch keine typisierte Rückgabe im `myBackendServiceClass.request`-Funktionsaufruf haben – daher wandeln wir den Typ um. Wir können dieses Problem beheben, indem wir Generics-Unterstützung zur Request-Methode `MyBackendServiceClass` hinzufügen – mit diesem Schritt müssen wir nicht mit `as` eine Typumwandlung durchführen, und wir erzwingen, dass Entwicklerinnen und Entwickler, die diese Methode einsetzen, Typen verwenden. Sehen wir uns an, wie Generics im Beispiel in Listing 14.4 funktionieren würden.

```
interface Person {
  id: string;
  name: string;
  // ...
}

interface PersonInfoRequestParams {
  personId: string;
}

interface PersonInfoResponseObject {
  personData: Person;
}
// before
class MyBackendServiceClass {
  private api: any;
  constructor(api: any) {
    this.api = api;
  }
  public request(endpoint: string, paramsObject: any): Promise<any> {
    return this.api.request(endpoint, paramsObject);
  }
}
// after
```

```
class MyBackendServiceClassRefactored {
  constructor(private api: any) {}
  public request<Return, Params =
 Record<string, string>>(endpoint: string, paramsObject: Params): Promise<Retu
rn> {
    return this.api.request(endpoint, paramsObject);
  }
}

// while using
const myBackendServiceClass = new MyBackendServiceClassRefactored(api);
const response =
 myBackendServiceClass.request<PersonInfoResponseObject, PersonInfoRequestPara
ms>("/endpoint", { personId: "123" });
// response will be of type PersonInfoResponseObject
```

Listing 14.4 Refactoring in eine Beispielklasse zur Verbesserung der Verwendung

Sehen Sie sich nun den in Listing 14.4 gezeigten Code genauer an. Wir haben, um den Entwicklerinnen und Entwicklern das Leben zu erleichtern, einige Verbesserungen vorgenommen, die die Leistungsfähigkeit von TypeScript nutzen.

Beachten Sie bei der refaktorierten Implementierung zunächst von oben, wie der Konstruktor nun recht schlank ist. Mit TypeScript können Sie Eigenschaften definieren und sie automatisch festlegen, indem Sie die Datenmodifikatoren vor dem Parameternamen angeben (`private`, `public` oder `protected`). Mit diesem Schritt müssen Sie die Eigenschaft nicht als Klassenelement *und* als Konstruktorparameter angeben *und* im Konstruktor festlegen. All diese Aufgaben können auf einmal ausgeführt werden.

Beachten Sie als Nächstes, dass die Request-Methode nun `public` ist. Die Methode war bereits in Listing 14.3 öffentlich; diesmal wird diese Eigenschaft jedoch stärker hervorgehoben.

Beachten Sie auch, wie wir direkt nach der Methode `<>` öffnen – diese Syntax bedeutet, dass diese Methode zwei Generic Parameters akzeptiert, die dann verwendet werden, um sowohl den Rückgabetyp als auch den `paramsObject`-Parameter in der Signatur der Methode zu definieren. In der Regel verwenden wir `T` als Generic, aber Sie können alles benutzen – warum verwenden wir also keine guten Namen, da wir mehr als ein Generic haben? In unserem Beispiel nutzen wir `Request` und `Response` statt `T` und `Y`.

Bei Generics können Typen beim Methodenaufruf bereitgestellt werden, und diese Methode funktioniert mit jedem bereitgestellten Typ. Der zweite generische Wert enthält auch einen Standardwert. Daher können Sie `.request` aufrufen, ohne den zweiten generischen Wert zu übergeben, und der Aufruf geht davon aus, dass die Rückgabe ein `Record<string, string>` ist. Bei Bedarf können Sie stattdessen eine generische Schnittstelle bereitstellen, wie die Schnittstelle `PersonInfoRequestParams` in unserem Beispiel.

Schließlich verwenden wir einen Record Type als Standardtyp für das zweite Generic. TypeScript verfügt über viele *Hilfstypen*, bei denen es sich um häufig verwendete Typen handelt, die sofort einsatzbereit sind. Ein Datensatz ist beispielsweise ein Schlüsselwertobjekt mit Schlüsseln und Werten, die jeweils in dieser Reihenfolge generisch übergeben werden. Es gibt viele Hilfstypen, z. B. `Partial<T>`, die einen Typ gleich `T` zurückgeben, dessenEigenschaften jedoch optional sind. Weitere Informationen zu Hilfstypen finden Sie in der TypeScript-Referenz unter *http://s-prs.de/v1005068*.

Ein Vorteil ist, dass Sie jetzt, wenn sich das Backend-API ändert, Ihren Code einfacher korrigieren und refaktorieren können – aktualisieren Sie einfach die Schnittstelle, und die IDE teilt Ihnen mit, ob andere Teile des Codes korrigiert werden müssen.

Type Guards

In einigen Szenarien haben Sie möglicherweise mehr als einen Control-Typ in derselben Struktur. Wenn Sie `instanceof` in einer `if` verwenden, wird es korrekt in den Block-Geltungsbereich eingegeben. Sie können auch Type Guards verwenden, um die korrekte Syntax sicherzustellen und die Typprüflogik zu isolieren.

Betrachten Sie das in Listing 14.5 gezeigte Beispiel, bei dem eine Methode ein Item von einer `sap.m.IconTabBar` erhält: entweder `sap.m.IconTabFilter` oder `sap.m.IconTabSeparators`.

```
function getIdFromIconTabItemIfAppliable(iconTabBar: IconTabFilter | IconTabSe
parator) {
  if (item instanceof IconTabSeparator) {
    return;
  }
  // here, item is already inferred as a IconTabFilter
  return item.getId();
}
```

Listing 14.5 Dynamische Typprüfung mit »instanceof« und einer Type-Guard-Funktion

Überprüfungen mit `instanceof` sind einfach und funktionieren auch in JavaScript; sie werden jedoch nur gegen Prototypen geprüft. Um eine korrekte Typprüfung zwischen Schnittstellen zu haben, sind stattdessen Type Guards zu empfehlen – Sie können im bereitgestellten Objekt nach einer bestimmten Eigenschaft suchen, um eine korrekte Assertion durchzuführen. Sie können sogar einen Type Guard haben, der `any` empfängt und zurückgibt, wenn das Objekt ein Interface implementiert.

Sehen wir uns den Code in Listing 14.6 an. Diese Type-Guard-Funktion teilt dem Compiler mit, ob `Employee` ein `VacationEmployee` ist. Dieser Ansatz kann hilfreich sein, um

Fehler zu vermeiden, da diese Kompilierungsfehler ausgeben können, wenn eine Entwicklerin bzw. ein Entwickler versucht, eine unzulässige Operation auszuführen.

```
interface Employee {
  id: string;
  name: string;
}
// VacationEmployee has all properties from Employee plus vacationLocation
interface VacationEmployee extends Employee {
  vacationLocation: string;
}

function assignWorker(employee: Employee & VacationEmployee): void {
  if (isEmployeeOnVacation(employee)) {
    // employee will be cast to VacationEmployee
    return;
  }
  // employee is cast to Employee
  // ...
}

function isEmployeeOnVacation(employee: Employee &
 VacationEmployee): employee is VacationEmployee {
  return employee.vacationLocation !== undefined;
}
```

Listing 14.6 Type-Guard-Funktion

Laden von Modulen

Vergleichen wir nun das Laden von Modulen in TypeScript und JavaScript. Listing 14.7 zeigt das Laden von Modulen in JavaScript mit `sap.ui.define`, und Listing 14.8 zeigt, wie es in TypeScript aussieht.

```
sap.ui.define(
  [
    'sap/ui/core/mvc/Controller',
    'sap/m/MessageBox',
    '../formatter/MyFormatter'
  ],
  function (Controller, MessageBox, Formatter) {
    const { MyFormatter } = Formatter;
    // ...
  }
);
```

Listing 14.7 Modulladebeispiel in JavaScript

```
import Controller from 'sap/ui/core/mvc/Controller';
import MessageBox from 'sap/m/MessageBox';
import { MyFormatter } from '../formatter/MyFormatter';
```

Listing 14.8 Modulladebeispiel in TypeScript

Beachten Sie in diesen Beispielen, wie Sie Module in TypeScript mit der Syntax `import` importieren können. Nur importierte/verwendete Bausteine werden nach der Umsetzung an die generierte `sap.ui.define`-Funktion übergeben – Importe, die nur für Typisierung verwendet werden, werden nicht tatsächlich importiert. Beachten Sie, dass Operationen wie eine `instanceof`-Prüfung dazu führen, dass das Modul importiert wird.

[»]

Nicht verwendete Importe

TypeScript graut auch nicht verwendete Importe aus. Stellen Sie sicher, dass Sie sie entfernen, wenn Sie Ihren Code ändern.

Namensräume

Bei der Definition von Klassen/Modulen in TypeScript können Sie einen Namensraum angeben, indem Sie einen Kommentar vor die Klassendefinition setzen, wie in Listing 14.9 gezeigt.

```
import Controller from 'sap/ui/core/mvc/Controller';
import MessageBox from 'sap/m/MessageBox';
import Button from 'sap/m/Button';
import Event from 'sap/ui/base/Event';
import { MyFormatter } from '../formatter/MyFormatter';

/**
 * @namespace my.app.namespace.controller
 */
export default class ThisController extends Controller {
  public formatter: MyFormatter;
  public onInit(): void {
    super();
    // perform initialization operations
  }
  public onButtonPress(event: Event): void {
    const source = event.getSource() as Button;
    // do things with said button
    this.showHelloMessage();
  }
```

```
  private showHelloMessage(): void {
    MessageBox.success('Hello world');
  }
}
```

Listing 14.9 Controller-Implementierung in TypeScript

Im Vergleich zu JavaScript SAPUI5 wird die Methode `extend` nicht mehr aufgerufen, um den Klassennamensraum zu definieren. Stattdessen erweitern wir direkt aus dem Controller und stellen den Namensraum in einem Kommentar vor der Klassendefinition bereit.

Eigenschaften und Methoden werden wie im normalen Nicht-SAPUI5-TypeScript-Code definiert und typisiert. Beachten Sie, dass Sie nun auch Variablen mit dem Schlüsselwort `as` umwandeln können. Wie bereits erwähnt, geben einige Methoden wie `getSource()` ein generisches `sap.ui.core.Element` zurück, sodass Sie diese Rückgabe in einen `sap.m.Button` umwandeln können. Beachten Sie neben kleinen Unterschieden in der Syntax und in den Typdefinitionen, dass sich der TypeScript-Code selbst nicht wesentlich vom JavaScript unterscheidet.

14

Ein großer Vorteil von TypeScript ist, wie die Typunterstützung den Umgang mit der Vererbung erleichtern kann. Das Importieren und Extrahieren von Code werden durch die Typprüfung erleichtert. Mit einer besseren Unterstützung durch die IDE können Sie einfacher durch Code mit vielen Klassen, über viele verschiedene Dateien navigieren und saubere Codeprinzipien wie das Single-Responsibility-Prinzip besser anwenden.

[«]

Controls

Das Erweitern eines Controls folgt dem gleichen Muster wie im Controller. Außer der soeben beschriebenen Grundsyntax gibt es keine größeren Unterschiede.

Die Unterstützung der automatischen Definition der API von Custom Controls ist aktuell in Arbeit und kann mit dem Paket `ts-interface-generator` (*http://s-prs.de/v1005069*) erreicht werden. Darüber hinaus können Sie eine Schnittstelle mit solchen APIs definieren und das Control überall dort umwandeln, wo diese APIs benötigt werden. Überschriebene APIs (d. h. zum Hinzufügen von Funktionen) funktionieren weiterhin, und ihre Typdefinitionen sind verfügbar.

TypeScript-Klassen innerhalb von JavaScript-Modulen

Wenn Sie Schritt für Schritt daran arbeiten, Ihren JavaScript-Code in TypeScript umzuwandeln, benötigen Sie manchmal ein neues TypeScript-Modul in einem JavaScript-Modul.

Das Importieren des Moduls als ob es ein JavaScript-Modul wäre, ist kein mysteriöser Prozess. Verwenden wir den Code aus Listing 14.10 als Ausgangspunkt: Stellen Sie sich vor, Sie haben einige Funktionen aus einem JavaScript-Modul extrahiert und in TypeScript geschrieben. Unser Beispiel ist ein einfacher Rechner, um zu veranschaulichen, wie das funktioniert.

```
export default class ExampleCalculator {
  public sum(x: number, y: number) {
    return x + y;
  }
  public multiply(x: number, y: number) {
    return x * y;
  }
}
```

Listing 14.10 Klasse in TypeScript

Nun fügen wir das TypeScript-Modul zu einem vorhandenen JavaScript-Modul hinzu. Fügen Sie es einfach dem Dependency-Array einer `sap.ui.define`-Anweisung hinzu, wie in Listing 14.11 gezeigt.

```
sap.ui.require(
  ['../calculations/ExampleCalculator'],
  function (ExampleCalculator) {
    console.log(ExampleCalculator.sum(1, 2)); // "3"
  }
);
```

Listing 14.11 Importieren eines TypeScript-Moduls innerhalb eines JavaScript-Moduls

Beachten Sie, dass wir `ExampleCalculator.ExampleCalculator` aufrufen, da es nicht standardmäßig exportiert wird – der Export eines Elements in TypeScript funktioniert wie `module.exports` in JavaScript. Wenn Sie das vermeiden möchten, fügen Sie das Schlüsselwort `default` direkt nach `export` im TypeScript-Code ein, z. B. `export default class ExampleCalculator`. Dann können Sie einfach `ExampleCalculator.sum` direkt in Ihrem JavaScript-Code aufrufen.

JavaScript-Klassen in TypeScript-Modulen

Gehen wir nun umgekehrt vor, und verwenden wir eine JavaScript-Klasse innerhalb eines TypeScript-Moduls.

Angenommen, in einem bestimmten Projekt wurde ein Controller in TypeScript konvertiert, verwendet jedoch ein großes Modul, das in JavaScript enthalten ist. `MyController.ts` wurde in TypeScript konvertiert, und `CalculationResult.ts` wurde erstellt, um Typen für die Ergebnisse komplexer Berechnungen bereitzustellen. BigCalculator.js ist jedoch ein großes Modul, das noch nicht in TypeScript refaktoriert wurde. Wenn wir versuchen, BigCalculator.js zu importieren, gibt der Compiler eine Warnung aus – der Code wird ausgeführt, aber wir haben keine Typunterstützung.

Beachten Sie den Code in Listing 14.12, der die Ordnerstruktur darstellt.

```
- controller
|- MyController.ts
- calculations
|- CalculationResult.ts
|- BigCalculator.js
```

Listing 14.12 Ordnerstruktur

Um BigCalculator zu importieren und im Controller zu verwenden, verwenden Sie den in Listing 14.13 gezeigten Code.

```
import BigCalculator from '../calculations/BigCalculator';
```

Listing 14.13 JavaScript-Modul innerhalb des TypeScript-Controllers importieren

Wenn Sie jedoch nur den Code aus Listing 14.13 verwenden, sagt der Compiler, dass etwas falsch ist, da die Typdefinition fehlt. Um dieses Problem zu beheben, schreiben wir eine Definitionsdatei für BigCalculator. Diese Datei muss denselben Namen wie das Ziel-JavaScript-Modul (in diesem Beispiel BigCalculator) mit der Erweiterung .d.ts (BigCalculator.d.ts) haben und muss im selben Ordner wie die Zieldatei abgelegt werden. Listing 14.14 zeigt ein Beispiel für eine solche Definitionsdatei.

```
// we can use imports to type
import CalculationResult from './CalculationResult';

interface ComplexParams {
  parameterOne: number;
  parameterTwo: number;
  factor: number;
}

interface RemoteParams {
  // ...
}

export default class BigCalculator {
  public calculateSimpleScenario(): CalculationResult;
  public calculateComplexScenario(params: ComplexParams): CalculationResult;
```

```
  //
 we can add async if a method returns a promise, and consume it with async/
await
  public async doRemoteCalculation(
    params: RemoteParams
  ): Promise<CalculationResult>;
}
```

Listing 14.14 Beispiel für Typdefinitionsdatei

Diese Definitionsdatei definiert und exportiert eine Klasse, die nur die Methodensignaturen aus der ursprünglichen Implementierung enthält. Der Compiler kann dann das importierte JavaScript-Modul in TypeScript-Klassen konvertieren, was die Vorteile von TypeScript ermöglicht, ohne das gesamte System auf einmal refaktorieren zu müssen.

Idealerweise sollten Sie das Schreiben in TypeScript als Refactoring in Erwägung ziehen – Sie haben ein stabiles, getestetes und funktionierendes System, aber Sie möchten seine interne Struktur zum Besseren ändern. Beim Refactoring auf TypeScript empfiehlt es sich, die Architektur eines bestimmten Moduls zu überprüfen. In TypeScript ist das Schreiben und Verwalten von Klassen und Importen leichter als in SAPUI5 mit JavaScript. Stellen Sie sich die Frage: Haben wir die Möglichkeit, unser System zu verbessern? Können wir Zuständigkeiten, Typaufrufe und Methoden aufteilen und lange Methodensignaturen in kleinere konvertieren, indem wir ihre Argumente innerhalb eines Objekts übergeben?

[»]

Neue und Legacy-Funktionen

Wenn Sie Ihren Code aus einer Refactoring-Perspektive betrachten, beachten Sie, dass TypeScript die Unterstützung neuer ES-Funktionen ermöglicht, während Sie dennoch Code schreiben können, der in Legacy-Einstellungen ausgeführt wird (z. B. JavaScript ES5). Dadurch können Sie ein Promise leicht in eine linearere Sequenz von `async`/`await`-Anweisungen unterteilen.

TypeScript eröffnet viele Möglichkeiten. Seien Sie nur vorsichtig, nicht ein großes Refactoring anzustoßen – ein riesiger Refactoring-Prozess könnte bedeuten, zu viel auf einmal zu ändern, und Sie sollten der Versuchung widerstehen, alles neu zu schreiben. Nehmen Sie sich stattdessen Zeit, denken Sie über Ihr System als Ganzes nach, und versuchen Sie, es während des Refactorings zu verbessern.

14.1.5 So bleiben Sie auf dem Laufenden

TypeScript für SAPUI5 ist noch im Entstehungsprozess, und obwohl sich die Sprache als sehr brauchbar und leistungsstark erwiesen hat, wird noch viel mehr kommen. Typdefinitionen sind auch in Arbeit, und daher können Änderungen auftreten.

Weitere Informationen zum Projekt finden Sie auf der GitHub.io-Seite (siehe *https://sap.github.io/ui5-typescript/*).

Sie können Aktualisierungen auch über die Blogs in der SAP Community verfolgen, auf die Sie unter *https://blogs.sap.com/* zugreifen können. Möglicherweise möchten Sie relevanten Tags folgen, z. B. »SAPUI5« und »SAP Fiori«. Sie können auch auf der nächsten UI5con-Konferenz für Community-Mitglieder, die sich auf den Austausch von Wissen, Erfahrungen und Neuigkeiten zu SAPUI5 konzentriert, auf dem Laufenden bleiben. Nehmen Sie gerne teil, und bringen Sie sich ein!

14.2 UI5 Web Components

Neben Aktualisierungen und neuen Methoden zum Schreiben von SAPUI5-Code hat die Entwicklung mit SAP Fiori neue Horizonte mit UI5 Web Components eröffnet.

UI5 Web Components sind eine Vielzahl wiederverwendbarer UI-Elemente auf Unternehmensebene, die von einem vereinfachten Framework gesteuert werden. Diese Komponenten eignen sich für jede Art von Anwendung, sowohl einfach als auch komplex, und können mit jedem aktuellen oder zukünftigen Webentwicklungs-Framework verwendet werden, das Web Components wie React, Vue und Angular unterstützt. Von SAP als Teil der SAPUI5-Produktfamilie gepflegt, implementieren UI5 Web Components SAP-Fiori-Designprinzipien und folgen denselben Designrichtlinien für SAP Fiori, die SAPUI5 immer implementiert hat, um eine konsistente Benutzererfahrung sicherzustellen.

Dem technologischen Fortschritt und der Webentwicklung folgt natürlich auch SAPUI5. Da Web Components ein Webstandard sind, sind sie zukunftssicher. Web Components bieten die gleiche Eleganz und Benutzerfreundlichkeit wie SAP Fiori und sind gekapselt, stabiler und vielseitiger.

In diesem Abschnitt erfahren Sie mehr darüber, was UI5 Web Components sind, wie Clean SAPUI5 auf sie zutrifft, wie UI5 Web Components mit klassischen SAPUI5 zusammenhängen, ob Sie sich für das eine oder das andere entscheiden sollten, Sie sehen Verwendungsbeispiele und lesen, was Sie in Zukunft erwarten können.

14.2.1 Aktueller Status

Bevor Sie UI5 Web Components verwenden, müssen wir uns alle auf dem gleichen Stand befinden, was der Web-Component-Standard ist.

Web Components (*https://www.webcomponents.org/*) sind eine Reihe von Webstandards, mit denen Sie benutzerdefinierte, wiederverwendbare und gekapselte HTML-Tags für die Verwendung in Webseiten und Apps anlegen können. Sie können beispielsweise ein eigenes `<smartInput>`-HTML-Element anlegen, das dem herkömmlichen `<input>`-HTML-Element ähnelt.

Web Components funktionieren in allen modernen Browsern, sind mit jeder JavaScript-Bibliothek oder jedem Framework kompatibel, das mit HTML arbeitet, und erhalten Unterstützung durch die Spezifikationen von HTML und dem Document Object Model (DOM). Diese Funktionen machen es Entwicklerinnen und Entwicklern noch einfacher, HTML um neue Funktionen und benutzerdefinierte Komponenten zu erweitern.

Das Web-Components-Modell wird wie folgt aus einer Reihe von Spezifikationen erstellt:

- Mit *Custom Elements* können Entwickler ihre eigenen DOM-Elemente mit vollem Funktionsumfang erstellen und dem Parser mitteilen, wie diese Elemente aufgebaut werden und wie sie auf Änderungen reagieren sollten.
- *Shadow-DOM*, oder Shadow Tree, ist eine Reihe von Standard-DOM-Knoten, die an einen DOM-Knoten (einen Host) angehängt sind, aber nicht über reguläre DOM-Funktionen, sondern über ein spezielles Shadow-DOM-API zugänglich sind. Mit diesem Ansatz können Entwicklerinnen und Entwickler die Implementierungsdetails benutzerdefinierter Elemente kapseln, ohne sie sichtbar zu machen.
- *ES-Module* definieren eine Syntax für die standardbasierte, modulare und performante Einbindung und Wiederverwendung von JavaScript-Elementen.
- *HTML-Templates* definieren, wie Fragmente von Markup (HTML) deklariert werden, die beim Laden der Seite nicht verwendet werden, aber zur Laufzeit jederzeit instanziiert werden können.

Diese Spezifikationen sind über die Website der Web Components (*https://www.webcomponents.org/*) zugänglich. Weitere Details finden Sie auf der GitHub-Seite des Projekts (*https://github.com/WICG/webcomponents*). Die meisten dieser Angaben sind bereits im DOM- und im HTML-Standard gepflegt.

Unter Berücksichtigung dieser Überlegungen können Sie genau beschreiben, welche Web Components Sie erstellen können: gekapselte, kompakte, leichte Komponenten, die über Webanwendungen wiederverwendbar sind, aber dennoch in der Lage sind, benutzerdefiniertes Verhalten zu tragen und mehr DOM-Elemente selbst zu generieren. Diese Komponenten werden in der Regel wie ein übliches HTML-Element konsumiert, wie im folgenden Code:

```
<ui5-button>Hallo Welt!</ui5-button>
```

Nachdem Sie nun wissen, was eine Webkomponente ist, sprechen wir über UI5 Web Components.

Wenn Sie React verwenden, stehen UI5 Web Components für React zur Verfügung, bei denen es sich um eine Wrapper-Implementierung von UI5 Web Components handelt, die deren Verwendung in React noch besser macht. UI5 Web Components können mit React so verwendet werden, als wären sie native Komponenten, ohne viele Schwierigkeiten, die aufträten, wenn React reine Webkomponenten verarbeiten würde. Darüber hinaus enthält diese Bibliothek bereits TypeScript-Definitionen für alle Komponenten, einschließlich Diagrammkomponenten und komplexer Layoutkomponenten.

UI5 Web Components bauen nicht auf SAPUI5 auf und sind nicht dessen Nachfolger. Sie sind eine Reihe einfacher, unabhängiger UI-Elemente – ein komplementäres Angebot in der SAPUI5-Produktfamilie. Sie bringen SAPUI5-Qualitäten und SAP Fiori UX auf die HTML-Ebene, um Entwicklern die Möglichkeit zu geben, geschäftliche Anwendungen mit jedem beliebigen Web-Framework zu erstellen – oder sogar statische Websites zu erstellen.

Bei der Entscheidung, ob Sie SAPUI5 oder UI5 Web Components mit anderen Frameworks verwenden möchten, müssen Sie die folgenden Fragen berücksichtigen:

- Welches Backend-System wird für Ihr Projekt verwendet? Wenn das Backend SAP S/4HANA ist, verfügt SAPUI5 über eine engere Integration, mit der Entwickler Zeit sparen können, insbesondere wenn das Team sich entscheidet, OData zum Exponieren von Endpunkten zu verwenden.
- Wie groß ist die Anwendung? Verwendet es bekannte Floorplans oder Geschäftsszenarien, die z. B. von einer anderen Anwendung abgedeckt werden?
- Was ist die Granularität der Controls, die Entwickler benötigen, um die Views für die Anwendung zu entwickeln?
- Was ist die bisherige Erfahrung der beteiligten Entwickler? Hat das Team einen stärkeren Hintergrund in SAPUI5 oder in anderen Technologien?
- Sind die Aufwandsschätzungen für eine der Technologien höher als für andere?
- Gibt es spezielle Anforderungen im Projekt, die mit einer speziellen Technologie schwer zu entwickeln sind?
- Wenn das Projekt für einen Kunden entwickelt wird, gibt seine IT-Abteilung einer Technologie den Vorrang?

Die Beantwortung dieser Fragen und die Berücksichtigung der Präferenzen des Teams werden auch Antworten darauf geben, welche Technologie für jedes Szenario am besten geeignet ist.

14.2.2 Clean Code mit Webkomponenten

Wenn wir Web Components aus der Sicht von Clean SAPUI5 betrachten, sehen wir Möglichkeiten für alle bewährten Verfahren, die wir bisher besprochen haben – Codewiederverwendung, Kapselung, starke Test-Suites und vieles mehr.

Um diese Möglichkeiten zu betrachten, lassen Sie uns in Designsysteme eintauchen – ein Thema, das zum Designgebiet gehört und nicht in die Webentwicklung selbst. Wir leben in Zeiten, in denen mehr interdisziplinäres Wissen vorhanden ist, daher laden wir Sie ein, *Atomic Design* zu erkunden, eine Methodik für die Entwicklung von Designsystemen, die Anwendungen in verschiedene Schichten wie einen Organismus trennt. Im atomaren Design hätten Sie die folgenden Schichten:

- *Atome*, die die grundlegenden Bausteine sind, sagen wir eine Web Component.
- *Moleküle*, die auftreten, wenn Atome zu einer Funktionalität zusammenfinden. Beispielsweise können eine Eingabe und ein Button, zwei Atome, miteinander verbunden werden, um eine Sucheingabefunktion zu bilden.
- *Organismen*, die Gruppen von Molekülen sind, die zu einem komplexen Teil einer Schnittstelle zusammengefügt sind. Denken Sie an den Header einer Website oder einer Randleiste.
- *Templates*, bei denen es sich um Gruppen von Organismen handelt, die in einem Layout zusammengefügt sind. Auf dieser Ebene kommt das Design zu etwas Greifbarem zusammen.
- *Pages*, bei denen es sich um spezifische Instanzen von Vorlagen handelt, die spezifisch für einen Kontext sind. Beispielsweise ist eine »Produktseite« ein Template und die »Produkt A-Seite« eine Page.

Für die Webentwicklung können Templates und Pages jedoch zu einer Content-Schicht zusammengefasst werden.

Obwohl atomares Design näher am Design als die Webentwicklung selbst ist, können einige nützliche Erkenntnisse gewonnen werden: der Fokus auf Wiederverwendung und Konsistenz und das Ziel, eine Struktur zu schaffen, in der Bausteine mit Formularfunktionen und Screens verknüpft werden können.

Im Hinblick auf das atomare Design wenden wir die Prinzipien von Clean Code wie folgt auf die Entwicklung mit UI5 Web Components an:

- **Single-Responsibility-Prinzip**
  Wenden Sie das Prinzip der Single Responsibility an, indem Sie jedes Modul, jede Komponente, jede Funktion nur eine Sache tun lassen. Vermeiden Sie es, Komponenten mit Geschäftslogik zu füllen, wenn dies nicht unbedingt erforderlich ist. Andernfalls sollte sich diese Geschäftslogik an einer anderen Stelle befinden, z. B. in einem Controller oder in Funktionen außerhalb der Implementierung der Component.
- **Wiederholen Sie sich nicht selbst (Don't repeat yourself – DRY)**
  Wenden Sie das DRY-Prinzip an, indem Sie um jeden Preis Codeduplizierung vermeiden. Kopieren Sie den Quelltext nicht, und fügen Sie ihn nicht ein. Extrahieren Sie ihn in seine eigene Komponente, und rufen Sie diese Komponente dann nach Bedarf auf. Denken Sie an atomares Design: Anstatt eine einzelne Komponente oder eine Seite ohne Komponenten zu haben, versuchen Sie, immer Komponenten zu erstellen, die Wiederverwendung und visuelle Konsistenz ermöglichen. Wenn Sie mit Bibliotheken wie `react-redux` oder `ng-rx` arbeiten, versuchen Sie immer, Code wiederzuverwenden.
- **Halten Sie es einfach (Keep it simple)**
  Wenden Sie das Keep-it-simple-Prinzip an, indem Sie die Anwendung nicht von Anfang an überentwickeln. Lassen Sie sich die Anwendung allmählich weiterentwickeln, und fragen Sie sich immer, ob die aktuelle Abstraktion funktioniert oder ob eine geplante Architektur wirklich benötigt wird. Halten Sie es im Zweifelsfall einfach, und warten Sie, bis Ihnen die Entwicklung selbst sagt, dass eine bessere Abstraktion oder Struktur möglich ist.
- **Verwenden Sie aussagekräftige Namen (Use meaningful names)**
  Verwenden Sie aussagekräftige Namen für Ihre Komponenten, Funktionen und Speicher – machen Sie es so, dass diese Komponenten immer Ihre Absicht ausdrücken, ohne sie auf dem Bildschirm gerendert sehen zu müssen.

14.2.3 Verwendungsbeispiele

Wie in Abschnitt 14.2.1, »Aktueller Status«, gezeigt, sind Webkomponenten wie gängige HTML-Elemente instanziierbar. UI5 Web Components sind in zwei Varianten verfügbar: eine (`@ui5/webcomponents`) mit gebräuchlicheren Komponenten wie Buttons, Eingaben, Listen, Tabellen usw. und eine weitere (`@ui5/webcomponents-fiori`) mit semantischeren Komponenten höherer Ordnung, die SAP Fiori implementieren. Sie können bei Bedarf zusammen verwendet werden.

Um diese Pakete zu installieren, verwenden Sie den Befehl `npm i @ui5/webcomponents` oder `npm i @ui5/webcomponents-fiori`. Auch eine Mischung ist möglich.

Importieren Sie dann in Ihrer App die Komponenten, die Sie verwenden möchten, wie in Listing 14.15 gezeigt.

```
import '@ui5/webcomponents/dist/Button.js'; // ui5-button
import '@ui5/webcomponents/dist/Input.js'; // ui5-input
import '@ui5/webcomponents/dist/List.js'; // ui5-list
import '@ui5/webcomponents/dist/StandardListItem.js'; // ui5-li
import '@ui5/webcomponents-fiori/dist/Wizard.js'; // ui5-wizard
```

Listing 14.15 SAPUI5-Webkomponenten in JavaScript importieren

Vergessen Sie nicht, diese Importe in Ihrer Datei zu bootstrappen – wenn sie von der HTML-Seite importiert wurden, können Sie loslegen. Andernfalls müssen Sie dieses Bootstrapping möglicherweise in einem `<script>`-Tag hinzufügen.

Sobald eine Komponente importiert wurde, wird sie automatisch registriert und kann in Ihrer App verwendet werden. Sehen wir uns den Code in Listing 14.16 an, der eine grundlegende Implementierung eines `button`- und eines `input`-Controls zeigt.

```
<ui5-button id="btn">This is a button</ui5-button>
<ui5-input value="This is an input"></ui5-input>
<script>
  btn.addEventListener("click", () => {});
</script>
```

Listing 14.16 HTML-Struktur mit SAPUI5-Webkomponenten

Als Nächstes veranschaulicht der in Listing 14.17 gezeigte Code, wie eine Schaltfläche erstellt wird, aber nun in JavaScript-Code.

```
const myButton = document.createElement('ui5-button');
document.body.appendChild(myButton);
```

Listing 14.17 Webkomponenten über JavaScript anlegen und hinzufügen

Beachten Sie, dass für die meisten Komponenten der Name des Moduls dem Namen des Tags (d. h. `Button.js` und `ui5-button`) ähnelt, einige jedoch nicht (d. h. `StandardListItem.js` und `ui5-li`).

UI5 Web Components bieten sofort einsatzbereite APIs, darunter Eigenschaften/Attribute, Slots, Events und öffentliche Methoden. Die einzelnen API-Typen behandeln wir in den folgenden Abschnitten. Auch wenn eine andere Technologie mit einem anderen Namen verwendet wird, gibt es viele Gemeinsamkeiten mit der Art und Weise, wie SAPUI5-Controls dieselben Verhaltensweisen/APIs implementieren.

In den folgenden Beispielen führen wir Sie durch die vielen manuellen Möglichkeiten, einen Großteil der Arbeit zu erledigen. Um den saubersten Code zu erhalten, versuchen Sie, diese Implementierungsdetails hinter Ihrem bevorzugten Framework auszuschließen. Wenn Sie kein Framework verwenden, versuchen Sie so weit wie möglich, diese Details von der Geschäftslogik Ihrer Anwendung zu kapseln.

[«]

Deklarative vs. imperative Programmierung

Beachten Sie, dass Sie für die meisten APIs Code deklarativ oder imperativ schreiben können. In der deklarativen Programmierung deklarieren Sie, wie Ihre Komponenten reagieren und sich verhalten; bei der imperativen Programmierung reagieren Sie auf Aktionen, indem Sie Ihre Komponenten direkt ändern.

Wenn Sie wählen können, ob Sie etwas programmatisch tun oder Bindings verwenden, um das Verhalten in der Komponente zu ändern, bevorzugen Sie immer die letztere Option. Bindings werden bevorzugt, um Nebeneffekte zu vermeiden und Geschäftsregeln im Hinblick auf das Thema expliziter und zentraler zu gestalten.

Die vollständige Dokumentation ist auf GitHub (*https://github.com/SAP/ui5-web-components*) des Projekts unter der SAP-Organisation verfügbar.

Eigenschaften und Attribute

Beginnen wir mit Eigenschaften und Attributen, die das Verhalten und das Aussehen einer bestimmten Komponente definieren.

14

Ein Attribut kann direkt in HTML oder programmatisch (mit JavaScript) gesetzt werden, während Eigenschaften nur programmatisch gesetzt werden können. Listing 14.18 zeigt, wie Attribute in HTML gesetzt werden können, und Listing 14.19 zeigt Eigenschaften und Attribute, die mit JavaScript gesetzt werden. Beachten Sie, dass Attributnamen in der Schreibweise Kebab-Case (`value-state`) sind, während Property-Namen in der Schreibweise camelCase (`valueState`) sind.

```
<ui5-checkbox id="cb" value-state="Error"></ui5-checkbox>
```

Listing 14.18 Web-Component-Definition in HTML, mit Attributes Set

```
const myCb = document.getElementById('cb');
// setting an attribute
myCb.setAttribute('value-state', 'Error');
// setting a property
myCb.valueState = 'Error';
```

Listing 14.19 Festlegen von Eigenschaften über JavaScript

Slots

Das nächste Element in der Liste der unterstützten API-Typen sind Slots. Slots ähneln dem Aggregationssystem in SAPUI5-Controls: Sie ermöglichen die Schachtelung anderer Controls. In SAPUI5-Webkomponenten können andere HTML-DOM-Knoten als untergeordnete Knoten zum Knoten der Komponente fungieren.

Sie können darauf hinweisen, wo untergeordnete Elemente hinzugefügt werden sollen, indem Sie ihnen die Slot-Eigenschaft übergeben. `ui5-popover` hat z. B. drei Slots: `default`, `header` und `footer`. Wenn kein Slot bereitgestellt wird, werden sie zum Slot `default` hinzugefügt.

Komponenten können Einschränkungen für ihre Slots haben – einige akzeptieren keine untergeordneten Elemente oder Texte, andere akzeptieren Text, andere erlauben nur bestimmte Komponenten oder jede Art von Komponente.

Betrachten wir einige Beispiele:

- `ui5-icon` akzeptiert keine untergeordneten Elemente oder Texte, und der Name kann nur über Attribute geändert werden, wie in Listing 14.20 gezeigt.
- `ui5-button` akzeptiert Text, und Sie können den Text mit `<span>` oder `<strong>` formatieren, z. B. wie in Listing 14.21 gezeigt.
- `ui5-popover` unterstützt HTML-Elemente als untergeordnete Elemente und stellt spezifische Slots für die Platzierung von Komponenten auf dem Bildschirm bereit, siehe Listing 14.22.
- `ui5-tabcontainer` sollte nur `ui5-tab` und `ui5-tab-separator` als untergeordnete Elemente enthalten, zu sehen in Listing 14.23.

```
<ui5-icon name="add">This is an icon</ui5-icon>
```

Listing 14.20 Hinzufügen nicht unterstützter Inhalte zu einer Komponente, die dann beim Rendern ignoriert wird

```
<ui5-button id='btn'>This is the content of the button</ui5-button>
<ui5-button>This is the <strong>content</strong> of the button</ui5-button>
<ui5-button>This is the <span class='myClass'>content</span> of the button</
ui5-button>
```

Listing 14.21 Hinzufügen von benutzerdefiniertem Text zu einer UI5-Button-Komponente

```
<ui5-popover>
  <div slot="header">This will be used as a header</div>

  <div>Some popover content</div>
  <div>Some more content</div>
  This text will also go to the default slot.

  <div slot="footer">
    <ui5-button>Do some action</ui5-button>
  </div>
</ui5-popover>
```

Listing 14.22 SAPUI5-Popover unterstützt untergeordnete HTML-Elemente mit Slots zum Platzieren von Komponenten

```
<ui5-tabcontainer id="tc1">
  <ui5-tab text="Laptops" additional-text="125"></ui5-tab>
  <ui5-tab-separator></ui5-tab-separator>
  <ui5-tab text="Phones" design="Positive" additional-text="25"></ui5-tab>
  <ui5-tab text="Tablets" design="Negative" additional-text="40"></ui5-tab>
</ui5-tabcontainer>
```

Listing 14.23 Komponente, die Kinder eines bestimmten Typs unterstützt

Sie können den Inhalt dieser Elemente mit jeder geeigneten DOM-API ändern, wie in Listing 14.24 gezeigt. In diesem Beispiel können Sie den Text eines Buttons ändern und ein div-Element unter einer Popover-Komponente im JavaScript-Code hinzufügen. Diese programmatische Methode zum Ändern der Komponenteneigenschaften gilt für die meisten Szenarien.

```
// changing a button's text
const myButton = document.getElementById('btn');
myButton.textContent = 'New text';
myButton.innerHTML = 'New text'; // same effect as above
myButton.childNodes[0].nodeValue = 'New text'; // same result again

// adding children to a popover
const popover = document.getElementsByTagName('ui5-popover')[0];
const div = document.createElement('div');
popover.appendChild(div);
```

Listing 14.24 Programmgesteuerte Interaktion mit den untergeordneten Elementen einer Komponente

Events

Lassen Sie uns unsere Liste der API-Typen fortsetzen und uns mit Events befassen. Sie können Events abhören, indem Sie die Standard-DOM-APIs verwenden, wie in Listing 14.25 gezeigt. In diesem Beispiel fügen wir einen EventListener hinzu, eine Funktion, die aufgerufen wird, sobald das referenzierte Event eintritt – in diesem Fall das Event close, das ausgelöst wird, wenn der Button zum Schließen des MessageStrip-Controls gewählt wird.

```
const myMessage = document.getElementsByTagName('ui5-message-strip')[0];
myMessage.addEventListener('close', () => {
  console.log('The user dismissed the message');
});
```

Listing 14.25 Hinzufügen eines Listeners zum Event einer Komponente

Beachten Sie jedoch, dass einige Frameworks (z. B. React) ihre Standardsyntax für das Binding an benutzerdefinierte Events (z. B. `close`) nicht verwenden können, sondern nur an Standard-Events (z. B. `click`) binden können. Daher benötigen Sie für benutzerdefinierte Events in React eine Referenz auf das Element und rufen dann `addEventListener` manuell auf. Wir empfehlen, eine Methode anzulegen, um dieses Element hinter einer Schnittstelle zu verbergen und diese Aufrufe aus Ihrem Code auszublenden.

Öffentliche Methoden

Sehen wir uns abschließend die öffentlichen Methoden an. Wie bei SAPUI5-Controls können Sie, wenn Sie eine Referenz auf eine Komponente auf dem Screen haben, die Methoden direkt von dort aus aufrufen, wie in Listing 14.26 gezeigt, wo wir einen `Dialog` auf dem Screen haben. Rufen Sie zunächst das Element anhand seines Tag-Namens ab, und rufen Sie dann die Dialogmethode `show` auf. Weitere Informationen finden Sie in der Dokumentation zur API jeder Komponente.

```
const myDialog = document.getElementsByTagName('ui5-dialog')[0];
myDialog.show();
```

Listing 14.26 Aufruf der »show«-Methode aus der Komponente »ui5-dialog«

14.2.4 So bleiben Sie auf dem neuesten Stand

Weitere Informationen zum Projekt finden Sie auf den Seiten von GitHub (siehe *https://github.com/SAP/ui5-webcomponents*) und GitHub.io (siehe *https://sap.github.io/ui5-webcomponents/*). Die Blogs in der SAP Community sind ebenfalls nützliche Quellen für Updates.

14.3 Fundamental Library

Neben demselben Pfad zur Bereitstellung von SAP-Fiori-UX- und SAPUI5-Komponenten für andere Frameworks kann SAP Fiori die Fundamental Library (siehe *https://sap.github.io/fundamental*) verwenden, bei der es sich um eine Reihe von Bibliotheken handelt, die die gängigsten UI-Komponenten, Muster und Layouts bereitstellen. Diese Bibliothek stellt ein konsistentes Erscheinungsbild sicher, bietet Semantik für Barrierefreiheit und implementiert die Designsprache von SAP Fiori 3.

Im Gegensatz zu UI5 Web Components, die diese Komponenten und die Designsprache implementieren, indem sie dem Web-Components-Standard folgen, konzentriert sich die Fundamental Library mehr auf die Bereitstellung einsatzbereiter Bibliotheken, die auf ihr Ziel-Framework zugeschnitten sind.

Zur Drucklegung wird die Fundamental Library in den folgenden drei Varianten ausgeliefert:

1. Fundamental Library Styles (CSS Library)
2. Fundamental Library für Core (Angular)
3. Fundamental Library für Platform (Angular)

In diesem letzten Abschnitt des Kapitels lernen wir die Angebote der Fundamental Library kennen, darunter, wie Code auf jeder Plattform aussieht und wie Clean SAPUI5 angewendet werden kann.

14.3.1 Fundamental Library Styles

Die *Fundamental Library Styles* sind eine leichte Präsentationsschicht, die jedes UI-Frameworks (z. B. React, Vue oder Angular) verwenden kann. Fundamental Library Styles können sogar mit statischen Websites eingesetzt werden. Sie werden als eine Reihe von CSS-Styles ausgeliefert, ihre Verwendung ist einfach: Ein Entwickler bzw. eine Entwicklerin kann die Dokumentation aufrufen, um die Komponenten, die er bzw. die sie verwenden möchte, sowie andere Informationen wie Theming zu überprüfen, diese Einstellungen dann auf die Anwendung anzuwenden und eigene Komponenten mit dem SAP-Fiori-Design zu erstellen. Dieses Angebot ist das leichteste und plattformunabhängige Angebot der Fundamental Library.

Beachten Sie aus der Perspektive von Clean Code, dass diese Version der Bibliothek weder ein Code-Styling erzwingt noch aufdringlich ist. Allgemeine Konzepte können auf das Projekt angewendet werden. Tatsächlich können Entwicklerinnen und Entwickler die bereitgestellten CSS-Stileigenschaften bei Bedarf mit ihren eigenen Stilen überschreiben. Wir empfehlen, immer einen zweiten Blick auf die Dokumentation zu werfen, um zu vermeiden, dass das Rad neu erfunden wird (d. h. das Anlegen einer neuen Komponente oder CSS-Klasse, wenn bereits etwas Ähnliches vorhanden ist).

14.3.2 Fundamental Library für Angular

Die Angebote der Fundamental Library werden für Angular (8 und höher, während wir dieses Buch schreiben) bereitgestellt, um Framework-native Komponenten bereitzustellen, die auf Fundamental Library Styles basieren. Die Bibliothek wird in zwei npm-Paketen zur Verfügung gestellt:

- **@fundamental-ngx/core**
  Dieses Paket ist der Einstiegspunkt für die Fundamental Library für Angular. Umfangreiche Komponenten und ein hohes Maß an Flexibilität ermöglichen eine Feinabstimmung auf HTML-Vorlagenebene.

- **@fundamental-ngx/platform**
  Die Plattformbibliothek basiert auf der Kernbibliothek, um vorhandene Funktionen um zusätzliche Funktionen zu erweitern, die vom Anwendungsfall gesteuert werden. Diese Bibliothek bietet eine höhere Abstraktion, blendet die interne Implementierung aus und verbessert den Fokus auf die Produktivität.

Aus Sicht von Clean Code ist es empfehlenswert, Details der internen Implementierung aus der Geschäftslogik auszublenden. Entwicklerinnen und Entwickler sollten jedoch darauf achten, nicht zu viele Anpassungen an Komponenten vorzunehmen, die sich selbst auf einen Anwendungsfall konzentrieren. Wenn Sie zu viel Fine-Tuning benötigen, prüfen Sie, ob Sie eine Komponente für den Anwendungsfall anlegen sollten, den Sie abdecken möchten.

Listing 14.27 zeigt, wie eine Mehrfachauswahlliste in HTML implementiert werden kann, wobei Angular als Framework verwendet wird. Beachten Sie, wie wir ein `ul` mit `fd-list` und ein `li` mit `fd-list-item` definieren, um eine Listenkomponente mit einer Liste von Elementen zu erstellen, die aus einer Variablen namens `cozyObject` abgerufen werden.

```
<h3>Cozy multi-selection list</h3>
<ul fd-list [selection]= "true">
    <li fd-list-item *ngFor="let item of cozyObject" [selected]=
"item.selected">
        <fd-checkbox [(ngModel)]= "item.selected"></fd-checkbox>
        <span fd-list-title>
            {{ item.label }}
        </span>
    </li>
</ul>
```

Listing 14.27 HTML-Code für die Auswahlliste

Listing 14.28 zeigt den TypeScript-Code für die Auswahlliste. In diesem Beispiel ist die Variable `cozyObject` an die Listeneinträge gebunden, und wir haben drei Elemente definiert.

```
import { Component } from '@angular/core';

@Component({
  selector: 'fd-list-selection-example',
  templateUrl: './list-selection-example.component.html',
  styleUrls: ['./list-selection-example.component.scss']
})
export class ListSelectionExampleComponent {
```

```
  selectionValue: string = null;
  selectionValueTwo: string = null;

  cozyObject = [
    {
      selected: false,
      label: 'List item 1'
    },
    {
      selected: false,
      label: 'List item 2'
    },
    {
      selected: false,
      label: 'List item 3'
    }
  ];
}
```

Listing 14.28 TypeScript-Code für die Auswahlliste

Die Verwendung ist unkompliziert. Durch Hinzufügen von `[selection]= "true"` zur Komponente `fd-list` können Sie die Option Checkboxes aktivieren.

14.3.3 Aktueller Status

Die Fundamental Library ist ein zusätzliches leichtgewichtiges Angebot, das nicht darauf abzielt, SAPUI5 zu ersetzen. Sie stellt eine CSS-Bibliothek zur Verfügung, mit der Sie HTML-Elemente im SAP-Design darstellen können. In Zukunft werden die UI5 Web Components die meisten UI-Elemente bereitstellen, die auch ein Verhalten benötigen. Vermutlich wird sich hier in Zukunft eine Kombination aus einer Teilmenge von Fundamental Library Styles und UI5 Web Components für Angular etablieren, damit man die größtmögliche Konsistenz über Framework-Grenzen hinweg gewährleisten kann, anstatt für jeden Framework erneut das Verhalten zu implementieren.

Wenn Sie entscheiden, ob Sie die Fundamental Library verwenden möchten, stellen Sie sich dieselben Fragen wie für den aktuellen Status der UI5 Web Components (wie in Abschnitt 14.2.1, »Aktueller Status«, beschrieben). Schließlich müssen wir immer das Werkzeug verwenden, das für den Job am besten geeignet ist oder den spezifischen Anforderungen und Szenarien am besten entspricht.

14.3.4 Wie Sie auf dem neuesten Stand bleiben

Weitere Informationen zum Projekt finden Sie auf der GitHub.io-Seite (*https://sap.github.io/basic*), die Links zu jedem einzelnen Repository enthält. Außerdem finden Sie eine GitHub.io-Seite sowohl für die Angular-Bibliothek (*https://sap.github.io/fundamental-ngx*) als auch für die React-Bibliothek (*https://sap.github.io/fundamental-react*).

Die SAP Community und die SAP-Blogs sind ebenfalls nützliche Quellen für aktuelle Informationen zu diesem Thema.

14.4 Zusammenfassung

In diesem Kapitel haben Sie gelernt, wie TypeScript für die SAPUI5-Entwicklung von Vorteil sein kann. Wir haben zwei verwandte Technologien besprochen – UI5 Web Components und die Fundamental Library – und den aktuellen Stand beider Technologien untersucht, einige Anwendungsbeispiele untersucht und gezeigt, wie Sie auf dem Laufenden bleiben.

Im nächsten Kapitel werden wir unsere Reise durch Clean SAPUI5 mit einem Blick auf das Gesamtbild der Best Practices für Implementierungsprojekte abschließen.

Kapitel 15
Wie Sie Clean SAPUI5 umsetzen

Die Kenntnis der Clean-SAPUI5-Empfehlungen ist nur ein Teil der Reise. In diesem letzten Kapitel geht es um die Umsetzung von Clean-SAPUI5-Prinzipien als Individuum, als Team und als Organisation.

Bei Clean Code geht es um leicht verständlichen Code, der einfach angepasst werden kann. Die Produktivität eines Teams sowie die Qualität und Anpassungsfähigkeit eines Produkts hängen stark von der Lesbarkeit, Wartbarkeit und Testbarkeit des Codes ab. Unleserlicher Legacy-Code kann die Arbeit jedes Teams auf ein Schneckentempo verlangsamen und zu vielen Fehlern führen.

Wir, und Sie sicher ebenfalls, lesen ständig alten Code als Teil unserer Bemühungen, Code zu ändern. Im Allgemeinen werden Sie mehr Zeit damit verbringen, Code zu lesen, als neuen Code zu schreiben. Aber die Lesbarkeit von Code im Speziellen ist nicht dasselbe wie die Wartbarkeit im Allgemeinen. Die Wartbarkeit beschreibt, wie viel Aufwand nötig ist, um einen Fehler im bestehenden Code zu korrigieren oder alten Code an veränderte Anforderungen anzupassen. Jeden Aspekt von Clean Code zu lernen und zu verinnerlichen, ist ein langer Weg. In diesem Kapitel geben wir Ihnen einen Überblick über verschiedene Techniken zum Erlernen von Clean Code, die von Einzelpersonen, Teams oder Organisationen angewendet werden können.

Wir werden in Abschnitt 15.1 Möglichkeiten zur Schaffung eines gemeinsamen Verständnisses von Clean Code unter den Teammitgliedern untersuchen. In den nächsten beiden Abschnitten werden wir das Thema der *kollektiven Code Ownership* und die Initiative *Clean Code Developer* näher betrachten. In Abschnitt 15.4 werden wir dann den Broken-Window-Effekt und Möglichkeiten zu seiner Bekämpfung diskutieren. Beginnend mit Abschnitt 15.5, der sich auf das Lernen aus Code-Reviews konzentriert, werden wir in den darauf folgenden Abschnitten die vielen Möglichkeiten erkunden, wie Sie Ihre Fähigkeiten in Bezug auf Clean SAPUI5 Code verbessern können. Das ist z. B. mit dem Clean Code Advisor möglich, dem Thema von Abschnitt 15.6. In Abschnitt 15.7 werden wir zahlreiche Lerntechniken genauer unter die Lupe nehmen, bevor wir dieses Kapitel mit einem Blick auf kontinuierliches Lernen für funktionsübergreifende Teams in Abschnitt 15.8 abschließen.

15.1 Gemeinsames Verständnis der Teammitglieder

Die in diesem Abschnitt beschriebenen Techniken sollen Ihnen helfen, in Ihrem Team und teamübergreifend ein gemeinsames Verständnis von Clean-Code-Prinzipien zu entwickeln. Nicht alle Regeln in diesem Buch werden auf alle Ihre Projekte passen. Sie werden einige Diskussionen im Team führen müssen. Um eine faktenbasierte Diskussion zu fördern, empfehlen wir Ihnen, dass alle Beteiligten die für sie relevanten Kapitel vorher lesen. Obwohl wir empfehlen, sich an Clean-SAPUI5-Empfehlungen zu halten, ist es manchmal auch akzeptabel, von diesem Leitfaden abzuweichen, wenn Ihr Team nicht mit allen Regeln einverstanden ist. Am Ende sollten Sie alle Regeln schriftlich festhalten, sodass alle Teammitglieder einen Überblick haben und die Regeln lernen und anwenden können. Diese Kodifizierung ist auch nützlich, wenn neue Mitarbeitende dem Team beitreten.

15.2 Kollektive Code Ownership

Im Gegensatz zur individuellen Code Ownership ist bei der *kollektiven Code Ownership* das gesamte Team Eigentümer des Codes, fühlt sich für den Code verantwortlich und kann Änderungen am Code vornehmen. Die kollektive Code Ownership hat mehrere Vor- und Nachteile, und in diesem Abschnitt werden wir uns darauf konzentrieren, wie sich die kollektive Code Ownership auf das Lernen auswirkt. Wenn das Team kollektiv für den Code verantwortlich ist, lernen alle etwas, und es gibt keinen einzelnen Wissensengpass. Wenn also ein Teammitglied krank ist oder die Firma verlässt, kann das Team den Verlust schnell auffangen. Die kollektive Code Ownership hilft auch dabei, das gemeinsame Ziel für wartbaren, lesbaren und testbaren Code umzusetzen. Alle haben einen Anreiz, sich um den Code zu kümmern, und fühlen sich dafür verantwortlich, gutes Feedback in Code-Reviews zu geben. Die Code-Reviews werden mit der Zeit auch effizienter, da alle Teammitglieder mit dem Code vertraut sind. Bei individueller Code Ownership bleiben die Beteiligten lange Zeit in ihren Wissenssilos, was dazu führt, dass die Teammitglieder bei der Entwicklung ihrer Fähigkeiten stagnieren, wenn sie immer wieder die gleichen Arbeiten durchführen. Im Gegensatz dazu führt die kollektive Code Ownership zu ständigen Interaktionen zwischen den Teammitgliedern, sodass die Entwicklerinnen und Entwickler kontinuierlich von den anderen lernen können.

Sie müssen selbst einschätzen, wie gut die kollektive Code Ownership in Ihrem Team funktioniert. Wenn alle verantwortlich sind, fühlt sich manchmal niemand verantwortlich. In disziplinierten und hoch motivierten Teams funktioniert die kollektive Code Ownership meist sehr gut. Für andere Teams müssen Sie das richtige Gleichgewicht finden, aber vermeiden Sie die rein individuelle Code Ownership.

Die individuelle Code Ownership birgt zu viele Risiken wie Wissensengpässe, Barrieren für Refactoring, verzögerte Änderungen und die Unfähigkeit, mit hohem Änderungsbedarf in einem bestimmten Bereich umzugehen. Allerdings ist kollektive Code Ownership nichts, was leicht erreicht werden kann. Bevor Sie die kollektive Code Ownership anstreben, empfehlen wir Ihnen daher, zunächst einige Zwischenschritte zu implementieren, wie z. B. die folgenden:

- **Beginnen sie mit einem kleinen Kollektiv.**
  In diesem Szenario ist nicht das gesamte Team Eigentümer des Codes. Stattdessen sind für jedes Codestück mindestens zwei Personen die Eigentümer, damit kein Engpass für dieses Codestück auftreten kann. Von der individuellen Code Ownership können Sie zur kollektiven Code Ownership übergehen, indem Sie *Pair Programming* (siehe Abschnitt 15.7.5) oder Code-Reviews durchführen. Am Anfang können diese Techniken die Arbeit der einzelnen Entwicklerinnen und Entwickler zwar verlangsamen, aber der Gewinn für das Team wird erheblich sein.
- **Überprüfen Sie den Einsatz der schwachen Code Ownership.**
  Im Gegensatz zu individueller Code Ownership dürfen in diesem Szenario auch andere den Code ändern, sollten aber vorher die Eigentümer fragen. Außerdem sollten die Eigentümer alle Änderungen überprüfen und schließlich die Verantwortung für die Wartung der Änderungen übernehmen.
- **Etablieren Sie ein gemeinsames Verständnis von Clean Code.**
  Eine Einigung auf ein gemeinsames Verständnis von Clean Code kann wesentlich dazu beitragen, dass die gemeinsame Arbeit am Code produktiver wird. Sie sollten klare Regeln für die Formatierung und statische Codeprüfungen festlegen und einen Styleguide wählen.
- **Verbessern Sie die Engineering-Fähigkeit.**
  Kollektive Code Ownership erfordert eine hohe Disziplin im Team, insbesondere im Hinblick auf Modultests, Clean-Code-Prinzipien und Refactoring. Daher empfehlen wir Ihnen, diese Fähigkeiten auszubauen, bevor Sie die kollektive Code Ownership einführen.

Die kollektive Code Ownership ist jeweils auf ein Team beschränkt. Wenn jemand außerhalb des Teams den Code, der dem Team gehört, ändern möchte, sollte diese Person immer das Team bitten, die Änderung zu überprüfen.

Ein weiterer Begriff im Zusammenhang mit der kollektiven Code Ownership ist der *Code Steward*. Als Code Steward stellen Sie sicher, dass das gesamte Wissen in Bezug auf den Code, das sowohl domänenbezogen als auch technikbezogen sein kann, unter den Teammitgliedern verteilt wird und dass die erforderlichen Fähigkeiten aufgebaut werden. Die Zuweisung eines Code Stewards ist ein Zwischenschritt von einem Team mit hauptsächlich individueller Code Ownership zu einem Team, das mit kollektiver Code Ownership arbeitet. Das Ziel des Code Stewards sollte sein, andere Teammitglieder zu befähigen, Änderungen am Code vorzunehmen. Um zu diesem Punkt zu gelangen, wählt der Code Steward den am besten geeigneten Führungsstil abhängig von den Motivationen und Fähigkeiten seiner Kolleginnen und Kollegen, damit die Teammitglieder Änderungen am Code vornehmen können. Das Modell von Kenneth H. Blanchard und Paul H. Hersey, das in ihrem Buch »Management of Organizational Behavior« von 1969 beschrieben ist, definiert vier verschiedene Quadranten für Führungsstile:

- **Anweisen**
  Wenn Kolleginnen oder Kollegen bestimmte Kenntnisse fehlen, gibt der Code Steward klare Anweisungen, was zu tun ist.
- **Unterstützen**
  Wenn es den Teammitgliedern an Motivation fehlt, die Arbeit zu erledigen, sollte der Code Steward sich die Zeit nehmen, zu überzeugen und zu motivieren.
- **Coachen**
  Wenn die Kolleginnen und Kollegen motiviert sind und die Arbeit zumindest bis zu einem gewissen Grad erledigen können, könnten sie durch einen zu direkten Führungsstil demotiviert werden. Der Code Steward führt also, indem er zuhört und Fragen stellt.
- **Delegieren**
  Wenn die Teammitglieder motiviert sind und alle Fähigkeiten haben, um die Arbeit erledigen zu können, kann der Code Steward die Arbeit einfach delegieren und das Ergebnis überprüfen.

Durch die Anwendung der Prinzipien der Code Stewardship und verschiedener Führungsstile können Sie von individueller Code Ownership über *Code Gatekeeper* (ein Eigentümer überprüft alle Änderungen) bis hin zu mehreren Gatekeepern und schließlich zu kollektiver Code Ownership übergehen.

15.3 Clean Code Developer Initiative

Inspiriert durch das Buch »Clean Code« von Robert C. Martin gründeten Stefan Lieser und Ralph Westphal im Jahr 2009 die *Clean Code Developer Initiative*. Ziel der Initiative ist es, die Übernahme von Clean-Code-Prinzipien und die Wertschätzung von interner Qualität unter Softwareentwicklerinnen und -entwicklern zu fördern. Stefan und Ralph haben die riesige Anzahl von Themen in sieben Stufen unterteilt, sodass Entwicklerinnen und Entwickler einen klaren Weg vor Augen haben. Die Clean Code Developer Initiative unterteilt das Buch von Robert C. Martin in verdauliche Häppchen. Viele Entwicklerinnen, Entwickler und Teams sind überlastet. Die Grade ermöglichen es ihnen, sich die nötige Zeit zu nehmen, um Gewohnheiten oder Einstellungen zu ändern, was zu einer höheren Codequalität führt. Einzelpersonen und Teams werden durch die folgenden Grade geführt:

- **Schwarzer Grad**
  Der schwarze Grad ist der erste Grad. Clean-Code-Entwicklerinnen und -Entwickler verpflichten sich hiermit, die Lernreise anzutreten.
- **Roter Grad**
  Der rote Grad umfasst die ersten Übungen zu den wesentlichen Elementen von Clean Code und die grundlegende positive Einstellung.
- **Orangefarbener Grad**
  Die orangefarbene Klasse führt in wesentliche Software-Engineering-Grundlagen ein und legt den Schwerpunkt auf die Automatisierung von Tätigkeiten.
- **Gelber Grad**
  Der gelbe Grad konzentriert sich auf automatisierte Tests. Im Vergleich zum orangefarbenen Grad geht es bei diesem Grad nicht um Systemtests, sondern eher um die Tests auf unterer Ebene, bei denen Sie den Code testbar schreiben müssen. Daher sind objektorientierte Prinzipien ein wesentlicher Bestandteil dieses Grades.
- **Grüner Grad**
  Der grüne Grad setzt die Automatisierung fort, wobei der Schwerpunkt auf der Überführung von Code in die Produktion liegt. Zusätzlich fokussiert sich dieser Grad auf Modularisierung.
- **Blauer Grad**
  Der blaue Grad berücksichtigt die Automatisierung im Kontext des Deployments, verschiedener Architekturthemen und eines iterativen Entwicklungsprozesses.
- **Weißer Grad**
  Im weißen Grad kommen alle Prinzipien, Regeln und Praktiken zusammen. Entwicklerinnen und Entwickler im weißen Grad berücksichtigen immer alle Aspekte der vorherigen Grade. Nur Personen oder Teams mit großer Erfahrung und Disziplin können diesen Grad erreichen. Wenn einige Themen noch nicht angewendet werden können, geben sich die Clean-Code-Entwicklerinnen und -Entwickler Mühe, die Lücke zu schließen.

Jeder dieser Grade konzentriert sich auf einen bestimmten Aspekt der Entwicklung und kombiniert daher bekannte Prinzipien und Richtlinien mit einigen geeigneten Praktiken. Jeder Grad baut auf dem vorangegangenen Pfad auf.

Weitere Ressourcen

Weitere Details zu den verschiedenen Graden finden Sie auf der Website der Clean Code Developer Initiative unter *https://clean-code-developer.de/*.

Die ersten Schritte können Sie selbständig durchführen. Sie sollten niemanden um Zustimmung bitten müssen. Da Softwareentwicklung ab einem bestimmten Stadium eine Teamaktivität ist, wird das gesamte Team ab diesem Zeitpunkt benötigt. Daher sollten Sie sich vornehmen, als Team die Grade durchzuarbeiten und diese Lernreise gemeinsam zu reflektieren. Ziel ist es, unter den Teammitgliedern eine gemeinsame Basis von allgemein akzeptierten Prinzipien und Praktiken zu schaffen.

Betrachten wir die Anwendung dieser Methode sowohl auf individuelles Lernen als auch auf Lernen im Team:

- **Individuelles Lernen**
  Diese Methode kann von Einzelpersonen angewendet werden. Sie beginnen mit einem bestimmten Grad und bewerten selbst, inwiefern Sie die Prinzipien des Clean Codes einhalten. Zusätzlich könnten Sie erfahrene Kolleginnen und Kollegen bitten, Ihren Code zu überprüfen. Nach drei bis vier Wochen können Sie zur nächsten Stufe übergehen. Beginnen Sie nicht mit dem nächsten Grad, wenn Sie die Prinzipien Ihres aktuellen Grades nicht einhalten.
- **Als Team lernen**
  Ihr Team sollte sich verpflichten, gemeinsam zu lernen und das Gelernte im Code anzuwenden. Deshalb werden die Teammitglieder die Materialien einzeln durchgehen und gemeinsame Diskussionen führen. Zusätzlich können sie Änderungen überprüfen, um zu sehen, ob die gelernten Prinzipien tatsächlich gelebt werden. Nach drei bis vier Wochen könnte das Team zur nächsten Stufe übergehen. Suchen Sie sich für Code-Reviews jemanden, der mehr Erfahrung in der Anwendung von Clean-Code-Prinzipien hat. Ihr Team sollte nur in die nächste Stufe aufsteigen, wenn die Prinzipien gelebt werden. Dieser Ansatz kann auch dazu beitragen, ein gemeinsames Verständnis von wartbarem und lesbarem Code zu etablieren.

[»]

Weitere Ressourcen

Wir empfehlen Ihnen dringend, das Buch »Clean Code« von Robert C. Martin zu lesen und das iterative Lernen mit Ihrem Team zu diskutieren, z. B. über die Clean Code Developer Initiative. Das Ergebnis der Diskussion sollten Sie zusammenfassen, sodass Sie bei zukünftigen Code-Reviews oder beim Onboarding neuer Teammitglieder auf diese Verpflichtung verweisen können.

15.4 Den Broken-Window-Effekt angehen

Der *Broken-Window-Theorie* zufolge schaffen sichtbare Anzeichen von Unordnung ein Umfeld für mehr Unordnung. Betrachten Sie z. B. ein Gebäude mit ein paar zerbrochenen Fenstern. Wenn die Fenster nicht zeitnah repariert werden, ist es wahrscheinlicher, dass es zu weiteren eingeschlagenen Fensterscheiben kommen wird, da offensichtlich niemand am Zustand des Gebäudes interessiert ist. Schließlich wird vielleicht sogar in das Gebäude eingebrochen, wenn es unbewohnt ist, und die Wahrscheinlichkeit steigt, dass das Gebäude besetzt oder weiter zerstört wird.

Was bedeutet das für die Softwareentwicklung?

Bei der Softwareentwicklung dreht sich alles um Details, und wenn Sie nicht auf jede noch so kleine Abweichung im Design reagieren, werden Sie wahrscheinlich mit einem sehr komplexen Projekt enden. Ein entscheidender Faktor, der Software verwildern lässt, ist die Art und Weise, wie das Wachstum der Codemenge in Bezug auf Komplexität und Qualität gehandhabt wird.

Wir neigen oft aufgrund von Zeitdruck dazu, die Qualität des Codes zu vernachlässigen, um unser Projekt pünktlich abzuliefern, was dazu führt, dass die Komplexität aufgrund der erzwungenen Bemühungen, die Zeitvorgaben einzuhalten, schleichend zunimmt. »Schnelle und schmutzige« Reparaturen mit Klebeband führen zu schlechter Qualität, und das System wird schwer zu warten. Wenn die Komplexität (zu) hoch ist, wird möglicherweise sogar ein komplettes Neuschreiben oder ein größeres Refactoring in Betracht gezogen, was oft zu Frustration führt, weil diese Art der Überholung viel Zeit und Energie kostet.

[«]

Technische Schulden

Die *technische Schuld* ist eine Metapher, die die Schulden beschreibt, die Sie beim Erstellen eines Softwaresystems aufbauen. Wenn Sie sich nicht um Ihre technische Schuld kümmern, werden Sie mehr Zeit damit verbringen, sich mit den Folgen dieser Schuld zu beschäftigen. Ward Cunningham, der Erfinder dieser Metapher, rät dazu:

Schlecht wartbarer Code mag zwar gut funktionieren und für den Kunden völlig akzeptabel sein, aber zu viel davon macht ein Programm unbeherrschbar, was zu einer extremen Spezialisierung der Entwicklerinnen und Entwickler und schließlich zu einem unflexiblen Produkt führt. Das Ausliefern von Code ist wie Schuldenmachen. Ein wenig Schuld beschleunigt die Entwicklung, solange sie zeitnah mit einem Überarbeiten zurückgezahlt wird ... Die Gefahr entsteht, wenn die Schulden nicht zurückgezahlt werden. Jede Minute, die mit nicht schlecht wartbarem Code verbracht wird, zählt als Zinsen für diese Schuld. Ganze Entwicklungsorganisationen können durch diese Schuldenlast zum Stillstand gebracht werden.

Beispiele für Broken Windows in der Sofwareentwicklung sind unter anderem die folgenden:

- Wenn Sie eine hohe Anzahl von statischen Codeprüfungsfehlern in Ihrer Codebasis haben, erkennen Sie möglicherweise nicht, wenn eine Änderung neue Fehler hinzufügt.

- Wenn Sie eine niedrige Codeabdeckung haben, ist das Hinzufügen neuer Tests in der Abdeckung des Gesamtcodes fast unsichtbar. Daher fügen Ihre Kolleginnen und Kollegen möglicherweise keinen Modultest hinzu, was die Situation weiter verschlechtert.
- Bei Flaky Tests denken Sie vielleicht, dass jeder fehlgeschlagene Test falsch positiv ist.

Wie können Sie diese Situation vermeiden? Sie sollten null Toleranz in Bezug auf Probleme bei der statischen Codeprüfung haben. Zum Beispiel sollte niemand einen Pull Request mergen dürfen, wenn ESLint-Probleme vorliegen. Aus unserer Erfahrung wissen wir, dass »später« sehr oft »nie« bedeutet. Eine automatisch überprüfbare Richtlinie kann als Auslöser für eine Änderung der Gewohnheiten dienen und dazu beitragen, die Produktivität Ihres Teams zu erhalten. Ohne eine solche Richtlinie können sich z. B. Probleme bei der statischen Codeprüfung häufen, und manchmal werden wichtige Probleme übersehen, weil bereits zu viele (eventuell unwichtigere) Probleme vorhanden sind. Sie sollten auch die folgenden Überlegungen im Hinterkopf behalten:

- *Flaky Tests* sind Tests, die manchmal rot und manchmal grün laufen. Diese anfälligen Tests sollten sofort stabil gemacht werden oder unter Quarantäne gestellt werden (den Test aus der Test-Suite entfernen und ein Ticket erstellen), damit der Entwickler oder die Entwicklerin den Flaky Test beheben kann.
- Code-Reviews und Pair Programming können sich dann vermehrt auf die Aspekte konzentrieren, die nicht automatisch getestet werden können, z. B. die Wartbarkeit Ihres Codes, die Qualität Ihrer Tests und die Einhaltung von Clean-Code-Prinzipien.

Was tun Sie, wenn die Fenster bereits kaputt sind?

- **Bei Problemen mit der statischen Codeprüfung**
  Legen Sie einen Schwellenwert fest, der auf der aktuellen Anzahl der gefundenen statischen Codeprüfungsfehler basiert. Dieser Schwellenwert stellt sicher, dass kein neuer Fehler eingeführt wird. Nach Refactoring und Bereinigungen passen Sie den Schwellenwert auf eine niedrigere Zahl an.
- **Codeabdeckung**
  Es gibt Werkzeuge zur Überprüfung der Codeabdeckung von neuem Code. Andere Tools können prüfen, ob es einen positiven Trend in Ihrer Codeabdeckung gibt.

In den folgenden Abschnitten werden wir einen tieferen Einblick in die Anwendung von statischen Codeprüfungen, Metriken und Codeabdeckung nehmen.

15.4.1 Statische Codeprüfung

Wenn in Ihrem Team ein gemeinsames Verständnis mit dem Ziel von wartbarem und lesbarem Code besteht, sollten Sie eine gemeinsame Definition für Werkzeuge zur statischen Codeprüfung verwenden. Das Standardwerkzeug für statische Codeprüfungen in JavaScript und TypeScript ist ESLint. Sie können ESLint so konfigurieren, dass viele Clean-SAPUI5-Regeln automatisch geprüft werden. Wir empfehlen Ihnen, das System so zu konfigurieren, dass alle ESLint-Probleme behoben werden müssen, bevor Sie einen Pull Request mergen können, um so den Broken-Window-Effekt zu verhindern.

15.4.2 Metriken

Metriken allein können nicht viel bewirken und decken nur einen kleinen Teil der Prinzipien ab. Dennoch können Metriken wertvoll sein, wenn sie sorgfältig eingesetzt werden, besonders in den Teilen Ihrer Codebasis, wo eine tiefere Überprüfung erforderlich sein könnte. Die Metrik der zyklomatischen Komplexität (siehe Kasten) berechnet z. B. die Komplexität einer Methode. Ein höherer Wert bedeutet ein höheres Risiko, dass eine Änderung einen Fehler einführt. Daher sollten Sie untersuchen, ob eine hohe zyklomatische Komplexität gerechtfertigt ist und durch eine gut geschriebene Menge von Modultests abgedeckt wird. Zusätzlich empfehlen wir Ihnen, die Definition von oberen Schwellenwerten für diese Metriken in Betracht zu ziehen, die in der Konfigurationsdatei für ESLint gepflegt werden können.

Wenn Metriken rein als Key Performance Indicators (KPIs) betrachtet werden, entsteht eine Gefahr. Bei extern definierten KPIs kann die Motivation für den KPI unklar sein. Diese Unklarheit kann zu ungewollten Optimierungen durch die Entwicklerinnen und Entwickler führen, z. B. zu einer hohen Unit-Code-Abdeckung, aber auch zu Tests, die eigentlich gar nichts testen. Daher müssen alle, die am Entwicklungsprozess teilnehmen, den Zweck der Metrik verstehen. Eine Metrik sollte nicht als KPI gesehen werden, sondern eher als eine Lernmetrik, um sich als Team kontinuierlich zu verbessern.

[«]

Zyklomatische Komplexität

Die *zyklomatische Komplexität* ist eine Softwaremetrik, die die Komplexität eines Programms angibt. Dieses quantitative Maß umfasst die Anzahl der linearen, unabhängigen Pfade durch den Quellcode eines Programms. Eine hohe Zahl deutet auf schwer zu wartenden Code hin und ist ein Indikator dafür, dass Sie tiefer in den Code schauen sollten, um ihn wartbarer zu machen.

15.4.3 Codeabdeckung

Wenn die Anweisungs- oder Zweigabdeckung unzureichend ist, dann ist der Code noch nicht bereit für ein Code-Review. Um eine gute Test-Suite zu schreiben, müssen Sie den Code auf testbare Art entwickeln. Daher ist es sinnvoll, Abdeckungsziele zu definieren. Wenn Sie Karma als Test-Runner verwenden, ist Istanbul ein gängiges Werkzeug zum Prüfen der Quelltextabdeckung.

[»]

Codeabdeckung

Anweisungsabdeckung und *Zweigabdeckung* sind Maße, die beschreiben, inwieweit der Quellcode eines Programms bei der Ausführung einer bestimmten Test-Suite ausgeführt wird. Die Anweisungsabdeckung misst, wie viele Zeilen der gesamten Codebasis ausgeführt wurden. Die Zweigabdeckung misst, wie viele Zweige von Kontrollstrukturen (z. B. `if`- oder `switch`-Anweisungen) ausgeführt wurden.

15.5 Code-Reviews und Lernen

Das Hauptziel von Code-Reviews ist es, die Qualität des Codes zu verbessern, aber Code-Reviews können auch hilfreich sein, um zu lernen und zu lehren, wie man lesbaren und wartbaren Code schreibt. Der Austausch von Wissen ist für die Verbesserung der Codequalität unerlässlich. Daher sollten Sie Code-Reviews zum Lehren und Lernen nutzen, indem Sie sie als Gelegenheit begreifen, Kommentare zum Code zu geben und zu erhalten, mit der Absicht, etwas dazuzulernen.

In den folgenden Abschnitten geben wir Ihnen daher einen tieferen Einblick in verschiedene Aspekte von Code-Reviews.

15.5.1 Code-Review-Präfix

Sie können darüber nachdenken, ein Präfix einzuführen, wenn der Kommentar rein lehrreich sein soll. Bei Google wurde das Präfix `Nit:` eingeführt, um anzugeben, dass der Kommentar nicht kritisch ist, um die Qualitätsstandards oder den Styleguide zu erfüllen. Das Präfix zeigt an, dass es für den Autor oder die Autorin nicht zwingend erforderlich ist, das angemerkte Problem in dieser Änderung zu beheben.

15.5.2 Styleguide

Um eine klare Anleitung für alle Teammitglieder zu kodifizieren, empfehlen wir dringend, dass Sie sich als Team auf einen Styleguide einigen. Während wir dies schreiben, ist unser Styleguide nicht bereit, als Open Source veröffentlicht zu werden. Daher empfehlen wir Ihnen, unser Buch als Grundlage für Ihren eigenen Styleguide zu verwenden. Ihr Styleguide sollte als absolute Autorität dienen, um sinnlose Diskussionen bei Codeprüfungen zu vermeiden.

Jedes stilbezogene Thema, das nicht im Styleguide enthalten ist, sollte als eine Frage der persönlichen Präferenz betrachtet werden. Neue Ergänzungen zu bestehendem Code sollten sich an den etablierten Styleguide und an den Stil der bestehenden Codebasis halten.

15.5.3 Praktiken sichtbar machen

Eine weitere empfohlene Technik, die alle Beteiligten befolgen sollten, ist das Sichtbarmachen von Clean-Code-Praktiken, damit sich alle Personen bei Programmier- oder Designdiskussionen an die Regeln erinnern. Sie können z. B. ein Schaubild ausdrucken und im Teamraum aufhängen. Um ein höheres Engagement zu fördern, können Sie die Teammitglieder auch bitten, das Schaubild zu unterschreiben. Um sich selbst an weitere Details zu erinnern, könnten Sie einen Spickzettel für Ihren Schreibtisch ausdrucken. Die Clean Code Developer Initiative schlägt noch mehr Artefakte vor, um das Engagement für Clean Code sichtbar zu machen: Armbänder, Stempel, Flaggen, Desktop-Hintergründe, Postkarten und Mousepads!

15.5.4 Feedback-Kultur

In der Vergangenheit haben wir einige Teams gesehen, bei denen Code-Reviews nicht funktioniert haben. Die Teamkultur – insbesondere, wie Entwicklerinnen und Entwickler Feedback geben und annehmen – ist oft der Hauptgrund für dieses Scheitern. Dieser Abschnitt beschreibt die Herausforderungen, die ehrliches Feedback mit sich bringt, und wie das Team sich im Geben und Empfangen von Feedback verbessern kann. Nur mit einer guten Feedback-Kultur können Code-Reviews ein effizientes Lernwerkzeug sein.

Vermutlich haben Sie die Erfahrung schon selbst gemacht: Manchmal fühlen Sie sich persönlich angegriffen, obwohl die Absicht eines Reviews eigentlich darin besteht, den Code zu verbessern. So kann es auch Ihren Teammitgliedern gehen. Ein Grund für diese Abwehrhaltung kann sein, dass das Feedback am eigenen Code mit den persönlichen Fähigkeiten in Verbindung gebracht wird: Sie haben das Gefühl, dass nicht *Ihr Code*, sondern *Ihre Programmierfähigkeiten* kritisiert wurden. Ein anderer Grund kann sein, dass das Feedback wirklich die Person direkt kritisiert. Um effiziente Code-Reviews und eine gute Teamkultur zu ermöglichen, müssen Sie sich um diese persönlichen Aspekte kümmern.

Eine starke Feedback-Kultur zu ermöglichen, ist keine leichte Aufgabe, aber die Mühe lohnt sich. Feedback zu geben und annehmen zu können, erfordert Übung, Lernen, Vertrauen und Reflektion – sowohl als Team als auch als Einzelperson. Der Kommunikationsstil des Reviewers hat einen starken Einfluss auf die Produktivität eines Reviews. Als Reviewer sollten Sie die folgenden Punkte zum Kommunikationsstil beachten:

- Sie sollten klar kommunizieren, was verbessert werden kann, und die Gründe für Ihren Kommentar erläutern. Sie müssen keine Lösungen anbieten; Sie können einfach auf das Problem hinweisen. Den Entwickler bzw. die Entwicklerin die Lösung finden zu lassen, hilft dieser Person, direkt etwas zu lernen. Daher sollten Sie abwägen, wie viel Anleitung Sie in Ihren Kommentaren geben.
- Ihr Kommunikationsstil sollte freundlich, respektvoll und unterstützend sein. Besonders wichtig ist es, dass Sie sich auf den Code und nicht auf die Person beziehen. Wir empfehlen z. B. einen indirekten Stil wie »Der Kommentar könnte im Code ausgedrückt werden« anstelle von »Du hast einen Kommentar hinzugefügt, der im Code ausgedrückt werden könnte«
- Sie sollten Kommentare in einer konstruktiven Art und Weise schreiben, sodass sie nicht persönlich aufgefasst werden können. Die angesprochene Person sollte sich nicht persönlich durch einen Review angegriffen fühlen.
- Das Ziel sollte sein, die Lesbarkeit und Wartbarkeit des Codes zu verbessern. Ermutigen Sie daher den Autor bzw. die Autorin des Codes, den Code zu verbessern oder einen Kommentar hinzuzufügen. Das Hinzufügen eines Kommentars sollte allerdings eine Ausnahme sein (siehe Kapitel 11, »Kommentare«).
- Wenn Sie als Reviewer Code sehen, der schwer zu verstehen ist, fragen Sie einfach nach einer Erklärung, und geben Sie konstruktive Hinweise, wie die Lesbarkeit verbessert werden könnte. Diese Art von Kommentar ist vielleicht der hilfreichste Kommentar von allen. Oft ist der Code zu kompliziert, daher ist es wichtig, um eine Klärung zu bitten, bevor Sie zu viel Zeit darauf verwenden, ihn zu verstehen. Das Lesen von gut geschriebenem und lesbarem Code sollte so einfach wie das Lesen eines Buches sein. Eine bessere Lesbarkeit ermöglicht es allen Beteiligten, Probleme leichter zu erkennen.

Entwicklerinnen und Entwickler sind in der Regel sehr beschäftigt und haben kaum Zeit für Code-Reviews. Betrachten Sie die Zeit der Reviewer als eine wertvolle Ressource. Sie können viel dazu beitragen, die Effektivität von Reviews zu verbessern und eine gute Feedback-Kultur aufzubauen, indem Sie die folgenden Regeln beachten:

- Sich mit einem Stück Code vertraut zu machen, kann den Reviewer eine Menge Zeit kosten. Wenn Sie die Person sind, die einen Review von einem Kollegen oder einer Kollegin möchte, sollten Sie mit der Einstellung in den Prozess gehen, die Zeit der anderen Person weise zu nutzen. Sie sollten die Zeit eines Reviewers wertschätzen und das Feedback als ein Geschenk ansehen, das Ihnen hilft, zu wachsen und die Qualität der Codebasis zu verbessern.

- Halten Sie sich an den vereinbarten Styleguide, sorgen Sie für eine solide Testabdeckung, und beheben Sie alle Probleme der statischen Codeprüfung, bevor Sie eine Änderung zur Codeüberprüfung einreichen. Ansonsten verschwenden Sie die Zeit des Reviewers, der sich nach Ihnen mit dem Code beschäftigen muss.
- Nehmen Sie das Feedback nicht persönlich. Der Reviewer gibt Feedback zu Ihrem Code, nicht zu Ihren Fähigkeiten.
- Manchmal sind Reviewer aus Gründen frustriert, die nichts mit Ihrem Code zu tun haben. Diese Frustration kann sich in seinem oder ihrem Kommunikationsstil zeigen. Sie sollten nicht zuzulassen, dass Frustration ein Review dominiert, und dem Reviewer diesbezüglich Ihrerseits freundliches Feedback geben. Bevor Sie dieses Feedback geben, sollten Sie jedoch darüber nachdenken, ob der Kommentar auch etwas Konstruktives enthält.
- Um den Aufwand zu minimieren, der nötig ist, um sich in ein Stück Code einzuarbeiten, sollte die zu überprüfende Änderung klein sein, was den Code-Review fokussierter und produktiver macht. Eine große Änderung kostet deutlich mehr Zeit, verursacht mehr Verwirrung und bleibt viel länger offen.
- Wenn der Reviewer Ihren Code nicht versteht, werden höchstwahrscheinlich auch die anderen Personen Ihren Code nicht verstehen. Erklären Sie daher den Code nicht direkt im Code-Review-Tool. Sie sollten zunächst versuchen, den Code verständlicher zu machen, oder – wenn es unbedingt notwendig ist – einen Kommentar in den Code einfügen, um das Problem zu erklären.

Das Management sollte sich über die Vorteile von Code-Reviews informieren, genügend Zeit zur Verfügung stellen, bei den Beteiligten für Code-Reviews werben und sein Engagement gegenüber dem Team kommunizieren. Teammanagerinnen und -Manager sollte dem Team auch helfen, eine solche starke Feedback-Kultur aufzubauen, und aktive Reviewer sowie Teammitglieder, die nützliche Beiträge leisten, belohnen. Zusätzlich sollten sie helfen, Teammitglieder darin zu coachen, durchdachtes Feedback zu geben. Die Führungskräfte sollten zudem viel Zeit investieren, um eine psychologisch sichere Umgebung zu schaffen und das Vertrauensniveau unter den Teammitgliedern zu verbessern.

Generell müssen Sie und Ihr Team selbst und vor allem gemeinsam danach streben, eine Lernkultur zu schaffen, in der Feedback ein wesentliches Medium ist, um sowohl als Individuum wie auch als Team zu wachsen. Die Teammitglieder sollten versuchen, voneinander zu lernen und beim nächsten Mal einen besseren Job zu machen.

Eine weitere Herausforderung entsteht, wenn die Teammitglieder aus verschiedenen Kulturen kommen. Verschiedene Kulturen haben unterschiedliche Einstellungen zu Feedback. Einige Kulturen sind direkter, andere indirekter und vermeiden Konfrontationen. Wenn Sie sich in einer solchen multikulturellen Umgebung befinden, sollten Sie sich darüber informieren, wie Sie diese Kulturen dazu bringen können, effizient zusammenzuarbeiten, und was Sie tun können, damit Code-Reviews funktionieren.

15.6 Clean Code Advisor

Das Ziel ist es immer, einen Kreis von Clean-Code-Expertinnen und -Experten zu bilden, die gebeten werden können, an einem Review teilzunehmen. Der *Clean Code Advisor* muss kein Experte bzw. keine Expertin im relevanten Fachbereich sein, kann den Entwicklerinnen und Entwicklern aber Hinweise geben, wie sie die Lesbarkeit und Wartbarkeit des Codes verbessern können. Einige Unternehmen setzen das Prinzip des Clean Code Advisors noch strenger um: Bei Google beispielsweise kann keine Änderung ohne eine Überprüfung durch einen Kollegen oder eine Kollegin freigegeben werden, der bzw. die zusätzlich ein Curriculum für Clean Code absolviert haben muss. Bei SAP haben wir zwar noch kein formelles Programm, aber viele Teams haben bereits einen ähnlichen Prozess eingerichtet.

15.7 Lerntechniken

Um Ihre Fähigkeiten zu verbessern, reicht es meist nicht aus, nur Bücher und Anleitungen zu lesen. Die beste Möglichkeit, Ihre Programmierkenntnisse zu verbessern, ist es schlicht zu üben. Es gibt verschiedene Lerntechniken, die auf intensiven, aber kurzen praktischen Übungen basieren, wie z. B. die folgenden:

- **Kata**
  Eine Kata ist eine kleine Übung, die Ihnen hilft, Ihre Fähigkeiten durch Übung und Wiederholung zu verbessern. Sie machen diese Übungen selbstständig.
- **Dojo**
  Der Hauptunterschied zwischen einem Dojo und einer Kata ist, dass in einem Dojo eine Gruppe von Entwicklerinnen und Entwicklern gemeinsam übt. Die Übungen, die in einer Code-Kata verwendet werden, können Sie auch für ein Dojo verwendet.
- **Code-Retreat**
  Bei einem Code-Retreat kommt eine Gruppe von Personen zusammen, meist für einen Tag, manchmal auch länger. Die Absicht ist, ihre Fähigkeiten zu üben und ihr Lernen gemeinsam zu reflektieren.
- **Pair Programming**
  Beim Pair Programming arbeiten jeweils zwei Personen gemeinsam an einer Programmieraufgabe.

- **Mob Programming**
  Beim Mob Programming arbeiten mehrere Personen gemeinsam an einer Programmieraufgabe.
- **Gewohnheiten**
  Gewohnheiten umfassen z. B. das Implementieren von automatischen Prüfungen in Ihrer IDE, in der Build- oder Continuous-Delivery-Pipeline, mit dem Ziel, Sie daran zu erinnern, Ihr Verhalten zu verbessern.

In den folgenden Abschnitten werden wir uns verschiedene Lerntechniken genauer ansehen.

15.7.1 Kata

Im Karate ist eine *Kata* eine genau definierte Bewegungsabfolge und eine typische Übung. Ziel ist es, eine Bewegungsabfolge im Muskelgedächtnis abzuspeichern, um eine blitzschnelle Ausführung im Kampf zu ermöglichen. Das Training ohne Gegner hilft, sich auf die korrekte Ausführung der Bewegungen zu konzentrieren.

Basierend auf einer ähnlichen Idee ist eine *Code-Kata* eine klar definierte Programmierübung, in der Sie bestimmte Programmierpraktiken üben, z. B. das Entwickeln ohne Maus oder das Anwenden von testgetriebener Entwicklung (engl. Test-Driven Development, TDD).

Eine Code-Kata ist eine kurze Programmierübung, bei der Sie in der Regel mehrere Zyklen mit unterschiedlichen Lernzielen absolvieren. Bei der ersten Übung, die auf einer bestimmten Code-Kata basiert, besteht die Hauptaufgabe z. B. darin, ein Problem zu verstehen und eine Lösung zu finden. Im nächsten Zyklus der Kata geht es darum, eine qualitative Lösung mit hoher Testabdeckung zu erstellen. Danach können Sie sich darauf konzentrieren, wie Sie zu der Lösung gekommen sind. Im folgenden Zyklus könnte z. B. im Fokus stehen, reines TDD anzuwenden oder die Lösung nur mit Tastatur und Shortcuts zu entwickeln, ohne eine Maus zu verwenden.

Eine weitere häufige Variante einer Code-Kata ist das Refactoring eines bestehenden Codestücks. Bei der sogenannten *Gilded Rose Kata* schaffen Sie zunächst eine ausreichende Codeabdeckung und verbessern anschließend die Lesbarkeit des Codes.

Weitere Ressourcen

Weitere Details zur Organisation der Kata *Gilded Rose* finden Sie unter *http://s-prs.de/v1005070*.

15.7.2 Dojo

In einem *Code-Dojo* kommen mehrere Teammitglieder zusammen, um als Gruppe zu üben. Die Übung kann eine Kata sein, oder Sie können sich auf verschiedene Formen von Gruppenaktivitäten wie Pair Programming oder Mob Programming konzentrieren. Am Ende eines Code-Dojos sollten die Teammitglieder reflektieren und mit den anderen darüber sprechen, was ausprobiert und was gelernt wurde.

Ein Code-Dojo wird mit einer kurzen Diskussion über die Aufgabe begonnen, an der die Gruppe arbeiten wird. Danach beginnt ein Paar mit der Arbeit an der Programmieraufgabe, wobei es jeweils einen Fahrer (die Person, die die Tastatur bedient) und einen Beifahrer gibt, der navigiert. Nach einem definierten Intervall (z. B. fünf Minuten) findet ein Wechsel statt: Der Beifahrer wird zum Fahrer. Der vorhergehende Fahrer wird Teil des Publikums, und jemand aus dem Publikum wird zum neuen Beifahrer. Nachdem jede Person einmal in der Fahrerrolle gewesen ist, sollte die Gruppe eine Retrospektive darüber durchführen, was gelernt wurde.

15.7.3 Code-Retreat

Ein *Code-Retreat* ist eine intensive, meist eintägige Praxisveranstaltung, die sich auf die Grundlagen der Softwareentwicklung und des Designs konzentriert. Die Idee ist es, einen Rückzugsort zu schaffen, an dem sich alle darauf konzentrieren können, mehr über Entwicklung und Design zu lernen, und sich für eine festgelegte Zeit dem täglichen Druck, Dinge erledigen zu müssen, entziehen können. Ein Code-Retreat erlaubt es einer Gruppe von Entwicklerinnen und Entwicklern, sich auf Clean Code, TDD und andere Themen zu konzentrieren.

Während eines gewöhnlichen Arbeitstags steht nicht genug Zeit zur Verfügung, um die Coding-Fähigkeiten zu verbessern. Es sind zu viele Meetings angesetzt, und das nächste Release steht an. Unter Zeitdruck fallen Sie immer wieder in alte, schlechte Gewohnheiten zurück, obwohl Sie wissen, dass es bessere Techniken und Methoden gibt. Ein Code-Retreat schafft einen Raum, in dem Sie Ihre Coding-Skills ohne den üblichen Alltagsdruck verbessern können.

Sie könnten versuchen, paarweise eine Aufgabe mit TDD zu implementieren. Das Ziel ist nicht die Lösung der Aufgabe, sondern das Ausprobieren verschiedener Ansätze und Programmiertechniken. Nach 45 Minuten wird der entwickelte Code gelöscht. Ein paar Minuten später besprechen Sie als Gruppe, was Sie gelernt haben. Dann fangen Sie wieder von vorne an. Da Sie die Aufgabe sowieso nicht in 45 Minuten erledigen können, ist es nicht sinnvoll, Abkürzungen zu verwenden, und Sie können sich stattdessen darauf konzentrieren, zu lernen, wie man Clean Code schreibt. Die Paare werden regelmäßig getauscht, um den Wissensaustausch zwischen den Teilnehmern zu fördern.

Weitere Ressource

Weitere Details über die Organisation eines Code-Retreats finden Sie unter *https://www.coderetreat.org/*.

15.7.4 Fellowship

Eine weitere Möglichkeit ist es, für ein halbes Jahr ein *Fellowship* in einem anderen Team zu machen. Während dieser Monate sind Sie komplett einer anderen Organisation zugeordnet und Teil eines anderen Teams. Das Ziel ist es, Ihren Horizont zu erweitern und Ihnen neue Fähigkeiten beizubringen. Nach dem Ende des Fellowships kehren Sie in Ihr ursprüngliches Team zurück. Eine der besten Möglichkeiten, Ihre technischen Fähigkeiten zu verbessern, ist die Arbeit in einem erfahrenen Team, mit Kolleginnen und Kollegen, die gerne als Mentoren bzw. Mentorinnen fungieren und etwas über Clean Code oder andere technische Themen lernen wollen.

15.7.5 Pair Programming

Beim *Pair Programming* arbeiten zwei Personen gemeinsam an einer Programmieraufgabe, aufgeteilt in zwei Rollen:

- Der Fahrer benutzt die Maus und die Tastatur, um den Code zu erstellen.
- Der Beifahrer hat eine eher konzeptionelle Sicht auf die aktuelle Aufgabe und bewertet, ob konzeptionelle Fehler vorliegen.

Anstehende Probleme werden direkt im Gespräch zwischen den Pairing-Partnern gelöst. Die Rollen sollten häufig getauscht werden. Mit Pair Programming lassen sich viele Vorteile erzielen, wie z. B. höhere Codequalität und Wartbarkeit, weniger Fehler und bessere Endergebnisse. In diesem Kapitel konzentrieren wir uns auf das Lernen und den Wissenstransfer, der zwischen den Pairing-Partnern stattfindet. Sie können von Ihrem Pairing-Partner z. B. Strategien zur Lösungsfindung, Tricks bei der Verwendung der IDE oder neue Sprachkonstrukte lernen. Außerdem kann das Pairing zu einem besseren Verständnis der Problemdomäne führen. Eine große Herausforderung ist oft Legacy-Code, und eine konstruktive Diskussion im Pairing kann den Lernprozess über einen Teil des Legacy-Codes beschleunigen. Im Hinblick auf Clean Code hilft Pair Programming, ein gemeinsames Verständnis aufzubauen, und fördert eine Umgebung, in der kontinuierlich Clean Code gelernt und gelehrt wird. Pair Programming ermöglicht es neuen Teammitgliedern, viel schneller zu lernen und etwas Wertvolles beizutragen.

Durch das Kombinieren von verschiedenen Rollen können Sie noch weitere Vorteile erzielen: Wenn z. B. ein Entwickler und eine Testerin zusammen als Paar entwickeln, können beide viel von ihren unterschiedlichen Perspektiven lernen. Die Testerin hat meist ganz andere Testfälle im Kopf als der Entwickler. Diese Vielfalt hilft, das Testwissen des Entwicklers zu verbessern. Die Testerin wiederum kann von dem Pairing profitieren, da sie einen produktiveren Umgang mit Werkzeugen zum Testen des Produkts lernt oder die Details der Implementierungen besser versteht. Zudem kann Sie sich neue Arten von Tests ausdenken. Hatte die Testerin bisher keine Programmierkenntnisse, sollte sie aus unserer Sicht zumindest einige Grundlagen erlernen. Die Teilnahme am Pair Programming mit einem Entwickler kann eine gute Möglichkeit für die Testerin sein, Programmierkenntnisse zu erlernen – zumindest für das Schreiben von Systemtests.

15.7.6 Mob Programming

Beim *Mob Programming* arbeiten mehrere Entwicklerinnen und Entwickler gemeinsam an einer Programmieraufgabe. Im Gegensatz zu einem Dojo ist die Aufgabe eine echte Programmieraufgabe aus dem Projekt und kann auch viel länger, z. B. mehrere Tage, dauern. Ein Teammitglied ist der Fahrer, die anderen sind die Beifahrer; die Rollen werden in kurzen Abständen getauscht. Mob Programming wird in der Regel für komplexe Probleme oder zur Einarbeitung neuer Teammitglieder eingesetzt und ist eine gute Möglichkeit, innerhalb eines Teams ein gemeinsames Verständnis für Clean Code zu schaffen. Um effektiv zu arbeiten, sollte ein hohes Maß an Vertrauen innerhalb des Teams bestehen. Niemand sollte Angst haben, Unsicherheiten zu offenbaren. Alle müssen sich sicher damit fühlen, vor der Gruppe Fehler zu machen.

15.7.7 Gewohnheiten

Motivation ist eine wesentliche Grundlage für Veränderung und Lernen, reicht aber oft nicht aus. Um einen nachhaltigen Einfluss auf Ihre *Gewohnheiten* zu haben, müssen Sie dauerhafte Trigger für Veränderung etablieren. Wenn z. B. ein Codeabdeckungs-Schwellenwert von 80 % nicht dazu beiträgt, qualitativ hochwertige Tests zu gewährleisten, sollten Sie nicht in alte Gewohnheiten zurückfallen und keine Tests mit dem neuen Feature schreiben. Für die Qualität der automatisierten Tests könnten Sie z. B. einen Mutationstest-Score verwenden.

[»]

Mutations-Testing

Beim *Mutationstest* werden Änderungen am Code vorgenommen, und anschließend wird die Test-Suite ausgeführt, um zu prüfen, ob die Test-Suite diese Änderungen, auch *Mutationen* genannt, erkennen kann. Wenn die Test-Suite eine hohe Anzahl von Mutationen entdeckt, erhält die Test-Suite einen hohen Mutationstest-Score. Mutationstests sind eine sehr gute Metrik, um die Anzahl von Fehlern im System zu reduzieren.

Beachten Sie jedoch, dass Metriken und Prüfungen nicht ein komplettes System abdecken. Sie können z. B. die Qualität oder die Wartbarkeit Ihrer Tests nicht vollständig messen. Sie werden also viel Pair Programming, Code-Reviews und Coaching brauchen, um sicherzustellen, dass diese Themen gelernt und entsprechend angewendet werden. Zusätzlich zum Coaching können Sie darüber nachdenken, einige der Auslöser für Änderungen als Schwellenwerte zu implementieren, z. B. bei der Ausführung des Builds oder bei der Anlage eines Pull Requests. Im Folgenden sind einige interessante Schwellenwerte aufgelistet:

- Codeabdeckungs-Schwellenwert (Anweisungs- und Zweigabdeckung)
- Schwellenwert für den Mutationstest-Score
- keine fragilen Tests
- maximale Dauer für die Testausführung
- Scores für Codelesbarkeit und Codekomplexität
- keine Fehler bei statischen Codeprüfungen

In Bezug auf Trends, insbesondere bei Legacy-Projekten, ist es oft nicht möglich, mit dem gewünschten Schwellenwert zu beginnen. In diesem Fall können Sie prüfen, ob der Trend positiv ist, z. B. dass die Codeabdeckung mit einem neuen Pull Request nicht abnimmt oder dass keine neuen statischen Codprüfungsprobleme eingeführt wurden.

Bevor Sie diese Trigger für Veränderungen implementieren, müssen Sie die Gründe und Vorteile für die Einführung dieser Gewohnheiten erklären. Kolleginnen und Kollegen sollten unterstützen können, wenn Fragen zur Umsetzung auftauchen.

15.8 Continuous Learning in funktionsübergreifenden Teams

Ein agiler Ansatz baut auf funktionsübergreifende Teams, in denen die einzelnen Teammitglieder die Fähigkeiten der anderen ergänzen. Mit dem Übergang zur cloudbasierten Entwicklung müssen die Teams oft mit zunehmender Komplexität umgehen und schnell lernen. Beide Aspekte bringen neue Herausforderungen mit sich, wenn es darum geht, die notwendigen Fähigkeiten im Team aufzubauen. Dieser Abschnitt stellt einige Probleme vor, die entstehen, wenn Sie Ihre Teams dazu befähigen wollen, Mehrwert für den Kunden zu liefern und gleichzeitig eine wartbare und testbare Codebasis zu erhalten.

15.8.1 Profil eines Teammitglieds

In diesem Abschnitt erläutern wir die verschiedenen Typen von Teammitgliedern in Bezug auf Kompetenzprofile. Diese Kategorien sind eher theoretisch, können Ihnen aber dabei helfen, die Herausforderungen in Teams zu erläutern:

- Teammitglieder mit einem T-förmigen Qualifikationsprofil haben tiefe Kenntnisse bzw. Fähigkeiten in einem oder mehreren Bereichen sowie eine breite Basis an allgemeinen unterstützenden Kenntnissen bzw. Fähigkeiten. Wenn dieses Teammitglied mehr als ein tiefes Fachgebiet hat, könnte man diese Teammitglieder auch M- oder E-förmig nennen.
- Generalisten haben breite Fähigkeiten bzw. Kenntnisse, aber keine tiefe Expertise in einem für das Team wichtigen Thema.
- Teammitglieder mit einem I-förmigen Profil haben nur Fachwissen in einem Bereich und verfügen nicht über die Breite der Fähigkeiten, die für die Zusammenarbeit mit dem Rest des Teams erforderlich sind.

Die verschiedenen Typen sind in Abbildung 15.1 dargestellt. Die Tiefe der Fertigkeiten wird durch den vertikalen Balken repräsentiert, während die horizontalen Balken für die Breite der Fertigkeiten und die Fähigkeit stehen, Wissen in anderen Fachgebieten als dem eigenen anzuwenden und fachübergreifend mit Expertinnen und Experten anderer Bereiche zusammenzuarbeiten. Um dies zu erreichen, müssen die Teammitglieder nicht nur über technische Fähigkeiten verfügen, sondern auch über Fachwissen und Soft Skills wie Einfühlungsvermögen, Kommunikationsfähigkeit und die Fähigkeit, im Team zusammenzuarbeiten.

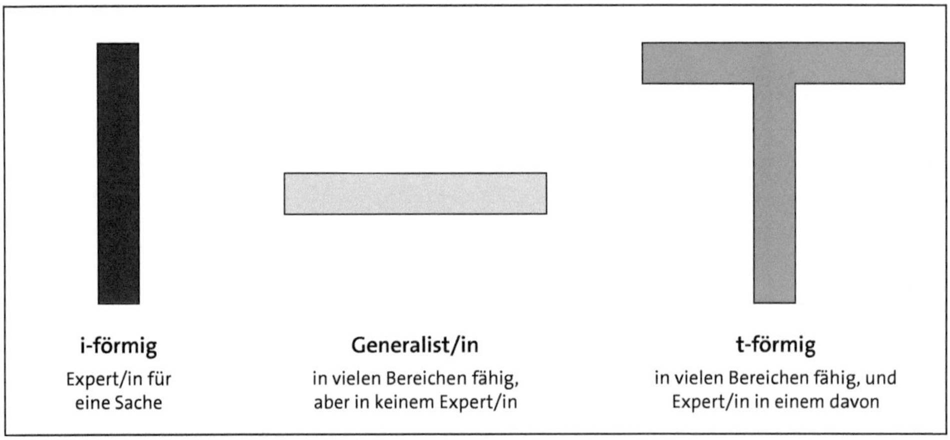

Abbildung 15.1 Unterschiedliche Profile eines Teammitglieds

15.8.2 Funktionsübergreifende Teams

Funktionsübergreifende Teams bestehen aus mehreren Personen mit T-förmigen Profilen, wie in Abbildung 15.2 dargestellt. Die Breite ermöglicht es den T-förmigen Teammitgliedern, effektiv mit anderen Teammitgliedern zusammenzuarbeiten oder Arbeiten außerhalb ihres Fachgebiets zu erledigen. I-förmige Teammitglieder neigen zu mangelnder Flexibilität und haben Schwierigkeiten zu verstehen, wie sich ihre Arbeit auf andere auswirkt.

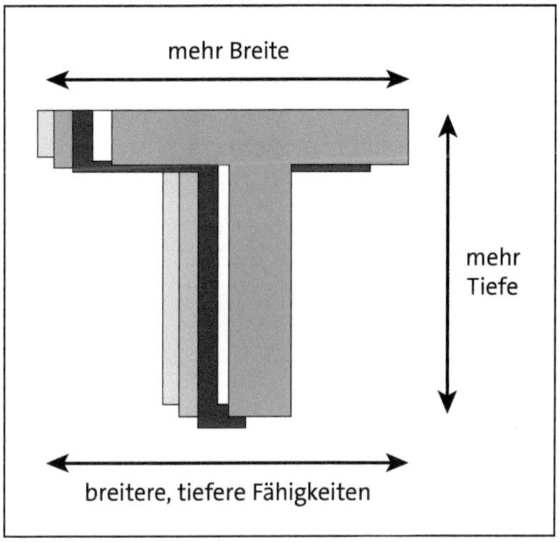

Abbildung 15.2 Funktionsübergreifendes Team mit mehreren T-förmigen Teammitgliedern

Das Problem einer »das ist nicht meine Aufgabe«-Haltung innerhalb des Teams kann entstehen, wenn die Entwicklerinnen und Entwickler keine Verantwortung für etwas anderes als ihre eigene Arbeit übernehmen. Ein Team, das aus Teammitgliedern mit T-förmigen Fähigkeiten besteht, fördert die Teamverantwortung für das gesamte Produkt oder die Lösung und nicht nur für einzelne Teile.

15.8.3 Multiplikatoren im Team

Nicht jedes Teammitglied bringt eine tiefe Expertise auf jedem Gebiet mit und kann auch nicht mit allen anderen Expertinnen und Experten im Unternehmen verbunden sein. In Bezug auf technische Praktiken sollte beispielsweise jedes Teammitglied ein gutes Verständnis von Clean Code, Pair Programming, Continuous Integration und Testautomatisierung haben. Es ist also ein grundlegendes Kompetenzniveau für jedes Teammitglied erforderlich, und das Ziel sollte es sein, die Kompetenzreife kontinuierlich zu steigern. Nicht alle müssen oder können sich in allen diesen Themen gut auskennen. Der *Multiplikator* ist ein Experte in einem Bereich und kann daran arbeiten, die Fähigkeiten der anderen Teammitglieder zu erweitern, kann andere motivieren, mit neuen Ideen inspirieren und anstehende Herausforderungen in seinem Bereich lösen.

15.8.4 Community of Practice

Die Arbeit in einem funktionsübergreifenden Team, in dem jedes Teammitglied unterschiedliche Stärken hat, kann manchmal bedeuten, dass die Erweiterung der Wissenstiefe eine größere Herausforderung darstellt als in einer funktional ausgerichteten Organisation. *Communitys of Practice* können Teammitglieder mit ähnlichen Stärken und Fachkenntnissen miteinander verbinden. Wenn Sie z. B. die einzige Person in einem funktionsübergreifenden Team mit Clean-Codeerfahrung oder technischen Praktiken sind, haben Sie keinen Zugang zu Kolleginnen oder Kollegen, die Ihnen helfen könnten, sich in diesem Bereich weiter zu verbessern. Communitys of Practice können dazu beitragen, dass ansonsten isolierte Personen mit ähnlichen Stärken zusammenkommen, um voneinander zu lernen, Best Practices zu entwickeln und auszutauschen sowie Probleme gemeinsam zu lösen.

15.9 Zusammenfassung

Das Erlernen und Implementieren von Clean-Code-Praktiken erfordert großen Aufwand und Disziplin. Auf dem Weg zur Meisterschaft werden Sie auf viele Herausforderungen stoßen. Um Clean Code zu beherrschen, ist mehr als eine individuelle Anstrengung erforderlich; Sie müssen ein gemeinsames Verständnis in Ihrem Team und möglicherweise teamübergreifend oder mit anderen Organisationen schaffen. In diesem Kapitel haben wir viele verschiedene Lerntechniken für Einzelpersonen, Teams und Organisationen vorgestellt. Sie können die Techniken auswählen, die am besten zu Ihren aktuellen Fähigkeiten und den spezifischen Herausforderungen in Ihrem Team oder Ihrer Umgebung passen. Wenn Sie sich sowohl als Einzelperson wie auch als Team engagieren, kann sich das immens auszahlen.

Die Autoren

Daniel Bertolozi ist Softwareentwickler bei SAP mit mehr als fünf Jahren Erfahrung in der SAP-Fiori-Entwicklung. Er hat an mehreren Projekten gearbeitet, bei denen SAPUI5-Anwendungen (in JavaScript und TypeScript) mithilfe von Best Practices für die Code-Qualität implementiert wurden. Zudem engagiert er sich aktiv für die Verbreitung agiler Softwareentwicklungspraktiken im SAP-Umfeld. Daniels Ansatz zur Softwareentwicklung folgt dem Leitspruch von Robert C. Martin: »Der einzige Weg, schnell voranzukommen, ist, es gut zu machen.« Qualität ist für ihn entscheidend, denn er weiß: Wenn die Qualität nachlässt, leidet letztendlich auch die Geschwindigkeit, und das gilt es, zu vermeiden.

Arnaud Buchholz ist Entwicklungsexperte bei SAP, mit dem Schwerpunkt auf Design, Entwicklung und Verbesserung von SAPUI5-Anwendungen. Er verfügt über mehr als 20 Jahre Erfahrung in der Softwareentwicklung.

Klaus Häuptle ist Entwickler, Trainer und Product Owner im Bereich Anwendungsentwicklung. Für SAP hat er an der Entstehung verschiedener Produkte mitgewirkt, die auf unterschiedlichen Technologien basierten. Er unterstützt die SAP-Community dabei, Wissen zu teilen und Methoden und Arbeitsmittel zu verbessern. Unter anderem beeinflusste er die Verbesserung der Testmöglichkeiten für ABAP, SAP HANA und SAPUI5.

Rodrigo Jordão arbeitet als Development Architect bei SAP. Aktuell ist er im Bereich Integrated Business Planning (IBP) mit Schwerpunkt auf dem SAP Supply Chain Control Tower tätig. Im Rahmen seiner Karriere bei SAP war er an der Entwicklung verschiedener SAP-Produkte beteiligt – von branchenspezifischen Lösungen wie SAP Intellectual Property Management bis hin zu grundlegenden Komponenten wie SD. Zuvor arbeitete als Webentwickler mit Perl and Java sowie als Berater mit Microsoft.

Christian Lehmann ist Entwicklungsarchitekt und arbeitet im Qualitätsbereich von SAP S/4HANA. In seinen 18 Jahren bei SAP hat er an der Konzeption, Implementierung und Testautomatisierung von SAP-basierten Produkten gearbeitet, darunter auch Anwendungen, die auf SAPUI5 basieren. Er trägt zur SAP-ASE-Community für ABAP- und SAPUI5-basierte Themen bei und hat Spaß daran, neue Ansätze für automatisierte Softwaretests kennenzulernen.

Narendran Natarajan Vaithianathan ist leitender Entwickler, Trainer und Sicherheitsexperte bei SAP. Derzeit ist er Teil eines Teams, das sich auf die Entwicklung von Advanced Available-to-Promise (ATP) konzentriert. Zuvor war er Teil des FXperience-Teams (Bangalore), das die Einführung von SAP Fiori in SAP S/4HANA beschleunigt. Narendran coacht Teams zu Themen wie agiler Softwareentwicklung, SAPUI5 und SAP Fiori Elements und seit kurzem auch zum ABAP RESTful Application Programming Model. Bevor er zu SAP kam, arbeitete er als Berater bei IBM und trug zur kundenspezifischen Entwicklung in den Bereichen Reise- und Spesenabrechnung sowie Finanzen bei.

Index

B

C

N

Q

R

S

T

U

V